PostGIS
Bases de datos espaciales

José Carlos Martínez Llario

edUPV

Universitat Politècnica de València

Colección Manual de referencia; serie Ingeniería civil

Los contenidos de esta publicación han sido evaluados mediante el sistema doble ciego, siguiendo el procedimiento que se recoge en http://tiny.cc/Evaluacion_Obras

Para referenciar esta publicación utilice la siguiente cita:
Martínez Llario, José Carlos (2024). *PostGIS:bases de datos espaciales*. edUPV

ISBN: 978-84-1396-274-0
Depósito legal: V-4745-2024

Si el lector detecta algún error en el libro o bien quiere contactar con los autores, puede enviar un correo a edicion@editorial.upv.es

Prólogo

Versiones de los programas analizados

En esta revisión del libro se ha adaptado el contenido y comprobado todos los ejemplos a la versión 17 de PostgreSQL y la 3.5 de PostGIS. Si el lector dispone de versiones más actuales, puede utilizarlas sin problema, ya que las funcionalidades de ambos productos son muy estables a lo largo del tiempo, y en el caso de alguna discrepancia con la publicación, los cambios son publicados en el blog del autor https://cartosig.webs.upv.es.

A quién va dirigido este libro

Este libro está diseñado para cubrir diferentes perfiles, desde un usuario que desea introducirse en el mundo de las bases de datos espaciales y PostGIS, hasta un perfil más experto que, aunque posee ya conocimientos de PostGIS necesita realizar análisis espaciales avanzados o incluso extender PostGIS con nuevas funcionalidades.

Está enfocado como un **manual de aprendizaje**, guiado con una gran cantidad de ejemplos prácticos con cartografía real, con el objetivo de que un usuario tradicional de SIG de escritorio pueda migrar a PostGIS de una forma no traumática.

Desde el ámbito de la producción cartográfica se describen los problemas de la precisión cartográfica de los datos y el análisis espacial, las validaciones topológicas, reglas de topología, y otros aspectos que posibilitan la utilización de PostGIS no solo como un gestor de bases de datos espacial sino también como una herramienta de producción cartográfica.

Se ha tratado de realizar una publicación que sea útil tanto para un usuario experto en ciencias de la computación y bases de datos, pero que desconoce cómo gestionar de forma apropiada la cartografía, como para un usuario experto en ciencias cartográficas pero que, al ser reticente a dejar los SIG de escritorio, está sacrificando el conocimiento de unas funcionalidades espaciales excepcionales.

Conocimientos previos

Es aconsejable disponer de unos conocimientos previos a nivel de usuario de Sistemas de Información Geográfica, aunque no son necesarios para la comprensión del texto, resultan recomendables para la lectura fluida del mismo.

Si el lector no posee conocimientos sobre el lenguaje SQL o estos son muy superficiales, es necesario que, después de leer el capítulo A introductorio y antes de pasar al capítulo B, estudie con detalle el apartado I 2 sobre SQL.

Estructura

PostGIS: Bases de datos espaciales se compone de nueve capítulos. Se sugiere que el lector estudie los capítulos B y C en profundidad, y que sea más selectivo en el capítulo D según sus necesidades. El capítulo E, dedicado a la programación, no es imprescindible; aunque, su estudio es recomendable debido a las oportunidades que ofrece. El capítulo F presenta propuestas útiles para mejorar el aprendizaje en PostGIS. Los capítulos G y H abordan análisis *raster*, topología persistente y *pgrouting*, y pueden consultarse según el interés del usuario. Finalmente, el capítulo I incluye una guía de SQL, notas de administración y soluciones a problemas propuestos.

- *A Introducción*

Se inicia la publicación con este breve capítulo, donde se estudia la normativa relacionada con PostGIS y el modelo de geometrías seguido. Se aborda la instalación y se introducen los clientes SQL *pgadmin* y *psql*.

- *B Núcleo*

En este capítulo se describe la parte fundamental de la funcionalidad PostGIS y del modelo de geometría utilizado siguiendo los estándares del OGC y normas ISO. Se estudian las relaciones espaciales con detalle, diferentes programas de utilidad para importar, exportar datos PostGIS, indexación espacial, tablas y vistas espaciales, etc.

- *C Análisis espacial*

Esta sección del libro tiene como objetivo capacitar al lector en la realización de análisis espaciales con PostGIS. Después de estudiar los operadores espaciales, se combinan para realizar operaciones comunes de análisis vectorial en SIG de escritorio, como superposición de capas, extracción, proximidad y disolución.

Este aprendizaje es fundamental para que el lector comprenda la potencia de PostGIS y su flexibilidad en comparación con otros SIG de escritorio. Aunque el contenido puede resultar complejo para usuarios no expertos en ciencias de la computación y bases de datos, la explicación detallada permitirá a los lectores realizar consultas espaciales complejas al finalizar el capítulo

- *D Validación cartográfica*

Este capítulo aborda conceptos avanzados en la gestión cartográfica de datos, enfatizando la importancia de la precisión cartográfica, el uso de tolerancias, así como la validación y corrección de geometrías, aspectos frecuentemente ignorados por usuarios sin experiencia.

Se destaca el diseño y la aplicación de reglas de topología entre geometrías en una o varias capas, con el fin de identificar y corregir errores cartográficos.

Además, se examina la optimización del análisis espacial mediante un diseño adecuado, el uso de técnicas de rejilla, el análisis espacial sobre el esferoide y los cambios de sistema de referencia que involucran diferentes datum.

- *E Programación*

Aunque no es necesario saber programar en PostGIS, muchos usuarios pueden sentirse interesados en adquirir esta habilidad. En esta sección se explica cómo crear funciones personalizadas para ampliar la funcionalidad espacial de PostGIS.

Los usuarios descubrirán que es sencillo aprender a desarrollar procedimientos almacenados con *PL/PgSQL*, lo que abre un mundo de posibilidades, especialmente en la gestión de modelos de datos. Al implementar disparadores (*triggers*) junto con funciones *PL/PgSQL* personalizadas, es posible dotar a los modelos de datos cartográficos de un comportamiento dinámico e incorporar lógica en la base de datos.

- *F Miscelánea espacial*

Este apartado aglutina parte del resto de la funcionalidad de PostGIS no vista en los capítulos anteriores y que generalmente se referencia en otros capítulos previos como el análisis espacial 3D y las geometrías curvas.

Es especialmente interesante el uso de funciones ventana, que, junto con las consultas laterales, facilitan mucho cierto tipo de consultas espaciales. Otros temas estudiados son la dependencia funcional, importación de datos OSM, controles de versiones, etc.

El capítulo se completa con las particiones declarativas y las consultas paralelas, las cuales se pueden utilizar para incrementar el rendimiento de la base de datos espacial.

- *G Análisis raster*

Se estudia en profundidad la extensión de PostGIS para la gestión y análisis de datos en formato *raster*. Se repasan las operaciones de análisis típicas raster (reclasificaciones, mapas derivados de modelos digitales de elevación, álgebra de mapas, etc.) y mixtas vectorial-raster.

- *H Extensiones*

Este capítulo aborda dos extensiones de PostGIS: Topología persistente (*topology*) y análisis de redes (*pgrouting*). La extensión topology gestiona relaciones geométricas complejas, garantizando la integridad de los datos y facilitando el diseño de modelos cartográficos. Por su parte, *pgrouting* ofrece funcionalidades avanzadas para calcular rutas óptimas y realizar análisis de redes.

- *I Anexos*

Los anexos están divididos en tres bloques: Un primer bloque sobre administración de PostgreSQL donde se introducen temas como la utilización de variables del sistema, métodos de autentificación, localización, gestión de usuarios, etc.

Un segundo bloque sobre el lenguaje SQL, donde en apenas 40 páginas se hace un recorrido imprescindible para los usuarios que no conozcan este lenguaje y que es necesario estudiar con detalle antes de adentrarse en el mundo PostGIS. Un tercer bloque con las soluciones de todos los problemas propuestos a lo largo de la publicación cierra el capítulo.

Material complementario

Desde el blog oficial del autor[1], se pueden **descargar los datos necesarios** (cartografía, código SQL, etc.) para la realización de todos los ejercicios del libro.

Uso del libro

Se utiliza tipografía cursiva en los siguientes casos:

- Nombres de tablas, columnas y métodos o funciones de PostGIS.
- Palabras en inglés generalmente provenientes del ámbito informático, como *prompt, bugs, raster, online,* etc.
- Palabras no aceptadas por la Real Academia de la Lengua, pero usadas comúnmente en el ámbito de la geometría computacional o informático: *renderizado, nodificación, cardinalidad,* etc. Aunque estas palabras no están admitidas, se ha decidido mantenerlas por su carácter aclaratorio.

A lo largo de la publicación se insta al lector a ejecutar comandos o sentencias SQL:

- Los ejemplos de sentencias SQL se encabezan por el nombre de la base de datos seguido del símbolo '#', como aparece en el *prompt* del cliente *psql* de PostgreSQL:

```
s1=# create table viaria1 (gid serial primary key, tipo integer,
             geom geometry (multipolygon, 25830) );
```

- Los ejemplos de comandos PostgreSQL, PostGIS o cualquier otra utilidad lanzados desde una terminal o símbolo del sistema se encabezan con el texto: '*consola>* ':

```
consola> psql -U postgres -f ruta_a_postgis.sql -d s0
```

Existen dos tipos de ejercicios que se introducen en el texto con los siguientes iconos:

 Ejercicios planteados y resueltos en la misma lección.

 Problemas propuestos, con la solución al final del texto.

---

[1] https://cartosig.webs.upv.es

Acerca del autor

El Dr. José Carlos Martínez Llario es profesor en la Universidad Politécnica de Valencia desde el año 2000, donde imparte asignaturas especializadas en sistemas de información geográfica, producción cartográfica y bases de datos espaciales. En 2003, obtuvo su doctorado en ingeniería en geodesia y cartografía en la misma institución. Sus principales líneas de investigación en los últimos años se han centrado en bases de datos espaciales, modelos de datos cartográficos e infraestructuras de datos espaciales.

Entre sus trabajos recientes destaca el diseño y desarrollo de Jaspa, un software de código abierto que actúa como extensión espacial para bases de datos relacionales, ofreciendo funcionalidades similares a las de PostGIS y un sistema de reglas de topología. En el ámbito académico, Martínez Llario ha mantenido una actividad investigadora continua, destacándose como investigador principal en proyectos fundamentales del Ministerio de Economía y Competitividad de España, y ha establecido convenios de I+D con empresas e instituciones públicas.

Ficha pública del autor en **https://www.upv.es/ficha-personal/jomarlla**

Quiero expresar mi agradecimiento a las comunidades de usuarios y a las instituciones que apuestan por el software libre, ya que esta publicación no habría sido posible sin su esfuerzo. En especial, a los miembros y colaboradores del equipo de PostGIS que de forma desinteresada han resuelto todas mis dudas siempre de manera amable y eficaz.

Cursos online de PostGIS certificados por la UPV

El autor de esta publicación junto con otros miembros del grupo CartoSIG UPV, imparte varios cursos online de PostGIS, Infraestructuras de Datos Espaciales (IDE) y Sistemas de Información Geográfica (SIG), cursos certificados por el Centro de Formación Permanente de la Universitat Politècnica de València.

Se trata de unos cursos completos, de calidad ampliamente contrastada y con cien horas reales de aprendizaje, que se pueden realizar completamente a distancia. Su contenido está basado en la experiencia de docencia presencial oficial de universidad e investigación del autor de esta publicación.

Son cursos que han realizado miembros de las principales empresas u organizaciones públicas relacionadas con la cartografía a nivel nacional y que gozan de una buena reputación.

Esta publicación constituye un material de apoyo o consulta de PostGIS. Para un aprendizaje completo desde el inicio, práctico, con casos reales, consolidando conocimientos y siguiendo una metodología docente ya probada, se recomienda al lector realizar el curso online de PostGIS.

Más información en: https://cartosig.webs.upv.es/cursos

Índice breve de contenido

A **Introducción** 21
1. PRIMEROS PASOS 23
2. CARTOGRAFÍA Y CÓDIGO FUENTE DE LOS EJEMPLOS 36

B **Núcleo** 37
1. LA BASE DE DATOS ESPACIAL 39
2. TIPOS DE GEOMETRÍA 51
3. EJEMPLOS DEL CAPÍTULO 69
4. MODELO *SIMPLE FEATURES* O FENÓMENOS SIMPLES 75
5. RELACIONES ESPACIALES 90
6. INDEXACIÓN ESPACIAL 104
7. CREACIÓN DE TABLAS Y VISTAS PARA ALMACENAR CONSULTAS ESPACIALES 115

C **Análisis espacial** 125
1. INTRODUCCIÓN 127
2. OPERADORES ESPACIALES 128
3. OPERACIONES DE SUPERPOSICIÓN (*OVERLAY*) 137
4. OPERACIONES DE EXTRACCIÓN 145
5. PROXIMIDAD 147
6. GENERALES 163
7. GENERALIZACIÓN 170
8. TRANSFORMACIÓN Y EDICIÓN DE COORDENADAS 177
9. CONVERSIONES 183
10. REFERENCIA LINEAL (LRS) 195

D **Validación cartográfica** 199
1. OPTIMIZACIÓN DEL ANÁLISIS ESPACIAL 201
2. PROYECCIONES Y TRANSFORMACIONES ENTRE *DATUM* 214
3. TOLERANCIA EN EL ANÁLISIS ESPACIAL 220
4. VALIDACIÓN DE LAS GEOMETRÍAS 228
5. ANÁLISIS ESPACIAL SOBRE EL ESFEROIDE 233
6. VALIDACIÓN CARTOGRÁFICA CON REGLAS DE TOPOLOGÍA 243

E **Programación** 267
1. INTRODUCCIÓN 269
2. SCRIPTS *PL/PGSQL* EN POSTGIS 272

F Miscelánea espacial 319

1. ARRAYS, AGREGADOS Y SET RETURNING DE GEOMETRÍAS 321
2. TIPOS COMPUESTOS 324
3. COMPORTAMIENTO MULTI-GEOMETRÍAS 326
4. DEPENDENCIA FUNCIONAL (GROUP BY) 328
5. FUNCIONES DE VENTANA ESPACIALES 330
6. COPIA DE SEGURIDAD DE LA BASE DE DATOS ESPACIAL 335
7. OPERACIONES 3D 340
8. GEOMETRÍAS CURVAS 349
9. TIPOS DE DATOS DE CAJAS 353
10. IMPORTACIÓN DE DATOS OSM 355
11. CONTROL DE VERSIONES EN PostGIS 362
12. PARTICIONES DE DATOS 369
13. CONSULTAS ESPACIALES PARALELAS 378

G Análisis raster 385

1. INTRODUCCIÓN 387
2. TIPO RASTER 388
3. CAPAS RASTER 404
4. ANÁLISIS DE CAPAS TESELADAS 416

H Extensiones 449

1. PGROUTING 451
2. TOPOLOGÍA PERSISTENTE 470

I Anexos 499

1. NOTAS SOBRE ADMINISTRACIÓN 501
2. SQL 531
3. SOLUCIONES 570

J Recursos y bibliografía 599

1. RECURSOS PRÁCTICOS Y TUTORIALES 601
2. BIBLIOGRAFÍA 602

Índice de contenido

A Introducción.. 21

1. PRIMEROS PASOS..23
    1.1. Normativa relacionada 24
    1.2. Instalación..25
    PostgreSQL 25
    Instalación de PostGIS 28
    1.3. Clientes SQL 29
    Clientes de texto: psql 29
    Clientes gráficos: pgadmin...32
    1.4. Tipos básicos de datos 33
    1.5. Notas antes de empezar..35
    Creación de una nueva base de datos 35
    Cambio de contraseña 35
    Conocimientos previos 35
2. CARTOGRAFÍA Y CÓDIGO FUENTE DE LOS EJEMPLOS 36

B Núcleo..37

1. LA BASE DE DATOS ESPACIAL 39
    1.1. Creación base de datos espacial sin utilizar extensions 39
    Módulo principal y vectorial 39
    Módulo de raster..41
    Módulo de topología persistente 41
    Otros módulos 41
    Nota sobre los ficheros SQL de PostGIS...................................41
    1.2. Creación base de datos espacial utilizando extensions.................42
    1.3. Comprobación de la base de datos espacial 43
    1.4. Funciones extra y plantillas..44
    Creación de una plantilla espacial 44
    1.5. Metadatos sobre los CRS. 45
    1.6. Creación y borrado de una tabla espacial................................46
    Utilizando typmod 46
    Utilizando restricciones de tipo check 49
    1.7. Metadatos de las columnas de geometría 50
2. TIPOS DE GEOMETRÍA 51
    Vértices con Z, M o ZM 52
    2.1. Creación e inserción de geometrías...52
    Conversiones a otros formatos 55
    Conversiones automáticas al tipo geometry 56
    Relajación de las restricciones de una columna de geometría 56

2.2.   *Importación y exportación de cartografía.* *57*

    Comandos *shp2pgsql, pgsql2shp* y *shp2pgsql-gui* 57

    Trabajo con esquemas: search_path 61

    GDAL/OGR (ogr2ogr y ogrinfo) 62

    Problemas de conversión entre juegos de caracteres 66

    Importación de datos OSM a PostGIS 67

    Utilización de SIG de escritorio 67

3.   EJEMPLOS DEL CAPÍTULO 69

    3.1.   *Datos cartográficos utilizados en los ejemplos* *69*

    3.2.   *Visualización y edición gráfica de capas PostGIS* *69*

    Conclusiones 71

4.   MODELO *SIMPLE FEATURES* O FENÓMENOS SIMPLES 75

    4.1.   *Esquema de herencia de las geometrías* *75*

    JTS Builder *76*

    4.2.   *Dimensión de una geometría* *78*

    4.3.   *Interior, contorno y exterior de las geometrías* *78*

    Contorno de una *MultiCurve* 80

    4.4.   *Definición de las geometrías básicas* *80*

    Subconsultas en PostGIS (Subselect y CTE) 81

    ST_Point y *ST_Multipoint* 83

    ST_Curve <- ST_Linestring 83

    ST_MultiCurve <- ST_MultiLinestring 84

    ST_Surface <- ST_CurvePolygon <- ST_Polygon 85

    ST_MultiSurface: ST_MultiPolygon 88

5.   RELACIONES ESPACIALES 90

    5.1.   *Matriz DE-9IM* *90*

    Uso de patrones DE-9IM personalizados 91

    5.2.   *Predicados espaciales* *91*

    ST_Disjoint, ST_Intersects 92

    Resumen de los predicados 93

    ST_Touches 94

    ST_Crosses 95

    ST_Overlaps 95

    ST_Equals versus igualdad no topológica 96

    ST_Covers, *ST_CoveredBy* 99

    5.3.   *Ejemplos de predicados espaciales* *100*

6.   INDEXACIÓN ESPACIAL 104

    6.1.   *Creación y utilización de índices espaciales* *104*

    6.2.   *Otros operadores GiST sobre cajas y KNN* *106*

    Otros operadores de comparación de cajas 106

    Operadores que utilizan KNN 106

    6.3.   *Planificador* *107*

    6.4.   *Predicados espaciales con el operador && embebido* *109*

    6.5.   *Indexación espacial GiST 3D* *110*

    6.6.   *Otro tipo de índices espaciales* *112*

    Índices BRIN 112

    Índice SP-GiST 113

    6.7.   *Espacio ocupado por los índices* *114*

7. CREACIÓN DE TABLAS Y VISTAS PARA ALMACENAR CONSULTAS ESPACIALES 115
  7.1. *Almacenar resultados en tablas espaciales*..*115*
  Procedimiento riguroso 115
  Procedimiento práctico (CAST para los tipos de campos) 116
  Ejemplos..116
  Copia de la estructura de una tabla...118
  7.2. *Utilización de vistas espaciales*..*118*
  Creación de reglas para actualizar vistas 119
  Capa de eventos...122
  Vistas como control dinámico de la calidad cartográfica 122

C   *Análisis espacial* 125

  1. INTRODUCCIÓN 127
  Utilización de tablas en los ejemplos 127
  2. OPERADORES ESPACIALES...128
  2.1. *Ejemplos gráficos*..*130*
  2.2. *Tipos de geometrías devueltas* *132*
  2.3. *Homogeneización de las geometrías devueltas*..*133*
  Utilización de *STX_Extract* 136
  3. OPERACIONES DE SUPERPOSICIÓN (*OVERLAY*)..137
  3.1. *Intersección (Intersect)* *137*
  Entrada: polígonos, salida: líneas...138
  Entrada: polígonos y líneas, salida: líneas..138
  Otros casos 138
  3.2. *Borrado (Erase)* *139*
  Polígonos A que son borrados parcial o totalmente por polígonos B 140
  Polígonos A que no presentan solape con B y se conservan íntegros.....................140
  Borrado en un solo paso 141
  3.3. *Superposición (Overlay)* *141*
  3.4. *Identidad (Identity)* *143*
  3.5. *Actualización (Update)* *144*
  4. OPERACIONES DE EXTRACCIÓN 145
  4.1. *Recorte (Clip)*..*145*
  4.2. *Selección (Select)* *146*
  5. PROXIMIDAD..147
  5.1. *Área de influencia (Buffer)*..*147*
  5.2. *Selecciones según distancias*..*149*
  ST_DWithin 150
  5.3. *Tabla de proximidad (Near table)*..*151*
  5.4. *Vecinos más próximos a una única geometría*..*152*
  5.5. *Vecinos más próximos a una capa (subconsulta anidada)*................................*153*
  Mediante *subselects* anidados 153
  Mediante *subselect* y agregado de mínima distancia con identificador.................154
  5.6. *Vecinos más próximos a una capa (subconsultas correladas)* *155*
  Obtener los n vecinos más próximos 157
  5.7. *Vecinos más próximos a una capa (consultas laterales)*................................*159*
  5.8. *Vecinos más próximos a una capa (funciones ventana)*.................................*160*
  5.9. *Vecinos más próximos a una capa (operadores KNN)*..................................*160*

6.   GENERALES 163
   6.1.   Concatenación espacial (Spatial join) *163*
      Cardinalidad ríos (1) corrientes (1) 163
      Cardinalidad ríos (1) corrientes (0..n) 164
      Cardinalidad ríos (1) corrientes (0) 167
      Cardinalidad ríos (0) corrientes (1) 167
   6.2.   Adición (Append/Merge)...*169*
7.   GENERALIZACIÓN 170
   7.1.   Disolución (Dissolve)..*170*
      ST_Collect y ST_Union...172
      ST_UnaryUnion 173
   7.2.   Simplificación de geometrías..*173*
8.   TRANSFORMACIÓN Y EDICIÓN DE COORDENADAS...177
   8.1.   Edición...*177*
   8.2.   Transformaciones..*178*
   8.3.   Proyecciones...*179*
      Cambio de CRS de una capa 181
      Reproyección de una capa 182
9.   CONVERSIONES...183
   9.1.   Multigeometrias a geometrías simples..*183*
      Funciones '*set returning*' 183
      ST_Dump...184
   9.2.   Conversión a segmentos lineales *185*
   9.3.   Conversión a entidades puntuales..*186*
      Desde entidades lineales...186
      Desde entidades poligonales 188
   9.4.   Conversión a entidades lineales...*189*
      Desde entidades poligonales 189
      Desde entidades puntuales..189
   9.5.   Conversión a entidades superficiales...*190*
      Nodificación de geometrías lineales 191
   9.6.   Cambio de dimensión de las coordenadas......................................*193*
10. REFERENCIA LINEAL (LRS)...195
      Referencia lineal: fracción de distancia como medida 195
      Referencia lineal: coordenadas M o Z como medida 196
      Pegando líneas...197
      Inserción de vértices en los puntos más cercanos....................................198

D   *Validación cartográfica*.. *199*

1.   OPTIMIZACIÓN DEL ANÁLISIS ESPACIAL 201
   1.1.   Diseño del análisis espacial..*201*
   1.2.   Segmentación de capas mediante rejilla...*203*
      Disoluciones...205
      Borrado...207
      Recorte 209
      Intersección 210
   1.3.   Robustez en el análisis espacial...*211*
      JTS OverlayNG 211
      Errores geométricos de los operadores espaciales....................................212

2. PROYECCIONES Y TRANSFORMACIONES ENTRE *DATUM* 214
    2.1. *Caso práctico: de ED50 a ETRS89*...215
        Modelo de 7 parámetros 215
        Modelo de rejilla NTv2 217
        Reiniciación de los parámetros...218
        Configuración localización biblioteca 219
3. TOLERANCIA EN EL ANÁLISIS ESPACIAL 220
    3.1. *Precisión Cartográfica y la tolerancia* 222
    3.2. *Destrucción de la topología de una cartografía* 223
        Geometrías sin *nodificar* en los puntos compartidos.......................225
    3.3. *Ajuste de vértices y segmentos entre geometrías* 226
4. VALIDACIÓN DE LAS GEOMETRÍAS 228
    4.1. *Modelo ESRI contra modelo OGC/PostGIS* 229
    4.2. *Comandos que generan polígonos no válidos*...............................230
    4.3. *Corrección de geometrías no válidas*.....................................231
5. ANÁLISIS ESPACIAL SOBRE EL ESFEROIDE...233
    5.1. *Medida de distancias sobre el esferoide* 234
    5.2. *Tipo geography*..235
    5.3. *Problema directo e inverso de la Geodesia con PostGIS*....................238
    5.4. *Creación de tablas espaciales*...239
    5.5. *Comparación de rendimiento geography-geometry*...........................240
    5.6. *Ventajas e inconvenientes de usar el tipo geography*.....................241
    5.7. *Análisis espacial directo sobre el esferoide* 242
6. VALIDACIÓN CARTOGRÁFICA CON REGLAS DE TOPOLOGÍA 243
    6.1. *Validación independiente*..243
        Geometrías no válidas según el OGC...244
        Geometrías vacías o nulas 244
        Auto-intersecciones...244
        Sentido de los anillos..246
        Vértices repetidos..246
        Geometrías duplicadas 246
        Otros...247
    6.2. *Validación conjunta (una capa)*..248
        Must not overlap 249
        Must not have gaps..250
        Must not have dangles...252
        Must not have dangles: distancia a la geometría más cercana...............253
        Must not have seudos 255
    6.3. *Validación conjunta (dos capas)*...256
        Must contain one point 257
        Must be covered by layer..258
        Must be cross connected 259
    6.4. *Jaspa (JAva SPAtial)* 261
    6.5. *Definición algebraica de las reglas de topología* 263
    6.6. *Control de reglas de topología mediante disparadores* 266

E Programación......267

1. INTRODUCCIÓN 269
   1.1. *Modelos cartográficos* *271*
2. SCRIPTS *PL/PgSQL* EN POSTGIS 272
   2.1. *Introducción al lenguaje* *272*
   Instalación del lenguaje 272
   Estructura de un método *PL/PgSQL* 272
   Declaración de variables y asignación de variables 274
   Condicionales 274
   Llamadas a otras funciones 274
   Opción *Strict* 274
   Reutilización de los resultados de una función 275
   Borrado de una función 276
   Formas alternativas de la firma de un método 276
   Devolviendo tipos compuestos 277
   Arrays 278
   Bucles 279
   Notificación de mensajes y Excepciones 279
   Devolviendo tablas de una columna 280
   Devolviendo tablas de varias columnas 281
   Número de argumentos variable: *VariaDic* 281
   Ejercicios espaciales complementarios 282
   2.2. *Trabajando con sentencias SQL* *283*
   Sentencias directas 283
   Sentencias creadas de forma dinámica 288
   2.3. *Funciones disparador* *292*
   Función disparadora en *PL/PgSQL* 292
   Creación del disparador SQL 293
   Resumen y principales características de los disparadores 295
   Ejercicios espaciales complementarios 296
   2.4. *Estructura Arco/Nodo mediante disparadores* *303*
   Modelo sin crear nodos en las intersecciones 303
   Creación de nodos en las intersecciones 309
   2.5. *Funciones agregadas* *316*
   2.6. *Otras funciones* *318*

F Miscelánea espacial......319

1. *ARRAYS*, AGREGADOS Y *SET RETURNING* DE GEOMETRÍAS 321
   1.1. *Arrays de geometrías* *322*
   1.2. *Funciones returning set de geometrías* *323*
2. TIPOS COMPUESTOS 324
   2.1. *Tipos compuestos en PostGIS* *325*
3. COMPORTAMIENTO MULTI-GEOMETRÍAS 326
4. DEPENDENCIA FUNCIONAL (*GROUP BY*) 328
5. FUNCIONES DE VENTANA ESPACIALES 330
   5.1. *Funciones ventana de PostGIS* *334*

6. COPIA DE SEGURIDAD DE LA BASE DE DATOS ESPACIAL 335
   Otros métodos 336
   6.1. Backup y migración de una base de datos espacial 337
   6.2. Instalación de PostGIS en un esquema personalizado 338
      Mediante extensiones: Instalación en un esquema diferente 338
      Sin el uso de extensiones: Instalación en un esquema diferente.................339
7. OPERACIONES 3D 340
   7.1. Tipos de funciones espaciales 3D 340
   7.2. Cálculos con SFCGAL 342
   7.3. Nuevas geometrías superficiales 345
      Ejemplos de superficies..346
      Visualización de geometrías superficiales 347
8. GEOMETRÍAS CURVAS 349
   8.1. Geometrías curvas de tipo multi 351
   8.2. Conversión entre geometrías lineales y curvas 351
9. TIPOS DE DATOS DE CAJAS...353
10. IMPORTACIÓN DE DATOS OSM...355
   10.1. Sistema de referencia usado en OSM 356
   10.2. Osm2Pgsql 356
   10.3. Osmosis 360
11. CONTROL DE VERSIONES EN POSTGIS 362
   11.1. Ejercicio práctico de control de versiones 363
      Preparación de los datos y configuración del versionado 363
      Ejercicio de edición concurrente con versionado 365
12. PARTICIONES DE DATOS 369
   12.1. Herencia de tablas 369
      Limitaciones de la herencia de tablas 374
   12.2. Particiones declarativas 374
   12.3. Tablespaces y particiones de datos 377
13. CONSULTAS ESPACIALES PARALELAS 378
   13.1. Otros parámetros de configuración 383

G *Análisis raster* 385

1. INTRODUCCIÓN 387
2. TIPO RASTER 388
   2.1. Creación de un objeto raster vacío 388
      Propiedades de un raster..389
   2.2. Adición de bandas al raster 391
      Propiedades de una banda 393
      Raster con varias bandas 394
      Asignación de valores a las celdas 394
   2.3. Estadísticas de las bandas 395
   2.4. Coordenadas píxel y coordenadas terreno 397
   2.5. Lectura de los valores de las celdas 397
   2.6. Vectorización 398
   2.7. Rasterización de geometrías 399
   2.8. Exportación a otros formatos raster 402

3. CAPAS *RASTER* 404
   3.1. Importación de ficheros raster *404*
   Visualización 407
   3.2. Alineamiento y teselado regular *408*
   Alignment 408
   Regular blocking 409
   3.3. Restricciones de la capa raster *409*
   Eliminación y creación de restricciones 411
   Restricciones de las overviews 412
   3.4. Vistas de metadatos *413*
   3.5. Indexación espacial *414*
   3.6. Exportación de capas raster con GDAL *414*
4. ANÁLISIS DE CAPAS TESELADAS 416
   4.1. Estadísticas *416*
   Histogramas 417
   4.2. Reclasificación *418*
   Reclasificación de múltiples bandas 420
   4.3. Apoyo de geometrías sobre un MDE *420*
   4.4. Vectorización *421*
   4.5. Reescalado *422*
   4.6. Álgebra de mapas (una capa) *424*
   Funciones personalizadas 425
   4.7. Álgebra de mapas (dos capas) *427*
   Igual alineamiento y teselado 428
   Diferente teselado 431
   Unión de dos objetos raster 433
   Diferente alineamiento: remuestreo 434
   4.8. Funciones de vecindad *436*
   Agrupación de teselas previa 437
   Comandos con funciones de vecindad predefinidas 439
   4.9. Rasterización *441*
   4.10. Análisis estadístico zonal *442*
   4.11. Intersección *443*
   Intersección vectorial-raster 443
   Intersección raster-raster 445

H   *Extensiones* *449*

1. PGROUTING 451
   Instalación 451
   Caminos más cortos 452
   Topología de red 453
   Carga cartografía y topología 453
   Grafos directos, indirectos y costes 455
   Camino más corto (Dijkstra, A Star y restricciones de giro) ...455
   Utilización de datos OSM 461
   Utilización de cartografía sin estructura de red 466

2. TOPOLOGÍA PERSISTENTE 470
  2.1. Introducción 470
    Modelo espagueti 470
    Modelo topología SQL/MM 471
  2.2. Creación de topología 472
    Ejemplo: topo-geometrías y primitivas 473
    Instalación 474
    Capa de topología 475
    Creación de primitivas topológicas 475
    Modificación de primitivas topológicas 480
    Resumen de la topología 482
    Acceso a primitivas topológicas 483
  2.3. Capas de topo-geometrías 483
    Creación de la capa 483
    Inserción de topo-geometrías 485
    Borrado de una capa de topo-geometrías 488
    Conversión a geometrías 488
    Visualización de capas de topo-geometrías 489
  2.4. Creación automática de topo-geometrías 491
  2.5. Capas derivadas o hijas 493
  2.6. Análisis espacial 494
    Simplificación de geometrías adyacentes 495
    Utilización de índices espaciales con topo-geometrías..................496

I Anexos 499

1. NOTAS SOBRE ADMINISTRACIÓN 501
  1.1. Variables de sistema 501
    Modificación a nivel de sesión (show y set)..................................501
    Modificación a nivel de sesión (vista pg_settings) 502
    Modificación a nivel de base de datos...503
    Modificación de los valores por defecto..504
  1.2. Autentificación del cliente 504
    Recuperación de la contraseña de administración 507
  1.3. Cluster de la base de datos 507
    Arrancar y parar el servidor de PostgreSQL 509
    Inicializar y utilizar un cluster alternativo....................................510
  1.4. Localización 511
    Codificaciones soportadas...513
  1.5. Vacuum 514
    Comando Vacuum 515
    Comando Analyze 516
    Autovacuum 517
  1.6. Roles de la base de datos y privilegios 517
    Atributos de los roles..517
    Grupos de roles 519
    Grant y Revoke 520
  1.7. Ficheros log 523
  1.8. Consumo de recursos 528
  1.9. Otros 530

2. SQL 531
   2.1. Lenguaje SQL *531*
   2.2. Instrucciones SQL *532*
   2.3. Definición de datos *533*
      Listado de los ejemplos 533
      Tablas 533
      Uso de mayúsculas 535
      Dominios 535
      Esquemas 537
      Restricciones (not null, unique, primary key, check) 538
      Restricción de clave ajena o integridad referencial 543
      Programas de diseño conceptual 547
   2.4. Manipulación de datos *547*
      Inserción, borrado y actualización 548
      Consultas elementales sobre una tabla 550
      Funciones de valor y agregadas 554
   2.5. Consultas sobre varias tablas *556*
      Subconsultas (predicados In, All, Any, Exists, Distinct, Unique, ...) 556
   2.6. Trabajo con varias tablas (concatenaciones) *559*
      Los operadores conjuntistas: *Union, Except* e *Intersect* 559
      Concatenaciones (Joins): *Cross Join, Inner Join* y *Outer Join* 560
   2.7. Inserción de filas provenientes de una consulta *565*
      Creación de una tabla nueva 565
      Inserción de registros en una tabla existente 566
   2.8. Vistas *566*
   2.9. Índices *567*
      Creación y borrado 568
3. SOLUCIONES 570
   3.1. Capítulo B *570*
   3.2. Capítulo C *577*
   3.3. Capítulo D *585*
   3.4. Capítulo E *588*
   3.5. Capítulo G *594*
   3.6. Capítulo I *597*

J   *Recursos y bibliografía* 599

1. RECURSOS PRÁCTICOS Y TUTORIALES 601
2. BIBLIOGRAFÍA 602

A   Introducción

Este capítulo es meramente introductorio donde se sitúa al lector dentro del marco normativo seguido por PostGIS y se describen los estándares que serán referenciados a lo largo de la publicación, cuyo estudio es necesario para comprender el funcionamiento de una base de datos espacial.

Se repasa el proceso de instalación de PostgreSQL y PostGIS en máquinas con *MS Windows,* y se comenta brevemente el proceso en máquinas *Linux*. Tras ello, se introducen dos clientes SQL, uno de texto *psql* y otro gráfico *pgadmin*, centrándose en los comandos y utilización del cliente *psql*.

En cuanto al propio lenguaje SQL, se enumeran únicamente los tipos de datos más utilizados en PostgreSQL y se describe el proceso de creación de una base de datos nueva. Se hace hincapié en que el lector evalúe sus conocimientos de SQL y si lo estima conveniente lea y realice detenidamente la teoría y los ejemplos propuestos en el apartado I 2, pág. 531, donde se describe dicho lenguaje antes de seguir avanzando en la publicación y meterse de lleno en el mundo PostGIS.

1. Primeros pasos

PostGIS es una extensión de la base de datos PostgreSQL[1] que permite gestionar objetos geográficos. PostGIS añade la capacidad de utilizar PostgreSQL como base de datos espacial independiente o como repositorio de un Sistema de Información Geográfica[2] (SIG). Fue desarrollado por *Refractions Research*[3]. Actualmente, es un proyecto de la fundación de software libre geoespacial OSGeo[4].

La versión 0.1 data del año 2001. La versión estable en el momento de escribir esta publicación es la 3.5 de septiembre de 2024. Cada varios meses se lanza una nueva versión que generalmente incorpora mejoras y correcciones de errores.

Desde su versión 1.1.0, PostGIS incorpora un modelo inicial de topología persistente, parecido a la estructura arco-nodo de *ArcInfo WorkStation*[5], siguiendo las pautas marcadas por *Oracle Spatial* y su modelo de topología persistente[6], disponible desde hace ya bastantes años. Este modelo de topología es actualmente una solución bastante madura, aunque quizás aún no demasiado conveniente para ser aplicado en un entorno de producción, sobre todo debido al excesivo tiempo empleado en la creación y procesado de los elementos topológicos.

Existen diferentes programas libres que permiten visualizar datos almacenados en PostGIS, además de otros formatos. Algunos de ellos son *gvSIG, QGIS, uDIG, OpenJUMP* o *Kosmo,* cuyas características se describen en el apartado B 3.2, pág. 69.

PostGIS está desarrollado en los lenguajes *C, C++ y PL/PgSQL* (lenguaje procedural de PostgreSQL) y utiliza, entre otras, las bibliotecas de software libre *GEOS*[7] (análisis espacial), SFCGAL[8] (proceso de geometrías 3D) y *Proj4*[9] (proyecciones). PostGIS utiliza *GEOS* para realizar la mayoría de los cálculos geométricos (tipos de objetos geométricos, relaciones y operaciones de análisis espacial entre geometrías 2D, etc.).

Como mejoras en las últimas versiones de PostGIS cabe destacar que a partir de la versión 1.5, es posible realizar ciertas operaciones espaciales con geometrías definidas en sistemas

---

[1] PostgreSQL es un Sistema Gestor de Bases de Datos Relacional (SGBDR) de código abierto disponible para múltiples plataformas, https://www.postgresql.org/.

[2] Un SIG es un sistema diseñado para la captura, almacenamiento, gestión, análisis y presentación de datos geográficos georreferenciados. Un SIG combina diferentes técnicas como cartografía, análisis estadístico y bases de datos.

[3] http://www.refractions.net/

[4] The Open Source GeoSpatial Foundation: https://www.osgeo.org/

[5] *Arc/Info Workstation* fue uno de los programas pioneros en SIG; su primera versión data del año 1982, y no fue hasta la versión 7.1 cuando migró a sistemas operativos *MS Windows*. Llamado a desaparecer, posiblemente debido a la dificultad en su uso, implementa un modelo de topología persistente envidiado por muchos otros programas de SIG.

[6] La topología persistente o explícita plasma las relaciones espaciales entre las geometrías de una capa o varias capas de forma física, en campos de atributos de tablas, tablas internas o cualquier otro mecanismo. Dichas relaciones espaciales se mantienen y sincronizan automáticamente con las entidades geométricas. Un sistema que soporte topología persistente generalmente implementa también un modelo de tolerancias de coincidencia de las coordenadas de las geometrías.

[7] La biblioteca *GEOS*, https://libgeos.org/, es una migración al lenguaje *C++* de la biblioteca *JTS* (*Java Topology Suite*, https://www.osgeo.org/projects/jts/) desarrollada en *Java*.

[8] La biblioteca SFCGAL (https://sfcgal.gitlab.io/SFCGAL/) es un envoltorio en C++ de la biblioteca CGAL (https://www.cgal.org/) y proporciona operaciones 3D siguiendo la especificación *Simple Feature Access* del OGC.

[9] https://proj.org/

de referencia no proyectados (sistemas de coordenadas geográficas), es decir, se puede calcular, por ejemplo, la distancia entre dos puntos sobre un determinado elipsoide de referencia. Para ello, se introdujo un nuevo tipo de datos llamado *geography,* además del tipo de datos *geometry;* este último es el que se sigue utilizando para realizar análisis espaciales completos utilizando sistemas proyectados.

A partir de la versión 2.0 de PostGIS se incluye soporte de datos *raster* mediante la integración de una extensión *raster* incluida en la versión oficial. De esta forma, PostGIS 2.0 puede almacenar y gestionar la información *raster* en tablas como si de información vectorial se tratara y realizar operaciones de análisis espacial *raster* o mixtas entre ambos modelos.

Otras mejoras importantes durante los últimos años han sido el soporte de indexación espacial en tres dimensiones, la ampliación de funcionalidades 3D (especialmente a partir de la utilización de la biblioteca SFCGAL) y la extensión de topología persistente.

1.1. Normativa relacionada

A lo largo de esta publicación se hace referencia a algunos documentos publicados por el *Open Geospatial Consortium[1]*, en adelante el OGC.

El primero de estos documentos es la especificación del OGC titulada *"OpenGIS Simple Features Implementation Specification for SQL. Versión 1.1."* (en adelante lo denominaremos SFS1.1 para abreviar). Esta especificación fue publicada en el año 1999 y tiene como objetivo definir un esquema SQL que soporte el acceso, almacenamiento, consulta y actualización de fenómenos geoespaciales simples.

PostGIS y algunas bibliotecas tan importantes, como *JTS* y *GeoTools[2]*, están apoyadas principalmente en esta especificación. Algunas limitaciones de esta primera versión son la utilización únicamente de coordenadas X e Y (las coordenadas Z y M no se tuvieron en cuenta) y la estandarización de las firmas de los métodos propuestos.

Unos años después, dicho estándar fue revisado por el OGC, quien lo dividió en dos documentos, obteniendo así las normas ISO 19125-2:2004 e ISO 19125-1:2004, aunque el contenido permanece prácticamente el mismo que la especificación SFS1.1 original. En adelante, denominaremos ambas normas SFA1.1.0:

- La Norma ISO 19125-2:2004 también se conoce como *"OpenGIS Implementation Specification for Geographic information – Simple Feature Access – Part 1: Common Architecture. Versión 1.1.0"*, y describe el modelo de geometrías utilizado y la forma de representación de las geometrías (WKT, WKB) y de los sistemas de referencia (WKT).
- La Norma ISO 19125-1:2004 se conoce como *"OpenGIS Implementation Specification for Geographic Information – Simple Feature Access – Part 2: SQL Option. Versión 1.1.0"*, y describe, entre otros aspectos, el esquema SQL para soportar almacenamiento, consulta y actualización de objetos espaciales basados en geometrías de dos dimensiones.

---

[1] El *Open Geospatial Consortium, Inc* (OGC) es un consorcio internacional de más de 400 compañías, instituciones y universidades con el objetivo de desarrollar especificaciones y estándares que faciliten soluciones interoperables para la consulta, creación y gestión de la información geográfica.

[2] Biblioteca desarrollada en Java, utilizada intensamente en *GeoServer* (servidor de cartografía). Además de estar integrada con la biblioteca *JTS,* añade funcionalidades como el *renderizado* de geometrías y el acceso a datos espaciales, utilizando diferentes *drivers* como PostGIS, *ShapeFile,* etc. https://geotools.org/

Por último, en el año 2006 (corrigendum del 2011) apareció una nueva versión (1.2.1) de la especificación SFA, en adelante SFA1.2.1:

- *"OpenGIS Implementation Specification for Geographic information – Simple feature access – Part 1: Common architecture"*. Versión 1.2.1.
- *"OpenGIS Implementation Specification for Geographic information – Simple feature access – Part 2: SQL option"*. Versión 1.2.1.

Entre algunas novedades importantes de estas normas encontramos:

- Inclusión de las coordenadas Z y M en los tipos de geometrías y en las definiciones WKT y WKB.
- Inclusión de anotaciones para definir textos (topónimos).
- Nuevos métodos de referencia lineal de geometrías.
- Inclusión de orientación en los elementos poligonales.
- Nuevos tipos de geometrías para almacenar TINs y superficies poliédricas.
- No se estandarizan los nombres de las firmas de los métodos.

Paralelamente a estas especificaciones y normas, dentro del estándar SQL se incluye la norma ISO 13249-3:2004 (actualmente 13249-3:2016) *"Information Technology – Database Languages – SQL Multimedia and Application Packages – Part 3: Spatial"*, o también denominada SQL/MM (SQL Multimedia). Este documento no tiene de momento equivalente en el OGC (se debe adquirir previo pago a la organización ISO). Es una norma más evolucionada que SFS1.1, SFA1.1.0 e incluso SFA1.2.1, de la cual las bases de datos espaciales, PostGIS entre ellas, han adoptado ciertas características. Esto ha originado una confusión sobre los estándares que sigue PostGIS y/u otras bases de datos espaciales. El OGC está tratando de corregir esta situación mediante una nueva especificación que busca, en un futuro, ser un nexo de unión con la norma SQL/MM. En las versiones más recientes, puede decirse que PostGIS está tratando de seguir más la norma SQL/MM que la última versión de las normas SFA.

> Es importante mencionar que PostGIS no implementa completamente el estándar SFA1.2.1 ni el SQL/MM. Por ejemplo, el comando *ST_Astext*, que se estudiará más adelante, no soporta anotaciones, orientación en los elementos poligonales, etc.
>
> Por todo ello, aún no puede afirmarse que PostGIS cumpla completamente con SFA1.2.1 y/o SQL/MM, aunque es posiblemente la base de datos espacial que más se aproxima a dichos estándares.

1.2. Instalación

PostgreSQL

Aunque PostgreSQL está disponible para múltiples plataformas, en este apartado vamos a instalar la versión para *MS Windows*, no porque la instalación sea más sencilla que en sistemas *Linux,* sino porque dicha instalación depende de la distribución de *Linux* utilizada. De todas formas, los usuarios de *Linux* pueden instalar PostgreSQL obteniendo los binarios desde la página oficial o utilizando los correspondientes gestores de paquetes correspondientes a cada distribución.

En muchos casos, el procedimiento de instalación en *Linux* es incluso más sencillo que en el propio *MS Windows*.

Hay que comentar que todos los comandos, tanto SQL como los métodos PostGIS, que veremos en este libro, son independientes del sistema operativo que se esté utilizando. El lector puede, por lo tanto, elegir su sistema operativo favorito e instalar el software utilizado en este libro sin problemas.

Para los ejemplos, no se necesita ninguna extensión o configuración especial de PostgreSQL. La instalación de esta forma se simplifica aún más, como aparece a continuación.

1.- Descarga de los binarios desde la página oficial de PostgreSQL[1]. En dicha página web, en la sección *downloads*, en el párrafo '*Binary packages*', seleccionamos *Windows*. A continuación, haz clic en *download the installer* y elige la versión deseada de PostgreSQL y del sistema operativo (*p. ej.:* para MS Windows sería *Win x86-64*).

En función de la versión de *MS Windows* instalada, las posibles combinaciones son:

- *MS Windows* 64 bits -> PostgreSQL 64 bits -> PostGIS 64 bits.
- *MS Windows* 64 bits -> PostgreSQL 32 bits -> PostGIS 32 bits.
- *MS Windows* 32 bits -> PostgreSQL 32 bits -> PostGIS 32 bits.

2.- Tras ejecutar el fichero (*postgresql-17.x-x-windows-x64.exe* o similar), se iniciará el proceso de instalación y aparecerá la pantalla de bienvenida.

Presionamos siguiente.

Directorio de instalación: introducimos el directorio de instalación. Por ejemplo: `C:\PostgreSQL\17`

Presionamos siguiente.

Selección de Componentes: deja marcados todos los componentes.

Directorio de datos: Introducimos el directorio donde se almacenarán los datos. El instalador nos da la posibilidad de almacenar los datos en otro directorio o incluso en otra unidad física. En nuestro caso, los dejaremos en el directorio *data,* dentro del directorio de instalación principal de PostgreSQL: `C:\PostgreSQL\17\data`

Presionamos siguiente.

Contraseña: introducimos la nueva contraseña del administrador de la base de datos. Esta contraseña también será utilizada para establecer el servicio de *MS Windows* que arrancará el servidor PostgreSQL.

Presionamos siguiente.

Puerto: el puerto de comunicación de PostgreSQL por defecto es 5432. En el caso de que este puerto ya esté ocupado o que queramos cambiar el puerto del servidor, este es un buen momento para hacerlo. Dejamos el valor por defecto: 5432.

Presionamos siguiente.

Opciones avanzadas: en este paso hay que introducir la configuración regional de PostgreSQL. Esta configuración hace referencia a los formatos de fecha y lenguaje utilizados en los mensajes del servidor, etc. Lo dejamos en *'[Configuración Regional por defecto]'*.

Resumen de la instalación: presionamos siguiente.

---

[1] https://www.postgresql.org/download/

Listo para instalar: presionamos siguiente, y comenzará el proceso de instalación. El programa se instalará rápidamente e inicializará también el *cluster* de datos (estructura de ficheros necesaria para almacenar todas las bases de datos) en el directorio `C:\PostgreSQL\17\data`. Hay que estar atentos porque el antivirus del ordenador puede tratar de bloquear el acceso al puerto 5432.

Stack Builder: Tras la instalación aparecerá una última pantalla donde se pregunta si se quiere ejecutar el programa *Stack Builder*. *Stack Builder* es un programa que permite instalar complementos para PostgreSQL mediante una conexión a Internet. Desactivamos la casilla, más adelante se puede ejecutar de nuevo si es necesario.

Comprobación del servicio

Una primera comprobación necesaria, pero no suficiente, de que el servidor está funcionando correctamente, consiste en asegurarse de que el servicio de PostgreSQL ha sido iniciado.

Panel de Control > Herramientas administrativas > Servicios.

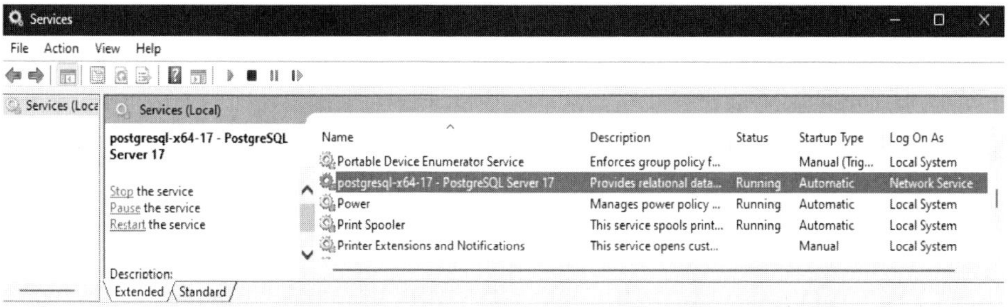

Figura 1 Servicio de PostgreSQL en MS Windows

Desde esta misma ventana, con un doble clic, sobre el servicio aparecerá una segunda caja de diálogo donde se puede detener e iniciar el servicio y consultar información sobre el servicio.

Path del sistema

A lo largo de esta publicación, se usan algunas utilidades de PostgreSQL que se ejecutan como comandos dentro de una terminal o símbolo del sistema (ver Tabla 1, pág. 31). Estos comandos en *MS Windows* se copian en el proceso de instalación de PostgreSQL dentro del directorio *bin* y, para acceder a ellos desde cualquier directorio, es necesario configurar el *path* o ruta del sistema de búsqueda de binarios.

Para ello, en la barra de tareas de MS Windows, busca el programa 'entorno' y selecciona 'Editar las variables de entorno del sistema'. Presiona el botón 'Variables de entorno'.

Haz clic en la variable *Path* (en la caja de variables del sistema) y edítala para modificarla. Añade la ruta del directorio *bin* de PostgreSQL (imagen inferior izquierda). Si estás en una versión anterior a MS Windows 10, deberás añadir la ruta al final de la cadena de texto, separada por un punto y coma (imagen inferior derecha).

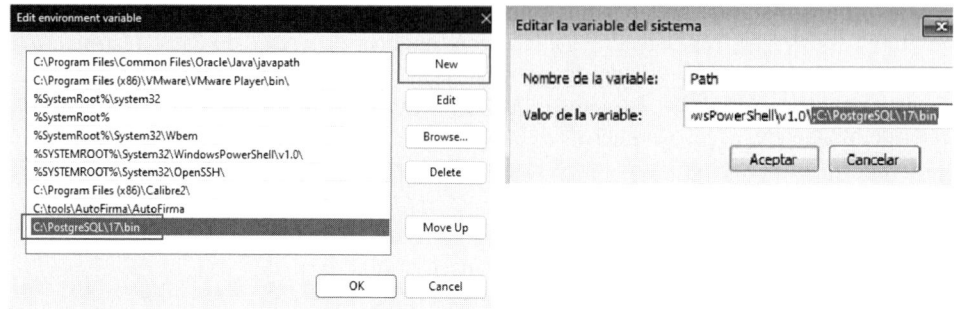

Figura 2 *Path* del sistema en *MS Windows*

Instalación de PostGIS

La instalación de PostGIS se puede realizar de forma automática en *MS Windows* utilizando el programa *Stack Builder* accesible desde el menú de inicio / PostgreSQL. En distribuciones *Linux* u otros sistemas operativos habrá que utilizar el gestor de software o de paquetes propio de cada distribución, siendo generalmente también un proceso bastante sencillo.

La instalación mediante *Stack Builder* en *MS Windows* consta de los siguientes pasos:

- Ejecución de *Stack Builder* desde el menú de inicio / PostgreSQL.
- Selecciona en el desplegable el servidor recién instalado (p. ej. *PostgreSQL 17 (x64) on port 5432*)

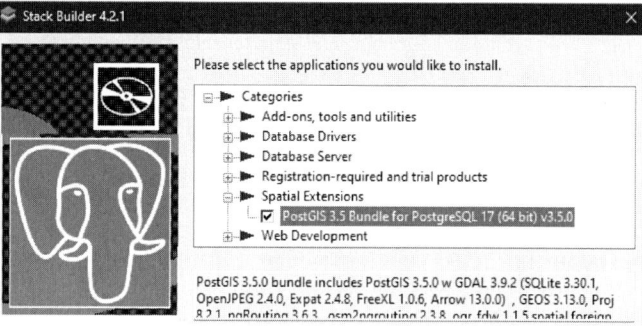

Figura 3 Instalación de PostGIS con *Stack Builder*

- Selecciona el paquete PostGIS dentro del apartado *Spatial Extensions* (la elección de 32 o 64 bits debe coincidir con la versión instalada de PostgreSQL).
- En la siguiente pantalla introducimos un directorio temporal donde el instalable de PostGIS será descargado.
- A continuación, *Stack Builder* lanzará el instalable de PostGIS y aparecerá la pantalla de aceptación de licencia de PostGIS.

> **Si hay problemas en la descarga**, siempre es posible descargar el instalable de PostGIS directamente desde: https://download.osgeo.org/postgis/windows/ y ejecutarlo. Tras ello, continuaremos igual que con el *Stack Builder*.

- En la siguiente ventana aparecerán los componentes de PostGIS a instalar: el propio PostGIS y una base de datos espacial de ejemplo. Dejamos las opciones marcadas por defecto. Asegúrate que la opción "crear base de datos espacial" está desmarcada, ya que la crearemos a posteriori para entender mejor el proceso.
- En la siguiente pantalla seleccionamos el directorio de instalación de PostgreSQL. Generalmente, el instalador detectará dicho directorio, pero, si no fuera así, debe seleccionarse de forma manual: `c:\PostgreSQL\17`
- Al finalizar nos pedirá que aceptemos la creación de varias variables de entorno, respondemos que sí a las tres preguntas.

1.3. Clientes *SQL*

Tras la instalación de PostgreSQL nuestro ordenador dispondrá de dos clientes para acceder a PostgreSQL: un cliente de texto *psql* y un cliente gráfico *pgadmin*. Si se está utilizando *Linux* es posible que el software *pgadmin* deba instalarse aparte.

Aunque el cliente gráfico *pgadmin* es más amigable que el cliente de texto *psql*, por el momento y con fines didácticos, es mejor empezar a manejar el cliente de texto *psql*. Más adelante, cuando el lector tenga un conocimiento más profundo de la base de datos, podrá utilizar el cliente gráfico si así lo estima conveniente.

Clientes de texto: *psql*

Psql es un cliente de línea de comandos distribuido junto a PostgreSQL. También se le conoce como monitor o terminal interactivo de PostgreSQL.

Con *psql*, se dispone de una simple pero potente interfaz para comunicarse con el servidor PostgreSQL. Una vez establecida una sesión con el cliente *psql*, podemos empezar a introducir las sentencias SQL.

Antes de empezar a introducir SQL a través del cliente *psql*, comentamos algunas notas:

- PostgreSQL **convierte a minúsculas** todas las cadenas que no se encuentren entre comillas (al contrario que el estándar SQL92).

  De la misma forma, si los nombres de las tablas o los nombres de los campos de las tablas no se introducen entre comillas, serán convertidos a minúsculas. Como regla general en esta publicación y para simplificar el código SQL, utilizaremos los nombres de tablas y campos sin usar comillas; es decir, PostgreSQL los interpretará siempre en minúsculas.

- Valor nulo: representado por *NULL*.

- Un literal de cadena de caracteres va encerrado entre comillas simples: *'cadena'*.

- Cada sentencia SQL debe ser terminada con un punto y coma.

- Hay dos tipos de comentarios en PostgreSQL: comentario de una sola línea, usando '--', y comentarios de bloque, usando '/*' para iniciar el bloque y '*/' para finalizarlo. Ejemplo:

```
-- Esto es un comentario de línea
/* Esto
Es un comentario
De bloque */
```

Codificación terminal (MS Windows)

En sistemas operativos *MS Windows* es necesario configurar la codificación de caracteres utilizada por la consola o símbolo del sistema para su utilización con el terminal *psql*:

1. Abrimos una consola o símbolo del sistema (programa `cmd` en MS Windows).
2. Puedes probar a cambiar la fuente de la consola a otra que quizás se vea mejor, para ello seleccionamos propiedades del menú principal de la ventana y en la pestaña fuentes cambiamos la fuente a "*Lucida Console*".
3. Utilizamos el comando *chcp* para cambiar la codificación de los caracteres:

```
consola> chcp 1252
```

Ahora ya podemos ejecutar el comando *psql* de forma adecuada tal como se indica en el siguiente apartado.

Conexión al servidor

Primero vamos a ver qué bases de datos hay en el sistema (en una instalación limpia de PostgreSQL deberíamos tener al menos las bases de datos *template0 y template1*).

Para ejecutar el comando *psql,* abrimos una consola del sistema, 'Símbolo del sistema':

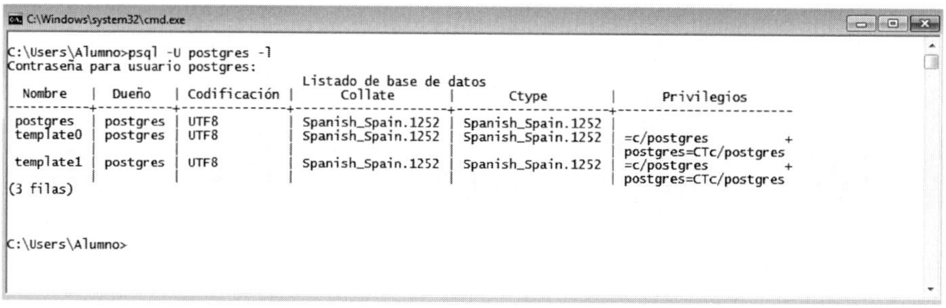

Figura 4 Listado bases de datos

Listado de las bases de datos que hay en el sistema y sus propietarios:

```
consola> psql -U postgres -l
```

Donde *postgres* se corresponde con el usuario con el cual queremos acceder al sistema. En nuestro caso el usuario *postgres* es el administrador del sistema y su contraseña es la que se introdujo en el proceso de instalación de PostgreSQL.

Una vez vistas las bases de datos que hay actualmente en el sistema podemos autentificarnos y acceder a una de ellas utilizando la opción '-*d*', por ejemplo, *template1*.

```
consola> psql -U postgres -d template1
```

Tras introducir la contraseña, el *prompt* del sistema cambia de aspecto lo que nos indica que se ha accedido a la base de datos *template1* de forma correcta.

```
template1=#
```

En este momento el cliente *psql* quedará a la espera de la introducción de órdenes del usuario. Órdenes que deben ser instrucciones SQL o comandos del propio cliente *psql*; es decir, desde este *prompt* no se pueden ejecutar comandos del sistema operativo. Para ello, habrá que abrir otra consola del sistema o salir del *prompt* de *psql* con la orden '\q'.

Los comandos de utilidad de PostgreSQL se instalan en el directorio *bin* de PostgreSQL en *MS Windows* y en */usr/bin* en *Linux*, y su funcionamiento es similar en cualquier sistema operativo. Los más utilizados y que se verán en este libro son:

Algunos comandos PostgreSQL del sistema operativo	Descripción
`psql`	Cliente SQL de texto de PostgreSQL.
`createdb`	Creación de una nueva base de datos.
`dropdb`	Borrado de una base de datos existente.
`createlang`	Creación de un nuevo lenguaje en la base de datos. En desuso, se utiliza en su lugar *create extension* en SQL.
`pg_dump`	Exportación de la base de datos.
`pg_vacuum`	Limpia las bases de datos y optimiza el espacio ocupado.

Tabla 1 Comandos de PostgreSQL

Desde el cliente *psql*, se puede ejecutar tanto comandos SQL como comandos *psql*. Algunos de los comandos *psql* son:

Comando psql	Descripción
`\?`	Ayuda de los comandos de *psql* como los comentados en esta tabla.
`\help o \h`	Ayuda comandos SQL de PostgreSQL. Ejemplo: \h *CREATE TABLE*
`\q`	Sale y vuelve al *shell*.
`\l`	Lista todas las bases de datos.
`\d`	Lista todas las tablas, secuencias y vistas.
`\d [nombre]`	Lista detallada de las tablas, secuencias, vistas o índices, describiendo cada uno de sus campos o parámetros.
`\dD`	Lista los dominios.
`\dn`	Lista los esquemas.
`\a`	Cambia el formato de la salida del texto, alineado o sin alinear.
`\x`	Cambia el formato a lista, en lugar de tabla
`\i`	Ejecuta un fichero de texto con comandos SQL.
`\x on | off`	Activa / Desactiva el modo expandido de visualización de las tablas

Tabla 2 Comandos del cliente *psql*

Ejemplos de uso de comandos *psql* sobre la base de datos *template1*:

```
template1=# \l
template1=# \?
template1=# \q
```

Para salir del intérprete de comandos *psql* y volver a la consola inicial, se utiliza el comando '\q'.

Clientes gráficos: *pgadmin*

En esta publicación se insiste en utilizar la base de datos PostgreSQL desde un terminal de texto como es *psql,* para que el usuario conozca las sentencias SQL de una forma más didáctica. En el mercado existen muchas aplicaciones tanto *open source* como comerciales que actúan como interfaces de usuario gráficas[1] (clientes gráficos) para interactuar con la base de datos de una forma más amigable que desde la consola del sistema mediante comandos SQL, especialmente a la hora de introducir y consultar tablas de datos.

Quizás las aplicaciones más conocidas de PostgreSQL (ambas *open source*) son *pgAdmin*[2] y *phpPgAdmin*[3].

En *MS Windows,* la aplicación *pgAdmin* se instala por defecto al instalar PostgreSQL. En *Linux* no se instala por defecto y, generalmente, será necesario instalar la aplicación desde el gestor de *software*/paquetes de cada distribución, pero es una tarea sencilla. En cuanto a *phpPgAdmin*, está enfocado a un uso dentro de una arquitectura cliente-servidor web de forma que cualquier usuario puede acceder al servidor de PostgreSQL a través de la web. Resulta más complicado de instalar y ofrece menos características que *pgAdmin,* aunque es preferible en el caso de necesitar una interfaz web de administración.

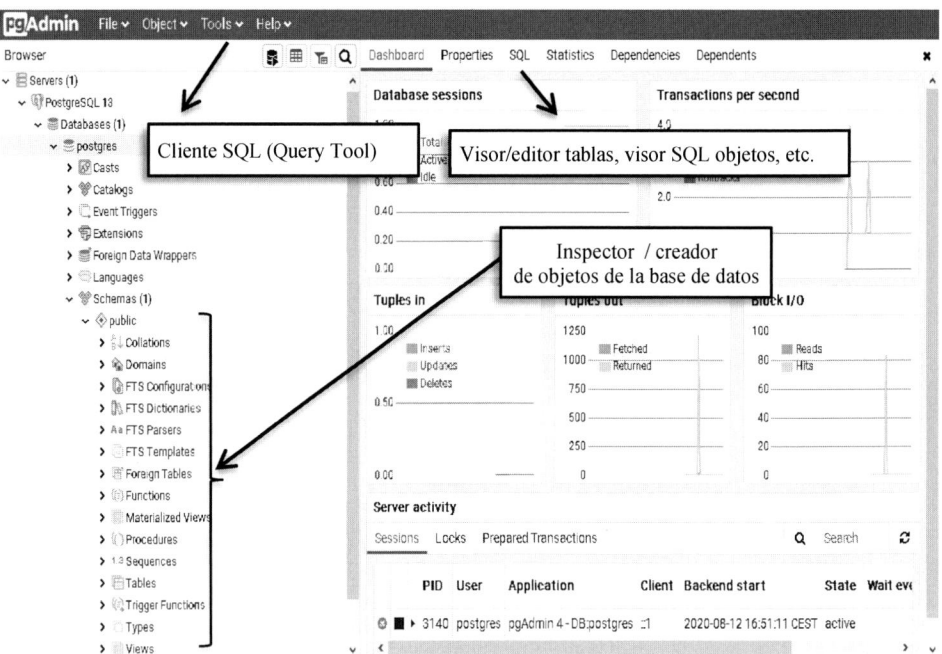

Figura 5 Herramienta *pgAdmin* para PostgreSQL

---

[1] https://wiki.postgresql.org/wiki/Community_Guide_to_PostgreSQL_GUI_Tools

[2] Herramienta multi-plataforma de administración de bases de datos PostgreSQL. https://www.pgadmin.org

[3] Herramienta de administración de PostgreSQL. https://phppgadmin.sourceforge.net/

Algunas de las funcionalidades de *pgAdmin* son las siguientes:

- Inspección, creación y borrado de objetos de la base de datos: tablas, dominios, vistas, secuencias, esquemas, funciones, disparadores, etc.
- Cliente/Editor SQL parecido al cliente *psql* (ver Figura 8).
- Acceso a la consola *psql*.
- Herramientas de administración: copias de seguridad (*pg_dump*), *explain analyze* de forma gráfica (ver Figura 32, pág. 109) etc.

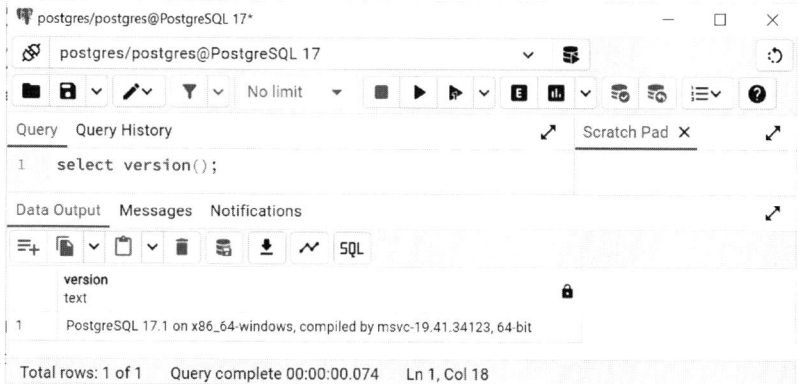

Figura 6 Cliente SQL en *pgAdmin4*

1.4. Tipos básicos de datos

En la siguiente tabla se muestran algunos tipos de datos de PostgreSQL (los más utilizados y los que veremos en esta publicación). Aunque en PostgreSQL muchos de estos tipos de datos disponen de otros nombres auxiliares o alias (p. ej.: un tipo de datos *smallint* se puede denominar también como *int2*, un *integer* como *int4*, un *real* como *float4* o un *double precisión* como *float8*, etc.), en esta publicación se trata de utilizar el nombre compatible SQL para favorecer la portabilidad a otros SGBD.

En la tercera columna de la tabla se hace referencia a la versión del primer estándar SQL que soportó dicho tipo de dato.

Tipo de datos	Descripción	Estándar
	Caracteres	
`varchar(n)`	Cadena de caracteres variable, limitada a *n* caracteres. También conocido como `character varying(n)`.	SQL92
`char(n)`	Cadena de caracteres de longitud fija de *n* caracteres. Defecto n=1. También conocido como `character (n)`.	SQL89
	Numéricos enteros	
`boolean`	Booleano *TRUE / FALSE*.	SQL99
`smallint`	Entero de 2 *bytes* con signo. Alias en PostgreSQL: **int2**	SQL89
`integer`	Entero de 4 *bytes* con signo. Alias en PostgreSQL: **int4**	SQL92
`bigint`	Entero de 8 *bytes* con signo. Alias en PostgreSQL: **int8**	SQL2003

	Numéricos decimales	
`real`	Flotante de 4 *bytes* según *IEEE 754*. Alias en PostgreSQL: **float4**	SQL89
`double precision`	Flotante de 8 *bytes* según *IEEE 754*. Alias en PostgreSQL: **float8**	SQL89
`numeric(p,s)`	Tipo exacto de P dígitos (*Precision*) y S decimales (*Scale*). También conocido como `decimal (p, s)`.	SQL99
	Fechas y hora	
`timestamp (n)`	Fecha / hora (sin zona horaria), *n* dígitos / fracción de seg.	SQL92
`time (n)`	Hora (sin zona horaria), con *n* dígitos / fracción de seg.	SQL92
`date`	Fecha.	SQL92
`interval (n)`	Intervalo hora, con *n* dígitos de fracción de seg.	SQL92
	Específicos de PostgreSQL	
`text`	Cadena de caracteres de longitud variable sin limitación. Este tipo es similar al tipo *Varchar*.	PostgreSQL
`serial`	Entero de 4 *bytes* autoincremental (secuencia), *bigserial* utiliza un entero de 8 *bytes*.	PostgreSQL
`oid`	Identificador de objeto (4 *bytes*), utilizado en tablas internas (*pg_catalog*). No aconsejable para utilizarlo como identificador en tablas de usuario.	PostgreSQL
`bytea`	Secuencia de *bytes*. Conocido en el estándar SQL y en otras bases de datos como *BLOB* o *Binary Large Object*.	PostgreSQL
	Específicos de PostGIS	
`geometry`	Geometrías en formato binario.	PostGIS
`geography`	Geometrías en coordenadas geográficas (WGS 84), para realizar análisis espacial sobre el esferoide.	PostGIS
`raster`	Teselas en formato *raster*.	PostGIS

Tabla 3 Tipos básicos de PostgreSQL

En la ayuda *online* de PostgreSQL[1], en el capítulo *Datatypes*, se puede encontrar una definición más amplia y detallada de todos los tipos que soporta PostgreSQL.

PostgreSQL también dispone de algunos alias para referirse de una forma más corta a ciertos tipos SQL como: *smallint* (*int2*), *integer* (*int4*), *bigint* (*int8*), *real* (*float4*) o *double precision* (*float8*).

En PostgreSQL los tipos para almacenar cadenas de caracteres de longitud fija, *Char*(n) y *Character*(n) son incluso más lentos que los tipos de longitud variable, además de ocupar más espacio de almacenamiento. Se aconseja el uso de *Varchar* o *Character Varying*. El parámetro del número de caracteres máximo (n) del tipo *Varchar*(n) es opcional.

---

[1] https://www.postgresql.org/docs/current/datatype.html

1.5. Notas antes de empezar

Creación de una nueva base de datos

Llegado a este punto vamos a crear nuestra primera base de datos con la cual empezaremos a realizar los ejemplos de este apartado. Para ello, utilizaremos el comando *createdb*, que como se ha comentado anteriormente, al ser un comando del sistema operativo, no se puede ejecutar dentro del cliente *psql* sino directamente desde una terminal o símbolo del sistema.

```
consola> createdb -U postgres b1
```

Este comando crea la base de datos *b1* cuyo dueño es el usuario *postgres* (al haberla creado). También se puede solicitar ayuda al sistema o borrar la base de datos creada con los siguientes ejemplos:

```
createdb --help
dropdb --help
dropdb -U postgres b1
```

Cambio de contraseña

Si se desea cambiar la contraseña de un usuario/role se puede utilizar la orden SQL *Alter User* desde un cliente *psql*, p. ej.: la siguiente sentencia cambia la contraseña del usuario/role *postgres* (los usuarios/roles y contraseñas son comunes a todas las bases de datos):

```
b1=# ALTER USER postgres PASSWORD 'nuevacontraseña';
```

Conocimientos previos

Llegado a este punto el lector debe evaluar sus conocimientos previos de SQL. En el caso de que no disponga de ellos es estrictamente necesario que antes de seguir leyendo esta publicación y adentrarse en el mundo PostGIS lea detenidamente el capítulo I 2, pág. 531, donde se realiza una introducción básica al lenguaje SQL de forma práctica.

La comprensión y utilización adecuada de PostGIS pasa por un conocimiento al menos básico-medio del lenguaje SQL.

Por el contrario, si el lector ya ha estudiado o utilizado el lenguaje SQL no está de más que repase de forma rápida los conceptos explicados en dicho capítulo, especialmente:

- Restricciones de tipo *check*, clave primaria, unicidad, etc.
- Agrupaciones y funciones agregadas.
- Concatenaciones internas y externas.
- Índices.
- Vistas.

2. Cartografía y código fuente de los ejemplos

Desde *https://cartosig.webs.upv.es* también se puede obtener el fichero *datoslibropostgis-xx.zip*, que contiene la cartografía y el código SQL utilizado en los ejemplos del libro. Al descomprimir el *zip* se obtienen dos carpetas:

codigo: contiene ficheros de texto *.sql* con todas las sentencias SQL y comandos ejecutados en los ejemplos, de esta forma el usuario puede ir copiando y pegando el código.

datos: contiene tanto la cartografía de los ejemplos (en varios formatos como *shape, arcinfo, osm, raster* y sobre todo en formato SQL para su importación directa a PostGIS) como otros ficheros utilizados en el libro (ficheros *NTv2*, etc.).

B Núcleo

En este capítulo se describe una parte importante de la funcionalidad de PostGIS que es necesario conocer y manejar con soltura, lo que capacitará al lector para la realización de análisis espaciales más complejos como los expuestos en el siguiente capítulo. Se comienza detallando el proceso de creación de una base de datos espacial, las tablas de metadatos utilizadas por PostGIS y la gestión de tablas espaciales.

A continuación, se introducen los diferentes tipos de geometrías soportados por PostGIS, primero de una forma sencilla para que el lector pueda empezar a realizar sus primeras operaciones espaciales con PostGIS, y más adelante de forma detallada describiendo en profundidad el modelo de fenómenos simples o *simple features* del OGC en que se basa PostGIS. De esta forma se estudia cada uno de los tipos geométricos, cómo se forman, qué restricciones presentan, cómo se definen desde un punto algebraico, etc.

También se estudian diferentes procedimientos para importar y exportar datos cartográficos y tablas alfanuméricas en PostgreSQL / PostGIS, utilizando tanto los comandos de utilidad de PostGIS como otros programas externos interesantes, también *open source*, potentes como *GDAL/OGR*.

Es necesario que el lector conozca en profundidad el manejo de las relaciones espaciales entre las geometrías, aspecto que es utilizado continuamente en el análisis espacial no solo en PostGIS sino en cualquier base de datos espacial o SIG de escritorio, ya que los fundamentos teóricos introducidos por los estándares son similares en la mayoría de los software de SIG, para ello se estudia los predicados espaciales del OGC soportados por PostGIS tanto de forma gráfica como analítica tratando de resolver todas las dudas

La indexación espacial, cuya aplicación es crucial, se utiliza a partir de ahora en todos los ejemplos realizados en esta publicación.

Por último, el capítulo se cierra con la creación de tablas espaciales donde el lector puede almacenar los resultados de cualquier análisis espacial, y vistas espaciales muy útiles para realizar un control dinámico de la cartografía cuyo uso se mejora con las llamadas reglas para modificar registros en las vistas.

1. La Base de datos espacial

Tras instalar PostGIS en el ordenador aún, no se puede utilizar su funcionalidad en ninguna base de datos. Para ello, se necesita 'espacializar' o dotar a la base de datos que queramos utilizar con PostGIS de la funcionalidad espacial requerida.

'Espacializar' o convertir una base de datos en espacial consiste en añadir a una base de datos todos los procedimientos almacenados (funciones SQL) de PostGIS, así como algunos objetos como vistas que contienen un inventario de las tablas espaciales, tablas con los sistemas de referencia, etc. Estas funcionalidades se agregan mediante la ejecución sobre la base de datos que queremos 'espacializar' de miles de comandos SQL (que generalmente se agrupan en unos pocos ficheros de texto que vienen con la instalación de PostgGIS). Este procedimiento se puede realizar de dos maneras diferentes en PostgreSQL:

1. Método sin utilizar *extensions*: Localizando los ficheros de texto que contienen los cientos de comandos SQL de PostGIS y ejecutando dichos ficheros SQL en la base de datos a convertir en espacial.

2. Método utilizando *extensions:* Ejecutando de forma muy sencilla únicamente varios comandos *create extension*. Este comando añade toda la funcionalidad de PostGIS de forma transparente, sin la necesidad de ejecutar ficheros SQL en la base de datos.

La forma más práctica, rápida y habitual es la segunda; es decir, **utilizando el comando *create extension**. La primera forma, aunque mucho más inusual, la veremos primero porque, aunque **no se suele utilizar**, sí que ayuda a comprender muy bien lo que significa convertir una base de datos en espacial.

Algunos de los comandos necesarios para convertir una base de datos en espacial requieren permisos de administrador de PostgreSQL. Por ello, para simplificar las cosas, utilizaremos el usuario *postgres* para conectarnos a la base de datos, ya que generalmente es administrador de PostgreSQL. Utilizaremos dicho usuario para realizar todos nuestros ejemplos de PostGIS, evitando problemas.

1.1. Creación base de datos espacial sin utilizar *extensions*

Módulo principal y vectorial

1. Localizar los ficheros *postgis.sql y spatial_ref_sys.sql* dentro de la instalación de Post-GIS.

El primer paso consiste en localizar los ficheros *postgis.sql* y *spatial_ref_sys.sql* en nuestro ordenador. Estos ficheros han sido copiados en el proceso de instalación de PostGIS y su ubicación depende tanto del sistema operativo y su versión como de la versión de PostgreSQL y PostGIS instalada.

La ruta o *path* al fichero *postgis.sql* vendrá dada según el sistema operativo y la versión de PostgreSQL y PostGIS instalada. A continuación, se muestran los directorios por defecto utilizados por algunas distribuciones (ejemplo con PostgreSQL 17 y PostGIS 3.5):
- *OpenSuse*:
  /usr/share/postgresql/contrib/postgis-3.5

> - *Ubuntu*:
> */usr/share/postgresql/17/contrib/postgis-3.5/postgis.sql*
> - *MS Windows*:
> *c:\PostgreSQL\17\share\contrib\postgis-3.5\postgis.sql*
>
> En cualquier caso, el usuario puede buscar dichos ficheros utilizando algún comando de búsqueda en el sistema de archivos o viendo los ficheros instalados por el gestor de paquetes utilizado (*synaptic package manager* en *Ubuntu* o *yast* en *OpenSuse*).

2. Crear la base de datos, por ejemplo, vamos a llamarle *s0*.

```
consola> createdb -U postgres s0
```

Si el usuario de PostgreSQL tiene el mismo nombre que el usuario que ha abierto el terminal del sistema operativo no sería necesario utilizar la opción '-*U*'. En tal caso la sentencia anterior sería similar a: `createdb s0`

La información textual (campos tipo varchar, etc.) se almacena en la base de datos utilizando la codificación por defecto de PostgreSQL (generalmente UTF8). También se puede elegir la codificación con la opción *-E* (p. ej.: *createdb -U postgres –E UTF8 s0*) al crear la base de datos (ver el apartado I 1.4, pág. 511 para más información).

3. Si la versión de PostgreSQL es la 9.0 o superior entonces salta al apartado 4, sino procederemos a instalar el lenguaje *PL/PgSQL* de PostgreSQL en la base de datos:

```
consola> psql -U postgres –d s0 -c "create extension plpgsql"
```

Si la base de datos ya dispone de dicho lenguaje el sistema dará un aviso: "*ERROR: la extensión «plpgsql» ya existe*", que no afecta al proceso de instalación.

4. Ejecutar el fichero *postgis.sql* (incluido en la distribución de PostGIS) en la base de datos *s0*. Este fichero añade toda la funcionalidad espacial de PostGIS a la base de datos.

```
consola> psql -U postgres -f ruta_a_postgis.sql -d s0

    Ejemplo con instalación del capítulo anterior (si la ruta contuviera
        espacios la pondríamos entre comillas):
    psql -U postgres -f c:\PostgreSQL\13\share\contrib\postgis-3.1\postgis.sql –d s0
```

5. Ejecutar el fichero *spatial_ref_sys.sql* (incluido en la distribución de PostGIS) en la base de datos *s0*, este fichero crea una tabla con información sobre unos 4000 sistemas de referencia distintos.

```
consola> psql -U postgres -f ruta_a_spatial_ref_sys.sql –d s0
```

6. Este paso es opcional y sirve para añadir pequeños comentarios de ayuda sobre las instrucciones de PostGIS. Si se quieren añadir estos comentarios será necesario ejecutar el fichero *postgis_comments.sql* en la base de datos.

```
consola> psql -U postgres -f ruta_a_postgis_comments.sql –d s0
```

> La opción '-d' utilizada en los comandos para indicar la base de datos es opcional y se puede omitir.

Módulo de *raster*

Además del módulo principal y vectorial (*postgis.sql*), PostGIS incluye dos bloques extra de nuevas funcionalidades dentro del núcleo del producto. Nos referimos a la gestión de datos *raster* y al modelo de topología persistente.

Ambas funcionalidades se deben añadir a nuestra base de datos ejecutando sendos ficheros SQL de la misma forma que se ha realizado hasta ahora.

Los ficheros a ejecutar en la base de datos serán: *rtpostgis.sql* y *raster_comments.sql* (si se desea incluir los comentarios de las funciones).

```
consola> psql -U postgres -f ruta_a_rtpostgis.sql -d s0
consola> psql -U postgres -f ruta_a_raster_comments.sql -d s0
```

Módulo de topología persistente

La funcionalidad correspondiente al modelo de topología persistente es opcional. Esta funcionalidad se debe añadir a la base de datos ejecutando varios ficheros SQL de la misma forma que se ha realizado hasta ahora.

Si no se va a utilizar la funcionalidad de topología persistente en PostGIS, no sería necesario realizar este paso ahora. Se puede ejecutar más adelante incluso con nuestra base de datos espacial ya cargada con cartografía.

Los ficheros SQL correspondientes al modelo de topología están en una subcarpeta llamada *topology* en la misma ubicación que los demás ficheros SQL utilizados hasta ahora.

Los ficheros a ejecutar en la base de datos serán: *topology.sql* y *topology_comments.sql* (si se desea incluir los comentarios de las funciones).

```
consola> psql -U postgres -f ruta_a_topology.sql -d s0
consola> psql -U postgres -f ruta_a_topology_comments.sql -d s0
```

Otros módulos

Existen otros módulos como *SFCGAL*, que incluye algunas funciones espaciales para hacer análisis espacial vectorial en tres dimensiones, o *pgrouting*, que añade la funcionalidad de análisis de rutas. Éstos y cualquier otro módulo extra de PostGIS también se pueden añadir a la base de datos ejecutando los correspondientes ficheros SQL, aunque no insistimos más, ya que la forma habitual es utilizar el comando *Create Extension* que veremos a continuación.

Nota sobre los ficheros SQL de PostGIS

Es interesante para el lector que eche un vistazo con un editor de texto al contenido de los ficheros SQL que PostGIS necesita cargar en la base de datos para convertirla en espacial. Como práctica se insta al lector a visualizar el contenido del fichero *postgis.sql.*

El fichero *postgis.sql* añade las funcionalidades del motor principal de PostGIS y todo el tratamiento vectorial. Estas funciones en PostGIS están desarrolladas en su mayoría en C y algunas en *PL/PgSQL*.

Si las funciones están desarrolladas en *PL/PgSQL* el propio código fuente de la función estará contenido en el fichero *postgis.sql*, por el contrario, si están desarrolladas utilizando C, el código binario de la función estará en una biblioteca (*postgis.so* en *Linux* o *postgis.dll* en *MS Windows*) y en el fichero *postgis.sql* se indicará dónde está la biblioteca y como se llama la función C dentro de ella.

Por ejemplo, si localizamos la función *ST_Intersection* en el fichero *postgis.sql* encontraremos un código similar al siguiente (instalación en *MS Windows*):

```
CREATE OR REPLACE FUNCTION ST_Intersection(geom1 geometry, geom2 geometry)
    RETURNS geometry
    AS '$libdir/postgis-3','ST_Intersection'
    LANGUAGE 'c' IMMUTABLE STRICT PARALLEL SAFE COST 5000;
```

Dicho código crea una nueva función SQL llamada *ST_Intersection* que a su vez llama a la función de nombre *ST_Intersection* albergada en la biblioteca que está dentro del directorio *$libdir* (p. ej.: c:\postgresql\17\lib) y con nombre *postgis-3.dll* (*.so* en *SO Linux*).

En cambio, si el lector localiza la función *find_srid*, se encontrará con el código fuente *PL/PgSQL* incrustado dentro de la sentencia CREATE OR REPLACE FUNCTION.

Además de nuevas funciones SQL, en el fichero *postgis.sql* se define las tablas *spatial_ref_sys, geometry_columns*, los nuevos tipos de datos *geometry* y *geography*, conversiones explícitas, agregados, etc.

El fichero *spatial_ref_sys.sql* que se ejecuta a continuación del fichero *postgis.sql* solo rellena la tabla *spatial_ref_sys* con información de los CRS que entiende PostGIS.

> La conclusión principal de este punto es que una base de datos espacial **es dependiente de la instalación de PostGIS** y del sistema operativo en que se haya realizado, ya que en la definición de las funciones **aparece la ruta** donde se encuentran las bibliotecas de PostGIS. Esto hay que tenerlo muy en cuenta a la hora de realizar un *backup* de la base de datos espacial para cargarla en otro ordenador como veremos más adelante.

De forma similar los ficheros *rtpostgis.sql* y *topology.sql* (éste último principalmente cuenta con funciones desarrolladas en *PL/PgSQL*), hacen dependiente la base de datos del ordenador en la cual esté instalado PostgreSQL / PostGIS.

1.2.   Creación base de datos espacial utilizando *extensions*

A partir de la versión 9.1, PostgreSQL añade el comando SQL *Create Extension* que permite crear una base de datos espacial de una forma más sencilla y rápida no siendo necesario ejecutar ningún fichero SQL tipo *postgis.sql*, *spatial_ref_sys.sql*, *rtpostgis.sql*, etc. como se ha realizado anteriormente.

Desde hace años PostGIS aprovecha esta nueva característica de PostgreSQL para la instalación de extensiones de forma que el proceso de creación de una nueva base de datos espacial queda resumido a ejecutar el comando *Create extension* en una nueva base de datos.

```
--Borrar la base de datos anterior s0 del apartado anterior.
consola> dropdb -U postgres s0
--Crea una nueva base de datos
consola> createdb -U postgres s0
```

```
--Realiza una conexión a la base de datos
consola> psql -U postgres s0
--Instala la funcionalidad vectorial
s0=# create extension postgis;

--Instala la funcionalidad raster. Si no se va a utilizar datos raster se
    puede dejar sin instalar esta extensión. Para más información
    consultar el capítulo G donde se desarrolla con detalle esta extensión
    de postgis.
s0=# create extension postgis_raster;

--Instala la funcionalidad de topología persistente. En la gran mayoría
    de ocasiones no necesitaremos esta funcionalidad y no haría falta
    instalar esta extensión. Para más información consultar el capítulo H
    2, pág. 470 donde se desarrolla con detalle esta funcionalidad.
s0=# create extension postgis_topology;
```

1.3. Comprobación de la base de datos espacial

La función de PostGIS, *postgis_full_version* devuelve la versión de PostGIS, así como las versiones de las bibliotecas instaladas. Es una buena forma de comprobar que todo el proceso se ha realizado de forma correcta, independientemente de la forma elegida para crear la base de datos espacial.

```
consola> psql -U postgres s0
s0=# select postgis_full_version();

                        postgis_full_version
-----------------------------------------------------------------
 POSTGIS="3.5.0 3.5.0" [EXTENSION] PGSQL="170" GEOS="3.13.0-CAPI-
 1.19.0" PROJ="8.2.1 NETWORK_ENABLED=OFF URL_ENDPOINT=
 USER_WRITABLE_DIRECTORY=C:\WINDOWS\ServiceProfiles\NetworkService\AppD
 ata\Local/proj" (compiled against PROJ 8.13.0) GDAL="GDAL 3.9.2,
 released 2024/08/13 GDAL_DATA not found" LIBXML="2.12.5"
 LIBJSON="0.12" LIBPROTOBUF="1.2.1" WAGYU="0.5.0 (Internal)" TOPOLOGY
 RASTER
```

Si se ha instalación de la funcionalidad *raster*, aparecerá la palabra RASTER al final del texto. De la misma forma, aparecerá TOPOLOGY, si ha instalado la funcionalidad de topología persistente.

Para comprobar que la fecha de la compilación se puede utilizar el comando:

```
consola> psql -U postgres s0
s1=# SELECT postgis_lib_build_date();
   postgis_lib_build_date
  ---------------------------
   2024-09-25 19:49:48
```

También se puede consultar la compilación y la versión de la funcionalidad *raster* mediante:

```
consola> psql -U postgres s0
s1=# SELECT postgis_raster_lib_build_date(),postgis_raster_lib_version();
   postgis_raster_lib_build_date | postgis_raster_lib_version
  ------------------------------+---------------------------
   2024-09-25 19:49:48          | 3.5.0 3.5.0
```

1.4. Funciones extra y plantillas

Como se comenta en el apartado F 3, pág. 326, el comportamiento de algunos métodos SQL de PostGIS pueden cambiar entre diferentes versiones. Estos cambios pueden provocar que ciertas sentencias SQL o *scripts* realizados dejen de funcionar entre versiones. Desde la página web de PostGIS estos cambios se documentan de forma exhaustiva[1] y se hace necesario consultarlos antes de realizar una migración de los procedimientos almacenados (apartado E de programación) o rutinas SQL que puede haber realizado el usuario.

Especialmente hay que tener cuidado con el comportamiento de los métodos *ST_StartPoint*, *ST_EndPoint* con las geometrías de tipo *Multi*. Por esta razón, para que el lector pueda ejecutar los ejemplos de esta publicación con diferentes versiones de PostGIS es aconsejable ejecutar el fichero *funcionesextra.sql* en nuestra base de datos espacial, de esta forma se agregan algunas funciones como *STX_StartPoint*, *STX_EndPoint*, **STX_Extract** y *STX_Last* que son utilizadas con frecuencia en los ejemplos de esta publicación.

```
consola> psql -U postgres -f ruta_al_fichero_funcionesextra.sql s0
```

Creación de una plantilla espacial

Como se puede apreciar el proceso de creación de una base de datos espacial es un poco tedioso y sobre todo repetitivo. Para facilitar esta labor se puede utilizar la característica que tiene PostgreSQL de las plantillas. De esta forma por ejemplo vamos a utilizar la base de datos *s0* que acabamos de crear como si fuera una plantilla para la creación de otras bases de datos espaciales. Eso sí, es aconsejable no crear ninguna tabla, ni ningún otro objeto en la base de datos *s0* posteriormente.

Para crear una nueva base de datos espacial *s1* que inicialmente sea una copia de s0, es algo tan sencillo como:

```
consola> createdb -U postgres -T s0 s1
```

La base de datos *s1*, será una copia de *s0*, por lo tanto, será espacial y además también contendrá las funciones extra instaladas en el apartado anterior.

> PostGIS se instala en el esquema por defecto de PostgreSQL, que a no ser que se haya cambiado la configuración por defecto de la base de datos (variable *seach_path*) es *public*.
> Es posible, aunque quizás no aconsejable, instalar PostGIS en otro esquema que no sea el *public*. Para no complicar más en esta publicación seguiremos con PostGIS instalado en el esquema *public*. El apartado F 6.2, pág. 338, detalla como instalarlo en otro esquema.

Si se va a crear una base de datos con un usuario diferente al que creó la base de datos correspondiente a la plantilla, es necesario decirle a PostgreSQL que la base de datos utilizada como plantilla, este caso *s0*, es realmente una plantilla. Esto se hace de la siguiente forma:

```
s0=# UPDATE pg_database SET datistemplate = TRUE WHERE datname = 's0';
```

En este ejemplo no es necesario ejecutar la sentencia SQL anterior, ya que la base de datos *s1* es creada por el usuario *postgres* que es el mismo usuario que creó la base de datos *s0* utilizada como plantilla.

---

[1] https://postgis.net/docs/release_notes.html

1.5. Metadatos sobre los *CRS*.

La tabla *spatial_ref_sys* contiene información descriptiva sobre los sistemas de referencia espacial o también llamados sistemas de referencia de coordenadas soportados por PostGIS. En esta publicación nos referimos a ellos mediante las siglas CRS (*Coordinate Reference System*) o simplemente como '*sistemas de referencia*'.

```
CREATE TABLE SPATIAL_REF_SYS (
    SRID INTEGER NOT NULL PRIMARY KEY,
    AUTH_NAME VARCHAR(256),
    AUTH_SRID INTEGER,
    SRTEXT VARCHAR(2048),
    PROJ4TEXT VARCHAR(2048) );
```

- *SRID*: Identificador único de cada CRS. Éste es el valor utilizado por PostGIS.
- *AUTH_NAME*: Nombre del estándar utilizado. Ejemplo: EPSG.
- *AUTH_SRID*: Identificador del CRS según el estándar utilizado.
- *SRTEXT*: Representación del CRS según el formato WKT.
- *PROJ4TEXT*: Representación del CRS según el formato utilizado en *PROJ4* (biblioteca de transformación de coordenadas que utiliza PostGIS).

> En la versión 3.4 de PostGIS, esta tabla tiene sobre 8500 CRS distintos (registros). En casi todos ellos se ha utilizado el estándar EPSG. Actualmente, el valor del campo SRID coincide con el valor del campo AUTH_SRID.

```
s1=# select srtext from spatial_ref_sys where srid=25830;
PROJCS["ETRS89 / UTM zone 30N",
   GEOGCS["ETRS89",
     DATUM["European_Terrestrial_Reference_System_1989",
       SPHEROID["GRS 1980",6378137,298.257222101,
         AUTHORITY["EPSG","7019"]],
       TOWGS84[0,0,0,0,0,0,0], AUTHORITY["EPSG","6258"]
     ],
     PRIMEM["Greenwich",0,AUTHORITY["EPSG","8901"]],
     UNIT["degree",0.0174532925199433,AUTHORITY["EPSG","9122"]],
     AUTHORITY["EPSG","4258"]
   ],
   PROJECTION["Transverse_Mercator"],
   PARAMETER["latitude_of_origin",0], PARAMETER["central_meridian",-3],
   PARAMETER["scale_factor",0.9996], PARAMETER["false_easting",500000],
   PARAMETER["false_northing",0],
   UNIT["metre",1,AUTHORITY["EPSG","9001"]],
   AXIS["Easting",EAST], AXIS["Northing",NORTH],
   AUTHORITY["EPSG","25830"] ]
```

> El valor SRID = 0 indica a PostGIS que los datos no presentan ningún sistema de referencia. Este es el valor por defecto cuando se crea una geometría sin definir el SRID.

En el documento del *OGC* "*OpenGIS Implementation Specification: Coordinate Transformation Services*"[1] aparece la definición de un CRS mediante WKT.

La tabla *spatial_ref_sys* de PostGIS describe mediante este estándar (WKT) los CRS establecidos por diferentes organizaciones como, por ejemplo, el estándar EPSG[2].

---

[1] https://www.ogc.org/standards/ct

[2] European Petroleum Survey Group (EPSG). https://epsg.org/home.html

Además del estándar WKT, PostGIS necesita definir los CRS para que los entienda la biblioteca que utiliza para reproyectar, es decir, la biblioteca *proj4*. Ésta no entiende el estándar WKT y utiliza sus propios parámetros. Dichos parámetros se almacenan en la columna *PROJ4TEXT*.

```
s1=# select proj4text from spatial_ref_sys where srid=25830;
                          proj4text
------------------------------------------------------------------
 +proj=utm +zone=30 +ellps=GRS80 +towgs84=0,0,0,0,0,0,0 +units=m +no_defs
```

El usuario puede editar directamente la tabla *spatial_ref_sys* con el fin de añadir un CRS nuevo o editar alguno existente. En los apartados C 8.3, p. 179 y D 2, pág. 214, se realizan ejercicios sobre proyecciones.

1.6. Creación y borrado de una tabla espacial

La creación de una tabla espacial para almacenar geometrías es similar a la creación de una tabla normal, salvo en que hay que definir un campo donde se almacenan las geometrías. Antes de pasar a ver con detalle cada uno de los tipos de geometría principales que soporta PostGIS, vamos a crear una tabla espacial para almacenar geometrías de tipo punto en 3D utilizando el CRS de código EPSG: 25830.

Al introducir una nueva geometría en una tabla, PostGIS realiza una serie de comprobaciones para admitir únicamente el tipo de geometría, el sistema de referencia y la dimensión de coordenadas (2D, 3D o 4D) que el usuario desea. Este tipo de comprobaciones se puede realizar de dos formas distintas:

- La tradicional, que consiste en aplicar **restricciones de tipo CHECK** sobre el campo de geometría.
- Una segunda forma, más actual (disponible a partir de PostGIS 2.0), se basa en la **característica *typmod*** de PostgreSQL, y que simplifica sobre todo la forma de definir dichas condiciones.

Desde un punto de vista práctico, lo más rápido y habitual es utilizar el método *typmod*. Desde un punto de vista funcional, el método *typmod* tiene algunas limitaciones como en cierto uso en los disparadores, herencia de tablas o gestión de las restricciones, aunque no vemos adecuado su explicación en estos momentos y tampoco nos va a afectar en nada a lo largo de la publicación.

Utilizando *typmod*

A su vez, la creación o adición de campos de geometría en una tabla mediante la característica *typmod* se puede realizar mediante dos gramáticas diferentes:

- La forma rápida, definiendo directamente la geometría y sus restricciones al mismo tiempo que se define el nuevo campo en una tabla. Forma que además es la más utilizada.
- La forma lenta, que respeta los estándares que consiste en utilizar dos métodos: *addgeometrycolumn* y *dropgeomerycolumn*.

A nivel funcional las dos formas son exactamente iguales.

Método 1: Forma rápida

El primer paso consiste en crear una tabla convencional con los campos de atributos deseados.

```
s1=# create table ciudades (gid serial PRIMARY KEY, nombre varchar,
    poblacion integer);
```

A continuación, se añade la columna de geometría con sus parámetros. En este caso la columna de geometría será de tipo punto, capaz de almacenar XYZ y con un CRS de código EPSG: 25830.

```
s1=# alter table ciudades add column geom geometry (PointZ, 25830);
```

Es evidente que los dos pasos anteriores se pueden resumir en un único paso:

```
create table ciudades (gid serial PRIMARY KEY, nombre varchar,
    poblacion integer, geom geometry (POINTZ, 25830));
```

El parámetro del tipo de geometría especificado en el tipo *geometry* puede ser (no es sensible a mayúsculas o minúsculas): *Point, Multipoint, Linestring, Multilinestring, Polygon, Multipolygon, GeometryCollection*, más el mismo conjunto de nombres de geometrías, pero acabado en Z (p. ej.: *PolygonZ*), acabado en M (p. ej.: *MultilinestringM*) y acabado en ZM (p. ej.: *GeometrycollectionZM*). Los tipos curvos también están soportados (en los apartados B 2, pág. 51 y B 4, pág. 75, aparece una descripción completa de los diferentes tipos de geometría soportados por PostGIS).

Esta forma de configurar los parámetros de un tipo de dato, en este caso el tipo *geometry* (tipo de geometría, SRID del CRS y dimensión) es una característica introducida en PostgreSQL 8.3, se denomina *typmod* y PostGIS la aplica a partir de la versión 2.0.

La definición de la tabla (comando '\d' del cliente *psql*) queda:

```
s1=# \d ciudades
                        Table "public.ciudades"
  Columna   |          Type          | Nullable |          Default
------------+------------------------+----------+----------------------------
 gid        | integer                | not null | nextval('ciudades_gid_seq…)
 nombre     | character varying      |          |
 poblacion  | integer                |          |
 geom       | geometry(PointZ,25830) |          |
Indexes:
    "ciudades_pkey" PRIMARY KEY, btree (gid)
```

Para borrar una columna de geometría de una tabla simplemente utilizaremos el comando *alter table*:

```
s1=# alter table ciudades drop column geom;
```

o si lo que se desea es borrar la tabla entera incluyendo todas las columnas de geometría:

```
s1=# drop table ciudades;
```

Método 2: Forma lenta

El primer paso es crear una tabla convencional con los campos de atributos que se desee, pero sin especificar la columna de geometría:

```
sl=# create table ciudades (gid serial PRIMARY KEY, nombre varchar,
    poblacion integer);
```

El segundo paso es utilizar la función de PostGIS "*addgeometrycolumn (<esquema>, <tabla>, <columna>, <srid>, <tipo>, <dimension>, <usar_typmod = true>)*". Esta función añade a la tabla especificada una columna para almacenar geometrías del tipo y dimensión especificadas.

```
sl=# select addgeometrycolumn ('ciudades','geom',25830,'POINT',3, true);
```

El primer argumento de la función es el esquema, éste se puede dejar en blanco o incluso eliminar, con lo cual PostGIS utilizará el esquema por defecto *public*.

El nombre del tipo de geometría especificado en el argumento de *Addggeometrycolumn* debe ir en mayúsculas (este argumento no es sensible al tipo de letra) y son[1]: POINT, MULTIPOINT, POLYGON, MULTIPOLYGON, LINESTRING, MULTILINESTRING, GEOMETRYCOLLECTION.

El último parámetro *usar_typmod* es opcional y toma por defecto el valor *true*. Si su valor es *false* entonces se crearán restricciones de tipo *check* y no se utilizará la característica *typmod*, caso que veremos a continuación.

> El método *addgeometrycolumn* es un método propuesto por el OGC para añadir una columna espacial a una tabla, aunque el último argumento no forma parte del estándar.

La tabla creada tiene exactamente el mismo aspecto que la de *ciudades* listada anteriormente, por tanto, omitimos la salida de \d *ciudades*. La única ventaja es respetar mejor los estándares que aconsejan utilizar el método *addgeometrycolumn* para añadir columnas de geometría a una tabla.

Para borrar una columna de geometría podemos igual que en el apartado anterior utilizar una sentencia *alter table*, o podemos seguir respetando los estándares y utilizar el método *dropgeometrycolumn*.

Borra una columna de geometría de una tabla:

```
sl=# select dropgeometrycolumn ('ciudades','geom');
```

Borra una tabla:

```
sl=# select dropgeometrytable ('ciudades');
```

> Las funciones *Addgeometrycolumn*, *Dropgeometrycolumn* y *Dropgeometrytable* tienen variaciones que toman como primer argumento el esquema de la tabla. Por ejemplo, si la tabla está situada en el esquema *ej1* la sintaxis sería: *addgeometrycolumn ('ej1', 'ciudades', 'geom' ,25830, 'POINT', 3);*

---

[1] PostGIS dispone de otros tipos de geometría para manejar objetos compuestos y/o curvos, aunque muchos de los comandos actuales aún no soportan estos tipos. Ver los apartados B 3 y B 5 para más información.

Utilizando restricciones de tipo *check*

Si queremos crear o añadir un campo de geometría a una tabla utilizando restricciones de tipo *check*, la forma más sencilla en este caso será utilizar el método *addgeometrycolumn*.

La forma será igual que en el apartado anterior pero el último argumento *typmod* será igual a falso para utilizar restricciones de tipo *check*.

```
s1=# create table ciudades (gid serial PRIMARY KEY, nombre varchar,
    poblacion integer);

s1=# select addgeometrycolumn ('ciudades','geom',25830,'POINT',3, false);
```

La definición de la tabla (comando '\d' del cliente *psql*) quedará:

```
s1=# \d ciudades
                         Table "public.ciudades"
   Column   |          Type          | Nullable |            Default
------------+------------------------+----------+----------------------------
 gid        | integer                | not null | nextval('ciudades_gid_seq…)
 nombre     | character varying      |          |
 poblacion  | integer                |          |
 geom       | geometry               |          |

Indexes:
    "ciudades_pkey" PRIMARY KEY, btree (gid)
Check constraints:
    "enforce_dims_geom" CHECK (st_ndims(geom) = 3)
    "enforce_geotype_geom" CHECK (geometrytype(geom) = 'POINT' OR geom IS NULL)
    "enforce_srid_geom" CHECK (st_srid(geom) = 25830)
```

Como se puede apreciar los parámetros de la geometría especificados (dimensión de las coordenadas, sistema de referencia y tipo de geometría) se implementan mediante tres restricciones de tipo *Check*. Dentro de estas restricciones se puede ver tres comandos de PostGIS: *ST_Ndims*, *geometrytype* y *ST_Srid* que devuelven la información requerida de la geometría.

Por lo tanto, la orden *Addgeometrycolumn* además de ejecutar la correspondiente orden *Alter* para añadir la columna de geometría ha añadido tres nuevas restricciones de tipo *check* a la tabla.

Para borrar una columna de geometría de una tabla o la tabla entera, se procede igual que anteriormente:

```
s1=# alter table ciudades drop column geom;
s1=# drop table ciudades;
```

Al borrar la columna también se borrarán las restricciones de tipo *check* automáticamente, aunque si queremos estar seguros y además respetar mejor los estándares podemos utilizar los métodos *dropgeometrycolumn* o *dropgeometrytable* como hemos mostrado anteriormente.

Problema 1. Crea una tabla *capatest* con una columna de geometría llamada *shape* de tipo *LineString*, con coordenadas XYZM y un CRS 25830. Utiliza los dos métodos explicados: es decir, creando restricciones *check* y utilizando la característica *typmod*. Tras crear las tablas elimínalas de forma adecuada.

1.7.　Metadatos de las columnas de geometría

En PostGIS existe una **vista** de metadatos que inventaría la información descriptiva sobre las columnas de geometría de todas las tablas que existen en la base de datos. Se denomina *geometry_columns* y tiene el mismo número y tipo de campos en todas las versiones de Post-GIS.

Al ser *geometry_columns* una vista, que proviene de una consulta del catálogo de Post-greSQL, su contenido se actualiza de forma automática, y por tanto se evitan los problemas que tenían las versiones antiguas de PostGIS de falta de sincronización.

```
GEOMETRY_COLUMNS (
  F_TABLE_CATALOG VARCHAR(256) NOT NULL,
  F_TABLE_SCHEMA VARCHAR(256) NOT NULL,
  F_TABLE_NAME VARCHAR(256) NOT NULL,
  F_GEOMETRY_COLUMN VARCHAR(256) NOT NULL,
  COORD_DIMENSION INTEGER NOT NULL,
  SRID INTEGER NOT NULL,
  TYPE VARCHAR(30) NOT NULL
)
```

- *F_TABLE_CATALOG*: Nombre del catálogo (en PostGIS se corresponde con el nombre de la base de datos).
- *F_TABLE_SCHEMA:* Nombre del esquema al que pertenece la tabla. El esquema es por defecto *public.*
- *F_TABLE_NAME*: Nombre de la tabla que contiene la columna de geometría.
- *F_GEOMETRY_COLUMN*: Nombre de la columna de geometría.
- *COORD_DIMENSION*: Dimensión espacial (2, 3 ó 4) de las coordenadas de la columna de geometría.
- *SRID*: Identificador del CRS (es una clave ajena de la tabla *spatial_ref_sys*).
- *TYPE*: El tipo de geometría de la columna. Este campo de la tabla no es obligatorio según el OGC, pero PostGIS lo añade para mantener la homogeneidad de geometrías dentro de una tabla.

```
s1=# select * from geometry_columns;
 f_table_catalog | f_table_schema | f_table_name | f_geometry_column |
 coord_dimension | srid          | type
-----------------+----------------+--------------+-------------------+
       s1        | public         | ciudades     | geom              |
             3 | 25830          | POINT
```

Problema 2. Averigua si PostGIS permite añadir varias columnas de geometría en la misma tabla. ¿Encuentras algún significado o aplicación práctica al que una tabla disponga de más de una columna de geometría?

2. Tipos de geometría

En los estándares comentados en el apartado A 1.1, pág. 24, se definen diferentes tipos de geometrías. Los tipos de geometrías que PostGIS soporta con plena funcionalidad son principalmente los expuestos en los estándares SFS1.1 / SFA1.1.0, es decir, los tipos *Point, Multipoint, Linestring, Multilinestring, Polygon, Multipolygon* y *Geometrycollection*. Estos tipos han sido soportados por PostGIS desde su inicio y además son los tipos básicos en los que se apoya cualquier SIG de escritorio.

Además, en dichos estándares se definen dos formas de representación espacial de las geometrías: WKT (*Well-Known Text*) y WKB (*Well-Known Binary*). Algunos ejemplos de representación WKT de estos siete tipos de geometrías son:

Tipo de Geometría	Representación *WKT*	Comentario
POINT	"POINT (2 2)"	un *Point*
LINESTRING	"LINESTRING (4 1, 1 4, 1 1, 4 3)"	un *Linestring* con 3 *Point*
POLYGON	"POLYGON ((1 4, 1 1, 4 1, 4 2, 3 2, 3 4, 1 4))" "POLYGON ((1 1, 5 1, 5 5, 1 5, 1 1), (2 2, 4 2, 4 4, 2 4, 2 2))"	un *Polygon* con 1 *exteriorRing* y 0 *interiorRing* (isla) un *Polygon* con 1 *exteriorRing* y 1 *interiorRing* (isla)
MULTIPOINT	"MULTIPOINT (1 1, 2 4, 3 2)" o "MULTIPOINT ((1 1), (2 4), (3 2))"	un *MultiPoint* con 3 *Point*. Ambas sintaxis son aceptadas por PostGIS.
MULTILINESTRING	"MULTILINESTRING ((1 4, 1 1, 3 1), (4 5, 2 2, 4 2, 2 4))"	un *MultiLinestring* con 2 *linestrings*
MULTIPOLYGON	"MULTIPOLYGON (((1 4,4 4,4 1,1 1,1 4), (3 2,2 2,2 3,3 3,3 2)), ((1 6, 4 6, 4 5, 1 5, 1 6)))"	un *MultiPolygon* con 2 *polygon* (1 de ellos con una isla)
GEOMETRY COLLECTION	"GEOMETRYCOLLECTION (LINESTRING (1 4, 2 4, 2 2), LINESTRING (1 3, 1 1, 2 1), POINT (3 4), POINT (3 1), POLYGON ((4 4, 4 1, 7 1, 7 4, 4 4), (5 3, 5 2, 6 2, 5 3)), POLYGON ((8 4, 8 1, 9 1, 9 4, 8 4)))"	una *GeometryCollection* formada por 2 *Point*, 2 *Linestring* y 2 *Polygon*. También puede estar formada por elementos de tipo *Multi* así como de otras *GeometryCollection* incluso de forma anidada.

Tabla 4 Representación WKT de objetos espaciales

En la figura siguiente se muestra de forma gráfica la representación de estos siete tipos de geometrías.

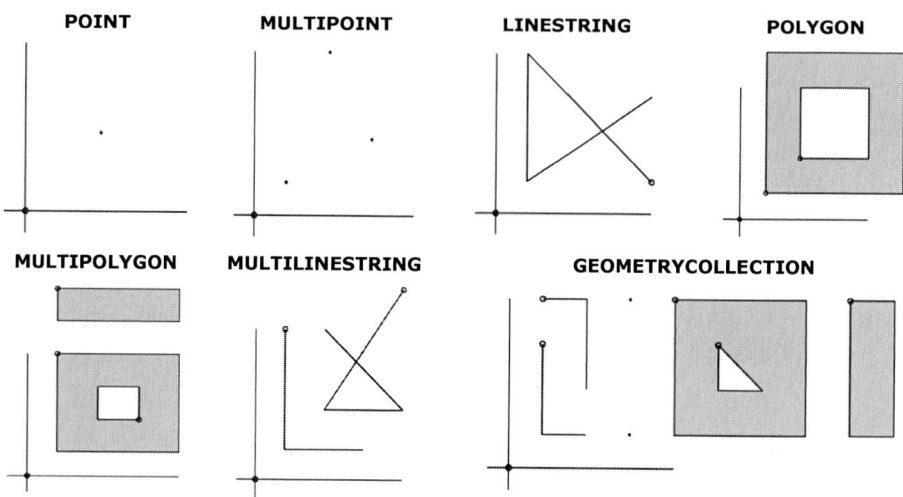

Figura 7 Tipos básicos de geometrías en PostGIS

Posteriormente y siguiendo la evolución de las normas SFA y SQL/MM, PostGIS ha ido incluyendo otros tipos de geometrías como curvas circulares o superficies TIN. En el apartado B 4, pág. 75, se da una visión general de todos los tipos de geometrías de PostGIS, así como del esquema de herencia de las geometrías seguido por PostGIS.

Vértices con Z, M o ZM

PostGIS permite representar el WKT de geometrías con coordenadas Z, M o ZM de dos formas diferentes: con sufijo Z, M, ZM o sin él. A continuación, se muestra el formato por defecto de una geometría de tipo punto (es extrapolable a cualquier tipo de geometría):

Descripción	WKT soportado por PostGIS (geometría puntual)
Punto 3D	POINTZ (2 2 3) , POINT Z (2 2 3) o POINT (2 2 3)
Punto 3D con ZM	POINTZM (2 2 3 4), POINT ZM (2 2 3 4) o POINT (2 2 3 4)
Punto 2D con M	POINTM (2 2 4) o POINT M (2 2 4)

Tabla 5 Representación WKT de una geometría puntual según las coordenadas Z, M o ZM

2.1. Creación e inserción de geometrías

Para construir una geometría en PostGIS se puede utilizar la definición en texto (WKT) o la definición en binario (WKB) de las mismas. Para ello, se dispone de los constructores *ST_Geomfromtext (geometry, srid)* y *ST_Geomfromwkb (geometry, srid)* respectivamente.

- Los constructores de geometría cogen la geometría de su argumento (en formato WKT o WKB) y devuelven un bloque binario (BLOB) listo para poder ser almacenado en la columna de geometría de la tabla correspondiente.
- Los lectores de geometría cogen la geometría de su argumento (en formato binario BLOB) y la devuelven en formato WKT o WKB.

El formato BLOB o *geometry* interno de PostGIS no tiene por qué coincidir con el formato WKB / EWKB, además puede variar con las diferentes versiones de PostGIS. Por ello, cuando el usuario quiere acceder de forma binaria a las geometrías siempre ha de utilizar los lectores *ST_AsBinary* o *ST_AsEwkb*, ya que el formato WKB/EWKB está ampliamente documentado y no debe variar en futuras versiones.

En la siguiente tabla se muestran los constructores y lectores de geometrías en formato texto (WKT) y en binario (WKB) junto con sus versiones extendidas EWKT/EWKB.

Formato	Constructor	Lector
WKT	-BLOB st_geomfromtext(WKT,SRID) -BLOB st_geomfromtext(WKT) SRID por defecto = 0 Alias: *st_geometryfromtext*	-WKT st_astext (BLOB) No incluye el SRID dentro de la cadena de texto de la geometría.
WKB	-BLOB st_geomfromwkb(WKB,SRID) -BLOB st_geomfromwkb(WKB) SRID por defecto = 0	-WKB st_asbinary (BLOB) -WKB st_asbinary (BLOB,encoding) No incluye el SRID dentro de la cadena de texto de la geometría.
EWKT	-BLOB st_geomfromewkt(EWKT)	-EWKT st_asewkt (BLOB) Este lector no es compatible con los estándares porque incrusta el SRID dentro de la cadena de texto de la geometría.
EWKB	-BLOB st_geomfromewkb(EWKB)	-EWKB st_asewkb (BLOB) -EWKB st_asewkb (BLOB, encoding) Este lector no es compatible con los estándares porque incrusta el SRID dentro de la cadena de texto de la geometría.
TWKB	En PostGIS 2.2 se incluyó un nuevo formato binario (no estándar) llamado TWKB (*Tiny Well known Binary*) que disminuye el número de bytes necesarios de forma notable para codificar una geometría (comparado con WKB). Para ello, gestiona el número de decimales de las geometrías y realiza una compresión basada en enteros de longitud variable[1]. Su utilización (mediante el lector ST_AsTWKB) está enfocada principalmente a **mejorar los tiempos de transporte** de la red en una arquitectura cliente-servidor (p. ej.: en visores online conectados mediante red a un servidor PostGIS).	
Todos	Todos los formatos soportan coordenadas XY, XYZ, XYZM, XYM	

Tabla 6 Constructores y lectores de geometrías

Aunque en el manual *online* de PostGIS aparecen otros constructores, los que aparecen en la tabla son los que se suelen utilizar. Además, PostGIS cuenta con otro tipo de constructores como *ST_MakePoint* o *ST_MakePolygon* que toman argumentos diferentes a una cadena WKT como las coordenadas de los puntos en doble precisión.

La inserción de una fila en la tabla *ciudades* (creada en el apartado anterior) sería:

---

[1] https://developers.google.com/protocol-buffers/docs/encoding#varints

```
s1=# insert into ciudades (nombre, poblacion, geom) values ('Ciudad A',
    10000, st_geomfromtext ('POINT(700000 4500000 100)', 25830));
```

Si se trata de introducir en la misma tabla otras geometrías en otro CRS o con diferente dimensión de coordenadas, PostGIS devolverá un error.

```
s1=# insert into ciudades (nombre, poblacion,geom) values ('Ciudad A',
    10000, st_geomfromtext ('POINT(700000 4500000)', 25830));
ERROR:  Column has Z dimension but geometry does not

s1=# insert into ciudades (nombre, poblacion,geom) values ('Ciudad A',
    10000, st_geomfromtext ('POINT(700000 4500000 100)', 25831));
ERROR:  Geometry SRID (25831) does not match column SRID (25830)

s1=# insert into ciudades (nombre,poblacion,geom) values ('Ciudad A',
    10000, st_geomfromtext ('MULTIPOINT(700000 4500000 100, 700000 4600000
    200)', 25830));
ERROR:  Geometry type (MultiPoint) does not match column type (Point)
```

Para convertir el formato BLOB de la geometría a un formato entendible por el ser humano utilizaremos los lectores en WKT:

```
s1=# select st_astext(geom) from ciudades where nombre='Ciudad A';
        st_astext
-----------------------
 POINT Z (700000 4500000 100)
```

El formato WKT no incluye el SRID de la geometría (tanto los estándares SFA como SQL/MM tampoco lo hacen), por esta razón PostGIS realiza una extensión al formato WKT denominada WKT *Extended* (EWKT).

```
s1=# select st_asewkt(geom) from ciudades where nombre='Ciudad A';
          st_asewkt
-------------------------------------
 SRID=25830;POINT(700000 4500000 100)
```

De la misma forma se puede utilizar el constructor *ST_GeomFromEWKT* especificando el SRID dentro del texto en lugar de usar un segundo argumento.

```
s1=# insert into ciudades (nombre,poblacion,geom) values ('Ciudad B',
    10000, st_geomfromewkt ('SRID=25830;POINT(710000 4500000 100)'));
```

> Todo formato *WKT/WKB* es también un formato *EWKT/EWKB* válido (actualmente) aunque el contrario no es cierto.

Los lectores binarios en WKB y EWKB permiten especificar el orden de los *bytes* en el segundo argumento de las funciones. El orden puede ser 'NDR' o *little-endian* (el *byte* menos significativo va primero) o 'XDR' o *big-endien* (el *byte* más significativo va primero). Si no se especifica el argumento entonces por defecto los lectores devuelven la ristra binaria con el *byte* menos significativo primero.

```
s1=# select st_asewkb(geom,'NDR') from ciudades;
                          st_asewkb
-----------------------------------------------------------------
 \x01010000a0f659000000000000c05c254100000000882a514100000000005940
s1=# select st_asewkb(geom,'XDR') from ciudades;
                          st_asewkb
-----------------------------------------------------------------
 \x00a0000001000059f641255cc00000000041512a880000000040590000000000
```

El lector binario en TWKB está orientado a comprimir el binario WKB para mejorar los tiempos de transporte en la red, aunque modifica totalmente el estándar WKB.

```
s1=# select st_astwkb(geom) from ciudades;
           st_astwkb
---------------------------
 \x010801c0b955c0a8a504c801
```

 Problema 3. Visualiza el formato binario almacenado en la tabla *ciudades* (BLOB) y su equivalencia en WKB y EWKB. ¿Qué puedes decir al respecto?

Conversiones a otros formatos

Además de los lectores WKT/EWKT/WKB/EWKT, PostGIS tiene otros lectores de geometrías que permiten convertir las geometrías de formato BLOB a formato SVG[1], GML[2], GeoJSON[3], X3D[4], KML[5] y MVT[6]. Aunque estas funciones espaciales no están consideradas por el OGC pueden ser útiles para convertir datos PostGIS a otros formatos.

```
s1=# select st_assvg(geom) from ciudades;
         st_assvg
---------------------------
 cx="700000" cy="-4500000"
s1=# select st_asgml(geom) from ciudades;
                                       st_asgml
---------------------------------------------------------------
 <gml:Point srsName="EPSG:25830">
 <gml:coordinates>700000,4500000,100</gml:coordinates></gml:Point>
s1=# select st_asgeojson(geom) from ciudades;
              st asgeojson
---------------------------------------------------
 {"type":"Point","coordinates":[700000,4500000,100]}
s1=# select st_asx3d(geom) from ciudades;
      st_asx3d
-------------------
 700000 4500000 100
s1=# select st_askml(geom) from ciudades;

                            st_askml
---------------------------------------------------------------
 <Point><coordinates> -0.635451186669998, 40.625939715823385, 100
        </coordinates></Point>
```

---

[1] *Scalable Vector Graphics* (SVG) es una familia de especificaciones basadas en el formato XML para describir vectores gráficos en 2D. Es un estándar desarrollado por el W3C. https://www.w3.org/Graphics/SVG/

[2] *Geography Markup Language* (GML) es una gramática XML definida por el OGC para describir fenómenos geográficos. https://www.ogc.org/standards/gml

[3] *GeoJSON* es un formato abierto para codificar estructuras geográficas. Está basado en JSON (*JavaScript Object Notation*). https://geojson.org/

[4] *X3D* es un estándar ISO basado en XML para representar objetos 3D. Es el sucesor del *Virtual Reality Modeling Language* (VRML). https://www.web3d.org/x3d/

[5] *Keyhole Markup Language* (KML) es un lenguaje basado en XML para representar fenómenos geográficos dentro de un entorno basado en Internet, soporta mapas 2D y 3D. Es un estándar del OGC. https://www.ogc.org/standards/kml

[6] *Mapbox Vector Tile* (MVT), es un formato estándar ampliamente utilizado para teselas vectoriales https://www.mapbox.com/vector-tiles/

Estos lectores tienen otras variedades que toman más argumentos para especificar la precisión de coordenadas de salida, la versión del formato, etc. No todas estas conversiones soportan todos los tipos de geometrías de PostGIS (sí que soportan las geometrías básicas).

Recordatorio de funciones PostGIS

Como recordatorio, cabe mencionar que se han revisado los constructores de geometrías en los formatos *WKT, WKB, EWKT* y *EWKB*, así como los lectores correspondientes para estos mismos formatos. Además, se han presentado otros lectores útiles, como *ST_AsKML* o *ST_AsGML*, junto con algunas funciones empleadas en las restricciones de las geometrías:

```
s1=# select st_srid(geom) from ciudades;
s1=# select geometrytype(geom) from ciudades;
s1=# select st_coorddim(geom) from ciudades;
```

Conversiones automáticas al tipo *geometry*

Aunque la forma adecuada de crear objetos geométricos a partir de texto WKT / EWKT es mediante los constructores de PostGIS, a veces resulta un poco tedioso tener que escribir cada vez las órdenes *ST_Geomfromtext* o *ST_Geomfromewkt*. Por esta razón PostGIS redefine los llamados CAST en SQL que realizan conversiones de forma automática. En concreto, hay definidos CAST para conversiones del tipo *text* o *varchar* al tipo *geometry*. De esta forma, se puede utilizar los métodos PostGIS que utilizan argumentos de tipo *geometry* pasándoles directamente un texto. El uso de CAST automáticos puede ser confuso para un usuario recién iniciado (al confundirse y creer que PostGIS está trabajando con geometrías en formato texto directamente) y además no respeta los estándares, por ello en esta publicación trataremos de no abusar de su utilización. Ejemplos:

```
s1=# select st_coorddim ('POINT (2 3 4 5)');
 st_coorddim
-------------
           4
s1=# insert into ciudades (nombre,poblacion,geom) values
       ('Ciudad B', 10000, 'SRID=25830;POINT(710000 4500000 100)');
```

Relajación de las restricciones de una columna de geometría

Las geometrías almacenadas en una columna de geometría de PostGIS deben cumplir restricciones de tipo de geometría, SRID y número de dimensiones (coordenadas).

En ocasiones puede interesar que dichas restricciones sean más flexibles y dar la posibilidad de almacenar en una misma columna diferentes tipos de geometrías, o incluso geometrías con diferentes SRID.

Para flexibilizar el tipo de geometría se utiliza como tipo de geometría el tipo genérico GEOMETRY (o según las dimensiones deseadas GEOMETRYZ, GEOMETRYM o GEOMETRYZM). De esta forma PostGIS permite almacenar cualquier tipo de geometría.

Permite que PostGIS pueda almacenar entidades de tres dimensiones (XYZ) puntuales, lineales o superficiales (polígonos) en una misma columna de geometría.

```
s1=# create table ciudades_test (gid serial PRIMARY KEY, nombre varchar,
       poblacion integer, geom geometry (GEOMETRYZ, 25830));
```

De la misma forma, si en lugar de 25830, se utilizara el valor 0 (o simplemente no se especifica), entonces PostGIS permitirá almacenar geometrías con diferente SRID:

```
s1=# create table ciudades_test (gid serial PRIMARY KEY, nombre varchar,
    poblacion integer, geom geometry (GEOMETRYZ));
```

Si utilizamos restricciones de tipo CHECK en lugar de *typmod* (con el comando *addgeometrycolumn*) también se permite esta flexibilidad, utilizando el tipo GEOMETRY como argumento de *addgeomerycolum.* Aunque siempre se puede directamente borrar (ALTER TABLE ... DROP CONSTRAINT ...) la restricción (SRID, dimensiones o tipo de geometría) que se desee eliminar.

2.2. Importación y exportación de cartografía.

PostGIS incorpora en su distribución oficial los comandos *shp2pgsql* y *pgsql2shp* para convertir, respectivamente, capas en formato *shape* a capas PostGIS y vicecersa.

Estos comandos están bastante limitados, ya que solo soportan el formato *shape*, formato que por otra parte empieza ya a estar bastante en desuso.

En este mismo apartado veremos otros métodos de importación/exportación de cartografía más potentes, como utilizar un SIG de escritorio como QGIS o las bibliotecas GDAL.

Comandos *shp2pgsql, pgsql2shp* y *shp2pgsql-gui*

PostGIS añade la utilidad *shp2pgsql* para convertir capas en formato *shape* a tablas PostGIS (y viceversa con *pgsql2shp*). El comando *shp2pgsql* se invoca desde la consola del sistema y lo vamos a utilizar para importar varias capas cartográficas a PostGIS.

Para ver los detalles del comando se puede consultar la ayuda *online* de PostGIS o simplemente teclear *shp2pgsql*.

Algunas opciones de este comando son:

- *-w*: Formato de salida WKT (con un fin académico utilizaremos esta opción para poder ver las geometrías en un formato comprensible, por defecto el conversor *shp2pgsql* convertirá las geometrías *shape* a binario EWKB, lo cual resulta más rápido y también más exacto).
- *-s <SRID>*: Especifica el CRS (por defecto toma el valor 0).
- *-a*: Añade geometrías a una tabla ya creada.
- *-d*: Borra la tabla antes de empezar.
- *-g <columna_geometría>*: Establece el nombre para la columna de geometría (por defecto es *the_geom*).
- *-N <política>*: Establece la política cuando encuentra geometrías nulas en el *shape* (política: *insert, skip, abort*).
- *-I*: Crea un índice espacial en la columna de geometría.
- *-W <encoding>*: Establece la codificación de los caracteres utilizados en el fichero *.dbf* asociado al formato *shape*.
- *-G*: Utiliza el tipo *geography* en lugar de *geometry*. Requiere que los datos estén en coordenadas geográficas (p. ej.: WGS84 con SRID = 4326). Véase el apartado D 5.2, pág. 235, sobre análisis espacial utilizando coordenadas geográficas.
- *-t <dimensión>*: Trunca la dimensión de las geometrías a 2D, 3DZ, 3DM o 4D.
- *-T <tablespace>*: Especifica el *table space* de la nueva tabla.

El comando *shp2pgsql* genera código SQL de PostGIS para crear la tabla espacial y añadir las geometrías importadas del *shape* mediante comandos SQL de tipo *Insert*.

La creación de esquemas facilita la organización de la base de datos (ver la sección esquemas en el apartado I 2.3, pág. 537). Además, también facilita las operaciones de copia de seguridad de la base de datos espacial (véase el apartado F 6, pág. 335). Por lo tanto, es una buena práctica empezar a familiarizarse con los esquemas en este momento.

El primer paso que vamos a realizar es la creación de un esquema donde se va a trabajar con estos primeros ejemplos de cartografía.

```
s1=# create schema ej1;
```

El siguiente comando lee el fichero *shape pusossuelo* y crea la tabla espacial *pusos*. Además, utiliza la opción '*-w*' para que la importación se realice utilizando WKT, la opción '*-g*' para cambiar el nombre de la columna de geometría a *geom* (por defecto es *the_geom*), y la opción '*-s*' para especificar el CRS del fichero *shape* (en este caso ETRS89 UTM Huso 30, es decir, el 25830 en código EPSG).

```
consola> shp2pgsql -s 25830 -g geom -w pusossuelo.shp ej1.pusos
```

Aunque el fichero *shape* puede contener un fichero con extensión *prj* donde se indica el CRS, el cargador *shp2pgsql* en estos momentos no es capaz de interpretar dicho fichero con lo cual es necesario utilizar la opción '*-s*' para indicar el CRS de una forma manual.

Si el lector no es familiar con los códigos EPSG de los CRS puede descargase la base de datos EPSG en formato *MS Access* de la página web del *OGP Geomatics Committee*[1]. Mediante formularios se puede buscar los diferentes códigos EPSG, así como conocer sus parámetros. También se puede consultar los CRS *online*[2] así como sus diferentes formatos. Para más información consultar el apartado C 8.2, pág. 178, donde hay ejercicios sobre CRS y proyecciones.

Se obtendrá una salida por consola con el código SQL generado similar a:

```
SET CLIENT_ENCODING TO UTF8;
SET STANDARD_CONFORMING_STRINGS TO ON;
BEGIN;
CREATE TABLE "ej1"."pusos" (gid serial, "tuso" int2);
ALTER TABLE "ej1"."pusos" ADD PRIMARY KEY (gid);
SELECT AddGeometryColumn('ej1','pusos','geom','25830','MULTIPOLYGON',2);
INSERT INTO "ej1"."pusos" ("tuso",geom) VALUES
   ('500','SRID=25830;MULTIPOLYGON(((4358.07763671875 6924.2294921875,
                       4329.0146484375 6954.85498046875,
                       ...
                       ...
                       ,4358.07763671875 6924.2294921875)))');
INSERT INTO "ej1"."pusos" ("tuso",geom) VALUES ...
...
...
COMMIT;
```

---

[1] https://www.epsg.org/

[2] https://spatialreference.org

Es interesante destacar que para introducir las geometrías no se utiliza ningún constructor como se puede ver en el código SQL. En realidad, funciona porque PostGIS redefine las conversiones (AUTO CAST SQL) cuando se convierte de un texto a un tipo *geometry*, de forma que internamente está utilizando el comando *ST_Geomfromtext*. De todas formas, quedaría más claro y sería incluso más fiable si el cargador *shp2pgsql* utilizara *ST_Geomfromtext* en lugar de dejar el trabajo a las conversiones automáticas de PostGIS.

Este código SQL es el que hay que ejecutar dentro de la base de datos, para ello vamos a re-direccionar la salida del comando a un fichero de texto para posteriormente ejecutar dicho fichero (que contiene código SQL) en la base de datos *s1*.

```
consola> shp2pgsql -s 25830 -g geom -w pusossuelo.shp ej1.pusos > pusos.sql
consola> shp2pgsql -s 25830 -g geom -w psuelos.shp ej1.psuelos > psuelos.sql
consola> shp2pgsql -s 25830 -g geom -w prios.shp ej1.prios > prios.sql
consola> shp2pgsql -s 25830 -g geom -w palcanta.shp ej1.palcanta > palcanta.sql
```

A continuación, ejecutamos los cuatro ficheros SQL en la base de datos.

```
consola> psql -U postgres -f pusos.sql s1
consola> psql -U postgres -f psuelos.sql s1
consola> psql -U postgres -f prios.sql s1
consola> psql -U postgres -f palcanta.sql s1
```

En *Linux* podemos hacer uso de las tuberías para re-direccionar la salida del comando *shp2pgsql* y utilizarla directamente como entrada en el comando *psql*. De esta forma con un único comando se pueden cargar los datos. Para ello se utiliza la tubería '|' de la siguiente forma: *shp2pgsql palcanta.shp palcanta -w -g geom | psql -d s1*

Por otra parte, la tubería '>&' nos puede servir para redirigir la salida y la entrada al mismo tiempo a un fichero de texto. Tras la ejecución dicho fichero mostrará todos los resultados junto con los comandos SQL de la entrada.

Problemas de codificación de los ficheros shape

Con frecuencia las tablas de atributos (extensión *dbf*) de los ficheros *shapes* están codificadas en un juego de caracteres diferente al usado por defecto. Si esto es así al cargar el fichero SQL generado en la base de datos se producirá un error y PostgreSQL abortará el proceso. Con la opción '-*W*' se puede establecer la codificación del fichero *dbf* para que *shp2pgsql* lo lea de forma correcta.

Ejemplo: *shp2pgsql -g geom -w -W LATIN1 pusossuelo.shp pusos > pusos.sql*

Algunos de los juegos de caracteres[1] soportados por PostgreSQL son los siguientes:

---

[1] La lista completa se puede encontrar en: https://www.postgresql.org/docs/current/multibyte.html

Nombre	Descripción	Lenguaje	Bytes	Alias
LATIN1	ISO 8859-1, ECMA 94	Europeo occidental	1	ISO88591
LATIN2	ISO 8859-2, ECMA 94	Europeo central	1	ISO88592
LATIN3	ISO 8859-3, ECMA 94	Sur europeo	1	ISO88593
LATIN4	ISO 8859-4, ECMA 94	Norte europeo	1	ISO88594
SQL_ASCII	Sin especificar*	Algunos	1	
UTF8	Unicode, 8-bit	Todos	1-4	Unicode
WIN1250	*MS Windows* CP1250	Europeo central	1	
WIN1252	*MS Windows* CP1252	Europeo occidental	1	
EUC_JP	Código-JP *Unix* extendido	Japonés	1-3	

* Los valores entre 0 y 127 son tratados de acuerdo al ASCII estándar. Los valores entre 128 y 255 no se interpretan.

Tabla 7 Juegos de caracteres soportados por PostgreSQL

Versión gráfica de shp2pgsql

PostGIS incluye la versión gráfica *shp2pgsql-gui* del importador de ficheros *shape* dentro de la propia instalación de PostGIS.

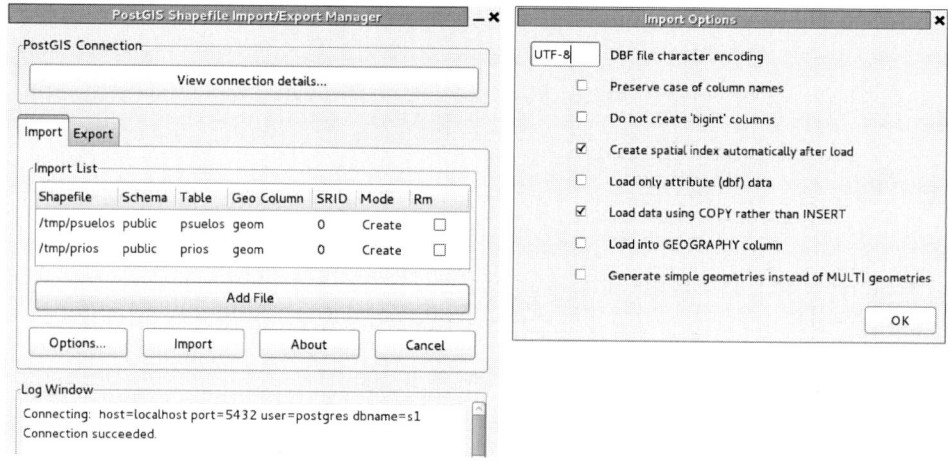

Figura 8 Versión gráfica del comando *shp2pgsql*: *shp2pgsql-gui*

En entornos *MS Windows* generalmente se encuentra en *"directorio_de_post-gres\bin\postgisgui\shp2pgsql-gui.exe"*. En entornos *Linux* se suele instalar dentro del directorio de binarios del sistema y el comando se llama *shp2pgsql-gui*.

Aunque esta versión puede resultar más agradable para los usuarios noveles, en realidad es menos potente que el comando *shp2pgsql* al contar con menos opciones. Además, el comando *shp2pgsql* se puede incluir dentro de un *script* o en un proceso de lotes.

Comando *pgsql2shp*

PostGIS añade la utilidad *pgsql2shp* para convertir tablas espaciales de PostGIS a capas en formato *shape*. Al igual que el comando *shp2pgsql* esta utilidad se invoca desde la consola del sistema. Algunas de sus opciones son:

- *-f <fichero>*: Nombre del fichero a crear (no es necesario poner la extensión).
- *-h <host>*: *Host* de la máquina donde está el servidor de PostgreSQL. Por defecto es *localhost*.
- *-p <puerto>*: Número de puerto para la conexión. Por defecto es 5432.
- *-u <usuario>*: Nombre del usuario de la conexión a la base de datos.
- *-P <contraseña>*: Contraseña del usuario de la conexión a la base de datos.
- *-g <columna_geometría>*: Nombre de la columna de geometría que se quiere exportar. No es necesario si la tabla solo tiene una columna de geometría.

Vamos a exportar la tabla espacial *psuelos* a un fichero *shape* denominado *export*.

```
consola> pgsql2shp -f export -u postgres -P contraseña s1 ej1.psuelos
```

Tras la exportación se generarán los ficheros *export.shp*, *export.dbf* y *export.shx*. En el caso de que la tabla espacial tenga un CRS distinto a 0 se generará también el fichero *export.prj* con información sobre el CRS.

> Nótese que la opción para especificar el usuario es '*-u*' pero esta vez en minúsculas, al contrario que la misma opción '-U' del cliente *psql*.

También se puede exportar el resultado de una consulta realizada a la base de datos. En este ejemplo utilizamos la orden de PostGIS *ST_Boundary (geometry)* que devuelve las líneas de contorno de cada uno de los polígonos de la capa *psuelos*. El fichero *shape* de salida será de líneas.

```
consola> pgsql2shp -f export1 -u postgres -P pg s1
         "select gid,st_boundary(geom) from ej1.psuelos"
```

> Hay que tener en cuenta que el formato *dbf* asociado a la tabla de atributos del formato *shape* tiene algunas limitaciones, por esta razón el exportador *pgsql2shp* trunca los nombres de columnas mayores de 10 caracteres y los campos de texto superiores a 255 caracteres.

Trabajo con esquemas: search_path

En el apartado I 2.3, pág. 537, se describe brevemente los comandos para la gestión de esquemas: *Create Schema* y *Drop Schema*. También se menciona que para acceder a un objeto de la base de datos (tabla, vista, secuencia, función, etc.) ubicado dentro de un esquema se utiliza el prefijo *nombredelesquema* antes del objeto separado por un punto:

```
s1=# select count(*) from ej1.psuelos;
```

Si no se especifica el esquema, p. ej.: *select count(*) from psuelos*, entonces PostgreSQL tratará de buscar el objeto *psuelos* en la base de datos según la cadena de búsqueda especificada en la variable del sistema *search_path*.

Para obtener el valor actual de dicha variable se puede utilizar el comando *show:*

```
s1=# show search_path;
----------------
 "$user", public, topology
```

Dicha variable contiene una lista de esquemas separados por comas, de forma que PostgreSQL buscará la tabla *psuelos* primero en el esquema *$user* (nombre del esquema igual al nombre de usuario que ha realizado la conexión), luego en el esquema *public* y por último en el esquema *topology* (este último solo si se ha instalado la funcionalidad de topología persistente).

Es posible modificar dicha variable y agregar el esquema *ej1* con lo cual no sería necesario especificar el esquema *ej1* cada vez que se accede a una tabla. Si se dispone de dos tablas con el mismo nombre en dos esquemas diferentes PostgreSQL devolverá aquella que se encuentre en el primer esquema especificado dentro de *search_path*.

La variable *search_path* se puede modificar según alguno de los procedimientos explicados en el apartado I 1.1, pág. 501. Una práctica habitual para crear y acceder a objetos en un esquema determinado despreocupándose de establecer el prefijo del esquema, consiste en modificar la variable *search_path* para la base de datos *s1* de la siguiente forma (según nuestro ejemplo):

```
s1=# alter database s1 set search_path = public, topology, ej1;
```

Al crear un nuevo objeto sin especificar el esquema, p. ej.: *create table suelostmp (gid serial)*, según la variable *search_path* modificada arriba, PostgreSQL crea la tabla en el esquema *public* porque es el primero en el *search_path*. Si se desea crear los objetos por defecto en el esquema *ej1* será necesario ubicar éste al principio del *search_path*.

GDAL/OGR (ogr2ogr y ogrinfo)

GDAL/OGR es una biblioteca de lectura y escritura de formatos geoespaciales tanto *raster* (*GDAL*) como vectoriales (*OGR*). Es software libre y la utiliza un gran número de aplicaciones SIG.

PostGIS incluye la biblioteca GDAL/OGR para todo el tema relacionado con el tratamiento *raster*. Al estar en el *path* del sistema, el directorio *bin* de PostgreSQL (apartado A 1.2, pág. 25) podemos utilizar GDAL/OGR desde la consola del sistema situada en cualquier directorio.

Otros softwares o paquetes de utilidades también incluyen GDAL/OGR, así que es posible que un usuario tenga instalada múltiples versiones de GDAL/OGR. Algunos de ellos son:

- El SIG de escritorio QGIS incluye una instalación de GDAL/OGR dentro de su directorio *bin*.
- El paquete de utilidades *FWTools*[1] contiene las versiones ejecutables del conjunto completo de bibliotecas *GDAL*, utilidades, soporte *python* y documentación tanto para *MS Windows* como para *Linux*.
- En MS Windows, está el paquete de utilidades *MS4W*[2] incluye además de GDAL otros programas como el servidor de mapas *Mapserver*, *Apache Web Server*, etc.

---

[1] El paquete *FWTools* se puede descargar de http://fwtools.maptools.org/
[2] El paquete *MS4W (solo MS Windows)* se puede descargar https://ms4w.com/

- En *MS Windows* también se puede utilizar el instalador de software libre proporcionado por OSGeo[1]. Mediante el instalador *OsGeo4W*[2] se puede instalar de forma sencilla *GDAL/OGR* así como otras utilidades geoespaciales libres. También podemos utilizar las utilidades MS4W[3] que incluyen GDAL/OGR.

Mediante el comando *ogr2ogr* de GDAL/OGR (consola del sistema) es posible convertir un gran número de formatos vectoriales a PostGIS.

En los ejemplos de esta sección vamos a utilizar la biblioteca GDAL incluida con el programa QGIS, ya que generalmente es una versión más nueva que la incluida en la distribución de PostGIS y también incluye más drivers de formatos.

Averigua la versión de la biblioteca GDAL que tiene instalado QGIS (es necesario haber instalado QGIS previamente). Consideramos que QGIS está instalado en *c:\qgis*.

```
consola> c:
consola> cd c:\qgis\bin
consola> ogr2ogr --version
GDAL 3.9.3, released 2024/10/07
```

Mediante la opción '*--formats*' se puede averiguar los formatos soportados por *OGR*[4].

```
consola> ogr2ogr --formats
Supported Formats:
  JP2ECW -raster,vector- (rov): ERDAS JPEG2000 (SDK 5.3)
  OCI -vector- (rw+): Oracle Spatial
...
  PGeo -vector- (ro): ESRI Personal GeoDatabase
  MSSQLSpatial -vector- (rw+): Microsoft SQL Server Spatial Database
  PostgreSQL -vector- (rw+): PostgreSQL/PostGIS
...
  AVCBin -vector- (ro): Arc/Info Binary Coverage
  HTTP -raster,vector- (ro): HTTP Fetching Wrapper
```

OGR es capaz de convertir a PostGIS todos los formatos soportados (arriba solo aparecen unos pocos, notad en negrita el formato de **PostgreSQL/PostGIS**). OGR también es capaz de convertir una capa PostGIS a todos aquellos que permiten escritura (*w*).

En cuanto al formato *shape,* aunque *GDAL/OGR* lo soporta es aconsejable utilizar los comandos *shp2pgsql* y *pgsql2shp* para importar / exportar a PostGIS ya que tienen más opciones y son más ligeros que *OGR*.

Comando ogrinfo

Antes de realizar las conversiones se puede utilizar el comando *ogrinfo* para obtener información de la capa o tabla que se quiere convertir.

Obtiene información de todas las capas almacenadas en la base de datos *s1*.

---

[1] La Open Source Geospatial Foundation (OSGeo) es una organización sin ánimo de lucro cuya misión es dar soporte y promover el desarrollo colaborativo de tecnologías abiertas. https://www.osgeo.org/

[2] Instalador *open source* de tecnologías geoespaciales para *MS Windows*. https://trac.osgeo.org/osgeo4w/

[3] El paquete MS4W se puede descargar de https://ms4w.com/

[4] La lista y una breve descripción de los formatos aparece en https://gdal.org/drivers/vector/index.html

```
consola> ogrinfo PG:"host=localhost user=postgres dbname=s1
    password=contraseña"
INFO: Open of `PG:host=localhost user=postgres dbname=s1 password=pg'
    using driver `PostgreSQL' successful.
1: ej1.palcanta (Multi Line String)
2: ej1.prios (Multi Line String)
3: ej1.psuelos (Multi Polygon)
4: ej1.pusos (Multi Polygon)
```

Obtiene los datos de la fila cuyo *gid = 1* de la tabla *psuelos*. Si no se introduce la opción '*-where*' se mostrarán todas las filas. Si se utiliza la opción '*-geom=NO*' entonces no mostrará el contenido del campo de geometría.

```
consola> ogrinfo PG:"host=localhost user=postgres dbname=s1
    password=contraseña" ej1.psuelos -where "gid=1"
```

Si se utiliza '*-sql*' no es necesario especificar '*-where*' ni el nombre de la capa.

```
consola> ogrinfo PG:"host=localhost user=postgres dbname=s1
    password=contraseña" -sql "select * from ej1.psuelos where gid = 1"
```

Obtener la fila cuyo *gid = 3* del fichero *psuelos.shp*.

```
consola> ogrinfo psuelos.shp psuelos -where "fid=3" -geom=NO
```

Comando ogr2ogr

Con este comando se realizan las conversiones entre todos los formatos soportados por GDAL/OGR.

Algunas opciones del comando *ogr2ogr* referidas al formato de origen:

- *-select <lista de campos>*: Lista de campos delimitada por comas de la capa origen que se quiere copiar a la nueva capa.
- *-where <condición>*: Consulta sobre los atributos de la capa origen.
- *-sql <sentencia>*: Da la posibilidad de una sentencia mucho más compleja que *select* y *where*. Los campos de salida pueden no mantener el tipo de datos original.

Algunas opciones del comando *ogr2ogr* referidas al formato de destino:

- *-f <driver ogr>*: Formato del fichero de salida según especificado en los formatos soportados con escritura, seguido del nombre del fichero o cadena de conexión.
- *-nln <nombre>*: Nombre de la nueva capa o tabla a crear.
- *-dsco Variable=Valor*: Variables propias referentes a la creación del *dataset* de destino. Las variables dependen del *driver* de *OGR* que se esté utilizando.
- *-lco Variable=Valor*: Variables propias referentes a la creación de la capa de destino. Las variables dependen del *driver* de OGR que se esté utilizando.
- *-a_srs <srid>*: Asigna el SRID especificado a la capa de salida.
- *-t_srs <srid>*: Reproyecta la capa de salida según el SRID especificado.
- *-append*: Añade filas a una capa existente en lugar de crear una nueva capa.
- *-overwrite*: Borra la capa de destino y crea una nueva vacía.

Algunos ejemplos de conversión de otros formatos a PostGIS

Las opciones '*-lco*' y '*-dsco*' detalladas en la lista de arriba se utilizan para personalizar las opciones propias de cada *driver* que soporta *OGR* para la creación de nuevas capas / tablas.

En concreto para importar datos a PostGIS[1] las más utilizadas son:

- *-lco GEOMETRY_NAME=nombre*: Especifica el nombre de la columna de geometría a crear en PostGIS en lugar de utilizar el nombre por defecto.

- *-lco LAUNDER=YES/NO*: Si es YES (valor por defecto) convierte los nombres de los campos y la tabla a minúsculas y los caracteres especiales a '_'. Si es NO, entonces no realiza ninguna conversión.

- *-lco PRECISION=YES/NO*: Si es YES, entonces utiliza la longitud y precisión (cifras decimales) de los tipos para crear campos de tipo *Numeric* (longitud, precisión), *Char* (longitud). Si es NO, utiliza los campos de tipo *Double Precision*, *Integer*, *Varchar*, etc.

a) Ejemplo de conversión del formato dbf. Conversión del fichero *toponimia.dbf*[2] a la tabla toponimia dentro del esquema *ej1* de la base de datos *s1* en PostgreSQL. En este caso no es una capa espacial sino simplemente una tabla alfanumérica.

```
consola> ogr2ogr -f "PostgreSQL" PG:"host=localhost user=postgres
dbname=s1 password=contraseña" c:\tmp\toponimia.dbf -nln ej1.toponimia
```

b) Ejemplo de conversión del formato GML. En este caso, vamos a importar a PostGIS una capa en formato GML *building.gml*[3] con los edificios de un municipio.

```
consola> ogr2ogr -f "PostgreSQL" PG:"host=localhost user=postgres
dbname=s1 password=contraseña" c:\tmp\building.gml -lco
GEOMETRY_NAME=geom  lco FID=gid -lco SPATIAL_INDEX=GIST -nln
ej1.building -nlt promote_to_multi -nlt multipolygon
```

> Es importante mencionar que, según el formato de entrada, GML en este caso, podría ser que una misma capa tenga diferentes tipos de geometrías, p. ej.: *polygon* y *multipolygon*, lo cual no es posible, en principio, en una columna de geometría de PostGIS. Por ello, se utilizan las opciones '*-nlt multipolygon*' (la capa de salida será de tipo *muti*) y '*-nlt promote_to_multi*' (si hay algún *polygon* será convertido a *multi*).

Algunos ejemplos de conversión desde PostGIS a otros formatos

La opción '*-sql <sentencia>*' del *driver* de PostgreSQL/PostGIS es especialmente potente, ya que *OGR* envía directamente la sentencia SQL especificada a PostgreSQL.

---

[1] Más opciones de *ogr2ogr* específicas para la creación de datos PostgreSQL / PostGIS aparecen en https://gdal.org/drivers/vector/pg.html

[2] Fichero de Toponimia procedente del Nomenclátor Geográfico Básico de España (NGBE) descargable de forma gratuita desde el centro de descargas del IGN

[3] Fichero GML de edificios de la Dirección General de Catastro descargable de forma gratuita

a) Formato GML. Conversión de la capa *ej1.psuelos* al fichero GML2 *ejemplogml*. Para las opciones del *driver* consultar la información detallada de *GDAL*[1].

```
consola> ogr2ogr -f "GML" ejemplogml PG:"host=localhost user=postgres
    dbname=s1 password=contraseña" ej1.psuelos -dsco FORMAT=GML2
```

Para especificar el nombre de la columna de geometría PostGIS a exportar hay que escribirlo entre paréntesis '*ej1.pusos(geom)*' y encerrar todo entre comillas simples.

b) Formato KML. Conversión de la capa *ej1.usos* de PostGIS al fichero KML *ejemplo.kml*. Para las opciones del *driver* consultar la información detallada de GDAL[2].

-dsco NameField=campo: Especifica el campo de la capa origen que se usará en el elemento KML <name>.

```
consola> ogr2ogr -f "KML" ejemplo.kml PG:"host=localhost user=postgres
    dbname=s1 password=contraseña" ej1.pusos -dsco NameField=tuso
```

También se puede exportar a KML solo algunos campos de la tabla espacial, p. ej.:

```
consola> ogr2ogr -f "KML" ejemplo.kml PG:"host=localhost user=postgres
    dbname=s1 password=contraseña" -dsco NameField=tuso -sql "Select tuso,
    geom from ej1.pusos"
```

Mediante la opción '*-sql*' de *ogr2ogr* se puede pasar una sentencia SQL a PostgreSQL y *OGR* exportará en este caso a KML solo el resultado de dicha consulta. En este ejemplo vamos a relacionar la tabla *pusos* con la tabla *pusoscod* (importada previamente en este apartado) para obtener las etiquetas del código de tipo de uso (*tuso*).

```
consola> ogr2ogr -f "KML" ejemplo.kml PG:"host=localhost user=postgres
    dbname=s1 password=contraseña" -dsco NameField=etiqueta -sql "Select
    etiqueta, geom from ej1.pusos, ej1.pusoscod where ej1.pusos.tuso =
    ej1.pusoscod.codigo_uso"
```

Problemas de conversión entre juegos de caracteres

En las conversiones de *OGR* a PostGIS puede aparecer algún problema de conversión de caracteres. Para solucionar este posible error hay que cambiar la codificación del juego de caracteres (con la utilidad *shp2pgsql* utilizábamos la opción '*-W*'). Aunque esto se puede hacer de varias maneras quizás la más segura es utilizar la siguiente sentencia SQL en nuestra base de datos. P. ej.: si el cliente utiliza la codificación *LATIN1* sería:

```
s1=# ALTER DATABASE s1 SET CLIENT_ENCODING = LATIN1;
```

De esta forma cada vez que un cliente (en este caso *OGR*), se conecte a nuestra base de datos la codificación del cliente será interpretada como *LATIN1* por defecto.

---

[1] Opciones del *driver* GML de *GDAL* en https://gdal.org/drivers/vector/gml.html
[2] Opciones del *driver* KML de *GDAL* en https://gdal.org/drivers/vector/kml.html

Importación de datos OSM a PostGIS

OpenStreetMap[1] (OSM) es un proyecto colaborativo con la finalidad de crear mapas editables libres de todo el mundo. Aunque la importación/exportación de datos OSM y PostGIS se puede realizar con algunos SIG de escritorio libres, una de las mejores herramientas para realizar esta labor es el comando *osm2pgsql*[2]. En el apartado F 10, pág. 355, se profundiza en la importación de datos OSM y se realiza un ejercicio práctico.

Utilización de SIG de escritorio

Mediante algunos SIG de escritorio es posible también la importación y/o exportación de datos PostGIS.

Cabe mencionar el software *QGIS* porque permite exportar una capa PostGIS a muchos otros formatos además del formato *shape* (ya que soporta *OGR*). Además, presenta varias funcionalidades específicas para importar a PostGIS cualquier formato soportado por OGR.

A continuación, se muestra tres formas diferentes en QGIS de importar cartografía de cualquier formato soportado por GDAL/OGR a PostGIS.

a) El menú *"Bases de datos / Administrador de BBDD"* además de ser un gestor de datos PostGIS, tiene un botón para importar o exportar datos PostGIS.

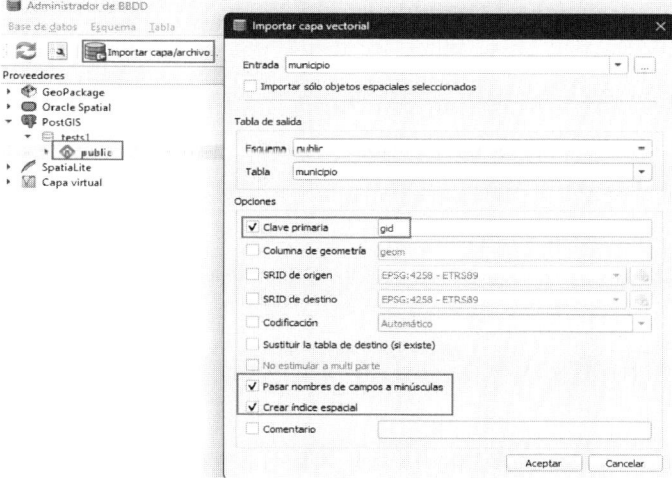

Figura 9 Importación a PostGIS (QGIS): Administrador de BBDD

---

[1] https://www.openstreetmap.org/
[2] https://wiki.openstreetmap.org/wiki/Osm2pgsql

b) Con el botón derecho sobre la capa selecciona *Exportar / Guardar objetos como..*

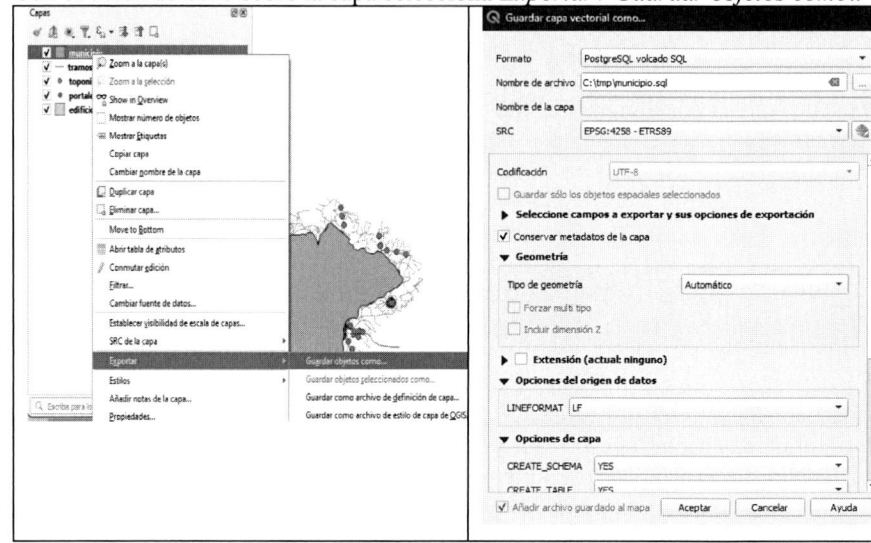

Figura 10 Importación a PostGIS (QGIS): Guardar capa como.

c) En la caja de herramientas (menú Procesos) tenemos la herramienta de GDAL "Exportar a PostgreSQL" que nos permitirá convertir cualquiera de las capas vectoriales abiertas en QGIS, sean del formato que sean, a PostGIS.

Esta es posiblemente la opción más potente ya que utiliza directamente el comando de GDAL ogr2ogr.exe por debajo y permite todas las opciones que soportan los drivers de cada formato de GDAL.

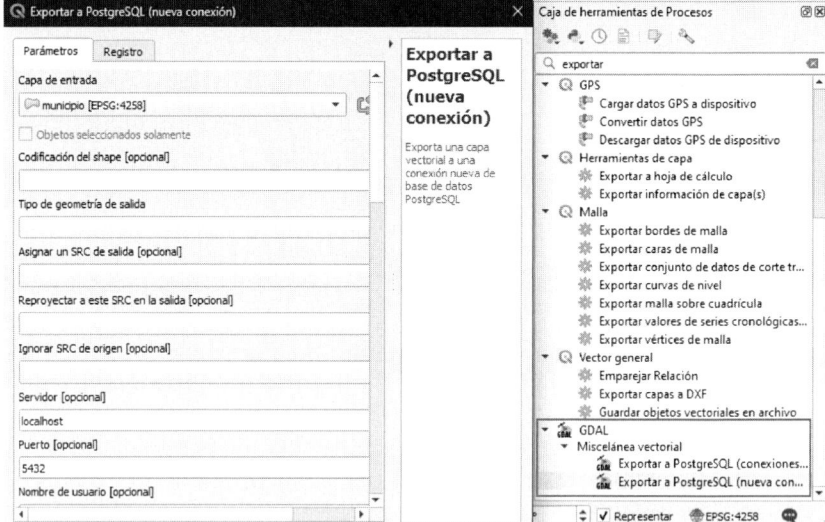

Figura 11 Importación a PostGIS (QGIS): Caja herramientas GDAL.

El proceso inverso, es decir, a partir de una capa PostGIS cargada en QGIS, convertirla a cualquier otro formato, es tan sencillo como repetir el método b) expuesto arriba.

3. Ejemplos del capítulo

3.1. Datos cartográficos utilizados en los ejemplos

En la publicación se utilizan datos cartográficos provenientes de diferentes organismos:

- Datos publicados por la Confederación Hidrográfica del Ebro[1] (CHE). Algunas de las capas cartográficas han sido modificadas e incluso se han introducido algunos errores topológicos en los ejemplos del capítulo de reglas de topología. Mencionamos la calidad de dicha cartografía y agradecemos a la CHE su publicación.
- Modelo digital de elevación de la isla de Mallorca (ASTER GDEM[2]) es un producto de METI[3] y la NASA.
- Modelo digital del terreno del proyecto *Corine Land Cover*[4] de la isla de Mallorca.
- Cartografía de Open Street Map de la zona de Valencia (España).
- Cartografía del Instituto Geográfico Nacional[5] del centro de descargas del CNIG[6] (p. ej.: Toponimia, BTN100, etc.).
- Cartografía de la Dirección General de Catastro[7]

Las capas *ej1.psuelos*, *ej1.pusos*, *ej1.prios*, *ej1.palcanta* son capas con un volumen de cartografía muy pequeño (algunas decenas de registros) utilizadas únicamente en los apartados B 2.2 y B 7.

En el resto de los apartados se utiliza cartografía principalmente de la cuenca hidrográfica del Ebro, con un volumen de datos más elevado (miles o decenas de miles de geometrías).

Las capas del proyecto *Corine* y el ASTER GDEM son utilizadas en el apartado G , pág. 385, sobre datos *raster*.

3.2. Visualización y edición gráfica de capas PostGIS

A la hora de visualizar las capas geográficas de los ejemplos realizados existen varias soluciones de SIG libres que pueden gestionar capas geográficas almacenadas en PostGIS, además de otros formatos. Algunos de estos programas son: *gvSIG*[8], *QGIS*[9] y *OpenJump*[10]. También son conocidos *uDig*[11] y *Kosmo*[12], aunque al estar muchos años sin actualizaciones los consideramos ya productos obsoletos descatalogados.

---

[1] https://iber.chebro.es/geoportal/

[2] https://asterweb.jpl.nasa.gov/GDEM.ASP

[3] Ministerio de economía de Japón

[4] El proyecto CORINE (*Coordination of Information on the Environment*) desarrolla cartografía a escala 1:100.000 de la Unión Europea sobre la cobertura y usos del suelo. Se puede descargar en formato *raster* y vectorial de forma gratuita en https://www.eea.europa.eu/data-and-maps/data/copernicus-land-monitoring-service-corine.

[5] https://www.ign.es/resources/licencia/Condiciones_licenciaUso_IGN.pdf

[6] https://centrodedescargas.cnig.es

[7] https://www.catastro.minhap.es/webinspire/index.html

[8] https://www.gvsig.com. Programado en Java. Versión estable actual = 2.6

[9] https://www.qgis.org. Programado en C++. Versión estable actual = 3.40

[10] http://www.openjump.org. Programado en Java. Versión estable actual = 2.3.0

[11] https://udig.github.io/. Programado en Java. Versión estable actual = 2.0.0

[12] https://en.wikipedia.org/wiki/Kosmo. Programado en Java. Versión estable actual = 3.0. Abandonado.

Todos estos programas están disponibles tanto para *MS Windows* como para *Linux*. Estos programas permiten también editar las geometrías y exportar/importar capas PostGIS.

Característica analizada	gvSIG	QGIS	OpenJump
Versión del *software* analizada en esta tabla	2.6	3.40	2.3.0
Edición de PostGIS.	Sí	Sí	No[1]
Permite crear nuevas capas PostGIS.	Sí	Sí[2]	No
Multi-columnas de geometría: soporta tablas con más de una columna de geometría. Permite seleccionarla en la carga.	Sí	Sí	Sí
Guarda capas del entorno a PostGIS: permite exportar cualquier capa cargada en el entorno y salvarla en formato PostGIS.	Sí[3]	Sí[4]	Sí[5]
Exporta capas del entorno (en formato PostGIS) a otros formatos.	Sí[6]	Sí[7]	Sí[8]
Soporta capas PostGIS de tipo heterogéneo: cada fila con tipos de geometrías diferentes (para una misma columna *geom*).	No[9]	Sí[10]	Sí
Soporta geometrías de tipo *GeometryCollection*.	No	No	No
Lectura de capas *raster* (*PostGIS Raster*).	Sí	Sí[11]	No
Visualiza capas de geometrías curvas: la interpolación entre dos puntos es un arco en lugar de una línea recta.	No	Sí	No
Carga de capas 3D (geometrías básicas en 3D)	Sí	Sí	Sí
Carga de capas 3D (superficies poliédricas)	No	Sí	No
Edición (2D) sobre capas 3D[12] (geometrías básicas en 3D).	No	Sí	No
Edición 3D (geometrías básicas en 3D)	No	No	No
Soporta el tipo *Geography* para coordenadas geográficas	No	Sí	No[13]

Tabla 8 Características PostGIS de los principales SIG de escritorio libres

Los SIG de escritorio de código abierto están en constante crecimiento y actualmente aún les falta por integrar algunas funcionalidades necesarias en un SIG. Algunas de ellas son un sistema de tolerancias de coordenadas o un modelo de topología persistente, aunque solo unos pocos sistemas comerciales soportan estas características.

---

[1] No ataca directamente a PostGIS sino que importa la capa PostGIS, es decir, no funciona bajo demanda.

[2] Mediante el menú de Bases de datos / Administrador de BBDD.

[3] Permite convertir a PostGIS todos los formatos soportados por gvSIG: GML, KML, DXF, DGN, DWG, *MySQL Spatial*, *Oracle Spatial*, SHP, etc.

[4] Mediante el menú de Bases de datos / Administrador de BBDD, convierte a PostGIS todos los formatos soportados por QGIS; lo cual supone cerca de 50 formatos diferentes (OGR). También permite exportar con la caja de procesos.

[5] Convierte los formatos CSV, JSON, DXF, GML, WKT, OSM, SHP a PostGIS.

[6] Permite convertir capas PostGIS a formatos LAS, JDBC, KML, DXF, SHP.

[7] Permite convertir capas PostGIS a formatos GeoPackage, SHP, DXF, GPX, GeoJSON, KML, GML, INTERLIS, Mapinfo, DGN, CSV, SQLite, etc.

[8] Convierte PostGIS a formatos GML, WKT, SHP, CSV, DXF, GeoJSON.

[9] Permite visualizar y simbolizar, pero al crear o editar una geometría solo permite crear líneas.

[10] Divide la capa en diferentes capas independientes para su visualización y edición.

[11] Desde el menú de Bases de datos / Administrador de BBDD.

[12] En una capa de tipo *Multilinestring* en 3D se ha añadido una nueva geometría y se ha modificado otra.

[13] Realmente solo lo soporta utilizando el sistema de visualización de consultas directas SQL.

En cuanto a las características relativas a PostGIS, la tabla anterior resume las principales características de cada uno de ellos. Esta tabla no pretende ser una comparativa entre dichos programas informáticos ya que únicamente se ha analizado la capacidad de éstos en cuanto a tratar datos almacenados en bases de datos PostGIS.

Conclusiones

QGIS, es quizás el SIG de escritorio que mejor soporte y comportamiento tiene respecto al *driver* de PostGIS. Además, generalmente es el que más rápidamente incorpora las nuevas características de PostGIS como el soporte *raster*, tipos curvos, etc.

gvSIG, tras las modificaciones del *driver* en las últimas versiones, lo situamos en segundo lugar tras *QGIS* ya que implementa el segundo mayor número de características.

OpenJump es el que peor capacidad tiene en cuanto a manejar datos PostGIS, especialmente porque su *driver* no ataca directamente a la base de datos. Es destacable sobre todo con un fin docente con su ventana de consultas que permite ejecutar consultas gráficas a PostGIS y ser visualizadas directamente en el entorno (único de los cinco programas que tiene esta característica).

Algunos de estos SIG de escritorio deben evolucionar sus respectivos *drivers* de PostGIS para soportar ciertas características como geometrías 3D, el tipo *geography* y los tipos curvos, aunque esto último es menos necesario.

QGIS sería nuestro software preferido para trabajar con PostGIS en estos momentos, además de las características de la tabla anterior se hace notar su experiencia respecto a PostGIS ya que fue uno de los primeros en soportarlo. Además, cuenta con una interesante funcionalidad "*Administrador de BBDD* que permite importar/exportar a PostGIS, gestionar tablas espaciales (borrar, visualizar, añadir/borrar/editar columnas), crear esquemas, mover tablas entre esquemas, etc.

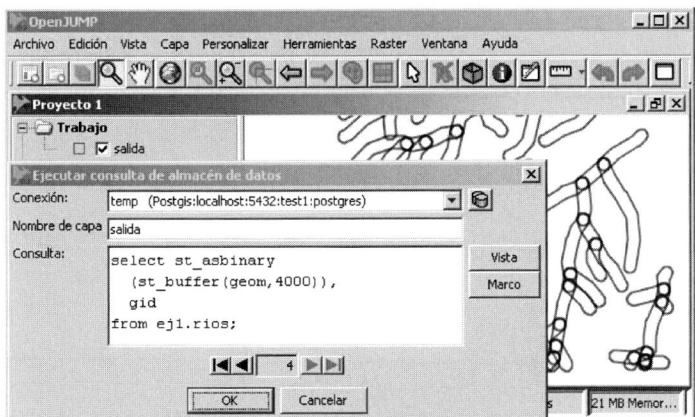

Figura 12 Consultas SQL y salida gráfica directa en *OpenJUMP*

El soporte de PostGIS *Raster* está incluido en gvSIG y QGIS, aunque en QGIS parece ser que tiene un mejor comportamiento. En cualquier caso, aún les queda evolucionar para gestionar las pirámides de forma automática y empezar a introducir alguna operación de edición *raster*.

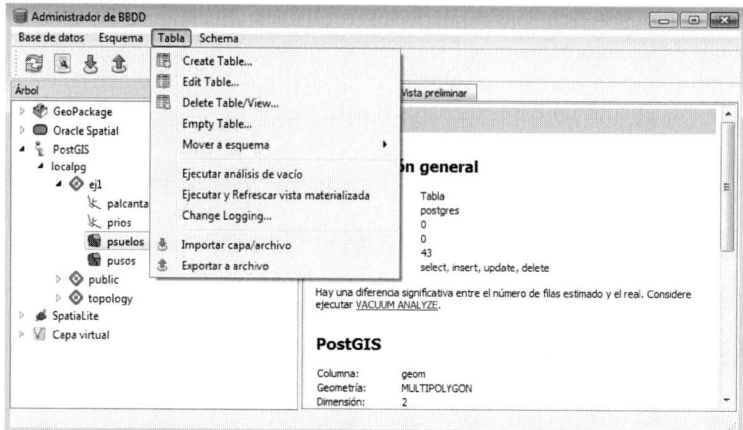

Figura 13 Gestor de PostGIS *DB Manager* de *QGIS*

Quedaría por comprobar cómo se comportan los diferentes SIG respecto a una edición multiusuario, como gestionan las claves primarias de las tablas, el comportamiento respecto a un elevado volumen cartográfico, sistemas de *scripting*, etc., labores que el lector debería experimentar y evaluar antes de extender alguno de los productos mencionados a la hora de implementar un SIG con fuente de datos basada en PostGIS en algún proyecto importante.

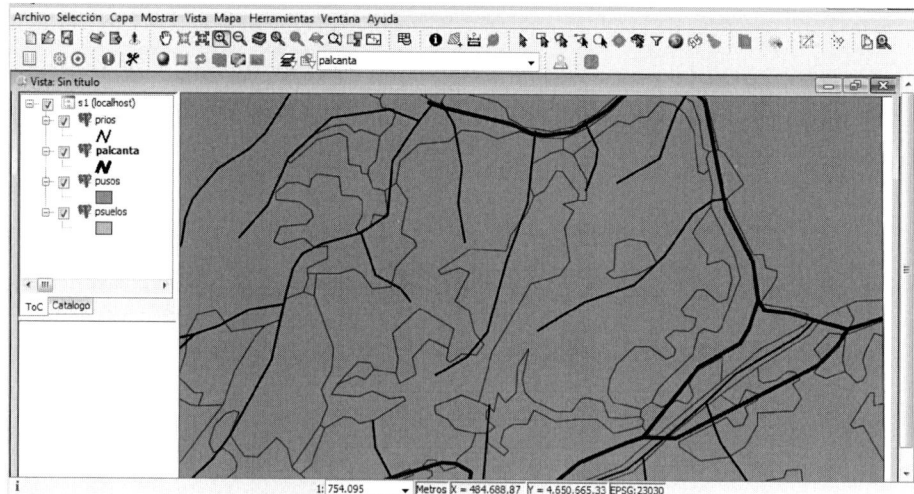

Figura 14 Visualización de capas PostGIS (*gvSIG*)

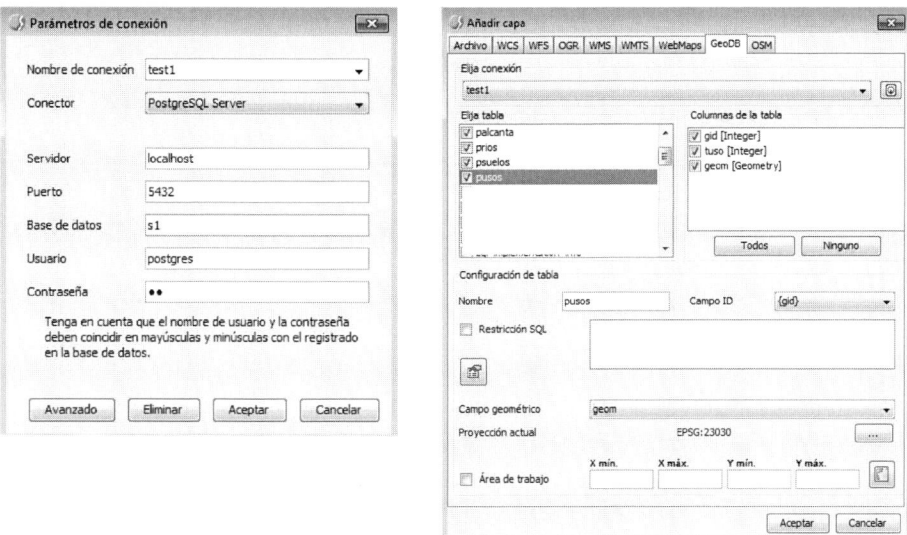

Figura 15 Conexión con PostGIS (*gvSIG*)

La Figura 15 y la Figura 17 muestran el diálogo de conexión a capas PostGIS en *QGIS* y *gvSIG*. Estos diálogos de conexión son parecidos en todos los SIG de escritorio, es donde se especifican los parámetros necesarios para conectarse al servidor de PostgreSQL. La Figura 14 y la Figura 16 muestran los SIG de escritorio *gvSIG* y *QGIS* con las cuatro capas del ejemplo cargadas.

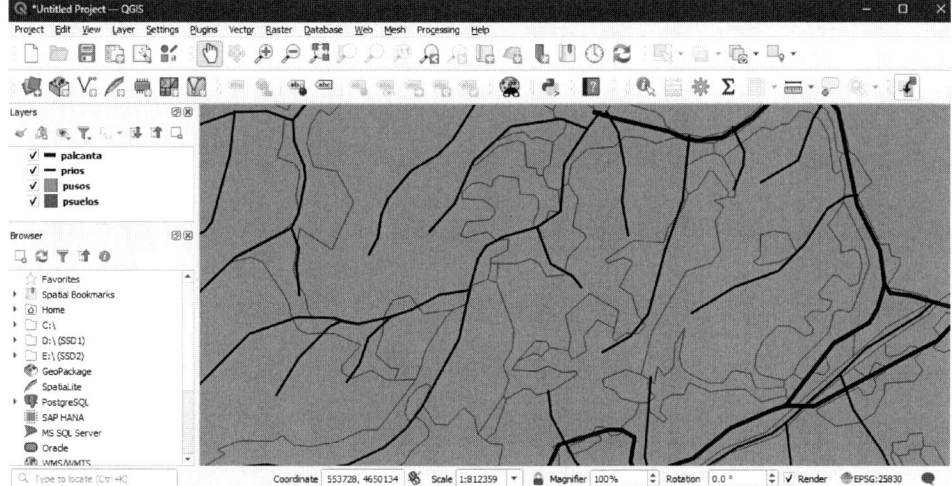

Figura 16 Visualización de capas PostGIS *(QGIS)*

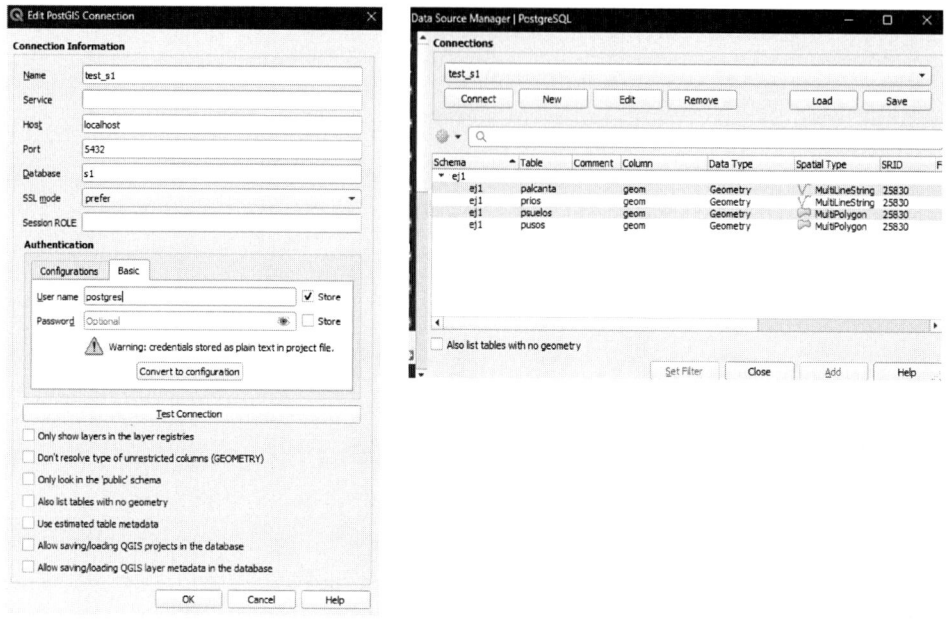

Figura 17 Conexión con PostGIS (*QGIS*)

4. Modelo *simple features* o fenómenos simples

Antes de estudiar las relaciones espaciales entre las geometrías, es necesario conocer cómo se definen las geometrías que se van a utilizar. Para definir las geometrías de forma rigurosa es necesario apoyarse en las normas SFA o SQL/MM y definir algunos conceptos como dimensión, contorno, interior y exterior de una geometría.

4.1. Esquema de herencia de las geometrías

La figura siguiente representa el esquema de herencia de los distintos tipos de geometrías según la norma SQL/MM. Los esquemas de herencia de las normas SFS1.1 y SFA son muy parecidos pero el descrito por las normas SQL/MM es el que más se asemeja actualmente a PostGIS debido a la inclusión de nuevos tipos de geometrías en los últimos años como los tipos curvos o las superficies poliédricas.

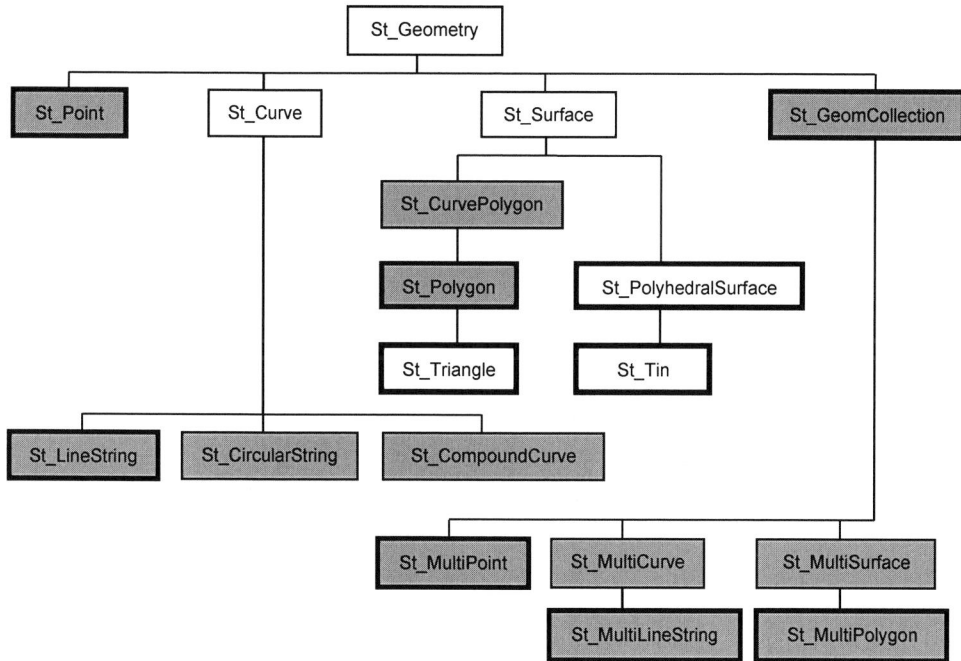

Figura 18 Herencia de las geometrías según norma SQL/MM (ISO 13249.3:2016)

Según el esquema se puede agrupar los tipos de geometrías en varias categorías:

> **Geometrías abstractas**

En este grupo se incluye las geometrías no *instanciables* (abstractas). El usuario no puede utilizar este tipo de geometrías de forma directa y su finalidad es la de modelar el esquema mediante una estructura orientada a objetos. Si una geometría abstracta define el método *ST_Srid*, como lo hace la geometría abstracta *ST_Geometry*, significa que todas las geometrías que heredan de ella deben de implementar dicho método.

Geometrías básicas

En este grupo clasificamos las siete geometrías principales de PostGIS (repase la Tabla 5, pág. 52). Son las geometrías consideradas en el estándar SFS1.1 y soportadas desde los inicios de PostGIS. Son las geometrías que se utilizarán principalmente en esta publicación, las que soportan un análisis espacial completo y tienen una gran compatibilidad con los SIG de escritorio a la hora de leer / escribir geometrías en PostGIS.

Geometrías circulares

En este grupo se agrupan las cinco geometrías que soportan tramos interpolados de forma circular. Estás geometrías se corresponden con una extensión que hace la norma SQL/MM a SFS/SFA. Parte de la funcionalidad espacial aún no está implementada con este tipo de geometrías, a no ser que se conviertan previamente a geometrías con segmentos rectos (por ejemplo, con la orden *ST_Curvetoline*). En esta publicación se estudian en el apartado F 8, pág. 349, de forma breve ya que su funcionalidad aún está limitada en PostGIS, y aún no implementada completamente en los SIG de escritorio.

Nuevas geometrías superficiales

Este grupo incluye los tipos de geometrías *PolyhedralSurface*, *TIN* y *Triangle*. Los tres aparecen por primera vez en la versión 2.0 de PostGIS. Los dos primeros tipos sirven para representar el terreno mediante una superficie poligonal continua, es decir, nos permiten realizar modelos digitales del terreno vectoriales.

A partir de ahora nos centraremos en el grupo de geometrías básicas: **POINT, LINESTRING, POLGON, MULTIPOINT, MULTILINESTRING, MULTIPOLYGON, GEOMETRYCOLLECTION**. Más adelante se estudiará en otras secciones de esta publicación el resto de geometrías. Las principales ventajas de las geometrías básicas son:

- Mediante este tipo de geometrías se puede modelar cualquier objeto geográfico.
- Son las que soportan la gran mayoría de funciones y características de PostGIS.
- Son las únicas que soportan (menos GEOMETRYCOLLECTION) los SIG de escritorio con plena funcionalidad (visualización y edición).

JTS Builder

Muchas de las soluciones libres que utilizan análisis espacial se basan en la biblioteca *JTS*[1]. Éste es el caso de PostGIS que se basa en la biblioteca *GEOS*, que es un *wrapper* de *JTS* en C++. La biblioteca *JTS* implementa el estándar *Simple Features For SQL* del año 1999 (SFS1.1), además junto con la biblioteca se distribuye un software denominado *JTS Test Builder* que va a resultar muy útil para comprobar las características de dicho estándar y de la propia biblioteca *JTS*.

Mediante *JTS Test Builder* se puede editar y/o crear geometrías de forma gráfica y aplicar diferentes operadores espaciales, viendo también de forma gráfica los resultados.

---

[1] La biblioteca *JTS* se puede descargar desde https://github.com/locationtech/jts

Cabe mencionar a Martin Davis[1], autor de la biblioteca *JTS* y del software *JTS Test Builder* que tantos programas de SIG utilizan actualmente.

En la siguiente figura aparece una pantalla del software *JTS Builder*, algunas de sus funcionalidades son:

- Crear y editar dos geometrías A y B con las que trabajar.
- Utilizar funciones de análisis espacial, en concreto, prácticamente todas las que aparecen en la especificación SFS1.1 y además algunas extensiones propias.
- Comprobar si una geometría es válida o no y por qué.
- Copiar y pegar geometrías en formato WKT (parte inferior de la ventana), de forma que se puede llevar ejemplos de *JTS* a PostGIS y viceversa.

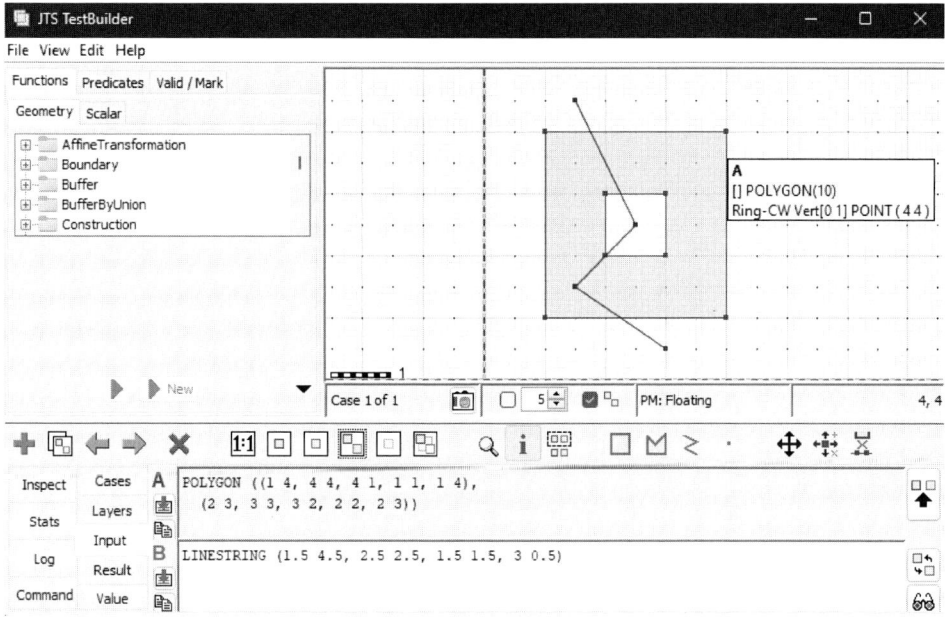

Figura 19 *JTS 1.19 Test Builder*

La biblioteca *JTS* está basada en la especificación SFS1.1 y por tanto solo admite siete tipos de geometrías, es decir, *POINT, MULTIPOINT, LINESTRING, MULTILINESTRING, POLYGON, MULTIPOLYGON* y *GEOMETRYCOLLLECTION*. Estos tipos son los que se han definido anteriormente como geometrías básicas. PostGIS para el cálculo espacial utiliza *GEOS*, que es una conversión de *JTS* (de *java* a C), esa es la razón por la que los tipos que soporta PostGIS con plena funcionalidad espacial se corresponden con las geometrías que puede gestionar *JTS*.

---

[1] En su blog, https://lin-ear-th-inking.blogspot.com/ se pueden encontrar interesantes artículos sobre geometría computacional y la biblioteca *JTS*.

4.2. Dimensión de una geometría

La dimensión de una geometría es un concepto que es necesario conocer antes de comenzar a describir cada uno de los diferentes tipos de geometrías del estándar SFS1.1. El concepto es muy simple: una entidad puntual tendrá dimensión 0, una entidad lineal dimensión 1 y una entidad superficial dimensión 2.

El comando de PostGIS que devuelve el número de dimensiones de una geometría es: *integer ST_Dimension (geometry)*. En caso de tratarse de una *GeometryCollection*, el método *ST_Dimension* devolverá la dimensión más alta de las geometrías que contenga la colección.

> No hay que confundir la dimensión de una geometría con la dimensión de las coordenadas de una geometría. Esta última indica el número de coordenadas de los vértices de una geometría, es decir, 2 si solo contiene X e Y, 3 si contiene X, Y, Z o X, Y, M y 4 si contiene X, Y, Z, M. La función de PostGIS que devuelve la dimensión de las coordenadas de una geometría es: *ST_CoordDim* o su alias *ST_NDims*.

4.3. Interior, contorno y exterior de las geometrías

Las definiciones de interior, exterior y contorno (*boundary*) de cada geometría se pueden encontrar en los estándares SFA o SQL/MM. Como resumen, en la siguiente tabla aparece una interpretación sencilla del interior, exterior y contorno para cada tipo de geometría del grupo de geometrías básicas y de las geometrías abstractas de la cuales derivan (Tabla 9), así como sus dimensiones (Tabla 10).

Tipos de Geometría	Interior	Contorno (*boundary*)	Exterior
ST_Point, ST_Multipoint	El propio punto o puntos.	Vacío.	Puntos no situados en el interior o en el contorno.
ST_Curve (*ST_LineString*)	Puntos que permanecen cuando los puntos del contorno son eliminados.	Dos puntos finales. Si es cerrada entonces el contorno es vacío.	
ST_MultiCurve (*ST_Multilinestring*)	Puntos que permanecen cuando los puntos del contorno son eliminados.	Puntos del contorno que pertenecen a puntos de contorno de un número impar de elementos componentes de la *Multilinestring*.	
ST_Surface (*ST_Polygon*)	Puntos del interior de los anillos.	Conjunto de anillos exterior e interior/es (*Rings*).	
ST_MultiSurface (*ST_Multipolygon*)	Puntos del interior de los anillos.	Conjunto de anillos exterior e interior/es (*Rings*).	

Tabla 9 Definición del interior, exterior y contorno de una geometría

	Conjunto vacío	Dimensión 0	Dimensión 1	Dimensión 2
Interior		*ST_Point* *ST_MultiPoint*	*ST_Curve (ST_Linestring)* *ST_MultiCurve (ST_Multilinestring)*	*ST_Surface (ST_Polygon)* *ST_MultiSurface (ST_Multipolygon)*
Contorno	*ST_Point* *ST_MultiPoint*	*ST_Curve (ST_Linestring)* *ST_MultiCurve (ST_Multilinestring)*	*ST_Surface (ST_Polygon)* *ST_MultiSurface (ST_Multipolygon)*	
Exterior				Todas las geometrías

Tabla 10 Dimensiones del interior, exterior y contorno de una geometría

Por ejemplo, según la tabla anterior, las geometrías cuyo interior presenta una dimensión de 2 son las geometrías *ST_Surface* y sus derivadas (del grupo de geometrías básicas tenemos *ST_Polygon*) y la *ST_MultiSurface* y su derivada *ST_MultiPolygon*.

Por coherencia con la norma SQL/MM se ha utilizado el prefijo 'ST_' en el nombre de los tipos de geometrías, pero como el lector ya habrá observado PostGIS y sus lectores/constructores WKT/EWKT no utilizan dicho prefijo. En esta publicación solo se utilizarán los prefijos 'ST_' en el nombre de los tipos de las geometrías cuando se esté haciendo referencia a las normas SQL/MM. A nivel conceptual o práctico no tiene ninguna importancia.

En la siguiente figura se representa el interior (color gris), contorno (color negro) y exterior (trama rallada) de una entidad geométrica de tipo *ST_Linestring*, *ST_Polygon* y *ST_Point* respectivamente.

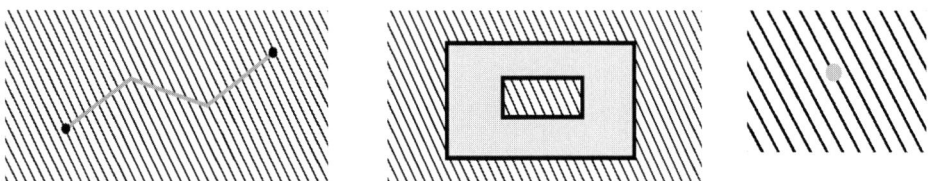

Figura 20 Contorno, interior y exterior de una línea, un polígono y un punto

También de una forma práctica utilizando el software *JTS Test Builder* o el propio PostGIS se puede averiguar el contorno de una geometría con la orden ST_*Boundary*.

El contorno de una *ST_LineString* está formado por sus puntos inicial y final, salvo si dicha *ST_LineString* es cerrada en cuyo caso será vacío.

```
s2=# SELECT st_astext(st_boundary(
   st_geomfromtext('LINESTRING (1 1, 4 1, 4 4, 1 4)')));
     st_astext
--------------------
 MULTIPOINT(1 1,1 4)
```

Contorno de una *MultiCurve*

Como se puede apreciar estos conceptos son bastante lógicos, quizás el único punto 'conflictivo' consiste en averiguar el contorno de una *MultilineString*. Según las normas, el contorno de una *ST_MultiCurve* (y por tanto sus tipos derivados como *ST_MultilineString*) se obtiene a partir de aplicar la regla de unión 'mod 2' que dice que un punto es considerado contorno de la *ST_MultilineString* cuando dicho punto es contorno de un número impar de elementos de la *ST_MultilineString*.

La regla 'mod 2' queda más clara con algunos ejemplos gráficos:

Descripción y WKT de la *ST_MultilineString*	*Cardinalidad* de los puntos contorno de cada *LineString*	Contorno
MULTILINESTRING ((1 8, 3 8), (3 8, 5 8), (3 8, 3 6))		
MULTILINESTRING ((1 8, 5 8), (3 8, 3 6))		
MULTILINESTRING ((1 8, 3 8), (3 8, 5 8), (3 6.5, 3 9))		
MULTILINESTRING ((1 8, 3 8), (3 8, 5 8), (3 6.5, 3 8), (3 8, 3 9))		

Tabla 11 Contorno de una *MultiLineString*

4.4. Definición de las geometrías básicas

En este apartado definiremos las geometrías básicas de PostGIS y sus propiedades: geometrías simples, cerradas, etc. Además, en lo que respecta a geometrías superficiales como los polígonos las normas definen unas condiciones de validez, de forma que una geometría de tipo polígono o un multipolígono puede no ser válida y en tal caso las operaciones espaciales pueden no funcionar de forma correcta.

Pero antes, repasemos un nuevo concepto SQL que es muy socorrido a la hora de realizar consultas SQL y que se va a utilizar con frecuencia en esta publicación.

Subconsultas en PostGIS (Subselect y CTE)

Además de las subconsultas utilizando predicados como las descritas en el apartado I 2.5 pág. 556, PostgreSQL soporta las llamadas *Subselects* y las *Common Table Expresions (CTE)*, artificios que de una forma sencilla sirven para construir consultas anidadas.

Subselect

Una consulta SQL tiene el siguiente aspecto:

SELECT expresiones_separadas_por_comas FROM tabla.

Mediante una sencilla sintaxis se puede conseguir que el resultado de esta consulta alimente la cláusula *FROM* de una segunda consulta, para ello hay que encerrar la sentencia de arriba entre paréntesis y además darle un *alias* a la tabla virtual que está generando la consulta, por ejemplo, *mitabla.*

(*SELECT expresiones_separadas_por_comas FROM tabla*) **AS mitabla**

En este momento se puede utilizar dicha sentencia dentro de la cláusula FROM de un segundo SELECT, de la forma:

SELECT expresiones_separadas_por_comas FROM

    (SELECT expresiones_separadas_por_comas FROM tabla) AS mitabla;

Incluso se puede ir anidando más consultas como:

```
SELECT expresiones_separadas_por_comas FROM (
   SELECT expresiones_separadas_por_comas FROM (
      SELECT expresiones_separadas_por_comas FROM tabla
   ) AS mitabla
) AS mitabla2;
```

Calcula el área y la dimensión de la geometría 'POLYGON ((0 0,10 0,10 10,0 0))' utilizando una subconsulta, evitando así repetir dos veces la geometría dentro de la sintaxis.

```
sl=# select st_area(mitabla.geom),st_dimension(geom),col2
   from (select
      st_geomfromtext ('POLYGON ((0 0, 10 0, 10 10, 0 0))') as geom,
      'ejemplo' as col2
   ) as mitabla;
 st_area | st_dimension | col2
---------+--------------+---------
      50 |            2 | ejemplo
```

Generalmente a los campos de la subconulta se les da un *alias* para poder llamarlos desde la consulta externa. Otra forma similar de dar *alias* a los campos dentro de una subconsulta es especificando los *alias* de los campos entre paréntesis a continuación del nombre de la tabla virtual:

```
sl=# select st_area(mitabla.geom),st_dimension(geom),col2
   from (
      select st_geomfromtext ('POLYGON ((0 0,10 0,10 10,0 0))'), 'ejemplo'
   ) as mitabla (geom, col2);
```

Una subconsulta SQL se puede utilizar incluso en uniones internas / externas. El inconveniente es que al crear tablas virtuales el sistema no es capaz de crear índices *ad-hoc* en estas tablas. El uso inadecuado puede requerir un consumo de recursos enorme por el SGBD.

Hay que mencionar que los *subselects* no se materializan[1] siempre, lo cual sería aconsejable si dicha subconsulta requiere un tiempo de proceso elevado debido por ejemplo al uso de operadores espaciales. En caso contrario, donde una subconsulta no requiera un tiempo extra de proceso y además devuelva un número elevado de filas, quizás lo aconsejable sería que dicha subsonsulta no fuese materializada. El planificador de PostgreSQL debe ser capaz de evaluar la mejor opción y materializar la subconsulta o no, aunque no siempre es cierto.

Common Table Expresions (CTE)

La falta de control sobre la materialización en los *subselects* es una de las razones para el uso de las llamadas *Common Table Expresions*[2] (CTE), ya que siempre son materializadas, es decir, se puede considerar que son tablas temporales que son destruidas al finalizar la consulta. Fueron introducidas en PostgreSQL 8.4 y ampliada su funcionalidad en PostgreSQL 9.0. Al ser materializadas hay que tener cuidado de no utilizar CTE que devuelvan tablas con un volumen de datos muy elevado, en tal caso habrá que evaluar si es mejor utilizar *subselects* anidados.

La siguiente sentencia es la rescritura del ejemplo previo utilizando *subselects* mediante una CTE, para ello se utiliza la palabra clave *With*:

```
s1=# with mitabla as (
  select st_geomfromtext ('POLYGON ((0 0,10 0,10 10,0 0))') as geom,
         'ejemplo' as col2
)
select st_area(mitabla.geom),st_dimension(geom),col2 from mitabla;
```

Además, las CTE permiten reutilizar una subconsulta en diferentes partes de la sentencia y también añaden una importante característica que consiste en la posibilidad de realizar consultas recursivas, lo cual de otra forma no es posible en el SQL estándar.

En la mayoría de los ejemplos de esta publicación se utilizan *subselects* en lugar de CTE simplemente por que tradicionalmente han sido mucho más utilizadas que las CTE (introducidas en PostgreSQL 8.4) y aún se siguen utilizando con más frecuencia que éstas últimas.

Sentencia utilizando CTE con varias subconsultas (separadas por comas dentro de la cláusula *with*) y su utilización en una concatenación interna.

```
s1=# with
  mitabla as (
    select st_geomfromtext ('POLYGON ((0 0,10 0,10 10,0 0))') as geom,
           'ejemplo' as col2
  ),
  cuenta as (
   select generate_series (1, 4) as num
  ),
  mitabla1 as (
   select st_translate (mitabla.geom, cuenta.num * 10, 0) as geom,
   cuenta.num as caso from mitabla, cuenta
  )
```

---

[1] Una consulta materializada es una tabla basada en el resultado de dicha consulta. Dicha tabla contiene los resultados pre-computados basados en los datos existentes a partir de la tabla o tablas en las cuales se basa la consulta.

[2] https://www.postgresql.org/docs/current/queries-with.html

```
select st_astext(geom), caso  from mitabla1;
            st_astext             | caso
----------------------------------+------
 POLYGON((10 0,20 0,20 10,10 0)) |    1
 POLYGON((20 0,30 0,30 10,20 0)) |    2
 POLYGON((30 0,40 0,40 10,30 0)) |    3
 POLYGON((40 0,50 0,50 10,40 0)) |    4
```

El comando *generate_series* es de tipo *set returning*, es decir, devuelve una tabla (conjunto de filas) en lugar de una única fila, se describe en el apartado C 9.1, pág. 183.

ST_Point y *ST_Multipoint*

De este tipo de geometrías no hay que decir gran cosa:

- Son geometrías de 0 dimensiones.
- En ambas geometrías el contorno es un conjunto vacío.
- Una geometría de tipo *ST_Multipoint* es simple si no tiene ningún punto repetido.
- No existen restricciones de validez topológica.

El comando *ST_IsSimple* nos dice si la geometría es simple o no.

Muestra el contorno (WKT) y las propiedades *Simple* y *Dimension* de un *MutiPoint*.

```
s1=# SELECT st_astext(st_boundary(geom)),
     st_issimple(geom) as essimple, st_dimension(geom) as dimension
     from (select st_geomfromtext
              ('MULTIPOINT (1 1, 2 5, 1 1, 2 4)') as geom
          ) as mitabla;
        st_astext          | essimple | dimension
---------------------------+----------+-----------
 MULTIPOINT EMPTY          | f        |         0
```

Los elementos vacíos en PostGIS son representados como geometrías de tipo *EMPTY*.

ST_Curve <- ST_Linestring

El tipo *ST_Curve* es un tipo abstracto con las siguientes características:

- Son geometrías de 1 dimensión.
- Es simple si no pasa por el mismo punto dos veces.
- Es cerrada si su punto inicial y su punto final es el mismo.
- El contorno de una *ST_Curve* cerrada es el conjunto vacío.
- El contorno de una *ST_Curve* no cerrada consiste en sus puntos inicial y final.
- Concepto: una *ST_Curve* que es simple y cerrada es un anillo (*Ring*).

Todos los subtipos de *ST_Curve* heredan dichas características: *ST_LineString*, *ST_CircularString* y *ST_CompoundCurve*.

El tipo de geometría *ST_LineString* además:

- Utiliza interpolación lineal entre sus puntos (*ST_Point*).
- Un anillo lineal (*Linear Ring*) es una *ST_LineString* que es simple y cerrada.

Muestra el contorno (WKT) y las propiedades *Closed* y *Dimension* de una *LineString*.

```
s1=# SELECT st_astext(st_boundary(geom)),
    st_isclosed(geom) as escerrada, st_dimension(geom) as dimension
    from (select st_geomfromtext
        ('LINESTRING (1 1, 4 1, 4 4, 1 4, 1 1)') as geom
    ) as mitabla;
        st_astext      | escerrada | dimension
---------------------+-----------+----------
    MULTIPOINT EMPTY   | t         |     1
```

> El comando *ST_IsClosed* nos dice si la geometría es cerrada o no. Es válido para *ST_Linestring* y *ST_MultilineString*.

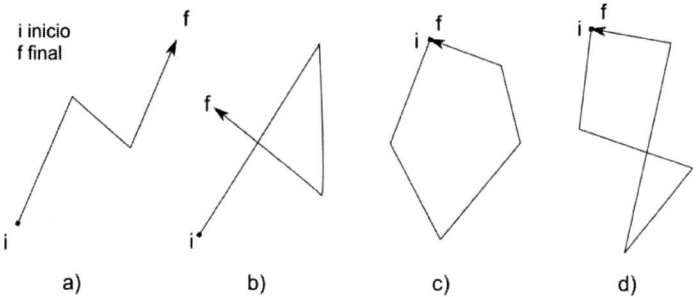

Figura 21 *ST_Linestring* simple(a), no simple(b), simple-cerrada (c), no simple-cerrada (d)

> Los subtipos que soportan curvas circulares *ST_CircularString* (la interpolación entre puntos son arcos) y *ST_CompoundCurve* (permite mezclar segmentos rectos con segmentos curvos en una misma línea) se pueden consultar de forma más detallada en el apartado F 8, pág. 349 donde se introducen las geometrías curvas.

ST_MultiCurve <- ST_MultiLinestring

Una geometría de tipo *ST_MultiCurve* es una colección de elementos *ST_Curve*. En este momento, en las normas SQL/MM y SFA solo se considera que es una colección de *ST_LineString*. Una geometría de tipo *ST_MultiCurve* tiene las siguientes características:

- Son geometrías de 1 dimensión.
- Es simple únicamente en el caso de que todos sus elementos sean simples y además las únicas intersecciones posibles ocurran entre los puntos que forman parte del contorno de sus elementos.
- Como se comentó en el apartado B 4.3, pág. 80, el contorno de una *ST_MultiCurve* viene dado por la regla de "mod 2".
- Es cerrada únicamente en el caso de que todos sus elementos sean cerrados.
- Si es cerrada su contorno es el conjunto vacío.

Una *ST_MultilineString* es un subtipo de *ST_MultiCurve* y por tanto hereda sus características. La característica que define una *ST_MultiLineString* es que todos sus elementos son de tipo *ST_Linestring*.

Muestra el contorno (WKT) y las propiedades *Closed* y *Dimension* de una *MultiLineString*

```
s1=# SELECT st_astext(st_boundary(geom)),
        st_isclosed(geom) as escerrada, st_issimple(geom) as essimple,
        st_dimension (geom) as dimension
        from (select st_geomfromtext
        ('MULTILINESTRING ((5 5,0 0,10 0,5 5),(0 10,5 5,10 10,0 10))')
    as geom) as mitabla;
        st_astext          | escerrada | essimple | dimension
--------------------------+-----------+----------+-----------
  MULTIPOINT EMPTY        | t         | f        |     1
```

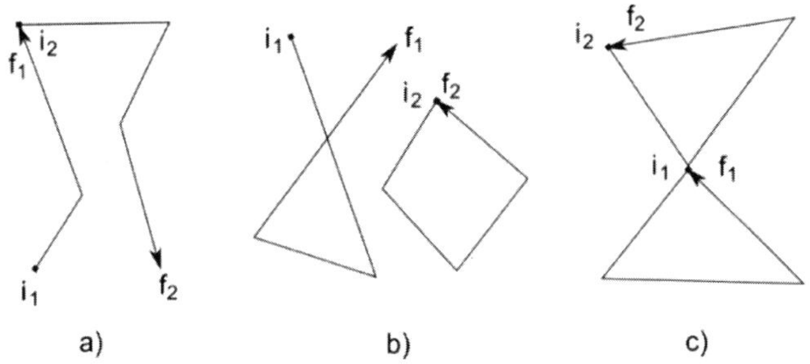

Figura 22 *ST_MultiLinestring* simple-abierta (a), no simple-abierta (b), no simple-cerrada (c)

Cualquier elemento que herede de *ST_GeomCollection* como es el caso de *ST_MultiPoint*, *ST_MultiLineString* o *ST_MultiPolygon* puede estar formado por un único elemento.

Problema 4. Cuestiones:

a) ¿Por qué la *ST_MultiLineString* de la figura superior (c) no es simple?

b) Si una *MultiLineString* es cerrada entonces su contorno es el conjunto vacío como dicen las normas. Pero, ¿qué podemos decir de la afirmación recíproca? Trata de dibujar una *ST_MultiLineString* que tenga contorno vacío y que sea abierta. Para su comprobación utiliza el programa *JTS Builder*, o los métodos de PostGIS *ST_Boundary* y *ST_IsClosed*.

ST_Surface <- ST_CurvePolygon <- ST_Polygon

El tipo *ST_Surface* es un tipo abstracto con las siguientes características:
- Son geometrías de 2 dimensiones.
- Contiene un único interior conectado.
- Posee un anillo exterior y 0 o más anillos interiores.
- El contorno es un conjunto de curvas cerradas (*ST_Curve*) que se corresponden con sus contornos exterior e interior.

Los subtipos directos de *ST_Surface* son *ST_CurvePolygon* y *ST_PolyhedralSurface*, ambos comparten las características de *ST_Surface*.

- *ST_CurvePolygon* define un único polígono formado por un anillo exterior y cero o más anillos interiores.
- *ST_PolyhedralSurface* define una superficie continua mediante una agregación de *ST_Polygon* donde éstos están conectados por los contornos comunes.

Dentro de las geometrías básicas de PostGIS tenemos el tipo *ST_Polygon* que hereda de *ST_CurvePolygon*, las características del tipo *ST_CurvePolygon* son las siguientes:

- El contorno consiste en el anillo exterior y cero o más anillos interiores.
- No puede haber dos anillos que se crucen, sí que pueden tocarse en un punto.
- No puede haber puntos en el contorno que estén totalmente rodeados por otros puntos del contorno, es decir, tienen que tocar a algún punto del interior.
- El contorno del subtipo *ST_Polygon* está formado por anillos lineales.

La siguiente figura muestra ejemplos de *ST_Polygon* válidos. En el caso c) el anillo interior del polígono (hueco) interseca al anillo exterior pero únicamente en un punto, en el caso d) los anillos interiores se intersecan entre sí pero siempre en un único punto, además el interior en todos los casos es un conjunto conectado.

Para conocer si una geometría es válida o no según el OGC / PostGIS se puede utilizar el comando *ST_IsValid*. En el apartado D 4, pág. 228 se profundiza en la validez de las geometrías con otros comandos y las posibles formas de reparar una geometría no válida.

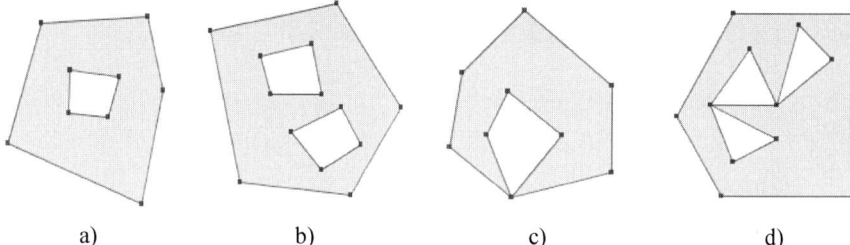

a)   b)   c)   d)

Figura 23 Ejemplos de geometrías *ST_Polygon* válidas

Muestra el número de anillos interiores y las propiedades *Valid* y *Dimension* del *Polygon* representado por el caso 'd' de la figura superior.

```
s1=# SELECT st_numinteriorrings(geom) as anillosint,
        st_isvalid(geom) as esvalido, st_dimension(geom) as dimension
        from (select st_geomfromtext
            ('POLYGON ((15 32, 10 23, 14 16, 26 16, 26 32, 15 32),
            (16 29, 13 24, 19 24, 16 29), (15 19, 13 24, 19 21, 15 19),
            (21 31, 19 24, 24 28, 21 31))') as geom
        ) as mitabla;
 anillosint | esvalido | dimension
------------+----------+-----------
          3 | t        |         2
```

Por el contrario, la figura inferior muestra varios *ST_Polygon* que no son válidos según los estándares, es decir, no son representables por una única instancia de *ST_Polygon*.

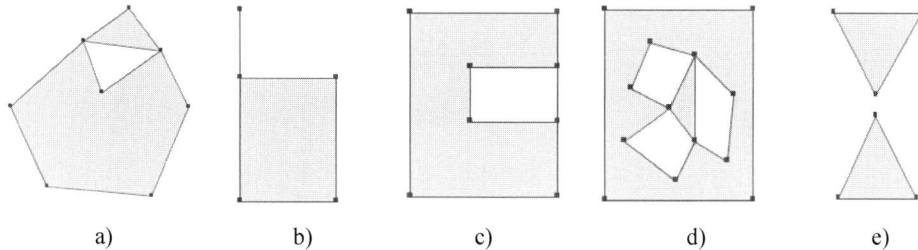

| a) | b) | c) | d) | e) |

Figura 24 Ejemplos de geometrías *ST_Polygon* no válidas

Explicación de la falta de validez de los ejemplos de la figura superior:

a) El interior del polígono es disjunto.

b) Los puntos del contorno del saliente están rodeados solo por puntos de contorno.

c) El anillo interior interseca al exterior en puntos no tangentes, es decir, la intersección es una línea.

d) Las intersecciones de los anillos interiores son válidas, pero dejan una parte del interior sin conectar al resto del interior.

e) Los interiores no están conectados.

Muestra la propiedad *Valid* y la razón de la no validez del *Polygon* representado por el caso 'a' de la figura superior.

```
s1=# SELECT st_isvalid(geom) as esvalido,
            st_isvalidreason(geom) as razon
        from (select st_geomfromtext
           ('POLYGON ((7 35,23 49,33 56,40 47,46 35,38 16,15 18,7 35),
           (27 38, 23 49, 40 47, 27 38))') as geom
        ) as mitabla;
 esvalido |              razon
----------+--------------------------------
    f     | Interior is disconnected[23 49]
```

El método *ST_Isvalidreason* de PostGIS facilita información sobre la no validez de la geometría.

Los casos a, d, e son representables con *ST_MultiPolygon* válidos como se verá a continuación.

ST_MultiSurface: ST_MultiPolygon

Una geometría de tipo *ST_MultiSurface* es una colección de *ST_Surface*. Actualmente en las normas SQL/MM y SFA se considera que es una colección de *ST_Polygon*.

-   El interior de cualquiera de las *ST_Surface* que contiene no puede intersecar.
-   El contorno de cualquiera de las *ST_Surface* que contiene puede intersecar, pero solo en un número finito de puntos.
-   Son simples.

La siguiente figura muestra algunos ejemplos de *ST_MultiPolygon* válidos. Entre ellos, aparecen los casos a, d y e que representaban en la Figura 24 a *ST_Polygon* no válidos.

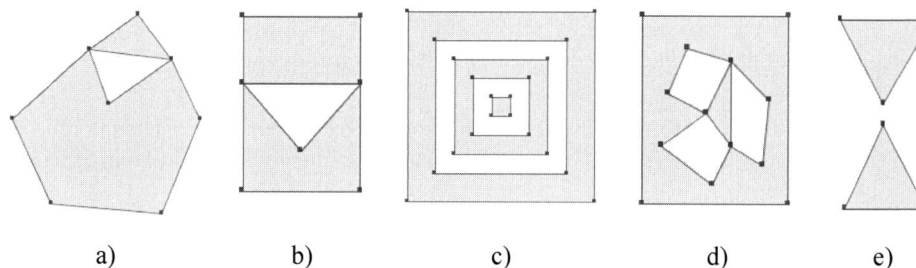

   a)   b)   c)   d)   e)

Figura 25 *ST_MultiPolygon* válidos: dos *ST_Polygon* (a, b, d, e) y tres *ST_Polygon* (c)

Muestra el número de geometrías y la propiedad *Valid* del *MutiPolygon* representado por el caso 'a' de la figura superior.

```
s1=# SELECT st_numgeometries(geom) as nelementos,
            st_isvalid(geom) as esvalido
        from (select st_geomfromtext ('MULTIPOLYGON(
            ((7 35,23 49,27 38,40 47,46 35,38 16,15 18,7 35)),
            ((23 49,33 56,40 47,23 49)))'
            ) as geom
        ) as mitabla;

nelementos | esvalido
-----------+---------
         2 | t
```

Problema 5. Considerando el WKT del *ST_Polygon* no válido de la Figura 24 (d). Trata de ordenar los anillos para crear un *ST_MultiPolygon* válido como el de la Figura 25 (d).

```
POLYGON ((9 39, 32 39, 32 10, 9 10, 9 39),
         (13 27, 16 34, 23 32, 19 24, 13 27),
         (29 26, 23 32, 23 19, 28 16, 29 26),
         (12 19, 19 24, 23 19, 20 13, 12 19))
```

Por el contrario, la siguiente figura muestra varios *ST_MultiPolygon* no válidos (según estándares), es decir, no son representables por una única instancia de *ST_MultiPolygon.*

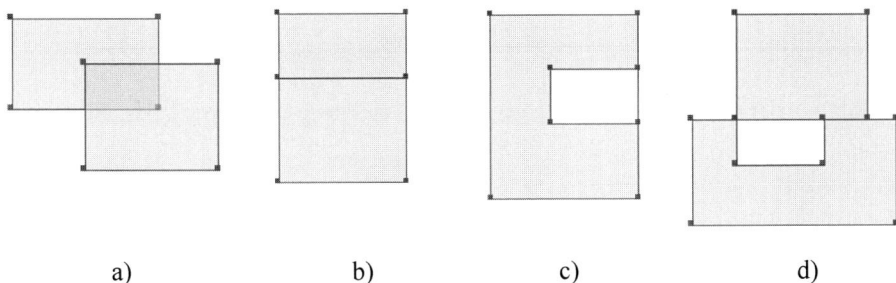

a)   b)   c)   d)

Figura 26 Ejemplos de geometrías *ST_MultiPolygon* no válidas

Explicación de la falta de validez de los ejemplos de la figura superior:

a) El interior de los diferentes *ST_Polygon* integrantes no puede intersecar.

b) El contorno de los diferentes *ST_Polygon* integrantes no puede intersecar en infinitos puntos (interseca en una línea).

c) Los puntos del contorno del saliente están rodeados únicamente por puntos de contorno.

d) El contorno de los diferentes *ST_Polygon* no puede intersecar en infinitos puntos (interseca en un punto y una línea).

Muestra la propiedad *Valid* y la razón de la no validez del *MultiPolygon* representado por el caso 'b' de la figura superior

```
s2=# SELECT st_isvalid(geom) as esvalido,
           st_isvalidreason(geom) as razon
       from (select st_geomfromtext
           ('MULTIPOLYGON (((10 50, 18 50, 18 45, 10 45, 10 50)),
           ((10 45, 18 45, 18 38, 10 38, 10 45)))') as geom
       ) as mitabla;
esvalido |        razon
---------+------------------------
   f     | Self-intersection[10 45]
```

Las operaciones de análisis espacial pueden provocar resultados inesperados, así como errores fatales al trabajar con geometrías no válidas. Esta afirmación es extensible a cualquier *software* que utilice este tipo de modelo de geometrías como son la mayoría de productos de *software* libre de los SIG actuales. Para más información de cómo gestionar geometrías no válidas consultar el apartado D 4, pág. 228.

5.   Relaciones espaciales

5.1.   Matriz DE-9IM

Los predicados SQL espaciales son métodos que se usan para comprobar la existencia de una determinada relación espacial entre dos objetos *ST_Geometry*. Es decir, estamos hablando de las típicas preguntas de si una geometría toca, interseca, contiene otra, etc.

Una forma completa de describir las relaciones espaciales entre dos geometrías es definir su matriz *DE-9IM*. Esta matriz consta de 9 términos (Figura 27) que se corresponden con la dimensión de la intersección del interior, contorno y exterior entre las dos geometrías analizadas.

Los valores de las celdas de esta matriz pueden ser:
- El número de la dimensión, es decir, cero, uno o dos.
- La letra 'F' que indica que la intersección es el conjunto vacío.

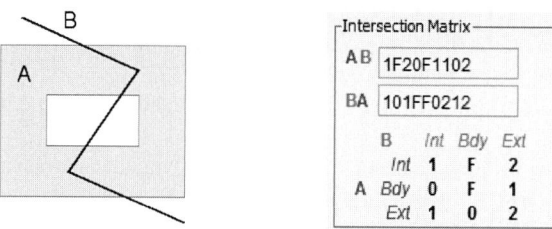

Figura 27 Matriz DE-9IM entre dos geometrías (*JTS Builder*)

Según las figuras superiores, dadas dos geometrías de tipo *ST_Polygon(A)* y *ST_Linestring(B)* (figura izquierda), la matriz de la intersección DE-9IM de estas dos geometrías (figura derecha) indica, por ejemplo:

- La intersección del contorno de A con el interior de B, son entidades de dimensión 0 (puntos).
- La intersección del contorno de A con el contorno de B es conjunto vacío (F).
- La intersección del interior de A con el exterior de B, son entidades de dimensión 2 (superficies).

 Problema 6. Calcula la matriz DE-9IM entre AB y BA de los siguientes casos:

 Problema 7. Dibuja dos casos de geometrías con los que se obtengan estas matrices: 0F0FFF102 y FF2F112F2.

La matriz DE-9IM se puede obtener tanto en el software *JTS Builder* como utilizando la orden *ST_Relate (geomA, geomB)* de PostGIS.

```
s1=# SELECT st_relate(geoma, geomb) as relateab,
    st_relate(geomb, geoma) as relateba
    from (select
      st_geomfromtext ('POLYGON ((1 3, 3 3, 3 1, 1 1, 1 3))') as geoma,
      st_geomfromtext ('LINESTRING (0 2, 4 2)') as geomb
    ) as mitabla;
  relateab  |  relateba
-----------+-----------
 1F20F1102 | 101FF0212
```

Uso de patrones DE-9IM personalizados

Además del comando *ST_Relate (geomA, geomB)* en PostGIS existe la variante *ST_Relate (geomA, geomB, patrón)*. La función devuelve un valor booleano según las dos geometrías devuelvan o no la matriz DE-9IM especificada en *patrón*. La flexibilidad de esta función viene dada por el uso de comodines en el patrón, además de los valores 0, 1, 2 y F, se puede utilizar:

T: el valor de la matriz puede ser: 0, 1 o 2.

*: el valor de la matriz puede ser cualquiera, es decir: 0, 1, 2 o F.

Averigua si el interior de dos polígonos interseca.

```
s1=# SELECT st_relate(
        st_geomfromtext ('POLYGON ((0 0, 5 0, 5 5, 0 5, 0 0))'),
        st_geomfromtext ('POLYGON ((2 2, 3 2, 3 3, 2 3, 2 2))'),
        'T********');
 st_relate
-----------
 t
```

5.2.   Predicados espaciales

Aunque mediante el uso de los métodos *ST_Relate* se puede consultar a PostGIS cualquier relación espacial entre dos geometrías, la labor de diseñar el patrón DE-9IM puede resultar un poco tediosa.

Para simplificar esta tarea aparecen los llamados predicados espaciales que vienen definidos en las normas SFA o SQL/MM y devuelven verdadero/falso según dos entidades geométricas cumplan ciertas relaciones espaciales. Son una particularización de la matriz DE-9IM que evita el tener que diseñar el patrón.

Aunque el uso de dichos predicados parece trivial, en algunos casos su comportamiento puede parecer no lógico. La mejor forma de conocer con detalle su funcionamiento con cada uno de los tipos de geometrías consiste una vez más en recurrir a los estándares. En ellos aparecen de una forma rigurosa las definiciones de cada uno de estos predicados.

PostGIS implementa todos los predicados espaciales definidos en los estándares y además hace algunas extensiones que veremos más adelante. La siguiente tabla muestra un resumen de ellos.

Predicado	Descripción
$ST\_Equals(a,b)$	Las geometrías son iguales desde un punto de vista topológico.
$ST\_Disjoint(a,b)$	Las geometrías no tienen ningún punto en común, son geometrías disjuntas.
$ST\_Intersects(a,b)$	Las geometrías tienen por lo menos un punto en común. Este predicado es el inverso del predicado $ST\_Disjoint$.
$ST\_Touches(a,b)$	Las geometrías tienen por lo menos un punto del contorno en común, pero no puntos interiores.
$ST\_Crosses(a,b)$	Las geometrías comparten parte, pero no todos los puntos interiores, y la dimensión de la intersección es menor que la dimensión de al menos una de las dos geometrías.
$ST\_Overlaps(a,b)$	Las geometrías comparten parte, pero no todos sus puntos y la intersección tiene la misma dimensión que las geometrías.
$ST\_Covers(a, b)$	Ningún punto de B está en el exterior de A. B está contenido en A.
$ST\_CoveredBy(a, b)$	Es el inverso de ST_Covers. $ST\_CoveredBy$ (a,b) = ST_Covers (b,a).
$ST\_Contains(a,b)^1$	Ningún punto de B está en el exterior de A. Al menos un punto del interior de B está en el interior de A.
$ST\_Within(a,b)^1$	Es el inverso de $ST\_Constains$. $ST\_Within(a,b)$ = $ST\_Contains(b,a)$.

Tabla 12 Descripción de los predicados espaciales

ST_Disjoint, ST_Intersects

En las normas del OGC-SQL/MM aparece de forma rigurosa la definición de cada uno de los predicados espaciales de la tabla anterior. Para ello en dichas normas se utiliza la siguiente nomenclatura: ($\wedge$ = *and*, $\vee$ = *or*, $\cap$ = intersección).

Cada uno de los predicados espaciales aparece descrito de tres formas distintas, por ejemplo, el predicado espacial $ST\_Disjoint$ viene definido como:

$ST\_Disjoint$ (a, b). Condiciones: es aplicable a geometrías de cualquier dimensión.

a) En notación algebraica

```
a ∩ b = ∅
```

b) Según componentes: interior(I), contorno(B) y exterior(E) de las geometrías.

```
(I(a) ∩ I(b) = ∅) ∧ (I(a) ∩ B(b) = ∅) ∧
(B(a) ∩ I(b) = ∅) ∧ (B(a) ∩ B(b) = ∅)
```

c) En términos de la matriz DE-9IM: `ST_Relate (a,b,'FF*FF****')= true`

Las tres definiciones para el predicado espacial $ST\_Disjoint$ (a, b) son similares y establecen que éste devolverá verdadero si a y b no tienen ningún punto en común.

---

[1] Los predicados espaciales definidos por el OGC $ST\_Contains$ y ST_Within en la práctica en PostGIS se suelen sustituir por los predicados espaciales no compatibles OGC ST_Covers y $ST\_CoveredBy$.

Resumen de los predicados

En la siguiente tabla aparece un resumen de los predicados espaciales y sus notaciones algebraica y en términos DE-9IM.

Predicado espacial $ST\_Function(a,b)$ $= a\ function\ b$	Definición de la relación espacial		Dimensión de las geometrías aplicables
	Algebraica	Patrón DE-9IM	
$ST\_Equals(a,b)$	`(a ∩ b = a)` $\wedge$ `(a ∩ b = b)`	`TFFFTFFFT`	Todas
$ST\_Disjoint(a,b)$	`a ∩ b = ∅`	`FF*FF****`	Todas
$ST\_Intersects(a,b)$	`ST_Intersects(a,b)` `<=> !ST_Disjoint(b,a)` `a ∩ b ≠ ∅`	`T******** ∨` `*T******* ∨` `***T***** ∨` `****T****`	Todas
$ST\_Touches(a,b)$	`(I(a)∩ I(b)=∅)` $\wedge$ `( a ∩ b) ≠ ∅`	`FT******* ∨` `F**T***** ∨` `F***T****`	Todas menos: `dim(a)=dim(b)=0`
$ST\_Crosses(a,b)$	`dim (I(a) ∩ I(b)) <` `max[ dim(I(a)),` `dim(I(b)) ]` $\wedge$ `(I(a) ∩ I(b) ≠ ∅)` $\wedge$ `(a ∩ b ≠a)` $\wedge$ `(a ∩ b ≠b)`	`si dim(a)=dim(b)=1:` `0********` `si dim(a) < dim(b):` `T*T******` `si dim(a) > dim(b):` `T*****T**`	Todas menos: `dim(a)=dim(b)=0` y `dim(a)=dim(b)=2`
$ST\_Overlaps(a,b)$	`dim(I(a)) = dim(I(b)` `= dim(I(a) ∩ I(b))` $\wedge$ `(a ∩ h ≠ a)` $\wedge$ `(a ∩ b ≠ b)`	`si dim(a)=dim(b)=1:` `1*T***T**` `en caso contrario:` `T*T***T**`	Solo: `dim(a)=dim(b)`
$ST\_Within(a,b)^1$	`(a ∩ b = a)` $\wedge$ `(I(a) ∩ I(b)) ≠ ∅`	`T*F**F***`	Todas
$ST\_Contains(a,b)^1$	`ST_Contains (a,b) <=>` `ST_Within(b,a)`	`T*****FF*`	Todas
$ST\_Covers(a,b)$	`(a ∩ b = b)`	`T*****FF* ∨` `*T****FF* ∨` `***T**FF* ∨` `****T*FF*`	Todas
$ST\_CoveredBy(a,b)$	`(a ∩ b = a)` `ST_CoveredBy(a,b) <=>` `ST_Covers(b,a)`	`T*F**F*** ∨` `*TF**F*** ∨` `**FT*F*** ∨` `**F*TF***`	Todas

Tabla 13 Definición algebraica de los predicados espaciales

Todos los predicados espaciales de la tabla anterior son conmutativos, p. ej.: *ST_Touches (a, b) = ST_Touches (b, a)*. Los únicos no conmutativos son los cuatro últimos que representan relaciones de geometrías contenidas en otras, p. ej.: *ST_Covers (a,b) ≠ ST_Covers (b, a)*.

---

[1] Los predicados espaciales definidos por el OGC *ST_Contains* y *ST_ Within* en la práctica en PostGIS se suelen sustituir por los predicados espaciales no compatibles OGC *ST_Covers* y *ST_CoveredBy*.

ST_Touches

ST_Touches(a, b). Este predicado espacial se aplica en todos los casos salvo entre dos geometrías puntuales.

> Es importante tener en cuenta que en los casos en los cuales el predicado espacial no está definido, por ejemplo, en el caso de *ST_Touches* entre dos *ST_Point*, PostGIS devolverá *false* en lugar de devolver *null* como dice la norma SQL/MM, lo cual puede llevar a pensar que dicho predicado funciona correctamente.

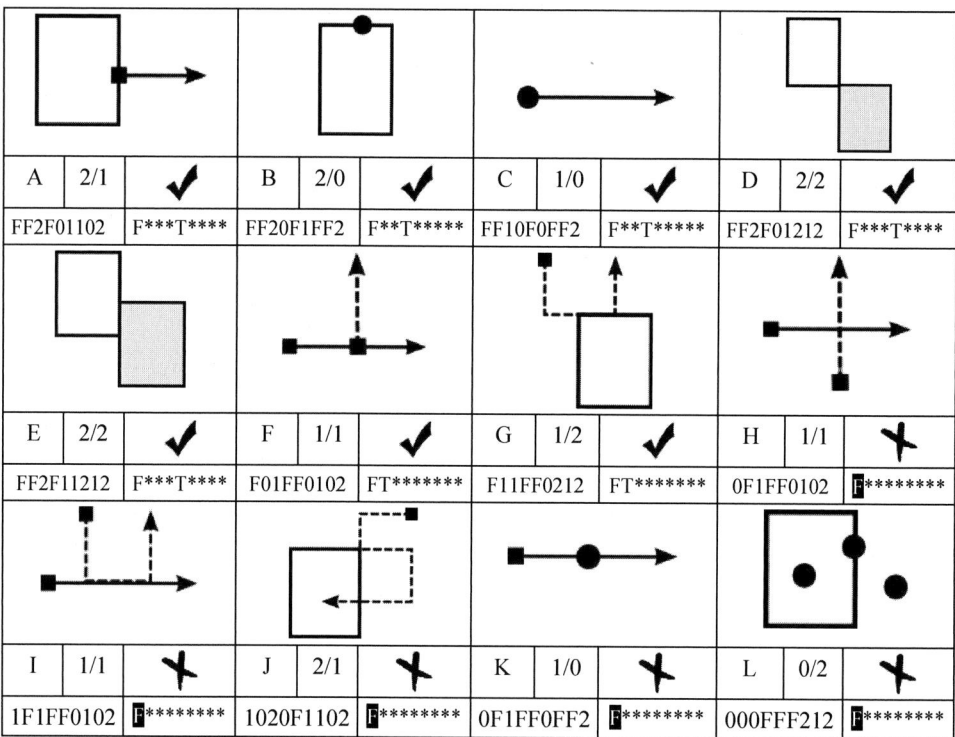

Figura 28 Ejemplos de la relación espacial *ST_Touches*

Explicación de los gráficos sobre predicados espaciales:

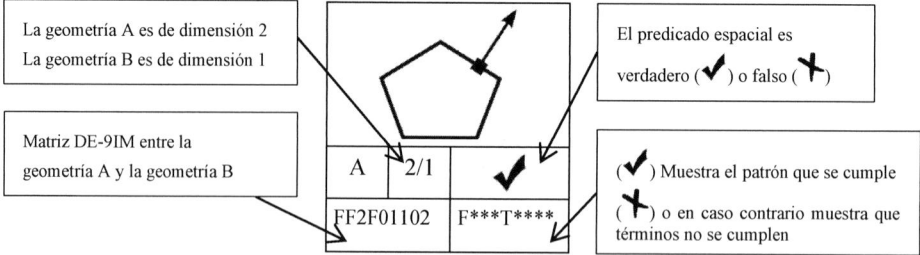

Llaman la atención los casos I y K, quizás especialmente el I, donde el sentido común nos puede engañar al pensar que dichas entidades son adyacentes, es decir, tocan cuando en realidad están compartiendo puntos del interior.

Problema 8. Comprueba con PostGIS alguno de los ejemplos utilizados en la figura de arriba utilizando el predicado *ST_Touches*.

ST_Crosses

ST_Crosses(a, b). Este predicado espacial se aplica en todos los casos salvo entre dos geometrías superficiales o dos geometrías puntuales.

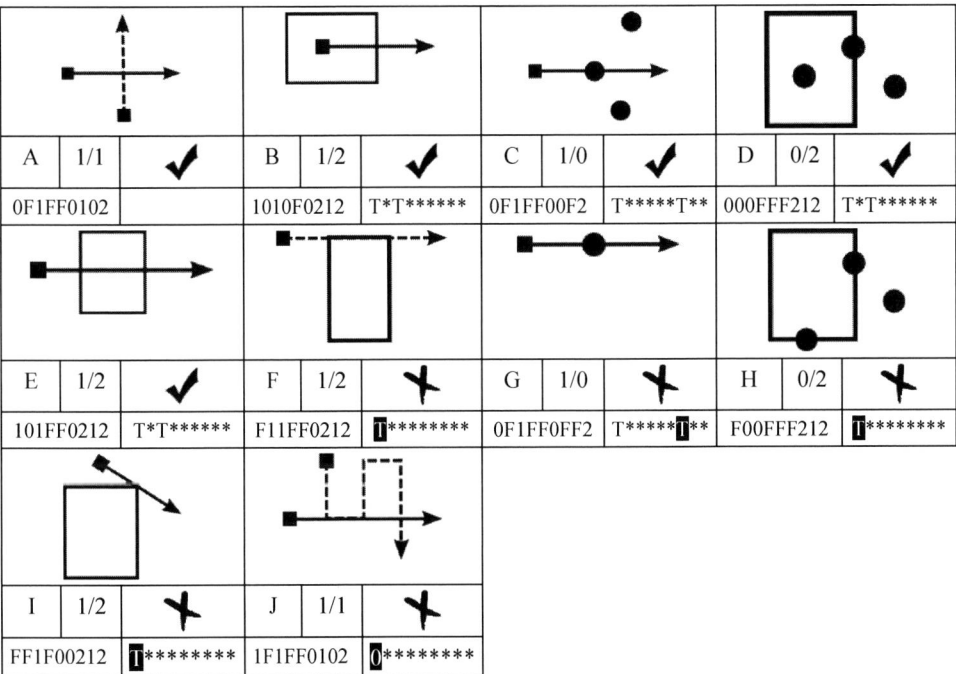

Figura 29 Ejemplos de la relación espacial *ST_Crosses*

Llama la atención los casos C y G, para que una línea cruce a una entidad puntual es necesario que haya puntos en el interior de la línea, pero también en el exterior. Casos como el F, I o el H no cruzan porque la intersección del interior de las geometrías es vacía.

ST_Overlaps

ST_Overlaps(a, b). Este predicado espacial se aplica solo en el caso de que las dimensiones de las dos geometrías sea la misma. Una vez más PostGIS devolverá falso cuando se aplique este predicado a por ejemplo una línea y un polígono al no estar definido, pudiendo dar lugar a confusión.

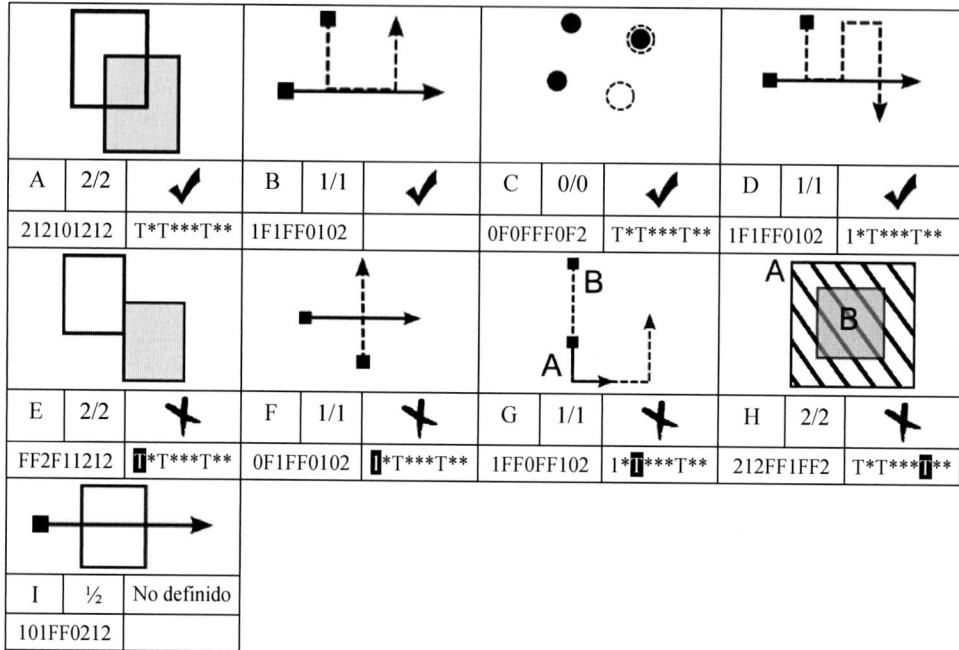

Figura 30 Ejemplos de la relación espacial *ST_Overlaps*

Llama especialmente la atención los casos G y H, para que dos entidades solapen ninguna de las dos puede estar contenida en la otra. También en el caso de solape entre entidades lineales, su intersección no pueden ser únicamente entidades de dimensión 0 como se muestra en el caso F.

ST_Equals versus igualdad no topológica

ST_Equals (a,b). Este predicado compara la igualdad de dos geometrías, pero desde un punto topológico, es decir, dos geometrías serán iguales si su contorno, su interior y su exterior son iguales sin tener en cuenta ni el número de vértices, ni el sentido, ni como están compuestos los elementos si se trata de un tipo *Multi*.

Problema 9. Comprueba si estas geometrías son iguales: LINESTRING (0 0, 10 0) y MULTILINESTRING ((10 0, 5 0), (0 0, 5 0)). Utiliza para ello el predicado espacial *ST_Equals* de PostGIS. También se puede comprobar los resultados utilizando el software *JTS Builder*.

Igualdad no topológica

Para comprobar la igualdad no topológica, es decir, si dos entidades son exactamente las mismas teniendo en cuenta su tipo, el orden de los vértices, vértices repetidos, el sentido, las coordenadas Z, M, etc. se puede comparar el formato EWKB/EWKB que devuelven los comandos *ST_AsBinary* y *ST_AsEWKB*. Si se utiliza el formato WKB el CRS será ignorado (también será ignorada la Z/M en PostGIS 1.5) ya que este formato no los considera.

Crea una tabla *tmp* con varios ejemplos de geometrías que utilizaremos más adelante.

```
s1=# create table tmp as select gid, descripcion, geom from
    (select 1, 'original',
        st_geomfromewkt ('LINESTRING (0 0 1,10 0 1)') union all
    select 2, 'sentido contrario',
        st_geomfromewkt ('LINESTRING (10 0 1,0 0 1)') union all
    select 3,'cambio de Zs',
        st_geomfromewkt ('LINESTRING (0 0 2,10 0 2)') union all
    select 4,'cambio de srid',
        st_geomfromewkt ('SRID=25830;LINESTRING (0 0 1,10 0 1)') union all
    select 5,'cambio de tipo',
        st_geomfromewkt ('MULTILINESTRING ((10 0 1,0 0 1))'))
    as mitabla (gid,descripcion,geom);
```

Para la inserción de las geometrías en la tabla *tmp* se ha utilizado el operador conjuntista UNION ALL (véase el apartado I 2.6, pág. 559) en una subconsulta en lugar de haber utilizado cinco sentencias INSERT simplemente para ahorra código.

Compara las geometrías de la tabla *tmp* con el predicado *ST_Equals*, directamente con el binario WKB y EWKB, con el operador matemático igual '=' y con el método *ST_OrderingEquals*.

```
s1=# select t1.descripcion as geoma, t2.descripcion as geomb,
    case
      when st_srid(t1.geom) = st_srid(t2.geom) then
      st_equals(t1.geom,t2.geom) else null
    end as equals,
    st_asbinary(t1.geom) = st_asbinary(t2.geom) as wkb,
    st_asewkb(t1.geom) = st_asewkb(t2.geom) as ewkb,
    t1.geom = t2.geom as "=",
    case
      when st_srid(t1.geom) = st_srid(t2.geom) then
        st_orderingequals(t1.geom,t2.geom) else null
    end as orderingequals
    from tmp as t1, tmp as t2 where t1.gid = 1;

   geoma   |      geomb        | equals | wkb | ewkb | = | orderingequals
----------+------------------+--------+-----+------+---+----------------
 original | original         | t      | t   | t    | t | t
 original | sentido contrario| t      | f   | f    | f | f
 original | cambio de Zs     | t      | f   | f    | f | f
 original | cambio de srid   |        | t   | f    | f |
 original | cambio de tipo   | t      | f   | f    | f | f
```

Los operadores *ST_Equals* y *ST_Orderingequals* devuelven una excepción cuando las dos geometrías tienen CRS diferente, por ello en el ejemplo anterior se ha utilizado la orden *case* para comprobar el SRID de las geometrías. Para comprobar la igualdad no topológica la mejor opción es utilizar la orden *ST_Asewkb*.

Problema 10. Comprueba si la siguiente geometría es igual a ella misma utilizando la orden *ST_Equals* y *ST_Asewkb*: 'POLYGON ((0 0, 10 0, 10 10, 5 -1, 0 10, 0 0))'. ¿Qué crees que está ocurriendo?

Operador =

El operador = entre dos geometrías devuelve verdadero si las geometrías son iguales a nivel binario, es decir, es similar a comparar el valor devuelto por *ST_AsEWKB*. Efectivamente, se aprecia como la columna *ewkb* y = de la tabla anterior son iguales.

Es importante recalcar que **en versiones 2.4 y anteriores de PostGIS, el operador = solo comparaba las cajas de las geometrías** y no la propia geometría. Sería similar a utilizar actualmente el operador ~= de comparación de cajas, que devuelve verdadero solo si las dos cajas son iguales, sin importar el número de vértices, tipo de geometría, etc.

PostGIS utiliza el operador = entre geometrías de forma indirecta en diferentes operaciones cuando trata de averiguar si dos geometrías están repetidas o no. Por ejemplo, esto pasa con el uso de la restricción *Unique*, con los operadores conjuntistas (véase el apartado I 2.6, pág. 559) sin especificar la opción *all*, con las agrupaciones por el campo de geometría, etc.

Es curioso cómo estas sentencias devuelven distintos resultados en PostGIS 2.4 o inferior, comparado con la versión actual de PostGIS (2.5 o superior).

```
s1=# select st_geomfromtext ('LINESTRING (0 0, 5 0, 10 10)') =
          st_geomfromtext ('MULTIPOINT (0 0, 10 10)') as soniguales;
-----PostGIS 2.4 o inferior        -----PostGIS 2.5 o superior
   t                                      f
```

Restricción *Unique*:

```
s1=# create table cajasunique (geom geometry unique);
s1=# insert into cajasunique values (st_geomfromtext ('LINESTRING (0 0,
   10 0, 10 10)'));
s1=# insert into cajasunique values (st_geomfromtext ('MULTIPOINT (0 0,
   10 10)'));
-----PostGIS 2.4 o inferior           -----PostGIS 2.5 o superior
  ERROR: duplicate key value violates    no da error e inserta
  unique constraint "cajasunique_geom_key"  la segunda fila
```

Operador conjuntista *Union*:

```
s1=# select count(*) from (
  select st_geomfromtext ('LINESTRING (0 0, 10 0, 10 10)')
  union
  select st_geomfromtext ('MULTIPOINT (0 0, 10 10)') ) as tabla;
-----PostGIS 2.4 o inferior        -----PostGIS 2.5 o superior
   1                                      2
```

Group by geometry:

```
s1=# select count(*),st_astext(geom)
   from (
     select st_geomfromtext ('LINESTRING (0 0, 10 0, 10 10)') as geom
     union all
     select st_geomfromtext ('MULTIPOINT (0 0, 10 10)')
   ) as tabla group by geom;
-----PostGIS 2.4 o inferior        -----PostGIS 2.5 o superior
  2 | LINESTRING(0 0,10 0,10 10)    1 | LINESTRING(0 0,10 0,10 10)
                                    1 | MULTIPOINT(0 0,10 10)
```

ST_Covers, *ST_CoveredBy*

ST_Covers (a, b) y ST_CoveredBy(b ,a). Estos dos predicados espaciales son idénticos si se cambia el orden de las geometrías. *ST_Covers (a, b)* y *ST_CoveredBy(b, a)* devuelven verdadero en el caso de que la geometría B se encuentre contenida totalmente en la geometría A, es decir, ningún punto de la geometría B cae en el exterior de la geometría A. La geometría B puede recaer en el interior de la geometría A, en su contorno o en ambos.

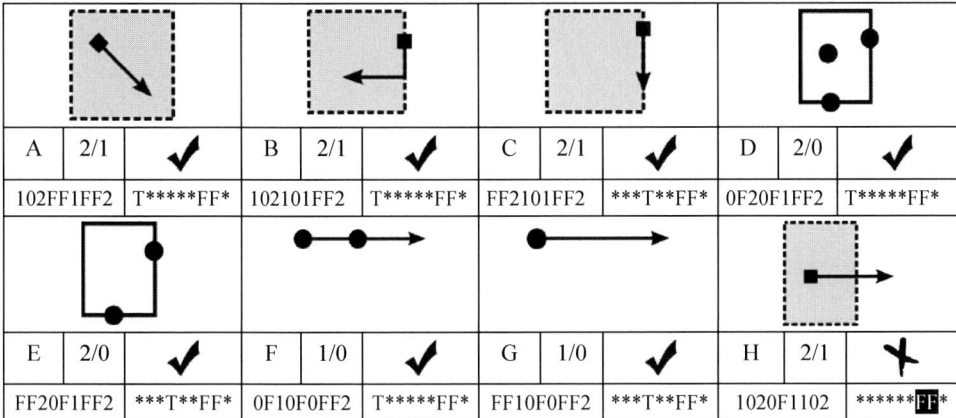

Figura 31 Ejemplos de la relación espacial *ST_Covers*

PostGIS también dispone de otros dos predicados espaciales llamados *ST_ContainsProperly (a, b) = ST_WithinProperly (b, a)*. Estos predicados son similares a *ST_Covers (a, b)* y *ST_CoveredBy (b, a)* pero la geometría B debe estar totalmente en el interior de la geometría Λ y no tener ningún punto sobre el contorno de A. Todos los casos de la figura anterior devolverían falso excepto el caso A que sería verdadero según el predicado espacial *ST_ContainsProperly (a, b)*.

Los cuatro predicados *ST_Covers*, *ST_CoveredBy*, *ST_ContainsProperly*, *ST_WithinProperly* no están propuestos por el OGC y son específicos de PostGIS. De hecho, los únicos predicados espaciales propuestos por el OGC para comprobar si una geometría está contenida en otra son *ST_Contains* y *ST_Within*, pero se insiste al lector en no utilizarlos ya que difieren ligeramente (ver Tabla 13, pág. 93) de los cuatro vistos anteriormente y su funcionamiento puede llevar a confusión:

Los predicados *ST_Contains (a, b) = ST_Within (b,a)* devuelven verdadero si la geometría B está dentro de la geometría A pero la intersección de los interiores de ambas geometrías debe ser no nula. Esta última condición provoca que, si la geometría B cae íntegramente dentro del contorno de la geometría A, el predicado devolverá falso. De esta forma los casos C y G de la figura anterior devolverían falso, pero los casos B y F seguirían devolviendo verdadero.

Problema 11. Como ejercicio recordatorio se insta al lector a rellenar la siguiente tabla. Es una buena práctica tratar de resolver el ejercicio sin consultar la publicación y de esta manera conocer los casos dudosos o menos lógicos para el lector.

	B A		● B		A
Relate					
Overlaps					
Intersects					
Touches					
Crosses					
Covers					
CoveredBy					
CoversProperly					
CoveredBy Properly					

5.3.   Ejemplos de predicados espaciales

Encuentra el número de parejas de polígonos de las capas *suelos* y *ttmm* (ficheros *suelos.sql* y *ttmm.sql*) que se intersecan entre sí.

```
s1=# select count(*) from suelos s, ttmm t
        where st_intersects (s.geom, t.geom) = 'true';
 count
-------
  6104
```

A partir de ahora en la comparación de valores booleanos en lugar de utilizar las palabras clave 'true' o 'false' utilizaremos la siguiente sintaxis:

where st_intersects (s.geom, u.geom) = 'true' -> where st_intersects (s.geom, u.geom)
where st_intersects (s.geom, u.geom) = 'false' -> where not st_intersects (s.geom, u.geom)

Problema 12. Igual que el ejercicio anterior pero esta vez encuentra todas las parejas que se superponen (*ST_Overlaps*) y están contenidas mutuamente (*ST_Covers* y *ST_CoveredBy*).

¿Por qué *ST_Intersects* devuelve un número mayor de casos que *ST_Overlaps*? Comenta dichos casos.

También podemos combinar una capa consigo misma, pero en este caso es obligatorio el uso de alias para el nombre de las tablas.

Encuentra el número de parejas de los municipios de la capa *ttmm* que son adyacentes entre sí.

```
s1=# select count(*) from ttmm t1, ttmm t2
       where st_touches (t1.geom, t2.geom) and t1.gid <> t2.gid;
 count
-------
  1156
```

La condición $s1.gid <> s2.gid$ evita el combinar un polígono consigo mismo, pero aun así esta sentencia devuelve el doble de los casos reales debido a que está repitiendo los casos del tipo *1-2, 2-1 y 1-3, 3-1,....n-m, m-n* y el predicado *ST_Touches* es conmutativo. Se puede evitar la repetición de casos *n-m, m-n* utilizando $s1.gid < s2.gid$ o $s1.gid > s2.gid$:

```
s1=# select count(*) from ttmm t1, ttmm t2
       where st_touches (t1.geom, t2.geom) and t1.gid < t2.gid;
 count
-------
   578
```

En el ejercicio anterior se ha introducido el concepto de combinación de una capa consigo misma o *self join*. El cruce de una tabla consigo misma está relacionado con las llamadas *Window Function* introducidas en PostgreSQL 8.4 (apartado F 5, pág. 330).

La siguiente tabla representa una lista de adyacencias de polígonos de la capa *ttmm*. Por ejemplo, el municipio de *gid* = 1 tiene como adyacentes los municipios de *gid* = 2, 3, ..., 72, etc. Escribe la sentencia SQL que genera dicha tabla. La tabla resultante está ordenada por el campo *gid1*.

```
gid1 | gid2
-----+------
  1  |   2
  1  |   3
  ...
  1  |  72
  2  |   1
  2  |   7
  ...
```

```
s1=# select t1.gid as gid1, t2.gid as gid2
     from ttmm t1, ttmm t2
     where st_touches (t1.geom, t2.geom) and t1.gid <> t2.gid order by gid1;
```

Modifica la sentencia del ejercicio anterior para obtener los nombres de los tres municipios que tienen un número mayor de polígonos colindantes.

```
s1=# select t1.nombre, count(*) as num from ttmm t1, ttmm t2
     where st_touches (t1.geom, t2.geom) and t1.gid <> t2.gid
     group by t1.nombre order by num desc limit 3;
     nombre      | num
-----------------+-----
 Huesca          |  15
 Sotonera (La)   |  14
 Graus           |  14
```

En este ejercicio se va a obtener los diferentes casos de matriz DE-9IM que existen entre todas las parejas de municipios que se tocan en la capa *ttmm*. También se obtendrá cuantos casos hay para cada patrón *relate* obtenido.

```
s1=# select st_relate(t1.geom, t2.geom) as de9im,count(*) as ncasos
     from ttmm t1, ttmm t2
     where st_touches(t1.geom, t2.geom) and t1.gid <> t2.gid group by de9im;
```

```
    de9im   |  ncasos
-----------+--------
 FF2F01212 |    24
 FF2F11212 |  1130
 FF2F112F2 |     1
 FF2F1F212 |     1
```

 Problema 13. Dibuja un ejemplo de cada uno de los cuatro casos de matriz DE-9IM del ejercicio anterior.

Encuentra los *gid* de las geometrías de la capa *rios* (fichero *rios.sql*) que toquen en los interiores, pero no en puntos de contorno, es decir que cumplan el caso 1 pero no el caso 2.

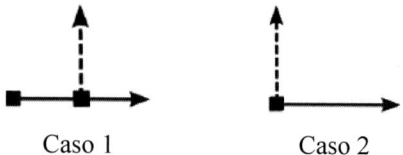

Caso 1   Caso 2

Nota: No se puede utilizar el predicado espacial *ST_Touches* porque ambos casos 'tocan'. Será necesario crear un patrón *relate* y utilizar la orden *ST_Relate (geom1, geom2, 'patron')* de PostGIS.

```
t1=# select r1.gid, r2.gid from rios r1, rios r2
   where r1.geom && r2.geom
     and st_relate (r1.geom, r2.geom, 'F0******') and r1.gid <> r2.gid;
  gid | gid
------+------
  534 |  533
  534 |  539
  903 |  916
 1473 | 1427
```

El primer miembro de la cláusula *where* (*r1.geom && r2.geom*) es necesario para utilizar la indexación espacial. Su utilización se explicará más adelante en el apartado B 6, pág. 104.

Otra alternativa consiste en combinar solo la mitad de las parejas, pero comprobar los dos patrones correspondientes al contorno de A con el interior de B y viceversa. En cualquier caso, el resultado es el mismo, pero se hace notar para que el lector entienda como se combinan las geometrías en el producto cruzado y comparando los *gids*.

```
s1=# select r1.gid, r2.gid from rios r1, rios r2
   where (r1.geom && r2.geom) and
     (st_relate (r1.geom, r2.geom, 'F0******') or
      st_relate (r1.geom, r2.geom, 'F**0*****')) and r1.gid < r2.gid;
```

En los casos en los que la posición espacial del contorno de las geometrías en los algoritmos de cálculo en las relaciones espaciales es esencial para el resultado final, puede ocurrir que los predicados espaciales y/o la matriz DE9-IM tengan un funcionamiento no consistente debido a que PostGIS no utiliza un sistema de tolerancia de coordenadas.

Para más información consultar el apartado D 3, pág. 220 donde se realizan operaciones de análisis con tolerancias y se detalla cuándo los predicados espaciales puede que no tengan el comportamiento esperado.

Problema 14. Crea los siguientes patrones DE-IM que especifican relaciones espaciales no consideradas en los predicados espaciales:

a) De verdadero cuando dos polígonos se superponen (*ST_Overlaps*) pero que además incluya los casos de que un polígono esté dentro completamente de otro (*ST_Covers* y *ST_Coveredby*).

b) De verdadero solo en el caso de que una línea (geometría B) esté contenida totalmente en el contorno de un polígono (geometría A).

Problema 15. Tras cargar los ficheros *manza.sql* y *parce.sql* en una base de datos espacial disponemos de dos nuevas capas de polígonos, una de manzanas *manza* y otra de parcelas *parce,* ambas en el esquema *public*. Sabemos que las parcelas están contenidas dentro de las manzanas. Las manzanas tienen un código de manzana que se almacena en el campo *masa*.

Se pide:

a) Un nuevo campo en la tabla de parcelas que se llame *codmasa* y que almacene el código *masa* de la manzana que contiene a dicha parcela.

b) Añadir una restricción de integridad referencial de forma que al cambiar el código *masa* de la tabla de manzanas se cambie de forma automática el campo *codmasa* de la tabla *parce*.

A partir de PosGIS 3.0, el operador *ST_Relate* y todos los predicados espaciales (Tabla 12.pág. 92) soportan las geometrías de tipo *GeometryCollection*.

Anteriormente solo soportaban los tipos *Point, MultiPoint, LineString, MultiLineString, Polygon* y *MultiPolyon*.

6. Indexación espacial

PostgreSQL implementa un algoritmo de indexación espacial denominado *GiST* (*Generalized Search Tree*). *GiST* en PostgreSQL se puede extender para ser utilizado con geometrías o tipos personalizados. PostGIS extiende los índices *GiST* de PostgreSQL para que funcionen con el tipo *geometry* y con el tipo *geography*.

Si los índices no espaciales sobre una columna de una tabla son extremadamente importantes para acelerar las consultas alfanuméricas (apartado I 2.9, pág. 567), los índices espaciales aún lo son más al indexar los datos en dos o tres dimensiones.

Resumiendo, se puede decir que cuando los datos cartográficos exceden de algunos miles de filas, se debe crear índices espaciales para incrementar las velocidades de búsqueda espacial y la visualización con los diferentes SIG de escritorio.

6.1. Creación y utilización de índices espaciales

La sintaxis para crear un índice espacial en una tabla es la siguiente:

```
CREATE INDEX [nombre_índice] ON [nombre_tabla] USING GIST
  ([campo_de_geometría]);
```

Crear un índice espacial puede requerir bastante tiempo en tablas muy grandes, aunque solo es necesario realizarlo una vez, ya que PostgreSQL actualiza el índice si es necesario.

> El nombre del índice debe ser único dentro de cada esquema de la base de datos. Una buena práctica para no repetir el nombre de un índice es utilizar un nombre compuesto del nombre de la tabla más el nombre del campo del índice.

Es importante que el planificador de PostgreSQL averigüe por sí mismo que el índice espacial creado acelera las búsquedas espaciales. El comando de PostgreSQL *Analyze* (no es un comando SQL) obliga al sistema a actualizar las estadísticas[1] del planificador.

```
ANALYZE [nombre_tabla]
ANALYZE [nombre_tabla] ([nombre_columna])
```

También se puede utilizar el comando *Vacuum* junto con el comando *Analyze*. En este caso además del cálculo de las estadísticas, PostgreSQL recuperará el espacio de los datos borrados (al eliminar registros con la orden *Delete* o eliminar alguna columna, en realidad los datos eliminados se marcan como borrados, pero no se eliminan de forma física).

```
VACUUM ANALYZE [nombre_tabla]
VACUUM ANALYZE [nombre_tabla] ([nombre_columna])
```

Por último, el comando *Vacuum* sin la palabra clave *Analyze* simplemente recupera el espacio de los datos borrados, pero no actualiza las estadísticas:

```
VACUUM [nombre_tabla]
```

Como resumen, tras la creación de un índice espacial con la orden *Create Index* sobre una tabla, **ejecutaremos el comando *Analyze* sobre dicha tabla** para que PostgreSQL empiece a calcular estadísticas. Si el *auto-vacuum* está activado éste realizará esta operación por nosotros de forma periódica o cuando lo estime oportuno.

---

[1] Información sobre la tabla de estadísticas: https://www.postgresql.org/docs/current/view-pg-stats.html

PostgreSQL instala un servicio de *auto-vacuum*[1] de forma que las operaciones de *vacuum y analyze* se ejecutan de forma automática según cierta configuración establecida en el fichero *postgresql.conf* (ver sección '*autovacuum parameters*') del *cluster* de la base de datos PostgreSQL. Este servicio está activado por defecto a partir de PostgreSQL 8.3.

Además de crear los índices espaciales en las tablas que vamos a utilizar en las consultas, puede ser necesario decirle a PostgreSQL que utilice el índice espacial en las consultas SQL mediante una sintaxis especial, utilizando el operador de comparación de cajas &&.

La caja (*box*) de una geometría es el rectángulo de máximas y mínimas x e y de la geometría.

Dadas dos capas de líneas: *viariache* con las vías de comunicación (14408 registros) y *riosche* con los ríos (8120 registros) de la confederación hidrográfica del Ebro.

Se pide calcular el número de parejas de geometrías entre la capa de ríos y la capa de vías cuyos interiores intersecan.

El primer paso consistirá en crear los índices espaciales en el caso de que las capas no los tengan ya creados y actualizar las estadísticas del sistema. En nuestro caso dichas capas ya disponen de sendos índices espaciales (se puede comprobar en la última sentencia de los ficheros *ttmmche.sql* y *riosche.sql*), por lo tanto, saltaremos este paso.

```
s1=# create index viariache_geom_gist on viariache using gist(geom);
s1=# create index riosche_geom_gist on riosche using gist(geom);
```

El comando *vacuum analyze* ayudará al planificador en el cálculo de estadísticas.

```
s1=# vacuum analyze viariache;
s1=# vacuum analyze riosche;
```

La sentencia que buscamos parte de un producto cruzado que relaciona un total de 14408 (vías) * 8120 (ríos) = 116992960 parejas de registros (más de 116 millones de combinaciones). La siguiente sentencia tarda sobre 2 segundos en dar los resultados.

```
s1=# select count(*) from viariache c1, riosche c2 where
        (c1.geom && c2.geom) and st_relate (c1.geom,c2.geom, '0********');
-------
  5565
```

La clave está en la expresión *(c1.geom && c2.geom)*. Esta expresión devuelve verdadero si las dos cajas de las geometrías intersecan.

La siguiente consulta devuelve 22697 parejas de cajas que intersecan y lo hace muy rápido, en 0.1s ya que está utilizando la indexación espacial para encontrar dichos casos.

```
s1=# select count(*) from viariache c1, riosche c2
        where (c1.geom && c2.geom);
```

Dicha expresión:

- Devuelve falso en 116970263 (116992960 – 22697) casos cuyas cajas no intersecan, luego es seguro que las geometrías que contiene estas cajas tampoco intersecan.
- Devuelve verdadero en 22697 casos cuyas cajas intersecan, lo cual quiere decir que es probable pero no seguro que las geometrías intersequen.

---

[1] https://www.postgresql.org/docs/current/routine-vacuuming.html

Se ha utilizado como un primer filtro espacial, que en este caso evita que el comando *ST_Relate* se ejecute 116970263 casos (tardaría horas) y únicamente se ejecuta 22697 veces.

Es muy importante mencionar que, aunque se utilice el operador $\&\&$, si las tablas no tienen un índice espacial **no se producirá aceleración alguna en la comparación de cajas**. Esto se demuestra en la siguiente consulta tras haber eliminado los índices espaciales:

```
s1=# drop index viariache_geom_gist;
s1=# drop index riosche_geom_gist;
s1=# select count(*) from viariache c1, riosche c2
        where (c1.geom && c2.geom);
```

Esta última sentencia emplea 18 segundos, lo cual es aproximadamente 180 veces más de tiempo que con los índices espaciales creados.

> Antes de abandonar este apartado sobre indexación espacial el lector debe crear de nuevo ambos índices espaciales en las capas *viariache* y *riosche*, de lo contrario la ejecución de la mayoría del resto de ejercicios con estas capas será inviable.

6.2. Otros operadores GiST sobre cajas y KNN

Otros operadores de comparación de cajas

Además del operador $\&\&$ que devuelve verdadero en el caso de que dos cajas intersequen, PostGIS tiene operadores[1] que permiten comparar cajas con la indexación espacial si está disponible. En la práctica **se utilizan raramente**. Permiten encontrar cajas que pueden estar a la derecha-izquierda-arriba-abajo de otras cajas: $=, >>, @, |\&>, |>>, \sim, \sim=$.

Cuantas cajas de *viariache* están dentro de alguna caja de *riosche*.

```
s1=# select count(*) from viariache c1, riosche c2
        where (c1.geom @ c2.geom);
```

La expresión devuelve 6756 casos, en los que la caja de una línea de *viariache* está dentro de la caja de una línea de *riosche*. Al revés, es decir, *c2.geom @ c1.geom* daría 1501 cajas.

Operadores que utilizan KNN

KNN (*K nearest neighbours*) es un algoritmo de búsqueda que actúa sobre la indexación GiST de PostGIS utilizando otros operadores como son: $<->$ y $<\#>$.

Se utiliza para averiguar las geometrías más cercanas a una geometría dada. Para ello, se utilizan dos operadores '$<->$' y '$<\#>$' que son muy diferentes respecto a los operadores comparadores de cajas por dos razones:

- Se utilizan dentro de la cláusula ORDER BY, en lugar de en la cláusula WHERE.
- Una de las dos geometrías de ambos lados del operador debe ser constante.

---

[1] Operadores de cajas en PostGIS: https://postgis.net/docs/manual-3.5/reference.html#operators-bbox

Estos operadores **KNN evalúan la distancia propiamente dicha** y no la posición relativa de las cajas (solape, intersección, arriba, abajo, etc.)

El operador '<->' evalúa la distancia 2D entre las geometrías (como *st_distance*) mientras que el operador '<#>' evalúa la distancia 2D entre los centroides de las dos geometrías.

Al estar íntimamente relacionados con la búsqueda de los vecinos más próximos se verán en profundidad en el apartado C 5.9, pág. 160.

6.3. Planificador

En los ejemplos anteriores se ha supuesto que en la expresión *"(c1.geom && c2.geom) and ST_Relate (c1.geom, c2.geom, '0*********')"* el primer miembro *"(c1.geom && c2.geom)"* se ejecuta en primer lugar aprovechando la capacidad de la indexación espacial dejando solo unos pocos casos al segundo miembro. En realidad, el orden en el que se especifican los miembros en la cláusula WHERE no es vinculante en la ejecución, ya que es el planificador de PostgreSQL quien sabe que la expresión *"(c1.geom && c2.geom)"* se ejecuta mucho más rápido que la segunda expresión y reorganiza u optimiza la consulta.

PostgreSQL ofrece el comando *Explain* para mostrar al usuario el plan de ejecución, es decir, los pasos que sigue a la hora de ejecutar una consulta SQL, mostrando información sobre los índices, el orden de ejecución de las funciones, número de filas escaneadas, etc.

```
EXPLAIN [ ANALYZE ] [ VERBOSE ] sentenciaSQL
```

Si se especifica la opción *analyze* entonces PostgreSQL ejecuta la sentencia SQL, calcula su tiempo final y muestra información fidedigna del plan de ejecución seguido. Si no se especifica *analyze,* entonces PostgreSQL no ejecuta la sentencia SQL y trata de realizar una aproximación del plan de ejecución sin realizar un análisis exhaustivo.

La opción *verbose* ofrece información extra del plan de ejecución.

Caso 1. Las tablas no disponen de un índice espacial:

```
s1=# explain analyze select count(*) from viariache c1, riosche c2
        where c1.geom && c2.geom;
                        QUERY PLAN
```

```
Aggregate  (cost=1756049.37..1756049.38 rows=1 width=8)
  (actual time=18058.960..18058.961 rows=1 loops=1)
  ->  Nested Loop  (cost=0.00..1755991.98 rows=22955 width=0)
                  (actual time=0.179..18055.047 rows=22697 loops=1)
        Join Filter: (c1.geom && c2.geom)
        Rows Removed by Join Filter: 116970263
        ->  Seq Scan on viariache c1  (cost=0.00..693.08 rows=14408 width=280)
                        (actual time=0.020..6.181 rows=14408 loops=1)
        ->  Materialize  (cost=0.00..424.80 rows=8120 width=267)
                        (actual time=0.000..0.340 rows=8120 loops=14408)
            ->  Seq Scan on riosche c2  (cost=0.00..384.20 rows=8120 width=267)
                        (actual time=0.006..1.070 rows=8120 loops=1)
Planning Time: 1.309 ms
Execution Time: 18059.285 ms
```

Caso 2. Las tablas disponen de un índice espacial:

```
s1=# explain analyze select count(*) from viariache c1, riosche c2
        where c1.geom && c2.geom;
                            QUERY PLAN
-------------------------------------------------------------------
Aggregate  (cost=4374.89..4374.90 rows=1 width=8)
      (actual time=136.447..136.448 rows=1 loops=1)
   -> Nested Loop  (cost=0.15..4317.50 rows=22955 width=0)
                    (actual time=0.135..135.546 rows=22697 loops=1)
         -> Seq Scan on riosche c2  (cost=0.00..384.20 rows=8120 width=267)
                    (actual time=0.023..0.507 rows=8120 loops=1)
         -> Index Scan using viariache_geom_gist on viariache c1
                    (cost=0.15..0.47 rows=1 width=280)
                    (actual time=0.012..0.016 rows=3 loops=8120)
              Index Cond: (geom && c2.geom)
 Planning Time: 1.868 ms
 Execution Time: 136.548 ms
```

Con el plan de ejecución se puede averiguar si PostgreSQL está haciendo uso de la indexación espacial o no.

Efectivamente, en el segundo ejemplo aparece *"Index Scan using viariache_geom_gist"* mientras que en el primero se produce un escaneo secuencial *"Seq Scan"*.

Para interpretar los planes de ejecución del planificador de forma adecuada se insta al lector a revisar los manuales de PostgreSQL[1].

Aunque el planificador de PostgreSQL trata de optimizar el plan de ejecución, es nuestra responsabilidad el diseñar lo mejor posible las sentencias SQL y comprobar los planes de ejecución si se observa un comportamiento anómalo.

Modificación del plan de ejecución

Se puede tratar de modificar el plan de ejecución que utiliza PostgreSQL con nuestras tablas para que sea más propenso a utilizar índices. Si se desea cambiar esta variable es aconsejable realizarlo con el comando SET que únicamente cambia el valor para la sesión actual (véase el apartado I 1.1, pág. 501 sobre la configuración de variables del sistema) activando/desactivando la utilización de índices y/o ciertas características en las consultas mediante las variables del sistema. Para más información consultar la ayuda *online* de PostgreSQL sobre planificación de consultas[2]. Por ejemplo, si se establece la variable del sistema *enable_seqscan* a falso, PostgreSQL tratará de evitar el escaneo secuencial de las tablas siendo forzando a utilizar los índices si éstos existen.

```
s1=# SET enable_seqscan = false;
```

La configuración de los recursos que utiliza PostgreSQL como la memoria compartida o de trabajo pueden afectar a la estrategia que establece el planificador. En el apartado I 1.8, pág. 528 se dan algunas pautas de como configurar los recursos empleados por PostgreSQL.

---

[1] https://www.postgresql.org/docs/current/using-explain.html
https://www.postgresql.org/docs/current/sql-explain.html
[2] https://www.postgresql.org/docs/current/runtime-config-query.html

Visualización gráfica del plan de ejecución

Mediante el software *pgadmin* se puede visualizar de forma gráfica la salida de la orden *explain*. Para ello, en la ventana de consultas hay que escribir la sentencia SQL (sin EXPLAIN ANALYZE) y presionar SHIFT+F7.

Con un doble clic en los objetos gráficos aparece un cuadro de texto con información.

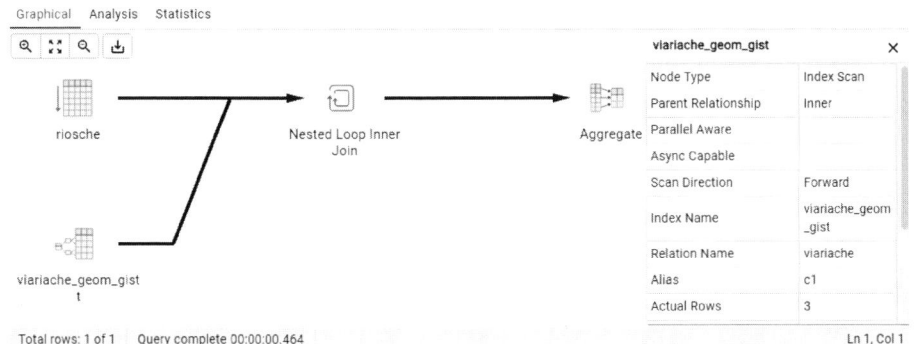

Figura 32 Plan de ejecución del planificador (*pgadmin*)

6.4.   Predicados espaciales con el operador && embebido

Existen ciertos predicados espaciales que incluyen en su implementación una comparación de cajas, de esta forma no es necesario utilizar de forma explícita en el código SQL de nuestras sentencias el operador de comparación de cajas &&

A partir de PostgreSQL 12 y PostGIS 3.0, esto se realiza mediante la cláusula SUPPORT dentro de la propia definición del predicado espacial. En versiones anteriores de PostGIS y PostgreSQL, se realizaba embebiendo el operador && en la definición de los predicados.

Localiza en el fichero *postgis.sql* la función espacial *ST_Intersects (geometry, geometry)*:

```
CREATE OR REPLACE FUNCTION ST_Intersects (geom1 geometry, geom2 geometry)
    RETURNS boolean
    AS '$libdir/postgis-3','ST_Intersects'
    SUPPORT postgis_index_supportfn
    LANGUAGE 'c' IMMUTABLE STRICT PARALLEL SAFE
    COST 5000;
```

Con *SUPPORT postgis_index_supportfn*, PostGIS realiza una comparación de cajas && como filtro primario, antes de realizar el cálculo del propio predicado *Intersects*.

Puede ser que se desee utilizar el predicado espacial *ST_Intersects* pero sin utilizar esta comparación de cajas. Aunque es difícil encontrar una razón para ello, PostGIS incluye la versión *_ST_Intersects* donde cómo se puede apreciar no se incluye esta característica.

```
CREATE OR REPLACE FUNCTION _ST_Intersects (geom1 geometry, geom2 geometry)
    RETURNS boolean
    AS '$libdir/postgis-3','ST_Intersects'
    LANGUAGE 'c' IMMUTABLE STRICT PARALLEL SAFE
    COST 5000;
```

Podemos resumir, que, de forma habitual, se utilizará la versión *ST_Intersects* que incluye ya internamente la comparación de cajas como filtro primario.

```
1) s1=# select count(*) from viariache c1, riosche c2
   where st_intersects (c1.geom, c2.geom);
```

Si no se desea la comparación de cajas, y por ende la gran mejora en tiempo de ejecución de la aplicación de la indexación especial, se puede utilizar el predicado _ST_Intersects.

```
2) s1=# select count(*) from viariache c1, riosche c2
   where _st_intersects (c1.geom, c2.geom);
```

Y, por último, si combinamos el predicado _ST_Intersects con el comparador de cajas && en la sentencia SQL, entonces se tiene una funcionalidad igual que en 1).

```
3) s1=# select count(*) from viariache c1, riosche c2
   where (c1.geom && c2.geom) and_st_intersects (c1.geom, c2.geom);
```

Debemos tener mucho cuidado de no caer en el error de utilizar una determinada función o predicado espacial creyendo que incorpora el comparador de cajas de forma automática cuando en realidad no es así y de esta forma desechar el uso del índice espacial al no especificar el filtro primario.

Comparación de cajas automática	Versión sin comparador de cajas
ST_Intersects	_ST_Intersects
ST_Crosses	_ST_Crosses
ST_WithIn	_ST_WithIn
ST_Contains	_ST_Contains
ST_CoveredBy	_ST_CoveredBy
ST_Covers	_ST_Covers
ST_ContainsProperly	_ST_ContainsProperly
ST_Overlaps	_ST_Overlaps
ST_Equals	_ST_Equals
ST_OrderingEquals	_ST_OrderingEquals
ST_DWithin	_ST_DWithin
ST_3DDWithin	_ST_3DDWithin
ST_3DDFullyWithin	_ST_3DDFullyWithin
ST_3DIntersects	_ST_3DIntersects
ST_Touches	_ST_Touches
ST_DWithin	_ST_DWithin

Tabla 14 Predicados espaciales y métodos que utilizan el operador &&

La tabla superior muestra qué funciones de PostGIS incluyen el operador de comparación de cajas de forma automática, de forma que en cualquier otra función no listada en esta tabla (p. ej.: *ST_Relate o ST_Distance*) se deberá especificar el filtro primario en la sentencia SQL.

6.5. Indexación espacial GiST 3D

PostGIS posibilita la creación de índices espaciales en 3D, es decir, indexando también la coordenada z de las cajas de las geometrías. En versiones previas a PostGIS 2.0 la indexación espacial era solo bidimensional (x, y). Aun así, esto era prácticamente una limitación, ya que en la gran mayoría de las ocasiones la indexación 2D es más que suficiente.

La indexación tridimensional es útil especialmente cuando se dispone de un volumen de datos elevado y se desean realizar búsquedas de geometrías mediante rangos de coordenada z en ámbitos geográficos extensos.

Una aplicación directa es el manejo de datos Lidar[1].

Para utilizar y aprovechar la indexación espacial 2D en las sentencias SQL diseñadas es necesario utilizar el operador '&&' y crear un índice espacial por las columnas de geometría implicadas como se ha detallado en los apartados previos. De la misma forma, para utilizar la indexación espacial 3D será necesario crear un índice espacial, pero esta vez 3D, y utilizar el operador de comparación de cajas 3D llamado '&&&'.

Para los ejemplos sobre indexación espacial 3D vamos a crear una capa de puntos tridimensional e insertar un millón de geometrías puntuales 3D de forma aleatoria.

```
s1=# create table p3d (gid serial, geom geometry (pointz, 25830));
s1=# insert into p3d (geom)
  select st_setsrid (st_makepoint (
    500000+random()*1000, 4500000+random()*1000, random()*1000 ), 25830 )
  from generate_series (1, 5000000); -- 5 millon de puntos
```

La creación del índice espacial 3D es muy similar a la creación de un índice 2D salvo por la opción '*gist_geometry_ops_nd*'.

```
s1=# create index p3d_gist3d on p3d
        using gist (geom gist_geometry_ops_nd);
```

La consulta a realizar en este ejemplo es muy simple: contar todos los puntos que se encuentran dentro del rectángulo bidimensional (500500 4500200, 500800 4500700) y cuya altura esté comprendida entre los 50 y los 51 metros.

```
s1=# select count(*) from p3d where geom &&& st_geomfromewkt
        ('LINESTRING (500500 4500200 50, 500800 4500700 51)');
```

Si se quisiera realizar la misma consulta en versiones anteriores a PostGIS 2.0, es decir, solo con indexación 2D, la sentencia SQL sería algo así:

```
-- Creación del índice espacial para que al menos discrimine el
   rectángulo bidimensional
s1=# create index p3d_gist2d on p3d using gist (geom);
s1=# select count(*) from p3d where
   geom && st_geomfromewkt ('LINESTRING (500500 4500200, 500800 4500700)')
   and st_z(geom) >= 50 and st_z(geom) <= 51;
```

Esta última consulta tarda en ejecutarse aproximadamente 15 veces más que la sentencia anterior con el uso del operador &&& y la creación del índice 3D. Aunque no es espectacular, si consideramos su uso en análisis espaciales complejos con el uso de concatenaciones espaciales con criterios 3D, la mejora puede ser fácilmente de varios centenares de veces respecto al uso de índices 2D.

Eso sí, quizás ofrece su mayor ventaja cuando se habla de capas de al menos varios millones de geometrías y se realizan selecciones de rango estrecho de coordenada z. Estaríamos hablando posiblemente de geometrías puntuales (por el gran volumen de datos).

---

[1] *Light Detection and Ranging* o *Laser Imaging Detection and Ranging* (LIDAR), es una tecnología de captura masiva de puntos tridimensionales. Utilizado tanto para el escaneo y modelado tridimensional de edificios (Lidar terrestre) como para la obtención de modelos digitales de elevación (Lidar aéreo) entre otras aplicaciones.

6.6.   Otro tipo de índices espaciales

Además de los índices *GiST* que hemos visto, PostGIS tiene otros tipos de índices espaciales que pueden ser útiles en función de la distribución, volumen y tipo de geometrías de nuestras tablas.

Hay que mencionar que en este apartado se han utilizado material de varios *blogs* referenciados más adelante, en especial, de Paul Ramsey, fundador y uno de los desarrolladores en activo de PostGIS.

Muestra cuantos algoritmos de indexación espacial dispone PostGIS.

```
s1=# SELECT opcname, amname
     FROM pg_opclass oc
     JOIN pg_am am ON (am.oid = oc.opcmethod)
     JOIN pg_type typ ON (oc.opcintype = typ.oid)
     WHERE typ.typname = 'geometry';
              opcname              |  amname
----------------------------------+--------
 btree_geometry_ops               | btree
 hash_geometry_ops                | hash
 gist_geometry_ops_2d             | gist
 gist_geometry_ops_nd             | gist
 brin_geometry_inclusion_ops_2d   | brin
 brin_geometry_inclusion_ops_3d   | brin
 brin_geometry_inclusion_ops_4d   | brin
 spgist_geometry_ops_2d           | spgist
 spgist_geometry_ops_3d           | spgist
 spgist_geometry_ops_nd           | spgist
```

De todos estos algoritmos, descartamos los dos primeros (*btree* y *hash*), ya que *PostgreSQL* los utiliza de forma automática cuando necesita ordenar las geometrías (*order by*) o realizar cualquier operación de búsqueda de valores únicos/distintos (*distinct*).

Quedan tres tipos de algoritmos: *GiST* que es el algoritmo principal y el primero implementado en PostGIS, más los algoritmos *BRIN* y *SP-GiST* que veremos brevemente a continuación y que se deben utilizar con cuidado, siempre sabiendo las ventajas-inconvenientes que pueden aportar respecto a GiST que seguirá siendo el método

Índices BRIN

BRIN (*Block Range Index*), es un tipo de índice que ocupa mucho menos espacio que un índice de tipo *GiST* y que puede ser útil cuando el tamaño del índice *GiST* no quepa en memoria y por lo tanto pierda eficacia. Otra de las ventajas es que la creación del índice necesita mucho menos tiempo, así como las operaciones de borrado o inserción de filas. Por el contrario, requiere que los datos tengan una naturaleza que presente cierta correlación en el almacenamiento físico de la tabla, además de forma general se puede decir que son bastante más lentos en las consultas que un índice de tipo *GiST*.

En este ejemplo[1] (no espacial) se puede apreciar como la ventaja principal de este tipo de índices es la disminución considerable del espacio necesario para la creación del índice (también disminuiría notablemente el tiempo necesario para insertar nuevos registros en la tabla). Si se aplica un índice de tipo BTREE, éste ocuparía 676MB, mientras que uno de tipo BRIN ocupa aproximadamente 1000 veces menos en este ejemplo (72 Kb).

PostGIS implementa la versión espacial del índice BRIN y puede ser útil en algunos casos como en el manejo de datos LIDAR, donde los índices pueden ocupar mucho espacio y tiempo en su creación. Bajo ciertas condiciones, este tipo de índices puede ser útil[2].

Índice SP-GiST

El término '*GiST*' que forma parte del nombre del índice *SP-GiST,* hace referencia al índice del mismo nombre estudiado en el apartado B 6.1, pág. 104, ya que ambos algoritmos *SP-GiST* y *GiST* de indexación son árboles de búsqueda generalizados.

La otra parte del término '*SP*' denota la partición del espacio (*Spatial Partition*). Por lo tanto, los índices de tipo *SP-GiST* son apropiados para estructuras en las cuales el espacio puede dividirse de manera recursiva en áreas que no se superponen. Esta categoría incluye árboles cuádruples (*quadtrees*), árboles de k-dimensiones (*k-D trees*) y árboles fijos (*radix trees*).

En esta entrada de Blog[3], uno de los autores de PostGIS, muestra ejemplos prácticos de índices *GiST, BRIN* y *SP-GiST*, y unas pautas para saber en qué casos utilizar cada uno. Paul Ramsey en esta entrada de blog, aconseja utilizar *SP-GiST* en aquellos casos en los que los datos están distribuidos de forma uniforme y no tienen mucha superposición.

En esta otra entrada de Blog[4], se comparan y enumeran algunas propiedades de los índices *GiST* y *SP-GiST* como:

- *GiST* tiene soporte completo para operadores, incluidas las búsquedas *KNN,* mientras que *SP-GiST,* en este momento, no soporta *KNN* y admite menos operadores.
- *GiST* no muy sensible a la distribución espacial y la topología (superposición) de las geometrías. *SP-GiST* es más efectivo para geometrías **que no se superponen** y acelera las búsquedas en datos distribuidos espacialmente de forma homogénea gracias a su sistema de particiones espaciales.
- *GiST* necesita un almacenamiento que puede llegar a ser importante (aproximadamente 5 GB por 100 millones de geometrías). *SP-GiST* según el caso puede ocupar menos espacio que un *GiST*, aunque en este aspecto los índices de tipo *BRIN* son con diferencia los mejores.

---

[1] https://www.postgresql.fastware.com/blog/brin-indexes-what-are-they-and-how-do-you-use-them

[2] https://info.crunchydata.com/blog/postgresql-brin-indexes-big-data-performance-with-minimal-storage

[3] https://www.crunchydata.com/blog/the-many-spatial-indexes-of-postgis

[4] https://habr.com/en/companies/postgrespro/articles/446624/

6.7. Espacio ocupado por los índices

No solo nos debemos fijar en el tiempo que tarda una consulta en función si se utiliza un tipo u otro de índice.

Es muy importante también conocer el espacio de almacenamiento que ocupa un índice, así como el tiempo de creación del índice (tiempo que tarda en ejecutarse el comando *create index*).

Para conocer el espacio de almacenamiento que ocupa una tabla o un índice, se puede utilizar los comandos *pg_table_size ('nombre de la tabla o índice)*. Además, el comando *pg_size_pretty* formatea las cantidades en byte a la unidad apropiada (p. ej.: KB o MB) para su mejor interpretación.

Para el total de espacio, es decir, la tabla más los índices, se puede utilizar el comando *pg_total_relation_size ('nombre de la tabla')*.

Calcula el espacio ocupado por la tabla *p3d* y por los índices *p3d_gist3d* y *p3d_gist2d* utilizadas en el apartado anterior.

```
s1=# select pg_size_pretty(pg_table_size ('p3d'));
 pg_size_pretty
---------------
 365 MB

s1=# select pg_size_pretty(pg_table_size ('p3d_gist3d'));
 pg_size_pretty
---------------
348 MB

s1=# select pg_size_pretty(pg_table_size ('p3d_gist2d'));
 pg_size_pretty
---------------
 196 MB

s1=# select pg_size_pretty(pg_total_relation_size ('p3d'));
 pg_size_pretty
---------------
 182 MB
```

Vemos en este ejemplo, que el índice espacial ocupa casi igual que los datos de la tabla *p3d*, y que el índice 2D ocupa casi la mitad que el 3D.

Estamos considerando un caso extremo, ya que las entidades puntuales son puntos, y por tanto el índice espacial ocupa mucho espacio comparado con los datos de la tabla, ya que la caja de cada punto ocupa incluso más que la propia geometría de un punto, pero es un buen ejemplo de la necesidad de comprobar estos aspectos.

Otros datos interesantes de este ejemplo son los tiempos empleados en la inserción de los cinco millones de geometrías de 12 segundos y en la creación de los índices *Gist3D* y *Gist* de 33 y 10 segundos respectivamente.

Se deja al lector, como ejercicio propuesto, repetir el ejercicio del apartado B 6.5, pág. 110, pero con índices de tipo *SP-Gist*, *BRIN* en 2D/3D y comparar los tiempos de creación de los índices, el tamaño de almacenamiento y el tiempo de ejecución de las consultas.

7. Creación de tablas y vistas para almacenar consultas espaciales

Todos los resultados que se obtienen al realizar cualquier operación de análisis espacial se pueden almacenar en una capa o realizar una vista. La metodología es similar a la expuesta en el apartado I 2.7, pág. 565, pero además habrá que tener en cuenta la componente espacial de nuestros datos tanto en las tablas como en las vistas creadas.

7.1. Almacenar resultados en tablas espaciales

En esta sección utilizamos las capas *pusos, psuelos, prios* y *palcanta*. Estas capas provienen de un ejercicio anterior. Si no se dispone de ellas, se puede ejecutar el fichero *capas.sql* en la base de datos *s1* para importarlas a PostGIS.

Procedimiento riguroso

El procedimiento más adecuado para almacenar resultados espaciales provenientes de una consulta espacial sobre todo para usuarios recién iniciados en PostGIS es el siguiente:

1. Primero se crea la tabla espacial donde se almacenarán los resultados utilizando el procedimiento habitual explicado en el apartado B 1.6, pág. 46, es decir, con la sentencia *Create Table* y añadiendo el campo de geometría.
2. A continuación, se insertarán los registros de la consulta espacial en la nueva tabla utilizando el comando *Insert Into*.

Almacena la selección de todos los polígonos de la capa *pusos*, cuyo *tuso* sea 300 o 500 en una nueva capa *ej1.pusossel2*:

```
s1=# create table ej1.pusossel2 (gid serial primary key, tipo integer,
    geom geometry ('MULTIPOLYGON', 25830));
s1=# insert into pusossel2 (tipo, geom) select tuso, geom
    from pusos where tuso=300 or tuso=500;
```

Nótese como en la sentencia de inserción de las filas en la cláusula *from* se ha especificado *pusos* y no *ej1.pusos*, esto es simplemente por comodidad, de hecho, utilizar *ej1.pusos* es más seguro ya que siempre busca la tabla *pusos* dentro del esquema *ej1*, por el contrario, si no se especifica el esquema entonces PostgreSQL buscará la tabla *pusos* dentro de todos los esquemas especificados en la variable *search_path*.

En este último caso es necesario tener dicha variable configurada correctamente para que el esquema *ej1* se encuentre dentro de la ruta de búsqueda (ver la sección 'trabajo con esquemas' en el apartado B 2.2, pág. 61).

Hay que recordar que a la hora de crear columnas espaciales también se puede utilizar el comando *Addgeometrycolumn*:

```
s1=# create table ej1.pusossel1 (gid serial primary key, tipo integer);
s1=# select addgeometrycolumn
            ('ej1','pusossel1','geom', 25830, 'MULTIPOLYGON', 2);
s1=# insert into pusossel1 (tipo, geom) select tuso, geom
    from pusos where tuso=300 or tuso=500;
```

La no utilización del método *Addgeometrycolumn* propuesto por el OGC aleja un poco a PostGIS de los estándares haciendo más dependiente el código SQL, aunque en la práctica no se suele utilizar el método *Addgeometrycolumn* para simplificar en el código

Procedimiento práctico (CAST para los tipos de campos)

De forma aún más práctica y generalmente para almacenar tablas espaciales temporales muchas veces se utiliza la orden *Create Table nombreTabla AS*, con lo cual en una única sentencia SQL se puede crear la tabla espacial e insertar el resultado de la consulta.

Almacena la selección de todos los polígonos de la capa *pusos*, cuyo *tuso* sea 300 o 500 en una nueva capa *ej1.pusossel3* utilizando el procedimiento práctico:

```
s1=# create table ej1.pusossel3 (gid, tipo, geom) as
        select gid, tuso, geom from pusos where tuso=300 or tuso=500;
```

Como sabemos, *geometry_columns* es una vista que inventaría de forma dinámica todas las columnas de geometría de la base de datos y por lo tanto la nueva tabla *ej1.pusossel3* aparecerá listada en dicha vista. No obstante, será necesario agregar las restricciones deseadas (clave primaria, *not null*, secuencias de auto numéricos, etc.) a la tabla a posteriori con la orden *Alter Table*. P. ej.: Agregación de la clave primaria a posteriori:

```
s1=# alter table ej1.pusossel3 add constraint gid_pk primary key(gid);
```

En el caso de tener que agregar índices, secuencias o varas restricciones, es más útil y rápido utilizar el método riguroso y crear la tabla primero con todas las restricciones y a continuación insertar los valores.

Uso de CAST para definir el tipo de los campos de la tabla

Mediante las conversiones explícitas se puede definir el tipo de los campos de la tabla donde se almacena la consulta. Por ejemplo, si el tipo del campo *tuso* en la capa *pusos* es *smallint* pero queremos que en la tabla *pusossel* sea de tipo *double precision*:

```
create table ej1.pusossel4 (gid, tipo, geom) as
   select gid, tuso::double precision, geom
   from pusos where tuso=300 or tuso=500;
```

Se aconseja al lector utilizar el procedimiento riguroso hasta que domine la materia. En el caso de querer acortar el código SQL, se puede utilizar el procedimiento riguroso prescindiendo del método *Addgeometrycolumns*.

Ejemplos

Crea una nueva capa de tipo *Point* donde se almacene los *centroides* (*ST_Centroid*) de la capa *ej1.psuelos* y el atributo *tsuelo*. Utiliza el método riguroso y el método práctico.

Método riguroso:

```
s1=# create table ej1.centroides1 (gid serial primary key, tipo integer,
   geom geometry (POINT, 25830));
```

```
s1=# insert into centroides1 (tipo, geom)
       select tsuelo, st_centroid(geom) from psuelos;
```

Método práctico:

```
s1=# create table ej1.centroides2 (gid, tipo, geom) as
         select gid, tsuelo, st_centroid (geom) from psuelos;
```

Si listamos la vista *geometry_columns*, vemos que PostGIS no ha sido capaz de establecer el tipo de geometría de forma correcta en la nueva capa *ej1.centroides2* (aparece el tipo *Geometry* en lugar de *Point* y no aparece información del srid o la dimensión de las coordenadas).

```
s1=# select f_geometry_column, coord_dimension, srid, type
         from geometry_columns where f_table_name = 'centroides2';
  f_geometry_column | coord_dimension | srid |    type
 -------------------+-----------------+------+----------
  geom              |               2 |    0 | GEOMETRY
```

Esto es debido a que hemos utilizado una función espacial *ST_Centroid* que produce una nueva geometría y no estamos insertando la geometría original de la capa *psuelos*, sino una geometría derivada cuyo tipo PostGIS no conoce a priori. Para ayudar a PostGIS a establecer el tipo de geometría vamos a utilizar una conversión o *Cast* explícito (véase el apartado I 2.4, pág. 552) donde se convierte la geometría de salida de *ST_Centroid* a una geometría con los parámetros adecuados (tipo y CRS).

```
s1=# create table ej1.centroides3 (gid, tipo, geom) as select gid,
    tsuelo, st_centroid(geom)::geometry(POINT, 25830) from psuelos;
```

Nótese que el campo *gid* de *centroides3* ha sido copiado del campo *gid* de la tabla *psuelos* perdiendo las características de clave primaria y de auto-numérico.

Problema 16. Convierte la capa de polígonos *psuelos* a una capa de líneas llamada *ej1.psueloslin* (representando los contornos de los polígonos) conservando los atributos originales. Para ello, utiliza la orden *ST_Boundary*. Utiliza el método riguroso.

Problema 17. Tras cargar los ficheros *muni.sql* y *munitextos.sql* en una base de datos espacial, disponemos de dos nuevas capas en el esquema *ej1*, una de polígonos de parcelas *muni* y otra de puntos *munitextos*. La capa *muni* proviene de CAD y no dispone de ningún campo de atributos significativo. La capa *munitextos* representa los *centroides* de los polígonos de *muni* y tiene dos campos de atributos *municipio* y *codine*.

Se pide: Obtiene una nueva tabla de polígonos *ej1.muni1* que contenga los polígonos de *muni* y los atributos de *munitextos* únicamente de la provincia de Castellón (campo *codine* debe empezar por los dígitos '12') considerando que hay un punto de la tabla *munitextos* dentro de cada polígono de *muni*.

Nota: Busca la función de PostgreSQL adecuada para extraer los dos primeros caracteres del campo *codine* en la ayuda *online* de PostgreSQL (capítulo de funciones y operadores).

Problema 18. A partir de la capa *ej1.muni1* resultado del problema anterior (si no se ha realizado dicho problema carga el fichero *muni1.sql*). Obtener:

a) El municipio que tiene más municipios colindantes.

b) El municipio cuya suma de áreas de lmunicipios colindantes es la mayor.

Copia de la estructura de una tabla

PostgreSQL admite una sintaxis especial en el comando *Create Table* (mediante la opción *like[1]*) que permite crear una tabla a partir de las columnas de otra tabla.

Create Table nombre (definición_columna | restricción |

        like { including | excluding } { defaults | constrains | indexes | ... | all })

Crea una nueva tabla *ej1.pusoscopia* con los mismos campos, restricciones e índices que la tabla *ej1.pusos*. Inserta en ella los registros de la tabla *ej1.pusos*.

```
s1=# create table ej1.pusoscopia (like ej1.pusos including defaults
    including constraints including indexes);
s1=# insert into ej1.pusoscopia select * from pusos;
```

Antes de utilizar este comando con las tablas espaciales hay que tener en cuenta que no se crean nuevas secuencias (*serial*) sino que se utilizan las de la tabla origen.

7.2. Utilización de vistas espaciales

Las vistas espaciales son similares a las vistas de tablas normales tratadas en el apartado I 2.8, pág. 566, pero además arrastran el campo de geometría con la potencialidad de poder ser visualizadas en un SIG de escritorio como si fuera una capa más.

Vamos a realizar una vista que represente los ríos principales de la capa *prios*, es decir, aquellos cuyo campo *trio* = 1.

```
s1=# create or replace view ej1.priossel1 as select gid, trio, geom
    from prios where prios.trio = 1;
```

La vista aparecerá listada automáticamente en *geometry_columns*.

PostgreSQL permite vistas actualizables, pero deben ser muy sencillas y además generalmente hacer referencia a una sola tabla.

En este ejercicio, la vista *priossel1* sí sería editable automáticamente. Es decir, se podría, por ejemplo, abrir la sesión de edición en QGIS en dicha vista y modificar o añadir un nuevo río.

Además, a partir de PostgreSQL 9.4, se introduce la cláusula ***WITH CHECK OPTION[2]***, que evitaría, en este caso, que se añadiera o modificara un río con *trio* = 2. Es decir, esta cláusula se asegura de que una actualización o inserción en la vista que no sea visible (al consultar la vista basada en la cláusula WHERE) genere un error.

```
s1=# create or replace view ej1.priossel1 as select gid, trio, geom
    from prios where prios.trio = 1 with check option;
```

---

[1] Más información de la opción *like* en https://www.postgresql.org/docs/current/sql-createtable.html

[2] https://www.postgresql.org/docs/current/sql-createview.html

De la misma forma que con el ejemplo del cálculo de centroides con *Create table as*, si el campo de geometría de la vista no se corresponde con el campo de geometría de la tabla origen, será necesario aplicar un *CAST* para especificar de forma explícita el tipo de geometría y su SRID:

```
s1=# create or replace view ej1.centroides4 as
      select gid, tsuelo::smallint,
        case when tsuelo = 0 then true else false end::boolean as apto,
        st_centroid (geom)::geometry (POINT,25830) as geom from psuelos;
```

En este ejemplo, además, se cambia el campo *tsuelo* de tipo *integer* a *smallint* y se crea un nuevo campo *apto* en la vista de tipo booleano, de forma que si *tsuelo* es distinto a cero será *no apto*. Además, se le da un alias al campo de centroide para que se llame *geom*.

En este momento un de SIG de escritorio será capaz de reconocer la vista como si fuera una tabla espacial y cargarla de forma correcta. PostgreSQL permite vistas actualizables, pero deben ser muy sencillas, por lo tanto, en este caso si tratamos de editar esta vista en un SIG de escritorio al salvar los cambios PostgreSQL lanzará un error: evidentemente al añadir un nuevo centroide en la vista, el sistema tendría que crear un polígono en la capa *psuelos* de forma automática lo cual no tiene ningún sentido.

Problema 19. Realiza una vista *ej1.puntosrios* que represente los puntos iniciales de los ríos. Utiliza para ello el comando *Stx_startpoint(geom)* que devuelve una geometría de tipo *Point* de una línea o una multilínea. Visualiza la vista espacial utilizando un SIG de escritorio, crea o mueve un tramo de río de la capa *rios* y tras refrescar la pantalla observa cómo se visualiza un nuevo punto en la capa *puntosrios*.

Nota: Será necesario realizar un *Cast* a la geometría de salida de *Stx_startpoint* para que PostGIS calcule la vista *geometry_columns* adecuadamente.

Creación de reglas para actualizar vistas

Una regla SQL se define con el comando *Create Rule* y permite especificar una acción alternativa cuando se ejecuta una inserción, actualización o borrado de registros de una tabla o vista. Es decir, permite ejecutar comandos adicionales cuando un determinado comando (*Insert*, *Delete*, *Update*) es ejecutado en una determinada tabla o vista.

Para ello, igual que en los disparadores (*triggers*), dentro de una regla existen dos registros llamados *New* y *Old* que representan los registros nuevos y antiguos utilizados en una operación de *Insert* (*New*), *Delete* (*Old*) y *Update* (*New* y *Old*).

Vamos a crear una nueva vista similar a *priossel1,* pero cambiando los nombres de los campos para diferenciarlos de la tabla que se nutre para clarificar la sintaxis de las reglas.

La vista solo contendrá los ríos cuyo campo de *trio* sea igual a 1 y no incluirá el campo de *trio* ya que dicho campo carece de sentido al valor 1 todos sus valores.

Antes de realizar la vista, le vamos a añadir una restricción de valor no nulo a la capa *prios* (campo *trio*) para darle más sentido al ejercicio.

```
s1=# alter table ej1.prios alter column trio set not null;
```

Creamos la vista:

```
s1=# create or replace view ej1.priossel2 as
  select gid as gidvista, geom as geomvista
  from prios where prios.trio = 1;

s1=# select count(*) from prios;
106
```

Si se intenta añadir un nuevo registro a la vista se produce un error:

```
s1=# insert into ej1.priossel2 (geomvista) select st_geomfromewkt
   ('SRID=25830;MULTILINESTRING ((500000 4500000, 550000 4600000))');
ERROR: el valor null para la columna «trio» viola la restricción not null
DETALLE: La fila que falla contiene (107, null, 105000020F659000001...).
```

PostgreSQL ha tratado de añadir una nueva fila en la tabla origen de la vista (*prios*), pero al no tener la vista el campo *trio*, ha insertado un valor *null* en el campo *prios.trio* y ha saltado la restricción de valor no nulo. Cualquier río insertado en *priossel2* debería poner un valor de 1 en la columna origen *prios.trio*, pero PostgreSQL no conoce nuestra lógica.

Solución:

Vamos a crear reglas sobre la vista para cambiar el comportamiento en la inserción, borrado y actualización

Crea una regla, y llámala con cualquier nombre (p. ej.: insertar) sobre la vista *priossel2* para redirigir la sentencia *Insert* sobre dicha vista a la sentencia SQL que se detalla en la cláusula *Do Instead*.

```
s1=# CREATE RULE insertar AS
  ON INSERT TO priossel2
  DO INSTEAD (
    --Insertamos el código 1 que corresponde a rios principales
    --No insertamos en el gid de la tabla ríos ya que es un serial
    INSERT INTO prios (geom, trio) VALUES (NEW.geomvista, 1) );
```

Ahora la inserción de un registro es posible:

```
s1=# insert into ej1.priossel2 (geomvista) select st_geomfromewkt
   ('SRID=25830;MULTILINESTRING ((500000 4500000, 550000 4600000))');
s1=# select count(*) from prios;
107
```

El nuevo río insertado en la vista, tiene el valor trio = 1 en la tabla.

```
s1=# select st_astext(geom), trio
          from ej1.prios order by gid desc limit 1;
                    st_astext                      | trio
---------------------------------------------------+------
  MULTILINESTRING((500000 4500000,550000 4600000)) |    1
```

De la misma forma podemos crear una regla para el borrado y otra para la actualización de un registro.

```
sl=# CREATE RULE borrar AS
    ON DELETE TO priossel2
    DO INSTEAD (
     DELETE FROM prios r WHERE r.gid = OLD.gidvista );
```

Por último, la regla de actualización quedaría:

```
sl=# CREATE RULE actualizar AS
    ON UPDATE TO priossel2
    DO INSTEAD (
     UPDATE prios SET
            --Solo actualizamos en ríos los campos que tiene la vista
            geom = NEW.geomvista,
            --Permitimos al usuario que al cambiar el gid de la vista
            --se cambie el gid de la tabla ríos. Si se elimina la línea
            --el gid de la tabla permanecerá invariable aunque se trate
            --de cambiar en la vista.
            gid = NEW.gidvista
      WHERE prios.gid = OLD.gidvista );
```

Si al utilizar QGIS e insertar una nueva fila en la capa *priossel2* se produce un error leed esta nota:

Por defecto, al realizar una operación INSERT, PostgreSQL devuelve el número de registros afectados por la operación. **QGIS según qué versión** se esté utilizando puede necesitar que, en lugar de devolver el número de registros, devuelva el mismo registro insertado, en tal caso al grabar los cambios dará un error aludiendo a la cláusula RETURNING.

Si ese es tu caso, modifica la regla de inserción añadiéndole la cláusula RETURNING al final como sigue y ejecuta de nuevo el código SQL para modificar la regla con el siguiente código:

```
CREATE RULE insertar AS
    ON INSERT TO priossel2
    DO INSTEAD (
        INSERT INTO prios (geom, trio) VALUES (NEW.geomvista, 1)
        RETURNING gid, geom );
```

A partir de PostgreSQL 9.1 se introduce la opción '*Instead of*' en el uso de disparadores (*triggers*), lo cual habilita el uso de disparadores de fila en vistas, pudiendo implementar el ejemplo arriba expuesto mediante éstos. Además, se aconseja utilizar disparadores en lugar de reglas para actualizar vistas. Mediante la utilización de disparadores se puede personalizar totalmente el comportamiento de las acciones de insertar, actualizar o borrar registros. Por contra, el uso de reglas es más intuitivo y fácil, así como suficiente en casos sencillos. El apartado E 2.3, pág. 292 introduce el uso de disparadores con funciones *PL/PgSQL*.

Capa de eventos

Tradicionalmente en SIG una capa de eventos consiste en una tabla no espacial con varias columnas donde se almacenan las coordenadas X/Y de entidades puntuales.

El software de SIG convierte de forma dinámica estas coordenadas a geometrías puntuales y las visualiza en pantalla. De esta forma, si el usuario cambia la coordenada X o Y de la tabla alfanumérica automáticamente la posición espacial de la entidad puntual correspondiente se actualiza en pantalla.

Este funcionamiento se puede simular en PostGIS de forma sencilla utilizando vistas espaciales, para ello vamos a utilizar el constructor *ST_MakePoint (coordx, coordy)* o *ST_MakePoint (coordx, coordy, coordz)* para crear entidades de tipo *Point* a partir de valores numéricos.

Disponemos de una tabla *ej1.meteo* (fichero *meteo.sql*) de estaciones meteorológicas con su localización (coordenadas X, Y en ETRS89 UTM Z30, es decir, código EPSG 25830) y valores de precipitación y temperatura. La vista *eventosmeteo* quedaría:

```
s1=# create view ej1.eventosmeteo as
   select gid, nombre, pmedia, tmedia,
     st_setsrid(st_makepoint (x, y), 25830)::geometry(POINT,25830) as geom
   from meteo;
```

> La función *ST_MakePoint* crea un punto en el CRS por defecto, es decir, con *srid = 0*, por esa razón se utiliza la función *ST_SetSRID (geom, nuevoSrid)*, es decir, para asignarle el CRS correcto una vez ya creada la geometría.

Problema 20. Crear las reglas apropiadas para que, al actualizar, borrar o insertar un nuevo punto en la vista *ej1.eventosmeteo* se actualice la tabla *ej1.meteo*. Utilizar un SIG de escritorio para comprobar que el proceso de inserción, actualización y borrado se produce correctamente.

Nota: Utilizar las funciones *ST_X (geom)* y *ST_Y (geom)* para obtener las coordenadas de la geometría insertada o actualizada.

Vistas como control dinámico de la calidad cartográfica

Como una primera aproximación para realizar un control de calidad de las capas cartográficas se puede utilizar las vistas espaciales para detectar errores cartográficos.

A partir de la capa de polígonos *ej1.suelos*, crea una vista llamada *mustnotoverlap* que muestre los polígonos que se superponen a otros colindantes. Al ser una vista espacial mostrará el estado actual de estos solapes al estar 'sincronizada' con la capa original.

```
s1=# create or replace view ej1.mustnotoverlap as
        select s1.gid as gid1, s2.gid as gid2,
             s1.geom::geometry(MULTIPOLYGON,25830) as geom
        from psuelos s1, psuelos s2
        where (st_overlaps (s1.geom, s2.geom)
            or st_covers (s1.geom, s2.geom)
            or st_covers (s2.geom, s1.geom)) and s1.gid <> s2.gid;
```

Comprobar los solapes con un SIG de escritorio (QGIS):

- Cargar la capa *psuelos* y la vista *mustnotoverlap* (aparecerán varios polígonos mostrando los solapes):
  Es muy importante al cargar la vista *mustnotoverlap* en QGIS que elijas como identificador único de cada fila los dos campos: *gid1* y *gid2*, ya que ambos campos por separado no son únicos.

Efectivamente, el campo *gid1* o el *gid2* de la vista *mustnotoverlap* se pueden repetir, ya que un mismo polígono puede solapar a varios polígonos.

Esquema	Tabla	Comentario	Columna	Tipo de datos	Tipo espacial	SRID	ID del objeto	Seleccionar en el ID	Check PK unicity
▼ ej1									
ej1	munitextosmal		geom	Geometría	Point	25830		✓	
ej1	mustnotoverlap		geom	Geometría	MultiPolygon	25830	gid1, gid2	✓	✓
ej1	palcanta		geom	Geometría	MultiLineSt...	25830		✓	
ej1	prios		geom	Geometría	MultiLineSt...	25830		✓	
ej1	psuelos		geom	Geometría	MultiPolygon	25830		✓	

Figura 33 Carga de una capa en QGIS eligiendo el ID compuesto de dos campos

- Abrir la sesión de edición y mover un polígono de la capa *psuelos*.
- Refrescar la pantalla y observar como la vista *mustnotoverlap* ha cambiado su aspecto mostrando los nuevos polígonos solapados.

QGIS: Hasta hace poco QGIS no soportaba en el ID del objeto especificar dos campos al mismo tiempo (gid1, gid2 en la imagen superior), y daba problemas cuando detectaba los *gids* repetidos. Este problema puede aparecer en otros SIG de escritorio (gvSIG, Open JUMP), ya que quizás no permitan elegir dos campos como clave primaria al cargar una capa.

En tales casos, la solución pasa por crear una vista con un identificador que sí sea único. Dos formas diferentes de conseguirlo serían:

a) Una posible solución consiste en combinar los *gid* de las dos tablas *s1* y *s2* para que formen un identificador único.

   Ejemplo (consideramos que el *gid* de la tabla *s1* nunca es superior a 10000):

```
create view replace view ej1.mustnotoverlap
      as select s1.gid*10000+s2.gid as gid, ...
```

b) Una solución más elegante que genera valores correlativos no repetidos de forma automática en la vista se basa en los llamados agregados (*row_number() over()*) de funciones ventanas que se verán en el apartado F 5, pág. 330:

```
create or replace view ej1.mustnotoverlap
      as row_number() over() as gid, ...
```

Aunque las vistas ofrecen interesantes características en el análisis espacial hay que tener presente que una vista ejecuta el *Select* de su definición cada vez que se consulta.
En las vistas espaciales esto se traduce en que cada vez que realizamos un *zoom* o un *pan* en nuestro SIG de escritorio sobre dicha vista, ésta se re-calcula de nuevo. Como el lector puede intuir el punto débil de las vistas recae en la limitación del volumen de información por razones de rendimiento. La solución es clara, en lugar de utilizar vistas cuando el volumen de datos es elevado, debemos utilizar tablas con disparadores para implementar el comportamiento buscado o como alternativa estudiar las vistas materializadas.

C *Análisis espacial*

Tras conocer ya una parte importante de la funcionalidad de PostGIS, este capítulo incide en el análisis espacial de una forma práctica. A su finalización, el lector debe ser capaz de llevar a cabo cualquier operación de análisis espacial utilizada de forma frecuente en los SIG de escritorio.

Se empieza describiendo los operadores espaciales en PostGIS, sus características y sobre todo la problemática al obtener tipos de geometrías heterogéneas en el uso de estos. Tras explicar una solución que pasa por crear una nueva función SQL en PostGIS, se empieza a describir y ejecutar las distintas operaciones espaciales entre capas cartográficas. Operaciones típicas como superposición de polígonos, disolución de barreras interiores, recorte de capas, etc. son tremendamente complicadas para un usuario novel en PostGIS / SQL que viene del mundo de los SIG de escritorio. De una forma práctica y paso a paso se van desgranando y construyendo cada una de las operaciones de análisis espacial.

Tras el proceso de aprendizaje, el lector apreciará la potencia de PostGIS y se dará cuenta que, aunque no de forma tan sencilla como los SIG de escritorio, la libertad para configurar, diseñar, personalizar y aplicar las diferentes operaciones de análisis espacial es mucho más elevada que con éstos últimos.

Si el lector ha utilizado, en sus proyectos de análisis espacial, software de tipo *ArcGIS*, *ArcInfo WorkStation*, *gvSIG*, *FME*, etc. le será familiar muchas de las operaciones espaciales vistas en este capítulo como *Buffer*, *Intersect*, *Overlay*, *Identity*, *Update*, *Near table*, *Spatial Join*, *Dissolve*, etc.

Tras el bloque de operaciones de análisis espacial, se introduce un apartado sobre transformación y edición de coordenadas y otro sobre conversiones entre diferentes tipos de capas (capas lineales a poligonales o puntuales, poligonales a lineales, etc.).

Para finalizar, el apartado de referencia lineal (LRS) aprovecha la potencia de PostGIS que lo capacita para la llamada segmentación dinámica, muy útil en temas de gestión de redes lineales como vías de comunicación.

1. Introducción

En este capítulo del libro se va a realizar un recorrido por las principales operaciones de análisis espacial vectorial utilizadas en un SIG mediante PostGIS. Se verán operaciones de superposición de capas como intersecciones, uniones espaciales, operaciones de borrado entre capas, análisis de proximidad, cálculo de áreas de influencia, recorte entre capas, disolución de barreras interiores, referencia lineal, etc. Se construirá las sentencias SQL necesarias para formular dichas operaciones de análisis y se describirán los problemas que encontraremos y cómo resolverlos. Aunque el lenguaje SQL espacial que ofrece PostGIS otorga una libertad enorme comparada con el análisis espacial que ofrecen los SIG de escritorios más potentes, este capítulo trata de imitar estas operaciones de análisis espacial tradicionales con PostGIS. Tras este aprendizaje el lector será ya capaz de ir más lejos y anidar, mezclar y componer diversas operaciones espaciales y problemas personalizados de una forma más eficiente que el sistema tradicional.

Utilización de tablas en los ejemplos

En este capítulo se va a realizar múltiples ejemplos donde se crearán capas para almacenar los resultados. El procedimiento de creación de tablas se ha comentado en detalle en el apartado B 7.1, pág. 115 (procedimiento riguroso). Para ahorrar código no utilizaremos el método *Addgeometrycolumn* para crear las columnas de geometría, sino que lo haremos directamente en la definición de la columna en la tabla.

También hay que recordar la importancia de que tanto las capas utilizadas, los datos de entrada o las nuevas capas que se vayan generando durante el análisis espacial dispongan de los índices espaciales creados.

Es importante comentar que los operadores espaciales estudiados en este capítulo están implementados por **GEOS** y de momento **no soportan análisis espacial 3D**. Algunos operadores sí mantienen o interpolan la Z (aunque el cálculo siempre se realiza en 2D).

En el apartado F 7.2, pág. 342, veremos la **extensión SFCGAL** de PostGIS que **sí** dispone de las variantes 3D como *CG_3DUnion, CG_3DIntersection* y *CG_3DDifference* que realizan los cálculos en 3D.

2.   Operadores espaciales

Los operadores espaciales son los encargados de realizar operaciones geométricas entre las geometrías que toman como argumentos. Todos los operadores estudiados en este capítulo están definidos en las normas SFA o SQL/MM y PostGIS soporta todos ellos. Estos operadores consideran únicamente las coordenadas X e Y en sus cálculos e ignoran para sus cálculos la coordenada Z o M. En la última versión del estándar SQL/MM se han extendido para trabajar con la coordenada Z, p. ej.: *ST_3DIntersection* o *ST_3DUnion*. PostGIS, mediante la extensión SFCGAL es capaz ya de soportar alguno de ellos (F 7, pág. 340).

Operador	Descripción
ST_Buffer *(geom, distance)*	Conjunto de todos los puntos situados a una determinada distancia de la geometría.
ST_ConvexHull *(geom)*	El polígono convexo más pequeño que contiene todos los puntos de la geometría.
ST_Intersection *(geomA, geomB)*	La intersección de dos geometrías A y B es el conjunto de todos los puntos que pertenecen a ambas geometrías (A y B).
ST_Union *(geomA, geomB)*	La unión de dos geometrías A y B es el conjunto de todos los puntos que pertenecen a alguna de las geometrías (A o B).
ST_Difference *(geomA, geomB)*	La diferencia entre dos geometrías A y B es el conjunto de los puntos que pertenecen a A pero no a B.
ST_SymDifference *(geomA, geomB)*	La diferencia simétrica entre dos geometrías A y B es el conjunto de los puntos que pertenecen a A o a B, pero no a ambas geometrías.

Tabla 15 Descripción de los principales operadores espaciales

La siguiente tabla muestra una definición más rigurosa de los operadores espaciales. Para más información consultar las especificaciones SFA o SQL/MM.

Método	Significado
ST_Buffer (a, d)	`d > 0 : {x ∈ R`^{2}`	dist x,a) ≤ d}` `d < 0 : {x ∈ R`$^2$`	x ∈ a ∧ dist (x, boundary(a)) > d}`
ST_Intersection (a, b)	`{x ∈ R`^{2}`	x ∈ a ∧ x ∈ b }`
ST_Union (a, b)	`{x ∈ R`^{2}`	x ∈ a v x ∈ b }`
ST_Difference (a, b)	`cerrado ({x ∈ R`^{2}` | x ∈ a v x !∈ b })`
ST_SymDiffrerence (a, b)	`cerrado` `({x ∈ R`^{2}`	(x ∈ a ∧ x !∈ b) v (x !∈ a ∧ x ∈ b) })`

Tabla 16 Definición de los operadores espaciales

Un ejemplo visual de los diferentes operadores espaciales aparece en la siguiente figura. Estos operadores espaciales están definidos para cualquier tipo de geometría ya se trate de entidades de dimensión 0, 1 o 2. En PostGIS estos operadores funcionan con todas las geometrías básicas, incluso con el tipo *GeometryCollection*.

La mayoría de las geometrías curvas o las nuevas geometrías superficiales de PostGIS no están soportadas.

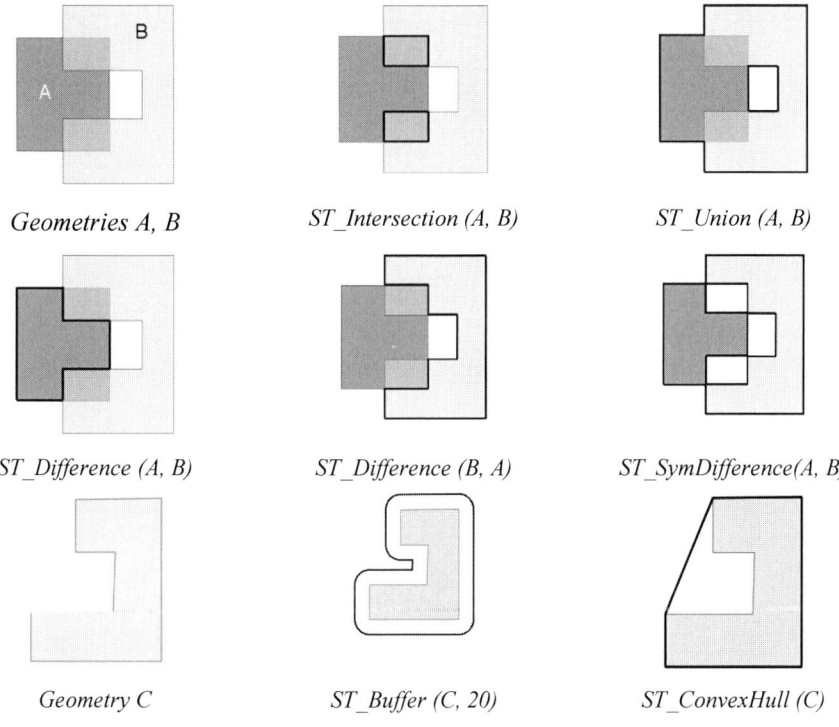

Geometries A, B	*ST_Intersection (A, B)*	*ST_Union (A, B)*
ST_Difference (A, B)	*ST_Difference (B, A)*	*ST_SymDifference(A, B)*
Geometry C	*ST_Buffer (C, 20)*	*ST_ConvexHull (C)*

Figura 34 Operadores espaciales

Con los operadores espaciales descritos se puede realizar la amplia mayoría de operaciones de análisis espacial como operaciones de superposición de capas, disolución de barreras interiores, análisis de proximidad, etc.

Ahora bien, la construcción de las sentencias SQL junto con estos operadores para obtener las típicas operaciones de análisis espacial de las cuales disponen los SIG de escritorio (superposición de capas, operaciones de diferencia, disoluciones, etc.) en la mayoría de los casos no es trivial y requiere de un proceso de aprendizaje en el cual nos ayudaremos de nuevas funciones PostGIS.

El primer paso, en este proceso de aprendizaje, consiste en analizar el tipo de geometrías que pueden devolver estos operadores.

2.1. Ejemplos gráficos

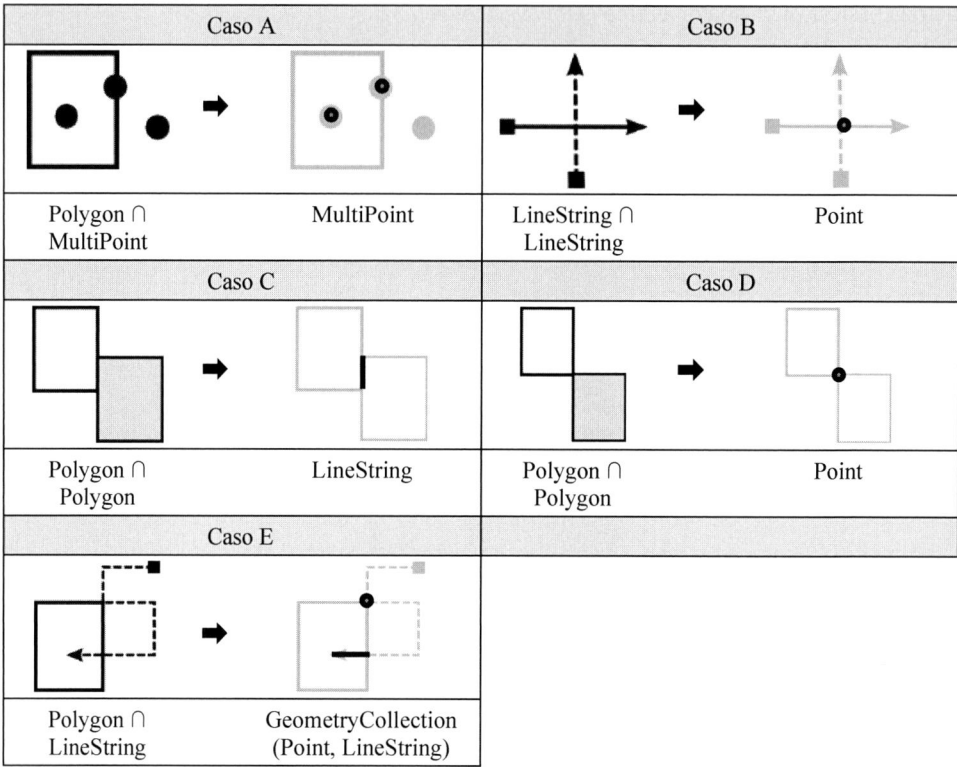

Caso A		Caso B	
Polygon ∩ MultiPoint	MultiPoint	LineString ∩ LineString	Point
Caso C		Caso D	
Polygon ∩ Polygon	LineString	Polygon ∩ Polygon	Point
Caso E			
Polygon ∩ LineString	GeometryCollection (Point, LineString)		

Figura 35 Ejemplos del operador *ST_Intersection*

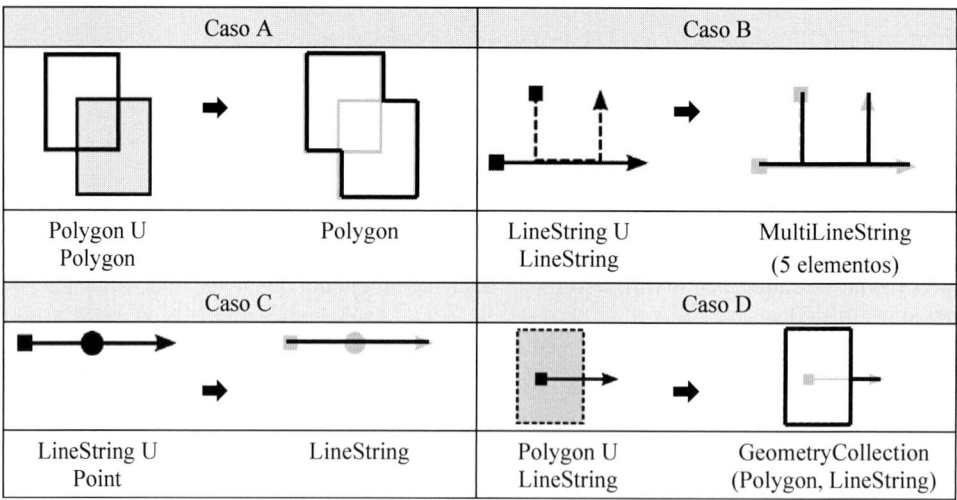

Caso A		Caso B	
Polygon U Polygon	Polygon	LineString U LineString	MultiLineString (5 elementos)
Caso C		Caso D	
LineString U Point	LineString	Polygon U LineString	GeometryCollection (Polygon, LineString)

Figura 36 Ejemplos del operador *ST_Union*

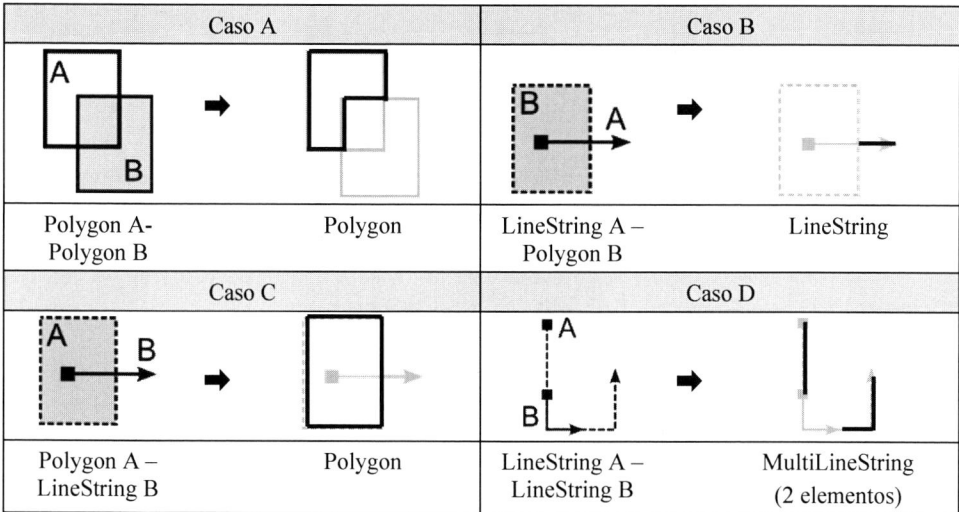

Caso A		Caso B	
Polygon A- Polygon B	Polygon	LineString A – Polygon B	LineString
Caso C		Caso D	
Polygon A – LineString B	Polygon	LineString A – LineString B	MultiLineString (2 elementos)

Figura 37 Ejemplos del operador *ST_Difference*

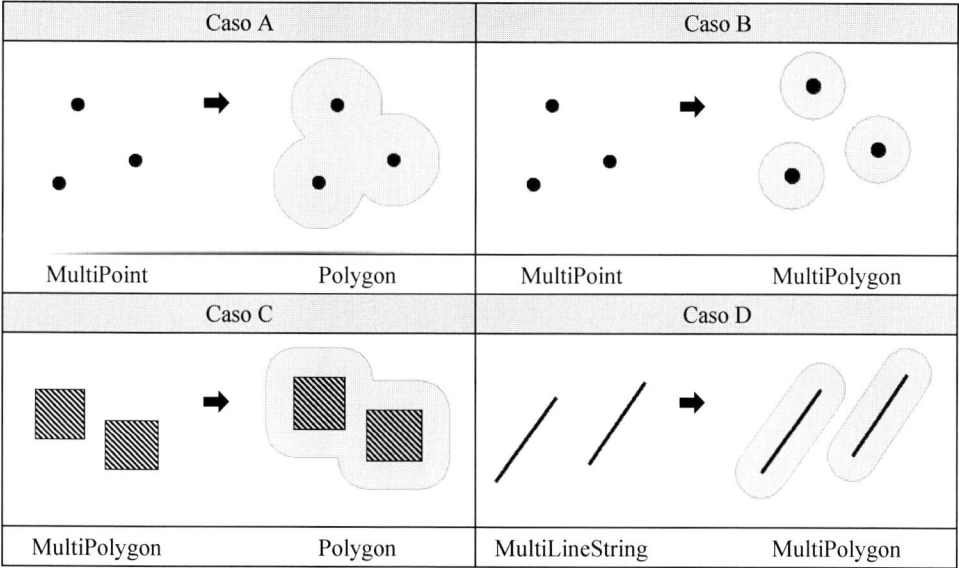

Caso A		Caso B	
MultiPoint	Polygon	MultiPoint	MultiPolygon
Caso C		Caso D	
MultiPolygon	Polygon	MultiLineString	MultiPolygon

Figura 38 Ejemplos del operador *ST_Buffer*

Algunos operadores espaciales como *ST_Union* y *ST_Difference* en PostGIS añaden nuevos vértices a las geometrías resultantes:

- El operador *ST_Union*, en algunos casos como el caso D de la Figura 36, añade vértices donde las geometrías unidas intersecan. En este caso, el polígono tendrá un nuevo vértice en el contorno donde interseca con la línea.
- En el operador *ST_Diffence (A, B)* = $A - B$, la geometría B debe ser de dimensión igual o mayor que A. Si no es así como ocurre en el caso C (Figura 37) la geometría A permanecerá igual salvo por la adición de nuevos vértices según las intersecciones con la geometría B.

Este comportamiento no provoca ningún problema, al contrario, al añadir vértices donde las geometrías intersecan éstas se comportan mejor con los predicados espaciales (véase el apartado D 3, pág. 220 sobre tolerancias).

2.2. Tipos de geometrías devueltas

Antes de empezar a utilizar estos operadores espaciales el usuario debe ser consciente que el tipo de geometría de salida de un operador espacial no tiene por qué coincidir con el tipo de las geometrías pasadas en los argumentos, es más, según la posición espacial relativa de las geometrías el tipo de geometría de retorno puede cambiar.

Para demostrarlo de forma práctica utilizaremos una vez más el software *JTS Builder*. En este ejemplo se va a utilizar únicamente el operador espacial *Intersection (A, B)*. Este operador devuelve la intersección entre las geometrías A y B. Para simplificar el caso vamos a utilizar dos geometrías *Polygon* como geometrías A y B. Como se puede apreciar en la Figura 39 y la Figura 40, la intersección de dos polígonos puede producir un *Multipolygon* o incluso una *Geometrycollection*.

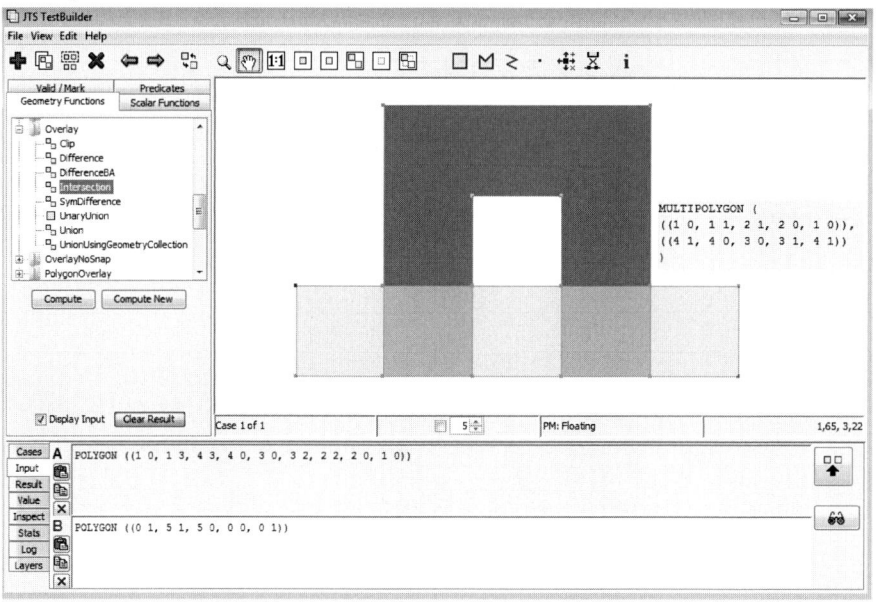

Figura 39 Geometrías devueltas por un operador espacial. Ejemplo 1

Al utilizar cualquier operador espacial se deberá tener en cuenta las siguientes características:

- Los operadores espaciales estudiados (Tabla 15, pág. 128) devuelven una única geometría.
- Si la geometría de retorno está formada por varias geometrías de un mismo tipo (*Point, Linestring o Polygon*), la geometría devuelta será de tipo *Multi*, es decir, *Multipoint, Multilinestring o Multipolygon*.
- Si la geometría de retorno está formada por varias geometrías de distinto tipo, será de tipo *Geometrycollection*.

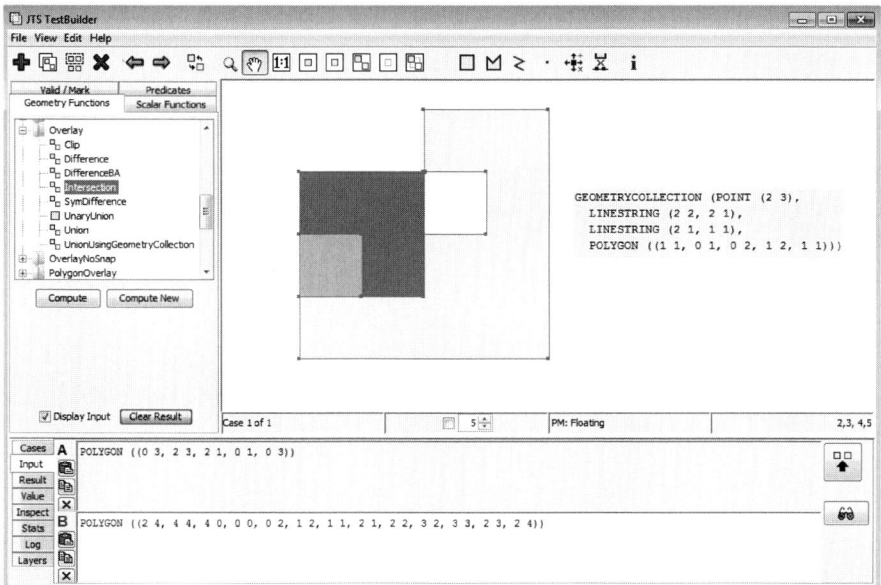

Figura 40 Geometrías devueltas por un operador espacial. Ejemplo 2

En la norma SQL/MM aparecen los distintos tipos de geometrías que potencialmente pueden devolver cada uno de estos operadores espaciales.

2.3. Homogeneización de las geometrías devueltas

El problema planteado es el siguiente:

Si no se conoce a priori el tipo de geometría que devuelve un operador espacial, ¿Cómo se puede saber el tipo de geometría de la tabla espacial donde se almacenan los resultados?

Se podría utilizar el tipo genérico *Geometry*, como argumento, en el comando *Addgeometrycolumns* al crear la tabla espacial, o utilizar el tipo genérico *Geometry* al definir la columna de geometría como *geom (geometry, srid)*, p. ej.: *create table test (gid serial, geom (geometry, 4326))*. De esta manera PostGIS no establecerá las restricciones de tipo de geometría permitiendo almacenar en cada fila de una tabla un tipo de geometría diferente. Esta solución no es aconsejable debido a:

- Los programas de SIG de escritorio no están diseñados para trabajar con capas mixtas donde se pueden encontrar con cualquier tipo de geometría.
- Las geometrías de tipo *Geometrycollection* tienen amplias limitaciones, ya que no están soportadas por la mayoría de los operadores y predicados espaciales.

Uno de los procedimientos aconsejables es el siguiente:

- Filtrar mediante la utilización de predicados espaciales apropiados las geometrías que se van a utilizar en los operadores espaciales. Es decir, si se quiere realizar una intersección entre dos tablas de polígonos se debe establecer en la cláusula *Where* que únicamente se desean aquellas parejas de polígonos cuyos interiores presentan algún solape. Por ejemplo, no se utilizará el predicado espacial *ST_Intersects* porque este predicado espacial devolverá verdadero también en el caso que dos polígonos intersequen en sus contornos y este caso no es deseable, por lo tanto, sería más adecuado utilizar *ST_Relate ('T********')*.

- Crear la tabla espacial de salida de tipo *Multi*, es decir, de tipo *MultiLineString, Multi-Polygon* o *MultiPoint*. Una geometría de tipo *LineString* puede ser transformada fácilmente en una geometría de tipo *MultiLineString* (de un solo elemento) pero por el contrario no se puede transformar una geometría de tipo *MultiLineString* formada por dos elementos en una única geometría de tipo *LineString*. El operador de PostGIS *ST_Multi* permite convertir geometrías sencillas a geometrías de tipo *Multi* fácilmente. Si éstas ya eran de tipo *Multi* devuelve la geometría original.

Utiliza el operador *ST_Multi* para convertir una entidad *Point* a *MultiPoint*.

```
s1=# select st_astext(st_multi(geom)) as sencilla2multi,
            st_astext(st_multi(st_multi(geom))) multi2multi
     from (
       select st_multi (st_geomfromtext('POINT (1 2)')) as geom
     ) as tabla;
 sencilla2multi  |   multi2multi
-----------------+-----------------
 MULTIPOINT(1 2) | MULTIPOINT(1 2)
```

- Aun así, es común encontrarse con geometrías de tipo *Geometrycollection* que contienen algún elemento que nos puede interesar. Por ejemplo, en una intersección de dos tablas de polígonos si el operador *ST_Intersection* devuelve una *Geometrycollection* se deberá iterar dentro de sus subelementos y extraer las geometrías de tipo superficial que contenga. Para ello, se utilizará el operador espacial *ST_CollectionExtract*. Este operador itera dentro de una *GeometryCollection* y extrae las geometrías especificadas en el segundo argumento (1 - extrae geometrías puntuales, 2 - lineales y 3 - superficiales).

Utiliza el comando *ST_CollectionExtract* para extraer las geometrías puntuales, lineales y superficiales componentes de una *GeometryCollection*.

```
s1=# select st_astext(st_collectionextract(geom,1)) as puntos,
            st_astext(st_collectionextract(geom,2)) as lineas,
            st_astext(st_collectionextract(geom,3)) as poligonos
     from ( select 1, 'POINT (1 2)' union
            select 2, 'LINESTRING (3 5, 6 7)' union
            select 3, 'GEOMETRYCOLLECTION (LINESTRING (1 2, 4 6),
                  POLYGON ((0 0, 1 0, 0 1, 0 0)))') as tabla (caso,geom)
     order by caso;

      puntos      |           lineas          |            poligonos
------------------+---------------------------+------------------------------
 POINT(1 2)       | LINESTRING EMPTY          | POLYGON EMPTY
 POINT EMPTY      | LINESTRING(3 5,6 7)       | POLYGON EMPTY
 MULTIPOINT EMPTY | MULTILINESTRING((1 2,4 6))| MULTIPOLYGON(
                                                    ((0 0,1 0,0 1,0 0)))
```

La orden *ST_CollectionExtract* aún puede devolver tipos *Empty*, como *MutiPoint Empty* o *Polygon Empty*, y además solo convierte a *Multi* los elementos de una *Geometrycollection*.

Por lo tanto, y hasta que el equipo de PostGIS cambie el comportamiento de dicha función, en esta publicación vamos a crear una pequeña función en *PL/PgSQL* que modifica ligeramente el comportamiento de *ST_CollectionExtract* y que permitirá realizar las operaciones espaciales con más facilidad:

- En lugar de *Geometry Empty*, si la geometría está vacía devolverá un nulo. Hay que recordar que la columna de geometría permite almacenar nulos.

- Siempre devuelve entidades de tipo *Multi*.
- Como segundo argumento, se especifica la dimensión de las geometrías de salida (0 puntos, 1 líneas, 2 superficies).

Dicha función, que llamaremos *STX_Extract*, viene definida en lenguaje PL/*PgSQL* en el código de abajo. Código que se deberá ejecutar en la base de datos espacial. Es aconsejable ejecutar dicho código en nuestra plantilla de PostGIS, ya que de esta manera se incorporará a todas las bases de datos espaciales que se creen a partir de dicha plantilla en el futuro.

```
CREATE OR REPLACE FUNCTION STX_EXTRACT (geometry, integer)
RETURNS geometry AS $$
    DECLARE
        geom alias for $1;
        dimension alias for $2;
        out Geometry;
        tipo Varchar;
    BEGIN
        tipo:= geometrytype(geom);
        if (tipo = 'LINESTRING') THEN
          if (dimension <> 1) THEN RETURN null;
                              ELSE RETURN st_multi(geom);
          END IF;
        ELSIF (tipo = 'POINT') THEN
          if (dimension <> 0) THEN RETURN null;
                              ELSE RETURN st_multi(geom);
          END IF;
        ELSIF (tipo = 'POLYGON') THEN
          if (dimension <> 2) THEN RETURN null;
                              ELSE RETURN st_multi(geom);
          END IF;
        END IF;

        out:= ST_collectionextract (geom, dimension + 1);
        IF (ST_IsEmpty (out)) THEN
          RETURN null;
        END IF;

        RETURN ST_Multi(out);
    END;
$$ LANGUAGE 'plpgsql' STRICT IMMUTABLE;
```

A partir de ahora utilizaremos la función *STX_Extract* en nuestros análisis espaciales.

Repite el ejercicio anterior, pero utiliza *STX_Extract* en lugar de *ST_CollectionExtract*. Compara los resultados obtenidos.

```
s1=# select st_astext(stx_extract(geom,0)) as puntos,
             st_astext(stx_extract(geom,1)) as lineas,
             st_astext(stx_extract(geom,2)) as poligonos
   from (select 1, 'POINT (1 2)' union
         select 2, 'LINESTRING (3 5, 6 7)' union
         select 3, 'GEOMETRYCOLLECTION (LINESTRING (1 2, 4 6),
           POINT (6 7),POLYGON ((0 0, 1 0, 0 1, 0 0)))'
         ) as tabla (caso, geom) order by caso;

    puntos      |           lineas           |       poligonos
----------------+----------------------------+----------------------
 MULTIPOINT(1 2) |                            |
                | MULTILINESTRING((3 5,6 7)) |
 MULTIPOINT(6 7) | MULTILINESTRING((1 2,4 6)) | MULTIPOLYGON(((0 0,1 0,0
                                                1,0 0)))
```

Utilización de *STX_Extract*

Obtener los tipos de geometrías que *ST_Intersection* devuelve al combinar las tablas *suelos* y *ttmm*.

```
s1=# select geometrytype(geom) as tipo, count(*) from
   ( select st_intersection(s.geom,t.geom) as geom from ttmm t, suelos s
     where st_intersects(s.geom,t.geom) ) as tabla group by tipo;

        tipo        | count
--------------------+-------
 GEOMETRYCOLLECTION |   118
 LINESTRING         |     3
 MULTIPOLYGON       |  1103
 POINT              |    10
 POLYGON            |  4870
```

Extracción de los polígonos mediante el operador *STX_Extract*:

```
s1=# select geometrytype(geom) as type, count(*) from
   ( select stx_extract(st_intersection(s.geom,t.geom),2) as geom
     from ttmm t, suelos s where st_intersects(s.geom,t.geom)
   ) as foo group by type;
     type       | count
--------------+-------
              |    14
 MULTIPOLYGON |  6090
```

Los 6090 *Multipolygon* los forman los 4870 *Polygon,* más los 1103 *Multipolygon,* más 117 casos de *Geometrycollection* que contienen algún elemento superficial.

Por otra parte, hay 14 geometrías nulas que son los 10 *Point,* más los 3 *Linestring,* más 1 caso de *Geometrycollection* que no contiene ningún elemento superficial.

3.   Operaciones de superposición (*Overlay*)

En este apartado se describe como realizar operaciones de superposición (*overlay*) entre tablas espaciales. En muchos de los casos se utiliza la función espacial *STX_Extract* del apartado anterior.

3.1.   Intersección (*Intersect*)

	Capas de entrada	Capa de resultado (A ∩ B)
Esquema **Capa A** **Capa B**		
Dimensiones requeridas	Capas de dimensión 0, 1 o 2. Las dos capas pueden tener diferente o igual dimensión.	Dimensión igual o menor que la dimensión mas pequeña de las dos capas de entrada.
Es conmutativa	Si, el orden no importa.	
Atributos		Los atributos serán una combinación de los atributos de las dos capas de entrada.

Tabla 17 Superposición de capas: Intersect

Realiza una intersección entre la capa *ttmm* y la capa *suelos*. Almacena el resultado en una nueva capa que deberá heredar el atributo *ine* de la capa *ttmm* y el atributo *tema* de la capa *suelos*. Se pide únicamente las geometrías superficiales de dicha intersección.

Como únicamente se están buscando solapes entre polígonos, aunque el predicado *ST_Intersects* se puede utilizar, éste dejaría pasar aquellos casos en los que los polígonos intersecan únicamente en sus contornos. Entre las capas *ttmm* y *suelos* estos casos son únicamente 14 pero con otras capas podrían ser muchos más, ocupando tiempo de proceso y escribiendo valores nulos (tras utilizar el operador *STX_Extract*) en nuestra tabla de salida. Por este motivo, vamos a afinar más los predicados espaciales utilizados en la cláusula *Where* para desechar estos casos.

```
s1=# create table inter1 (gid serial primary key, ine varchar,
  tema varchar, geom geometry (multipolygon, 23030));
s1=# insert into inter1 (ine, tema, geom)
  select t.ine, s.tema, stx_extract (st_intersection(t.geom, s.geom), 2)
    from ttmm t, suelos s
    where t.geom && s.geom and st_relate (t.geom, s.geom, 'T********');
s1=# select count(*) from inter1;

count
-------
  6090
```

Como sabemos el operador *ST_Relate* no lleva embebido el operador *&&* (comparador de cajas), por eso debemos de utilizar el operador *&&* de forma explícita para aprovechar el uso de los índices espaciales. Otra forma alternativa consiste en utilizar la siguiente cláusula *"where st_overlaps(t.geom, s.geom) or st_covers (t.geom, s.geom) or st_covers (s.geom, t.geom)"* pero la sentencia emplearía un poco más de tiempo.

Entrada: polígonos, salida: líneas

De la misma forma se puede realizar una intersección de dos capas de polígonos y obtener una capa de líneas que contenga los contornos colindantes de los polígonos.

Realiza una intersección de la capa *ttmm* consigo misma. Almacena el resultado en una nueva capa que deberá heredar los *gid* de las dos tablas. Se pide únicamente las geometrías lineales de dicha intersección.

```
s1=# create table inter2 (gid serial primary key, gid1 integer,
   gid2 integer, geom geometry (multilinestring, 23030));
s1=# insert into inter2 (gid1, gid2, geom)
   select t1.gid, t2.gid,stx_extract (st_intersection(t1.geom,t2.geom), 1)
   from ttmm t1, ttmm t2
   where t1.geom && t2.geom and
        st_relate (t1.geom, t2.geom, '****1****') and t1.gid < t2.gid;
```

Entrada: polígonos y líneas, salida: líneas

Realiza una intersección entre la capa *suelos* y la capa *rios*. La capa de salida *inter3* contendrá los ríos fragmentados por los polígonos de la capa *suelos*, estos ríos incorporarán el atributo *tema* de la capa de *suelos*.

```
s1=# create table inter3 (gid serial primary key, tema varchar,
   geom geometry (multilinestring, 23030));
s1=# insert into inter3 (tema, geom)
   select s.tema, stx_extract (st_intersection(s.geom, r.geom), 1)
   from suelos s, rios r
   where s.geom && r.geom and st_relate (s.geom, r.geom ,'T********');
```

Otros casos

De la misma forma se puede realizar una intersección entre dos capas de polígonos y puntos, líneas y líneas o líneas y puntos. La capa de salida debe almacenar geometrías de dimensión igual o menor a la mínima dimensión de las dos capas de entrada.

Problema 1. Realiza una intersección entre la capa de líneas *rios* y la capa de líneas *viariache*. La capa *inter4* contendrá los puntos de intersección entre las dos capas y los atributos *gid* del rio y del eje viario correspondiente.

> Si dentro de una misma capa las entidades geométricas presentan algún solape entre ellas, la operación espacial de intersección ofrecerá unos resultados difícilmente entendibles, ya que las zonas de intersección en la capa de resultados se encontrarán repetidas.

3.2. Borrado (*Erase*)

Esta operación de análisis espacial además del operador espacial *ST_Difference* utiliza el operador espacial *ST_Union*, con lo cual se aconseja al lector que antes lea el apartado C 7.1, pág. 170 donde se explica en detalle este último operador.

	Capas de entrada	Capa de resultado (A – B)
Esquema ■ **Capa A** - - **Capa B o** **capa** **de** **borrado**		
Dimensiones requeridas	Capa A de dimensión 0, 1 o 2. La Capa B de borrado debe tener dimensión igual o superior a la capa A.	Dimensión de la capa A.
Es conmutativa	No, una de las capas actua como capa de borrado (Capa B en este ejemplo).	
Atributos		Los atributos de la capa A.

Tabla 18 Superposición de capas: *Erase*

Esta operación espacial no se puede realizar simplemente aplicando el operador *ST_Difference* sobre las parejas de geometrías devueltas por la concatenación de las tablas, como se realiza por ejemplo con la operación espacial de intersección de capas estudiada en el apartado anterior. Es un error común para un usuario novel el realizar una diferencia de esta forma combinando de dos en dos las geometrías de ambas capas, es fácil comprobar que en el caso de este ejemplo el resultado estaría formado por cuatro polígonos erróneos.

La forma más sencilla de hacer un *erase* sería unir (*ST_Union*) todos los polígonos de la capa B en un único multipolígono y restar éste de cada uno de los polígonos de la capa A. Aunque el resultado sería correcto el procedimiento es extremadamente ineficaz:

- El unir todos los polígonos o geometrías de una tabla en una sola geometría utilizando el operador *ST_Union* además de ser un proceso lento, puede llegar a ser inviable cuando la tabla B dispone de algunos miles de geometrías.
- Si el proceso anterior termina correctamente se obtendrá un macro multipolígono con decenas de miles de vértices que ralentizará enormemente la posterior utilización del operador *ST_Difference* o cualquier otra operación de análisis espacial con dicha capa.

La solución consiste en restar a cada uno de los polígonos de la capa A la unión de únicamente aquellos polígonos de la capa B que intersecan con cada uno de los polígonos de la capa A.

Resta las zonas de núcleos urbanos (capa de polígonos *nucleos*) de la capa *suelos: suelos – nucleos*. Conserva en la capa de resultados *erase1* todos los atributos de *suelos*.

Por fines docentes, se va a resolver primero en dos pasos: 1) primero calculando solo los polígonos de A que presentan solapes con los polígonos de B, y a continuación 2) añadiendo los polígonos de A que no presentan solapes con ningún polígono de B.

Polígonos A que son borrados parcial o totalmente por polígonos B

```
s1=# create table erase1 (gid serial primary key, tema varchar,
                    grupo varchar, geom geometry (multipolygon, 23030));
s1#= insert into erase1 (tema, grupo, geom)
  select tema, grupo, geom from
   ( select tema, grupo,
         stx_extract(st_difference (
                  s.geom,
                  st_union(n.geom)),2 ) as geom
      from suelos s, nucleos n
      where s.geom && n.geom and
            st_relate (s.geom, n.geom, 'T********') group by s.gid  D. Func.
     ) as tabla where geom is not null;
INSERT 0 754
```

Para cada geometría i (cláusula *group by s.gid*) de la capa *suelos:*

- Funde (*ST_Union*) en una sola entidad superficial (geometría j) todos los núcleos que intersecan al polígono i.
- Resta el polígono j al polígono i utilizando el operador *ST_Diference.*

El filtrado final de "*geom is not null*" elimina aquellos casos en los que un polígono de *suelos* está completamente cubierto por los polígonos de *núcleos.*

Se sobreentiende que la versión PostgreSQL utilizada es 9.1 o superior. A partir de esta versión se incluye la llamada **dependencia funcional** que permite (cuando el campo de la agrupación tiene una restricción de unicidad, como así es con *s.gid*) especificar campos diferentes al de la agrupación (*s.gid)* en el *select* (como *tema, grupo* y *geom*).
Si se tiene curiosidad de cómo se resolvía este problema cuando no había dependencia funcional se puede consultar el apartado F 4, pág. 328 donde se resuelve este mismo ejemplo con una versión de PostgreSQL inferior a la 9.1.

Polígonos A que no presentan solape con B y se conservan íntegros

Para finalizar la operación de borrado de la capa será necesario insertar las geometrías de *suelos* que están aisladas, es decir, aquellas que no intersecan con ningún polígono de la capa *nucleos.* Mediante una concatenación externa agregaremos estos polígonos.

```
s1#= insert into erase1 (tema, grupo, geom)
select tema, grupo, geom from
(
  select s.tema as tema, s.grupo as grupo, n.gid as rightgid,
       st_multi(s.geom) as geom
     from suelos s left join nucleos n
     on s.geom && n.geom and
        st_relate (s.geom, n.geom, 'T********')
) as tabla where rightgid is null;
INSERT 0 3101
```

Borrado en un solo paso

Las dos sentencias 1) y 2) anteriores se pueden resumir en una única sentencia SQL:

```
s1=# create table erase1b (gid serial primary key, tema varchar,
                    grupo varchar, geom geometry (multipolygon, 23030));

s1=# insert into erase1b (tema, grupo, geom)
    select tema, grupo, geom from
      ( select tema, grupo, count(n.gid) as numright,
            case when count(n.gid) = 0 then s.geom else
                stx_extract(st_difference (
                        s.geom,
                        st_union(n.geom)),2 )
            end as geom
        from suelos s left join nucleos n
        on s.geom && n.geom and                      D. Func.
            st_relate (s.geom, n.geom, 'T********') group by s.gid
      ) as tabla where (numright > 0 and geom is not null) or numright = 0;
INSERT 0 3855
```

Es importante comentar que no es necesario realizar una disolución (*ST_Union*, apartado C 7.1, pág. 170) de la capa utilizada de borrado (capa B) antes de realizar la operación espacial *erase*. Es posible pues, utilizar una tabla espacial proveniente de un área de influencia (*buffer*, apartado C 5.1, pág. 147) sin realizar una disolución de la misma como se muestra en el siguiente ejemplo (problema 2).

Problema 2. Obtiene una capa *erasettmm* con la diferencia entre la capa de términos municipales *ttmm* y el área de influencia de 1000 metros de los ríos (capa *riosbuf*) obtenida en el apartado C 5.1, pág. 149.

3.3. Superposición (*Overlay*)

	Capas de entrada	Capa de resultado A U B
Esquema Capa A - - Capa B		
Dimensiones requeridas	Capas de dimensión 0, 1 o 2. Las dos capas deben tener igual dimensión.	Dimensión igual que las capas de entrada.
Es conmutativa	Si, el orden no importa.	
Atributos		Los atributos serán una combinación de los atributos de las dos capas de entrada.

Tabla 19 Superposición de capas: *Overlay*

Una operación espacial de superposición de capas o también llamada *unión* en algunos SIG (aunque este término puede ser confundido con el agregado espacial *ST_Union* utilizado para fundir o disolver geometrías) es como una intersección de capas, pero además conserva las geometrías de la capa A que no intersecan con la capa B y viceversa.

Gráficamente se corresponde con una diferencia (A − B) más una intersección (A ∩ B) más una diferencia (B − A).

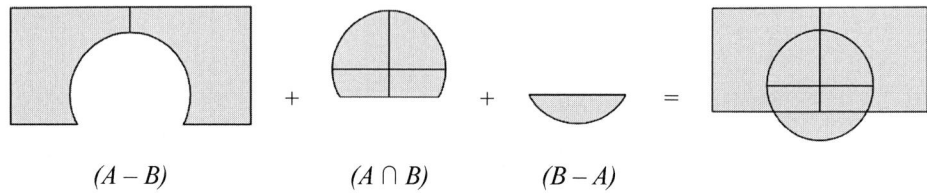

$(A - B)$ $(A \cap B)$ $(B - A)$

Figura 41 Superposición de capas *(A − B) + (A ∩ B) + (B −A)*

Según las operaciones de borrado e intersección vistas en los apartados anteriores, se puede realizar una superposición de dos capas basándose en las operaciones anteriores.

Realiza una superposición de la capa *nucleos* y de la capa *suelos*. Conserva en la capa de resultados *superpos1* los atributos de las dos capas según corresponda.

```
s1=# create table superpos1 (gid serial primary key, ine varchar, tema
    varchar, grupo varchar, geom geometry (multipolygon, 23030));
--Diferencia (suelos - nucleos)
s1=# insert into superpos1 (tema, grupo, geom)
  select tema, grupo, geom from
    ( select tema, grupo, count(n.gid) as numright,
        case when count(n.gid) = 0 then s.geom else
          stx_extract(st_difference (
                      s.geom, st_union(n.geom)),2 ) end as geom
      from suelos s left join nucleos n
      on s.geom && n.geom and
        st_relate (s.geom, n.geom, 'T********') group by s.gid
    ) as tabla where (numright > 0 and geom is not null) or numright = 0;
INSERT 0 3855

--Intersección
s1#= insert into superpos1 (ine, tema, grupo, geom)
  select n.ine, s.tema, s.grupo,
    stx_extract (st_intersection(n.geom, s.geom), 2)
  from nucleos n, suelos s
  where n.geom && s.geom and st_relate (n.geom, s.geom, 'T********');
INSERT 0 1496

--Diferencia (nucleos - suelos)
s1=# insert into superpos1 (ine, geom)
  select ine, geom from
    ( select ine, count(s.gid) as numright,
        case when count(s.gid) = 0 then n.geom else
          stx_extract(st_difference (
                      n.geom, st_union(s.geom)),2 ) end as geom
      from nucleos n left join suelos s
      on s.geom && n.geom and
        st_relate (s.geom, n.geom, 'T********') group by n.gid
    ) as tabla where (numright > 0 and geom is not null) or numright = 0;
INSERT 0 43
```

3.4. Identidad (*Identity*)

	Capas de entrada	Capa de resultado
Esquema █ Capa A - - Capa B		
Dimensiones requeridas	La capa A de dimensión 0, 1 o 2. La capa B de dimensión 2 igual dimensión que la capa A.	Dimensión igual que la capa A.
Es conmutativa	No, la capa B es la capa de identidad.	
Atributos		Los atributos serán una combinación de los atributos de las dos capas de entrada.

Tabla 20 Superposición de capas: *Identity*

Gráficamente se puede observar que se corresponde con una diferencia (A − B) más una intersección.

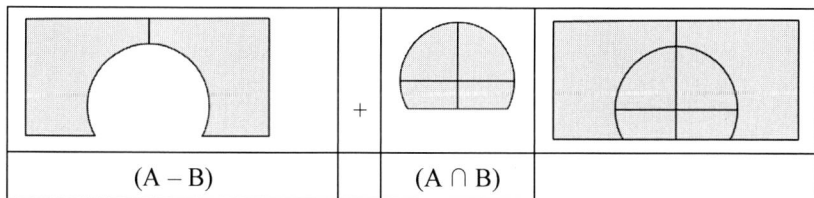

(A − B)		(A ∩ B)	

Figura 42 *Identity = (A − B) + (A ∩ B)*

3.5. Actualización (*Update*)

	Capas de entrada	Capa de resultado
Esquema ■ Capa A - - Capa B		
Dimensiones requeridas	Las capas A y B deben ser de dimensión 2.	Dimensión igual que la capa A.
Es conmutativa	No, la capa B es la capa de actualización.	
Atributos		Solo posee los atributos de la capa A. La finalidad es cargar en los atributos de la capa A los atributos de la capa B según una correspondencia.

Tabla 21 Superposición de capas: *Update*

Gráficamente se puede observar que se corresponde con una diferencia (A − B) más la adición de la capa B.

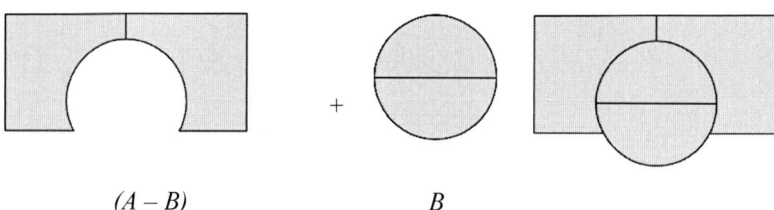

$(A - B)$ $\qquad\qquad$ B

Figura 43 *Update = (A − B) + B*

4. Operaciones de extracción

4.1. Recorte (*Clip*)

	Capas de entrada	Capa de resultado
Esquema Capa A Capa B		
Dimensiones requeridas	La capa A de dimensión 0, 1 o 2. La capa B de dimensión 2.	Dimensión igual que la capa A.
Es conmutativa	No, la capa B es la capa de recorte.	
Atributos		Solo posee los atributos de la capa A.

Tabla 22 Extracción de capas: *Clip*

Crea una capa nueva *viaria* a partir de realizar un recorte de la capa *viariache* con la capa *ttmm*.

Resolvemos el ejercicio de dos formas diferentes, la primera, mucho más eficaz computacionalmente al evitar realizar un *ST_Union*. La segunda, utiliza un *ST_Union*, para conseguir los mismos resultados, es quizás el método más lógico para los usuarios de SIG de escritorio convencionales, pero tiene un alto conste computacional.

- Forma A: sin realizar una disolución de adyacencias, es decir, sin *ST_Union*.

Como se puede observar en el gráfico superior, como zona de recorte se utiliza únicamente el contorno de la capa *ttmm* con lo cual será necesario realizar una disolución (*ST_Union*) de las geometrías de la capa *ttmm* antes de intersecarlas con la capa *viariache*.

```
s1=# create table viaria (gid serial primary key, tipo integer, geom
    geometry (multilinestring, 23030));
```

Recorte de la capa. Tiempo de ejecución: 1 s.

```
s1=# insert into viaria (tipo, geom)
    select tipo,
      stx_extract (
        st_intersection (v.geom, st_union(t.geom)),1
      ) as geom
    from viariache v, ttmm t
    where v.geom && t.geom and st_relate (v.geom, t.geom, 'T********')
    group by v.gid; D. Func.
```

Además, vamos a crear un índice espacial en la nueva capa para su uso posterior.

```
s1=# create index viaria_geom_gist on viaria using gist (geom);
```

- Forma B: utilizando *ST_Union*

Una solución alternativa, mucho más costosa computacionalmente, y que el lector puede estar tentado de realizar, consiste en realizar primero una disolución de la capa *ttmm* completa, con lo que dicha capa constará de una única geometría que se podrá intersecar directamente con las geometrías de la capa *viariache*:

Disolución de la capa *ttmm* y salida a la capa *ttmmdis*, tiempo ejecución (0.2 s):

```
s1=# create table ttmmdis (gid serial primary key,geom geometry
   (multipolygon, 23030));

s1=# insert into ttmmdis (geom) select st_multi(st_union(t.geom))
   from ttmm t;
s1=# create index ttmmdis_geom_gist on ttmmdis using gist(geom);
```

Recorte de la capa *viariache* utilizando la capa *ttmmdis*. Tiempo de ejecución de 4 s.

```
s1=#create table viaria1 (gid serial primary key, tipo integer, geom
   geometry (multilinestring, 23030));
s1=# insert into viaria1 (tipo, geom) select v.tipo,
   stx_extract (st_intersection (v.geom, t.geom),1) as geom
   from viariache v, ttmmdis t
   where v.geom && t.geom and st_relate (v.geom, t.geom, 'T********');
```

El tiempo de ejecución de la forma 'A', es de 4.2 s, superior a los 1 s que tarda la forma 'B'. Si las capas tuvieran un volumen de geometrías mas elevado las diferencias en tiempos de ejecución de las dos formas serían mucho más grandes.

> Esto nos lleva a afirmar que cuanto más disgregada o fragmentada esté la capa de recorte más rápido se realizará la operación de análisis espacial. La metodología de fragmentar una capa para acelerar algunas operaciones de análisis aparece más detallada en el apartado D 1.2, pág. 203.

> Por otra parte, también podemos afirmar, que un análisis espacial se puede realizar de varias formas diferentes, y es la experiencia y el conocimiento de los algoritmos utilizados lo que puede marcar la diferencia en cuanto a los tiempos de ejecución empleados. Esto lo volveremos a ver en el apartado D 1, pág. 201.

4.2. Selección (*Select*)

La operación de selección de entidades espaciales se ha revisado en esta publicación en varias ocasiones (apartado B 7, pág. 115). Generalmente el proceso a seguir ha sido el siguiente:

- Creación capa espacial.
- Construcción de la consulta.
- Inserción del resultado (*Insert Into*) de dicha consulta.

5. Proximidad

5.1. Área de influencia (*Buffer*)

	Capa de entrada	Capa de resultado
Tres geometrías de tipo *Point*		
Ocho geometrías de tipo *LineString*		
Dos geometrías de tipo *Polygon*		
Dimensiones requeridas	Una única capa de entrada de dimensión 0, 1 o 2.	Dimensión 2.
Atributos		Los atributos se corresponden con los atributos de la capa de entrada.
Notas	Es común el realizar una disolución de polígonos (*ST_Union*) después de una operación de tipo *buffer*, aunque su necesidad depende del análisis espacial.	

Tabla 23 Proximidad: *Buffer*

El operador *ST_Buffer* acepta en su primer argumento la geometría y en el segundo argumento la distancia. Este operador acepta un tercer argumento opcional para especificar:

- El número de segmentos lineales utilizado para fragmentar los segmentos circulares (por defecto es 8).
- La terminación del *buffer* en los puntos iniciales y finales de los tramos lineales, mediante el parámetro *endcap*: '*encap=round*' (defecto), '*endcap=flat*' o '*endcap=square*'.
- La terminación del *buffer* en los puntos medios mediante el parámetro *join*. '*join=round*' (defecto).

Se puede encontrar ejemplos de la salida gráfica que provoca el cambiar el parámetro *endcap* o *join* del comando *ST_Buffer* en la ayuda *online* de PostGIS.

Un parámetro importante en un área de influencia es el número de segmentos lineales por cuadrante (sección de 90° de círculo) que se utiliza en la creación de los extremos redondeados del *buffer*.

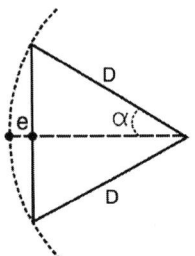

e: Error radial (distancia entre la cuerda y la circunferencia).

D: La distancia utilizada para el *buffer*.

α: Semiángulo (rad) de un cuadrante = $\pi / (4 * N)$.

N: El número de segmentos cuadrantes según la orden *ST_Buffer* para fragmentar el arco curvo.

Figura 44 Error radial

Al fragmentar los tramos curvos mediante segmentos lineales se está menospreciando la superficie del área de influencia. En efecto, se produce un error 'e' entre la cuerda del sector y la circunferencia.

El error radial (e) vendrá dado por la expresión:

Error en la cuerda (e) = D $(1 - \cos (\alpha))$

También se puede calcular el número de segmentos por cuadrante en función del error 'e' deseado mediante: N = π / arccos $(1 - (e / D))$.

La estimación del error en el cálculo de área en un cuadrante completo de 90° sería: error en área = $D^2 * (\alpha - \cos(\alpha) * \sin (\alpha)) * N$.

> Como hemos visto *ST_Buffer* solo utiliza los tipos *Polygon* y *Multipolygon* para la creación de estas áreas de influencia. Hay que mencionar que PostGIS dispone de tipos de geometrías curvos como *ST_CurvePolygon* (ver Figura 75, pág. 349) que en principio podrían utilizarse para definir correctamente las áreas de influencia, pero, como ya se ha comentado, los tipos curvos están soportados por muy pocas funciones PostGIS todavía.

Calcula el número de segmentos, el número de puntos y el error cometido al realizar un área de influencia de una línea sencilla.

```
s1=# select numsegs, st_npoints(geom), st_area(geom)::numeric (10,2),
(pi()*100*100+1000*200 - st_area(geom))::numeric(10,2) as error
from ( select st_buffer(geom, 100, numsegs), numsegs
        from ( select 8 union
               select 32 union
               select 128
             ) as tabla1(numsegs),
             ( select st_geomfromtext ('LINESTRING (0 0, 1000 0)')
             ) as tabla (geom)
      ) as tabla2 (geom) order by numsegs;
 numsegs | st_npoints |  st_area  | error
---------+------------+-----------+--------
       8 |         35 | 231214.45 | 201.48
      32 |        131 | 231403.31 |  12.61
     128 |        515 | 231415.14 |   0.79
```

Crea una nueva capa *riosbuf* con el área de influencia de la capa *rios* utilizando una distancia de 1000 metros. Se pide conservar el campo *gid* del tramo de río en la capa de salida y utilizar el número de segmentos por cuadrante adecuado para cometer un error radial (e) inferior en el peor de los casos a 20 metros.

La precisión de la cartografía de ejemplo es de 10 metros ya que se corresponde con una escala 1:50.000.

$N = \pi / \arccos(1 - (e/D)) = \pi / \arccos(1 - (20/1000)) = 15.68 \approx 16$

De esta forma se comete un error en el área por cada sección de 90° de círculo:

$\alpha = \pi / (4 * 16)$

Error de área $= 1000^2 * (\alpha - \cos(\alpha) * \sin(\alpha)) * 16 \approx 1261 \text{ m}^2$

```
s1=# create table riosbuf (gid serial primary key, gidfromrios integer,
    geom geometry (multipolygon, 23030));
s1=# insert into riosbuf (gidfromrios, geom) select gid,
    st_multi(st_buffer(r.geom, 1000, 16)) from rios r;
```

También se podría haber creado el área de influencia en una nueva columna de la tabla original *rios*, por ejemplo:

```
alter table rios add column geombuf geometry(multipolygon, 2);
update rios r set geombuf = st_multi(st_buffer(r.geom, 1000, 16));
```

Problema 3. Crea una nueva capa *viariabuf* con el área de influencia de la capa *viaria*. La distancia del área de influencia debe estar en función del campo *tipo*. Para ello habrá que cargar la tabla alfanumérica *distbuf.sql* que contiene la equivalencia de distancias para cada tipo de carretera.

Utilizar para su resolución un número de segmentos adecuado en cada distancia para asegurar un error radial inferior a 100 metros.

5.2. Selecciones según distancias

Una operación de análisis de proximidad típica es la búsqueda o selección de entidades geométricas que se encuentran dentro de una determinada distancia de otras entidades geométricas.

Esta operación puede y debe sustituir a la operación espacial de cálculo de áreas de proximidad (*ST_Buffer*) cuando sea posible. Por ejemplo, si se quiere buscar una serie de geometrías poligonales de la capa A que se encuentran a menos de una distancia 'd' de otra capa de líneas B, se podría resolver realizando un área de influencia de la capa B y luego realizar una selección de las geometrías de A que intersecan a dicha área de influencia.

Este procedimiento, aunque válido, está empleando una costosa operación de análisis espacial de forma innecesaria. En el siguiente ejemplo se plantea un problema similar y se resuelve sin la utilización del operador *ST_Buffer*.

Se desea obtener los nombres de las estaciones meteorológicas (capa *meteoche*) que se encuentran a menos de 100 metros de los ríos (capa *riosche*). Ambas capas se pueden cargar a partir de los ficheros *meteoche.sql* y *riosche.sql*.

La consulta se puede resolver de forma sencilla utilizando la función *ST_Distance (geomA, geomB)* de PostGIS que calcula la mínima distancia entre dos geometrías ya sean de tipo puntual, lineal o poligonal.

```
select distinct (m.nombre) from meteoche m, riosche r
  where st_distance (r.geom, m.geom) < 100;
```

Esta sentencia devuelve 134 centrales diferentes y tarda unos 15 s en ejecutarse. La sentencia *ST_Distance* se está ejecutando más de 12 millones de veces, aunque las capas poseen indexación espacial, no se está utilizando el operador comparador de caja *&&* (véase el apartado B 6, pág. 104 sobre indexación espacial). En efecto, no se pueden comparar las cajas de las geometrías implicadas ya que se están buscando cajas separadas hasta 100 metros. Para solucionar este problema se puede expandir la caja de una de las geometrías 100 metros, utilizando la función *ST_Expand* y de esta forma PostgreSQL utilizará la indexación espacial:

Lista el nombre de las estaciones meteorológicas que están a menos de 100 metros de los ríos. Utiliza el comando *ST_Expand* para expandir las cajas 100 metros y así poder utilizar el comparador de cajas *&&* correctamente.

```
s1=# select distinct (m.nombre)
        from meteoche m, riosche r
        where st_expand (m.geom, 100) && r.geom
        and
        st_distance (r.geom, m.geom) < 100;
```

Dicha sentencia tarda 0.02 s en ejecutarse, unas 700 veces más rápido.

 Problema 4. Lista el nombre de las centrales meteorológicas (capa *meteoche*) que se encuentran a **más** de 100 metros de los ríos (capa *riosche*).

ST_DWithin

EL comando *ST_DWithin* de PostGIS combina los conceptos explicados con *ST_Expand* y *ST_Distance*

Reformula la sentencia SQL del apartado anterior, pero utilizando *ST_DWithin* en lugar de *ST_Distance* y *ST_Expand*.

```
s1=# select distinct (m.nombre)
        from meteoche m, riosche r
        where st_dwithin (m.geom, r.geom, 100);
```

Esta sentencia tarda en ejecutarse 0.02 s, ya que la función *ST_DWithin* utiliza el método *ST_Expand* internamente y el comparador de cajas *&&* luego el resultado y el consumo de recursos es el mismo.

Efectivamente, la función *ST_DWithin* se podría definir como:

```
CREATE OR REPLACE FUNCTION ST_DWithin(geom1 geometry, geom2 geometry, float8)
    RETURNS boolean
    AS 'SELECT $1 OPERATOR(&&) ST_Expand($2,$3) AND
             $2 OPERATOR(&&) ST_Expand($1,$3) AND ST_Distance ($1, $2) < $3'
    LANGUAGE 'sql' IMMUTABLE PARALLEL SAFE;
```

Como se puede ver *ST_DWithin* es una función que combina *ST_Expand* y *ST_Distance* como se ha realizado en los ejemplos previos. Nótese que *ST_DWithin* expande con *ST_Expand* ambas cajas situadas a la izquierda y derecha del operador *&&* en sendas expresiones lógicas separadas por un *And*. En efecto si revisamos el ejemplo anterior:

```
select distinct (m.nombre) from meteoche m, riosche r
  where st_expand (m.geom, 100) && r.geom
          and st_distance (r.geom, m.geom)<100;
```

Como sabemos el planificador utiliza un índice espacial cuando al menos una de las columnas de geometría implicadas en la expresión *caja1 && caja2* dispone de un índice espacial creado. Si da la casualidad que solo *meteoche* dispone de un índice espacial y *riosche* no dispone de él entonces PostgreSQL no podrá utilizar el índice de *meteoche* porque la expresión de comparación de cajas no utiliza la columna *geom* de *meteoche* directamente sino una función de la misma (*ST_Expand*).

5.3. Tabla de proximidad (*Near table*)

Las tablas de proximidad determinan para cada geometría de la capa A cuáles son las geometrías más cercanas (o solo la más cercana) de la capa B.

Generalmente en este tipo de búsquedas se utiliza una distancia como radio de búsqueda para acotar el número de operaciones necesarias en el cálculo. Al utilizar un radio de búsqueda se podrá utilizar la función *ST_Expand* como aparece en el apartado anterior y de esta forma aprovechar de forma sencilla el uso de la indexación espacial.

Si lo que se busca es únicamente la geometría más cercana dentro del radio de búsqueda, entonces se puede agregar un campo a la capa A que contenga el identificador de la geometría de la capa B más cercana.

En cambio, si se buscan las n geometrías más cercanas dentro del radio de búsqueda, entonces es necesario crear una tabla auxiliar donde se almacenen todas las equivalencias.

En este primer ejemplo vamos a crear una tabla donde almacenar los identificadores de todas las geometrías de la capa B que están dentro del radio de búsqueda de las geometrías de la capa A.

```
s1=# select m.gid as gida, r.gid as gidb,
          st_distance (r.geom, m.geom) as distance
    from meteoche m, riosche r
    where st_expand (m.geom, 100) && r.geom and
          st_distance (r.geom, m.geom) < 100 order by m.gid, distance;
 gida | gidb |      distance
------+------+------------------
  425 |  124 | 69.5751897236146
  427 |   61 | 80.2396764691353
  428 |   61 | 80.2396764691353
...
 1314 | 1974 | 75.8266317141967
 1314 | 2155 | 95.3279575306687
 1314 | 1973 |  96.537353005918
...
```

Se aprecia en el resultado que efectivamente hay geometrías de la capa *meteoche* (*gid = 1314*) que tienen varias geometrías de la capa *riosche* a menos de 100 metros.

5.4.   Vecinos más próximos a una única geometría

El caso más sencillo consiste en obtener la geometría más próxima o las n geometrías más próximas (de una tabla) a una solo una única geometría (constante).

Obtiene los dos tramos de ríos más cercanos a la estación meteorológica que tiene el identificador 1314.

```
s1=# select m.gid as gida, r.gid as gidb,
            st_distance(m.geom,r.geom) as distance
    from meteoche m, riosche r
    where st_dwithin (r.geom, m.geom, 100) and m.gid = 1314
    order by distance desc limit 2;
 gida | gidb |      distance
------+------+------------------
 1314 | 1973 |  96.537353005918
 1314 | 2155 |  95.3279575306687
```

Mediante la cláusula LIMIT se puede establecer el número de entidades más cercanas que se desea, siendo 1 para obtener solo la más cercana. La sentencia es una simple concatenación interna, y como se puede ver no tiene ningún tipo de agrupación (*group by*).

Esta sentencia es la típica que utiliza un SIG de escritorio o una aplicación web sobre PostGIS para encontrar la geometría más cercana a un punto seleccionado por el usuario (p. ej.: haciendo clic con el ratón sobre el mapa).

```
s1=# select r.gid as gidb,
            st_distance(m.geom,r.geom) as distance
   from riosche r,
     (select 'SRID=23030;POINT (846138 4713671.7)'::geometry as geom) as m
   where st_dwithin (r.geom, m.geom, 100) order by distance desc limit 2;
 gidb |      distance
------+------------------
 1973 | 96.4865213916986
 2155 | 95.2788473215592
```

o más simple todavía, introduciendo las coordenadas directamente en las funciones *st_dwithin* y *st_distance*:

```
s1=# select r.gid as gida,
     st_distance('SRID=23030;POINT (846138 4713671.7)',r.geom) as distance
     from riosche  r
     where st_dwithin (r.geom, 'SRID=23030;POINT (846138 4713671.7)', 100)
     order by distance desc limit 2;
```

El problema empieza a complicarse cuando en lugar de una geometría única o constante se desea obtener las geometrías más cercanas a cada una de las geometrías de una segunda tabla como se verá en el siguiente apartado.

En los siguientes apartados se amplía la búsqueda del vecino o los vecinos más próximos a **cada una de las geometrías** de una segunda capa.

Para ello, se van a utilizar diferentes técnicas de consultas SQL, como subconsultas (*subselects*) anidadas (*nested*), subconsultas correladas (*correlated*), funciones ventana o concatenaciones laterales. Aprovecharemos este ejercicio para estudiar otro tipo de consultas.

5.5. Vecinos más próximos a una capa (subconsulta anidada)

Una subconsulta anidada o no correlada funciona de forma que la consulta interna (*subselect*) se ejecuta una vez primero, y luego con sus resultados se ejecuta la consulta externa. Estas subconsultas se introdujeron en el apartado B 4.4, pág. 80 y es el tipo que se aplica la mayoría de las ocasiones como el reciente ejemplo de apartado C 3.2, pág. 139.

Primero vamos a obtener únicamente la geometría más cercana. La primera aproximación a la resolución consiste en obtener la distancia mínima (más cercana) a las geometrías vecinas (utilizando en este caso un radio de búsqueda de 100 metros y un agregado *min*).

```
s1#= select m.gid as gida,
             min(st_distance (r.geom, m.geom)) as distance
      from meteoche m, riosche r
      where st_dwithin (r.geom, m.geom, 100)
      group by m.gid order by m.gid;
gida |     distance
------+------------------
  425 | 69.5751897236146
...
 1314 | 75.8266317141967
...
```

Aunque en este ejercicio se ha obtenido la distancia, no se puede por ejemplo obtener el *gid* de la capa *riosche* que identifica al tramo de río más cercano a una estación meteorológica, ya que el agregado *min* devuelve la mínima distancia, pero en la agrupación se pierden los demás campos de *riosche*.

Este es un problema común que vamos a tratar de resolver de dos formas distintas:

- La primera forma, menos eficaz y muy poco ortodoxa, utilizando un **subselect anidado**

- La segunda forma utilizando una función **agregada de mínima distancia**.

La primera forma es la menos eficaz (y más "sucia") de las tres y PostgreSQL puede emplear más tiempo en su ejecución, la segunda es más elaborada utilizando un agregado personalizado.

En cualquier caso, ambas no son ni mucho menos la forma más adecuada de resolver el problema planteado, pero se estudian aquí porque es adecuado para el proceso de aprendizaje del lector. Además, veremos cómo crear un agregado personalizado en *plpgsql*.
Además, el hándicap de buscar la solución mediante gran problema de las subconsultas no correladas es la dificultad de poder encontrar no solo el vecino más próximo, sino los 'n' vecinos más próximos.

Mediante *subselects* anidados

El primer procedimiento consiste en obtener una tabla virtual (*subselect*) con el *gid* de la estación meteorológica y la distancia al tramo de río más cercano. Después se realiza una concatenación interna de dicha tabla con la tabla de ríos para identificar esa distancia mínima a qué tramo de río corresponde.

Es necesario utilizar una agrupación para luego en el *select* poder utilizar un agregado como min para poder seleccionar la mínima distancia.

Obtiene el tramo de río (con su *gid*) más cercano (dentro de un radio de búsqueda de 100 metros) a cada estación meteorológica.

```
s1=# select tabla.gida as gida, r1.gid as gidb, tabla.distance
     from riosche r1,
```
```
         ( select m.gid as gida, m.geom as geoma,
                  min(st_distance (r.geom, m.geom)) as distance
           from meteoche m, riosche r
           where st_dwithin (r.geom, m.geom, 100) group by m.gid, m.geom
         ) as tabla
```
```
     where st_dwithin (r1.geom, tabla.geoma, 100)
         and st_distance (r1.geom, tabla.geoma) <= tabla.distance;
 gida | gidb |      distance
------+------+------------------
  425 |  124 | 69.5751897236146
...
 1314 | 1974 | 75.8266317141967
```

La subconsulta (*subselect*) interna (recuadro) se ejecuta una única vez primero, y a continuación con sus resultados se ejecuta la consulta externa.

Mediante *subselect* y agregado de mínima distancia con identificador

Quizás la forma más sencilla o fácil de entender para un usuario recién iniciado en SQL consiste en la resolución mediante la previa creación de un agregado personalizado. Tras crear este agregado (*min_pair_function*) se podrá utilizar en cualquier sentencia SQL en la base de datos.

```
BEGIN;
CREATE OR REPLACE FUNCTION min_pair_function (
    DOUBLE PRECISION ARRAY[2],
    DOUBLE PRECISION ARRAY[2]) RETURNS DOUBLE PRECISION ARRAY[2] AS
$$
    DECLARE
      valorclave1 alias for $1;
      valorclave2 alias for $2;
      valorclaveret DOUBLE PRECISION ARRAY[2];

    BEGIN
      IF (valorclave2[2] < valorclave1[2]) THEN
        valorclaveret[2] := valorclave2[2];
        valorclaveret[1] := valorclave2[1];
      ELSE
        valorclaveret[2] := valorclave1[2];
        valorclaveret[1] := valorclave1[1];
      END IF;

      RETURN  valorclaveret;
    END;
$$ LANGUAGE 'plpgsql' STRICT IMMUTABLE;

DROP AGGREGATE IF EXISTS min_pair (DOUBLE PRECISION ARRAY[2]);
CREATE AGGREGATE  min_pair (
    sfunc = min_pair_function,
    basetype = DOUBLE PRECISION ARRAY[2],
    stype = DOUBLE PRECISION ARRAY[2],
    INITCOND = '{-1.0,1E308}');
END;
```

Este agregado toma como argumento un *array* de dos valores que representan la distancia y el *gid* asociado. Devuelve el valor mínimo de la distancia igual que el agregado *min* pero además devuelve el *gid* que corresponde a ese valor mínimo:

```
s1=# select gida, min_pair[1] as gidb, min_pair[2] as distance
   from (
      select m.gid as gida,
      min_pair(ARRAY [r.gid, st_distance (r.geom, m.geom)] )  as min_pair
      from meteoche m, riosche r
      where st_dwithin (r.geom, m.geom, 100) group by m.gid
) as tabla order by gida;
```

La tabla del resultado es exactamente igual a la obtenida en el ejemplo del *subselect,* pero con una sintaxis SQL y un de plan de ejecución más sencillo y una ejecución más rápida.

5.6.   Vecinos más próximos a una capa (subconsultas correladas)

Con una subconsulta anidada normal, el SELECT interno (subconsulta o consulta interna) se ejecuta primero y una sola vez, los valores devueltos son usados por la consulta principal (externa). Sin embargo, en una **subconsulta correlada** el SELECT interno se ejecuta **una vez por cada fila candidata** proveniente de la consulta externa:

- Subconsulta correlada dentro del filtro (WHERE) de la consulta externa:

```
SELECT columna1,columna2,..
FROM tabla1 as externa
WHERE columna1 operador( SELECT columna1 from tabla2 WHERE
   columna2=externa.column4 )
```

Donde `operador` puede ser por ejemplo un operador aritmético '= ', '>', '<', o una cláusula IN entre otros.

- Subconsulta correlada introducida como una expresión más de la cláusula SELECT de la consulta externa:

```
SELECT columna1, columna2,
    ( SELECT columna1 from tabla2 WHERE  columna2=externa.column4 )
FROM tabla1 as externa
```

Una forma de diferenciar una subconsulta anidada de una correlada es que en una subconsulta correlada aparecerán referencias a uno o varios campos de la tabla de la consulta externa (*columna2=**externa.columna4***), mientras que en una subconsulta anidada solo pueden aparecer los campos de la propia de tabla de la subconsulta sin referenciar a campos de la consulta externa.

Al no aparecer en la cláusula FROM, la subconsulta correlada no necesita un alias.

Este ejercicio se va a resolver en varios pasos incluyendo diferentes mejoras para su adecuado entendimiento.

Se empieza buscando únicamente el tramo río (*limit* 1) más cercano a cada estación sin incluir la distancia sino únicamente el identificador de la estación.

```
1   s1#= select m.gid as gida,
2        ( select r.gid as gidb
3            from riosche r
4              where st_dwithin (r.geom, m.geom, 100)
5            order by st_distance (r.geom, m.geom) limit 1
6        )
7        from meteoche m order by gida;
gida |      gidb
------+----------------
 ...
425 |    124
 ...
1311 |
1312 |
1313 | 1185
1314 | 1974
 ...
```

Los resultados coinciden con los calculados en el apartado anterior con *subselect* anidados, pero hay una diferencia y es que también se muestran todos los *gid* de aquellas estaciones que no tienen ningún río más cercano de 100 metros (como las estaciones con *gid* 1311 y 1312). Esto es normal por el propio funcionamiento de las subconsultas correladas que se ejecutan para cada una de las estaciones. Si se desea se puede filtrar anidando un *subselect* con un filtro *...where gidb is not null.*

La siguiente mejora es obtener además del *gid* de río su distancia, pero una **subconsulta correlada solo puede devolver una única columna**.

La solución consiste en almacenar dos columnas en una única columna. Esto se puede realizar de varias formas: utilizando *arrays* (apartado F 1, pág. 321) o tipos compuestos (véase el apartado F 2, pág. 324) de PostgreSQL que permiten almacenar varios valores en una misma columna (un mismo tipo de datos). En este ejercicio se utilizan *arrays*. Solo es necesario cambiar la línea 2 del ejemplo anterior a:

```
( select ARRAY[r.gid,st_distance(r.geom,m.geom)] as gidb_distance
gida |       gidb_distance
------+------------------------
 ...
425 | {124,69.5751897236146}
 ...
1311 |
1312 |
1313 | {1185,40.7363687391234}
1314 | {1974,75.8266317141967}
 ...
```

Mediante un *subselect* normal se pueden eliminar aquellas estaciones que no tienen ningún tramo de río cerca y también acceder a las componentes del *array*.

```
s1#= select gida, gidb_distance[1] as gidb, gidb_distance[2] as distance
     from (
         select m.gid as gida,
           ( select ARRAY[r.gid,st_distance(r.geom,m.geom)] as gidb_distance
             from riosche r
               where st_dwithin (r.geom, m.geom, 100)
               order by st_distance (r.geom, m.geom) limit 1
           )
         from meteoche m
     ) as tabla where gidb_distance is not null order by gida;
gida | gidb |    distance
-----+------+------------------
425  | 124  | 69.5751897236146
...
1313 | 1185 | 40.7363687391234
1314 | 1974 | 75.8266317141967
...
```

El obtener **los n tramos más cercanos** a cada estación dentro de un radio determinado y no solo el más cercano con subconsultas correladas complica un poco más la resolución. Además, se puede resolver de forma más sencilla con las llamadas **concatenaciones laterales** de PostgreSQL que se verán en el siguiente apartado.

Se aconseja al lector que pase directamente al siguiente apartado de consultas laterales y que siga con este si tiene curiosidad de cómo resolver el problema con las subconsultas correladas utilizando un agregado de *arrays* (*array_agg*).

Obtener los n vecinos más próximos

En este caso la consulta se complica más. Como se sabe una subconsulta correladas solo pueden devolver un único valor (lo que obligó a utilizar *arrays o* tipos compuestos en la consulta del apartado anterior), pero además hay un problema adicional:

> Una subconsulta correlada actuando en la cláusula SELECT (como es el caso de los ejemplos) **solo pueden devolver una única fila.**

Por lo tanto, para poder obtener la información de más de un tramo cercano se va a utilizar el agregado *array_agg* que crea un *array* a partir de un conjunto de filas. El campo final *gidb_distance* será ahora un *array* de dos dimensiones en este ejemplo.

Crea una vista con el resultado de la consulta, ya que se utilizará en el ejercicio siguiente y además se aprovecha para filtrar las estaciones que no tienen ningún tramo cercano.

```
s1#= create or replace view tramoscercanos as
     select m.gid as gida,
       ( select array_agg (
             ARRAY[r.gid,st_distance(r.geom,m.geom)] ) as gidb_distance
         from riosche r
           where st_dwithin (r.geom, m.geom, 100)
         order by st_distance ((array_agg(r.geom))[1], m.geom) limit 5
       )
     from meteoche m  order by gida;
```

```
s1#= select * from tramoscercanos where gidb_distance is not null;

gida |       gidb_distance
-----+--------------------------
425  | {{124,69.5751897236146}}
...
1310 | {{1620,69.4038831605778}}
1313 | {{1185,40.7363687391234}}
1314 | {{1973,96.537353005918},{1974,75.8266317141967},{2155,95.3279575306687}}
...
```

Para acceder a los ítems del *array* se puede acceder (obtiene el tercer tramo más cercano a la estación 1314) así:

```
s1=# select gida,
         gidb_distance[3][1] as gidtramo, gidb_distance[3][2] as distance
     from tramoscercanos where gida = 1314;

gida | gidtramo |      distance
-----+----------+------------------
1314 |   2155   | 95.3279575306687
```

El siguiente paso, aunque ya opcional será descomponer la columna de tipo *array*, aplicando una nueva consulta Para ello, se necesita iterar sobre el contenido de la columna de array de cada fila, ya que la dimensión del array es diferente: p.ej.: para el *gida* 425 solo tiene una dimensión, pero para el *gida* 1314 tiene tres dimensiones.

Para realizar esta iteración se utiliza el método *generate_scripts* de PostgreSQL que es una función de tipo *set returning* (véase el apartado F 1321), es decir, devuelve varias filas, en función del número de dimensiones del *array*.

```
s1=# select gida,
         gidb_distance[n][1] as gidb, gidb_distance[n][2] as distance
     from (
           select *,generate_subscripts (gidb_distance,1) as n
             from tramoscercanos where gida =1314   ) as tabla;
gida | gidb |      distance
-----+------+------------------
1314 | 1973 | 96.537353005918
1314 | 1974 | 75.8266317141967
1314 | 2155 | 95.3279575306687
```

> Como curiosidad comentar que es posible utilizar subconsultas correladas en sentencias *Update* o *Delete* para de una forma sencilla borrar o actualizar registros o campos de una tabla que tiene alguna relación con una segunda tabla (ver ejemplo de *update* con subconsulta correlada de la pág. 163).

5.7. Vecinos más próximos a una capa (consultas laterales)

Las subconsultas laterales son parecidas a las subconsultas correladas, ya que por cada fila de la consulta externa o principal la subconsulta interna se ejecuta una vez, pero además tienen ventajas muy importantes respecto a las subconsultas correladas:

- Se aplican sobre la cláusula FROM, permitiendo en el SELECT externo especificar **más de un campo** de la subconsulta interna (las consultas correladas solo permiten devolver un único campo).

  SELECT *<columnas de la tabla principal o de la subconsulta>*

  FROM *<tabla principal>*, LATERAL *<subconsulta interna>*;

- Pueden devolver **más de una fila** (las consultas correladas sobre la cláusula SE-LECT solo permiten devolver una única fila) para su combinación en la consulta externa, haciendo más simple el problema de buscar los n vecinos próximos.

El ejemplo del apartado anterior se resuelve, para el caso de obtener los 5 tramos más cercanos, de forma más sencilla que con consultas correladas, sin la necesidad de utilizar *arrays*, agregados u otro artificio (para buscar solo el más próximo cambiar a *"limit 1"*).

```
s1#= select m.gid as gida, gidb, distance,indice
     from meteoche m, lateral
        ( select r.gid as gidb, st_distance (r.geom, m.geom) as distance,
                          ROW_NUMBER() over () as indice
           from riosche r
              where st_dwithin (r.geom, m.geom, 100)
              order by st_distance (r.geom, m.geom) limit 5
        ) as tabla
     order by gida;
```
```
gida | gidb  |     distance     | indice
-----+-------+------------------+--------
 425 |  124  | 69.5751897236146 |   1
...
1313 | 1185  | 40.7363687391234 |   1
1314 | 1974  | 75.8266317141967 |   1
1314 | 2155  | 95.3279575306687 |   2
1314 | 1973  | 96.537353005918  |   3
...
```

Además se ha incluido una columna índice que marca el número de orden del vecino más próximo con *ROW_NUMBER() over ()*, aprovechando cierta sintaxis propia de funciones ventana que se verán a continuación.

Nótese como al estar la subconsulta interna en el FROM no se mantienen las estaciones que no tienen ningún tramo de río cercano. Si se quisieran obtener también estas estaciones se puede utilizar otra forma alternativa que permite LEFT JOIN:

SELECT *<columnas de la tabla principal o de la subconsulta>*

FROM *<tabla principal>* [LEFT] JOIN LATERAL *<subconsulta interna>*

ON TRUE;

```
s1#= select m.gid as gida, gidb, distance
     from meteoche m left join lateral
        --repetir recuadro de la consulta anterior
     on true
     order by gida;
```

5.8. Vecinos más próximos a una capa (funciones ventana)

Por último, una forma potente que permite entre otras muchas cosas encontrar los n vecinos más próximos serían las **funciones ventana** (introducidas en PostgreSQL 8.4).

Esta forma es quizás incluso más flexible que las consultas laterales, aunque menos conocida. Se aconseja al lector que primero estudie el apartado F 5, pág. 330).

Resuelve el ejercicio de los n vecinos más próximos utilizando funciones ventana.

```
s1=# select gida, gidb, distance from (
  select m.gid as gida, r.gid as gidb,
         st_distance (m.geom, r.geom) as distance,
         rank() over win1 as posicioncercana
  from meteoche m, riosche r
  where st_dwithin (m.geom, r.geom, 100)
  window
    win1 as (partition by m.gid order by st_distance (r.geom, m.geom) asc)
) as tabla where posicioncercana <= 5 order by gida;
```

La tabla de resultado es exactamente igual al ejemplo utilizando subconsultas laterales.

El SQL del ejemplo de **las funciones ventana** al igual que el ejemplo de subconsultas laterales permiten obtener el vecino más próximo, simplemente cambiando un numero en la sentencia anterior, p. ej.: *posicioncercana = 1*.

Problema 5. A partir de la tabla de proximidad de la pág. 151, agrega los campos *gidb* y *distance* a la tabla *meteoche* y actualiza sus valores según dicha tabla de proximidad.

Resuelve el ejercicio utilizando el agregado personalizado.

Problema 6. Realiza una tabla de proximidad de la tabla *rios* consigo misma para buscan aquellas geometrías que están a menos de 100 metros pero que además estén a más de 0 metros. Ordena el resultado por la distancia a la geometría más cercana en orden ascendente. Esto nos ayudará a encontrar posibles errores cartográficos de tipo *dangle* en los ríos.

Resuelve el ejercicio utilizando el agregado personalizado.

5.9. Vecinos más próximos a una capa (operadores KNN)

Dada una determinada geometría origen, el encontrar las n geometrías más próximas es un problema que ya se ha resuelto en los ejercicios anteriores. En todas ellos se ha utilizado el operador *ST_DWithin* para limitar el radio de búsqueda y de esta forma ser capaz de utilizar la indexación espacial.

Ahora bien, la necesidad de establecer una ventana o radio de búsqueda requiere cierto conocimiento sobre los datos. Además, si la entidad más cercada está a una distancia superior al radio de búsqueda ésta se nos escapará de la consulta, y expandir de forma desmesurada el radio de búsqueda puede causar que la indexación espacial sea ineficiente y los tiempos de ejecución se disparen con un volumen de datos elevado.

En estos casos (la mayoría de las veces con *ST_DWithin* será más que suficiente) pueden ser útil los llamados operadores KNN (*K Nearest Neighbours*). Dichos operadores se introdujeron en PostGIS 2.0 junto con PostgreSQL 9.1.

PostGIS implementa dos nuevos operadores KNN: '*geom1* <#> *geom2*' y '*geom1* <-> *geom2*'. Los operadores KNN utilizan la indexación GiST si se cumple que:

- El operador se utiliza **dentro de la cláusula *order by***.
- **Una de las dos geometrías** utilizadas con el operador (*geom1* o *geom2*) debe ser **constante**.

El operador '<->' será normalmente el que se desee utilizar, ya que a partir de PostGIS 2.2, este operador calcula la distancia 2D entre las dos geometrías (igual que *st_distance*).

Por otra parte, el operador '<#>' solo devuelve la distancia entre las cajas de las geometrías. Si *geom1* y *geom2* son puntos, se asemeja mucho a la distancia entre las dos geometrías salvo que las cajas se definen en simple precisión y las geometrías en doble.

Calcula los 5 vecinos más cercanos de la capa *meteoche* al punto de coordenadas x = 530660, y = 4744550.

```
s1=# select nombre
       from meteoche m
       order by m.geom <#> ST_GeomFromText('POINT(530660 4744550)')
       limit 5;
         nombre
    --------------------
     ARCAUTE
     VITORIA AERODROMO
     ESCALMENDI
     VITORIA INSTITUTO
     ARACA 'AMVISA'
```

Compárese la sintaxis de la solución con la siguiente sentencia que muestra el procedimiento habitual realizado hasta ahora donde es necesario utilizar un radio de búsqueda para agilizar la consulta.

```
s1=# select nombre from meteoche m
       where st_dwithin (m.geom,
          ST_GeomFromText('POINT(530660 4744550)', 23030), 10000)
       order by st_distance (m.geom,
          ST_GeomFromText('POINT(530660 4744550)', 23030))
       limit 5;
```

Para poder aplicar un filtro KNN a todas las geometrías de una tabla es posible utilizar subconsultas correladas o laterales. De esta forma, para cada geometría i de la tabla principal se ejecuta la subconsulta, considerando la geometría i como constante.

Mediante subconsultas correladas: Siguiendo el mismo ejemplo que en los apartados anteriores, la subconsulta correlada quedaría (de la misma forma que el apartado C 5.6, pág. 155, la subconsulta podría incluir los n vecinos utilizando *arrays*):

```
s1=# select m.gid as gida,
       ( select gid as gidb
           from riosche r
           order by m.geom <-> r.geom limit 1
       )
     from meteoche m order by gida;
```

Mediante subconsultas laterales: Con subconsultas laterales se puede obtener los n vecinos más próximos de forma más sencilla (véase el apartado C 5.7, pág. 159). La consulta quedaría:

```
s1=# select m.gid as gida, gidb, distance, indice
       from meteoche m, lateral
         ( select r.gid as gidb, st_distance (r.geom, m.geom) as distance,
                            ROW_NUMBER() over () as indice
             from riosche r
               order by m.geom <-> r.geom limit 5
         ) as tabla
      order by gida;

 gida |  gidb  |      distance      |  indice
------+--------+--------------------+--------
    1 |  5600  |  681.17785049544   |    1
   ...

  ...
  1313 |  1185  |  40.7363687391234  |    1
  1313 |  1056  |  865.354808182413  |    2
  1313 |  1055  |  865.354808182413  |    3
  1313 |  1187  |  1759.8201426875   |    4
  1313 |  1201  |  1759.8201426875   |    5
  1314 |  1974  |  75.8266317141967  |    1
  1314 |  2155  |  95.3279575306687  |    2
  1314 |  1973  |  96.537353005918   |    3
  1314 |  1894  |  2372.0319741887   |    4
  1314 |  1855  |  2372.0319741887   |    5

  ...
```

En este ejemplo se puede comprobar que los vecinos más próximos son los mismos y en el mismo orden que la solución sin KNN. No sería el caso si se utiliza una versión de PostGIS inferior a la 2.2, ya que el operador <-> antes calculaba la distancia entre los centroides y no de la geometría en sí.

Respecto a la búsqueda utilizando un primer filtro de cajas && o &&& (3d) más *st_distance* (*st_dwithin*), la técnica KNN tiene las siguientes ventajas e inconvenientes:

Ventajas:

- Los operadores KNN se ejecutan más rápido.
- No se necesita establecer un radio de búsqueda y por lo tanto siempre se encuentran n vecinos más próximos para cada geometría.

Inconvenientes:

- Una de las geometrías debe ser constante, lo cual obliga a utilizar subconsultas correladas o laterales si se quiere aplicar a geometrías de dos capas.
- Los operadores KNN solo calculan distancia 2D, si se desea utilizar indexación GiST 3D se necesita utilizar el operador &&&.
- Si el tipo es *geography* en lugar de *geometry* las distancias calculadas (operador <->) son sobre la esfera, no sobre el esferoide (ver D 5, pág. 233).

6. Generales

6.1. Concatenación espacial (*Spatial join*)

La concatenación espacial de dos capas A y B da como resultado una capa con el mismo contenido que la capa A más una serie de columnas provenientes de la capa B, considerando que entre las geometrías de la capa A y la capa B existe una determinada relación espacial. Es decir, es exactamente igual a las concatenaciones vistas en el apartado I 2.6, pág. 560 pero la condición establecida en la cláusula *Where* viene dada por cualquier expresión que contenga alguna condición espacial.

Esta operación de análisis espacial también es conocida como '*selección por localización espacial*' en los programas de SIG de escritorio y ya ha sido aplicada anteriormente en el problema 15 del apartado B 5.2, pág. 103 y el problema 17 del apartado B 7.1, pág. 117.

Crea una capa llamada *spatialjoin1* con las geometrías de la capa *rios* más una columna llamada *nombre* que contenga el nombre de la *corriente* (capa *corrientes*, fichero *corrientes.sql*) a la cual interseca (*st_intersects*).

(*) En una primera aproximación se va a suponer el caso más sencillo, es decir, un tramo de río interseca a una única corriente (no puede intersecar a más de una corriente o a ninguna).

Comprobamos el número de tramos de ríos:

```
s1=# select count(*) from rios;
 count
-------
  2009
```

Cardinalidad ríos (1) corrientes (1)

```
s1=# create table spatialjoin1 (gid serial primary key, gidfromrios
     integer, nombre varchar, geom geometry (multilinestring, 23030));
s1=# insert into spatialjoin1 (gidfromrios, nombre, geom)
        select r.gid, c.corriente, r.geom from rios r, corrientes c
          where st_intersects (r.geom, c.geom);
INSERT 0 2242
```

Esta sentencia SQL solo funcionará correctamente si la suposición sobre la cardinalidad (*) es cierta, pero en realidad no lo es, y pueden aparecer dos escenarios que se van a tratar de resolver en el siguiente apartado):

- **Escenario 1**: Un río interseca más de una corriente, por lo cual el tramo de dicho río aparecerá repetido en la tabla *spatialjoin1* tantas veces como veces interseque a corrientes diferentes.

  En efecto, aparecen 2242 tramos insertados, cuando la tabla *rios* solo tiene 2009 tramos, lo cual indica que hay muchos tramos de ríos con más de una corriente.

- **Escenario 2**: Además, hay que plantearse que pasaría si un tramo de río no es intersecado por ninguna corriente. En tal caso, al haber utilizado una concatenación interna en el SQL dicho tramo de río no aparecería en la tabla *spatialjoin1*.

Utilización de Update

En lugar de crear una nueva tabla *spatialjoin1* con el campo de *nombre* de las corrientes nos podríamos plantear actualizar la tabla existente *ríos* añadiendo un nuevo campo.

Con el comando *Update* de SQL puede actualizar el nuevo campo *nombre* en la capa de *rios*.

```
s1=# Alter table rios add nombre varchar;
s1=# Update rios r set nombre = c.corriente from corrientes c
  where st_intersects (r.geom, c.geom);
UPDATE 2007
```

¿Por qué se realizan 2007 actualizaciones cuando la tabla de ríos tiene 2009 tramos? Quiere decir que 2 tramos de rio no han sido actualizados porque no intersecan a ninguna corriente (escenario 2 expuesto anteriormente).

Por otra parte, en los casos considerados en el escenario 1, la sentencia *update* quizás no haga lo que se desea, ya que el valor de la *corriente* asignado al campo *nombre* de ríos se seleccionará aleatoriamente por PostgreSQL dentro de las repeticiones posibles.

Cardinalidad ríos (1) corrientes (0..n)

Hay que razonar la forma de abordar la cardinalidad en la sentencia SQL y cómo se piensa actuar en función de los dos escenarios planteados en el apartado anterior:

Escenario 1:

- Si se desea conservar todas las corrientes, hay varias soluciones para almacenarlas:
  - o **Solución 1A**: Se puede utilizar un agregado para crear una lista con los nombres o los *gid* de las corrientes atravesadas y almacenarlas en un único campo de tipo *array* manteniendo un único tramo de río por fila.
  - o **Solución 1B**: Se puede repetir varias filas con un mismo tramo (geometría) de río y poner las corrientes en un campo (aunque las geometrías de los tramos de río aparecerían repetidas lo cual no tiene sentido).
  - o **Solución 1C**: Se puede crear una tabla auxiliar, donde se almacene simplemente la relación del *gid* de río con el *gid* de corriente. De esta forma habrá varias filas con el mismo *gid* de río, pero diferente *gid* de corriente. Más adelante a partir de esta tabla el usuario puede realizar los análisis oportunos volviéndola a concatenar con la de ríos o corrientes si es necesario.
- **Solución 1D**: Se desea conservar solo una corriente de las n existentes atravesadas por un mismo tramo de río (p. ej.: según el orden alfabético de la corriente o según la longitud del tramo intersecado, etc.).

Escenario 2:

La solución 2A o 2B viene determinada por el tipo de concatenación interna o externa de la consulta SQL:

- **Solución 2A**: Los tramos de río que no intersecan a ninguna corriente no se conservan en la tabla final.
- **Solución 2B**: Los tramos de río que no intersecan a ninguna corriente se conservan en la tabla final (el campo de nombre de la corriente aparecerá como *null).*

Solución 1A y 2A:

Creamos la columna *nombre* de tipo *array* de *varchar* y añadir otra columna a la tabla de resultados llamada *ncorrientes* para indicar a cuantas corrientes interseca cada tramo de río.

Utiliza el agregado *array_agg* para crear una lista (*array*) de corrientes y así poder almacenarlas en un único campo.

```
s1=# create table spatialjoin2 (gid serial primary key,
    gidfromrios integer, nombre varchar[],
    ncorrientes integer, geom geometry (multilinestring, 23030));
s1=# insert into spatialjoin2 (gidfromrios, nombre, ncorrientes, geom)
  select r.gid, array_agg(c.corriente), count(*), r.geom
    from rios r, corrientes c
    where st_intersects (r.geom, c.geom) group by r.gid;  D. Func.
INSERT 0 2007
```

Solución 1A y 2B:

Si modificamos la sentencia anterior negando el predicado espacial de la forma: *where not st_intersects (r.geom, c.geom)*, lo que estamos preguntando al sistema es que nos muestre todas aquellas parejas de ríos y corrientes que no intersecan, que es muy diferente a aquellos ríos que no intersecan con ninguna cuenca.

La forma adecuada es utilizar una **concatenación externa** en lugar de las concatenaciones internas que hemos realizado hasta ahora. Modificando la consulta anterior a tipo LEFT JOIN se incluirán los tramos de ríos que no intersecan a ninguna corriente. Además, con la cláusula *having*, se podría incluso obtener diferentes casos: sólo los que no intersecan a ninguna corriente (*count(c.gid) = 0*), los que solo intersecan a una corriente (*count(c.gid) = 1*), etc.

Utiliza el agregado *array_agg* y una concatenación **externa**, para además obtener los ríos que no son atravesados por ninguna corriente.

```
s1=# truncate spatialjon2; -- se borran el contenido de la tabla
s1=# insert into spatialjoin2 (gidfromrios, nombre, ncorrientes, geom)
select r.gid, array_agg(c.corriente), count(c.gid), r.geom
    from rios r left join corrientes c
    on st_intersects (r.geom, c.geom) group by r.gid  D. Func.
    having (count(c.gid) >= 0);
INSERT 0 2007
```

Solución 1C y 2A/2B:

Crea una tabla con los *gid* de las dos tablas pero que sin geometrías. Solución 2B:

```
s1=# create table spatialjoin3 (gid serial primary key,
      gidfromrios integer, gidfromcorrientes integer);
s1=# insert into spatialjoin3 (gidfromrios, gidfromcorrientes)
  select r.gid, c.gid from rios r left join corrientes c
    on st_intersects (r.geom, c.geom);
INSERT 0 2244
```

Para la solución 2A utilizar una concatenación interna (sustituir *left join* por *join* o por una coma, y la cláusula *on* por *where*).

Solución 1D y 2A/2B:

En los casos que haya más de una corriente por tramo de río se desea relacionar únicamente aquella corriente cuya intersección con el tramo de río es de mayor longitud.

Lo más sencillo es utilizar una subconsulta correlada o lateral donde se ordena por la longitud (*st_length*) de la intersección (*st_intersection*) de la corriente y el tramo de río.

Utiliza una subconsulta **lateral** para almacenar únicamente la corriente cuya intersección con el tramo de río es la de mayor longitud.

```
s1=# create table spatialjoin4 (gid serial primary key, gidfromrios
     integer, nombre varchar, geom geometry (multilinestring, 23030));

s1=# insert into spatialjoin4 (gidfromrios, nombre, geom)
   select r.gid, tabla.nombre, r.geom
   from rios r left join lateral
    ( select r.gid, c.corriente as nombre from corrientes c
        where st_intersects (r.geom, c.geom)
        order by st_length (st_intersection(r.geom,c.geom)) desc limit 1
    ) as tabla
   on true;
INSERT 0 2009
```

Nótese como en una subconsulta **externa** de tipo lateral es necesario utilizar la cláusula *on true* al final de la sentencia.

Para la solución 2A se utiliza una concatenación interna (sustituir *left join* por *join* o por una coma y quitar la cláusula *on true*).

Resuelve el ejercicio anterior, ahora utilizando una subconsulta correlada.

```
s1=# insert into spatialjoin4 (gidfromrios, geom, nombre)
   select r.gid, r.geom,
    ( select c.corriente as nombre from corrientes c
        where st_intersects (r.geom, c.geom)
        order by st_length (st_intersection(r.geom,c.geom)) desc limit 1
    ) from rios r;
INSERT 0 2009
```

Update con subconsultas correladas

Otra forma de realizar el *update* es mediante una subconsulta correlada. Con esta técnica sí es posible elegir (en el caso de que haya varias corrientes para un mismo río), qué nombre de corriente se quiere asignar (p. ej.: según orden alfabético, o longitud de la corriente, etc.)

Actualiza el campo nombre de la tabla de ríos con la corriente. En el caso de haber más de una corriente elegirá el nombre de la corriente por orden alfabético. Utiliza una subconsulta correlada con el *update*.

```
s1=# Update rios r set nombre =
   ( select c.corriente from corrientes c
      where st_intersects (r.geom, c.geom)
     order by c.corriente asc limit 1 );
UPDATE 2009
```

En este caso se producen 2 actualizaciones más (2009 en lugar de 2007) que se corresponden con los dos casos de ríos que no atraviesan ninguna corriente y por tanto la subconsulta no da ninguna fila, y se le asigna a nombre el valor *null*.

Hay que recordar que la subconsulta correlada se ejecuta para cada tramo de rio, y por lo tanto *set nombre* =, siempre recibirá un valor incluso cuando la subconsulta no devuelva ninguna fila (*null* en este caso).

```
s1=# alter table rios drop column nombre;
```

Cardinalidad ríos (1) corrientes (0)

Podría interesar obtener únicamente los ríos que no intersecan con ninguna corriente. Se podría utilizar la sentencia de la **Solución 1A y 2B** con una cláusula *having (count(c.gid) = 0)* o simplemente una concatenación externa sin necesidad de *group by*, pero seleccionando valores nulos de forma adecuada.

```
s1=# select gid, geom
  from (
    select r.geom, t.gid as gid, c.gid as rightgid
    from rios r left join corrientes c on st_intersects (r.geom, c.geom)
  ) as tabla where rightgid is null;
gid  | geom
-----+-------
306  |  ...
971  |  ...
```

Cardinalidad ríos (0) corrientes (1)

Por último, para conocer las corrientes que no han sido intersecadas por ningún río, se utiliza también una unión externa. Es el mismo caso que el de la sentencia SQL anterior, pero intercambiando las tablas.

Los vamos a complicar un poco más utilizando la orden *Update* combinada con una concatenación externa:

Actualiza el campo *vacias* de la tabla corrientes, indicando a false aquellos casos en los que una corriente no es atravesada por ningún tramo de río.

```
s1=# alter table corrientes add column vacias boolean default false;
s1=# update corrientes set vacias = true
    from (
      select gid
      from (
        select c.gid as gid, r.gid as rightgid
        from corrientes c left join rios r
        on st_intersects (r.geom, c.geom)
      ) as tabla where rightgid is null
    ) as tabla1 where tabla1.gid = corrientes.gid;
UPDATE 5
```

En una concatenación externa la cláusula *where* se ejecuta después de la cláusula *on*, por lo tanto, no hace falta realizar un *subselect* para filtrar los *gid* que son nulos de la parte derecha (rios) de la relación. De esta forma quedaría un poco más simple.

```
s1=# update corrientes set vacias = true
    from (
        select c.gid as gid
        from corrientes c left join rios r
        on st_intersects (r.geom, c.geom)
        where r.gid  is null
    ) as tabla1 where tabla1.gid = corrientes.gid;
UPDATE 5
```

Problema 7. A partir de la tabla *meteoche* (fichero *meteoche.sql*) y *ttmmche* (fichero *ttmmche.sql*) se pide que obtengas los gids de:

- El número de términos municipales que no tienen ninguna estación. El número de las estaciones que no están dentro de ningún término municipal.
- El término municipal que más estaciones tiene en su interior
- Para cada *gid* de cada termino municipal cual es el *gid* de la estación de su interior esté más cerca de su límite (contorno)

6.2. Adición (Append/Merge)

Esta operación de análisis espacial conocida como *Append* o *Merge* en algunos SIG se corresponde en SQL simplemente con la adición de nuevos registros a una tabla espacial ya existente. Es decir, mediante el uso de la sentencia SQL '*Insert into...*', la única diferencia es que la capa puede contener ya otras filas con otras entidades geométricas.

	Capas de entrada	Capa de resultado
Esquema ◼ **Capa A** - - **Capa B**		
Dimensiones requeridas	Las capas A y B deben ser de la misma dimensión.	Dimensión igual que la capa A y la capa B.
Es conmutativa	Si, el orden de una operación de adición no importa.	
Atributos		Generalmente los campos comunes de la capa A y la capa B.

Tabla 24 Adición de capas: *Append*

En cuanto a los campos de atributos de la capa de salida, su combinación depende de la finalidad del análisis que quiera el usuario. Si las dos capas contienen los mismos campos de atributos se pueden utilizar columnas comunes para almacenar los atributos de las dos capas, por el contrario se puede optar también por crear tantos campos en la capa de salida como campos tengan las capas A y B y al insertar los nuevos registros dejar con valores nulos los atributos de la capa A o B según corresponda. A veces también, simplemente se realiza una adición de las geometrías desechando todos los atributos de ambas capas.

Si las geometrías de las capas A y B presentan algún solape como es el caso de la figura de arriba, la capa de salida contendrá solapes entre geomerías, solapes que en análisis espaciales posteriores habrá que estudiar como se comportan.

Crea una capa nueva llamada *append1* que almacene todas las geometrías de las capas *riosbuf* y *viariabuf*. Estas dos capas han sido calculadas en el apartado C 5.1, pág. 147, aunque se pueden cargar mediante los ficheros *riosbuf.sql* y *viariabuf.sql*.

```
s1=# create table append1 (gid serial primary key, geom geometry
    (multilinestring, 23030));
s1=# insert into append1 (geom) select geom from riosbuf;
INSERT 0 2009
s1=# insert into append1 (geom) select geom from viariabuf;
INSERT 0 3773
```

También se puede utilizar el operador conjuntista SQL *union* en un único paso (utilizar la opción *All* en la unión, véase el apartado I 2.6, pág. 559).

```
Insert into append1 (geom) select geom from riosbuf union all select geom
    from viariabuf;
INSERT 0 5782
```

7. Generalización

7.1. Disolución (*Dissolve*)

	Capas de entrada	Capa de resultado
Union de todas las entidades		
Unión agrupando o por un campo de atributos		
Dimensiones requeridas	Una única capa de entrada de dimensión 0, 1 o 2.	Igual dimensión que la capa de entrada.
Atributos		Los atributos se corresponden con los atributos de la capa de entrada.
Notas:	Es común el realizar una disolución de polígonos (*ST_Union*) después de una operación de área de influencia (*ST_Buffer*), aunque su necesidad depende del análisis espacial posterior.	

Tabla 25 Generalización de capas: *Dissolve*

La operación de análisis de disolución (*dissolve*) o también conocida como '*Unión*' si seguimos la nomenclatura del OGC, consiste en una agregación de geometrías basada en uno o más campos de atributos.

El operador *ST_Union* dispone de dos versiones: la versión binaria *ST_Union (geometry, geometry)* que toma dos argumentos de tipo *geometry* y la versión agregada *ST_Union (geometry set)* que toma un único argumento de tipo conjunto de geometrías.

Con la versión binaria se puede 'unir' dos geometrías de la siguiente forma:

```
s1=# select st_astext(st_union (geom, st_translate (geom, 5, 5)))
  from (
    select st_geomfromtext ('POLYGON ((0 0, 10 0, 10 10, 0 10, 0 0))')
  ) as tabla (geom);
                  st_astext
--------------------------------------------------------
 POLYGON((10 5,10 0,0 0,0 10,5 10,5 15,15 15,15 5,10 5))
```

Se puede apreciar que la geometría de salida incorpora los vértices de las intersecciones de las dos geometrías, como se comenta en el apartado C 2.1, pág. 131.

Ahora bien, para realizar una disolución de una capa o de un conjunto de geometrías (A, B, C, D,...), el método a seguir consistiría en un proceso recursivo uniendo las geometrías de dos en dos:

$$U_1 = ST\_Union \ (A, B)$$
$$U_2 = ST\_Union \ (U_1, C)$$
...
$$U_n = ST\_Union \ (U_{n-1}, Z)$$

Una forma de automatizar este proceso es crear un agregado espacial que tome como argumento un conjunto de geometrías (no únicamente dos como en la versión binaria) y devuelva una única geometría que es la unión de todas ellas. Por ese motivo, la versión agregada del operador *ST_Union*[1] *(geometry set)* se utiliza de forma más frecuente que la versión binaria.

Además, si utilizamos la cláusula *Group by* se puede realizar disoluciones de geometrías agrupadas por los campos de atributos exactamente igual que las operaciones de disolución de capas de los SIG de escritorio.

Crea una capa *suelosdis* con la disolución de la capa *suelos* agrupando los polígonos por el campo *grupo*. Los valores del campo *grupo* son una sub-clasificación del campo *tema*, luego el campo *tema* se puede conservar utilizando un agregado como *max*.

```
s1=# create table suelosdis (gid serial, tema varchar, grupo varchar,
    geom geometry (multipolygon, 23030));
s1=# insert into suelosdis (tema, grupo, geom)
      select max(tema), grupo, st_multi(st_union(s.geom))
        from suelos s group by s.grupo;
INSERT 0 25
```

Los 3871 polígonos iniciales de la capa se han transformado en 25 multipolígonos. PostGIS ha realizado dicha operación relativamente en poco tiempo, sobre unos 6 s. Ahora bien, estos multipolígonos poseen hasta unos 100000 vértices y además la caja de una sola de estas geometrías puede abarcar fácilmente casi toda la extensión de la capa (haciendo totalmente ineficaz la indexación espacial sobre dicha capa).

Si posteriormente se quiere utilizar la capa *suelosdis* en alguna operación de análisis espacial, estos 'macro' multipolígonos tendrán graves consecuencias en cuanto a la utilización de recursos del sistema. En el apartado D 1, pág. 201, se plantean estos problemas y se aportan soluciones.

Problema 8. Realiza un área de influencia de la capa *rios* por 1000 metros y su disolución completa (sin agrupar por ningún campo de atributos).

---

[1] Además, el agregado *ST_Union* de PostGIS utiliza la llamada unión en cascada. Consiste en que el agregado recoge todas las geometrías en memoria y es en la función 'final' del agregado cuando realiza una unión optimizada de todas ellas. El algoritmo mejora en gran medida el realizar las uniones parciales de dos en dos.

ST_Collect y ST_Union

Es fácil confundir los operadores espaciales *ST_Union* y *ST_Collect*, ya que el método *ST_Collect* devuelve una única geometría a partir de dos geometrías o de un conjunto de geometrías al igual que el operador *ST_Union*.

- *ST_Collect (geometry, geometry)*
- *ST_Collect (geometry set)*

La diferencia es que el operador *ST_Collect* no funde/disuelve las partes comunes de las geometrías, sino que simplemente realiza una adición de las geometrías formando una geometría más compleja, superponiendo las partes comunes.

Resulta útil para transformar varias geometrías sencillas de un mismo tipo a una geometría de tipo *multi*.

Comprueba las diferencias entre el operador *ST_Collect* y *ST_Union* aplicándolo a dos polígonos que presenten cierto solape.

```
s1=# select st_asewkt (st_union (geoma, geomb)),
            st_asewkt (st_collect (geoma,geomb))
from (select
  st_geomfromtext ('POLYGON ((0 0 1, 6 0 1, 6 6 1, 0 6 1, 0 0 1))'),
  st_geomfromtext ('POLYGON ((3 0 2, 9 0 2, 9 6 2, 3 6 2, 3 0 2))')
) as tabla (geomA, geomB);
-------------------------------------------------------------------
POLYGON((0 0 1,0 6 1,3 6 2,6 6 1,9 6 2,9 0 2,6 0 1,3 0 2,0 0 1))
MULTIPOLYGON(((0 0 1,6 0 1,6 6 1,0 6 1,0 0 1)),((3 0 2,9 0 2,9 6 2,3 6 2,3 0 2)))
```

Aunque la superficie que abarca las soluciones de ambos métodos es igual, el resultado es muy diferente. *ST_Collect* simplemente ha agrupado los polígonos como elementos dentro del multipolígono creado, mientras que *ST_Union* ha fundido los dos polígonos disolviendo la parte común en una única entidad e incluso promediando los valores de las coordenadas Z en la parte común de ambos.

> En el caso de geometrías superficiales *ST_Collect* puede crear multipolígonos no válidos, de hecho, el multipolígono creado en el ejemplo superior no es válido ya que sus polígonos integrantes comparten parte del interior.

Además de la versión agregada, *ST_Collect* dispone de otra versión que toma como argumento un *array* de geometrías (véase el apartado F 1, pág. 321 sobre *arrays* de geometrías).

En ocasiones a la hora de realizar un *ST_Buffer* de un conjunto de entidades como un todo, puede ser útil realizar la agrupación de las geometrías con *ST_Collect* en lugar de *ST_Union* antes de pasárselas al operador *ST_Buffer*, simplemente por una cuestión de velocidad de ejecución.

```
s1=# select st_astext(st_buffer (st_collect(geom), 2, 1)),
            st_astext(st_buffer (st_union(geom), 2, 1))
      from (
        select st_geomfromtext ('LINESTRING (0 5, 10 5)') union select
        st_geomfromtext ('LINESTRING (5 0, 5 10)')
      ) as tabla (geom);
```

Las dos operaciones dan exactamente el mismo resultado.

 Problema 9. Realiza una agrupación con *ST_Collect* de dos geometrías, una de tipo *LineString* y otra de tipo *MultiLineString*. ¿De qué tipo de geometría crees que será el resultado?

ST_UnaryUnion

El método *ST_UnaryUnion (geometry)* realiza una 'unión' entre las diferentes geometrías que componen una geometría compuesta (multigeometría o *GeometryCollection)*.

Realiza una unión (*ST_Union*) de las geometrías componentes de un multipolígono. Primero, utiliza *dump* para extraer las geometrías integrantes y luego aplica *ST_Union*. Por último, realiza de nuevo el ejercicio, pero está vez utilizando *ST_UnaryUnion*.

```
s1=# select st_astext(st_union ( (dump).geom ))
        from (select st_dump
            ('MULTIPOLYGON (((0 0,5 0,5 5,0 0)),((5 2,9 2,5 7,5 2)))')
        ) as tabla(dump);
----------------------------------------
 POLYGON((5 2,5 0,0 0,5 5,5 7,9 2,5 2))
```

Este comportamiento es similar a la utilización del comando *ST_Union* en conjunción con el comando *ST_Dump* (explicado en el apartado C 9.1, pág. 184) que obtiene los elementos componentes de una geometría compuesta, dando el mismo resultado:

```
s1=# select st_astext (st_unaryunion
        ('MULTIPOLYGON (((0 0, 5 0, 5 5, 0 0)),((5 2, 9 2, 5 7, 5 2)))'));
```

Otro efecto de *st_unaryunion* es el cálculo de nuevos vértices en aquellos puntos donde una geometría se auto-interseca (véase el apartado C 9.5, pág. 191).

7.2. Simplificación de geometrías

Existen herramientas con complejos algoritmos de generalización cartográfica. PostGIS también dispone de algunos métodos para simplificar o generalizar vértices de las geometrías.

Comando	Descripción
ST_RemoveRepeatedPoints	Elimina puntos repetidos de forma consecutiva.
ST_SnapToGrid	Redondea todas las coordenadas en función de una rejilla rectangular. Elimina los vértices dentro de la misma celda.
ST_Simplify	Simplifica la geometría eliminando vértices en función de una tolerancia según el algoritmo *Douglas-Peucker*[1].
ST_SimplifyPreserveTopology	Igual que *ST_Simplify*, pero además asegura que la topología de la geometría resultante se conserva.

Tabla 26 Comandos para la simplificación de geometrías

---

[1] El algoritmo *Douglas-Peucker* es un algoritmo para reducir el número de vértices de una curva que ha sido aproximada utilizando segmentos rectos, de forma que elimina aquellos vértices que no cambian la dirección de forma significativa de la curva original. https://en.wikipedia.org/wiki/Ramer-Douglas-Peucker_algorithm

ST_RemoveRepeatedPoints

El modelo de geometrías de PostGIS permite que las geometrías tengan vértices repetidos y son consideradas válidas (véase el apartado sobre geometrías no válidas según el OGC en el apartado D 6.1, pág. 244).

```
s1=# select st_astext(
        st_removerepeatedpoints ('LINESTRING (0 0, 1 0, 1 0, 2 0)') );
-------------------------
 LINESTRING(0 0,1 0,2 0)
```

En el caso de que una geometría o un elemento integrante de una multi-geometría sea cerrada, los puntos inicial y final aunque iguales no son considerados consecutivos y por lo tanto no eliminados. En el apartado D 6.1, en la sección de *Vértices repetidos*, pág. 246 aparece más información sobre esta funcionalidad.

ST_SnapToGrid

Realiza un redondeo de las coordenadas de los vértices de una geometría, si después del redondeo dos vértices consecutivos son iguales entonces uno de ellos es eliminado. De forma práctica es como si ajustara todos los vértices de una geometría según una rejilla de dimensiones especificadas.

Como argumentos, dicha función toma la geometría a ajustar y los parámetros que definen la rejilla a utilizar para el ajuste. La rejilla se define según su tamaño de celda en X, Y, Z y M y su origen según un punto dado (situado por defecto en $x=y=z=m=0$).

```
-- Variante con celda tamaño X=Y=0. Las dimensiones M/Z no son ajustadas
ST_SnapToGrid(geometry geomA, float sizeX, float sizeY);
-- Variante donde el tamaño de X = Y = M = Z = size
ST_SnapToGrid(geometry geomA, float size);
-- Variante donde se especifica el tamaño de la celda en las cuatro
    dimensiones así como el punto origen
ST_SnapToGrid(geometry geomA, geometry pointOrigin,
            float sizeX, float sizeY, float sizeZ, float sizeM)
```

Las coordenadas aparecen redondeadas en X al primer decimal y en Y al segundo decimal par. Los puntos segundo y tercero caen en la misma celda y uno ha sido eliminado.

```
s1=# select st_astext(st_snaptogrid ('LINESTRING (0.567 0.785,
                                       15.342 78.9235,
                                       15.28 78.914,
                                       23.4763 45.9872)',
                                       0.1, 0.02));
------------------------------------------------
 LINESTRING(0.6 0.78,15.3 78.92,23.5 45.98)
```

La función *ST_Snaptogrid* puede convertir una geometría válida en no válida tras el proceso de ajuste, esto es más probable cuanto más grande sea la tolerancia especificada. En cualquier caso, se debería especificar una tolerancia al menos 100 veces menor a la precisión cartográfica de dicha geometría (véase el apartado D 3.1, pág. 222).

Calcula el número de geometrías inválidas de la capa *nucleosche* al aplicar a todas las geometrías un ajuste a una rejilla de 1 m de ancha. La tolerancia elegida de 1 m es incluso inferior a la precisión cartográfica.

```
s1=# select count(*) from (
       select st_snaptogrid (geom, 1) from nucleosche n
     ) as tabla (geom) where not st_isvalid(tabla.geom);
NOTICE:   Self-intersection at or near point 581579 4.71928e+06
NOTICE:   Self-intersection at or near point 580352 4.73145e+06
...
count
-------
    56
```

Como se ha comprobado mediante esta función, es relativamente fácil obtener geometrías inválidas lo cual limita la aplicación de esta funcionalidad a aquellos casos que:

- Se desee redondear las coordenadas despreciando cifras decimales al menos del orden de 100 o 1000 veces menores a la precisión de la escala, de forma que dicho redondeo no provoque la eliminación de vértices de las geometrías o si lo hace que sea en un número muy pequeño para que no cree geometrías inválidas.
- Se aplique a capas de entidades puntuales.

Si la finalidad del usuario es simplificar entidades geométricas lineales o poligonales debe utilizar alguno de los dos comandos siguientes:

ST_Simplify

Esta función utiliza el conocido algoritmo *Douglas-Peucker* para desechar vértices redundantes. Dicho algoritmo no se basa en la longitud de los segmentos sino en cuanto se desvía cada punto respecto a la recta que define la dirección principal de la alineación.

La función *ST_Simplify*, aunque en la biblioteca *JTS* asegura la validez de las geometrías devueltas, en *GEOS* y por lo tanto en PostGIS puede devolver geometrías inválidas.

Además, no preserva la topología de las geometrías, es decir, no se asegura por ejemplo que una línea simple sea simple tras la simplificación, los polígonos se pueden dividir o colapsar a líneas incluso desaparecer, se pueden crear nuevos huecos en los polígonos o desaparecer los existentes y las líneas se pueden cruzar. Claro está que estas 'catastrofes' pasan únicamente cuando se utiliza una tolerancia inapropiada.

ST_SimplifyPreserveTopology

Esta función utiliza un algoritmo similar a *ST_Simplify* pero además asegura que la topología de la geometría se conserva. Además de mantener la validez de las geometrías esta función asegura que:

La geometría resultante tiene la misma dimensión (polígonos y líneas no pueden colapsarse en líneas y puntos respectivamente) y componentes que la original.

Si la geometría es poligonal se asegura que el resultado tiene el mismo número de huecos y en el mismo orden, además los anillos no pueden tocarse entre sí en más puntos que los anillos originales, aunque lo pueden hacer en menos puntos.

La siguiente figura muestra un caso donde se ha utilizado una tolerancia exageradamente grande comparada con las coordenadas de la geometría, aun así, la función *ST_Simplypreservetopology* es capaz de conservar la topología del elemento original mientras que la función *ST_Simplify* ha creado un polígono no válido con un hueco interior que interseca al exterior y un segundo polígono ha desaparecido por colapso.

En contrapartida el comando *ST_Simplypreservetopology* emplea considerablemente más tiempo que *ST_Simplify*, ejecutándose entre 10 y 100 veces más lento.

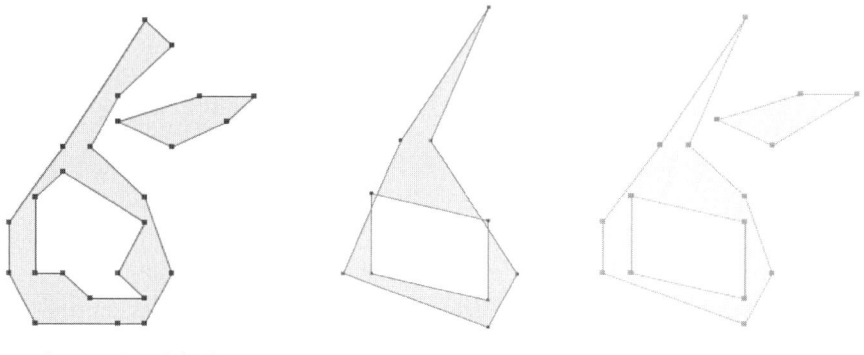

Geometría original   *ST_Simplify*   *ST_SimplyPreserveTopology*

Figura 45 Simplificación de geometrías

El siguiente código muestra de forma analítica el resultado según diferentes valores de tolerancia (el valor de tolerancia de 1.5 m se corresponden con la figura anterior).

```
s1=# with tabla1(geom) as (
  select 'MULTIPOLYGON (
    ((7 15,10 20,11 19,9 17,8 15,10 13,11 10,10 8,9 8,6 8,5 10,5 12,7 15),
     (6 13, 7 14, 10 12, 9 10, 10 9, 8 9, 7 10, 6 10, 6 13)),
    ((9 16, 12 17, 14 17, 13 16, 11 15, 9 16)))'::geometry
),
contador as (
  select generate_series / 2.0 as tol from generate_Series (1,3,1)
),
tabla2(geom, descr, tol) as (
  select geom, 'original', 0 from tabla1
  union all
  select st_simplify(geom, tol), 'simplify', tol from tabla1, contador
  union all
  select st_simplifypreservetopology (geom, tol), 'preserveTop', tol
    from tabla1, contador
)
select descr, tol::numeric (2,1), st_isvalid(geom), st_nrings(geom),
  st_area(geom), st_npoints(geom) from tabla2;
    descr    | tol | st_isvalid | st_nrings | st_area | st_npoints
-------------+-----+------------+-----------+---------+------------
 original    | 0.0 | t          |         3 |      28 |         28
 simplify    | 0.5 | t          |         3 |      28 |         22
 simplify    | 1.0 | f          |         3 |    22.5 |         19
 simplify    | 1.5 | f          |         2 |      14 |         12
 preserveTop | 0.5 | t          |         3 |    29.5 |         22
 preserveTop | 1.0 | t          |         3 |    29.5 |         20
 preserveTop | 1.5 | t          |         3 |      23 |         18
```

Hay que tener presente que el uso de las funciones de simplificación como *ST_Snaptogrid*, *ST_Simplify* o *ST_Simplifypreservetopology* modifican la posición espacial de una geometría respecto a las geometrías cercanas. Por ejemplo, dos geometrías que eran adyacentes (*ST_Touches = true*) originalmente, tras el proceso de generalización en la mayoría de los casos pasarán a ser disjuntas, intersecar, etc. En el apartado D 3 (pág. 220), *sobre Tolerancia en el análisis espacial*, se describe este problema de forma más detallada y su relación con un sistema SIG que soporte tolerancias de forma interna.

8. Transformación y edición de coordenadas

8.1. Edición

Para la edición de los vértices de una *LineString*, existen tres comandos:

- Añadir un vértice: *Geometry ST_AddPoint (geom, nuevoPunto, índice)*. Si no se especifica el índice del punto, éste se añade al final de la línea.
- Eliminar un vértice: *Geometry ST_RemovePoint (geom, índice)*.
- Modificar un vértice: *Geometry ST_SetPoint (geom, nuevoPunto, índice)*.

El primer vértice de una línea viene representado por un valor de índice de 0.

Elimina el último punto de un anillo de un polígono para obtener una *LineString* no cerrada.

```
s1=# select st_astext(st_removepoint (geom, st_npoints(geom) - 1))
      from (select st_exteriorring
              ('POLYGON ((0 0, 1 0, 1 1, 0 1, 0 0)') ) as tabla(geom);
----------------------------
 LINESTRING(0 0,1 0,1 1,0 1)
```

Otros ejemplos de los métodos *ST_AddPoint* aparecen en la pág. 190 y en la sección de referencia lineal en la pág. 198.

Los comandos descritos en los párrafos anteriores describen la funcionalidad básica de edición a nivel de vértice para geometrías de tipo *LineString*. Para la edición de geometrías de tipo *MultiLineString* así como geometrías superficiales es necesario descomponer las geometrías hasta llegar a elementos de tipo *LineString*. Tras la edición de los vértices deseados hay que componer de nuevo las diferentes *LineString* para formar la geometría original. Todos los comandos necesarios se ven en diferentes apartados de esta publicación.

Para obtener o iterar entre los diferentes vértices de una *LineString* se utiliza los comandos: *ST_NumPoints* y *ST_PointN* o *ST_DumpPoints*.

También se puede utilizar el comando *ST_DumpPoints* para obtener todos los vértices de una geometría ya sea de tipo *multi* o no, además dicha función devuelve un índice de la geometría componente a la que pertenece cada punto.

Para la iteración sobre los componentes de una geometría de tipo *Multi* se utilizan los comandos *ST_NumGeometries*, *ST_GeometryN* y *ST_Dump*.

Para componer de nuevo las geometrías sencillas y formar una geometría de tipo *Multi* se utiliza el comando *ST_Collect*.

Para la edición de los anillos de elementos superficiales se utilizan los comandos *ST_DumpRings*, *ST_NRings*, *ST_InteriorRingN* y *ST_ExteriorRing*.

Para componer de nuevo los diferentes anillos y crear un elemento poligonal se utilizan los comandos *ST_BuildArea* o *ST_MakePolygon*.

Estos comandos se ven mediante ejemplos en el apartado C 9, pág. 183.

El resto de comandos de edición de PostGIS como *ST_Segmentize*, *ST_Force*, *ST_LineMerge*, *ST_Multi*, *ST_CollectionExtract*, etc. se describen y utilizan en otros ejemplos prácticos a lo largo de la publicación.

8.2.   Transformaciones

PostGIS permite aplicar una transformación afín a una geometría mediante el comando *ST_Affine*. Este comando aplica una transformación afín 2D (6 parámetros) o 3D (12 parámetros) según la siguiente notación:

Transformación 3D: *ST_Affine (geom, a, b, c, d, e, f, g, h, i, Tx, Ty, Tz)*

$$\begin{bmatrix} X' \\ Y' \\ Z' \end{bmatrix} = \begin{bmatrix} a & b & c \\ d & e & f \\ g & h & i \end{bmatrix} \cdot \begin{bmatrix} X \\ Y \\ Z \end{bmatrix} + \begin{bmatrix} Tx \\ Ty \\ Tz \end{bmatrix} \qquad \begin{aligned} X' &= a \cdot X + b \cdot Y + c \cdot Z + Tx \\ Y' &= d \cdot X + e \cdot Y + f \cdot Z + Ty \\ Z' &= g \cdot X + h \cdot Y + i \cdot Z + Tz \end{aligned}$$

Transformación 2D: *ST_Affine (geom, a, b, d, e, Tx, Ty)*

$$\begin{bmatrix} X' \\ Y' \\ Z' \end{bmatrix} = \begin{bmatrix} a & b & 0 \\ d & e & 0 \\ 0 & 0 & 1 \end{bmatrix} \cdot \begin{bmatrix} X \\ Y \\ Z \end{bmatrix} + \begin{bmatrix} Tx \\ Ty \\ 0 \end{bmatrix} \qquad \begin{aligned} X' &= a \cdot X + b \cdot Y + Tx \\ Y' &= d \cdot X + e \cdot Y + Ty \\ Z' &= Z \end{aligned}$$

Donde X' Y' Z' representan a las nuevas coordenadas de los vértices y X Y Z a las actuales antes de su modificación.

Seleccionando los parámetros adecuados el usuario puede realizar rotaciones de las geometrías sobre un eje determinado, translaciones, escalados, etc. En el caso de que el usuario no esté familiarizado con este tipo de matrices, PostGIS ofrece los siguientes comandos:

- Rotación sobre el eje X -> *ST_RotateX (geom, ang)*
- Rotación sobre el eje Y -> *ST_RotateY (geom, ang)*
- Rotación sobre el eje Z -> *ST_RotateZ (geom, ang) = ST_Rotate (geom, ang)*
- Escalado 2D -> *ST_Scale (geom, factorX, factorY)*
- Escalado 3D -> *ST_Scale (geom, factorX, factorY, factorZ);*
- Translación 2D -> *ST_Translate (geom, incrementoX, incrementoY)*
- Translación 3D -> *ST_Translate (geom, incrementoX, incrementoY, incrementoZ)*
- Escalado y translación 2D -> *ST_TransScale (geom, incrX, incrY, factorX, factorY)*

Se puede comprobar fácilmente que los comandos de arriba son particularizaciones de una transformación afín, por ejemplo:

ST_RotateX (geom, ang) =

  ST_Affine(geom, 1, 0, 0, 0, cos(ang), -sin(ang), 0, sin(ang), cos(ang), 0, 0, 0).

El siguiente ejemplo, a partir de un polígono (tabla), lo escala con *ST_Scale* y lo rota con *ST_Rotate* (tabla1) y finalmente crea cuatro copias del polígono desplazadas con *ST_Translate*, que agrupa en una única geometría con *ST_Collect*. La figura inferior muestra la geometría de salida de este ejemplo:

```
s1=# with tabla as (
  select 'POLYGON ((-5 -5, 5 -5, 5 5, -5 5, -5 -5))'::geometry as geom
),
tabla1 as (
 select st_difference (geom, st_scale (geom, 0.5, 0.5)) as geom
   from (
     select st_union (geom, st_Rotate (geom, pi() / 4)
   ) as geom from tabla) as tabla2
)
select st_astext(st_collect(st_translate (geom, fila*15, col*15)))
  from tabla1, generate_series (1,2) as fila,
              generate_series (1,2) as col;
```

Figura 46 Translación, rotación y escalado de geometrías

8.3. Proyecciones

Como se comentó en el apartado B 1.4, pág. 44, PostGIS soporta varios miles de sistemas de referencia gracias a la tabla *spatial_ref_sys* donde están registrados y a la biblioteca de reproyección *proj4*. La gestión de los CRS en las geometrías se realiza por medio de los siguientes comandos PostGIS:

Integer ST_Srid (geom) -> Devuelve el CRS de la geometría.

Geometry ST_SetSrid (geom, srid) -> Devuelve la geometría con nuevo CRS asignado.

Geometry ST_Transform (geom, srid) -> Devuelve la geometría reproyectada.

Si el lector no está familiarizado con la utilización de CRS en cartografía es importante que comprenda la diferencia entre los comandos *ST_SetSrid* y *ST_Transform*. Mientras que *ST_SetSrid* únicamente asigna un nuevo SRID a la geometría sin modificar las coordenadas de la geometría, *ST_Trasnform* además de asignar un nuevo SRID a la geometría, modifica todas sus coordenadas transformando la geometría desde el SRID antiguo al nuevo SRID.

La asignación por primera vez de un SRID a una geometría se realiza cuando ésta se crea o construye, por ejemplo, con los constructores *ST_GeomFromText* o *ST_GeomFromEWKT* que permiten especificar dicho SRID. Otros constructores de geometrías como *ST_MakePoint (coordx, coordy)* que no dan opción a especificar un SRID crean las geometrías con un SRID por defecto:

```
s1=# select st_srid(st_makepoint (525000,4678000));
```

La salida será 0.

El SRID por defecto en PostGIS es el 0 como aconsejan los estándares.

La asignación de un nuevo SRID con el método *ST_SetSrid* generalmente se utiliza cuando a la geometría se le ha asignado un SRID erróneo previamente o un SRID por defecto que se quiere cambiar. La asignación de un SRID no modifica las coordenadas.

```
s1=# select st_srid(geom), st_astext(geom)
        from ( select st_setsrid(st_makepoint (525000,4678000), 25830)
        ) as tabla(geom);
---------+----------------------
   25830 | POINT(525000 4678000)
```

El comando *ST_Transform* se utiliza para reproyectar una geometría, la cual debe estar bien definida con su SRID adecuado, pero se desea transformar a un nuevo CRS.

Reproyecta el punto desde el CRS con SRID = 25830 al CRS con SRID = 4258.

```
s1=# select st_asewkt(st_transform(geom,4258))
       from ( select st_geomfromtext ('POINT (525000 4678000)', 25830)
       ) as tabla(geom);
-------------------------------------------------------
 SRID=4258;POINT(-2.69692472215359 42.2537960899539)
```

Los operadores espaciales de PostGIS que toman dos o más geometrías como argumentos requieren que dichas geometrías se encuentren en el mismo CRS, en caso contrario PostGIS lanzará una excepción (error).

Intenta realizar una intersección de dos geometrías con diferente SRID.

```
s1=# select st_intersection('SRID=25830;POINT (525000 4250000)'
       ,'SRID=4258;POINT (-3 44)');
ERROR: lwgeom_intersection:Operation on mixed SRID geometries(25830!=4258)
```

Esta limitación es entendible, ya que los algoritmos de geometría computacional necesarios utilizan un único sistema de coordenadas y siempre es necesario reproyectar una de las dos geometrías al SRID de la otra o las dos a un tercer SRID común para realizar los cálculos.

En general PostGIS no realiza ninguna comprobación de control sobre los CRS asignados a las geometrías, salvo quizás en alguna que otra función (p. ej.: *ST_transform*), la comprobación de los límites de latitud y longitud en CRS de coordenadas geográficas (longitud entre -180 y +180, y latitud entre -90 y +90 grados).

Aún con estos rangos PostGIS permite realizar 'barbaridades' como ésta sin lanzar ningún aviso (una coordenada Y en proyección UTM de 10 millones está prácticamente en el polo, fuera de los límites permitidos para dicha proyección):

```
s1=# select st_astext(st_transform(
       st_setsrid(st_makepoint (100,10000000), 25830), 4258));
-------------------------------------------
 POINT(-93.2330085009261 85.5270086268758)
```

Tampoco la asignación del CRS 4258, de forma errónea, a una geometría que en realidad son coordenadas proyectadas, provoca en este caso ningún error o advertencia en PostGIS.

```
s1=# select st_setsrid (st_makepoint (500000,4500000), 4258);
```

> Cuando se realiza una reproyección entre dos CRS diferentes hay que conocer si ambos CRS utilizan el mismo *datum*. Si su *datum* es diferente hay que conocer la transformación adecuada entre dichos *datum* según la zona geográfica de trabajo. Más información al respecto y un ejemplo práctico de cambio de *datum* se muestra en el apartado D 2, pág. 214.

La reproyección de geometrías también puede alterar la posición espacial relativa de las mismas de forma similar al efecto que producen algunas operaciones espaciales como la simplificación de las geometrías. Más información y un ejemplo sobre dicho problema se muestra en el apartado D 3.2, pág. 225.

Cambio de CRS de una capa

Este es un problema fácil de encontrar en la práctica, p. ej., al importar cartografía en PostGIS se puede dar alguna de estas circunstancias:

- Aunque muchos de los formatos utilizados para importar cartografía en PostGIS como los formatos *shapefile*, *geodatabase*, ficheros CAD, etc. llevan asociada información sobre su CRS, con frecuencia los importadores utilizados como *shp2pgsql* u *ogr2ogr*, etc. no interpretan de forma correcta dicho CRS y crean una capa en PostGIS con un SRID erróneo o con el SRID por defecto.
- Otras veces es el propio formato utilizado para importar la cartografía el que no presenta información del CRS. Aunque generalmente los importadores pueden forzar la asignación de un CRS determinado (opción '–*s*' en el cargador *shp2pgsql*), quizás el usuario puede pasar por alto esta opción con lo cual PostGIS creará las geometrías y la capa con el SRID por defecto.
- Por último, otras veces puede ocurrir que la cartografía tenga asignado un CRS erróneo o que el usuario se haya equivocado al elegir su CRS en el proceso de carga.

Se dispone de la capa *riossrid* (fichero *riossrid.sql*), tras su carga se averigua que el *srid* de la capa y por tanto de todas las geometrías es erróneo, ya que las geometrías tienen un *srid* = 4326, cuando en realidad tras comprobar las geometrías e indagar un poco en los datos originales se averigua que en realizar la cartografía está en el *srid* = 32630.

Para asignar el nuevo *srid* a las geometrías se podría pensar en el siguiente comando:

```
s1=# update riossrid set geom = st_setsrid(geom, 32630);
ERROR:  Geometry SRID (32630) does not match column SRID (4326)
```

Pero dicho comando lanzará una excepción debido a que la columna de la geometría de la tabla contiene una restricción que no permite almacenar geometrías con un *srid* diferente al 4326. La solución pasa por eliminar dicha restricción, ejecutar el comando *Update* y volver a añadir la restricción, pero esta vez modificada con el nuevo *srid*.

PostGIS implementa la función *UpdateGeometrySrid* que realiza todas las tareas descritas en el párrafo anterior. Esta función asigna un nuevo *srid* a las geometrías, pero **no las reproyecta** (no cambia sus coordenadas). Para reproyección ver el apartado siguiente.

```
s1=# select st_asewkt(stx_startpoint(geom)) from riossrid where gid = 1;
-----------------------------------------
 SRID=4326;POINT(678624.0024 4754233.999)

s1=# select updategeometrysrid ('riossrid', 'geom', 32630);
-----------------------------------------
 public.riossrid.geom SRID changed to 32630

s1=# select st_asewkt(stx_startpoint(geom)) from riossrid where gid = 1;
-----------------------------------------
 SRID=32630;POINT(678624.0024 4754233.999)

s1=# \d riossrid
                            Table "public.riossrid"
 Column |            Type              |    Modifiers
--------+------------------------------+---------------------------
 gid    | integer                      | not null default  …
 id     | integer                      |
 geom   | geometry(MultiLineString,32630) |
```

Reproyección de una capa

Para reproyectar las geometrías de una capa se utiliza el comando *ST_Transform* visto en la pág. 179. Se puede crear una nueva capa almacenando el resultado de las geometrías reproyectadas sin problema, pero en este apartado se verá el procedimiento para reproyectar una capa actualizando sus propias geometrías.

Para ello habrá que eliminar el mecanismo que restringe el *srid* de la capa antes de poder actualizar las geometrías. En esta ocasión no se dispone de un comando del tipo *'transform-geometrysrid'* como el descrito en el apartado anterior para modificar el *srid* de las geometrías de una capa.

Crea una capa de ejemplo (utilizando la capacidad *typmod* de PostGIS) e inserta alguna geometría. Tras crear los datos, reproyecta dicha capa.

Creación de la tabla y la columna de geometría utilizando *typmod*.

```
sl=# create table testsrid (gid serial, geom geometry (point, 4326));
sl=# insert into testsrid (geom) values ('SRID=4326;POINT (2 40)');
sl=# insert into testsrid (geom) values ('SRID=4326;POINT (5 39)');
```

Se elimina la restricción *typmod*, se modifican las geometrías y se añade de nuevo la restricción *typmod*.

```
sl=# alter table testsrid alter column geom type geometry;
sl=# update testsrid set geom = st_transform (geom, 32630);
sl=# alter table testsrid alter column geom type geometry (point, 32630);
```

Alternativamente, las tres sentencias anteriores se pueden sustituir por una sola:

```
sl=# alter table testsrid alter column geom type geometry (point, 32630)
   using st_transform (geom, 32630);

sl=# select st_asewkt(geom) from testsrid;
                    st_asewkt
----------------------------------------------------
 SRID=32630;POINT(926893.302337903 4439746.9171362)
 SRID=32630;POINT(1193202.32315184 4347342.85410541)

sl=# \d testsrid
                   Table "public.testsrid"
 Column |        Type         |              Modifiers
--------+---------------------+------------------------------------
 gid    | integer             | not null default
   nextval('testsrid_gid_seq'::regclass)
 geom   | geometry(Point,32630) |
```

Problema 10. Resuelve el ejercicio anterior, pero creando la capa utilizando restricciones *Check* en lugar de *typmod*. Para ello, utiliza el valor *'false'* en el último argumento (opcional) del método *Addgeometrycolumn*.

9. Conversiones

9.1. Multigeometrias a geometrías simples

Como se comentó en el apartado C 2.2, pág. 132, los operadores espaciales de PostGIS pueden devolver geometrías de tipo *Multi* e incluso de tipo *GeometryCollection*. Los operadores espaciales se utilizan de forma intensa al realizar análisis espacial entre capas como superposiciones, extracciones, disoluciones, etc. y por tanto las capas resultado pueden contener fácilmente geometrías de tipo *multi*.

Las geometrías de tipo *multi* pueden dificultar e incluso anular las ventajas de la indexación espacial si las cajas de éstas ocupan una gran extensión dentro de la capa, además la acumulación de vértices en este tipo de geometrías hace que puedan contener centenares de miles de vértices.

Ya sea por mejorar el rendimiento del análisis espacial, porque nuestro modelo de datos está pensado para almacenar geometrías sencillas o porque se desea acceder a los elementos integrantes de dichas geometrías. PostGIS ofrece varios métodos para su manejo.

El método *ST_NumGeometries (geometry)* devuelve el número de geometrías integrantes y *ST_GeometryN (geometry, indice)* devuelve la geometría especificada por el índice.

```
s1=# select st_numgeometries (geom), st_astext(st_geometryn (geom,2 ))
  from (select
    st_geomfromtext ('MULTILINESTRING ((0 0, 10 0), (2 2, 3 3))') as geom
  ) as tabla;
 st_numgeometries |     st_astext
------------------+--------------------
                2 | LINESTRING(2 2,3 3)
```

Funciones *'set returning'*

Para poder iterar entre los elementos integrantes de una geometría de tipo *multi*, se va a utilizar una función de tipo *set returning* de PostgreSQL. Una función que devuelve un tipo *set* se comporta como si devolviera una tabla, es decir, se puede utilizar en la cláusula *From*. Como ejemplo, la función *generate_series (i, j, k)* de PostgreSQL es una función que devuelve un *set* (conjunto) de enteros formados por la serie desde i hasta j utilizando un incremento de k (el valor k por defecto es 1 y se puede omitir).

Crea una serie entre 1 y 5 con un salto de 2.

```
s1=# select serie, 'ejemplo' as txt
       from generate_series (1, 5, 2) as serie;
 serie |   txt
-------+---------
     1 | ejemplo
     3 | ejemplo
     5 | ejemplo
```

La función *generate_series* se puede utilizar esta función para recorrer las geometrías componentes de una geometría de tipo multi.

Utiliza *generate_series* para recorrer las geometrías componentes de una *multilinestring*.

```
s1=# select st_astext(
   st_geometryn (geom, generate_series (1, st_numgeometries (geom)) ))
   from (select
     st_geomfromtext ('MULTILINESTRING ((0 0,10 0),(2 2,3 3))') as geom
   ) as tabla;
      st_astext
---------------------
 LINESTRING(0 0,10 0)
 LINESTRING(2 2,3 3)
```

Se asemeja a un bucle *for* de programación tradicional. En pseudocódigo el ejemplo anterior quedaría algo así:

```
geom := ST_Geomfromtext ('MULTILINESTRING ((0 0,10 0),(2 2,3 3))');
FOR i IN 0..st_numgeometries(geom)
   Print ST_AsText (ST_GeometryN (geom, i))
END LOOP
```

Notar como *generate_series* al ser una función de tipo *set returning*, es capaz de a partir de una sola geometría (una fila de una tabla) crear una tabla con dos filas en este caso.

ST_Dump

PostGIS también facilita la obtención de las geometrías integrantes de un tipo *Multi* o *GeometryCollection* de ua forma más sencilla, es decir, sin utilizar *generate_series* para iterar dentro de una geometría.

La función *ST_Dump (geometry)* es una función *set returning* que devuelve dichas geometrías.

Devuelve las tres geometrías componentes del *multipoint* de ejemplo.

```
s1=# select st_dump(st_geomfromtext ('MULTIPOINT (0 0, 1 1, 2 2)'));
                    st_dump
-------------------------------------------------------
 ({1},010100000000000000000000000000000000000000)
 ({2},0101000000000000000000F03F000000000000F03F)
 ({3},010100000000000000000000400000000000000040)
```

En realidad, *ST_Dump* devuelve un conjunto (*set*) de tipos compuestos, donde el tipo compuesto está formado de dos elementos, el primero llamado '*path*' es un *array* con los índices de la geometría (si la geometría es de tipo *multi* el *array* es de un elemento, en el caso ser una *GeometryCollection* será de dos elementos o incluso más si hay más niveles de *GeometryCollections*) y el segundo llamado '*geom*' que es la propia geometría.

Para acceder a uno de los elementos de un tipo compuesto es necesario envolverlo con paréntesis y utilizar el operador punto para especificar qué elemento se desea obtener.

```
s1=# select st_astext((tipocompuesto).geom) as geom,
                      (tipocompuesto).path as indice,
                      ((tipocompuesto).path)[1] as indiceelemento1
   from (select st_dump(st_geomfromtext ('MULTIPOINT (0 0, 1 1, 2 2)'))
   as tipoCompuesto) as tabla;
    geom    | indice | indiceelemento1
------------+--------+------------------
 POINT(0 0) | {1}    |                1
 POINT(1 1) | {2}    |                2
 POINT(2 2) | {3}    |                3
```

La función *ST_Dump* itera dentro de *GeometryCollections* aunque éstas estén anidadas. Los métodos *ST_NumGeometries* y *ST_GeometryN* no soportan las *GeometryCollection*.

A partir de la capa *suelosdis* creada en el ejercicio de la pág. 171, se puede averiguar el número de geometrías integrantes de cada geometría de tipo *Multi*.

```
s1=# select count(*) as num, st_numgeometries(geom) as nelementos
   from suelosdis group by nelementos order by nelementos desc limit 4;
 num | nelementos
-----+------------
   1 |        700
   1 |        440
   1 |        322
   1 |        321
```

A partir de la capa anterior se pide crear una nueva capa *suelosdis_pol* que contenga únicamente polígonos o multipolígonos formados por un único polígono. En la capa *suelosdis_pol* se puede mantener todos los atributos de *suelosdis* o simplemente una referencia a su clave primaria.

```
s1=# create table suelosdis_pol (gid serial primary key, gidfrommulti
   integer, geom geometry (polygon, 23030));
s1=# insert into suelosdis_pol (gidfrommulti, geom) select gid,
   (st_dump(geom)).geom from suelosdis;
```

La capa *suelosdis_pol* contiene 3235 filas en lugar de las 25 filas de la tabla *suelosdis*.

> Otras funciones de tipo *set returning* de PostGIS son *ST_DumpPoints* que obtiene todos los puntos de una geometría y *ST_DumpRings* que obtiene los anillos interiores y exteriores de una geometría poligonal en forma de *LineString*.

9.2. Conversión a segmentos lineales

El uso de la función *generate_series* es muy útil en PostGIS cuando se desea iterar sobre una serie de elementos de forma similar a un bucle en programación tradicional. Aunque algunas funciones *set returning* de PostGIS como *ST_Dump* o *ST_DumpPoints* simplifican la iteración sobre elementos de las geometrías, la función *generate_series* sigue siendo útil en otros muchos casos.

Obtiene una geometría *LineString* por cada uno de los segmentos que poseen las geometrías de la capa *rios*.

```
s1=# select gid, vertice,
 st_astext(
    st_makeline (st_pointn (geom, vertice), st_pointn (geom, vertice+1))
 )
 from (
    select generate_series (1,st_npoints(geom) - 1) as vertice, geom, gid
    from rios c
 ) as tabla;
```

Si la geometría a convertir es una *MultiLineString* formada por más de un elemento, será necesario utilizar la función *ST_Dump* para obtener las *LineString* integrantes.

Problema 11. A partir de la capa *convaseg* de tipo *MultiPolygon* obteniene una capa de tipo *LineString* llamada *convasegres* que contenga todos los segmentos que forman las geometrías originales.

La tabla de salida *convasegres* debe tener el siguiente aspecto:

```
gid | elemento | anillo | vertice |      st_astext
-----+----------+--------+---------+------------------------
   1 |        1 |      0 |       1 | LINESTRING(0 0,10 0)
   1 |        1 |      0 |       3 | LINESTRING(10 10,0 0)
   1 |        1 |      1 |       1 | LINESTRING(5 5,6 5)
   1 |        1 |      1 |       2 | LINESTRING(6 5,6 6)
   1 |        1 |      1 |       3 | LINESTRING(6 6,5 5)
   1 |        2 |      0 |       1 | LINESTRING(2 2,3 2)
   1 |        2 |      0 |       2 | LINESTRING(3 2,3 3)
   1 |        2 |      0 |       3 | LINESTRING(3 3,2 2)
...
```

Donde:
Gid: identificador de la capa *convaseg*.
Elemento: número de elemento (polígono) dentro del multipolígono.
Anillo: Número de anillo (0 exterior, > 0 interiores) del elemento.
Vértice: Número de vértice del elemento.

9.3. Conversión a entidades puntuales

Se realiza mediante las funciones de PostGIS: *ST_Boundary*, *ST_DumpPoints*.

Desde entidades lineales

1. Conversión de *LineString* a entidades puntuales (solo puntos inicial y final).

La orden *ST_Boundary(geom)* devuelve el contorno utilizando una geometría de tipo *MultiPoint* formada por dos puntos.

Mediante los métodos ST_*DumpPoints* o *ST_Dump* se puede convertir a puntos individuales.

```
s1=# select st_astext( (st_dumppoints(st_boundary(geom))).geom)
  from (
    select st_geomfromtext ('LINESTRING (4 0, 8 0)') as geom) as tabla;
 ------------
 POINT(4 0)
 POINT(8 0)
```

Para volcar únicamente los puntos inicial o final (que pueden diferir de los puntos de contorno), se puede utilizar los métodos *STX_Startpoint o STX_Endpoint*.

2. Conversión de *MultiLineString* a entidades puntuales (solo puntos inicial y final).

Al convertir una *MultiLineString* que contengan más de una *LineString* a elementos puntuales, hay que tener encuenta que no es lo mismo el contorno de cada una de sus *LineString* integrantes que el contorno de la *Multilinestring*. Luego, según lo que se desee habrá que realizar un *dump* previo de la *Multilinestring*.

Contorno de la *MultiLineString:*

```
s1=# select st_astext( (st_dumppoints(st_boundary(geom))).geom )
        from (select st_geomfromtext
                ( 'MULTILINESTRING ((0 0, 2 0, 4 0),(4 0, 8 0))' ) as geom
        ) as tabla;
 ------------
 POINT(0 0)
 POINT(8 0)
```

Puntos inicial y final de cada *LineString* integrante:

```
s1=# select st_astext( (st_dumppoints (
                        st_boundary((st_dump(geom)).geom))).geom )
    from (select st_geomfromtext
                ('MULTILINESTRING ((0 0, 2 0, 4 0),(4 0, 8 0))') as geom
    ) as tabla;
 ------------
 POINT(0 0)
 POINT(4 0)
 POINT(4 0)
 POINT(8 0)
```

3. Conversión de *LineString/MultiLineString* a entidades puntuales (todos los vértices).

Con la orden *ST_DumpPoints (geom)* se puede extraer de forma sencilla todos los vértices a entidades de tipo *Point*.

Con *ST_Collect* se puede agrupar todas las geometrías *Point* a un elemento de tipo *MultiPoint*. Si no se quieren vértices repetidos además se puede utilizar la orden *ST_RemoveRepeatedPoints* (solo PostGIS >= 2.0)

En este ejemplo, extraemos todos los vértices de una *multilinestring*, eliminamos si hay vértices repetidos, y creamos una nueva *multilinestring*.

```
s1=# select st_astext(st_removerepeatedpoints(st_collect((dump).geom)))
  from (
    select st_dumppoints( st_geomfromtext
        ('MULTILINESTRING ((0 0, 4 0, 8 0), (8 0, 8 8))')) as dump
  ) as tabla;
---------------------------
MULTIPOINT(0 0,4 0,8 0,8 8)
```

Desde entidades poligonales

La conversión desde entidades superficiales se puede realizar directamente con la orden *ST_DumpPoints*. En el caso de que se desee realizar una conversión selectiva de los anillos interiores o exteriores o los puntos inicial y final de cada anillo será necesario convertir las entidades superficiales a elementos lineales. Para ello se puede utilizar las funciones *ST_Boundary*, *ST_ExteriorRing* y *ST_DumpRings*.

Hay que tener en cuenta que los puntos inicial y final de cada uno de los anillos aparecerán repetidos.

PostGIS no dispone de un comando que devuelva únicamente los anillos interiores tipo *ST_DumpInteriorRings*, luego si se desea extraer únicamente los anillos interiores se puede realizar de varias formas:

Extrae los puntos de los anillos interiores de un polígono. PostGIS, carece de una función como *ST_InteriorRings*, entonces para conseguir los anillos interiores, vamos a realizar un breve análisis espacial que consiste en: obtenemos el contorno del polígono con *ST_Boundary* (compuesto por el anillo exterior más los anillos interiores) y le restamos el anillo exterior (*ST_ExteriorRing*) con *ST_Difference*. Por último, aplicamos *ST_DumpPoints* para extraer los vértices.

```
s1=# select st_astext( (st_dumppoints(
    st_difference (st_boundary(geom),st_exteriorring(geom)) )).geom)
  from (select
    'POLYGON ((0 0,4 0,4 4,0 4,0 0),(2 2,3 2,3 3,2 3,2 2))'::geometry
  ) as tabla (geom);
------------
POINT(2 2)
POINT(3 2)
POINT(3 3)
POINT(2 3)
POINT(2 2)
```

Además, las funciones *ST_InteriorRingN* y *ST_NumInteriorRings* permiten iterar dentro de los anillos de un polígono. Otra función útil es *ST_DumpRings* que devuelve un *set* de tipos compuestos formados por cada uno de los anillos y un índice.

Con excepción de la función *ST_DumpPoints* ninguna de las funciones anteriores (*ST_ExteriorRing, ST_DumpRings, ST_DumpInteriorRings, ST_InteriorRingN* y *ST_NumInteriorRings*) funciona con entidades de tipo *Multipolygon,* en tal caso será necesario realizar un *ST_Dump* previo.

Extrae los puntos de los anillos exteriores de un multipolígono y agrúpalos en una entidad de tipo *MultiPoint*. No se desea permitir puntos repetidos.

```
s1=# select st_astext(st_removerepeatedpoints (st_collect(geom)))
   from (
      select (
        ( st_dumppoints (st_exteriorring((st_dump(geom)).geom )) ).geom
      ) as geom
      from (
        select
          'MULTIPOLYGON (((0 0, 4 0, 4 4, 0 4, 0 0),
                          (2 2, 3 2, 3 3, 2 3, 2 2)),
                         ((1 1, 2 1, 2 2, 1 2, 1 1)))'::geometry as geom
      ) as tabla
   ) as tabla1;
-------------------------------------------
 MULTIPOINT(0 0,4 0,4 4,0 4,1 1,2 1,2 2,1 2)
```

9.4. Conversión a entidades lineales

Desde entidades poligonales

La conversión de entidades superficiales a entidades lineales se realiza de la misma forma que en el apartado de la pág. 188 pero sin utilizar la función *ST_DumpPoints* como se realizó entonces.

Problema 12. Obtiene una entidad de tipo *MultiLineString* con todos los anillos interiores del siguiente multipolígono:

'MULTIPOLYGON (

((0 0, 5 0, 5 5, 0 5, 0 0), (2 3, 4 3, 3 4, 2 3), (1 1, 4 1, 4 2, 1 2, 1 1)),

((0 6, 5 6, 3 9, 0 6), (2 7, 4 7, 3 8, 2 7))

)

Desde entidades puntuales

PostGIS dispone del constructor *ST_MakeLine* para construir líneas a partir de puntos. Existen tres variantes de *ST_MakeLine*:

ST_MakeLine (geometry set). Variante de agregado espacial.

ST_Makeline (geometry array). Variante con un *array* de geometrías de tipo punto.

ST_Makeline (geom A, geom B). Variante que crea una línea a partir de dos puntos.

Crea una *LineString* a partir de los puntos de una entidad *MultiPoint*. Utiliza la versión agregada de *ST_MakeLine*.

```
s1=# select st_astext(st_makeline ((dump).geom))
     from (select st_dump(st_geomfromtext ('MULTIPOINT (1 2, 3 4, 5 6)'))
   ) as tabla (dump);
-----------------------
 LINESTRING(1 2,3 4,5 6)
```

Problema 13. Se dispone de una tabla alfanumérica *puntoscampo* (fichero *puntoscampo.sql*) que contiene las coordenadas X e Y que definen los contornos externos de una serie de manzanas.

Se pide: Obtener una tabla espacial llamada *manzacampo* de tipo *MultilineString* a partir de dicha tabla. El CRS utilizado es el 23030.

La tabla dispone de las siguientes columnas:

- *codmanza*: Referencia única de la parcela a la que pertenece el punto.
- *numvert*: Número de vértice con numeración creciente según el sentido de la manzana.
- *coorx*: Coordenada X del punto tomado.
- *coory*: Coordenada Y del punto tomado.

9.5. Conversión a entidades superficiales

En el paso de entidades lineales a entidades superficiales se puede realizar varios supuestos:

a) Se conoce a priori qué líneas forman el anillo exterior y los anillos interiores de cada polígono.

b) Se conoce los anillos del polígono, pero se desconoce cuál es el exterior y cuál o cuáles son los interiores.

c) Se dispone de una serie de líneas que definen un área cerrada en su interior. Las líneas no tienen por qué definir el contorno del polígono, ya que puede haber partes sobrantes o el interior puede venir dado por intersecciones de dicho conjunto de líneas. Únicamente se quiere construir un polígono a partir de dichas líneas.

d) Igual que el supuesto anterior, pero en este caso las líneas pueden formar muchos polígonos que se quieren obtener.

Supuesto a)

Mediante las funciones *ST_MakeLine (anillo exterior, array de anillos interiores)* o *ST_MakeLine (anillo exterior)* se puede crear un polígono a partir de sus anillos constituyentes. La función toma geometrías de tipo *LineString* como argumentos y éstas deben de ser cerradas.

Construye un polígono a partir de su anillo exterior y un anillo interior.

```
s1=# select st_astext(st_makepolygon (
  geom, array [st_transscale (geom, 4, 4, 0.5, 0.25),
              st_transscale (geom, 4, 12, 0.5, 0.25)] ))
from (
  select st_geomfromtext ('LINESTRING (0 0, 6 0, 6 6, 0 6, 0 0)')
) as tabla(geom);
-----------------------------------------------------------------
POLYGON((0 0,6 0,6 6,0 6,0 0),
        (2 1,5 1,5 2.5,2 2.5,2 1),(2 3,5 3,5 4.5,2 4.5,2 3))
```

Para crear un *array* de geometrías se utiliza la palabra clave *array* y entre corchetes se especifican sus valores (véase el apartado F 1, pág. 321).

En el caso de que las *LineString* no estén cerradas se puede utilizar la orden *ST_AddPoint* para cerrarlas. Con la palabra clave *Case* se puede comprobar si la *LineString* está cerrada o no y actuar en su caso como se muestra en el siguiente ejemplo:

```
s1=# select st_astext(st_makepolygon (
   case when ST_IsClosed(geom)
     then geom else st_addpoint (geom,stx_startpoint(geom))
   end)
 ) from (
   select st_geomfromtext ('LINESTRING (1 0, 6 0, 6 6, 0 6)')
 ) as tabla(geom);
------------------------------
 POLYGON((1 0,6 0,6 6,0 6,1 0))
```

Supuesto b)

Si se dispone de una serie de *LineString* cerradas que forman un polígono, pero se desconoce cuál de ellas forma el anillo exterior, se puede utilizar la orden *ST_BuildArea*. Dicha función toma como argumento una única geometría luego será necesario agrupar las distintas *LineString* en una *MultiLineString*, esto se puede realizar con la orden *ST_Collect* (véase el apartado *ST_Collect y ST_Union*, pág. 172).

En el siguiente ejemplo se aprecia como *ST_BuildArea* reordena los anillos para formar el polígono:

```
s1=# select st_astext(st_buildarea(st_collect (geom)))
   from (select 'LINESTRING (5 5, 7 5, 6 6, 5 5)'::geometry union
         select 'LINESTRING (0 0, 10 0, 10 10, 0 10, 0 0)' union
         select 'LINESTRING (1 1, 9 1, 9 2, 1 2, 1 1)'
   ) as tabla(geom);
--------------------------------------------------------------------
 POLYGON((0 0,0 10,10 10,10 0,0 0),(1 1,9 1,9 2,1 2,1 1),(5 5,7 5,6 6,5 5))
```

Supuesto c) y d)

En estos dos supuestos no existe ninguna *LineStrings* que forme los anillos del polígono, sino una serie de líneas que se entrecruzan entre sí definiendo áreas cerradas.

En el supuesto c) se utilizará el comando *ST_BuildArea* (*geometry*) que toma como argumento una geometría lineal y creará un único polígono o multipolígono si es el caso con sus correspondientes huecos.

En el supuesto d) se utilizará el comando *ST_Polygonize* (*geometry set*) que toma como argumento un conjunto de geometrías lineales y creará tantos polígonos como áreas interiores existan, los huecos no serán considerados como tales y serán tratados como nuevos polígonos. *ST_Polygonize* devuelve una geometría *GeometryCollection* con todos los polígonos creados.

ST_BuildArea y *ST_Polygonize* necesitan que las líneas que definen las áreas tengan vértices en sus intersecciones, es decir, estén *nodificadas*.

Nodificación de geometrías lineales

La *nodificación* de una geometría consiste en añadir nuevos nodos en aquellos puntos donde la geometría no es simple, es decir, donde se auto-interseca. Estos nodos son vértices que parten las geometrías creando nuevas entidades *LineString*. Las nuevas *LineString* obtenidas se agrupan como elementos dentro de una *MultiLineString*.

La siguiente figura muestra una entidad de tipo *MultiLineString* (izquierda) y la misma entidad tras realizar la *nodificación* (derecha). Se puede observar como la geometría se ha partido en diferentes elementos en la nueva *MultiLineString*.

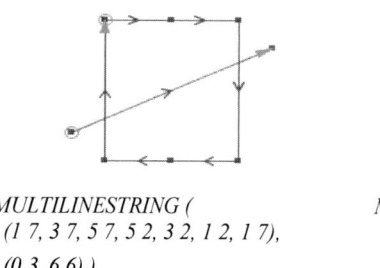
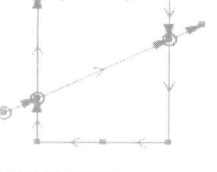

MULTILINESTRING (
(1 7, 3 7, 5 7, 5 2, 3 2, 1 2, 1 7),
(0 3, 6 6))

MULTILINESTRING (
(1 7, 3 7, 5 7, 5 5.5),
(5 5.5, 5 2, 3 2, 1 2, 1 3.5),
(1 3.5, 1 7),   (0 3, 1 3.5),
(1 3.5, 5 5.5),   (5 5.5, 6 6))

Figura 47 *Nodificación* de una *MultiLineString*

Crea nodos (vértices en los puntos de cruce de las líneas) en la *multilinestring* de la figura anterior izquierda. El resultado coincidirá con la figura anterior derecha. Vamos a realizar este proceso de tres formas diferentes:

ST_Node:

Para la creación de nodos lo más sencillo es utilizar la función *ST_Node*:

```
s1=# select st_asewkt(st_node
  ('MULTILINESTRING ((1 7, 3 7, 5 7, 5 2, 3 2, 1 2, 1 7),(0 3, 6 6) )') );
```

ST_Union con un vértice:

Es curioso como la creación de nodos también se puede obtener con una operación *ST_Union* entre la geometría a *nodificar* y un punto cualquiera de ésta (p. ej.: el punto inicial). Esto es debido al funcionamiento interno del método *ST_Union* de *GEOS*/JTS.

```
s1=# select st_asewkt(st_union (stx_startpoint(geom), geom))
  from (select st_Geomfromtext (
    'MULTILINESTRING ((1 7, 3 7, 5 7, 5 2, 3 2, 1 2, 1 7),(0 3, 6 6) )' )
  ) as tabla(geom);
```

ST_UnaryUnion:

La función *ST_UnaryUnion* también realizaría una labor similar:

```
s1=# select st_asewkt(st_unaryunion
  ('MULTILINESTRING ((1 7, 3 7, 5 7, 5 2, 3 2, 1 2, 1 7),(0 3, 6 6) )') );
```

Estos métodos crean nodos incluso en segmentos de *LineString* que se autointersequen.

Dado el siguiente conjunto de líneas, *nodifícalas* y crea entidades superficiales utilizando *ST_BuildArea* y *ST_Polygonize*. Observa las diferencias obtenidas.

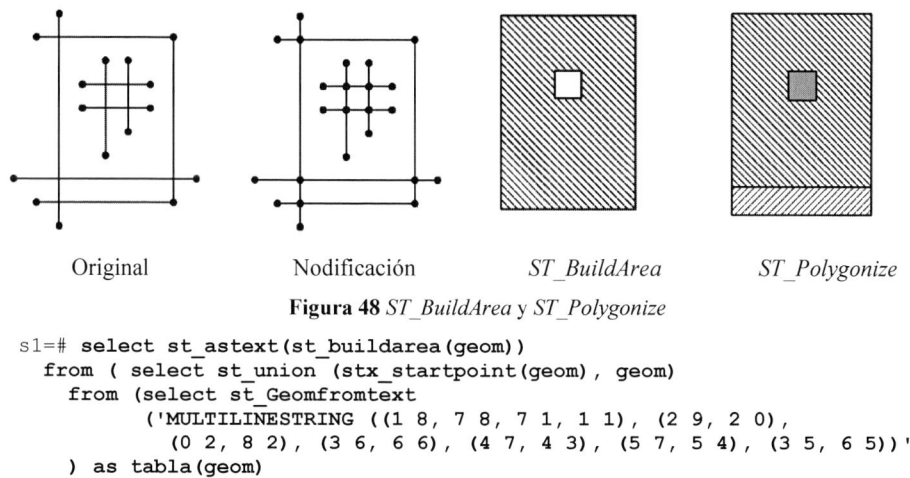

| Original | Nodificación | *ST_BuildArea* | *ST_Polygonize* |

Figura 48 *ST_BuildArea* y *ST_Polygonize*

```
s1=# select st_astext(st_buildarea(geom))
  from ( select st_union (stx_startpoint(geom), geom)
    from (select st_Geomfromtext
          ('MULTILINESTRING ((1 8, 7 8, 7 1, 1 1), (2 9, 2 0),
              (0 2, 8 2), (3 6, 6 6), (4 7, 4 3), (5 7, 5 4), (3 5, 6 5))')
    ) as tabla(geom)
  ) as tabla1(geom);
--------------------------------------------------------------
 POLYGON((7 1,2 1,2 2,2 8,7 8,7 2,7 1),(4 6,4 5,5 5,5 6,4 6))
```

En la misma sentencia sustituyendo *ST_BuildArea* por *ST_Polygonize* se obtienen tres polígonos (uno de los cuales tiene un hueco) en lugar de un único polígono.

```
GEOMETRYCOLLECTION (
  POLYGON((2 8,7 8,7 2,2 2,2 8), (5 6,4 6,4 5,5 5,5 6)),
  POLYGON((7 2,7 1,2 1,2 2,7 2)),
  POLYGON((4 6,5 6,5 5,4 5,4 6))
)
```

Para convertir una capa de líneas a una capa de polígonos es necesario pasar al agregado *ST_Polygonize* todas las geometrías de la capa para realizar el cálculo. Si la capa tiene un elevado número de geometrías esto puede llegar a ser inviable. Es aconsejable, pasar a polígonos la capa por zonas, utilizando una cuadrícula o cualquier criterio zonal que se puede aplicar a la capa en cuestión.

 Problema 14. A partir de una capa de líneas con los términos municipales de la provincia de Tenerife (*ttmmtenlin.sql*), crea una capa *ttmmtenpol* de polígonos.

9.6. Cambio de dimensión de las coordenadas

La conversión de geometrías en PostGIS de 2D a 3D y viceversa es muy sencilla.

- Para convertir una geometría 3D a una geometría 2D se utiliza el comando *ST_Force2D* que trunca la dimensión de las coordenadas de la geometría a dos eliminando la coordenada Z y/o la coordenada M.
- Para convertir una geometría 2D a 3D se utilizará el método *ST_Force3D*, el cual añadirá la coordenada Z a todos los vértices de la geometría con el valor 0. Tras convertir la geometría a 3D se puede utilizar otros comandos de edición de geometrías como *ST_Translate* o *ST_SetPoint* para editar el valor de la nueva coordenada en las geometrías.

De la misma forma PostGIS dispone de los comandos *ST_Force3DM* (convierte las coordenadas a XYM) y *ST_Force4D* (convierte las coordenadas a XYZM).

Se recuerda que desde PostGIS 2.0 los dos métodos *ST_AsEWKT* y *ST_AsText* visualizan también las coordenadas M y/o Z.

A partir de la capa *curvashuesca* (fichero *curvashuesca.sql*) que contiene las curvas de nivel del municipio de Huesca en 2D, crea una capa *curvashuesca3d* de tipo *MultiLineString 3D* tomando la Z del campo de atributos *cota*.

```
s1=# create table curvashuesca3d (gid serial primary key, geom geometry
    (multilinestringz, 23030));
s1=# insert into curvashuesca3d (geom)
    select st_translate (st_force3d(geom),0,0,cota) from curvashuesca;
```

Algunos SIG de escritorio o servidores de cartografía como *MapServer* cuando leen las geometrías de una capa PostGIS utilizan el comando *ST_Force2D* para asegurarse de obtener geometrías en 2D.

10. Referencia lineal (LRS)

En un modelo de referencia lineal, las posiciones espaciales (puntos) dentro de una entidad lineal se identifican mediante una medida lineal a partir de un origen. Se utiliza ampliamente en redes de carreteras, ferrocarriles o *utilities*, etc. Un claro ejemplo consiste en calcular la localización en una carretera a partir un valor kilométrico respecto a un origen.

PostGIS implementa los métodos necesarios para utilizar la referencia lineal de entidades.

Referencia lineal: fracción de distancia como medida

Método: *Point ST_LineInterpolatePoint (LineString A, Fracción F)*

Tomando F el valor 0 en el punto de inicio de la *LineString* y 1 en el punto final, este método devuelve el punto interpolado sobre la línea A que corresponde al valor de la fracción F. En el cálculo del punto devuelto se tiene en cuenta tanto la Z como la M.

Devuelve el punto sobre la línea '*LINESTRING (0 0, 10 10)*' que se encuentra situado a un 30% de su inicio.

```
s1=# select st_asewkt(st_lineinterpolatepoint (st_geomfromewkt
    ('LINESTRING (0 0 1, 10 10 4)'), 0.3));
----------------
 POINT(3 3 1.9)
```

Problema 15.

a) Genera una entidad *MultiPoint* que contenga los puntos resultantes de fragmentar una línea en 5 trozos iguales.

b) Genera una *LineString* con los puntos resultantes de a).

Método: *Fraccion ST_LineLocatePoint (LineString A, Point P)*

Devuelve un valor entre 0 y 1 que se corresponde con la posición del punto P sobre la línea A. El punto no es necesario que esté en el interior de la *LineString* ya que esta función calcula la proyección sobre la línea A del punto más cercano a P. La coordenada Z/M del punto P no se tiene en cuenta en el cálculo.

Calcula la fracción que corresponde con el punto '*POINT (6 7)*' sobre la línea '*LINESTRING (0 0, 10 10)*'. Calcula el punto de la línea que se corresponde con la fracción.

```
s1=# select medida, st_asewkt(
        st_lineinterpolatepoint (geom, medida)) as puntosobrelinea
    from (
        select st_linelocatepoint (geom, 'POINT (6 7)') as medida, geom
          from ( select st_geomfromewkt ('LINESTRING (0 0 1, 10 10 4)')
          ) as tabla(geom)
    ) as tabla1;
 medida |    puntosobrelinea
--------+---------------------
  0.65  | POINT(6.5 6.5 2.95)
```

La medida 0.65 corresponde con el punto más cercano a la línea según el punto *P* dado en la orden *ST_LineLocatePoint*, que en realidad es (6.5 6.5) en lugar de (6 7).

Este ejemplo se puede resolver con el método *ST_ClosestPoint* de forma más sencilla:

```
s1=# select st_astext(
        st_closestpoint ('LINESTRING (0 0 1, 10 10 4)','POINT (6 7)'));
```

Método: *LineString ST_LineSubstring (LineString A, Fracción F0, Fracción F1)*

Devuelve una nueva línea A resultado de extraer de la línea A el fragmento comprendido entre las fracciones F0 y F1.

Este comando se puede combinar con los dos anteriores para por ejemplo fraccionar una *LineString* a partir de un punto y obtener dos *LineString*.

Parte la línea '*LINESTRING (0 0, 10 10)' a partir del punto 'POINT (3 3)'* y obtiene dos nuevas líneas.

```
s1=# select st_asewkt(st_linesubstring (geom, 0, m)) as tramo1,
        st_asewkt(st_linesubstring (geom, m, 1)) as tramo2
    from (
      select st_linelocatepoint (geom, 'POINT (3 3)') as m, geom
      from (
        select st_geomfromewkt ('LINESTRING (0 0 1, 10 10 4)') as geom
      ) as tabla
    ) as tabla1;
          tramo1               |           tramo2
---------------------------+----------------------------
 LINESTRING(0 0 1,3 3 1.9) | LINESTRING(3 3 1.9,10 10 4)
```

La orden *ST_Split* es un sustituto más sencillo del proceso de partir una línea. *ST_Split* devuelve las geometrías partidas en una *GeometryCollection*, por lo tanto, generalmente habrá que utilizar *ST_Dump*.

```
s1=# select st_asewkt(
        (st_dump(
          st_split ('LINESTRING (0 0 1, 10 10 4)', 'POINT (3 3)')
        )).geom
      );
---------------------------
 LINESTRING(0 0 1,3 3 1.9)
 LINESTRING(3 3 1.9,10 10 4)
```

Además, *ST_Split* permite partir una línea por otra línea o incluso un polígono por una línea.

Referencia lineal: coordenadas M o Z como medida

En el apartado anterior la medida utilizada era una fracción de distancia recorrida sobre la entidad lineal y estaba comprendida entre 0 y 1.

Ahora, se trata de utilizar la coordenada M de una geometría como 'marca' para el cálculo de las distancias recorridas.

Método: *GeometryCollection ST_LocateAlong (LineString A, Medida M)*.

Este método es similar al método *ST_LineInterpolatePoint*, pero en este caso se utiliza las coordenadas M de la línea A para realizar la interpolación.

Localiza el punto que se corresponde con el valor M de 125 de la línea '*LINESTRING (0 0 1 100, 10 10 4 150)*'.

```
s1=# select st_asewkt(st_locatealong (geom, 125))
  from (
    select st_geomfromewkt ('LINESTRING (0 0 1 100, 10 10 4 150)') as
  geom
) as tabla;
--------------------
 MULTIPOINT(5 5 2.5 125)
```

Como se puede apreciar el valor de 125 de la coordenada M sobre la línea se debe corresponder (realizando una interpolación lineal) con el punto medio de la línea. Al contrario de los métodos anteriores al utilizar la M como valor para realizar la interpolación en lugar de las fracciones de la distancia es posible obtener como resultado varios puntos.

```
s1=# select st_asewkt(st_locatealong (geom, 125))
  from ( select st_geomfromewkt
          ('LINESTRING (0 0 1 100,10 10 4 150,15 20 8 100)') as geom
  ) as tabla;
--------------------------------------
 MULTIPOINT(5 5 2.5 125,12.5 15 6 125)
```

Método: *GeometryCollection ST_LocateBetween (LineString A, Medida M0, Medida M1)*. En versiones anteriores a PostGIS 2.0, este método se conocía como *ST_Locate_Between_Measures*.

Este método es similar a *ST_LineSubtring*, pero interpolando los valores de M.

```
s1=# select st_asewkt(st_locatebetween (geom, 120, 140))
  from ( select st_geomfromewkt
          ('LINESTRING (0 0 1 100, 10 10 4 150, 15 20 8 100)') as geom
  ) as tabla;
------------------------------------------------------------------
 MULTILINESTRING((4 4 2.2 120,8 8 3.4 140),(11 12 4.8 140,13 16 6.4 120))
```

El comando *ST_LocateBetweenElevations* es similar al método *ST_LocateBetween* pero utiliza la coordenada Z en lugar de M para extraer los fragmentos de la geometría original.

Pegando líneas

Teóricamente mediante el operador espacial *ST_Union* se puede fundir dos líneas en una. En realidad, como se ve en el siguiente ejercicio las líneas no se 'unen' de la forma deseada (aunque topológicamente la unión es correcta).

Para fundir líneas conectadas en una única cadena de vértices se utiliza el comando *ST_LineMerge (MultiLineString)*.

```
s1=# select st_asewkt(st_union (tramo1, tramo2)) as union,
        st_asewkt (st_linemerge (st_collect(tramo1, tramo2))) as merge
    from (select st_linesubstring (geom, 0, m) as tramo1,
        st_linesubstring (geom, m, 1) as tramo2
      from (
        select st_linelocatepoint (geom, 'POINT (3 3)') as m, geom
        from (
          select st_geomfromewkt ('LINESTRING (0 0 1, 10 10 4)') as geom
        ) as tabla
      ) as tabla1) as tabla2;
                            union             |              merge
-----------------------------------------------+------------------------------
MULTILINESTRING((0 0 1,3 3 1.9),
                (3 3 1.9,10 10 4))    | LINESTRING(0 0 1,3 3 1.9,10 10 4)
```

Inserción de vértices en los puntos más cercanos

Primero, obtenemos el índice del vértice de una línea a partir de una fracción de distancia.

Calcula el número de vértice inmediatamente siguiente a la fracción 0.75 de distancia en la línea 'LINESTRING (0 0, 2 0, 2 2, 2 4, 2 6)'.

```
s1=# select st_npoints(st_linesubstring (geom, 0, 0.75)) - 1 as indice
      from (
        select 'LINESTRING (0 0, 2 0, 2 2, 2 4, 2 6)'::geometry as geom
      ) as tabla;
  indice
--------
     3
```

Este índice se puede utilizar para añadir un vértice a una línea en la posición indicada.

Crea un nuevo vértice en una línea en el punto más cercano a un punto dado.

```
s1=# with geoms (linea, punto) as (
  select 'LINESTRING (0 0, 3 2, 7 1)'::geometry,
         'POINT (5 1.5)'::geometry
)
select st_astext(
  st_addpoint ( linea, punto,
                st_npoints(
                  st_linesubstring (
                    linea, 0, st_linelocatepoint(linea,  punto))
                ) - 1)
) from geoms;
            st_astext
------------------------------
 LINESTRING(0 0,3 2,5 1.5,7 1)
```

Además de los métodos estudiados existen dos métodos quizás menos utilizados de referencia lineal que son *ST_Addmeasure* y *ST_InterpolatePoint*.

D   Validación cartográfica

Tras el capítulo anterior, el lector debe haber adquirido ya un conocimiento medio en el uso de PostGIS que le capacita para la resolución de la mayoría de los problemas de análisis espacial.

Este capítulo profundiza en el análisis espacial con PostGIS tratando de resolver problemas menos comunes, pero que tarde o temprano el lector tendrá que afrontar cuando empiece a utilizar PostGIS en un entorno profesional más intensamente.

Se empieza describiendo la importancia que tiene el buen diseño de un análisis espacial donde el usuario deberá planificar el tipo de operaciones y su orden para efectuar el análisis espacial de una forma óptima de cara al consumo de recursos por el servidor. Se estudiará algunas operaciones espaciales como ST_Union que es especialmente conflictiva en este sentido y además se aplicará algunas técnicas como fragmentación de las capas vectoriales mediante una rejilla para agilizar los cálculos.

En cuanto a los sistemas de referencia, en este capítulo se estudia uno de los problemas habituales cuando se desea reproyectar una capa a un sistema de referencia con un *datum* diferente al original. El caso práctico se realiza con un cambio de *datum* de ED50 a ETRS89, aunque el lector puede fácilmente utilizar la misma metodología para realizar cualquier otra transformación que implique un cambio de *datum*. También se describe con detalle el tipo *geography* cuya finalidad es realizar el análisis espacial en el esferoide en lugar de en un sistema proyectado.

Otro de los problemas críticos al manejar información cartográfica consiste en el error cartográfico o precisión asociada a los fenómenos geográficos modelados según una determinada escala. Para su comprensión y conocer cómo puede alterar la precisión de los datos al análisis espacial se introduce al lector en la importancia de un sistema de tolerancias en una base de datos espacial y las graves consecuencias que tiene su carencia.

Por último, se presenta una interesante sección sobre validación cartográfica, cuyo objetivo es la realización de un control de calidad sobre una capa o varias capas cartográficas, introduciendo condiciones como nodos colgados, solapes, conectividad, vertical relativa, etc. Todas estas condiciones se pueden modelar en PostGIS con las correspondientes sentencias SQL que detectarán errores cartográficos y servirán para comprobar, corregir y en su caso editar la cartografía.

1. Optimización del análisis espacial

Una de las primeras cuestiones que hay que plantearse es si el proyecto de análisis espacial está bien diseñado. Por ejemplo: ¿Se puede eliminar alguna operación espacial superflua? ¿Se puede sustituir alguna operación de análisis espacial que sea especialmente conflictiva, como es el caso de las disoluciones? ¿Se puede reordenar las diferentes operaciones espaciales de una forma óptima?

En este apartado se aportan varias soluciones para la optimización del análisis espacial que implica un volumen de datos cartográfico elevado. Hay que tener en cuenta que PostGIS utiliza un modelo '*simple features*' y además no implementa un sistema de tolerancias (véase el apartado D 3, pág. 220). Esto como en cualquier SIG que siga dicho modelo presenta limitaciones en el análisis espacial en ciertas operaciones de análisis.

En la versión 2.0 PostGIS incorpora un modelo de topología persistente basado en el modelo de topología que implementa *Oracle Spatial* y que aparece esbozado en la última versión de la norma SQL/MM. Este modelo hay que considerarlo aún como no apto para producción (o al menos no sin haber hecho las pruebas pertinentes), ya que debe ir creciendo en funcionalidad en próximas versiones y mejorar importantes características como su rendimiento. El sistema de topología persistente se describe en el apartado H 2 pág. 470.

Tómese los tiempos de ejecución de las sentencias SQL de este apartado solo forma muy aproximada y solo relativa entre las diferentes sentencias SQL. Podría ser que en función de la versión de PostGIS, la configuración del ordenador del lector y el tamaño de la rejilla de los ejemplos están magnitudes relativas pudiesen cambiar significativamente.

1.1. Diseño del análisis espacial

El diseño previo del análisis espacial a realizar en el proyecto SIG es un paso esencial. En este diseño se estudian las operaciones de análisis espacial a utilizar y lo que quizás es más importante, cómo combinarlas y ordenarlas para garantizar un comportamiento óptimo del sistema respecto al consumo de recursos. Mediante un ejercicio de análisis espacial que abarca simplemente un par de operaciones se puede apreciar lo importante que es planificar bien el análisis espacial antes de realizarlo.

Se quiere obtener el municipio (capa *ttmm*) que presenta la mayor área afectada por la zona de afección de 400 metros de los ríos (capa *rios*).

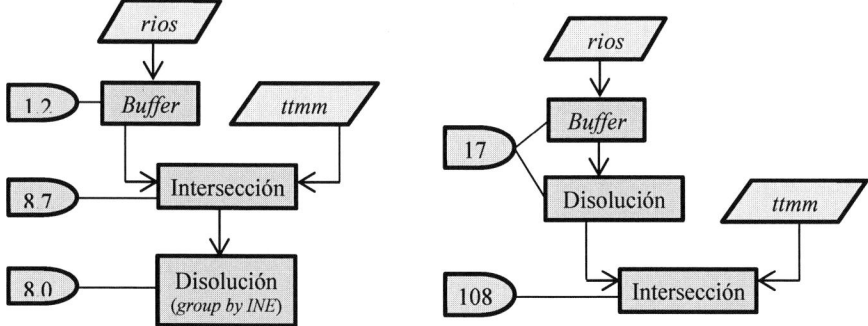

Figura 49 Diferentes metodologías para un solucionar un mismo análisis espacial

Entre las diversas formas de obtener el resultado buscado, en el diagrama de flujo de arriba se estudian dos procedimientos. La diferencia radica en qué lugar del análisis se realiza la operación de disolución.

En el diagrama de la izquierda la disolución se realiza al final del proceso agrupando geometrías por municipio, a la derecha la disolución se realiza inmediatamente después del cálculo del área de influencia.

Solución correspondiente al diagrama de la izquierda (tiempo total empleado $\approx$ 1 s):

```
s1=# create table riosbuf1 (gid serial primary key, geom geometry
   (multipolygon, 23030));
s1=# insert into riosbuf1 (geom)
  select st_multi(st_buffer (geom, 400, 32)) from rios;
s1=# create index riosbuf1_geom_gist on riosbuf1 using gist (geom);
s1=# create table inter1 (gid serial primary key, ine varchar, geom
   geometry (multipolygon, 23030));
s1=# insert into inter1 (ine, geom)
   select t.ine, stx_extract (st_intersection (t.geom, b.geom), 2)
   from ttmm t, riosbuf1 b
   where t.geom && b.geom and st_relate (t.geom, b.geom, 'T********');
s1=# create table dis1 (gid serial primary key, ine varchar, geom
   geometry (multipolygon, 23030));
s1=# insert into dis1 (ine, geom)
    select i.ine, st_multi(st_union(i.geom))
     from inter1 i group by i.ine;
s1=# select st_area(geom) as area, ine as municipio
       from dis1 order by area desc limit 1;
   area       | municipio
------------------+-----------
 233842918.080265 | 22199
```

Solución correspondiente al diagrama de la derecha (tiempo total empleado $\approx$ 5 s):

```
s1=# create table riosdis1 (gid serial primary key, geom geometry
   (multipolygon, 23030));
s1=# insert into riosdis1 (geom) select st_multi(st_union(st_buffer
   (geom, 400, 32))) from rios;
s1=# create index riosdis1_geom_gist on riosdis1 using gist (geom);
s1=# create table inter2 (gid serial primary key, ine varchar, geom
   geometry (multipolygon, 23030));
s1=# insert into inter2 (ine, geom) select t.ine, stx_extract
   (st_intersection (t.geom, b.geom), 2) from ttmm t, riosdis1 b where
   t.geom && b.geom and st_relate (t.geom, b.geom, 'T********');
s1=# select st_area(geom) as area, ine as municipio from inter2 order by
   area desc limit 1;
     area       | municipio
------------------+-----------
 233842918.080264 | 22199
```

En este ejemplo la diferencia de tiempos entre los dos procedimientos no es elevada, pero si se hubiera realizado con capas con un volumen de cartografía más elevado la diferencia sería mucho más grande.

1.2. Segmentación de capas mediante rejilla

La segmentación de una capa consiste en partir sus geometrías según una rejilla que se superpone a dicha capa. Tras la fragmentación, la capa dispone de un número mayor de geometrías, pero con menos vértices cada una y además éstas presentan una caja que ocupa menos extensión en relación a la extensión total de la capa, lo cual incrementará la eficacia de la indexación espacial utilizada en dicha capa.

Para tener una idea del tamaño de las geometrías de una capa respecto a la extensión total de la capa y por tanto el rendimiento de las operaciones de análisis realizadas con ella, se puede calcular un índice de forma sencilla a partir de las geometrías existentes en dicha capa:

Si se dispone de una capa con n geometrías, para cada geometría i (Gi) de la capa, un posible índice de distribución de las cajas viene dado por:

$$I_{Gi} = \frac{\Delta x_{Gi}}{\Delta x_{Capa}} \times 0.25 + \frac{\Delta y_{Gi}}{\Delta y_{Capa}} \times 0.25 + \sqrt{\frac{Area_{Gi}}{Area_{Capa}}} \times 0.5$$

Siendo el índice total de distribución de las cajas de la capa, la media del anterior.

$$I_{Capa} = \frac{\sum_{i=1}^{n} I_{Gi}}{n}$$

Otro indicativo puede ser la media del número de vértices de las geometrías de la capa.

Calcula el índice de distribución de las cajas y el número medio de vértices para la capa *ttmmche* y *provche (*fichero *provche.sql).*

```
s1#= select max(indice)::numeric (10, 4), min(indice)::numeric (10, 7),
           avg(indice)::numeric (10, 4),stddev(indice)::numeric (10, 5),
           avg(npuntos)::int as avg_puntos
from (select
  ((ST_xmax(gb) - ST_xmin(gb)) / (ST_xmax(cb) - ST_xmin(cb))) * 0.25 +
  ((ST_ymax(gb) - ST_ymin(gb)) / (ST_ymax(cb) - ST_ymin(cb))) * 0.25 +
  (sqrt(st_area(gb) / st_area(cb))) * 0.5  as indice, npuntos
  from
    ( select st_envelope(geom), ST_Npoints(geom) as npuntos
      from ttmmche
    ) as tabla(gb),
    ( select st_extent(geom)
      from ttmmche
    ) as tabla1 (cb)
) as tabla2;
```

Capa	Índice de eficacia de la indexación espacial				Vértices
	max	*min*	*avg*	*stddev*	*avg_puntos*
ttmmche	0.1196	0.0000004	0.0202	0.01272	529
provche	0.5186	0.0342126	0.2223	0.14157	6088

Tabla 27 Índice de eficacia de la indexación espacial I

Se puede observar que para la capa *ttmmche* la caja media ocupa un 2.02% de la extensión total de la capa y cada polígono consta de 529 vértices de media.

En cambio, la capa *provche* con las provincias de la cuenca hidrográfica, polígonos que como se puede suponer abarcan una gran superficie de la extensión total de la capa, vemos que la media de la caja de dichos polígonos ocupa un 22.2% del total de la capa y además tienen una media de 6088 vértices. Se puede concluir que con la capa *provche* al utilizar el comparador de cajas *&&*, la indexación espacial no aportará gran ventaja y además al tener los polígonos tantos vértices se ralentizará cualquier operación espacial a nivel de polígono.

En el apartado siguiente se describe en qué operaciones de análisis espacial y cómo se puede utilizar una capa previamente segmentada por una rejilla. De momento se va a proceder a segmentar una capa y comprobar que el índice de eficacia y el número de vértices han mejorado.

Segmenta la capa *provche* mediante la rejilla definida en la capa *rejilla1* (fichero *rejilla1.sql*). La capa de rejilla puede ser creada por el usuario y consiste en una serie de polígonos adyacentes (sin solapes) que cubren toda la extensión de la capa a segmentar.

```
s1#= create table provche_rej1 (gid serial primary key, prov varchar(50),
   geom geometry (multipolygon, 23030));
s1#= insert into provche_rej1 (prov, geom)
   select p.prov, stx_extract (st_intersection (p.geom, r.geom), 2)
   from provche p, rejilla1 r
   where p.geom && r.geom and st_relate (p.geom, r.geom, 'T********');
```

Tabla	Índice de eficacia de la indexación espacial				Vértices
	max	min	avg	stddev	avg_puntos
rejilla1	0.0551	0.0513578	0.0532	0.00098	5
provche	0.5186	0.0342126	0.2223	0.14157	6088
provche_rej1	0.0587	0.0000414	0.0404	0.01832	315

Tabla 28 Índice de eficacia de la indexación espacial II

Tras la segmentación de *provche* el índice de distribución de las cajas ha pasado de un 22% a un 4% y la media de vértices por geometría ha disminuido de 6088 por polígono a 315. Ahora bien, la capa *provche_rej1* no se puede utilizar de la misma forma que la original en el análisis espacial pero sí se puede utilizar para optimizar algunas operaciones de recorte, borrado, intersección, etc. como se demuestra en el siguiente apartado.

Si se quisiera fragmentar aún más la capa *provche* se puede utilizar como rejilla la capa *rejilla2* (*rejilla2.sql*), en este caso se obtendría un índice de 1.8% y 64 vértices de media.

Figura 50 Capa *provche* segmentada según una rejilla

Disoluciones

En el apartado C 7.1, pág. 170 se utilizó el operador espacial *ST_Union* para la disolución de capas y se apuntó los problemas que esta operación de análisis espacial puede generar en cuanto al consumo de recursos del sistema y tiempo de proceso.

Inconvenientes:

- La operación espacial de disolución es una operación que requiere un cálculo muy pesado para la base de datos espacial. Una disolución o unión de una capa espacial con varias decenas de miles de entidades geométricas puede colapsar los recursos de memoria y/o utilizar un tiempo de proceso enorme.
- Incluso si las geometrías a disolver son solo algunos cientos o miles y el cálculo de la disolución finaliza en pocos segundos, las geometrías obtenidas estarán formadas por decenas e incluso centenas de miles de vértices que ralentizarán cualquier operación espacial realizada con ellas posteriormente.
- Además, estas macro geometrías al haber sido resultado de unir diferentes geometrías que pueden estar repartidas por toda la extensión de la capa original, tendrán una *caja* muy extensa lo que provocará la ineficacia de la indexación espacial sobre dicha capa y por tanto la extrema lentitud en el posterior análisis.

Soluciones:

- Dividir el proceso de unión utilizando la cláusula *Group by*. Cuatro uniones de 2500 polígonos emplean menos recursos que una unión de 10000 polígonos.
- Utilizar disoluciones solo si es estrictamente necesario, muchas veces las operaciones de análisis espacial que utilizamos en nuestro proyecto (borrados, intersecciones) se pueden ordenar y combinar de múltiples formas (véase el apartado D 1.1, pág. 201) dando la posibilidad de utilizar la disolución al final del proceso cuando ya quedan pocas geometrías candidatas o incluso no tener que realizarla.
- Utilizar técnicas de segmentación por rejilla para acelerar tanto el proceso del cálculo de la disolución como el empleo de la capa resultante de esa disolución en análisis posteriores.

a) Disoluciones que dan como resultado grandes superficies conectadas espacialmente.

Este tipo de capas se obtiene generalmente al realizar una disolución de áreas de influencia provenientes de geometrías que forman redes conectadas, por ejemplo, ríos pertenecientes a una misma cuenca hidrográfica, redes de carreteras, etc.

Crea una capa *viariachedis1* y almacena en ella la disolución del área de influencia de la capa *viariache* (distancia 1500 metros y 16 segmentos por cuadrante). Utiliza técnicas rejilla con la capa *rejilla1*. Obtiene el índice de distribución de las cajas y el número de vértices medio de la nueva capa *viariachedis1*.

```
s1#= create table viariachedis1 (gid serial primary key,
        geom geometry (multipolygon, 23030));
```

```
s1#= insert into viariachedis1 (geom)
  select stx_extract(st_intersection(
      st_union(
       st_buffer(v.geom, 1500, 16)) ,
       r.geom
      ), 2) as geom
  from rejilla1 r, viariache v
  where st_expand (r.geom, 1500) && v.geom group by r.gid; D. Func.
```

El índice de distribución de las cajas es de un 5% y el número de vértices medio es de 814 vértices.

El tiempo empleado es de unos 10 s, aún mejorable si se realiza la operación en dos pasos, primero almacenando el área de influencia en una capa y luego realizando la disolución de dicha capa.

La distribución de las cajas mejora mucho al realizar una disolución completa de la capa:

```
create table viariachedis2 as
  select st_multi(st_union(st_buffer (v.geom,1500, 16))) as geom
  from viariache v;
```

En este caso, la capa *viariachedis2* estaría formada por una única macro superficie prácticamente con todo su interior conectado, formada por 176867 vértices y cuya caja abarcaría el 100% de la zona estudiada. Además, emplearía casi el doble de tiempo en su ejecución que el uso con rejilla.

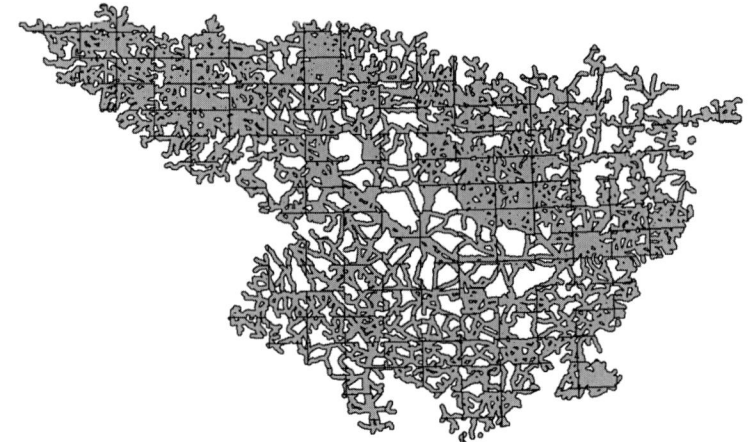

Figura 51 Área de influencia y su disolución utilizando una rejilla

b) Disoluciones que dan como resultado superficies no conectadas espacialmente.

En este caso la solución consiste en realizar disoluciones parciales solo de los grupos de geometrías conectadas. Por ejemplo, si se dispone de una capa de parcelas, lo ideal es realizar uniones parciales por grupos de parcelas que pertenecen a una misma manzana. Esta tarea es sencilla si se dispone de una capa de manzanas que contenga dichas parcelas o algún atributo en las parcelas que nos indique a qué manzana pertenecen para poder realizar la unión de las parcelas de forma agrupada utilizando dicho criterio mediante la cláusula *Group by*.

En el caso de no disponer de la información necesaria (espacial o alfanumérica) para discriminar las geometrías conectadas se puede:

- Implementar un proceso espacial recursivo que agrupe geometrías que se toquen entre sí, aunque implementar dicha funcionalidad requiere unos conocimientos de programación un poco más avanzados y utilizar algún lenguaje procedural (los lenguajes procedurales vienen explicados en el apartado E 2, pág. 272).
- Una aproximación consiste en realizar una disolución completa de todas las geometrías (siempre que los recursos del ordenador lo permitan) y convertir dicha capa resultante a elementos sencillos, es decir, convertir el o los macro multipolígonos a una capa de polígonos. De esta forma al fragmentar la capa resultante en múltiples registros la indexación espacial será más efectiva, además del incremento de velocidad al procesar geometrías con muchos menos vértices en cualquier operación de análisis posterior.

 Problema 1. Realiza la disolución de un área de influencia de 500 metros de la capa *nucleosche*. Convierte los multipolígonos generados a geometrías sencillas. Almacena el resultado en la capa *nucleosdis1*.

Borrado

La operación espacial de borrado (*erase*) entre dos capas (A – B) según se ha implementado en el apartado C 3.2, pág. 139 tiene la peculiaridad de permitir que la capa de borrado B presente solapes entre sus geometrías, ya que la propia operación de borrado va realizando disoluciones parciales de la capa B.

Obtiene las zonas de los términos municipales (capa *ttmmche*, fichero *ttmmche.sql*), que estén a más de 1500 metros de los viales (capa *viariache*, fichero *viariache.sql*) y además estén a más de 1000 metros de los ríos (capa *riosche*, fichero *riosche.sql*).

En este ejercicio hay que construir dos áreas de influencia que representan las zonas restrictivas en el análisis espacial, es decir, se buscan los polígonos fuera de esas dos áreas de influencia pero que estén dentro de los términos municipales. Un posible flujo de trabajo podría ser:

1. *B_Buf* = Área influencia (*Buffer, C 5.1, pág. 147*) de la capa *B* (*viariache*) por 1500 m.
2. *C_Buf* = Área influencia (*Buffer*) de la capa *C* (*riosche*) por 1000 metros
3. *B_Buf_Dis* = Disolución de la capa *B_Buf*
4. *C_Buf_Dis* = Disolución de la capa *C_Buf*
5. *D* = Intersección (*Intersect,* apartado C 3.1, pág. 137) de la capa *B_Buf_Dis* y *C_Buf_Dis*
6. *S1* (solución 1):

   S = Borrado (*Erase*, C 3.2, pág. 139) de la capa *A (ttmmche) - D*

   S2 (solución 2):

   E = Superposición (*Overlay*, C 3.3, pág. 141) de la capa *D* y la capa *A (ttmmche)*

   S = Selección por atributos según las zonas que están fuera de *D* y dentro de *A*

Dicho flujo de trabajo tardaría muchas horas en ejecutarse (en el mejor de los casos), debido a un mal diseño del análisis que es ampliamente mejorable considerando:

En la solución 2 no se ha utilizado la operación de borrado (*erase*), sino que se ha realizado todo el proceso con operaciones de superposición que son más pesadas que la operación de borrado.

Se ha realizado una disolución de las capas *B_Buf* y *C_Buf*, cuando esto no es necesario si se utiliza una operación posterior de borrado.

Para 'juntar' las capas resultado del área de influencia (*D*), se ha realizado una superposición (*Intersects*) cuando no se necesita conservar ningún atributo de ambas capas, siendo totalmente viable realizar una adición (*Append*) debido a que la operación de borrado posterior permite solapes entre las áreas de la capa de borrado.

Un posible flujo de análisis espacial mejorado sería:

1. *B_Buf* = Area de influencia (*Buffer, C 5.1, pág. 147*) de la capa *B* (*viariache*) por 1500 m.
2. *C_Buf* = Área influencia (*Buffer*) de la capa *C* (*riosche*) por 1000 metros.
3. *D* = Adición (*Append*, C 6.2, pág. 169) de las capas *B_Buf* y *C_Buf*
4. *S* = Borrado (*Erase*, C 3.2, pág. 139) de la capa *A (ttmmche)* - *D*

Capa D (adición de los dos *buffers*): tiempo de ejecución de 5 s:

```
s1#= create table append2 (gid serial primary key, geom geometry
    (multipolygon, 23030));
s1#= create index append2_geom_gist on append2 using gist(geom);
s1#= insert into append2 (geom)
  select st_multi(st_buffer(geom, 1000, 16)) as geom from riosche
  union all
  select st_multi(st_buffer(geom, 1500, 16)) from viariache;
INSERT 0 22528
```

Capa S (borrado): tiempo de ejecución de 20 s:

```
s1#= create table erase2 (gid serial primary key, ine varchar (5),
    geom geometry (multipolygon, 23030));

s1#= insert into erase2 (ine, geom) select ine, geom from
  ( select s.ine, count(n.gid) as numright,
     case when count(n.gid) = 0 then s.geom else
       stx_extract(st_difference (
                  s.geom,
                  st_union(n.geom)),2 ) end as geom
     from ttmmche s left join append2 n
     on s.geom && n.geom and
        st_relate (s.geom, n.geom, 'T********') group by s.gid  [D. Func.]
  ) as tabla where (numright > 0 and geom is not null) or numright = 0;
INSERT 0 1658
```

En el caso de que tuviéramos las capas de las áreas de influencias fragmentadas mediante una rejilla, el proceso del borrado sería más rápido pasando de 20 a 6 s.

Fragmentación según rejilla de la disolución de las dos áreas de influencia:

```
s1#= create table append2_rej1_dis (gid serial primary key, geom geometry
    (multipolygon, 23030));
s1#= create index append2_rej1_dis_geom_gist on append2_rej1_dis using
    gist(geom);
s1#= insert into append2_rej1_dis (geom)
    select stx_extract(st_intersection(
                    st_union(a.geom), r.geom
                    ), 2) as geom
    from rejilla1 r, append2 a
    where r.geom && a.geom group by r.gid;  [D. Func.]
INSERT 0 216
```

Capa S (borrado): tiempo de ejecución de 6s:

```
s1#= create table erase3 (gid serial primary key, ine varchar (5), geom
   geometry (multipolygon, 23030));
```

Borrado con la capa *append2_rej1_dis* en lugar de *append2:*

```
s1#= insert into erase3 (ine, geom) select ine, geom from
    ( select s.ine, count(n.gid) as numright,
        case when count(n.gid) = 0 then s.geom else
          stx_extract(st_difference (
                        s.geom, st_union(n. geom)),2 ) end as geom
      from ttmmche s left join append2_rej1_dis n
      on s.geom && n.geom and
          st_relate (s.geom, n.geom, 'T********') group by s.gid  D. Func.
    ) as tabla where (numright > 0 and geom is not null) or numright = 0;
INSERT 0 1658
```

Estas diferencias de rendimiento serían más grandes si se utiliza en lugar de la capa *ttmmche* por ejemplo la capa *provche* que contiene polígonos mucho más grandes.

Recorte

En una operación de recorte (*clip*, C 4.1, pág. 145), la fragmentación de la rejilla se aplica a la capa utilizada como recorte. En los casos que la capa de recorte esté formada por polígonos con un gran número de vértices o que abarquen una gran extensión, es aconsejable y muchas veces obligatorio utilizar técnicas de fragmentación mediante rejillas.

Recorta la capa *viariache* utilizando como recorte la capa *provche* pero únicamente las provincias de la Comunidad Autónoma de Aragón. Utiliza la capa *rejilla1* para fragmentar la capa *provche* previamente.

--Fragmentación de la capa *provche*. Tiempo de ejecución: 0.3 s.

```
s1#= create table provche_rej1 (prov, geom) as
   select p.prov, stx_extract (st_intersection(p.geom, r.geom), 2) as geom
   from provche p, rejilla1 r
   where p.geom && r.geom and st_relate (p.geom, r.geom, 'T********');

s1#= create index provche_rej1_gist_geom on provche_rej1 using
   gist(geom);
```

--Recorte por los polígonos de la CA de Aragón. Tiempo de ejecución: 1 s.

```
s1#= create table viariaara (gid serial primary key, tipo integer, geom
   geometry (multilinestring, 23030));

s1#= insert into viariaara (tipo, geom)
   select r.tipo,
     stx_extract (
       st_intersection (r.geom, st_union(p.geom)),1
     ) as geom
   from viariache r, provche_rej1 p
   where (p.prov = 'TERUEL' OR p.prov = 'ZARAGOZA' or p.prov = 'HUESCA')
     and r.geom && p.geom and st_relate (r.geom, p.geom, 'T********')
   group by r.gid;  D. Func.
```

La misma operación de recorte directamente con la capa *provche* en lugar de *provche_rej1* tarda 11 s en ejecutarse.

Intersección

En las operaciones espaciales de superposición de capas también se puede utilizar las técnicas rejilla.

A partir de la capa *viariachedis1* (generada en el ejercicio de la página 205) que contiene un área de influencia de la capa *viariache* utilizando la rejilla *rejilla1* y la capa *ttmmche*, obtiene el nombre del municipio que presenta más superficie afectada por el área de influencia *viariachedis1*.

Al utilizar para el análisis espacial una capa ya fragmentada en rejilla (*viariachedis1*), se puede apreciar la potencia y mejora en rendimiento que tiene esta técnica.

La operación de análisis consiste en una simple intersección de la siguiente forma:

```
--creamos el índice especial, ya que antes no se había creado
s1#= create index if not exists viariachedis1_geom_gist on viariachedis1
     using gist(geom);

s1=# select max(t.nombre),
            sum(st_area(st_intersection(t.geom,b.geom))) as area
  from ttmmche t, viariachedis1 b
  where t.geom && b.geom group by t.gid order by area desc limit 1;

    max       |       area
------------+----------
 Sabiñánigo | 439168505.311304
```

El tiempo de ejecución es de unos 1 s. Si en lugar de utilizar la capa *viariachedis1* se utilizara una capa proveniente de la disolución de la capa *viariache* sin rejilla, el tiempo de ejecución sería de unos 3 s.

La metodología estudiada (optimización con rejilla) es perfectamente extrapolable para su aplicación en cualquier SIG de escritorio.

Es importante mencionar que los tiempos medidos son estimativos, ya que además de depender de la propia máquina de test, también los tiempos relativos pueden verse modificados por la configuración del propio servidor de PostgreSQL o la versión de PostGIS utilizada.

En muchos de los ejemplos de este apartado se ha utilizado un filtro con *ST_Relate*, p. ej.: *r.geom && p.geom and st_relate (r.geom, p.geom, 'T********')*. En la práctica se utiliza con más frecuencia simplemente *ST_Intersects (r.geom,p.geom)*. La diferencia es que *ST_Intersects* es un filtro un poco más grosero (pero más sencillo de escribir y también un poco más rápido en su ejecución), ya que dejaría pasar aquellos casos en que la intersección devuelve puntos o líneas (p. ej.: dos polígonos que intersecan solo en un lado adyacente). En cualquier caso, estos casos se filtran con el comando *STX_Extract* que devolverá *null*.

El único efecto colateral de utilizar *ST_Intersects* en lugar de *ST_Relate* (con un patrón más ajustado) es que puede que se cuelen algunas geometrías nulas más en la tabla final (geometrías nulas que devuelve el operador *STX_Extract* al no obtener el tipo de geometría deseado).

Siempre es aconsejable, ya se utilice *ST_Intersects* o un patrón relate, aplicar después de nuestro análisis final una sentencia de tipo *DELETE FROM tabla WHERE geom is null*.

1.3. Robustez en el análisis espacial

JTS OverlayNG

La biblioteca *GEOS*, en la cual se apoya PostGIS para la mayoría de sus operadores espaciales, está programada en C++. GEOS es una conversión de la biblioteca original *JTS* que está escrita en Java.

Hace pocos años que *JTS* incorporó un nuevo algoritmo de superposición de geometrías superficiales (*overlayNG*), basado en una implementación del algoritmo de redondeo de vértices (*snap-rounding*). Estos nuevos algoritmos llamados *OverlayNG* garantizan según el autor **una robustez completa en los cálculos**[1], especialmente cuando se utiliza una configuración de **precisión fija**.

A partir de la versión 3.9 de GEOS (incluida a partir de PostGIS 3.1), GEOS ya incorpora estas mejoras de JTS y podemos asegurar que el análisis espacial en PostGIS es mucho más robusto que en versiones anteriores.

Cuando hablamos de este análisis robusto se está haciendo referencia principalmente a los operadores espaciales: *ST_Intersection*, *ST_Union*, *ST_Difference*, etc. vistos en el apartado C 2, pág. 128.

Versión clásica de los operadores espaciales.

A partir de GEOS 3.9, al ejecutar cualquiera de estos operadores, p. ej.:

   Geometry:= ST_Intersection (geometry1, geometry2)

PostGIS realiza un proceso que puede alcanzar hasta tres fases:

1.- Ejecuta el operador espacial utilizando un modelo de precisión flotante, es decir, alrededor 13-14 dígitos. Si el operador se ejecuta correctamente sin producir un error devuelve la geometría resultante, en caso contrario pasa a ejecutar el paso 2.

2.- Ejecuta el operador espacial, pero utilizando un *SnappingNoder* (JTS/GEOS) Esta funcionalidad, mueve los vértices de una geometría a los vértices y segmentos rectos de otra, siempre que la distancia entre ellos sea menor a una tolerancia. Tolerancia, que se calcula de forma automática, y se va incrementando a lo largo de algunas iteraciones. Si se produce un error se pasa a ejecutar el apartado 3, en caso contrario se devuelve la geometría resultante.

3.- Utiliza un modelo de precisión fija (*fixed*) utilizando un *SnapRoundingNoder (JTS/GEOS)*. Esta funcionalidad permite elegir un tamaño de malla/rejilla (*gridSize*) y cada vértice de las geometrías se ajustarán a dicha rejilla. Si este método también falla entonces finalmente se devolverá un ***TopologyException*** y se **abortará el operador**.

---

[1] https://lin-ear-th-inking.blogspot.com/2020/06/jts-overlayng-tolerant-topology.html
https://lin-ear-th-inking.blogspot.com/2020/05/jts-overlay-next-generation.html

Versión con precisión fija de los operadores espaciales

Existe una versión de los operadores espaciales que toma un argumento extra, que consiste en un tamaño de rejilla:

Geometry:= ST_Intersection (geometry1, geometry2, gridSize)

Esta versión es similar a la fase 3 descrita en la versión clásica, con la salvedad que podemos elegir el tamaño de la rejilla (*gridSize*). Además, hay que recordar que el paso 3 de la versión clásica solo se ejecuta si fallan los pasos 1 y 2.

En ocasiones, es útil tener la posibilidad de ejecutar los operadores espaciales directamente en un modelo de precisión fija. Un caso, es el que mostramos a continuación.

Errores geométricos de los operadores espaciales

El análisis espacial mediante rejilla estudiado en este capítulo es una técnica que puede acelerar en gran medida ciertas operaciones de análisis espacial, aunque en PostGIS hay que tener cuidado en su aplicación, ya que al carecer PostGIS de un sistema de tolerancias implícito (véase el apartado D 3, pág. 220), el sistema puede crear polígonos no deseados.

La siguiente imagen muestra un polígono no deseado (capa *erase3*) con un extraño saliente vertical que prácticamente no tiene superficie dentro (proveniente de algún borde de una rejilla).

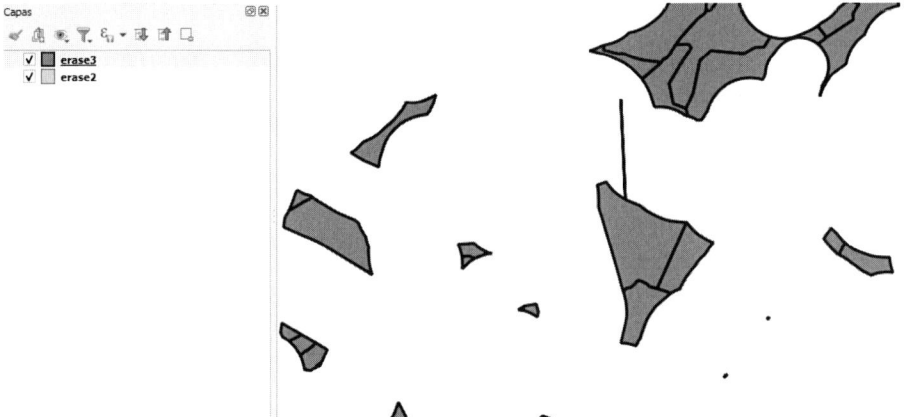

Figura 52 Polígono no deseado en un análisis con rejilla

La capa *erase2* carece de dicho error, ya que al no haber utilizado una rejilla no se han realizado tantísimas operaciones de intersecciones, uniones, etc. y hay menos probabilidad de que se produzcan errores de este tipo, aunque bien podrían suceder también sin utilizar rejillas de análisis.

Una solución consiste en aplicar un ajuste de los vértices según unas tolerancias. Los operadores espaciales *ST_Intersection*, *ST_Difference*, *ST_Union*, etc. a partir de la versión 3.1 de PosGIS aceptan un argumento extra opcional que es un ancho de rejilla o tolerancia, y permiten ejecutar el operador en un modelo de precisión fija en la biblioteca JTS:

Geometry:= ST_Intersection (geometry1, geometry2, gridSize)

Esta tolerancia o ajuste a rejilla debe ser al menos de 100 o 1000 veces menor al error o precisión que creamos tiene la cartografía.

Por ejemplo, si estamos hablando de que nuestros datos tienen un error máximo de 1 metro por vértice, un tamaño de malla (*gridSize*) apropiado sería de 0.01 o 0.001 m.

La sentencia anterior de la capa *erase3*, modificada para introducir un *gridSize* de 0.001 quedaría (resaltado en gris aparecen los cambios):

```
s1#= drop table if exists erase3;
s1#= create table erase3 (gid serial primary key, ine varchar (5), geom
   geometry (multipolygon, 23030));
s1#= insert into erase3 (ine, geom) select ine, geom from
   ( select s.ine, count(n.gid) as numright,
       case when count(n.gid) = 0 then s.geom else
         stx_extract(st_difference (
                     s.geom,
                     st_union(n. geom, 0.001) , 0.001),2 ) end as geom
     from ttmmche s left join append2_rej1_dis n
     on s.geom && n.geom and
         st_relate (s.geom, n.geom, 'T********') group by s.gid
   ) as tabla where (numright > 0 and geom is not null) or numright = 0;
INSERT 0 1658
```

La nueva capa *erase3* carece de este tipo de errores, aunque en contrapartida la ejecución de la sentencia SQL anterior necesita entre 4 y 5 veces más de tiempo que la misma sin utilizar el argumento *gridSize*.

2. Proyecciones y transformaciones entre *datum*

PostGIS utiliza la biblioteca *Proj4* para realizar las operaciones de transformación (*ST_Transform*) entre geometrías georreferenciadas mediante diferente CRS[1] (*Coordinate Reference System*). La tabla *spatial_ref_sys* (véase el apartado B 1.5, pág. 45) contiene una fila por cada uno de los CRS soportados por PostGIS. En la columna *proj4text* de esta tabla se almacenan los parámetros que *Proj4* necesita para definir cada uno de estos CRS.

Aunque *PostGIS/Proj4* soporta varios miles de CRS, hay ocasiones en que la conversión entre geometrías con diferente CRS no es todo lo precisa que cabría esperar debido a que los CRS origen y destino de las geometrías se apoyan en diferente superficie de referencia o *datum geodésicos de referencia* (en adelante *datum*).

El *datum* consiste en un modelo de la forma de la tierra, que se apoya generalmente en un elipsoide de revolución que se utiliza como superficie de referencia para la medida de las posiciones o localizaciones espaciales. Es lógico pensar que, si este '*origen*' de medidas espaciales es diferente, entonces las coordenadas entre dos CRS con distinto '*origen*' no serán a priori comparables. Para poder comparar dichas coordenadas, será necesario convertir o transformar un *datum* a otro, y la elección del método y de los parámetros de esta transformación de conversión entre *datum* es donde radica la diferencia de resultados obtenidos en las transformaciones de geometrías con CRS en diferente *datum*.

Para la transformación entre *datum* generalmente los diferentes programas de SIG y entre ellos PostGIS pueden aplicar diferentes métodos:

a) Utilizar una transformación tridimensional de 7 parámetros[2] donde se define la posición relativa de un *datum* respecto a otro (entre sus elipsoides). Para este método será necesario definir el valor de estos 7 parámetros.

b) Utilizar una rejilla de interpolación denominada *NTv2*, utilizada originalmente por Canadá y Australia. En esta rejilla se plasma un modelo de transformación entre *datum* basada en un modelo de distorsión[3] mucho más complejo que el anterior. Para este método es necesario adquirir y configurar unos ficheros binarios donde se almacena la rejilla de interpolación.

c) Simplemente no realizar nada. Con lo cual no se realiza transformación alguna y la conversión entre CRS con diferente *datum* será simplemente errónea.

Los valores de los parámetros de los métodos a) y b), es decir, los 7 parámetros o el fichero de rejilla dependen de cada pareja de conversión de *datum*, por ejemplo, en el caso de España tres de los *datum* más conocidos son el *datum* ED50 (código EPSG 4230), el ETRS89 (código EPSG 4258) y el WGS84 (código EPSG 4326). Por lo tanto, habrá que definir los parámetros para el método a) o b) pero para todas las combinaciones de *datum*: ED50 – ETRS89, ETRS89 – WGS84 y ED50 – WGS84.

---

[1] https://en.wikipedia.org/wiki/Spatial_reference_system

[2] Los 7 parámetros son: tres translaciones ($\Delta x \ \Delta y \ \Delta z$), tres giros ($\Omega_x \ \Omega_y \ \Omega_z$) y un factor de escala (μ). Alguno de los métodos más conocidos de transformación utilizando estos 7 parámetros son los de Bursa-Wolf y Badekas-Molodeski.

[3] Información detallada se puede encontrar en varios artículos del IGN como "Modelos de transformación entre ED50 y ETRS89" de Matesanz y Mourón.

2.1. Caso práctico: de ED50 a ETRS89

En este apartado vamos a convertir como ejemplo un punto dado en un CRS que utilice el *datum* 4230 (ED50) a otro CRS que utilice el *datum* 4258 (ETRS89) con PostGIS. Los CRS utilizados en este ejemplo son utilizados frecuentemente en España, pero si el lector dispone de cartografía en cualquier otro ámbito geográfico puede encontrarse fácilmente con el mismo problema sobre los cambios de *datum* y la forma de realizar una correcta transformación entre ellos se resuelve de forma similar a la aquí planteada.

Antes vamos a ver como averiguar qué CRS en PostGIS se basa en un *datum* determinado, por ejemplo, en el *datum* ED50 (EPSG 4230), con la siguiente consulta:

```
s1=# select srid,
    substring ( srtext from 'PROJCS\[\"(.*)\"',GEOGCS')
      as "datum / proyeccion"
    from spatial_ref_sys
    where srtext like '%\"4230\"%' order by srid;
 srid  |          datum / proyeccion
-------+-----------------------------------
 ...
 2192  | ED50 / France EuroLambert
 2206  | ED50 / 3-degree Gauss-Kruger zone 9
 2207  | ED50 / 3-degree Gauss-Kruger zone 10
 2208  | ED50 / 3-degree Gauss-Kruger zone 11
 2209  | ED50 / 3-degree Gauss-Kruger zone 12
 2210  | ED50 / 3-degree Gauss-Kruger zone 13
 2211  | ED50 / 3-degree Gauss-Kruger zone 14
 2212  | ED50 / 3-degree Gauss-Kruger zone 15
 2319  | ED50 / TM27
 2320  | ED50 / TM30
 ...
 4230  |
 5627  | ED50 / TM 6 NE
 5643  | ED50 / SPBA LCC
 23028 | ED50 / UTM zone 28N
 23029 | ED50 / UTM zone 29N
 23030 | ED50 / UTM zone 30N
 23031 | ED50 / UTM zone 31N
 23032 | ED50 / UTM zone 32N
 ...
 23038 | ED50 / UTM zone 38N
 23090 | ED50 / TM 0 N
 23095 | ED50 / TM 5 NE
102014 | Europe_Lambert_Conformal_Conic
 ...
```

En este ejercicio se parte de un punto en el CRS 23030 (ED50 / UTM Huso 30 Norte): 'POINT (465348.7823 4473240.8768)' y se convierte al 25830 (ETRS89 / UTM Huso 30).

A continuación, vamos a realizar la transformación de un punto en coordenadas ED50 a ETRS89 por dos métodos diferentes: mediante transformación de 7 parámetros y mediante rejilla NTv2.

Modelo de 7 parámetros

Vamos a utilizar el modelo de 7 parámetros de transformación entre los *datum ETRS89 y ED50*, según los parámetros dados por el Instituto Geográfico Nacional (IGN).

Zona	Δx [m]	Δy [m]	Δz [m]	Ωx [']	Ωy [']	Ωz [']	μ[ppm]
Península	131.032	100.251	163.354	-1.2438	-0.0195	-1.1436	-9.39
Baleares	181.4609	90.2931	187.1902	0.1435	0.4922	-0.3935	-17.57
NW Península	178.383	83.172	221.293	0.5401	-0.5319	-0.1263	-21.2

Tabla 29 Parámetros de transformación entre los *datum* ETRS89 -> ED50 (IGN)

Estos 7 parámetros se deben especificar en el correspondiente registro de la tabla *spatial_ref_sys* en PostGIS, en concreto modificando el valor del campo *proj4text* que contiene la configuración que PostGIS pasa a *Proj4* para el cálculo. El parámetro *+towgs84* de *Proj4* sirve para definir estos 7 parámetros.

En este ejercicio vamos a cambiar el contenido del campo *srtext* que define el WKT de los CRS, para modificar los valores del parámetro *towgs84* (donde se define los parámetros de la transformación). Lo haremos en los cuatro CRS implicados en el ejercicio que son los CRS 25830, 23030, 4230 y 4258.

Pero, no vamos a modificar (*update*) las filas ya existentes de *spatial_ref_sys* correspondientes a los CRS implicados, sino que vamos a crear nuevas filas con la definición de estos sistemas de referencia personalizados. De esta forma, por una parte, no tocamos la configuración de los CRS ya existentes, y, además, para que PostGIS utilice estas modificaciones, es necesario insertar nuevas filas en *spatial_ref_sys*.

Como no podemos repetir el SRID de los CRS, nos creamos cuatro filas nuevas, con un número de CRS que no exista, p. ej.: 925830, 923030, 94230, 94258.

Lo importante de estas nuevas filas es el campo *proj4text* que contiene la cadena de parámetros que necesita *proj4* para realizar la transformación de coordenadas, y en esta cadena aparece el parámetro *towgs84*.

El parámetro *towgs84* contiene los valores numéricos de la transformación de 7 parámetros vista en la Tabla 29. Observar que los parámetros de los giros se especifican con signo contrario a los de la Tabla 29.

```
s1=# insert into spatial_ref_sys (srid, auth_name, auth_srid, proj4text)
  values (925830, 'EPSG', 925830, '+proj=utm +zone=30 +ellps=GRS80
    +units=m +no_defs
    +towgs84=131.032,100.251,163.354,1.2438,0.0195,1.1436,-9.39');
```

También es necesario añadir el parámetro *towgs84* al CRS 23030 pero en este caso con los 7 parámetros de la transformación a cero.

```
s1=# insert into spatial_ref_sys (srid, auth_name, auth_srid, proj4text)
  values (923030, 'EPSG', 923030, '+proj=utm +zone=30 +ellps=intl +units=m
    +no_defs +towgs84=0,0,0,0,0,0,0');
```

De esta forma la transformación queda ya lista para transformar coordenadas entre los CRS 25830 y 23030. Ahora bien, además es aconsejable (necesario si en algún momento se desea convertir a coordenadas geográficas) realizar la misma configuración para los CRS 4258 y 4230 que definen los *datum* de las dos proyecciones anteriores.

```
s1=# insert into spatial_ref_sys (srid, auth_name, auth_srid, proj4text)
 values  (94258, 'EPSG', 94258, '+proj=longlat +ellps=GRS80
    +towgs84=131.032,100.251,163.354,1.2438,0.0195,1.1436,-9.39
    +no_defs');

s1=# insert into spatial_ref_sys (srid, auth_name, auth_srid, proj4text)
 values (94230, 'EPSG', 94230, '+proj=longlat +ellps=intl
    +towgs84=0,0,0,0,0,0 +no_defs');
```

A partir de este momento PostGIS utilizará la transformación especificada siempre que se conviertan coordenadas del CRS 23030 al 25830 y viceversa.

```
s1=# with tabla (geom) as (
   select st_geomfromtext ('POINT (465348.7823 4473240.8768)',923030)
)
select 'to25830' as crs,st_astext(st_transform (geom,925830)) from tabla union
select 'to4230', st_astext(st_transform (geom, 94230)) from tabla union
select 'to4258', st_astext(st_transform (geom, 94258)) from tabla;
   crs    |                  st_astext
---------+-------------------------------------------
 to4230  | POINT(-3.408367625198591 40.408367624988664)
 to25830 | POINT(465239.6947228522 4473033.317943498)
 to4258  | POINT(-3.40966464258083 40.40718860424782)
```

Se puede comprobar como las coordenadas geográficas tanto la longitud como la latitud en 4258 (ETRS89) son diferentes a las obtenidas en 4230 (ED50) indicativo de que PostGIS ha realizado una transformación entre *datum*.

> Si la geometría a transformar es 3D entonces una transformación de *datum* de 7 parámetros **modificará** también las coordenadas Z. Esto en principio no tiene sentido ya que las Z utilizan otro *datum* diferente al planimétrico. El modelo de rejilla NTv2 **no** modifica las Z.

Modelo de rejilla NTv2

La configuración de PostGIS para utilizar el modelo de rejilla se realiza en dos pasos:

1. Descargarse el fichero de rejilla y copiarlo en el directorio adecuado.

Los ficheros rejilla se pueden obtener de la web del IGN[1]. Existe un fichero para la península (*PENR2009.gsb*) y otro para las islas Baleares (*BALR2009.gsb*). En este caso se va a utilizar el correspondiente a la península.

Este fichero se debe copiar en el directorio donde *Proj4* almacena la configuración dentro de PostGIS. En *Linux* dependerá de la distribución utilizada, por ejemplo, en *Ubuntu u Open-Suse* se localiza en *"/usr/share/proj/"*. Dicho directorio contiene ficheros como 'epsg', 'nad27', 'esri', etc. que contienen información de CRS. En *MS Windows* generalmente se localiza dentro del directorio de instalación de PostGIS, p. ej.: *"C:\Post-greSQL\16\share\contrib\postgis-3.4\proj"*

---

[1] https://www.ign.es/web/gds-rejilla-cambio-datum

2. Eliminar el parámetro *'+towgs84'* y añadir el parámetro *'+nadgrid'* que hace referencia al nombre del fichero rejilla en el valor del campo *proj4text*.

```
s1=# update spatial_ref_sys set proj4text = '+proj=utm +zone=30
   +ellps=GRS80 +units=m +no_defs +nadgrids=null' where srid =925830;
s1=# update spatial_ref_sys set proj4text = '+proj=utm +zone=30
+ellps=intl +units=m +no_defs +nadgrids=PENR2009.gsb' where srid =923030;
```

Además, es aconsejable (necesario si en algún momento se desea convertir a coordenadas geográficas) realizar la misma configuración en los CRS 4258 y 4230 que definen los *datum* de las dos proyecciones anteriores.

```
s1=# update spatial_ref_sys set proj4text = '+proj=longlat +ellps=intl
   +units=m nadgrids=PENR2009.gsb +no_defs' where srid = 94230;
s1=# update spatial_ref_sys set proj4text = '+proj=longlat +ellps=GRS80
   +towgs84=0,0,0,0,0,0,0 +no_defs' where srid = 94258;
```

Antes de ejecutar la sentencia SQL con los datos de ejemplo **es necesario reiniciar el servidor de PostgreSQL**, ya que los datos de la tabla *spatial_ref_sys* son cacheados.

La sentencia SQL del ejemplo anterior da un resultado en este caso:

```
   crs    |                st_astext
---------+----------------------------------------
 to4258  | POINT(-3.409668418719393 40.40718544222196)
 to4230  | POINT(-3.408367625198591 40.408367624988664)
 to25830 | POINT(465239.3726874673 4473032.968448381)
```

Se obtienen resultados ligeramente diferentes, en torno a 23 cm en coordenada X y en unos 35 cm en la coordenada Y resultado de la aplicación de la rejilla NTv2.

Reiniciación de los parámetros

También puede ser útil el reiniciar el texto *proj4text* de las entradas de *spatial_ref_sys* para que PostGIS no utilice ningún tipo de transformación.

```
s1=# update spatial_ref_sys set proj4text = '+proj=utm +zone=30 +ellps=GRS80
   +units=m +towgs84=0,0,0,0,0,0,0 +no_defs'
   where srid = 925830;
s1=# update spatial_ref_sys set proj4text = '+proj=utm +zone=30 +ellps=intl
   +units=m +towgs84=0,0,0,0,0,0,0 +no_defs'
   where srid = 923030;
s1=# update spatial_ref_sys set proj4text = '+proj=longlat +ellps=intl
   +towgs84=0,0,0,0,0,0,0 +no_defs' where srid = 94230;
s1=# update spatial_ref_sys set proj4text = '+proj=longlat +ellps=GRS80
   +towgs84=0,0,0,0,0,0,0 +no_defs' where srid = 94258;
```

Al igual que anteriormente, **es necesario reiniciar el servidor de PostgreSQL**.

En este caso se obtendrían unas coordenadas:

```
   crs    |                st_astext
---------+----------------------------------------
 to25830 | POINT(465349.9360916152 4473073.568605134)
 to4258  | POINT(-3.40836762519859 40.40755581575169)
 to4230  | POINT(-3.408367625198591 40.408367624988664)
```

Se observa que la longitud en ambos *datum* (4230 y 4258) es la misma lo que pone bajo sospecha que efectivamente PostGIS no ha utilizado ningún tipo de transformación.

Por último, hay que comentar que el Instituto Geográfico Nacional (IGN) proporciona una herramienta online[1] de calculadora geodésica para la transformación de coordenadas geográficas o en proyección UTM entre los sistemas de referencia ETRS89 y ED50.

Configuración localización biblioteca

En ocasiones sobre todo en instalaciones de *Proj4* en *MS Windows* se configura una variable de entorno llamada *PROJ_LIB* que apunta al directorio donde se encuentran los ficheros correspondientes a los *datum*, ficheros rejilla, etc.

En *MS Windows,* PostGIS utiliza la ruta por defecto '*...instalación de postgres\share\contrib\postgis\proj'* únicamente en el caso de que la variable *PROJ_LIB* no esté definida. Si observamos que PostGIS no está utilizando los ficheros rejilla localizados en dicha ruta, entonces posiblemente la causa sea que está tratando de localizar los ficheros rejilla en el directorio apuntado por *PROJ_LIB* (variable de entorno que puede haber definido otro programa como *FWTOOLS, MapServer,* etc.).

Por otra parte, comentar que existe una versión de *ST_Transform (geom, proj4text)* que permite especificar el texto *proj4text* para el *srid* destino. De esta forma se pueden realizar pruebas y transformaciones personalizadas **sin tener que editar la tabla *spatial_ref_sys*.**

---

[1] Calculadora geodésica en https://www.ign.es/wcts-app/. Otros recursos del IGN sobre Geodesia en https://www.ign.es/web/gds-area-geodesia

3. Tolerancia en el análisis espacial

PostGIS basa gran parte de su análisis vectorial en *GEOS/JTS*. Estas bibliotecas utilizan doble precisión en sus cálculos y aunque *JTS* presenta un modelo de geometrías en el cual se puede especificar la precisión de las coordenadas, esta opción no funciona de forma correcta en el análisis espacial.

Esto ocasiona graves problemas en ciertas operaciones de análisis espacial en PostGIS, problemas que el usuario puede resolver en la mayoría de los casos si es consciente de las consecuencias que implica en una base de datos la falta de un sistema de tolerancias.

Un ejemplo sencillo de las consecuencias de la falta de tolerancias consiste: En ocasiones si se dispone de dos rectas cuya intersección da un punto, la intersección de dicho punto con una de las rectas es conjunto vacío, *Point Empty*.

El siguiente ejemplo prueba dicha afirmación.

```
s1=# select st_astext(geomint) as rectarecta,
           st_astext(st_intersection (geom1, geomint)) as puntorecta,
           st_intersects (geom1, geomint) as intersects,
           st_distance (geomint, geom1) as dist
    from (
           select geom1, geom2,
                  st_intersection (geom1, geom2) as geomint
           from (
               select st_geomfromtext ('LINESTRING (0 0, 9 10)') as geom1,
                      st_geomfromtext ('LINESTRING (0 5, 10 7)') as geom2
           ) as tabla
    ) as tabla1;
           rectarecta          |        puntorecta        |intersects | dist
--------------------------------+--------------------------+----------------
 POINT(5.4878048 6.0975609) | POINT EMPTY             | f        | 8.8E-16
```

La solución a estos problemas depende de la finalidad del análisis espacial:

a) Por ejemplo, si lo que el usuario busca es seleccionar o encontrar las líneas de una capa que intersecan con los puntos de otra capa, se puede utilizar la orden *ST_DWithIn (ST_Expand* más *ST_Distance,* véase el apartado C 5.2, pág. 150*)* en lugar del predicado espacial *ST_Intersects*. Además, el uso de *ST_DWithIn* permite al usuario especificar una distancia como tolerancia.

Encuentra los *gid* de las geometrías de la capa *rios* que toquen en los interiores, pero no en puntos de contorno.

Este mismo ejemplo se resolvió cuando se estudió los predicados espaciales (apartado B 5.3, pág. 102) utilizando el comando *ST_Relate*. El resultado inicial consistió en cuatro casos donde los ríos tocaban en su interior.

El ejemplo utilizando el comando *ST_DWithin* sería:

```
s1=# select r1.gid,r2.gid from rios r1, rios r2
   where r1.gid <> r2.gid and (
    (st_dwithin (stx_startpoint(r1.geom), r2.geom, 0.00001) and
    st_distance (stx_startpoint(r1.geom),st_boundary(r2.geom)) >= 0.00001)
    or
    (st_dwithin (stx_endpoint(r1.geom), r2.geom, 0.00001) and
     st_distance (stx_endpoint(r1.geom),st_boundary(r2.geom)) >= 0.00001)
   );

  gid  |  gid
------+------
  533 |  534
  539 |  534
  916 |  903
 1139 | 1068
 1264 | 1248
 1322 | 1392
 1427 | 1473
```

En este caso se ha utilizado una tolerancia de 0.01 mm totalmente despreciable. Se obtiene de esta forma 7 casos. Hemos considerado que el punto inicial o final 'x' de una *LineString* A toca en el interior de otra *LineString* B cuando el punto 'x' está a menos de 0.01 mm de B, pero a más de 0.01 mm de los puntos de contorno de B (sino además de tocar en el interior podría estar tocando en algún punto del contorno, es decir, estaría buscando además la conectividad entre ambas líneas).

Los casos 1139, 1264 y 1322 no eran detectados cuando se utilizaba el predicado *ST_Relate*. Se puede comprobar con un SIG de escritorio (utilizando un *zoom* máximo) que por ejemplo el punto final del tramo lineal con *gid* 1322 toca en el interior del tramo lineal con *gid* 1392 aunque PostGIS no lo detecta con el predicado *ST_Relate* debido a:

- Que el tramo con *gid* 1392 no tiene un vértice en el punto de intersección.
- Al no tener el punto de intersección PostGIS utiliza la ecuación de la recta para determinar dicho punto en la geometría 1392. Este punto es un punto calculado y en este caso no coincide el valor del último decimal de su coordenada X o Y con la del punto final de 1322.

b) En cambio si el usuario está interesado en obtener el punto de intersección de dos líneas y asegurarse que dichas líneas contienen al punto de intersección obtenido, es decir, que tanto los predicados espaciales (*ST_Intersects*) como los operadores espaciales (*ST_Intersection*) sean coherentes, se deberá modificar ligeramente las coordenadas de las geometrías implicadas para añadir un vértice en ambas que coincida con el punto de intersección, a este proceso lo definimos como '*nodificación* de geometrías compartidas'.

Este mismo problema se expone en los apartados D 3.2 (pág. 223) y D 3.3 (pág. 226) donde las geometrías que no presentan vértices o no están *nodificadas* en los puntos compartidos no se comportan de forma adecuada en el análisis espacial y el uso de los predicados espaciales, llegando de forma sencilla a contradicciones como la descrita en este apartado donde el punto de intersección de dos líneas no está contenido en ambas líneas.

> Siempre que se modifican los vértices de una geometría, ésta puede volverse no válida (geometrías poligonales), intersecarse a sí misma, formar nudos o bucles, etc. En el caso de utilizar valores de tolerancias muy pequeños esto será menos probable.

3.1. Precisión Cartográfica y la tolerancia

Los datos cartográficos no son posicionalmente exactos, es decir, cada punto de cada geometría de nuestras capas lleva asociado una precisión cartográfica que está ligada con los métodos utilizados en la captura de las coordenadas y también con el nivel de detalle de la captura realizada. En cartografía, tradicionalmente el concepto de precisión cartográfica ha estado y sigue estando ligado a la escala del mapa, aunque también depende de la finalidad o del usuario para el cual se ha realizado dicho mapa.

Si se está hablando de mapas de referencia como los topográficos, en España por ejemplo la precisión cartográfica viene dada por una constante basada en el nivel de percepción visual que se establece en 0.2 mm. De esta forma si se dispone de una capa cartográfica a escala 1/25.000, la precisión cartográfica de los datos será de 25.000 x 0.2 mm = 5m. De esta forma los métodos de captura utilizados aseguran con una alta probabilidad (nivel de confianza 99%) que los vértices de todas las geometrías de dicha capa tendrán como mucho 5 metros de error, siendo esperable que dichos vértices tengan algunos decímetros e incluso algún metro de error.

De esta forma si tenemos dos líneas separadas 10 cm de una capa cartográfica que sabemos que tiene hasta 5 metros error, podemos afirmar que dichas líneas deberían estar conectadas, es decir estamos ampliando la tolerancia computacional del apartado anterior a una tolerancia cartográfica mucho más grande.

Si la capa cartográfica se corresponde con una georreferenciación de datos temáticos, a menudo el concepto de escala y su relación con la precisión cartográfica se diluye, y debe ser el autor de los datos quien facilite la precisión posicional de los mismos.

A sí mismo, en otros países la constante para el cálculo de la precisión cartográfica suele ser diferente aunque generalmente bastante similar, p. ej., según el FDGC[1] en Estados Unidos la precisión cartográfica en función de la escala viene definida por un estándar[2] cuya aplicación se muestra en la siguiente tabla:

Escala	Precisión cartográfica (*map accuracy*) en metros según el nivel de confianza	
	Estados Unidos (95%)	España (99%)
1:100	0.06	0.02
1:500	0.31	0.10
1:1000	2.45	0.20
1:5000	3.06	1.00
1:20000	12.25	4.00

Tabla 30 Precisión cartográfica

---

[1] El *Federal Geographic Data Committee* (FGDC) es un comité del gobierno de los Estados Unidos que promueve el desarrollo coordinado, uso, participación y difusión de los datos geoespaciales base de ámbito nacional.

[2] El *National Standard for Spatial Data Accuracy* establece la precisión cartográfica para mapas con una finalidad especial o de ingeniería diferenciando entre dos rangos de escala diferentes. Para mapas con una escala más grande 1:20.000 la precisión es de 1/30 pulgadas y para los menores a 1:20.000 es de 1/50 pulgadas.

Antes de utilizar los operadores especiales tipo *ST_Intersection*, *ST_Difference*, *ST_Buffer*, etc. hay que evaluar si la consulta espacial buscada se puede resolver utilizando únicamente criterios de proximidad con los comandos *ST_DWithIn*, *ST_Distance*, etc. ya que estos sí permiten utilizar una tolerancia como se ha mostrado en el ejercicio anterior sobre los ríos que tocan en sus interiores (pág. 220).

En el caso de que por ejemplo queramos realizar una superposición entre dos capas o cualquier otra operación de análisis espacial nos tenemos que conformar con el funcionamiento actual de PostGIS, es decir, la intersección de las geometrías se producirá en aquellos puntos únicamente que tengan una igualdad computacional.

Una de las soluciones y quizás la más efectiva consiste en el ajuste de todas las geometrías de una capa entre sí, moviendo sus vértices y juntándolos siempre que disten menos que la tolerancia establecida. Si la operación de análisis espacial utilizada es entre dos capas, entonces, además se necesitará realizar un ajuste de vértices entre las geometrías de ambas capas. En realidad, no estamos describiendo más que un SIG con un sistema de tolerancias como por ejemplo es *ArcGIS* y su tolerancia XY o *cluster* entre capas.

> Hasta que PostGIS incorpore un modelo de tolerancias similar al arriba descrito, los análisis espaciales realizados carecerán de rigurosidad desde un punto de vista cartográfico que no computacional. Esta explicación es extensible a otros SIG de escritorio como *gvSIG*, *QGIS*, etc. Ninguno de ellos implementa un modelo de tolerancias riguroso.

3.2. Destrucción de la topología de una cartografía

En este apartado se quiere incidir en que la cartografía almacenada en una base de datos espacial se debe tratar de forma íntegra y que el usuario debe ser consciente que esta integridad se puede romper con PostGIS de forma relativamente sencilla. El concepto de tratar una cartografía de forma íntegra hace referencia a que es necesario conservar las relaciones espaciales entre las geometrías de una capa cartográfica e incluso entre varias capas cartográficas. Como se ha comentado en el punto anterior, al carecer PostGIS de un sistema de tolerancias se dificulta aún más esta labor.

Como ejemplo vamos a suponer que se dispone de una capa cartográfica de polígonos que sigue un modelo continuo de parcelas, es decir, las parcelas son adyacentes o colindantes unas a otras y no existen solapes entre ellas. Tras simplificar con el comando *ST_SimplifyPreserveTopology (geometry, 2.0)* dos parcelas adyacentes originalmente pierden dicha condición espacial, pasando incluso a ser disjuntas.

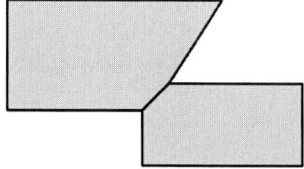

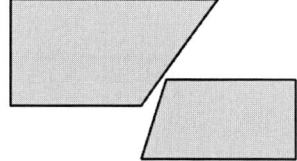

Parcelas adyacentes originales

Destrucción de la adyacencia tras utilizar:
ST_SimplifyPreserveTopology (geometry, 2.0)

Figura 53 Destrucción de la adyacencia en una capa

Este ejercicio prueba como dos polígonos que originalmente tocan, tras ser simplificados con *ST_SimplifyPreserveTopology* la relación espacial entre ambos cambia.

```
s1=# select st_touches (pola, polb) as tocan_orig,
            st_touches (pola_sim, polb_sim) as tocan_simp,
            st_disjoint (pola_sim, polb_sim) as disjuntos_simp
     from (
       select pola, polb,
            st_simplifypreservetopology (pola, 2) as pola_sim,
            st_simplifypreservetopology (polb, 2) as polb_sim
       from (select
         'POLYGON ((5 5,5 15,20 15,17 7,15 5,5 5))'::geometry as pola,
         'POLYGON ((15 0,30 0,30 7,17 7,15 5,15 0))'::geometry as polb
       ) as tabla
     ) as tabla1;
 tocan_orig | tocan_simp | disjuntos_simp
------------+------------+----------------
 t          | f          | t
```

Este ejemplo nos lleva a la condición de que al modificar cualquier vértice de una geometría se debería comprobar cómo afecta la edición a las geometrías adyacentes de la misma capa e incluso como afecta a una geometría de cualquier otra capa cartográfica que presente cierta relación espacial con dicha capa según el modelo de datos diseñado (por ejemplo una segunda capa de líneas podría contener las líneas de fachada de las parcelas que deberían estar contenidas en los contornos de la capa de parcelas).

El usuario debe prestar especial atención al uso de métodos de simplificación de geometrías como *ST_SnapToGrid*, *ST_Simplify* o *ST_SimplifyPreserveTopology*.

Compara como cambia la adyacencia de la capa *ttmm* entre sus polígonos al aplicar la función de simplificación *ST_SimplifyPreserveTopology*. Como información extra se sabe que la capa *ttmm* tiene una precisión cartográfica de 10 metros.

El número de parejas de polígonos adyacentes con una tolerancia de 0 (sin aplicar el operador) coincide con el ejercicio de la pág. 100, con un número de 578. A partir de ahí incluso con una tolerancia tan pequeña como 0.0001 m se eliminan algunos vértices que alteran las relaciones espaciales reduciéndolas a 565, si se establece una tolerancia igual a la precisión cartográfica, el número de geometrías modificadas se incrementa rápidamente.

```
s1=# select tabla1.tol as tolerancia, count(*) as ncasos
  from ttmm t1, ttmm t2, ( select 0 union select 0.0001 union
                 select 0.001 union select 0.1 union select 10
                 ) as tabla1(tol)
  where t1.geom && t2.geom and
        st_touches ( st_simplifypreservetopology (t1.geom, tabla1.tol),
                 st_simplifypreservetopology (t2.geom, tabla1.tol) )
        and t1.gid < t2.gid
  group by tabla1.tol order by tabla1.tol asc;
 tolerancia | ncasos
------------+--------
          0 |    578
     0.0001 |    578
      0.001 |    577
        0.1 |    575
         10 |    297
```

La función *ST_Simplify* se comporta de forma similar pero además puede colapsar una geometría a otra de dimensión menor debido a que no preserva la topología. Por ejemplo, un polígono se puede colapsar a una línea.

La función *ST_SnapToGrid* aún se comporta peor, ya que fácilmente crea polígonos inválidos al crear bucles o nudos en los anillos.

La solución a estos problemas no es sencilla, en cualquier caso, pasa por dos premisas:

- Que la base de datos espacial soporte tolerancias.
- Que la base de datos espacial implemente un sistema de edición compartida de geometrías o en su defecto un sistema de topología persistente.

PostGIS no soporta actualmente un sistema de tolerancias, pero sí implementa un modelo de topología persistente. La utilización de este modelo de topología persistente (se estudia en detalle en el apartado H 2, pág. 470) desde un punto de producción aún no es 100% recomendable sobre todo debido a su bajo rendimiento.

Geometrías sin *nodificar* en los puntos compartidos

Además de las funciones de simplificación, existen otras funcionalidades en PostGIS que pueden alterar las relaciones espaciales entre las geometrías contenidas en una tabla espacial al no disponer PostGIS de un sistema de tolerancias. Algunos ejemplos son el método *ST_Transform* para la reproyección de geometrías o cualquier otra función que altere los vértices de una geometría como *ST_Segmentize* que añade nuevos vértices interpolando sobre el contorno de las geometrías.

Dados dos polígonos como los de la siguiente figura, demuestra que al reproyectarlos a otro CRS cambia la relación espacial entre ambos.

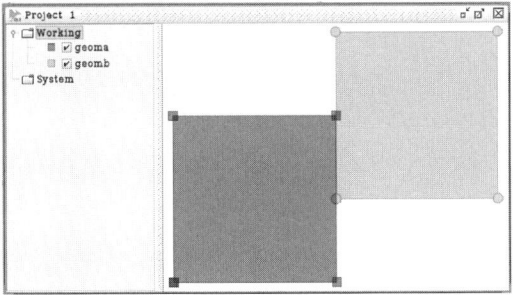

Figura 54 Destrucción de la adyacencia con *ST_Transform*

```
s1=# with tabla (geoma, geomb) as ( select
       'SRID=32630;POLYGON ((600000 4500000, 600100 4500000,
       600100 4500100, 600000 4500100, 600000 4500000))'::geometry,
       'SRID=32630;POLYGON ((600100 4500050, 600100 4500150,
       600200 4500150, 600200 4500050, 600100 4500050))'::geometry
)
select srid, st_touches (
       st_transform (geoma, srid), st_transform (geomb, srid) )
from tabla,
       (select 32630 union select 23030 union select 4326) as tabla1(srid);
```

```
srid  | st_touches
------+------------
32630 | t
23030 | f
 4326 | f
```

Efectivamente se puede comprobar que, aunque no se han añadido ni eliminado vértices (como en las operaciones de simplificación) la relación espacial ha cambiado, debido a que en los puntos medios de los segmentos colindantes no existen vértices en ambos polígonos.

En realidad, los problemas descritos en este apartado son implícitos a cualquier programa de SIG de escritorio o base de datos espacial que siga un modelo *simple features*, es decir, no implemente un modelo de topología persistente, agravado por el hecho de no implementar un modelo de tolerancias. Algunos ejemplos: *gvSIG, Kosmo, QGIS, uDIG, OpenJump*, etc.

3.3. Ajuste de vértices y segmentos entre geometrías

El ajuste de los vértices cercanos (nodificación de geometrías compartidas) entre dos geometrías consiste en mover los vértices y los segmentos de una geometría (creando nuevos vértices en sus puntos intermedios) a los vértices y segmentos de otra siempre que la distancia entre ambos vértices y/o segmentos sea inferior a una cantidad considerada como tolerancia. La tolerancia debe ser inferior en cualquier caso a la precisión cartográfica de las geometrías para no alterar la precisión posicional de las mismas.

Este ajuste se puede realizar con el método *geometry ST_Snap (geomA, geomB, tol)*. Esta función mueve los vértices y parte los segmentos de *geomA* para que se ajusten a los vértices de *geomB* siempre que la distancia a los vértices de *geomB* sea inferior a la tolerancia.

Como se puede apreciar en la figura, el método *ST_Snap (A, B, 2)* mueve los vértices y los segmentos de la geometría A ajustándolos a la B dejando esta última intacta.

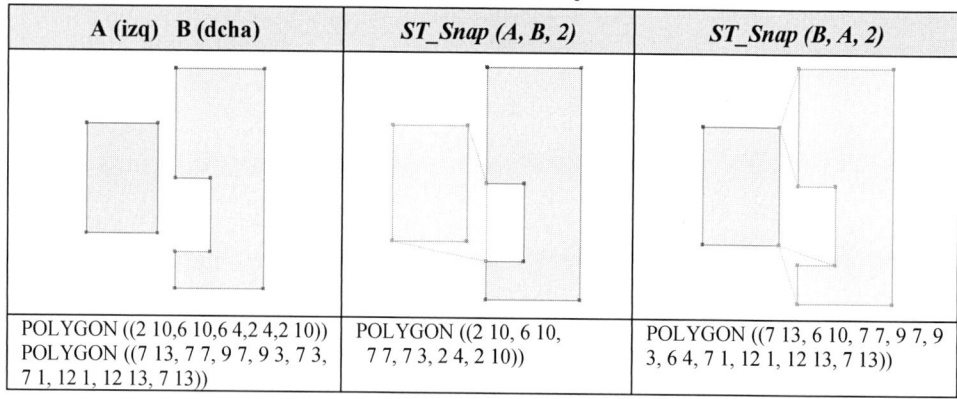

A (izq) B (dcha)	ST_Snap (A, B, 2)	ST_Snap (B, A, 2)
POLYGON ((2 10,6 10,6 4,2 4,2 10)) POLYGON ((7 13, 7 7, 9 7, 9 3, 7 3, 7 1, 12 1, 12 13, 7 13))	POLYGON ((2 10, 6 10, 7 7, 7 3, 2 4, 2 10))	POLYGON ((7 13, 6 10, 7 7, 9 7, 9 3, 6 4, 7 1, 12 1, 12 13, 7 13))

Figura 55 Proceso de ajuste de vértices con *ST_Snap*

Si en el ejemplo del apartado anterior se ajustan los dos polígonos entre sí utilizando el método *ST_Snap*, la modificación de sus vértices no cambiará su relación espacial.

Este ejercicio, cambia los dos polígonos del ejercicio anterior realizando un ajuste de nodos entre ambos (*ST_Snap*). Tras ello, se comprueba que la relación de adyacencia se conserva en los polígonos proyectados.

```
s1=# with tabla (geoma, geomb) as ( select
      'SRID=32630;POLYGON ((600000 4500000, 600100 4500000,
       600100 4500100, 600000 4500100, 600000 4500000))'::geometry,
      'SRID=32630;POLYGON ((600100 4500050, 600100 4500150,
       600200 4500150, 600200 4500050, 600100 4500050))'::geometry
),
tabla1 (geoma, geomb) as (
  select st_snap (geoma, geomb, 0.001) as geoma,
         st_snap (geomb, st_snap (geoma, geomb, 0.001), 0.001) from tabla
)
select srid, st_touches (
         st_transform (geoma, srid), st_transform (geomb, srid) )
from tabla1,
     (select 32630 union select 23030 union select 4326) as tabla2(srid);
 srid  | st_touches
-------+------------
 32630 | t
 23030 | t
  4326 | t
```

La función *ST_Snap* puede producir geometrías no válidas al mover los vértices o segmentos de una geometría y provocar auto-intersecciones, bucles, etc., es decir, no preserva la topología. En próximas versiones de PostGIS es de esperar que su funcionamiento sea más robusto, especialmente porque su utilización en la funcionalidad de topología persistente (véase el apartado H 2, pág. 470) es esencial.

4.   Validación de las geometrías

En el apartado B 4.4, pág. 80 se estudió los diferentes tipos de geometrías que soporta PostGIS y que su definición sigue las normas del OGC. De esta forma, la Figura 24 y la Figura 26 mostraban algunos casos de geometrías de tipo *Polygon* y de tipo *MultiPolygon* no válidas. Las geometrías no válidas pueden fácilmente causar problemas en el análisis espacial en *GEOS/JTS* y por tanto en PostGIS.

Una de las primeras tareas antes de empezar a realizar cualquier operación de análisis con PostGIS es averiguar si las capas cartográficas disponen de geometrías no válidas y en tal caso editarlas y arreglarlas.

En PostGIS, cuando se crean nuevos polígonos o multipolígonos utilizando WKT o mediante cualquier otro constructor, únicamente se comprueba si los anillos que forman las superficies están cerrados, es decir, si el último punto es igual al primero. Todas las demás condiciones de no validez no son evaluadas por PostGIS, por lo tanto, es necesario la utilización de ciertas funciones para comprobar la validez de las geometrías.

PostGIS dispone de tres funciones para comprobar la validez de las geometrías:

- *boolean ST_IsValid (geometry),* devuelve *false* en el caso de que la geometría no sea válida.
- *varchar ST_IsValidReason (geometry),* devuelve una breve descripción de la razón de la no validez.
- *valid_detail ST_IsValidDetail (geometry)*, además de devolver los dos resultados de los dos métodos anteriores, añade la posición espacial donde se ha producido la no validez, para ello utiliza el tipo compuesto *valid_detail* que consta de tres campos: *valid, reason* y *location.*

Utiliza el método *ST_IsValid* para ver si una geometría poligonal es válida, y el método *ST_IsValidReason* para ver una descripción de la no validez.

```
s1=# select (tipo).valid, (tipo).reason,
           st_astext((tipo).location),
           st_isvalid(geom), st_isvalidreason(geom)
    from (
       select st_isvaliddetail(geom) as tipo, geom
       from (
            select st_geomfromtext ('POLYGON ((0 0,10 0,10 10,0 -10,0 0))')
       ) as tabla(geom)
    ) as tabla1;
NOTICE:  Self-intersection at or near point 5 0
  valid |       reason      |  st_astext | st_isvalid |   st_isvalidreason
 -------+-------------------+------------+------------+-----------------------
   f    | Self-intersection | POINT(5 0) | f          | Self-intersection[5 0]
```

Existe también una variante *valid_detail ST_IsValidDetail (geometry, flag),* donde si *flag* vale 1 entonces las auto-intersecciones del anillo exterior que forman huecos son consideradas válidas (ESRI sigue este modelo, aunque según el OGC son entidades no válidas como se muestra en el apartado siguiente). Un ejemplo aparece en la Figura 56.

PostGIS no aplica ninguna validación a las geometrías (ya que esta tarea sería un proceso bastante pesado), aunque la validación se puede aplicar de forma automática estableciendo por ejemplo una restricción de tabla utilizando la orden *ST_IsValid.*

El problema de aplicar este tipo de *Constraint* es que PostGIS no dará la oportunidad de reparar una geometría inválida tras la inserción en una tabla ya que esta inserción será abortada por la restricción.

 Problema 2. Agrega una restricción de tabla de tipo *Check* que no permita insertar geometrías no válidas en la tabla *nucleos*. Eliminar dicha restricción al acabar el ejemplo.

4.1. Modelo ESRI contra modelo OGC/PostGIS

El modelo ESRI difiere del modelo del OGC en algunos puntos como:

- En el modelo ESRI los anillos de los polígonos tienen un sentido concreto. Los vértices de los anillos exteriores van en sentido de las agujas del reloj y los anillos interiores en sentido contrario. PostGIS no establece restricción alguna en el sentido de los anillos, aunque en la especificación SFA1.2.1 sí que existe. En cualquier caso, el método *ST_ForceRHR* permite reordenar el sentido de los anillos.
- En el modelo ESRI no se permiten puntos repetidos (en el modelo PostGIS/OGC sí). Se puede utilizar el comando de PostGIS *ST_RemoveRepeatedPoints* para eliminar los puntos repetidos.
- El modelo de ESRI (*geodatabases*) implica la aceptación de una tolerancia y una resolución por capa, y en el caso de realizar capas de topología, además una segunda tolerancia entre las capas cartográficas que forman parte de esa topología. De esta forma, los productos *ArcGIS Desktop* modifican los vértices de las geometrías originales de forma que tras importar una capa de PostGIS a una *FeatureClass,* la geometría en el mejor de los casos será 'distinta' a la original y en el peor de los casos puede convertirse en una geometría no válida (entidades poligonales). Por ejemplo, si un segmento lineal en una geometría en el modelo ESRI tiene una longitud inferior a la tolerancia éste será simplificado, en cambio en PostGIS al no tener ningún sistema de tolerancias esto no ocurre.
- PostGIS permite geometrías nulas, ESRI no.
- PostGIS permite geometrías vacías, ESRI no permite que una geometría ni ninguna de sus partes sean vacías.
- ESRI permite polígonos con la forma 'lazo', es decir un polígono alargado formado por un único anillo exterior que se enrolla sobre sí mismo hasta dejar un hueco en su interior (1, 2, 3, 4, 5, 6, 7, 8, 9). Mientras que en ESRI dicho polígono es válido, en PostGIS/OGC debe estar formado por un anillo exterior (1, 2, 3, 4, 5, 6, 1) y un anillo interior (6, 7, 8, 6). Estos polígonos se pueden reparar con la orden *ST_Buffer* utilizando una distancia de cero o con el comando *ST_MakeValid*.

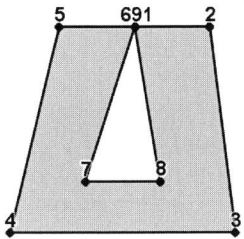

Figura 56 Polígono 'lazo' no válido según el OGC

A la hora de exportar geometrías de PostGIS a otro modelo, por ejemplo, al modelo ESRI, convendría realizar las siguientes operaciones:

- Eliminar filas de la tabla con geometrías nulas.
- Eliminar vértices repetidos (comando *ST_RemoveRepeatedPoints*).
- Eliminar geometrías de tipo *GeometryCollection Empty* (comando *ST_IsEmpty*).
- Corregir el orden de los anillos en entidades poligonales (comando *ST_ForceRHR*).
- Comprobar y en su caso corregir las geometrías no válidas.

Tras la importación de geometrías de modelos ESRI a PostGIS convendría realizar las siguientes operaciones:

- Averiguar si hay geometrías no válidas.
- Averiguar la razón de la invalidez de dichas geometrías.
- A ser posible visualizar mediante alguna aplicación de SIG de escritorio las geometrías no válidas.
- Aplicar alguna operación de corrección de geometrías *ST_MakeValid* o *ST_Buffer* según se explica en el apartado siguiente. Comprobar gráficamente los resultados y si no son convincentes editar la geometría de forma manual mediante un SIG.

4.2. Comandos que generan polígonos no válidos

A parte de la importación o creación por parte del usuario de geometrías no válidas, algunos de los métodos de PostGIS pueden devolver polígonos no válidos:

- *ST_Collect*, agrega geometrías simples creando geometrías de tipo *Multi* o *GeometryCollection* sin realizar comprobaciones de validez. Ejemplo, la agregación de dos polígonos individuales que se solapan mediante *ST_Collect* devuelve un único *MultiPolygon* inválido (recordar que según el OGC el interior de los elementos integrantes de un *MultiPolygon* no puede intersecar).

Comprueba como algunos métodos de PostGIS, como por ejemplo *ST_Collect* pueden crear geometrías no válidas a partir de una entrada con geometrías válidas

```
s1=# select (st_isvaliddetail(st_collect(geom))).reason,
          st_astext(st_collect(geom)) as multipoligononovalido
     from (select st_geomfromtext ('POLYGON ((0 0,10 0,10 10,0 10,0 0))')
          union
          select st_geomfromtext ('POLYGON ((5 0,15 0,15 10,5 10,5 0))')
     ) as tabla(geom);
       reason        |              multipoligononovalido
-------------------+------------------------------------------------------
 Self-intersection | MULTIPOLYGON( ((0 0,10 0,10 10,0 10,0 0)),
                                   ((5 0,15 0,15 10,5 10,5 0)) )
```

- El uso de métodos de simplificación de geometrías como *ST_SnapToGrid*. Este método modifica las coordenadas de los vértices que forman las geometrías, este movimiento puede alterar la posición relativa entre los vértices y por tanto convertir una geometría válida en inválida.
- Por otra parte, aunque los métodos *ST_Simplify* o *ST_SimplifyPreserveTopology* aseguran la devolución de geometrías válidas, hay que tener en cuenta que pueden cambiar la posición relativa entre dos geometrías, lo cual puede alterar enormemente el análisis espacial, como se comentó en el apartado D 3.2, pág. 223.

4.3. Corrección de geometrías no válidas

Algunos polígonos no válidos se pueden convertir en geometrías válidas aplicándoles un área de influencia con una distancia de 0. El operado *ST_Buffer* reconstruye la geometría convirtiéndola en una geometría válida.

 Problema 3. Convierte el caso del polígono 'lazo' del apartado D 4.1, pág. 229 en una geometría válida aplicándole un área de influencia de 0.

Aunque este proceso funciona con algunas geometrías, no se aconseja ya que en ciertos casos se puede obtener una geometría válida pero diferente de la original al omitir huecos u otras partes de la geometría original.

El comando *ST_MakeValid* es capaz de convertir las geometrías de tipo poligonal no válidas en geometrías válidas.

El siguiente multipolígono se ha tratado de modelar simplemente con un anillo exterior que tiene múltiples auto-intersecciones, segmentos repetidos (0, 1, 2), un hueco sin definir (9, 10, 11, 12) y tres partes disjuntas.

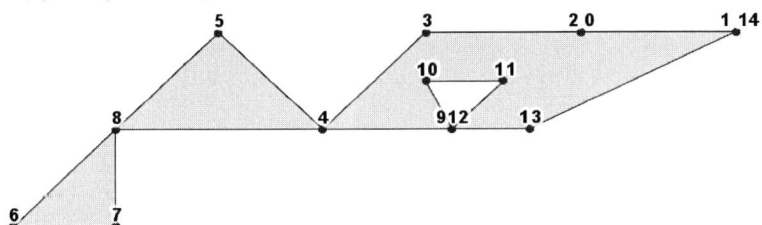

Figura 57 Reconstrucción de un polígono no válido

Como resultado se obtiene un multipolígono formado por 3 polígonos (uno de ellos con un hueco):

```
s1=# select st_astext(st_makevalid('POLYGON ((13 8,16 8,13 8,10 8,8 6,6
    8,2 4,4 4,4 6,10.5 6,10 7,11.5 7,10.5 6,12 6,16 8,13 8))'::geometry));
-------------------------------------------------------------------------
MULTIPOLYGON(
  ((13 8,16 8,12 6,10.5 6,8 6,10 8,13 8),(10.5 6,11.5 7,10 7,10.5 6)),
  ((4 6,6 8,8 6,4 6)),
  ((4 6,4 4,2 4,4 6)) )
```

ST_MakeValid puede devolver una geometría de menos dimensión que la original en el caso de que ésta colapse, en tal caso también es posible obtener una *GeometryCollection* formada por elementos de igual o menor dimensión.

Así el ejemplo del apartado D 4.2, pág. 230 que generaba un multipolígono inválido se puede corregir con *ST_MakeValid* pero hay que utilizar también el comando *STX_Extract*.

```
s1=# select st_astext(geom) geomvalida,
            st_astext(stx_extract(geom, 2)) solopoligonos
       from ( select st_makevalid (
                      'MULTIPOLYGON( ((0 0,10 0,10 10,0 10,0 0)),
                                     ((5 0,15 0,15 10,5 10,5 0)) )')
       ) as tabla(geom);
```

```
         geomvalida                  |          solopoligonos
-------------------------------------+------------------------------------
 GEOMETRYCOLLECTION(                 | MULTIPOLYGON(((5 0,0 0,0 10,5 10,
    POLYGON((5 0,0 0,0 10,5 10,10 10,|      10 10,15 10,15 0,10 0,5 0)))
         15 10,15 0,10 0,5 0)),      |
    MULTILINESTRING((10 0,10 10),    |
                   (5 10,5 0)))      |
```

Como curiosidad se describe otro proceso para convertir polígonos válidos, aunque más complicado que *ST_MakeValid* ayuda al lector a comprender como *ST_MakeValid* funciona internamente:

El proceso consta de los siguientes pasos:

1. Calcular nuevos vértices en las auto-intersecciones (*nodificación*, véase el apartado C 9.5, pág. 191) y eliminar puntos o segmentos repetidos. Esto se realiza uniendo (*ST_Union*) el contorno del polígono (sus anillos) con un punto de este mismo polígono (p. ej.: *STX_Startpoint*).

2. Mediante el comando *ST_BuildArea* (véase el apartado C 9.5, pág. 190) se crea un nuevo polígono a partir de líneas integrantes (ST_*BuildArea* genera los anillos siguiendo el sentido RHR).

```
s1=# select st_astext(st_buildarea(geom))
    from (
      select st_union (geom, stx_startpoint(geom)) as geom
      from (
        select st_boundary(
          'POLYGON ((13 8,16 8,13 8,10 8,8 6,6 8,2 4,4 4,4 6,10.5 6,10 7,
                  11.5 7, 10.5 6, 12 6, 16 8, 13 8))'::geometry) as geom
      ) as ring
    ) as ringbueno;
----------------------------------------------------------------------
 MULTIPOLYGON(
  ((13 8,16 8,12 6,10.5 6,8 6,10 8,13 8),(10.5 6,11.5 7,10 7,10.5 6)),
  ((4 6,6 8,8 6,4 6)),
  ((4 6,4 4,2 4,4 6)) )
```

5. Análisis espacial sobre el esferoide

Los SIG y las bases de datos espaciales ofrecen generalmente toda su potencia de análisis espacial mediante geometría euclidiana[1], es decir, mediante cálculos de geometría plana donde la distancia más corta entre dos puntos es la recta que los une, entendiendo por 'recta' una línea de curvatura cero, ya se esté tratando geometrías bidimensionales (X, Y) o en tres dimensiones.

La realización de cálculos mediante geometría euclidiana tiene sentido cuando las capas cartográficas sobre las cuales aplicamos estos cálculos están georreferenciadas según algún sistema de coordenadas proyectadas u otro sistema de coordenadas planas.

Los CRS horizontales se pueden clasificar en dos grupos:

- Los definidos por coordenadas geodésicas o geográficas que se apoyan en un esferoide[2] de referencia, como WGS84 (EPSG:4326) o ETRS89 (EPSG:4258). Sus coordenadas generalmente quedan definidas por una pareja de valores de longitud y latitud.

- Los definidos por coordenadas planas (cartesianas) generalmente convertidos desde un CRS definido por coordenadas geodésicas por medio de un determinado artefacto matemático (proyección cartográfica), sus coordenadas quedan definidas por una pareja de valores X, Y o N, E.

Por lo tanto, los cálculos de la mayoría de los programas que utilizan cálculos geoespaciales funcionarán correctamente únicamente en el caso de utilizar CRS del segundo tipo. Aun así, hay que tener en cuenta las características de la proyección cartográfica y su comportamiento respecto a la conservación bajo ciertas condiciones de las magnitudes angulares, lineales y superficiales.

> Las distorsiones de una proyección se pueden medir y representar de forma gráfica utilizando la elipse de Tissot[3] que representa como se transforma un círculo infinitesimal en el esferoide tras ser transformado por una determinada proyección cartográfica.

En cualquier caso, no existe una proyección perfecta, y todas ellas presentan deformaciones de las geometrías proyectadas (ninguna proyección puede conservar los ángulos y las áreas al mismo tiempo en toda la zona representada) que son más grandes cuanta más extensión del terreno abarca el mapa a representar. La siguiente tabla muestra algunas de las proyecciones más conocidas y sus propiedades (estas proyecciones son las recomendadas según la correspondiente especificación de datos[4] de la directiva *INSPIRE* europea):

---

[1] https://es.wikipedia.org/wiki/Geometría_euclidiana

[2] https://es.wikipedia.org/wiki/Esferoide

[3] https://es.wikipedia.org/wiki/Indicatriz_de_Tissot

[4] https://inspire.ec.europa.eu/id/document/tg/rs

Nombre	Propiedades	Propósito general
Lambert Acimutal equivalente[1]	Conserva las áreas. Las distancias y los ángulos (formas) no se conservan.	Mapas cuya representación de áreas verdaderas sea necesaria.
Universal Transversa de Mercator (UTM)	Distorsión lineal máxima $\approx 0.1\%$ Proyección conforme (conserva los ángulos en zonas locales). No distorsiona las superficies en gran medida (latitudes inferiores a 80°).	División en 60 husos (zonas distintas) para representar escalas superiores a 1:500.000 en zonas que se extienden norte-sur.
Lambert Cónica conforme[2]	Conserva los ángulos en las zonas de los paralelos estándar. Según la configuración de los paralelos puede cubrir grandes extensiones con distorsiones en las distancias $\approx 0.01\%$	Zonas de latitudes medias para representar escalas inferiores a 1:500.000.

Tabla 31 Propiedades de algunas proyecciones cartográficas

En la gran mayoría de las ocasiones se puede encontrar una proyección que se adapte a las precisiones necesarias y que también cubra toda la zona a cartografiar.

Si se necesita cartografiar grandes zonas geográficas como varios países o zonas continentales de forma continua a una escala grande, por ejemplo 1:25.000 no existe ninguna proyección que presente distorsiones inferiores al error cartográfico correspondiente a la escala. Si se opta por utilizar proyecciones UTM habría que utilizar varios husos lo cual rompe la continuidad geométrica y por ende el análisis espacial entre geometrías en diferentes husos.

Pero entonces, ¿cómo se puede realizar un análisis espacial con este tipo de mapas? La repuesta consiste en realizar los cálculos directamente en la superficie del esferoide utilizando las coordenadas (generalmente longitud, latitud) de las geometrías. Para realizar estos cálculos no se puede utilizar geometría euclidiana sino geometría diferencial sobre el esferoide utilizado. La diferencia en la complejidad de los cálculos es enorme comparado con el uso de geometría euclídea, un simple cálculo de una distancia entre dos puntos, o una distancia de un punto a una recta, una intersección de dos rectas, etc. viene dada por algoritmos iterativos que en el mejor de los casos requieren varios miles de operaciones comparados con la simplicidad del cálculo euclidiano que se reduce a unas pocas operaciones simples.

Esa ha sido la principal razón por la cual las bibliotecas de manejo de geometrías y de análisis espacial han utilizado y utilizan aún en la actualidad geometría euclídea en sus cálculos y por lo tanto necesitan de cartografía proyectada.

5.1. Medida de distancias sobre el esferoide

En los últimos años las bases de datos espaciales han empezado a introducir cálculos geodésicos en algunos de sus métodos espaciales.

PostGIS dispone de los métodos *ST_Distance_spheroid* y *ST_Lengthspheroid* para el cálculo geodésico de distancias. Dichas funciones toman como argumentos geometrías con coordenadas en longitud, latitud y devuelven distancias medidas sobre el esferoide.

---

[1] https://en.wikipedia.org/wiki/Lambert_azimuthal_equal-area_projection
[2] https://en.wikipedia.org/wiki/Lambert_conformal_conic_projection

Compara las distancias medidas en diferentes sistemas de proyección y la distancia real medida sobre el elipsoide.

```
s1=# select
    st_length (st_transform (linea, 3857)) as mercator,
    st_length (st_transform (linea, 3575)) as lambertequivalente,
    st_length (st_transform (linea, 32630)) as utmhuso30,
    st_lengthspheroid(linea,
         'SPHEROID["WGS 84",6378137,298.257223563]') as elipsoidalreal
    from (
      select st_geomfromtext
        ('LINESTRING (-0.4013 39.4549, -0.3414 39.4805)', 4326) as linea
      union
      select st_geomfromtext
        ('LINESTRING (-0.345 39.499, -0.3449 39.5)', 4326) as linea
    ) as tabla;
   mercator    | lambertequivalente | utmwgs84huso30  |  elipsoidalreal
 --------------+--------------------+-----------------+----------------
   7621.6750   |     6251.9860      |   5887.6082     |   5886.2565
   144.6941    |     100.8809       |   111.3846      |   111.3577
```

Los tres CRS utilizados 3857, 3575 y 32630 utilizan el mismo elipsoide de referencia WGS84. La única proyección de estas tres que permite medir distancias sin un error considerable es la proyección UTM como se aprecia en el ejemplo al comparar la distancia medida con la real calculada sobre el esferoide por la función *ST_LengthSpheroid*.

5.2. Tipo *geography*

PostGIS dispone de un tipo llamado *geography* para trabajar con las geometrías utilizando cálculos geodésicos, dejando el tipo *geometry* para trabajar con las geometrías utilizando geometría euclídea.

Para definir una geometría como *geography* en lugar de *geometry* PostGIS dispone de los constructores *ST_GeogFromText* y *ST_GeogFromWKB*, o también se puede realizar un *Cast* desde un objeto de tipo *geometry* al tipo *geography* con el operador ':::'.

Constructor *ST_GeogFromText*:

```
s1=# select st_area(geom) from (
      select st_geogfromtext ('SRID=4326;POLYGON ((-0.416 39.439 1,
         -0.319 39.448 2, -0.321 39.505 3,
         -0.4237 39.503 4, -0.416 39.439 5))')
    ) as tabla(geom);
      st_area
 ------------------
  57965190.10595119
```

Utilización de la conversión a *geography* y comparación de áreas:

```
s1=# select st_area(geom) as euclidea,
            st_area(st_transform(geom, 32630)) as euclidea_utm,
            st_area(st_transform (geom, 3575)) as euclidea_lamberteq,
            st_area(geom::geography) as esferoide
    from ( select st_geomfromewkt
            ('SRID=4326;POLYGON ((-0.416 39.439 1, -0.319 39.448 2,
              -0.321 39.505 3, -0.4237 39.503 4, -0.416 39.439 5))')
    ) as tabla(geom);
```

```
   euclidea  |  euclidea_utm  |  euclidea_lamberteq  |  esferoide
---------------+---------------+--------------------+---------------
 0.00606760 |  57991851.51397 |   57965919.50965954 |  57965190.105951
```

Euclidea: Cálculo del área de una geometría en coordenadas geográficas. PostGIS calculará el área mediante geometría euclídea, lo cual carece de sentido físico y da un resultado erróneo no interpretable. En el mismo error incidiremos si tratamos de calcular una distancia, una intersección de dos líneas, o cualquier operación de análisis espacial por simple que sea utilizando geometrías con coordenadas latitud, longitud, es decir, geometrías no proyectadas.

Euclidea_utm: Al no ser la proyección UTM una proyección que tenga como propiedad conservar las áreas, ésta, aunque cercana al valor real presenta un error considerable, en este caso de 0.05%.

Euclidea_lamberteq: Se ha proyectado las geometrías utilizando una proyección equivalente, la diferencia con la magnitud real discrepa en un 0.003%. Si en lugar de definir la geometría con cuatro puntos la hubiéramos definido con segmentos más cortos la proyección equivalente de Lambert hubiera dado prácticamente el mismo resultado que el área real.

Esferoide: El cálculo del área se realiza directamente en el esferoide utilizando algoritmos iterativos con base teórica en la geometría diferencial sobre el esferoide. El comando *ST_Area* de PostGIS (a partir de la versión 1.5) está sobrecargado de la siguiente manera:

```
double precision ST_Area(geometry g1);
double precision ST_Area(geography g1);
```

Es decir, dicho método admite geometrías de tipo *geography*. Pocos de momento son los métodos PostGIS que admiten argumentos de tipo *geography*. En la versión 3.1 de PostGIS son estos:

Método	Descripción
ST_Area, ST_Distance, ST_Length, ST_Perimeter	Cálculo del área, distancia y longitud sobre el esferoide (o la esfera si se indica). Las unidades son en metros.
ST_Azimuth, ST_Project	Calcula el azimut entre dos puntos (azimut de la línea geodésica) y resuelve el problema directo de la geodesia (*ST_Project*).
ST_CoveredBy, ST_Covers ST_Intersects, ST_DWithin	Predicados espaciales. *ST_Intersects* utiliza una tolerancia de 0.00001 metros, de forma que cualquier punto más cercano que esa cantidad se considera que interseca.
ST_Buffer, ST_Intersection	Operadores espaciales que admiten el tipo *geography* pero **NO utilizan cálculos sobre el esferoide** sino que aplican una transformación de las geometrías a un sistema proyectado, calculan la operación y entonces vuelven a convertir el resultado a coordenadas geográficas.
ST_Centroid, ST_Segmentize, ST_Summary	Cálculo del centroide, segmentación de una línea y resume de características de una geometría.
&&	El operador de comparación de cajas está definido entre tipos *geography*. Los índices espaciales también están soportados.

Tabla 32 Métodos espaciales que soportan el tipo *geography*

Método	Descripción
ST_GeogFromText, ST_AsEWKT, ST_AsText ST_GeogFromWKB, ST_AsBinary	Constructores (devuelven una geometría de tipo *geography*) y lectores.
ST_AsGML, ST_AsGeoJSON ST_AsSVG, ST_AsKML	Diferentes conversores a otros formatos de geometría.

Tabla 33 Constructores, lectores y conversores que soportan el tipo *geography*

Como se observa en la tabla anterior los métodos *ST_Buffer* y *ST_Intersection* no realizan los cálculos directamente en el esferoide, sino que transforman las geometrías a un sistema proyectado y luego convierten el resultado al sistema geográfico de nuevo. Es decir, sería algo así:

*Calcula el área de influencia del punto '*POINT (1 40)*' (*srid* 4326) de 10000 metros.

```
s1=# select st_astext(st_transform (st_buffer(st_transform
   ('SRID=4326;POINT (1 40)'::geometry, 32630),10000,1), 4326));
-------------------------------------------------------------
POLYGON((1.11685335586127 39.9959013676768,0.994758847488628
   39.9101209679203,0.883123049982661 40.0039811288341,1.0052
6474681281 40.0898770591124,1.11685335586127 39.9959013676768))
```

Efectivamente el código de la función *ST_Buffer* sobrecargada para el tipo *geography* (ver fichero *postgis.sql*) es:

```
CREATE OR REPLACE FUNCTION ST_Buffer(geography, float8)
   RETURNS geography
   AS 'SELECT geography(ST_Transform(ST_Buffer(ST_Transform(geometry($1),
   _ST_BestSRID($1)), $2), ST_SRID($1)))'
   LANGUAGE 'sql' IMMUTABLE STRICT PARALLEL SAFE;
```

La única diferencia es que el *srid* del Sistema proyectado es uno personalizado (que se obtiene mediante el método *_ST_BestSRID* y no tiene por qué encontrarse en la lista de *spatial_ref_sys*) que se ajusta mejor a la geometría (modificando parámetros como el centro del huso UTM utilizado, o incluso utilizando otras proyecciones que según la extensión de la geometría y su localización pueden dar mejor resultado que la UTM como una Lambert Azimutal en los polos, etc.

```
s1=# select _st_bestsrid ('SRID=4326;POINT (1 40)'::geography);
--------------
     999031
```

La sentencia SQL de arriba* utilizando el 999031 en lugar del 32630, daría exactamente los mismos resultados que:

```
s1=# select st_astext(
      st_buffer('SRID=4326;POINT (1 40)'::geography,10000,1) );
-------------------------------------------------------------
POLYGON((1.11708556979129 40.0019620694638,1.00262215162645
   39.9099562098424,0.882926256093975 39.9979197437064,0.99736
6022414958 40.090042243024,1.11708556979129 40.0019620694638))
```

> Al seguir utilizando sistemas proyectados para los cálculos y no el esferoide directamente, los resultados **siguen siendo aproximados** (aunque muy cercanos a la realidad). Por el contrario, funciones como *ST_Area, ST_Distance* si que trabajan directamente con el esferoide y sus resultados son exactos.

Hay que tener presente que siempre se puede convertir una geometría *geography* a *geometry* utilizando un *Cast* explícito '*::geometry*', pero los métodos PostGIS tratarán dicha geometría (longitud y latitud) como si fueran geometrías en un plano (geometría euclídea).

De todas formas, existen muchos métodos no relacionados con análisis espacial que se pueden utilizar tras convertir un objeto *geography* a *geometry*, algunos de ellos: *ST_Boundary, ST_IsClosed, ST_NumGeometries, ST_NPoints, ST_NDims*, etc.

Utiliza la conversión explícita a tipo *geometry*, para poder utilizar con el tipo *geography* algunos métodos de PostGIS.

```
s1=# select st_astext(st_boundary (st_geogfromtext ('LINESTRING (1 40, 2
    41)')));
ERROR:   no existe la función st_boundary(geography)
SUGERENCIA:   Ninguna función coincide en el nombre y tipos de argumentos.
    Puede ser necesario agregar conversión explícita de tipos.

s1=# select st_astext(st_boundary (st_geogfromtext ('LINESTRING (1 40, 2
    41)')::geometry));
---------------------
 MULTIPOINT(1 40,2 41)
```

Problema 4. Utiliza el comando *ST_Segmentize* para fragmentar el perímetro del polígono de la sentencia SQL anterior en segmentos de 100 metros. Calcula su área mediante *Lambert* (3575) y utilizando el método *ST_Area (geography)*.

> El tipo *geography* soporta cualquier esferoide (incluido en la lista EPSG), aunque por defecto (geometría con *srid* igual a cero) asume que se usa el WGS84 (EPSG: 4326). Algunas funciones como *ST_Buffer o ST_Intersection* devuelven las geometrías en 4326.

5.3.   Problema directo e inverso de la Geodesia con PostGIS

Con la incorporación de los métodos *ST_Project, ST_Azimuth* y *ST_Distance* es posible resolver el problema directo e inverso de la Geodesia de forma sencilla con PostGIS.

> A partir de la versión 2.2, PostGIS utiliza la biblioteca *GeographicLib[1]* para los cálculos sobre el esferoide en algunos de sus métodos como: *ST_Area, ST_Project, ST_Azimuth, ST_Distance*, etc. Esta biblioteca aporta más precisión y fiabilidad a PostGIS en este tipo de cálculos sobre el esferoide.

---

[1] La biblioteca *GeographicLib* (https://geographiclib.sourceforge.io/) implementa cálculos fiables sobre el esferoide. El autor *Charles Karney* aporta versiones en C, Python, Java, Matlab, etc. así como ejemplos y una buena documentación. Además, el sitio web incorpora herramientas online como una buena calculadora geodésica.

Resuelve el problema directo de la Geodesia. A partir de un punto A de coordenadas Longitud = 40.5° y Latitud = -60.4° en el esferoide WGS84, calcula las coordenadas de un punto B situado a 500000 m de distancia del A y con un azimut (AB) de 24.6°.

```
s1=# select st_astext(st_project ('SRID=4326;POINT (-60.4
    40.5)'::geography, 500000, radians (24.6)));
-------------------------------------
 POINT(-57.78175880527 44.5639942127339)
```

El problema inverso de la geodesia vendría dado por el cálculo del azimut (AB y BA) y la distancia sobre el esferoide entre dos puntos A y B.

```
s1=# select st_distance (g1, g2),
      degrees(st_azimuth (g1,g2)) azab, degrees(st_azimuth (g2,g1)) azba
   from (select
     'SRID=4326;POINT (-60.4 40.5)'::geography as g1,
     'SRID=4326;POINT (-57.78175880527 44.5639942127339)'::geography as g2
   ) as tabla;
 st_distance |       dazab       |       azba
-------------+-------------------+-------------------
      500000 | 24.5999999999998 | -153.628779967326
```

5.4. Creación de tablas espaciales

Las columnas de tipo *geography* no se registran en *geometry_columns* sino en una nueva vista denominada *geography_columns*. Al igual que el tipo *geometry*, el tipo *geography* aprovecha la capacidad *typmod* de PostgreSQL. La manera de crear una columna *geography* en una tabla es similar a la creación de una columna de tipo *geometry* (véase el apartado B 1.6, pág. 46 utilizando *typmod* con el tipo *geometry*).

Una columna de tipo *geography* solo se puede crear utilizado *typmod*. Recordamos que una columna de tipo *geometry* además de *typmod* también permitía utilizar restricciones de tipo *check* para restringir el tipo de geometría, las dimensiones y el srid.

Por lo tanto, no existe un método de tipo *Addgeographycolumn* como sí existe *Addgeometrycolumn*, que con su el último argumento a *false* permitía crear restricciones de tipo *check*.

En este ejercicio se va a crear una tabla *meteochegeog* que será una copia de la tabla *meteoche* pero almacenará las coordenadas con el tipo *geography* en WGS84.

```
s1=# create table meteochegeog (gid serial primary key, nombre
    varchar(50), pmedia real, tmedia real, geom geography (point, 4326));
```

El índice espacial se crea igual que con el tipo *geometry*:

```
s1=# create index meteochegeog_geom_gist on meteochegeog using
    gist(geom);
s1=# insert into meteochegeog (nombre, pmedia, tmedia, geom)
    select nombre, pmedia, tmedia, st_transform (geom, 4326) from meteoche;
```

La vista *geography_columns* contiene el inventario de las columnas de tipo *geography* de todas las tablas de la base de datos.

```
s1=# select * from geography_columns where f_table_name = 'meteochegeog';
```

```
-[ RECORD 1 ]------+------------
f_table_catalog   | s1
f_table_schema    | public
f_table_name      | meteochegeog
f_geography_column| geom
coord_dimension   | 2
srid              | 4326
type              | Point
```

Una columna de tipo *geography* se elimina de una tabla espacial y de la vista *geography_columns* simplemente borrando la columna: *alter table meteochegeog drop column geom;*

> La importación de cartografía con el comando *shp2pgsql* directamente utilizando el tipo *geography* se puede realizar con la opción '-G'.

5.5. Comparación de rendimiento *geography-geometry*

En este apartado se van a realizar algunas pruebas de medición de tiempo de ejecución de predicados y operadores espaciales con el tipo *geography*.

Es una obviedad que cualquier operación sobre el esferoide que requiera el cálculo de una distancia u obtención de un punto a partir de un azimut empleará mucho más tiempo que el simple cálculo mediante geometría plana que realiza en el tipo *geometry*.

En este apartado se realiza una simple pero suficiente comparación para que el lector tenga una idea de que orden de magnitud de aumento del tiempo empleado en el cálculo computacional se está hablando.

Para el ejercicio hay que cargar en PostGIS, las capas *rioschegeog* (*rioschegeog.sql*) que es la misma capa que *riosche* pero al igual que se ha realizado con la capa *meteoche* y *meteochgeog*, se ha convertido al tipo *geography* en 4326.

De la misma forma se carga la capa *nucleoschegeog* (*nucleoschegeog.sql*) que contiene los núcleos de población (capa poligonal).

Se van a realizar dos cálculos de obtención de los 5 vecinos más próximos entre dos capas.

- Cálculo A. Mediante consultas laterales y radio de búsqueda (comandos *ST_DWithin* y *ST_Distance*). Igual que el explicado en el apartado C 5.7, pág. 159.

- Cálculo B. Mediante el operador <-> de tipo KNN que no necesita radio de búsqueda. Igual que el explicado en el apartado C 5.9, pág. 160.

Para los cálculos con el tipo *geometry* se calcula para cada punto de *meteoche* los 5 tramos de ríos más cercanos y también para cada polígono de *nucleosche* los 5 tramos de ríos más cercanos.

La misma tarea se realiza con el tipo *geography*, pero con las capas *meteochegeog-rioschegeog* y *nucleoschegeog-rioschegeog*.

Capas	Cálculo A (radios de búsqueda)			Cálculo B
	100	1000	10000	(KNN <->)
Cálculos planos con *geometry* (resultados en segundos)				
meteoche-riosche	0.035	0.050	0.320	0.240
nucleosche-riosche	3.620	5.150	23.975	15.400
Cálculos sobre el esferoide con *geography* (resultados en segundos)				
meteochegeog-rioschegeog	0.200	0.440	6.155	2.490
nucleoschegeog-rioschegeog	125.230	171.500	778.360	1317.380

Tabla 34 Comparación de tiempos de ejecución de cálculos con *geometry* y *geography*

Se puede ver como en el mejor de los casos el tipo *geography* es unas 6 veces más lento y en el peor hasta 6200 veces más lento. Cuando se utiliza la capa de núcleos en lugar de las estaciones los resultados son más extremos, ya que cada geometría tiene muchos puntos (no un único punto como cada estación) y por tanto produce un cálculo más intensivo de las distancias.

Con el tipo *geography*, el método B (KNN) es más lento que el método A (radio de búsqueda) en todos los casos menos uno (radio 10000 m. y capa *meteochegeog*). Lo cual hace pensar sobre si su uso es adecuado con el tipo *geography*. Con el tipo *geometry* ocurre algo parecido, pero menos marcado y en menos casos.

Por último, los operadores espaciales *ST_Buffer*, *ST_Intersection*, etc. aplicados al tipo *geography*, etc. además de no dar resultados exactos sobre el esferoide, pueden ejecutarse varias veces más lentos como mínimo debido al doble proceso de transformación de coordenadas que llevan implícito.

5.6. Ventajas e inconvenientes de usar el tipo *geography*

A fecha de publicación de este libro, no hay muchas aplicaciones de SIG de escritorio o bibliotecas geoespaciales que soporten el tipo *geography* de PostGIS (QGIS y la biblioteca GDAL sí lo soportan). Es de esperar, sin embargo, que otros programas o SIG de escritorio lo empiecen a soportar por lo menos con capacidades de visualización.

Ventajas:

- Se puede gestionar cartografía de forma continua independientemente de su extensión geográfica sin la deformación de las geometrías. Los problemas de mantener cartografía utilizando husos UTM extendidos o varios husos queda resuelto.

- El cálculo de superficies o longitudes ofrece magnitudes reales.

Inconvenientes:

- El análisis espacial queda reducido a la utilización de los métodos ST_Area, $ST\_Distance$, ST_Length y algunos predicados espaciales.

- Los métodos descritos en el párrafo anterior y todos los métodos futuros tienen un coste de tiempo de ejecución que puede ser varios cientos de veces superior al mismo método implementado utilizando geometría plana.

- Si el uso de tolerancias es ya importante en cualquier SIG (apartado D 3, pág. 220), su aplicación al realizar cálculos sobre el esferoide se hace imprescindible ya que los cálculos son siempre aproximados.

- Las geometrías que tengan algún segmento que cubra más de 180° de arco no se pueden modelar utilizando el tipo *geography*

Aunque parece ser que los inconvenientes son superiores a las ventajas, la oportunidad de poder tratar la cartografía de forma 'nativa' sin las deformaciones que crean las proyecciones puede ser suficiente para inclinar la balanza a favor del tipo *geography* en ciertos proyectos cartográficos.

5.7. Análisis espacial directo sobre el esferoide

Recientemente el autor de esta publicación ha presentado varios artículos de investigación en coautoría con otro profesor de la ETS de Ingeniería Cartográfica, Geodesia y Fotogrametría de la UPV donde se mejora el algoritmo de intersección de rectas y distancia punto a recta sobre el esferoide de *Charles Karney* (autor de la biblioteca *GeographicLib*).

La aplicación de estos algoritmos a PostGIS (actualmente en elaboración por el autor de este libro) permitirá por primera vez calcular ciertas operaciones de análisis espacial directamente sobre el esferoide sin realizar reproyecciones de coordenadas arrojando resultados exactos.

Los artículos se pueden consultar en:

Baselga, Sergio & Martinez-Llario, Jose. (2017). *Intersection and point-to-line solutions for geodesics on the ellipsoid*. Studia Geophysica et Geodaetica. 10.1007/s11200-017-1020-z.

Martínez-Llario JC, Baselga S, Coll E. Accurate Algorithms for Spatial Operations on the Spheroid in a Spatial Database Management System. *Applied Sciences*. 2021; 11(11):5129. https://doi.org/10.3390/app11115129

Es importante mencionar que basado en estas investigaciones, el autor de *GeographicLib*, *Charles Karney* ha mejorado e incorporado el algoritmo de intersección de geodésicas en su biblioteca.

6. Validación cartográfica con reglas de topología

Casi todos los programas de SIG de escritorio comentados en el apartado B 3.2, pág. 69, constan de ciertas funcionalidades para validar las capas cartográficas. De una forma rápida se puede establecer tres niveles de validación geométrica en función de la complejidad:

- Validación de geometrías de forma independiente: En el primer nivel o nivel más sencillo se trata de validar geometrías de una capa de forma independiente, es decir, para validar una geometría se analiza solo dicha geometría sin tener en cuenta las geometrías adyacentes o cercanas de esa misma capa (geometrías no válidas según el OGC, geometrías duplicadas, etc.).

- Validación conjunta de las geometrías de una capa: En un segundo nivel se realizan comprobaciones sobre cada una de las geometrías de una capa de forma conjunta con las geometrías cercanas de esa misma capa (detección de seudonodos, nodos colgados, solapes, etc.).

- Validación conjunta entre las geometrías de varias capas: El tercer nivel se corresponde generalmente con las validaciones más complejas y consiste en analizar cada una de las geometrías de una capa con las geometrías cercanas de una segunda capa, aparecen de esta forma validaciones más complejas como que las parcelas de una capa queden cubiertas totalmente por manzanas de una segunda capa, solapes o adyacencias entre geometrías de diferentes capas, etc.

6.1. Validación independiente

La mayoría de estas comprobaciones ya se han comentado en otros apartados de esta publicación y son en general de fácil e incluso inmediata aplicación mediante PostGIS.

Este tipo de comprobaciones la incorporan la mayoría de los SIG de escritorio *open source* que hay actualmente en el mercado como: *OpenJUMP*, *gvSIG*, *QGIS*, etc.

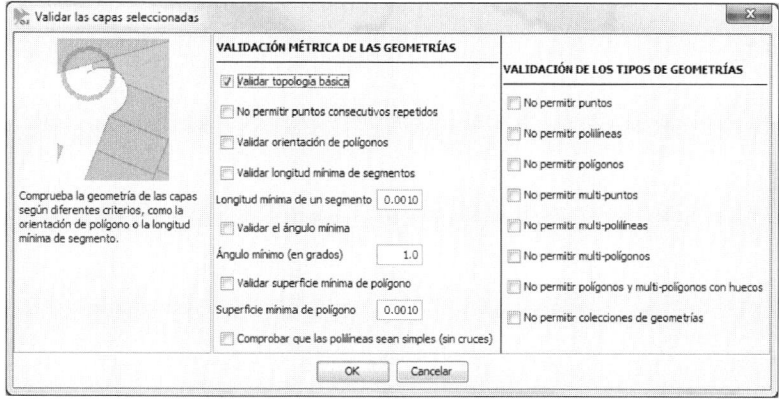

Figura 58 Validación geométrica en *OpenJUMP*

Geometrías no válidas según el OGC

En el apartado D 4, pág. 228 se estudió como detectar geometrías no válidas con los comandos *ST_IsValid*, *ST_IsValidReason*, *ST_IsValidDetail* y varias formas de corregirlas.

Geometrías vacías o nulas

Para detectar geometrías vacías se utiliza el operador *ST_IsEmpty*. Las geometrías de tipo *GeometryCollection* también pueden contener geometrías vacías. El comportamiento respecto a las geometrías vacías en PostGIS es bastante heterogéneo según la función espacial utilizada y en general no es adecuado utilizar los métodos de PostGIS con geometrías vacías.

Hay que tener en cuenta que PostGIS puede generar geometrías vacías en las operaciones espaciales por ejemplo al intersecar dos geometrías disjuntas.

```
s1=# select st_astext(geom) as wktoriginal, st_isempty(geom) as vacio,
         st_astext(elem) as wktelem, st_isempty(elem) as vacio
     from (
         select st_geometryn (geom, generate_series(1,2)) as elem, geom
         from   (select st_collect (
                     st_intersection ('POINT (0 0)', 'POINT (5 5)'),
                     'MULTIPOINT (1 1)' )
         ) as tabla(geom)
     ) as tabla1;
         wktoriginal           | vacio |    wktelem   | vacio
     -------------------------------------------------------------
      MULTIPOINT(EMPTY,(1 1))  |  f    | POINT EMPTY  | t
      MULTIPOINT(EMPTY,(1 1))  |  f    | POINT(1 1)   | f
```

Para evitar que algún método espacial devuelva geometrías vacías se puede utilizar el método *STX_Extract* que devolverá *null* en esos casos y también extrae las subgeometrías de las GEOMETRYCOLLECTION según la dimensión especificada en su argumento.

```
s1=# select st_astext(geom) as wktoriginal,
         st_astext(stx_extract (geom, 0)) as extract,
         st_astext(stx_extract (
           st_geometryn (geom, generate_series(1,2)),0)) as elem_extract
     from
     ( select 'GEOMETRYCOLLECTION(POINT EMPTY,MULTIPOINT(1 1))' as geom
     ) as tabla;
                 wktoriginal                      |    extract      |  elem_extract
     ---------------------------------------------------+-----------------+-----------------
      GEOMETRYCOLLECTION(POINT EMPTY,MULTIPOINT(1 1))   | MULTIPOINT(1 1) |
      GEOMETRYCOLLECTION(POINT EMPTY,MULTIPOINT(1 1))   | MULTIPOINT(1 1) | MULTIPOINT(1 1)
```

(*) La casilla vacía representa el valor *null*.

Auto-intersecciones

Las auto-intersecciones en geometrías lineales (*LineString* o *MultiLineString*) según el OGC corresponden a elementos no simples. Esto se puede comprobar en PostGIS con el operador *ST_IsSimple*.

Hay que recordar que una geometría de tipo *MultiLineString* es simple solo cuando todas sus *LineString* integrantes son simples.

Selecciona los *gid* de aquellos tramos de río que se auto-intersecan.

```
s1=# select gid from rios where not st_issimple(geom);
------
 1851
  608
```

Aunque una geometría no simple es válida por el OGC, no es aconsejable que nuestra cartografía contenga este tipo de geometrías, ya que en algunos casos el análisis espacial puede ser menos intuitivo.

Una posible solución si la capa soporta elementos de tipo MULTI como *multilinestring* consiste en convertir la línea que se autointerseca a una *multilinestring* con tres elementos separados por ese punto de intersección. El comando *ST_Node* realiza esta labor.

El tramo de río 1851 formado por una *multilinestring* de 1 elemento, pasa a reestructurarse con *ST_Node* en una *multilinestring* de 3 elementos. De esta forma, la *multilinestring* resultante no presenta la autointersección (*), sino que simplemente son tres *linestrings* conectadas por sus puntos de contorno.

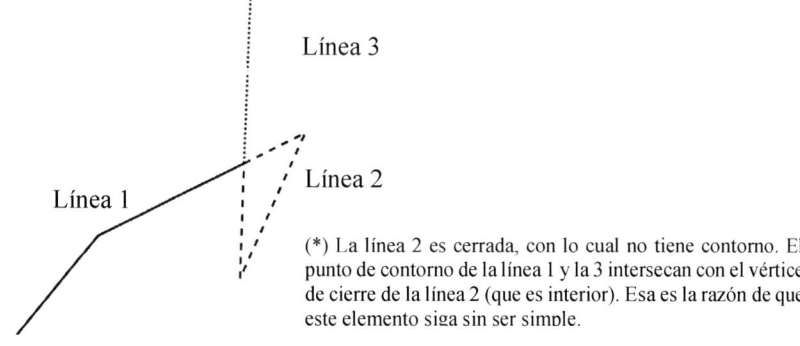

(*) La línea 2 es cerrada, con lo cual no tiene contorno. El punto de contorno de la línea 1 y la 3 intersecan con el vértice de cierre de la línea 2 (que es interior). Esa es la razón de que este elemento siga sin ser simple.

```
s1=# select gid,st_numgeometries(geom) ngeom1, st_issimple(geom) s1,
            st_numgeometries(st_node(geom)) ngeom2,
            st_issimple(st_node(geom)) as s2 ,
            st_numgeometries(stx_nodesimple(geom)) ngeom3,
            st_issimple(stx_nodesimple(geom)) as s3
    from rios where gid = 1851;
 gid  | ngeom1 | s1 | ngeom2 | s2   | ngeom3 | s3
------+--------+----+--------+------+--------+----
 1851 |      1 | f  |      3 | f(*) |      4 | t (**)
```

(*) *Actualmente, aunque las líneas integrantes ya no se cruzan formando un nudo, la multilinestring resultante sigue siendo no simple (ver figura superior).*

La función mejorada *STX_NodeSimple* (**) del autor del libro (código fuente en el fichero *funcionesextra.sql*) crea un elemento simple partiendo la línea cerrada (línea 2) en dos líneas.

Sentido de los anillos

Aunque PostGIS no establece ninguna restricción sobre el sentido de los anillos exteriores y/o interiores de un polígono, la última versión del estándar SFA 1.2.1 y otras bases de datos espaciales como el modelo de ESRI (apartado D 4, pág. 228) sí que lo hacen.

Mediante el comando *ST_ForceRHR* de PostGIS forzamos al anillo exterior y/o los anillos interiores de un polígono a seguir la regla de la mano derecha (*Right Hand Rule*). Si suponemos que una persona está andando sobre un anillo de un polígono con el brazo derecho extendido, el sentido de avance será el correspondiente para que su brazo derecho recaiga en el interior del polígono, de esta forma el anillo exterior tiene sentido contrario que los interiores.

```
s1=# select st_astext(st_forcerhr (
     'POLYGON ((0 0,5 0,5 5,0 5,0 0),(2 2,2 3,3 3,3 2,2 2))'));
                          st_astext
     ---------------------------------------------------------
     POLYGON((0 0,0 5,5 5,5 0,0 0),(2 2,3 2,3 3,2 3,2 2))
```

Vértices repetidos

Aunque PostGIS considera válidas (al igual que el OGC) las geometrías con vértices repetidos, conviene eliminarlos con el comando *ST_RemoveRepeatedPoints* ya que algún operador espacial puede no funcionar de forma correcta.

Sin embargo, de momento PostGIS no expone ninguna función SQL para averiguar si una geometría tiene vértices repetidos o no.

Selecciona los *gids* de aquellos tramos de ríos cuyas geometrías presentan algún punto repetido. A continuación, elimina los vértices repetidos de dichas entidades.

```
s1=# select gid, st_npoints (geom) from rios
     where not st_asewkb(st_removerepeatedpoints (geom)) = st_asewkb(geom);
     gid  | st_npoints
     ------+------------
      914 |         16
     1851 |         12

s1=# update rios set geom = st_removerepeatedpoints(geom)
     where not st_asewkb(st_removerepeatedpoints (geom)) = st_asewkb(geom);

s1=# select gid, st_npoints (geom) from rios where gid in (914, 1851);
     gid  | st_npoints
     ------+------------
      914 |         15
     1851 |         11
```

Geometrías duplicadas

La búsqueda de geometrías repetidas en las capas cartográficas es una de las tareas comunes en una etapa previa de detección de errores.

El concepto de geometría 'repetida' depende de la condición de igualdad que se establezca (véase el apartado B 5.2, pág. 96):

- Igualdad topológica: *ST_Equals*.

- Igualdad no topológica: *ST_AsBinary* (ignorando el CRS y en versiones inferiores a PostGIS 2.0 también ignorando la coordenada Z/M) o *ST_AsEWKB* (teniendo en cuenta el CRS).

- Igualdad de cajas: operador '='.

También en el caso de entidades puntuales puede ser interesante considerar que dos puntos son iguales cuando la distancia entre ellos es inferior a una tolerancia. Al utilizar tolerancias será necesario el uso de la orden *ST_DWithin* (véase el apartado C 5.2, pág. 150).

A partir de la capa *puntosrepetidos* (fichero *puntosrepetidos.sql*) borra las filas que contengan puntos que estén repetidos (considerando puntos iguales todos los que estén a una distancia menor 1 m.).

Borra todos los puntos repetidos dejando aquellos que tengan el *gid* más alto (p1.gid < p2.gid) o *gid* más bajo (p1.gid > p2.gid).

```
s1=# delete from puntosrepetidos
  where gid in (
    select p1.gid from puntosrepetidos p1, puntosrepetidos p2
    where p1.gid < p2.gid and st_dwithin (p1.geom, p2.geom, 1)
  );
DELETE 1118
```

Si se quiere borrar los puntos repetidos y los originales:

```
delete from puntosrepetidos
  where gid in (
    select p1.gid from puntosrepetidos p1, puntosrepetidos p2
    where p1.gid <> p2.gid and st_dwithin (p1.geom, p2.geom, 1)
  );
DELETE 2033
```

 Problema 5. Cuantas geometrías repetidas hay en la capa *riosche*. Utilizar la igualdad no topológica.

Otros

Otras posibles validaciones rápidas podrían ser:

- Detectar elementos con un área, perímetro o longitud mínima. Comandos: *ST_Area*, *ST_Perimeter* y *ST_Length*.

- Detectar geometrías de cierto tipo, por ejemplo, para no permitir geometrías de tipo *LineString*. Comando: *geometry_type*.

- Detectar geometrías de tipo *Multi* que tengan más de un elemento integrante. Comando: *ST_NumGeometries*.

6.2. Validación conjunta (una capa)

Como validación conjunta se entiende a aquellas comprobaciones que analizan cada una de las geometrías con las geometrías que tienen a su alrededor o cercanas, ya sea dentro de una capa o entre dos capas cartográficas.

Aunque dichas comprobaciones no son tan triviales como las del primer nivel se pueden realizar en PostGIS e incluso personalizar o ampliar según nuestras necesidades.

Dentro del software *open source,* solo algunas soluciones de SIG de escritorio implementan este tipo de validaciones, aunque siempre lejos de la libertad que permite PostGIS en su diseño para satisfacer necesidades concretas.

Sin duda, el software más completo en este sentido es *gvSIG*[1] con su *framework* de topología, siguiendo el estilo de *ArcGIS* de *ESRI* permite crear capas de topología y agregar reglas de topología a una capa o entre dos capas. *QGIS* y *Kosmo SIG* también permite agregar y validar reglas de topología, aunque de una forma menos completa.

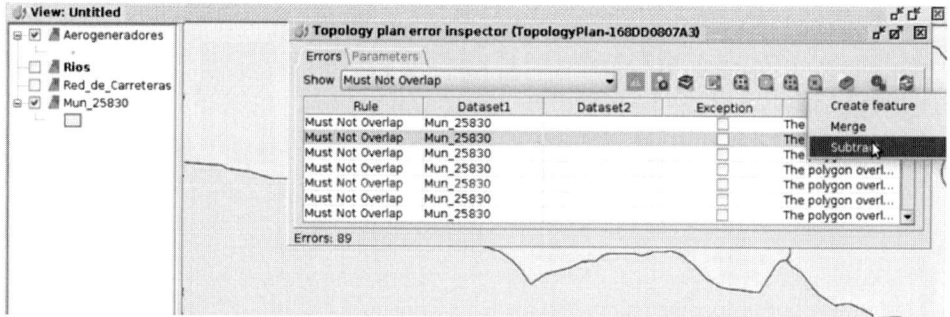

Figura 59 Reglas de topología en *gvSIG*

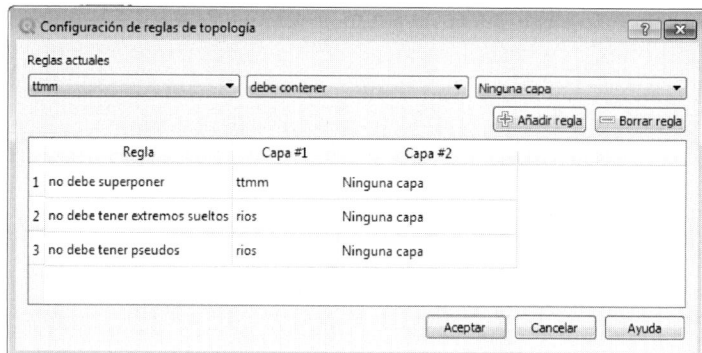

Figura 60 Reglas de topología en *QGIS*

A continuación, se muestra la metodología para construir algunas reglas de topología, con la finalidad de que el lector aprenda el proceso y sea capaz de diseñar sus propias reglas topológicas según las necesidades de su modelo cartográfico.

---

[1] El *framework* de topología fue incluido en la versión 2.6 de gvSIG. *https://blog.gvsig.org/2024/01/12/herramientas-de-topologia-y-correccion-de-capas-con-errores-en-gvsig-desktop-2-6/*

Must not overlap

La detección de solapes u otras relaciones espaciales entre geometrías de una o dos capas se estudió en el apartado B 7.2, pág. 122. En este ejemplo se añade la creación de una capa que contiene los fragmentos de los polígonos que se solapan.

Crea una capa *mustnotoverlap* que contenga las zonas de solapes y los *gid* implicados entre los polígonos de la capa *ttmmbis* (fichero *ttmmbis.sql*).

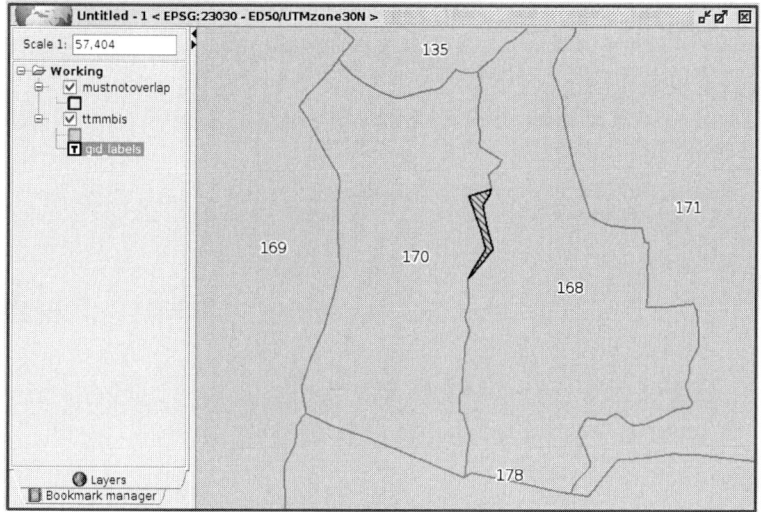

Figura 61 *Must not overlap*

```
sl=# create table mustnotoverlap (gid serial primary key, gid1 integer,
   gid2 integer, geom geometry (multipolygon, 23030));
sl=# insert into mustnotoverlap (gid1,gid2,geom)
  select t1.gid, t2.gid, stx_extract(st_intersection(t1.geom, t2.geom),2)
  from ttmmbis t1, ttmmbis t2
  where t1.geom && t2.geom and
    st_relate (t1.geom, t2.geom, 'T********') and t1.gid < t2.gid;
```

Otro asunto consiste en corregir dichos solapes, la forma más adecuada sería editarlos de forma manual con algún SIG de escritorio y comprobarlos uno a uno. De forma más automatizada si S es el solape entre los polígonos A y B. Se puede editar de varias formas:

- Modificar A y B y crear un polígono nuevo C (A = A – S; B = B – S; C = S).

- Modificar A o B para que uno absorba la zona de solape (A = A – S o B = B – S).

Problema 6. Arregla los solapes de la capa *ttmmbis* de forma automática a partir de la capa *mustnotoverlap* de una de las dos formas descritas.

Must not have gaps

Mediante esta regla de topología se trata de identificar aquellos polígonos que no están rodeados completamente por otros polígonos adyacentes, es decir, en alguna parte de su contorno hay un hueco.

Crea una capa *mustnothavegaps* que almacene las entidades lineales que forman los huecos de la capa *ttmmbis*. Agregar además información de los *gid* de los polígonos de *ttmmbis* involucrados en dichos huecos.

```
s1=# create table mustnothavegaps (gid serial primary key, gid1 integer,
    geom geometry (multilinestring, 23030));

s1=# insert into mustnothavegaps (gid1, geom)
  select gida, st_multi(difgeom)
  from (
      select st_difference (st_boundary(geoma), geomb) as difgeom,
                  gida
      from (
        select
                  stx_extract (st_collect(st_intersection
                        (ST_Boundary (t1.geom), t2.geom)), 1 ) as geomb,
              t1.geom as geoma,
              t1.gid as gida
          from ttmmbis t1, ttmmbis t2
          where t1.gid <> t2.gid and st_intersects (t1.geom, t2.geom)
          group by t1.gid
    ) as tabla
 ) as tabla1
 where st_length (difgeom) > 0.001;
```

Metodología:

- Para cada uno de los polígonos i de la capa:
  - Calcula los polígonos j que intersecan al polígono i.
    - o   Calcula la intersección del contorno del polígono i con cada uno de los polígonos j y agrupa todas las intersecciones en una única geometría (*ST_Collect*) que llamaremos *geomb*. La geometría g*eomb* contendrá todas las partes del contorno del polígono i que son compartidas por alguno de los polígonos colindantes.
    - Resta el contorno del polígono i con la geometría *geomb*, de esta forma la geometría resultante (*difgeom*) contendrá aquellas porciones del contorno del polígono i que no tienen ningún polígono colindante, es decir, hay un hueco adyacente.
- Únicamente selecciona aquellas geometrías cuya longitud (*difgeom)* es mayor que una cantidad muy pequeña (no se utiliza cero por los cálculos de doble precisión).

Los contornos de los huecos detectados se corresponden con todo el perímetro de la capa entera (huecos exteriores) más dos huecos situados en el interior del territorio.

Como curiosidad se va a proceder a reescribir la consulta anterior, pero utilizando subconsultas laterales (véase el apartado C 5.7, pág. 159). El resultado sería el mismo y el tiempo de ejecución similar. Nótese como ha desaparecido el *group by*, ya que la subcosulta lateral (recuadro) se ejecuta una vez por cada fila de t1.

También se ha procedido a juntar el operador *st_difference* con el *stx_extract* que en el ejercicio anterior se hacía en dos pasos por fines docentes.

En realidad, en este ejemplo (al contrario que en los ejemplos de búsqueda de vecino más próximo) las consultas laterales no aportan nada al esquema clásico de concatenación más *group by*.

```
insert into mustnothavegaps (gid1, geom)
  select t1.gid as gida, st_multi(difgeom)
    from ttmmbis t1, lateral (
              select st_difference (
                              st_boundary (t1.geom),
                              stx_extract ( st_collect( st_intersection
                                  ( ST_Boundary (t1.geom), t2.geom)), 1 )
                      ) as difgeom
              from ttmmbis t2
              where t1.gid <> t2.gid and st_intersects (t1.geom, t2.geom)
    ) as tabla
  where st_length(difgeom) > 0.001;
```

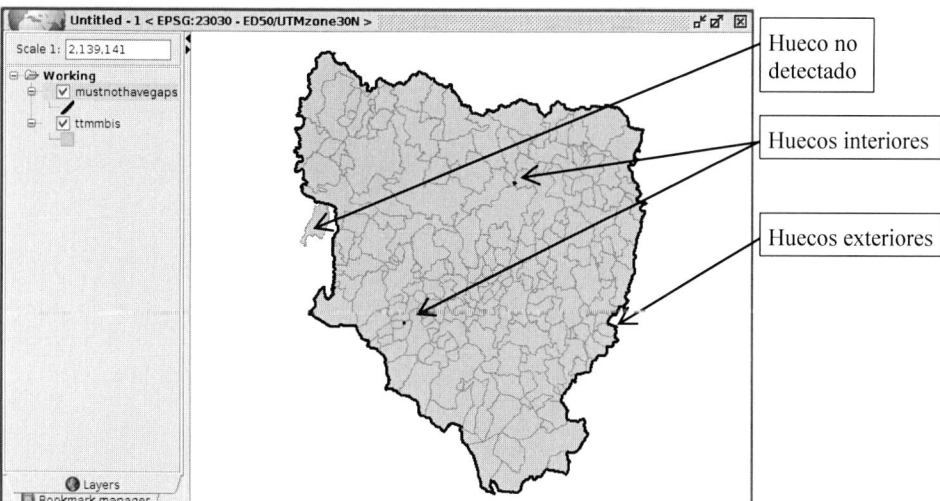

Figura 62 *Must not have gaps*

Si además quisiéramos detectar los polígonos aislados que están rodeados totalmente por huecos ('hueco no detectado' en la figura superior), hay que utilizar un *left join*.

```
s1=# insert into mustnothavegaps (gid1, geom)
 select gida, contorno
 from (
       select t1.gid as gida,
               st_multi(st_boundary(t1.geom)) as contorno,
               t2.gid as gidb
       from ttmmbis t1 left join ttmmbis t2
       on t1.gid <> t2.gid and st_intersects (t1.geom, t2.geom)
 ) as tabla where gidb is null;
```

Must not have dangles

Los nodos colgados o *dangles* son los puntos inicial y/o final de cada geometría lineal que no están conectados con otra geometría lineal. Por ejemplo, en una capa de ríos se corresponden con aquellos afluentes que no llegan a conectar con el eje de la corriente principal o que lo atraviesan por algunos metros, así como todos los puntos iniciales y finales de todos los ríos.

Crea una capa *mustnothavedangles* que contenga los nodos colgados de la capa *rios*. Utiliza una ventana de búsqueda de 1000 metros para el análisis de proximidad.

```
s1=# create table mustnothavedangles (gid serial primary key, riogid
   integer, geom geometry (point, 23030));

--Insertamos los puntos iniciales de las líneas que son dangles
s1=# insert into mustnothavedangles (riogid, geom) select gid1, point
   from (
      select stx_startpoint(r1.geom) as point,
             r1.gid as gid1, r2.gid as gid2
      from rios r1 left join rios r2
      on r1.gid <> r2.gid and
             st_expand (stx_startpoint (r1.geom), 1000) && r2.geom and
   st_distance (stx_startpoint (r1.geom), r2.geom) = 0
   ) as tabla where gid2 is null;
INSERT 0 37

--Insertamos los puntos finales de las líneas que son dangles
s1=# insert into mustnothavedangles (riogid, geom) select gid1, point
   from (
      select stx_endpoint(r1.geom) as point,
             r1.gid as gid1, r2.gid as gid2
      from rios r1 left join rios r2
      on r1.gid <> r2.gid and
             st_expand (stx_endpoint (r1.geom), 1000) && r2.geom and
   st_distance (stx_endpoint(r1.geom), r2.geom) = 0
   ) as tabla where gid2 is null;
INSERT 0 996
```

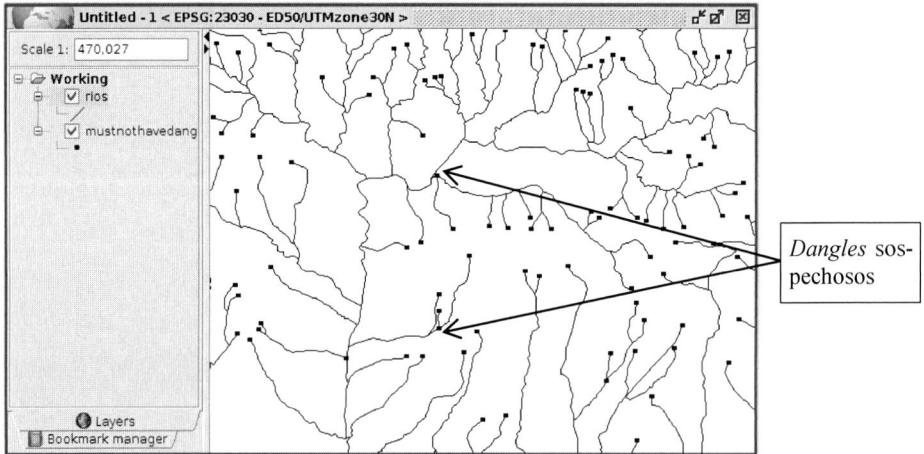

Figura 63 *Must not have dangles*

Must not have dangles: distancia a la geometría más cercana

Una posible mejora consiste en añadir dos campos a la capa *mustnothavedangles*, el campo *mindist* contendrá la distancia desde el punto *dangle* al río más cercano, el campo *mindistgid* contendrá el *gid* de ese río más cercano.

De esta forma es fácil detectar cuáles son los puntos *dangles* que tienen una probabilidad alta de ser un error cartográfico, ya que serán aquellos cuyo campo *mindist* sea inferior a la tolerancia o precisión de los datos.

Se trata de solucionar el problema del vecino más próximo, visto ampliamente en el apartado C 5, pág. 147 y resuelto con distintas técnicas como agregados personalizados, consultas laterales o funciones ventana. En este caso además se debe combinar la consulta con un UPDATE para actualizar las columnas de una tabla ya existente. Se plantea dos formas alternativas para la misma solución: Forma 1 con agregados personalizados y Forma 2 con subconsultas laterales.

```
--agregamos los dos campos nuevos
s1=# alter table mustnothavedangles add column mindistgid integer;
s1=# alter table mustnothavedangles add column mindist double precision;
--A continuación se va a actualizar el campo mindist y mindistgid de
    distancia entre el punto dangle y el tramo de río más cercano
```

Forma 1:

```
-- El agregado personalizado mindist[1] devuelve -1 si no se le ha pasado
    ningún par de valores
s1=# update mustnothavedangles m set (mindist, mindistgid) = (
    select CASE WHEN min_pair [1] <> -1 THEN min_pair [2] ELSE null END,
           CASE WHEN min_pair [1] <> -1 THEN min_pair [1] ELSE null END
    from (
       select min_pair (array [r.gid,st_distance (m.geom,r.geom)]) as min_pair
       from rios r
       where (st_expand (m.geom, 1000) && r.geom) and m.riogid <> r.gid
    ) as tabla
  );
UPDATE 1033
```

Forma 2:

Otra solución más elegante consiste en la utilización de subconsultas laterales.

```
s1=# update mustnothavedangles m0
  set mindist = tabla.mindist, mindistgid = tabla.mindistgid
  from mustnothavedangles m, lateral (
     select st_distance (m.geom, r.geom) as mindist, r.gid as mindistgid
     from rios r
     where (st_expand (m.geom, 1000) && r.geom) and m.riogid <> r.gid
     order by st_distance (m.geom, r.geom) asc limit 1
  ) as tabla
  where m0.gid = m.gid;
(*) UPDATE 734
```

El número de actualizaciones son distintas, porque la forma 1 actualiza todas las filas incluso aquellas que no tienen ningún río a menos de 1000 metros (poniendo *null* en los campos *mindist* y *mindistgid*). La forma 2 simplemente NO actualiza estas filas.

Como resultado por ejemplo los puntos *dangles* cuyo tramo de río más cercano está a menos de 10 metros (precisión cartográfica), indican una alta probabilidad de ser un error cartográfico como en efecto son los 6 que aparecen en la siguiente consulta:

```
s1=# select gid, riogid, mindistgid, mindist
        from mustnothavedangles m where mindist < 10 order by mindist;

 gid | riogid | mindistgid |        mindist
-----+--------+------------+---------------------
  26 |   1322 |       1392 | 8.149072527885437e-10
 682 |   1264 |       1248 | 9.385703304198744e-10
  22 |   1139 |       1068 | 2.796391991308032e-09
  16 |    337 |        446 | 0.014378651860498661
  21 |   1056 |        974 | 0.028952717572394815
  24 |   1271 |       1270 | 0.3479805939480154
```

Solución en un único paso con consultas laterales

Se va a aportar dos mejoras a la consulta SQL de la regla *mustnothavedangles*:

- Se va a realizar en un único paso (la creación de los dangles y el cálculo de la distancia e identificador al dangle más cercano).
- Por otra parte, se ven a utilizar el operador *KNN* <-> y de esta forma eliminar la constante del radio de búsqueda.

Para poder utilizar la técnica KNN y el operador <-> es necesario utilizar una subconsulta correlada o lateral (véase el apartado C 5.9, pág. 160).

El ejemplo *Must not have dangles*, de la página 252, pero además añadiendo la distancia y eliminando el radio de búsqueda, quedaría:

```
s1=# truncate mustnothavedangles;
s1=# insert into mustnothavedangles (riogid, mindist, mindistgid, geom)
   select r1.gid, tabla.dist, tabla.gid2, tabla.point
   from rios r1 left join lateral (
       select stx_startpoint(r1.geom) as point, r2.gid as gid2,
               st_distance (stx_startpoint(r1.geom), r2.geom) as dist
       from rios r2
       where r1.gid <> r2.gid
       order by stx_startpoint (r1.geom) <-> r2.geom asc limit 1
   ) as tabla
   on true
   where tabla.dist > 0;
INSERT 0 37

s1=# insert into mustnothavedangles (riogid, mindist, mindistgid, geom)
   select r1.gid, tabla.dist, tabla.gid2, tabla.point
   from rios r1 left join lateral (
       select stx_endpoint(r1.geom) as point, r2.gid as gid2,
               st_distance (stx_endpoint(r1.geom), r2.geom) as dist
       from rios r2
       where r1.gid <> r2.gid
       order by stx_endpoint (r1.geom) <-> r2.geom asc limit 1
   ) as tabla
   on true
   where tabla.dist > 0;
INSERT 0 996
```

Falta de continuidad de las geometrías

El campo *mindist* de la regla de topología anterior también se puede utilizar para comprobar la conectividad de las geometrías lineales. Para ello es necesario establecer una tolerancia de forma que si *mindist* es menor que esa tolerancia pero mayor que cero habrá una posible falta de conectividad entre las líneas.

 Problema 7. Comprueba mediante la regla de topología anterior la conectividad de la capa *viariache*. Considera la falta de conectividad cuando las interrupciones de los tramos sean superiores a 0 e inferiores a 10 metros.

Must not have seudos

Un seudonodo es un punto de unión que conecta únicamente dos geometrías lineales. Cabe pensar que esas dos geometrías lineales se podrían juntar en una única geometría y por lo tanto formar un único registro en la tabla en lugar de dos. La decisión de juntar las geometrías separadas por seudonodos es decisión del usuario y depende generalmente de los atributos alfanuméricos de cada una de esas geometrías. Por ejemplo, en una capa con curvas de nivel con un único atributo de *cota,* la existencia de seudonodos aumenta de forma innecesaria los registros de capa.

Crea una capa *mustnothaveseudos* que contenga los seudonodos de la capa de curvas de nivel *curvashuesca*.

```
s1=# create table mustnothaveseudos (gid serial primary key, gid1
   integer, gid2 integer, geom geometry (point, 23030));
s1=# insert into mustnothaveseudos (gid1, gid2, geom)
  select gid1, gid2, seudogeom
  from (
    select c1.gid as gid1, max(c2.gid) as gid2,
           stx_startpoint (c1.geom) as seudogeom,
           count(*) as num
    from curvashuesca c1, curvashuesca c2
    where c1.gid <> c2.gid and stx_startpoint (c1.geom) && c2.geom and
      (st_distance (stx_startpoint(c1.geom),stx_startpoint (c2.geom)) = 0
      or
      st_distance (stx_startpoint(c1.geom),stx_endpoint (c2.geom)) = 0)
    group by c1.gid  D. Func.
  ) as tabla where num = 1;
INSERT 0 33

s1=# insert into mustnothaveseudos (gid1, gid2, geom)
  select gid1, gid2, seudogeom
  from (
    select c1.gid as gid1, max(c2.gid) as gid2,
           stx_endpoint (c1.geom) as seudogeom,
           count(*) as num
    from curvashuesca c1, curvashuesca c2
    where c1.gid <> c2.gid and stx_startpoint (c1.geom) && c2.geom and
      (st_distance (st_endpoint(c1.geom), stx_startpoint (c2.geom)) = 0
      or
      st_distance (st_endpoint(c1.geom), stx_endpoint (c2.geom)) = 0)
    group by c1.gid  D. Func.
  ) as tabla where num = 1;
INSERT 0 0
```

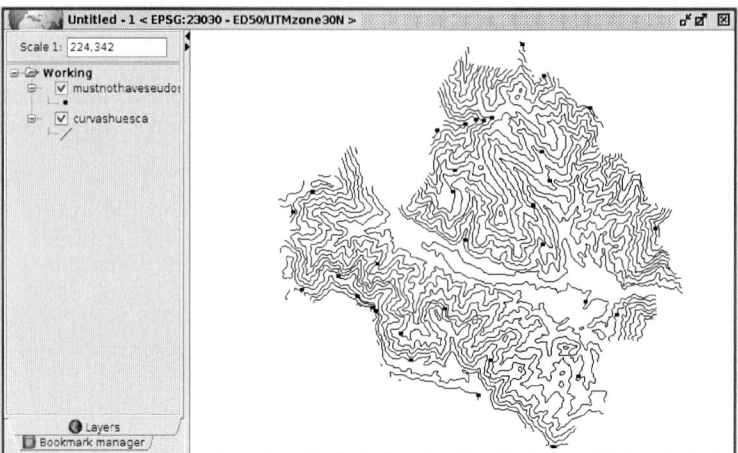

Figura 64 *Must not have seudos*

En el caso de que existan geometrías de tipo *MultiLineString* con más de un elemento integrante, el código SQL anterior no funcionaría de forma correcta, siendo necesario calcular los seudonodos para cada punto inicial y final de los elementos integrantes.

En ocasiones puede ser que un SIG o una base de datos espacial introduzcan seudonodos de forma automática para dividir geometrías lineales que tienen un número de vértices elevado y de esta forma mejorar el rendimiento de la base de datos espacial. El análisis rejilla estudiado en el apartado D 1.2, pág. 203 es un caso donde la segmentación y separación de una geometría en diferentes registros alivia los tiempos de ejecución en el análisis espacial.

6.3.   Validación conjunta (dos capas)

Una regla de topología también se puede definir para detectar posibles errores cartográficos entre dos capas. Por ejemplo, de una forma sencilla entre una capa de puntos y otra de líneas se podría detectar aquellos puntos que están situados fuera de las líneas. Si tenemos en cuenta las posibles relaciones espaciales y los diferentes tipos de geometrías se puede establecer cientos de reglas de topología que ayudarán a validar el modelo cartográfico.

Muchas de las reglas que se aplican a una sola capa como *must not overlap* o *must no have dangles* se pueden extender fácilmente entre dos capas simplemente modificando las capas implicadas en la cláusula *From* y el predicado donde se discriminan los *gids* de las dos capas. Por ejemplo, para detectar los *dangles* entre dos capas diferentes modificaríamos la sentencia de la regla *must not have dangles* ligeramente:

```
insert into mustnothavedangles (gid1, geom) select gid1, point
  from (
    select stx_startpoint(r1.geom) as point,
           r1.gid as gid1, r2.gid as gid2
    from capa1 r1 left join capa2 r2 -> Cambiar nombre de las capas
    on r1.gid <> r2.gid and -> Eliminar
        st_expand (st_ startpoint (r1.geom), 1000) && r2.geom and
  st_distance (st_ startpoint (r1.geom), r2.geom) = 0
  ) as tabla where gid2 is null;
```

Otras reglas de topología, sin embargo, no se pueden adaptar de forma tan directa. Algunas de ellas se muestran a continuación.

Must contain one point

Mediante esta regla de topología aparecerán como errores todos aquellos polígonos que no contengan exactamente un punto de otra capa en su interior.

A partir de las capas *muni* y *munitextosmal* situadas en el esquema *ej1* (ficheros *muni.sql* y *munitextosmal.sql*), crea una capa *mustcontainonepoint* para validar que cada polígono de la capa *muni* contenga un punto de *munitextos* en su interior. Agrega un campo a la tabla *mustcontainonepoint* que contenga el valor cero si no hay ningún punto en el interior del polígono o en el caso de haber más de uno el número en concreto.

```
s1=# create table mustcontainonepoint (gid serial primary key, gid1
     integer, numptos integer, geom geometry (multipolygon, 25830));

--Polígonos con más o menos de 1 punto en su interior.
s1=# insert into mustcontainonepoint (gid1, numptos, geom)
        select m.gid, count(t.gid), m.geom
        from muni m left join munitextosmal t
          on st_covers (m.geom, t.geom)
        group by m.gid
        having count(t.gid) <> 1;
INSERT 0 4
```

Nota: Es importante poner en el *having* un campo que pertenezca a la tabla de la derecha (*munitextosmal* en este caso) de la concatenación *left join*, ya que de esta forma *t.gid* devolverá un *null* y el contador *count* será cero. Con *count(*)* este caso devolvería 1.

Si solo se desearan los polígonos de *muni* que no tienen ningún punto en su interior se puede resolver sin un *group by*:

```
--Polígonos sin ningún punto en su interior
insert into mustcontainonepoint (gid1, numptos, geom)
  select gid1, 0, geom
  from (
    select m.gid as gid1, t.geom as gid2, m.geom
    from muni m left join munitextosmal t
    on st_covers (m.geom, t.geom)
  ) as tabla
  where gid2 is null;
INSERT 0 2

s1=# select gid1 as gidmuni,numptos
        from mustcontainonepoint order by gidmuni;
 gidmuni | numptos
---------+---------
       2 |       2
      10 |       0
      29 |       2
      33 |       0
```

Must be covered by layer

Otra posible regla de topología cubriría la siguiente situación: se dispone de una capa de parcelas y otra de manzanas y se sabe de antemano que la superficie de cada una de las manzanas debe estar totalmente rellena por parcelas, es decir, si hay una porción de una manzana no cubierta por ninguna parcela será un error.

Crea una capa *mustbecoveredbylayer* que contenga los fragmentos de las manzanas de la capa *manza* que no están cubiertos por la capa de parcelas *parce*.

```
s1=# create table mustbecoveredbylayer (gid serial primary key, gid1
   integer, geom geometry (Polygon, 23030));
s1=# insert into mustbecoveredbylayer (gid1, geom)
  select gid, (st_dump (geom)).geom
  from (
    select gid, st_area (geom) as areaerror, geom
    from (
      select gid, stx_extract (st_difference (geoma, geomb), 2) as geom
      from (
         select m.gid as gid, m.geom as geoma,
               st_union (p.geom) as geomb
         from manza m, parce p
         where m.geom && p.geom and
               st_relate (m.geom, p.geom, 'T********')
         group by m.gid   D. Func.
      ) as t1
    ) as t2
  ) as t3
  where areaerror is not null and areaerror > 0;
INSERT 0 10
```

Las zonas ralladas en la siguiente figura muestran las zonas de las manzanas que no están cubiertas por ninguna parcela.

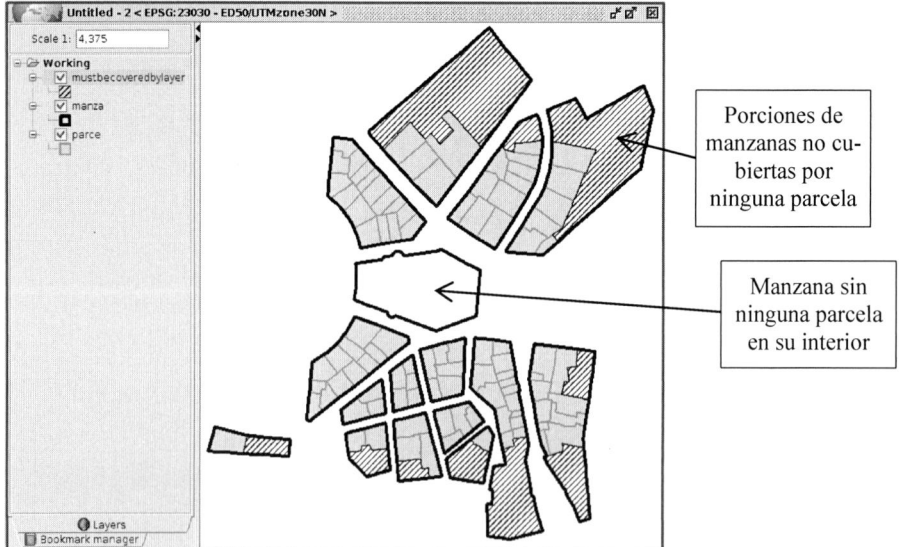

Figura 65 *Must be covered by layer*

Si además se quiere obtener las manzanas que no están cubiertas por ninguna parcela será necesario realizar un *left join* de la siguiente forma:

```
s1=# insert into mustbecoveredbylayer (gid1, geom)
  select gid1, (st_dump (geom1)).geom
     from (
         select m.gid as gid1, p.gid as gid2, m.geom as geom1
         from manza m left join parce p
         on m.geom && p.geom and st_relate (m.geom, p.geom, 'T********')
     ) as t1
  where gid2 is null;
INSERT 0 1
```

En este caso la regla de topología se establece entre dos capas poligonales, pero de la misma forma se podría establecer entre dos capas lineales o el contorno de una capa poligonal y otra capa lineal, etc.

Problema 8. Crea una capa *bdmustbecoveredbybdoflayer* para validar que los contornos de las manzanas estén totalmente cubiertos por los contornos de un conjunto de parcelas.

Must be cross connected

Esta regla de topología se utiliza para comprobar la consistencia de la coordenada Z en una intersección de dos geometrías lineales 3D. Por ejemplo, si se dispone de una capa de curvas de nivel, la coordenada Z de dichas curvas debe ser consistente con la coordenada Z de una segunda capa de ríos. Esta regla también conocida como 'vertical relativa' es muy utilizada cuando se dispone de cartografía tridimensional.

Dadas las capas *curvas3dbis* y *rios3dbis* (ficheros *curvas3dbis.sql* y *rios3dbis.sql*), crea la capa *mustbecrossconnected* que contenga todos aquellos puntos de intersección entre las geometrías de las dos capas cuya diferencia en Z de dichos puntos sea mayor de 100 m.

Para el diseño de dicha regla vamos a utilizar la función *ST_ZPointDifference (geomA, geomB)*, programada en el apartado E 2.2, pág. 286. Si el usuario no ha creado todavía dicha función puede ejecutar en la base de datos el fichero *st_zpointdifference.sql* que contiene su código.

Dicha función devuelve una tabla (un tipo *returning set*) con una columna de tipo compuesto formada por una geometría de tipo punto (*geom*) con la intersección de A con B y un valor numérico (*zdif*) con la diferencia en coordenada Z para cada uno de dichos puntos.

```
s1=# select st_astext((zpointdif).geom),
            (zpointdif).zdif
     from (
       select st_zpointdifference (
              st_geomfromewkt ('LINESTRING (0 0 0, 10 0 5)'),
              st_geomfromewkt ('LINESTRING (5 -5 10, 5 5 20, 7 -5 15)'))
     ) as tabla(zpointdif);

 st_astext  | zdif
------------+------
 POINT(5 0) | 12.5
 POINT(6 0) | 14.5
```

```
s1=# create table mustbecrossconnected (gid serial primary key, gid1
  integer, gid2 integer, distance double precision, geom geometry
  (point, 23030));

s1=# insert into mustbecrossconnected (gid1, gid2, distance, geom)
  select gid1, gid2, abs(distance),
      st_force2d(pointgeom) as pointgeom
  from (
    select gid1, gid2, (zpointdif).geom as pointgeom,
                       (zpointdif).zdif as distance
    from (
      select ST_ZPOINTDIFFERENCE (c.geom, r.geom) as zpointdif,
          c.geom as geom1, c.gid as gid1,
          r.geom as geom2, r.gid as gid2
      from curvas3dbis c, rios3dbis r
      where st_intersects (c.geom, r.geom)
    ) as tabla
  ) as tabla1 where distance is not null and distance > 100;
INSERT 0 159
```

Como resultado se obtienen 159 intersecciones cuya diferencia en Z es mayor de 100 metros.

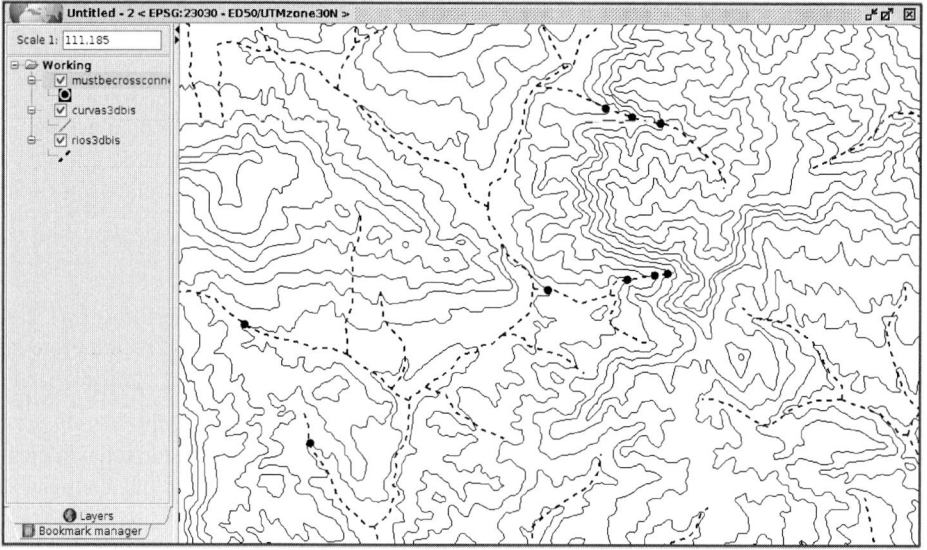

Figura 66 *Must be cross connected*

6.4. Jaspa (JAva SPAtial)

En el tema de reglas de topología cabe mencionar expresamente un *software open source* denominado *Jaspa (JAva SPAtial)*. *Jaspa* es una base de datos espacial similar a PostGIS desarrollada en java por el autor de este libro. Tiene una funcionalidad vectorial parecida a PostGIS, con más de 200 funciones espaciales, pero además incorpora un motor de reglas de topología.

En total *Jaspa* incorpora más de 70 reglas de topología diferentes aportando una solución al mundo del software *open source* que no estaba cubierta hasta ahora, igualando e incluso superando en algunos aspectos a marcas comerciales de SIG en este sentido.

La validación de las reglas topológicas se realiza únicamente en aquellas geometrías nuevas o que han sido modificadas desde que se realizó la validación de las reglas por última vez, de esta forma el sistema no tiene que validar cada vez la extensión total de las capas cartográficas sino pequeñas partes lo cual acelera enormemente el proceso. Las principales características del sistema de topología de reglas son las siguientes:

- Validaciones parciales únicamente de las geometrías modificadas.
- Configuración de las capas que intervienen en una topología y las reglas de topología que se aplican a cada capa.
- Permite agregar condiciones sobre los atributos temáticos de las capas, permitiendo por ejemplo detectar seudonodos según la igualdad de un campo de atributos o realizar validaciones parciales dentro de las capas.
- El uso adecuado de la memoria en PostgreSQL permite realizar validaciones de grandes volúmenes de datos sin colapsar el sistema.

A continuación, se muestra las diferentes reglas de topología que incorpora *Jaspa* en su versión 0.2, a qué tipo de geometrías se aplica y si son de una capa o entre dos capas.

Point	*Line*	*Polygon*	Regla de topología
X	X	X	*Must be single Part*
X	X	X	*Must be disjoint*
X	X	X	*Must be disjoint with tolerance*
X	X	X	*Must not be duplicated*
X			*Must not be duplicated with tolerance*
X	X	X	*Must not have repeated points*
	X		*Must not self intersect*
	X		*Must not intersect or touch interior*
	X		*Must not touch interior*
	X		*Must not intersect*
	X	X	*Must not overlap*
	X		*Must not have dangles*
	X		*Must not have dangles, with tolerance*
	X		*Must not have pseudonodes*
	X		*Must not have pseudonodes, with tolerance*
		X	*Must be valid*
		X	*Must not have gaps*
	X		*Must be connected 2d, with tolerance*
	X		*Must be connected 3d, with tolerance*

Tabla 35 Reglas de topología (*Jaspa*) entre geometrías de una capa

Point	Line	Polygon	Regla de topología
Point + Point	Line + Line	Polygon + Polygon	*Must be disjoint with*
Point + Point			*Must be coincident with*
Point + Line Point + Polygon	Line + Line Line + Polygon	Polygon + Polygon	*Must be inside*
Point + Line Point + Polygon	Line + Line Line + Polygon	Polygon + Polygon	*Must be properly inside*
Point + Polygon	Line + Polygon		*Must be covered by boundary of*
	Line + Line		*Must not intersect or touch interior with*
	Line + Line		*Must not intersect with*
	Line + Line		*Must not touch interior with*
	Line + Line	Polygon + Polygon	*Must not overlap with*
	Line + Line Line + Polygon	Polygon + Polygon	*Must be covered by layer*
	Line + Polygon		*Must be covered by boundary of layer*
		Polygon + Point	*Must contain one point*
		Polygon + Point	*Must contain properly one point*
		Polygon + Point	*Must contain points*
		Polygon + Point	*Must contain properly points*
		Polygon + Line	*Boundary must be covered by layer*
		Polygon + Polygon	*Bound. must be covered by bound. of layer*
	Line + Line		*Must be connected 2D with*
	Line + Line		*Must be connected 3D with*
	Line + Line Line + Polygon	Polygon + Line Polygon + Polygon	*Must be cross connected with*

Tabla 36 Reglas de topología (*Jaspa*) entre geometrías de dos capas

Jaspa es una solución muy poco conocida y por tanto poco extendida, mantenida únicamente por una o dos personas. PostGIS tiene una infraestructura detrás mucho más extensa que *Jaspa* lo cual asegura la continuidad del proyecto.

Para Jaspa existe únicamente controladores para *gvSIG* y *Kosmo* aunque también funciona con *MapServer*, mientras que en PostGIS prácticamente todos los SIG de escritorio libre y otras soluciones geoespaciales incorporan controladores.

PostGIS en su versión 2.0 incorpora almacenamiento y análisis de datos *raster*, de momento *Jaspa* carece de esta característica.

Como puntos a favor de *Jaspa* comparándolo con PostGIS podemos decir:

- Incorpora un sistema de reglas de topología con más de 70 reglas.

- Está desarrollado en java utilizando las bibliotecas *JTS* y *GeoTools* lo cual facilita su extensión e integración con otros programas *java*.

- Admite procedimientos almacenados en java y mediante entornos de programación como *Eclipse* se facilita ampliamente el desarrollo y la depuración.

El proyecto *Jaspa* está alojado en *sourceforge*[1], además existe un blog[2] donde aparecen enlaces a la documentación de referencia así como a unos interesantes talleres prácticos de instalación, análisis espacial, utilización de reglas de topología y extensión del producto utilizando procedimientos almacenados en *java* y *Eclipse*.

---

[1] https://sourceforge.net/projects/jaspa/

[2] https://cartosig.webs.upv.es/jaspa-the-spatial-extension-for-postgresql-h2-and-oracle/

Como nota interesante cabe resaltar que *Jaspa* ha sido utilizado para el control de calidad de la Base Topográfica Armonizada[1] (BTA) de España. La BTA es un modelo de datos cartográfico diseñado para escalas 1:5.000 o 1:10.000 donde las diferentes capas cartográficas presentan múltiples relaciones y constricciones espaciales entre ellas. Es en este apartado donde se utilizó *Jaspa* por su motor de reglas de topología aportando una validación topológica detallada y con un gran volumen de cartografía.

6.5. Definición algebraica de las reglas de topología

Aprovechando la investigación realizada con el proyecto Jaspa, hemos definido de forma algebraica[2] las reglas de topología entre una o dos capas (implementadas por Jaspa). Esta definición puede servir tanto para entender cada regla de topología como para ayudar a su implementación ya sea en una base de datos espacial como PostGIS o escribiendo el algoritmo junto con una biblioteca espacial (como JTS, GEOS o SFCGAL).

La siguiente tabla resume la notación y las funciones espaciales utilizadas para describir la semántica de las reglas de topología que aparece en la Tabla 38 y la Tabla 39. Por ejemplo, la regla de topología '*must be disjoint*' se define como "$\forall\ a \in A,\ \nexists\ b \in B\ /\ a \cap b \neq \emptyset$", lo que significa: para cada geometría 'a' de la capa A, no hay ninguna geometría 'b' de la capa B, tal que la geometría 'a' interseque a la geometría 'b'.

Símbolo	Descripción
I(a), B(a), E(a)	Dado un objeto de geometría *a*, *I(a)*, *B(a)* y *E(a)* representa el interior, contorno (*boundary*) y exterior de 'a' respectivamente.
V, ∧	Operadores lógicos or y and.
Funciones PostGIS	
ST_dim(a)	Devuelve la dimensión de la geometría.
ST_isValid(a)	Devuelve *true* si la geometría es válida (OGC-SFA).
ST_isSimple(a)	Devuelve *true* si la geometría no pasa por un mismo punto dos veces (OGC-SFA).
ST_distance(a, b)	Devuelve la mínima distancia (cartesiana) entre la geometría 'a' y la geometría 'b'.
ST_startPoint(a) *ST_endPoint(a)*	Devuelve el punto inicial o final de una geometría línea.
ST_union (S)	Agregado que devuelve la unión del conjunto (set) de geometrías S.
Nuevas funciones a implementar para aplicar a las reglas	
F_repeatedPoints (a)	Devuelve el conjunto de puntos duplicados (dos vértices seguidos).
F_segment (a)	Devuelve el conjunto de segmentos (líneas de dos vértices) que componen una geometría.
F_zDistance(a, b)	Devuelve la mínima distancia 3D (cartesiana) sobre el eje Z entre dos geometrías 'a' y 'b'.
F_closestPoint(p₀, A, tol)	Calcula el punto 2D del conjunto (set) de geometrías A (capa A), que es más cercano a la geometría puntual 'p_0'. Si la distancia entre el punto calculado y p_0 es más pequeña que la tolerancia (tol) devuelve el punto calculado, en caso contrario devuelve un punto vacío.

Tabla 37 Notación utilizada en la definición de las reglas de topología

Las columnas P, L o S valida la definición para puntos, líneas y/o superficies (polígonos).

[1] http://www.csg-cnc.es/web/cnccontent/bta.html

[2] Martinez-Llario J., Coll E., Núñez-Andrés M. & Femenia-Ribera C. (2017). *Rule-based topology system for spatial databases to validate complex geographic datasets. Computers & Geosciences*, 103, 122 - 132. 10.1016/j.cageo.2017.03.013

P	L	S	Regla / Definición algebraica
X	X	X	Must be single Part: $\forall\ a \in A$ / ST_numGeometries (a) = 1
X	X	X	Must be disjoint: $\forall\ a \in A, \nexists\ b \in A, b \neq a$ / $a \cap b \neq \emptyset$
X	X	X	Must be disjoint (with tolerance) $\forall\ a \in A, \nexists\ b \in A,\ b \neq a$ / $ST\_distance(a, b) < tol$
X	X	X	Must not be duplicated: $\forall\ a \in A, \nexists\ b \in A, b \neq a$ / $F\_equals(a, b)$
X	X	X	Must not have repeated points: $\forall\ a \in A$ / F_repeatedPoints (a) = $\emptyset$
	X		Must not self intersect: $\forall\ a \in A$ / ST_isSimple(a)
	X		Must not self overlap $\forall\ a \in A,\ SG = \{\ segment \in F\_segment(a)\ \}$ / $\forall\ sga \in SG, \nexists\ sgb \in SG, sga \neq sgb, sga \cap sgb \neq 0$
	X		Must not intersect or touch interior (except at endpoints) $\forall\ a \in A, \nexists\ b \in A, b \neq a$ / $I(a) \cap I(b) \neq \emptyset \vee I(a) \cap B(b) \neq \emptyset \vee B(a) \cap I(b) \neq \emptyset.$
	X		Must not touch interior: $\forall\ a \in A, \nexists\ b \in A, b \neq a$ / $I(a) \cap B(b) \neq \emptyset \vee B(a) \cap I(b) \neq \emptyset$
	X		Must not intersect (except at endpoints) $\forall\ a \in A, \nexists\ b \in A, b \neq a$ / $I(a) \cap I(b) \neq \emptyset$
	X	X	Must not overlap: $\forall\ a \in A, \nexists\ b \in A, b \neq a$ / $ST\_dim\ (I(a) \cap I(b))\ = ST\_dim\ (a)$
	X		Must not have dangles: $\forall\ a \in A,$ $\exists\ b \in A, b \neq a$ / ST_endPoint $(a) \cap b \neq \emptyset \vee$ $\exists\ c \in A, c \neq a$ / ST_startPoint $(a) \cap c \neq \emptyset$
	X		Must not have dangles (with tolerance): $\forall\ a \in A,$ $\exists\ b \in A, b \neq a$ / ST_distance (ST_endPoint $(a), b$) < tol $\vee$ $\exists\ c \in A, c \neq a$ / ST_distance (ST_startPoint (a), c) < tol
	X		Must not have pseudonodes $\forall\ a_i \in A,\ S = \{\ b \in A, b \neq a_{i:}$ ST_startPoint $(a_i) \cap B(b) \neq \emptyset\ \},$ $R = \{\ b \in A, b \neq a_{i:}$ ST_endPoint $(a_i) \cap B(b) \neq \emptyset\ \}$ / ($|S| = 1 \vee |S| = 0$) $\wedge$ ($|R| = 1 \vee |R| = 0$)
	X		Must not have pseudonodes (with tolerance) $\forall\ a_i \in A,\ S = \{\ b \in A, b \neq a_{i:}$ ST_distance (ST_startPoint (a_i), $B(b)$) < tol $\},$ $R = \{\ b \in A, b \neq a_{i:}$ ST_distance (ST_endPoint (a_i), $B(b)$) < tol $\}$ / / ($|S| = 1 \vee |S| = 0$) $\wedge$ ($|R| = 1 \vee |R| = 0$)
		X	Must be valid: $\forall\ a \in A$ / ST_isValid(a)
		X	Must not have gaps $\forall\ a_i \in A, S = \{\ b \in A : a_i \cap b \neq \emptyset\ \}$ / F_length (B(a_i)) = F_length (B(a_i) $\cap$ S)
	X		Must be connected 2d (with tolerance) $\forall\ a_i \in A, p_0 =$ ST_startPoint(a $_i$), $p_1 =$ ST_endPoint(a_i), $cp_0 =$ F_closestPoint (p_0, A – $\{a_i\}$, tol), $cp_1 =$ F_closestPoint (p_1, A – $\{a_i\}$, tol) / ST_distance (p_0, cp_0) < $tol \vee$ ST_distance (p_1, cp_1) < tol
	X		Must be connected 3d (with tolerance) $\forall\ a_i \in A, p_0 =$ ST_startPoint(a $_i$), $p_1 =$ ST_endPoint(a_i), $cp_0 =$ F_closestPoint (p_0, A – $\{a_i\}$, tol), $cp_1 =$ F_closestPoint (p_1, A – $\{a_i\}$, tol) / F_zDistance (p_0, cp_0) < $tol \vee$ F_zDistance (p_1, cp_1) < tol

Tabla 38 Definición de reglas de topología (una sola capa A)

Geometría	Regla / Definición algebraica
P+P, L+L, S+S	Must be disjoint with $\forall\, a \in A, \nexists\, b \in B \;/\; a \cap b \neq \emptyset$
P+P, L+L, S+S	Must be disjoint with (with tolerance) $\forall\, a \in A, \nexists\, b \in B \;/\; ST\_distance(a, b) < tol$
P+P	Must be coincident with $\forall\, a \in A, \exists\, b \in B \;/\; a \cap b = a \wedge a \cap b = b$
P+P	Must be coincident with (with tolerance) $\forall\, a \in A, \exists\, b \in B \;/\; ST\_distance(a, b) < tol$
P+L, P+S, L+L, L+S, S+S	Must be inside $\forall\, a \in A, \exists\, b \in B \;/\; a \cap b = a$
P+L, P+S, L+L, L+S, S+S	Must be properly inside $\forall\, a \in A, \exists\, b \in B \;/\; a \cap I(b) = a$
P+S, L+S	Must be covered by boundary of $\forall\, a \in A, \exists\, b \in B \;/\; a \cap B(b) = a$
L+L	Must not intersect or touch interior with (except at endpoints) $\forall\, a \in A, \nexists\, b \in B \;/\; I(a) \cap I(b) \neq \emptyset \vee I(a) \cap B(b) \neq \emptyset \vee B(a) \cap I(b) \neq \emptyset$
L+L	Must not touch interior with $\forall\, a \in A, \nexists\, b \in B \;/\; I(a) \cap B(b) \neq \emptyset \vee B(a) \cap I(b) \neq \emptyset$
L+L	Must not intersect with (except at endpoints) $\forall\, a \in A, \nexists\, b \in B \;/\; I(a) \cap I(b) \neq \emptyset$
L+L, S+S	Must not overlap with $\forall\, a \in A, \nexists\, b \in B \;/\; \dim(I(a) \cap I(b)) = \dim(a) = \dim(b)$
L+L, L+S, S+S	Must be covered by layer $\forall\, a_i \in A, S = \{\, b \in B : a_i \cap b \neq \emptyset \,\}, c = ST\_union(S) \;/\; a_i \cap c = a_i$
L+S	Must be covered by boundary of layer $\forall\, a_i \in A, S - \{\, b \in B : a_i \cap b \neq \emptyset \,\}, c = ST\_union(S) \;/\; a_i \cap B(c) - a_i$
S+P	Must contain one point $\forall\, a_i \in A, S = \{\, b \in B : a_i \cap b \neq \emptyset \,\} \;/\; |S| = 1$
S+P	Must contain one point properly $\forall\, a_i \in A, S = \{\, b \in B : I(a_i) \cap b \neq \emptyset \,\} \;/\; |S| = 1$
S+P	Must contain points $\forall\, a \in A, \exists\, b \in B \;/\; a \cap b = b$
S+P	Must contain properly points $\forall\, a \in A, \exists\, b \in B \;/\; I(a) \cap b = b$
S+L	Boundary must be covered by layer $\forall\, a_i \in A, S = \{\, b \in B : a_i \cap b \neq \emptyset \,\}, c = ST\_union(S) \;/\; B(a_i) \cap c = B(a_i)$
S+S	Boundary must be covered by boundary of layer $\forall\, a_i \in A, S = \{\, b \in B : a_i \cap b \neq \emptyset \,\}, c = ST\_union(S) \;/\; B(a_i) \cap B(c) = B(a_i)$
L+L	Must be connected 2D with (with tolerance) $\forall\, a \in A, p_0 = ST\_startPoint(a), p_1 = ST\_endPoint(a),$ $cp_0 = F\_closestPoint(p_0, B, tol), cp_1 = F\_closestPoint(p_1, B, tol) \;/$ $ST\_distance(p_0, cp_0) < tol \vee ST\_distance(p_1, cp_1) < tol$
L+L	Must be connected 3D with (with tolerance) $\forall\, a \in A, p_0 = ST\_startPoint(a), p_1 = ST\_endPoint(a),$ $cp_0 = F\_closestPoint(p_0, B, tol), cp_1 = F\_closestPoint(p_1, B, tol) \;/$ $F\_zDistance(p_0, cp_0) < tol \vee F\_zDistance(p_1, cp_1) < tol$

Tabla 39 Definición de reglas de topología (entre dos capas)

6.6. Control de reglas de topología mediante disparadores

En los últimos apartados, se han estudiado varias reglas de topología para validar capas cartográficas. El usuario debe haber adquirido la capacidad de diseñar sus propias reglas de topología para mantener la consistencia del modelo cartográfico utilizado.

Este tipo de validaciones son a posteriori, es decir, si por ejemplo se dispone de una capa cartográfica con polígonos que no deben superponerse, en principio PostGIS permite dichas superposiciones y es al validar o ejecutar las correspondientes sentencias SQL de la regla '*mustnotoverlap*' cuando se muestra los errores cartográficos permitiendo al editor cartográfico la edición y reparación de dichos errores (comportamiento similar al modelo de *ArcGIS* de validación de reglas de topología).

Una segunda aproximación siguiendo este símil, consiste en que PostGIS no permita introducir o modificar geometrías que a priori sepa que van a tener superposiciones con otras de alrededor, y si ése es el caso anular la inserción de dicha geometría en la capa.

Evidentemente no todas las validaciones topológicas se pueden implementar siguiendo este segundo modelo, ya que por ejemplo en la regla *mustbecoveredbylayer* posteriores inserciones de *parcelas* pueden eliminar un error al acabar de cubrir la superficie de una *manzana*. Aun así, muchas de las reglas topológicas pueden implementarse según este modelo con disparadores SQL (*triggers*) como se muestra en el apartado 2.4, pág. 314.

E Programación

Este capítulo consiste en la extensión de la funcionalidad del servidor por medio de la utilización de funciones definidas por el usuario, tipos de datos, disparadores, etc. Aunque no es un requisito necesario para el manejo de PostGIS, si el lector es capaz de diseñar nuevas funciones espaciales se adentrará en un nuevo mundo lleno de posibilidades que repercutirá directamente en el establecimiento de nuevas metas en su trabajo profesional.

PostgreSQL soporta diferentes lenguajes y metodologías de programación, pero a grandes rasgos se puede establecer dos bloques: programación en la parte del cliente utilizando algún conector tipo ODBC, JDBC o la biblioteca *libpq* de PostgreSQL o programación en la parte del servidor generalmente realizando nuevos procedimientos almacenados que exponen la funcionalidad programada al usuario mediante el lenguaje SQL.

El capítulo se centra únicamente en la programación en la parte del servidor ya que se considera especialmente útil que el lector pueda crearse nuevas funcionalidades que sean insertadas dentro de la base de datos y ser ejecutadas por el servidor PostgreSQL. De esta forma, se puede implementar funcionalidades de la cuales carece PostGIS pero que necesite el profesional geoespacial. También es muy interesante para crear validaciones tanto semánticas como espaciales que aseguren la integridad de los datos cartográficos y de esta forma evitar que cualquier cliente SIG conectado a la base de datos pueda corromper el modelo espacial diseñado.

Además de la utilización del lenguaje C para la creación de nuevas funciones definidas por el usuario también se puede utilizar los llamados lenguajes procedurales (PLs) que utilizan otros lenguajes de más alto nivel como *PL/Python*, *PL/Java*, *PL/v8*, *PL/Perl* o *PL/PgSQL*. De todos ellos se ha elegido *PL/PgSQL* por ser el que mejor relación presenta entre potencia y facilidad de aprendizaje, siendo además el más popular y plenamente integrado en PostgreSQL.

El capítulo comprende una introducción al lenguaje *PL/PgSQL* con ejemplos de nuevas funcionalidades espaciales, programación de disparadores, agregados, etc., para finalizar con un completo ejercicio donde se programa un sistema de topología persistente arco-nodo para capas lineales.

1. Introducción

Las funcionalidades de PostgreSQL y por tanto PostGIS se pueden extender utilizando diferentes lenguajes de programación, bibliotecas, metodologías, etc.

En cualquier caso y antes de empezar a aprender una determinada forma de desarrollar nuevas funcionalidades en PostgreSQL/PostGIS es necesario conocer donde se quiere realizar la implementación de estas funcionalidades.

Hay que tener presente que se está trabajando en una arquitectura cliente-servidor y por lo tanto la lógica de negocio, es decir, la implementación del comportamiento de nuestro modelo cartográfico puede residir en la parte del servidor, en la parte del cliente o en ambas. En función de la elección, la implementación se materializará utilizando una metodología u otra e incluso puede limitar el lenguaje de programación utilizado.

Como ejemplo, supongamos que en nuestro modelo cartográfico hay una capa lineal de calles, y dicho modelo nos exige que al insertar un nuevo tramo de calle si éste interseca a un tramo anterior entonces dicho tramo se deberá partir en dos nuevos tramos según el punto de intersección de ambos.

De esta forma imaginemos que se quiere diseñar un SIG corporativo en un ayuntamiento para gestionar dicha cartografía. Se dispone de un servidor de PostgreSQL/PostGIS donde se almacena la capa de calles y a dicho servidor se conectan los diferentes técnicos del departamento de cartografía del ayuntamiento con sus clientes gvSIG, QGIS, etc.

Vamos a simplificar nuestro problema considerando únicamente estos dos escenarios.

- Escenario 1: La programación se realiza en el cliente, es decir, en *gvSIG* se implementa una nueva funcionalidad en el editor gráfico para que al insertar o modificar una nueva calle ésta parta las que tiene por debajo e inserte en PostGIS las nuevas geometrías.
- Escenario 2: La programación se realiza en el lado del servidor, es decir, será el servidor PostgreSQL quien tras implementar la nueva funcionalidad deberá ser capaz de detectar que un cliente quiere insertar o modificar una calle y automáticamente buscar, partir e insertar los tramos de calle.

Para decidir qué escenario es más apropiado para la implementación del comportamiento del modelo cartográfico podemos empezar respondiendo a algunas preguntas:

¿Cómo se reparten los recursos entre el servidor PostgreSQL y el cliente *gvSIG* a la hora de ejecutar esta nueva funcionalidad? ¿Y en el caso de que se estén utilizando varios clientes *gvSIG* editando la capa de calles al mismo tiempo?

En el primer escenario, los recursos necesarios para la ejecución de la creación de tramos en las calles se reparten entre todos los clientes y en el servidor de PostgreSQL se ejecutaría principalmente la lectura, borrado e inserción de los nuevos tramos.

En el segundo escenario todas las operaciones de intersección y creación de los nuevos tramos se ejecutan en el servidor de PostgreSQL, habría que evaluar cómo afecta dicha carga al servidor.

¿Qué lenguajes de programación y bibliotecas se pueden utilizar en cada escenario?

En el manual *online* de PostgreSQL, hay dos capítulos donde se explica de forma separada los diferentes lenguajes y características de la programación según el primer escenario: Interfaces de cliente, y según el segundo escenario: Programación de servidor.

Como programación en la parte del cliente PostgreSQL ofrece la biblioteca *libpq* con la cual se puede acceder desde el cliente al servidor PostgreSQL de una manera eficaz desde lenguajes de programación C/C++.

También la aplicación cliente se puede conectar a PostgreSQL/PostGIS utilizando los controladores JDBC (lenguaje *java*, así lo hacen por ejemplo *gvSIG* o *Kosmo*) o ODBC (lenguaje C), o bibliotecas tipo Qt[1]. De esta forma se puede obtener las geometrías desde PostGIS, realizar los cálculos en el cliente y modificar o insertar las nuevas geometrías mandando al servidor las correspondientes sentencias SQL.

La programación en la parte de servidor se expone al usuario final con los llamados procedimientos almacenados que no son más que nuevos métodos accesibles desde SQL que implementan las nuevas funcionalidades y se ejecutan en la máquina donde está instalado el servidor de PostgreSQL. Por ejemplo, todos los métodos de PostGIS (*ST_AsText*, *ST_Intersection*, etc.) son nuevos procedimientos almacenados que PostGIS instala en nuestra base de datos espacial.

La implementación de estos procedimientos almacenados se puede realizar utilizando diferentes lenguajes de programación y bibliotecas que se pueden dividir en tres grupos:

a) Mediante el interfaz SPI (*Server Programming Interface*). Dicho interfaz expone en lenguaje C toda la potencia de PostgreSQL. La mayoría de los métodos de PostGIS están desarrollados utilizando esta metodología, es la que menos recursos consume y la que más rápida se ejecuta al estar íntimamente ligada al servidor PostgreSQL. Programar utilizando SPI es quizás la metodología más complicada a la hora de extender PostgreSQL y en la mayoría de las veces no será necesario.

b) Mediante la utilización de los llamados lenguajes procedurales. Estos lenguajes añaden una nueva capa sobre la programación SPI que posibilita que un usuario de bases de datos sea capaz de crear procedimientos almacenados de forma sencilla. Los lenguajes procedurales (PLs) de los que dispone PostgreSQL tienen unas características similares, de esta forma oficialmente soportados se dispone de *PL/Python*, *PL/Perl*, *PL/TCL* y *PL/PgSQL*. Aunque no oficial, *PL/Java* es una opción completa e interesante también. En los ejemplos de este apartado se va a utilizar *PL/PgSQL*, este lenguaje procedural extiende el propio SQL para trabajar con control de estructuras, variables, etc., es quizás el que mejor relación ofrece considerando la facilidad de uso y la potencia.

c) Mediante la utilización de sentencias SQL. Esta opción es la que más limitada está, pero en ocasiones puede ser útil para crear procedimientos almacenados sencillos que no necesitan ninguna estructura de control, asignación de variables, etc.

¿Qué sucede si en lugar de *gvSIG*, algún técnico del ayuntamiento quiere utilizar otro software como *QGIS*, *Kosmo* o desarrollar un editor web para una edición *online*?

En el primer escenario la solución pasa por implementar la funcionalidad requerida en cada uno de los diferentes clientes. En el caso de *gvSIG* y *Kosmo* generalmente se deberá implementar en *java* y en *QGIS* en C o *python*, además se deberá conocer profundamente cómo cada uno de dichos softwares gestionan las geometrías y el acceso a PostGIS.

Además, cada vez que alguno de estos programas actualice su versión será necesario realizar una comprobación de la compatibilidad del código fuente y generalmente una nueva compilación de la extensión o *plugin* desarrollado.

---

[1] https://es.wikipedia.org/wiki/Qt_(biblioteca)

Si seguimos el segundo escenario solo habría comprobar que la nueva funcionalidad se ejecuta correctamente cuando una nueva versión de PostgreSQL / PostGIS salga al mercado. No sería necesario desarrollar ninguna funcionalidad en los clientes.

1.1. Modelos cartográficos

Como resumen del punto anterior y centrándonos en la implementación de modelos de datos cartográficos que puedan ser editados o modificados desde cualquier cliente SIG cabe pensar en que el segundo escenario descrito anteriormente es el más apropiado:

1) Cuanto más cerca de los datos esté el comportamiento del modelo menos posibilidades habrá de que la consistencia de dichos datos se corrompa.

2) No es necesario implementar la lógica de la aplicación en cada cliente sino únicamente en la base de datos evitando complejidad y redundancia de código.

3) Al no tener el cliente que procesar resultados intermedios posiblemente se reduce la carga en la comunicación cliente-servidor.

Desgraciadamente la mayoría de modelos cartográficos en España y en la mayoría de países carecen de reglas de comportamiento, la cartografía no se analiza y no se edita en su conjunto de capas sino como mucho utilizando capas independientes, e incluso sin tener en cuenta las relaciones espaciales que una geometría puede tener con las geometrías cercanas dentro de una misma capa.

En este sentido la Base Topográfica Armonizada[1] (BTA), es una apuesta interesante con una amplia gama de especificaciones cartográficas que pueden ser implementadas en una base de datos espacial ya sea en forma de reglas de topología con una validación *offline*, validando en tiempo real la información cartográfica introducida o utilizando ambas metodologías.

Desde Europa, la directiva Inspire[2] además forzará a los países miembros a utilizar modelos de datos cartográficos cada vez más estrictos y donde las relaciones espaciales entre las diferentes geometrías deben quedar bien definidas.

No hay excusa ya para que los modelos cartográficos no se implementen en bases de datos espaciales y además se trate de modelar su comportamiento. Hoy en día disponemos de programas libres (bases de datos espaciales, SIG de escritorio, servidores cartográficos, bibliotecas geoespaciales, etc.) y también de unas primeras iniciativas de modelos de datos cartográficos interesantes como la BTA y las especificaciones de datos de Inspire. Sin lugar a duda la cartografía presente y futura debe seguir estas pautas.

En España tenemos dos iniciativas interesantes, aunque ya llevan muchos años sin actualizaciones, dentro del mundo del software libre que su día ya apostaron por la validación cartográfica dentro del propio modelo de datos utilizando PostGIS como son: *LocalGIS*[3] y *gisEIEL*[4].

---

[1] Modelo de datos cartográfico armonizado para escalas 1:5.000-1:10.000 para almacenar información vectorial con cobertura nacional. Su especificación se puede encontrar en: http://www.csg-cnc.es

[2] Inspire define los llamados *data specification* que tratan de unificar los modelos de datos a nivel europeo. Se pueden encontrar en https://inspire.ec.europa.eu/data-specifications/

[3] https://github.com/ctt-gob-es/allocalgis

[4] https://joinup.ec.europa.eu/solution/giseiel/about

2.   Scripts *PL/PgSQL* en PostGIS

Aunque no es objetivo de esta publicación mostrar con detalle las características de este lenguaje procedural, vamos a tratar de ver los fundamentos de dicho lenguaje con la finalidad de que el lector sea capaz de crear sus primeros procedimientos almacenados aprovechando la capacidad espacial de PostGIS.

Para profundizar en la programación *PL/PgSQL* se insta al lector a consultar la documentación en línea de PostgreSQL, en concreto el capítulo titulado '*PL/PgSQL – SQL Procedural Language*'[1] donde se describe de forma más detallada este capítulo, aunque centrado en PostgreSQL y no en PostGIS.

Siguiendo la filosofía de esta publicación se trata de explicar la programación en *PL/PgSQL* utilizando ejemplos en lugar de describir de forma teórica dicho lenguaje. Esta guía solo pretende ser un tutorial del lenguaje incidiendo en los aspectos más importantes o en aquellos que el lector utilizará de forma inmediata en la programación con PostGIS.

2.1.   Introducción al lenguaje

Instalación del lenguaje

Este paso solo es necesario si la versión de PostgreSQL es inferior a la 9.0, ya que en versiones superiores el lenguaje *PL/PgSQL* aparece ya instalado en la base de datos por defecto.

Si tu versión de PostgreSQL es inferior a la 9.0, entonces antes de empezar a crear nuevos procedimientos almacenados *PL/PgSQL* en una base de datos, es necesario instalar el lenguaje *PL/PgSQL*. Para ello, añadimos la extensión *plpgsql* a la base de datos con el comando SQL *Create Extension*.

```
consola> psql -U postgres -c "create extension plpgsql" s1
```

En cualquier caso, si la base de datos ya tiene instalado el lenguaje y se vuelve a instalar, PostgreSQL simplemente dará un mensaje informativo.

Otro método ya en desuso para instalar el lenguaje era el comando *createlang*.

Estructura de un método *PL/PgSQL*

Nuestro primer procedimiento almacenado consistirá en una función llamada *mcd1* que calcula el máximo común divisor de dos números.

---

[1] Capítulo sobre *PL/PgSQL* en el manual oficial de PostgreSQL, https://www.postgresql.org/docs/current//plpgsql.html. Otros tutoriales se pueden encontrar en https://postgres.cz/wiki/PL/pgSQL_(en). En el libro '*Practical PostgreSQL*' disponible *online* en https://chestofbooks.com/computers/databases/postgresql/practical-postgresql/index.html el capítulo '*Programming with PostgreSQL*' describe en detalle PL/PgSQL.

```
CREATE FUNCTION mcd1 (val1 Integer, val2 Integer) RETURNS Integer
AS $$
DECLARE
  v1 Integer;
  v2 Integer;
BEGIN
  v1:= abs (val1);
  v2:= abs (val2);

  IF (v2 = 0) THEN
    RETURN v1;
  END IF;

  RETURN mcd1 (v2, v1 % v2);
END;
$$ LANGUAGE 'plpgsql' STRICT IMMUTABLE;
```

Tras ejecutar el código SQL anterior dentro de una base de datos, la función *mcd1* quedará almacenada en dicha base de datos y podrá ser invocada desde cualquier cliente SQL como si fuera una función SQL estándar. Los argumentos pueden ser literales numéricos, columnas de tablas o cualquier otra expresión.

```
s1=# select mcd1 (20, 16);
 mcd1
 ------
    4
```

 Problema 1. Localiza utilizando *pgadmin* la nueva función *PL/PgSQL* creada.

Un procedimiento almacenado *PL/PgSQL* consta de la siguiente estructura:

1.- La firma del método donde se especifica los argumentos que toma el método, así como el tipo de retorno.

2.- Un bloque de código, que consiste en dos secciones: una sección *DECLARE* donde se declaran las variables, seguido de una sección *BEGIN ... END* donde se define el código fuente del procedimiento.

3.- Unas opciones de configuración donde se indica por ejemplo el lenguaje utilizado (*'plpgsql'* en este caso) y otras opciones como *STRICT* que se verán más adelante.

> Un error común es añadir un punto y coma al final de la palabra BEGIN al comienzo de la definición de un bloque. Es tal caso PostgreSQL nos avisará de un error de sintaxis.

El código fuente *PL/PgSQL* no es sensible a mayúsculas o minúsculas, los identificadores son convertidos a minúsculas (columnas y nombres de tablas) a no ser que se utilicen comillas dobles como en el SQL de PostgreSQL.

Los comentarios son similares a SQL, es decir, '(--)' para un comentario de línea y '/* ... */' para un comentario de bloque.

Declaración de variables y asignación de variables

Todas las variables de un bloque deben ser declaradas en la sección *DECLARE* (salvo la variable utilizada en un bucle *FOR* para iterar) y se inician con el valor nulo por defecto.

Se puede utilizar cualquier tipo de variable soportada en PostgreSQL, ya sean tipos primitivos (*integer, varchar, timestamp, double precisión*, etc.), tipos compuestos, *arrays*, etc.

La asignación de valores a las variables se realiza mediante el operador '*:=*', de la forma *variable := expresión*. Si el tipo de la variable de destino no coincide con el tipo de la expresión, PostgreSQL tratará de realizar una conversión entre tipos, lo cual en algunos casos puede originar un error en tiempo de ejecución.

Condicionales

Los comandos *IF* y *CASE* permiten ejecutar código de forma condicional.

```
IF expresión-booleana THEN
    --comandos
ELSE
    --comandos
END IF;
```

El comando *IF* puede anidar varios bloques condicionales de la siguiente forma:

```
IF expresión-booleana THEN
    --comandos
    ELSIF expresión-booleana THEN
        --comandos
        ELSIF expresión-booleana THEN
            --comandos
ELSE
    --comandos
END IF;
```

Si una expresión devuelve NULL es considerada falsa por *PL/PgSQL*.

Llamadas a otras funciones

Para invocar a una función SQL dentro del código *PL/PgSQL* simplemente es necesario escribir su nombre y pasarle los argumentos necesarios como se ha realizado con la función *abs* y también la nueva función *mcd1* que como se puede apreciar, en este caso, se invoca de forma recursiva: '*RETURN mcd1 (v2, v1 % v2)*' como lo exige el algoritmo del MCD.

Opción *Strict*

Si dicha opción es especificada en la definición del método, como en la función *mcd1*, al llamar a dicha función PostgreSQL devolverá nulo si alguno de los parámetros que toma como argumento es nulo (sin ni siquiera ejecutar la función).

Llamamos a la función *mcd1* con un argumento a *null*, para comprobar la opción *Strict*.

```
s1=# select mcd1 (20, null) is null;
----------
 t
```

 Problema 2. Elimina la opción *Strict* de *mcd1* y ejecuta el comando *Select mcd1 (20, null)*. Razona el resultado.

Reutilización de los resultados de una función

El resultado de una función SQL puede ser reutilizado en función de cómo PostgreSQL cachea su resultado. Este comportamiento se controla en la definición de la función mediante las cláusulas *Volatile, Immutable* o *Stable*.

- *Immutable:*

Si una función se define como *Immutable* entonces el planificador de PostgreSQL (véase el apartado B 6.3, pág. 107) cachea su resultado de forma que lo puede reutilizar en una posterior llamada a dicha función siempre que se utilicen los mismos valores de los argumentos, acelerando la ejecución considerablemente.

Según esta definición una función *Immutable* no puede modificar la base de datos y debe garantizar que devuelve siempre los mismos resultados dados los mismos valores de argumentos. Tiene sentido que la mayoría de las funciones de PostGIS sean de tipo *Immutable*, p. ej., la función *ST_Area* si se le pasa exactamente la misma geometría debe devolver siempre el mismo valor de área, luego su resultado es reutilizable y por tanto debe ser definida como *Immutable*.

- *Volatile:*

Una función *Volatile* es aquella que puede devolver diferentes resultados incluso con exactamente los mismos valores de argumentos. El planificador no toma ninguna asunción y por lo tanto no puede reutilizar los resultados de dicha función. Una consulta que utilice una función *Volatile* reevaluará dicha función para cada una de las filas donde su valor sea necesitado. Una función *Volatile* puede incluso modificar la base de datos.

Aquellas funciones que presentan efectos laterales (consultar o escribir en tablas de la base de datos) deben ser definidas *Volatile*. Incluso funciones que no presenten efectos laterales pero que dependan del tiempo (*random, now,* etc.) deben definirse de tipo *Volatile*.

Algunos ejemplos de funciones PostGIS definidas *Volatile* son *Updategeometrysrid, Addgeometrycolumn, Dropgeometrycolumn.* Se puede observar inspeccionando el fichero *postgis.sql* que funciones como *Find_srid o ST_Transform* se definen de tipo *Immutable* cuando deberían definirse como *Volatile* al acceder de forma directa o indirecta a los valores de la tabla *spatial_ref_sys*. La ventaja consiste en que dichas funciones se ejecutan mucho más rápido (al reutilizarse sus resultados) que, si fueran definidas *Volatile*, la desventaja es que si se cambian las definiciones de los CRS en *spatial_ref_sys* dichas funciones no tendrán en cuenta los cambios hasta que no se inicie una nueva sesión SQL.

- *Stable:*

Por último, el tipo *Stable* es un poco más confuso y también menos utilizado que los dos anteriores. Una función *Stable* no debe modificar la base de datos y debe garantizar que devuelve siempre los mismos resultados dados los mismos valores de argumentos, pero no siempre sino únicamente para todas las filas dentro de una sentencia única. PostgreSQL no reutiliza los resultados de una función *Stable* como lo hace con una *Immutable* pero si reutiliza el plan de ejecución.

Borrado de una función

Un procedimiento almacenado se puede eliminar de la base de datos con el comando *Drop Function*, aunque hay que especificar el tipo y número de sus argumentos.

Puedes eliminar el procedimiento almacenado *mcd1* de esta forma, aunque no lo hagas porque lo vamos a necesitar en el ejercicio siguiente:

```
s1=# drop function mcd1 (integer, integer);
```

Si se añade la opción *Replace* al método *Create Function* como aparece en los ejemplos sucesivos, PostgreSQL reemplazará la función en el caso de que ésta existiera anteriormente y no será necesario borrarla previamente, aunque esto solo es posible cuando la firma del método se mantiene.

> Es importante no confundir los bloques *BEGIN – END* de los métodos con los comandos de igual nombre utilizados para el control de transacciones. En los métodos *PL/PgSQL* los comandos *BEGIN – END* solo se utilizan para agrupar porciones de código. Todos los métodos *PL/PgSQL* así como los disparadores se ejecutan dentro de una misma transacción (a partir de PostgreSQL 11.0 ya es posible crear transacciones dentro de las funciones PL con los comandos BEGIN, COMMIT, ROLLBACK como en un bloque normal SQL).

Formas alternativas de la firma de un método

Para definir la firma de un método se puede utilizar varias sintaxis alternativas, todas ellas se utilizan de forma habitual:

En este ejercicio vamos a crear varios métodos con exactamente la misma funcionalidad, pero vamos a hacer referencia a los valores de los argumentos de diferentes formas. Para no tener que crear el código de *mcd1* cada vez, simplemente llamamos a *mcd1*:

a) Referenciando directamente cada argumento mediante la sintaxis $n en el cuerpo de la función omitiendo el nombre de la variable en la firma.

```
CREATE OR REPLACE FUNCTION mcd2 (Integer, Integer) RETURNS Integer
AS $$
BEGIN
  RETURN mcd1 ($1, $2);
END;
$$ LANGUAGE 'plpgsql' STRICT IMMUTABLE;
```

b) Añadiendo en la sección *DECLARE* los nombres de las variables que hacen referencia a esos parámetros utilizando la palabra clave *alias* indicando el número de argumento mediante $n.

```
CREATE OR REPLACE FUNCTION mcd3 (Integer, Integer) RETURNS Integer
AS $$
DECLARE
  v1 alias for $1;
  v2 alias for $2;
BEGIN
  RETURN mcd1 (v1, v2);
END;
```

```
$$ LANGUAGE 'plpgsql' STRICT IMMUTABLE;
```

c) Utilizando la palabra clave *IN* para especificar los argumentos de entrada y la palabra clave *OUT* para indicar el tipo de retorno. En el caso de utilizar el parámetro OUT no es necesario especificar la cláusula *RETURNS* en la firma del método ni el comando *RETURN* para devolver el valor dentro del cuerpo de la función. La palabra IN se puede omitir, ya que se corresponde con el valor por defecto (argumento *v2* en el ejemplo).

```
CREATE OR REPLACE FUNCTION mcd4 (IN v1 Integer, v2 Integer, OUT v3 Integer) AS $$
BEGIN
  v3:= mcd1 (v1, v2);
END;
$$ LANGUAGE 'plpgsql' STRICT IMMUTABLE;
```

Devolviendo tipos compuestos

La devolución de un tipo compuesto desde una función *PL/PgSQL* se puede realizar de dos formas distintas:

a) Creando un nuevo tipo compuesto o reutilizando uno ya existente.

b) Creando tantos argumentos de tipo *OUT* en la firma del método como miembros o campos tenga el tipo compuesto que se desee devolver.

Como ejemplo vamos a crear una función que a partir de dos números devuelva el máximo común divisor y el mínimo común múltiplo mediante un tipo compuesto.

Ejemplo de la forma a: creando un nuevo tipo compuesto *MiTipo*:

```
CREATE TYPE MITIPO AS (
  mcd Integer,
  mcm Integer
);

CREATE OR REPLACE FUNCTION mcdmcm1 (IN v1 Integer, IN v2 Integer, OUT res MITIPO)
AS $$
BEGIN
  res.mcd:= mcd1 (v1, v2);
  res.mcm:= v1 * v2 / res.mcd;
END;
$$ LANGUAGE 'plpgsql' STRICT IMMUTABLE;
```

Ejemplo de la forma b: utilizando dos argumentos de tipo *OUT*. Opcionalmente se puede especificar la cláusula *RETURNS RECORD*.

```
CREATE OR REPLACE FUNCTION mcdmcm2 (IN v1 Integer, IN v2 Integer, OUT mcd
    Integer, OUT mcm Integer)
-- También se podría especificar la cláusula Returns de la forma:
-- CREATE OR REPLACE FUNCTION mcdmcm2 (IN v1 Integer, IN v2 Integer,
-- OUT mcd Integer, OUT mcm Integer) RETURNS Record
AS $$
BEGIN
  mcd:= mcd1 (v1, v2);
  mcm:= v1 * v2 / mcd;
END;
$$ LANGUAGE 'plpgsql' STRICT IMMUTABLE;
```

La forma a, quizás es más versátil, ya que se puede aprovechar la definición del nuevo tipo MITIPO en los argumentos de funciones similares, o para incluso crear una variable de tipo MITIPO.

Tanto con *mcdmcm1* como con *mcdmcd2* el resultado es el mismo:

```
s1=# select * from mcdmcm2 (20,16);
mcd | mcm
----+-----
  4 |  80
```

Arrays

El trabajo con *arrays* se realiza de forma similar a como se realiza en SQL. En la ayuda *online* de PostgreSQL[1] se muestra los operadores y las funciones que dispone PostgreSQL para trabajar con *arrays*, como por ejemplo las funciones:

- *array_length (array, dim)*: devuelve la longitud de la dimensión del *array*.
- *unnest(anyarray)*: devuelve el contenido de un *array* por medio de una función *set of* (*returning set*).
- *array_append (anyarray)*: añade un elemento al final del *array*.

El siguiente ejemplo toma como argumento un *array* de enteros y calcula el máximo común divisor entre todos ellos.

```
CREATE OR REPLACE FUNCTION mcd1 (IN v Integer[], OUT mcd Integer)
AS $$
DECLARE
  array_long Integer;

BEGIN
  array_long:= array_length (v, 1);
  IF (array_long < 3) THEN
    RAISE EXCEPTION 'El array debe contener al menos 3 números, encontrados %',
    array_long;
  END IF;

  mcd:= mcd1 (v[1], v[2]);
  FOR i IN 3..array_long BY 1 LOOP
    mcd:= mcd1 (mcd, v[i]);
  END LOOP;

  RAISE NOTICE 'MCD de % números efectuada el %', array_long, now();
END;
$$ LANGUAGE 'plpgsql' STRICT IMMUTABLE;
```

```
s1=# select mcd1 (ARRAY [48, 16, 24]);
NOTICE:  Comando ejecutado correctamente
 mcd1
------
    8
s1=# select mcd1 (ARRAY [48, 16]);
ERROR:  El array debe contener al menos 3 números, encontrados 2
```

---

[1] https://www.postgresql.org/docs/current/functions-array.html

Bucles

PL/PgSQL dispone de las típicas sentencias de control de bucles como *FOR* o *WHILE*.

```
FOR nombreVariable IN [ REVERSE ] expresión .. expresión [ BY expresión]
   LOOP
 --comandos
END LOOP;
```

La cláusula *BY* es opcional y sirve para especificar el salto del contador del bucle (por defecto es 1) que debe ser mayor que 0. Si se especifica *REVERSE* entonces el valor del salto es restado en lugar de sumado.

En el caso de un bucle *WHILE* la estructura es la siguiente:

```
WHILE expresión-booleana LOOP
   -- comandos
END LOOP;
```

También es posible utilizar los comandos *CONTINUE* y *EXIT* dentro de los bucles al igual que otros lenguajes de programación.

> Existe una variante del bucle FOR utilizado para iterar sobre resultados de una consulta que se estudiará más adelante.

Notificación de mensajes y Excepciones

Mediante el comando *RAISE* PostgreSQL puede mandar tanto mensajes informativos o avisos como lanzar una excepción (error).

```
RAISE [ nivel ] mensaje [, argumento1, argumento2, …]
```

Donde nivel puede ser *DEBUG, LOG, INFO, NOTICE, WARNING* y *EXCEPTION* (valor por defecto). De ellos únicamente el nivel *EXCEPTION* lanza un error que normalmente aborta la transacción actual y por tanto la ejecución del procedimiento almacenado. El resto de niveles únicamente generan mensajes de diferente prioridad.

Los mensajes pueden ser enviados al cliente y/o escritos en los ficheros *log* del servidor PostgreSQL. En cualquier caso, esto se controla mediante las variables *client_min_messages* y *log_min_messages* que se pueden localizar en la sección '*Error reporting and logging*' dentro del fichero *postgresql.conf* de configuración del *cluster* del servidor PostgreSQL (véase el apartado I 1.7, pág. 523).

El literal de texto del mensaje puede contener el carácter especial '%' para imprimir una determinada expresión que se especificará a continuación del mensaje separada por comas.

> Generalmente en una instalación limpia de PostgreSQL los mensajes de nivel *NOTICE, WARNING* y *EXCEPTION* son enviados al cliente y registrados en los ficheros *log*. En cualquier caso, si los clientes *psql* o *pgadmin* no son capaces de sacar por consola el texto de un mensaje de tipo *NOTICE*, el usuario debe repasar dicha configuración y cambiar los niveles de dichas variables en *postgresql.conf*.

Devolviendo tablas de una columna

Un método también puede devolver varias filas, es decir, una tabla. Estamos hablando de funciones de tipo *set returning* introducidas en el apartado C 9.1, pág. 183.

Comandos RETURN y NEXT RETURN

Este ejemplo, creamos una función nueva que imita la funcionalidad de la función *generate_series* de PostgreSQL que también es de tipo *set returning*. Para devolver la lista de valores (filas) utilizamos los comandos NEXT RETURN y RETURN para finalizar.

```
CREATE OR REPLACE FUNCTION genera_series1 (IN start Integer, IN stop Integer, IN
    step Integer) RETURNS SETOF Integer AS $$
DECLARE
  valor Integer;
BEGIN
  IF ( (step > 0 AND start >= stop) OR
       (step < 0 AND stop >= start) OR step = 0) THEN
    RAISE NOTICE 'Comprueba los parámetros';
    RETURN;
  END IF;
  valor:= start;

  WHILE ( (step > 0 AND valor <= stop) OR
          (step < 0 AND valor >= stop)) LOOP
    RETURN NEXT valor;
    valor:= valor + step;
  END LOOP;
  RETURN;
END;
$$ LANGUAGE 'plpgsql' STRICT IMMUTABLE;
```

Se puede apreciar cómo se especifica en el tipo de retorno la **palabra clave *SETOF*** para indicar que dicha función devuelve un conjunto de filas.

En este caso cada fila es devuelta con el comando ***RETURN NEXT***, mientras que la sentencia ***RETURN*** dará por finalizada la función.

```
s1=# select * from genera_series1 (2,6,2);
 genera_series
---------------
             2
             4
             6
```

Comando RETURN QUERY

Por último, creamos una variante de la nueva función *genera_series* con solo dos argumentos, considerando un incremento por defecto de 1, para mostrar como el comando *RETURN QUERY* devuelve una tabla en un único paso.

```
CREATE OR REPLACE FUNCTION genera_series2 (IN start Integer, IN stop Integer, IN
    step Integer) RETURNS SETOF Integer
AS $$
BEGIN
  RETURN QUERY SELECT * FROM genera_series1 (start, stop, step);
END;
$$ LANGUAGE 'plpgsql' STRICT IMMUTABLE;
```

Problema 3. Crea una función *getPoints1* que tome como argumento una geometría y devuelva un conjunto (*setof*) de geometrías formada por los puntos de los vértices.

Nota: Las funciones de PostGIS a utilizar son *ST_NumPoints y ST_PointN*. Vamos a suponer que a dicha función únicamente se le van a pasar geometrías de tipo *LineString* o *MultiLineString* para simplificar el ejercicio.

Devolviendo tablas de varias columnas

Este caso es similar al anterior, pero en lugar de devolver una tabla con una única columna de tipo *integer* (*Returns SetOf Integer*), va a devolver una tabla formada por varias columnas (*Returns SetOf Record*) que además son de diferentes tipos.

Como ejemplo se muestra la función *getPoints2* que tiene un funcionamiento similar al ejercicio propuesto anterior, pero en este caso además de devolver los puntos de la geometría también devolverá el número de índice de cada punto dentro de la geometría.

```
CREATE OR REPLACE FUNCTION getPoints2 (
  geom Geometry,
  OUT point Geometry,
  OUT idx Integer) RETURNS SETOF Record
AS $$
DECLARE
  npoints Integer;
BEGIN
  IF (ST_Dimension(geom) <> 1) THEN RETURN; END IF;

  npoints:= ST_NumPoints (geom);
  FOR i IN 1..npoints LOOP
    point:= ST_PointN (geom, i);
    idx:= i;
    RETURN NEXT;
  END LOOP;
  RETURN;
END;
$$ LANGUAGE 'plpgsql' STRICT IMMUTABLE;
```

```
s1=# select st_astext(point), idx
        from getPoints2 ('LINESTRING (0 0, 10 0, 20 0)') as geom;
   st_astext | idx
 -------------+-----
  POINT(0 0)  |   1
  POINT(10 0) |   2
  POINT(20 0) |   3
```

Número de argumentos variable: *VariaDic*

Si el último argumento en la definición de la firma de un método *PL/PgSQL* es declarado utilizando la cláusula *VariaDic*, dicho método puede aceptar un número variable de argumentos (a partir del último argumento).

El argumento de tipo *VariaDic* es pasado al cuerpo del método *PL/PgSQL* en forma de *array* con tantos componentes como argumentos se ha utilizado en su llamada.

Como ejemplo se va a definir un método *ST_MultiIntersection* que calcula la intersección de un número variable de geometrías (*geoms*). Además, se utiliza un primer argumento (*dim*) para especificar la dimensión requerida en la geometría resultante.

```
CREATE OR REPLACE FUNCTION ST_MultiIntersection(dim Integer, VariaDic geoms
   Geometry[] ) RETURNS geometry AS
$$
DECLARE
   res Geometry;
   array_long Integer;
BEGIN
   array_long:= array_length (geoms, 1);
   res:= geoms[1];

   IF (array_long > 1) THEN
     FOR i IN 2 .. array_long LOOP
       res:= ST_Intersection(res, geoms[i]);
     END LOOP;
   END IF;
   RETURN STX_Extract (res, dim);
END;
$$ LANGUAGE 'plpgsql' STRICT IMMUTABLE;
```

```
s1=# select st_astext(st_multiintersection (1,
        st_geomfromtext ('LINESTRING (0 0, 10 0)'),
        st_geomfromtext ('LINESTRING (2 0, 12 0)'),
        st_geomfromtext ('LINESTRING (2 0, 2 2, 4 0, 6 0)') ));
            st_astext
  --------------------------
 MULTILINESTRING((4 0,6 0))
```

Ejercicios espaciales complementarios

Problema 4. Crea una función *ST_Is3D* que tome como argumento una geometría y devuelva un valor booleano indicando si la geometría dispone de coordenada Z o no.

Nota: Los comandos PostGIS a utilizar son *ST_Coorddim* y *geometrytype*. Para diferenciar si una geometría cuya dimensión de coordenadas es 3, tiene coordenada Z o M hay que averiguar si el texto del tipo de geometría (*geometrytype*) tiene una '*M*' al final.

Crea una función *ST_ToMultiPoint (geometry)* que devuelva una geometría de tipo *MultiPoint* formada por los vértices de la geometría tomada como argumento.

Pista: una de las posibles formas de resolver el ejercicio consiste en recorrer los puntos de la geometría con *ST_PointN* y *ST_NumPoints*, añadir los puntos a un *array* de geometrías y pasar dicho *array* a *ST_Collect*.

```
CREATE OR REPLACE FUNCTION ST_ToMultiPoint (Geometry) RETURNS Geometry AS
$$
DECLARE
  geom alias for $1;
  out Geometry;
  points Geometry[];
  ngeoms Integer;
BEGIN
  ngeoms:= ST_NumPoints (geom);

  FOR i IN 1..ngeoms LOOP
     points:= array_append (points, st_pointn (geom, i));
  END LOOP;

  out:= ST_Collect (points);
  return ST_Multi(out);
END;
$$ LANGUAGE 'plpgsql' IMMUTABLE STRICT;
```

Comprobación:

```
s1=# select st_astext(
           st_tomultipoint ('LINESTRING (0 0, 1 0, 1 1, 2 2)'::geometry) );
           st_astext
-----------------------------
 MULTIPOINT(0 0,1 0,1 1,2 2)
```

2.2.   Trabajando con sentencias SQL

Sentencias directas

Dentro del cuerpo de una función *PL/PgSQL* se puede incrustar directamente cualquier comando SQL de PostgreSQL, por ejemplo, comandos *Select, Delete, Update, Insert*, etc.

Como primer ejemplo vamos a crear una función *infoCapa* que tome el nombre de una capa como argumento y tras inspeccionar *geometry_columns* devuelva el *srid* y las dimensiones de las coordenadas de dicha columna de geometría.

```
CREATE OR REPLACE FUNCTION infoCapa1 (
  schema Varchar, tabla Varchar,
  columna Varchar, OUT dim Integer, OUT crs Integer ) RETURNS Record
AS $$
BEGIN
  SELECT coord_dimension INTO dim FROM geometry_columns
    WHERE f_table_schema = schema AND f_table_name = tabla AND
          f_geometry_column = columna;

  IF NOT FOUND THEN
    RAISE EXCEPTION 'Tabla espacial no encontrada en geometry_columns';
  END IF;

  crs:= Find_srid (schema, tabla, columna);
END;
$$ LANGUAGE 'plpgsql' STRICT VOLATILE;
```

```
  s1=# select infoCapa1 ('public','suelos','geom');
  infocapa1
  -----------
   (2,23030)
```

Almacenar el resultado de una consulta simple

El resultado de una consulta u otra sentencia SQL que devuelva una fila sencilla se puede asignar a una variable *PL/PgSQL*. Esto es posible añadiendo la cláusula *INTO* de la siguiente forma:

```
SELECT expresiones_select INTO [STRICT] destino FROM resto_de_consulta;
```

Donde *destino* puede ser una única variable escalar, una variable de tipo *Record* (se gestiona como un tipo compuesto), una lista de variables escalares, etc. Excepto la cláusula *INTO* el resto de la sentencia es igual a un comando SQL *Select*.

En el ejemplo anterior, alternativamente se podría utilizar la orden *Select* con la opción *Into* para ejecutar el método *Find_srid* de la forma:

```
SELECT Find_srid (schema, tabla, columna) INTO crs;
```

También se podría haber consultado los dos campos al mismo tiempo y almacenarlos utilizando una lista de variables escalares con:

```
SELECT coord_dimension, srid INTO dim, crs
  FROM geometry_columns
  WHERE f_table_schema = schema AND f_table_name = tabla AND
        f_geometry_column = columna;
```

Incluso se podría directamente almacenar los dos campos o la fila completa en una variable de tipo *Record* (*info* en este caso) definida en la sección *declare* previamente.

```
SELECT coord_dimension, srid INTO info
  FROM geometry_columns WHERE resto_sentencia;
```

De la misma forma se puede utilizar la cláusula *INTO* con los comandos *Insert*, *Update*, *Delete* e incluso otros comandos de utilidad como *Explain*.

Opción STRICT:

Si se especifica la opción *STRICT* entonces la sentencia SQL debe devolver exactamente una fila, si no devuelve ninguna o devuelve más de una PostgreSQL lanzará un error en tiempo de ejecución.

Si por el contrario la opción *STRICT* no se especifica, entonces únicamente se almacenará la primera fila devuelta ignorando el resto. En el caso de no devolver ninguna fila se almacenarán nulos en las variables de destino.

Estado de la consulta

Una de las formas de capturar el estado de una sentencia SQL ejecutada en *PL/PgSQL* es consultar la variable local *FOUND*. Esta variable debe ser interpretada de forma diferente según la operación SQL ejecutada, algunos de los casos más utilizados son:

1) *SELECT INTO*: Devuelve *true* si se ha asignado alguna fila y *false* si el comando no ha devuelto ninguna fila.
2) *UPDATE, INSERT* y *DELETE*: Devuelve *true* si al menos una fila ha sido afectada por la operación.
3) Bucle FOR: *FOUND* es *true* si se produce al menos una iteración dentro del bucle.
4) Los cursores[1] en *PL/PgSQL* también modifican el estado de esta variable.

---

[1] https://www.postgresql.org/docs/current/plpgsql-cursors.html

El comando *EXECUTE* de *PL/PgSQL* no cambia el estado de la variable FOUND.

Una segunda forma de capturar el estado de una sentencia SQL es utilizar *GET DIAG-NOSTICS* como se verá al utilizar el comando *EXECUTE*.

Sentencias SQL con parámetros

PL/PgSQL automáticamente sustituye todas las variables que se utilicen como parámetros dentro de una sentencia SQL.

De esta forma en nuestro ejemplo, los parámetros del predicado '*WHERE f_table_schema = schema AND f_table_name = tabla AND f_geometry_column = columna*' se sustituyen por los valores de las variables *schema*, *tabla* y *columna*.

Es necesario comentar que únicamente *PL/PgSQL* sustituirá los argumentos de una sentencia SQL que sean parámetros, es decir, tanto los nombres de las tablas como los nombres de los campos no serán sustituidos. De esta forma el siguiente código dará un error ya que PostgreSQL buscará la tabla de nombre *nombreTabla* en lugar del contenido de la variable *nombreTabla*.

```
...
DECLARE
  nombreTabla VARCHAR;
BEGIN
  nombreTabla:= 'geometry_columns';
  SELECT coord_dimension INTO dim FROM nombreTabla
   WHERE f_table_schema = schema AND f_table_name = tabla AND
        f_geometry_column = columna;
  ...
END;
...
```

La solución pasa por la ejecución dinámica de comandos utilizando *EXECUTE*.

Iterando sobre los resultados

En el caso de que la sentencia SQL devuelva más de una fila y se desee iterar sobre el conjunto de filas devuelto, *PL/PgSQL* permite utilizar el bucle *FOR* como se muestra en el siguiente ejemplo.

```
FOR destino IN consulta LOOP
   -- commandos
END LOOP;
```

Donde *consulta* es una sentencia *Select* como se muestra en el siguiente ejemplo (*consulta* también puede ser una sentencia de tipo *Insert*, *Update* o *Delete* en el caso de que dichas sentencias SQL utilicen la cláusula *Returning*):

En este ejercicio creamos una nueva función *infoCapas* que es capaz de iterar sobre una consulta *Select* realizada a la vista *geometry_columns*, y mostrar un listado (*set returning*) con el nombre de las capas y un *flag*, indicando si son de tipo multi o no.

```
CREATE OR REPLACE FUNCTION infoCapas (
  OUT nombre Varchar, OUT isMulti BOOLEAN ) RETURNS SETOF Record AS $$
DECLARE
  fila Record;
  n Integer default 0;
BEGIN
  FOR fila IN SELECT * FROM geometry_columns LOOP
    nombre:= fila.f_table_schema || '.' || fila.f_table_name
      || '.' || fila.f_geometry_column;
    if (fila.type LIKE 'MULTI%') THEN
      ismulti:= true;
    ELSE
      ismulti:= false;
    END IF;

    n:= n + 1;
    RETURN NEXT;
  END LOOP;

  RAISE NOTICE 'Capas encontradas: %', n;

  RETURN;
END;
$$ LANGUAGE 'plpgsql' STRICT VOLATILE;
```

```
s1=# select infocapas();
                  infocapas
--------------------------------------------
NOTICE:  Capas encontradas: 2
  (public.ttmmche.geom,t)
  (public.riosche.geom,t)
```

Ejercicios espaciales complementarios

Crea una función *ST_ZpointDifference (geometry, geometry)* que tome como argumentos dos geometrías de tipo lineal y devuelva un conjunto (*setof*) *zpointdif*, que represente los puntos de intersección entre las dos geometrías y la diferencia en coordenada Z en dichos puntos de intersección.

Primero nos creamos un tipo compuesto *zpointdif* (como se ha realizado en otros ejemplos la creación de un tipo compuesto se puede sustituir utilizando el modificador OUT en los argumentos de salida de las funciones).

```
CREATE TYPE zpointdif AS (
  geom Geometry,
  zdif Double precision
);
```

A continuación, creamos una función auxiliar '_ST_ZPointDifference (geomA, geomB, geomC)', que devuelve la diferencia de coordenada Z entre la geometría A y la geometría B en el punto definido por la geometría C.

```
CREATE OR REPLACE FUNCTION _ST_ZPointDifference (
    line1 Geometry, line2 Geometry, point1 Geometry
) RETURNS Double precision AS $$
DECLARE
  fraction Double precision;
  z1 Double precision;
  z2 Double precision;
BEGIN
    fraction:= ST_LineLocate_Point (line1, point1);
    z1:= ST_Z(ST_LineInterpolate_Point (line1, fraction));

    fraction:= ST_lineLocate_Point (line2, point1);
    z2:= ST_Z(ST_LineInterpolate_Point (line2, fraction));

    RETURN z2-z1;
END;
$$ LANGUAGE 'plpgsql' STRICT VOLATILE;
```

También se necesita la función *ST_Is3D* realizada en el apartado E 2.1, pág. 282, por lo tanto, si no se ha realizado previamente será necesario ejecutarla en la base de datos antes de seguir. Por ultimo, la función *ST_ZPointDifference* vendrá definida como:

```
CREATE OR REPLACE FUNCTION ST_ZPointDifference (
    line1 Geometry, line2 Geometry) RETURNS SETOF zpointdif AS
$$
DECLARE
  pointgeom Geometry;
  zpointdif1 zpointdif;
  line1val Geometry;
  line2val Geometry;
  typegeom Varchar;
BEGIN
    --Comprueba que las dos geometrias son 3D
    IF (NOT (ST_Is3D (line1) AND ST_Is3D(line2))) THEN
      RAISE Exception 'Las geometrías deben ser 3D';
    END IF;

    --Las funciones de referencia lineal no funcionan con tipos MultiLineString
    --por eso cogemos solo el primer elemento
    line1val:= st_geometryn (st_multi(line1), 1);
    line2val:= st_geometryn (st_multi(line2), 1);

    IF (NOT ((geometryType(line1val) LIKE '%LINESTRING%') AND
            (geometryType(line2val) LIKE '%LINESTRING%'))) THEN
      RAISE Exception 'La geometría debe ser: LineString o MultiLineString';
    END IF;

    FOR pointgeom IN
      SELECT (st_dumppoints(st_intersection (line1val, line2val))).geom LOOP
        IF (NOT( pointgeom is null)) THEN
          zpointdif1.zdif:= _ST_ZPointDifference
                              (line1val, line2val, st_force3d(pointgeom));
          zpointdif1.geom:= st_force2d(pointgeom);
          RETURN NEXT zpointdif1;
        END IF;
    END LOOP;
    RETURN;
END;
$$ LANGUAGE 'plpgsql' STRICT IMMUTABLE;
```

La comprobación de esta rutina aparece en el apartado D 6.3, pág. 259, dentro de la regla de topología '*Must be cross connected*'.

 Problema 5. Este ejercicio consiste en realizar la misma función *ST_ToMultiPoint* explicada en el ejercicio del apartado E 2.1 pág. 282 pero utilizando otro algoritmo.

Esta vez se insta al lector a utilizar la función *ST_DumpPoints* en lugar de *ST_NunPoints* y *ST_PointN*.

Sentencias creadas de forma dinámica

Mediante la ejecución dinámica de comandos, el usuario construye de forma dinámica la cadena de texto que contiene la sentencia SQL y la envía a PostgreSQL mediante el comando *EXECUTE* para su ejecución.

Ejecución dinámica de comandos

```
EXECUTE cadena_sql_a_ejecutar
  [ INTO [ STRICT] destino]
  [ USING expresion1, expresion2, ... ]
```

La cláusula *INTO* tiene el mismo funcionamiento que el explicado anteriormente.

Como ejemplo, vamos a crear una función que tome como argumento el nombre de una tabla y que añada una nueva columna *areafactor* a dicha tabla que contenga el cociente entre el área de cada geometría respecto al área total que ocupa la caja de todas las geometrías de la capa. Aunque en SQL sería algo sencillo vamos a crear un procedimiento *PL/PgSQL* para comprender mejor el método *EXECUTE*.

```
alter table suelos add column areafactor double precision;
update suelos set areafactor = (st_area(geom) / areatotal) * 100
  from (
    select st_area(st_extent (geom)) from suelos
  ) as tabla(areatotal);
```

```
CREATE OR REPLACE FUNCTION getCaja (
  tablename Varchar,
  OUT schemaname Varchar,
  OUT geomname Varchar,
  OUT caja Geometry) RETURNS Record
AS $$
DECLARE
  statement1 Varchar;
BEGIN
  -- Averiguamos el esquema y la columna de geometría de la primera
  -- entrada en geometry_columns
  SELECT f_table_schema, f_geometry_column INTO schemaname, geomname
    FROM geometry_columns WHERE f_table_name = tablename;

  IF (not Found) THEN
    RAISE EXCEPTION 'La capa espacial no existe en geometry_columns';
  END IF;

  -- Cálculo de la caja de todas las geometrias de la capa
  statement1:= 'SELECT st_extent (' || geomname || ')::Geometry FROM '
    || schemaname || '.' || tablename;

  EXECUTE statement1 INTO caja;
END;
$$ LANGUAGE 'plpgsql' STRICT VOLATILE;
```

Primero hemos creado un método *getCaja* que devuelve la caja que contiene a todas las geometrías de la capa, además de averiguar el esquema y el nombre de la columna de geometría de la tabla utilizada.

```
s1=# select schemaname, geomname, st_astext(caja)
        from getCaja ('suelos');
schemaname | geomname |        st_astext
-----------+----------+------------------------------------------------
   public   | geom     | POLYGON((...
```

Para averiguar si la tabla aparece en la vista *geometry_columns* no es necesario utilizar *EXECUTE* ya que tanto los campos *f_table_schema* y *f_geometry_column* como la tabla *geometry_columns* no son variables sino nombres de campos y tablas directamente.

En cambio, en la segunda sentencia SQL tanto el esquema como el nombre de la tabla son variables luego no queda otro remedio que utilizar la orden *EXECUTE*.

Utilización de comillas simples y dobles

Cuando se está implementando funciones SQL que trabajan con variables que representan nombres y campos de tablas a utilizar en la construcción dinámica de sentencias SQL como ha sido el ejemplo anterior, es necesario considerar la posibilidad de que dichos nombres contengan letras mayúsculas y/o espacios.

Como sabemos el intérprete de PostgreSQL convierte a minúsculas por defecto toda sentencia ejecutada a no ser que estemos hablando de literales de texto (textos con comillas simples) y nombres de campos o tablas con comillas dobles.

Por esta razón PostgreSQL ofrece dos sencillos métodos SQL: *quote_ident (varchar)* y *quote_literal (ident)* que envuelven un texto en comillas dobles o comillas simples respectivamente.

Utiliza los métodos adecuados para entrecomillar una cadena de texto.

```
s1=# select quote_ident (nombre),quote_literal(nombre)
        from (Select 'suelos' union
            select 'Suelos' union select 'campo con espacios'
        ) as tabla(nombre);
     quote_ident        |     quote_literal
------------------------+----------------------
 "Suelos"               | 'Suelos'
 suelos                 | 'suelos'
 "campo con espacios"   | 'campo con espacios'
```

De esta forma para adaptar el ejemplo anterior y que funcione correctamente tanto en el caso de que el nombre de la tabla (argumento de la función) como el nombre de la columna de geometría contengan alguna letra mayúscula, hay que sustituir la línea que define la cadena de texto *statement1* por:

```
statement1:= 'Select st_extent (' || quote_ident(geomname)
    || ')::geometry from ' || quote_ident(schemaname)
    || '.' || quote_ident(tablename);
```

En cambio, la primera sentencia *Select* donde se especifica '*WHERE f_table_name = tablename*' funciona correctamente ya que PostgreSQL pasa la variable *tablename* como un parámetro a dicha sentencia SQL.

En el apartado I 2.3, pág. 535 hay un ejemplo del uso de comillas dobles con las tablas.

A partir de ahora utilizaremos los comandos *quote_ident* y/o *quote_literal* en los métodos *PL/PgSQL* que definamos.

Retomamos el ejercicio para crear la segunda función SQL. Esta función añadirá el campo *areafactor* a la tabla y ejecutará la orden *Update* para actualizar dicho campo.

```
CREATE OR REPLACE FUNCTION addAreaFactor (tablename Varchar) RETURNS Varchar
AS $$
DECLARE
  rec Record;
BEGIN
  rec:= getCaja (tablename);
  -- SELECT getCaja (tablename) INTO rec;

  IF (rec.caja IS Not Null) THEN
    EXECUTE 'Alter Table ' || quote_ident (rec.schemaname) || '.'
      || quote_ident (tablename)
      || ' add column areafactor Double precision';

    EXECUTE 'UPDATE ' || quote_ident (rec.schemaname) || '.'
      || quote_ident (tablename)
      || ' set areafactor = st_area(' || quote_ident (rec.geomname)
      || ') / $1 * 100'
      USING st_area(rec.caja);
  END IF;

  RETURN 'Campo ''area factor'' añadido correctamente';

END;
$$ LANGUAGE 'plpgsql' STRICT VOLATILE;
```

Vamos a probar la función, añadiendo un campo *areafactor* a la tabla *suelos*.

```
s1=# select addareafactor ('suelos');
                addareafactor
-------------------------------------------
 Campo 'area factor' añadido correctamente

El polígono que ocupa más superficie respecto a la extensión total, es
  el polígono 1573, con un 1.42 % de la extensión.

s1=# select gid, areafactor from suelos order by areafactor desc limit 1;
 gid  |      areafactor
------+--------------------
 1573 | 1.4238545740105124
```

Parámetros con la cláusula Using

Con la orden *EXECUTE* también se puede utilizar parámetros con la cláusula *USING*.

La cadena de texto SQL puede contener parámetros que son referidos como *$1*, *$2*, *$3*, etc. y referenciados en la cláusula *USING*. Aunque estos parámetros se pueden incrustar en la cadena SQL como un texto, la utilización de *USING* es aconsejable ya que **evita la conversión de las variables** a texto.

Los parámetros *$1*, *$2*, etc. solo se pueden utilizar para referirse a datos, es decir, los nombres de las tablas y columnas deberán de incrustarse dentro de la cadena de texto SQL a ejecutar.

En la sentencia *Update* del ejemplo anterior la cláusula *USING* especifica un argumento de tipo numérico '*st_area(rec.caja)*' que PostgreSQL pasará al parámetro *$1*. En este caso hubiera sido similar quitar la cláusula *USING* sustituyendo la línea:

```
|| ') / $1 * 100'
```

por

```
|| ') / ' || st_area(rec.caja)
```

En otros casos por ejemplo cuando se **pasan geometrías es mucho más aconsejable utilizar la cláusula *Using*** ya que en caso contrario habría que utilizar constructores de tipo *ST_GeomFromEWKT* e incrustar en la cadena de consulta el WKT de la geometría con *ST_AsEWKT*.

Iterando sobre los resultados (Execute)

La iteración sobre los resultados de una consulta construida de forma dinámica se realiza con el bucle *FOR* de forma muy similar al ejemplo de la pág. 285 con la salvedad de la posibilidad de utilizar la cláusula *USING*.

```
FOR destino IN EXECUTE cadena_sql_a_ejecutar LOOP
                [ USING expresion1, expresion2, ... ]
        -- commandos
END LOOP;
```

Utilizando SQL de forma dinámica la línea siguiente del ejemplo de la pág. 285:

```
FOR fila IN SELECT * FROM geometry_columns LOOP
```

Pasaría a:

```
FOR fila IN EXECUTE 'SELECT * FROM geometry_columns' LOOP
```

Planificación de la ejecución del comando

El lector ha podido comprobar que en los casos que no es necesario construir de forma dinámica el nombre o los campos de una tabla es posible tanto utilizar el comando *EXECUTE* como ejecutar directamente las órdenes SQL. Aunque desde un punto de vista sintáctico ambos métodos ofrecen las mismas posibilidades, la elección de uno u otro tiene ciertas implicaciones respecto a los planes de ejecución que calcula PostgreSQL.

En efecto, para cada expresión o comando SQL ejecutado dentro de la función, el intérprete *PL/PgSQL* crea un plan de ejecución (*prepared execution plan*). Posteriores ejecuciones de las mismas expresiones o comandos SQL reutilizarán dicho plan.

Por este motivo, los comandos SQL que aparecen directamente en una función *PL/PgSQL* deben de referirse a las mismas tablas y columnas en cada ejecución, es decir, no dejan posibilidad de utilizar parámetros con dichas variables. Como se ha visto esta limitación se puede eliminar con la creación y ejecución de comandos SQL creados de forma dinámica con el comando *EXECUTE*, con el precio de que PostgreSQL construirá un nuevo plan de ejecución cada vez que el comando *EXECUTE* se ejecute.

En algunos casos sin embargo la construcción de un nuevo plan de ejecución por PostgreSQL puede ser una ventaja:

```
SELECT Count(*) From Suelos Where grupo Like busqueda;
```

La sentencia anterior, donde *busqueda* es una variable *PL/PgSQL*, no utilizará la indexación (si existe índice) sobre la columna *grupo* ya que el planificador no puede saber si la variable *busqueda* contiene un carácter '%' al comienzo (condición que necesita PostgreSQL para utilizar la indexación cuando se utiliza el operador *Like*) en tiempo de ejecución. En cambio, si dicha sentencia se ejecuta por medio del comando *Execute*, al crear PostgreSQL un nuevo plan de ejecución tendrá en cuenta está posibilidad si se da el caso.

2.3. Funciones disparador

Un disparador o *trigger* en inglés, es una funcionalidad que la base de datos ejecuta de forma automática cuando se realiza una operación de tipo *Insert*, *Update* o *Delete* en una tabla o vista, o cuando se ejecuta una sentencia SQL sobre una tabla o vista.

Dicha funcionalidad se plasma mediante una función, la cual se llama función disparadora o función *trigger*, que se ejecuta cada vez que PostgreSQL actúa sobre una fila (disparador de fila o de tipo '*For each row*') o una única vez por sentencia SQL (disparador de secuencia o de tipo '*For each statement*').

La creación de un disparador se realizará en dos pasos:

1) Primero, se creará la función disparadora mediante un lenguaje procedural o en C.
2) Segundo, se creará el propio disparador SQL con el comando *Create Trigger* que se configurará de forma apropiada para ejecutar la función disparadora definida en el punto anterior.

En PostgreSQL la función disparadora debe ser declarada como una función que no toma ningún argumento y devuelve un tipo de datos *trigger* (*RETURNS trigger* en *PL/PgSQL*). Aunque dicha función no admite ningún argumento de entrada, en realidad PostgreSQL le pasa una variable de tipo *TriggerData,* con información sobre la tabla que ha originado el disparo, la fila o sentencia origen del disparo, etc.

Función disparadora en *PL/PgSQL*

En *PL/PgSQL* una función disparadora se crea con el comando SQL *Create Function* sin argumentos y que devuelve un tipo de datos *trigger* (*RETURNS trigger*), mientras que los argumentos del disparador (*TriggerData*) son pasados vía la variable *TG_ARGV*.

La devolución de un tipo *trigger* se materializa con una variable de tipo *Record* (con estructura idéntica a la tabla que originó dicho disparador).

Antes de seguir avanzando en la teoría vamos a realizar un pequeño ejemplo práctico. A partir de la tabla *ejemplotrigger:*

`s1=# CREATE TABLE ejemplotrigger (c1 INTEGER, c2 INTEGER, c3 INTEGER);`

Se requiere implementar la siguiente funcionalidad:

La columna $c3$ debe ser una columna 'calculada' que siempre contenga la suma de las columnas $c1$ y $c2$, de forma que cuando el usuario introduzca o cambie el valor de las columnas $c1$ o $c2$ la columna $c3$ se actualice de forma automática.

La función disparadora en *PL/PgSQL* quedará de la forma:

```
CREATE OR REPLACE FUNCTION tgg_c3_function() RETURNS trigger AS
$$
BEGIN
  NEW.c3 = NEW.c1 + NEW.c2;
  RETURN NEW;
END;
$$ LANGUAGE 'plpgsql';
```

Cuando una función disparadora realizada en *PL/PgSQL* es invocada por un disparador se crean varias variables especiales a las cuales se tiene acceso directamente dentro de la función disparadora. La tabla siguiente muestra el nombre y la descripción de estas variables.

Nombre variable	Descripción
NEW	Variable de tipo *Record* que contiene la nueva fila de la tabla sobre la cual se ha lanzado el disparador. En el caso de disparadores de tipo fila existe en operaciones *Insert* y/o *Update*. En disparadores de tipo secuencia (*statement*) su valor es nulo.
OLD	Variable de tipo *Record* que contiene la fila antigua de la tabla sobre la cual se ha lanzado el disparador. En el caso de disparadores de tipo fila existe en operaciones *Update* y/o *Delete*. En disparadores de tipo secuencia (*statement*) su valor es nulo.
TG_ARGV[]	*Array* de tipo texto con los argumentos pasados desde la sentencia *Create Trigger* (índice empieza en 0). *TG_NARGS* contiene el número de elementos del *array*.
TG_NAME	Nombre del disparador.
TG_WHEN	Texto conteniendo si el disparador se ejecuta 'BEFORE' o 'AFTER' en función de su definición en *Create Trigger*.
TG_LEVEL	Texto conteniendo el tipo de disparador 'ROW' (disparador de fila) o 'STATEMENT' (disparador de sentencia).
TG_OP	Texto conteniendo la operación que originó el disparo: 'INSERT', 'UPDATE', 'DELETE' o 'TRUNCATE'.
TG_TABLE_NAME	Nombre de la tabla que causó la invocación del disparador (*TG_RELID* contiene el identificador interno *oid* de dicha tabla).
TG_TABLE_SCHEMA	Esquema de la tabla que causó la invocación del disparador.

Tabla 40 Variables *PL/PgSQL* utilizadas en las funciones disparador

Creación del disparador SQL

Una vez se ha creado la función disparadora hay que definir el propio disparador donde se asociará la tabla/vista con dicha función según una acción. La creación del disparador SQL se realiza mediante el comando SQL *Create Trigger*[1] independientemente del lenguaje procedural en el cual hayamos creado la función disparadora.

Los disparadores se pueden clasificar según algunas características:

---

[1] https://www.postgresql.org/docs/current/sql-createtrigger.html

- Disparadores de fila (*row level triggers*): Ejecutan la función disparadora cada vez que una fila es afectada por la sentencia SQL que originó dicho disparo. Las funciones disparadoras deben devolver nulo o un tipo *Record* con una fila de la tabla.

- Disparadores de secuencia (*statement level triggers*): Ejecutan la función disparadora una única vez por la sentencia SQL que originó dicho disparo, independientemente de cuantas filas son afectadas por dicha sentencia.

- Disparadores *before trigger* y *after trigger*, en función si la función disparadora se ejecuta antes o después del comando SQL que provocó su acción.
  - o Disparadores de fila (*rowlevel triggers*): '*Before*', la función se ejecuta antes de la inserción, actualización o borrado de cada una de las filas afectadas por el comando SQL. '*After*', la función se ejecuta tras la inserción, actualización o borrado de cada una de las filas afectadas por el comando SQL.
  - o Disparadores de secuencia (*statement triggers*): '*Before*', la función se ejecuta antes de que el comando SQL inicie su ejecución. '*After*', la función se ejecuta cuando el comando SQL ha finalizado su ejecución.

La sintaxis de la definición de un disparador SQL en *PostgreSQL* es:

```
CREATE TRIGGER nombreDisparador { BEFORE | AFTER } { evento [ OR ... ] }
    ON nombreTabla [ FOR [ EACH ] { ROW | STATEMENT } ]
    EXECUTE PROCEDURE nombreFuncionDisparadora ( argumentos )
```

Donde *evento* es la acción bajo la cual se ejecuta el disparador (solo tiene sentido si es un disparador de fila) y puede tomar los valores: *Insert, Update, Delete* o *Truncate*. El parámetro *argumentos* convierte los argumentos especificados a una variable de tipo *TG_ARGV[]* accesible por la función disparadora.

En el ejercicio se quiere modificar el valor de la columna *c3* antes de que la inserción o modificación de la fila sea efectiva, se utilizará la opción '*before*' y un disparador de fila.

```
CREATE TRIGGER tgg_c3
  BEFORE INSERT OR UPDATE ON ejemplotrigger
  FOR EACH ROW EXECUTE
    PROCEDURE tgg_c3_function();
```

```
--Disparador Before Insert
s1=# INSERT INTO ejemplotrigger (c1,c2) VALUES (1,2);
s1=# INSERT INTO ejemplotrigger (c1,c2) VALUES (3,4);
s1=# SELECT * FROM ejemplotrigger;
    c1 | c2 | c3
   ----+----+----
    1 |  2 |  3
    3 |  4 |  7
--Disparador Before Update
s1=# UPDATE ejemplotrigger SET c2 = 10;
s1=# SELECT * FROM ejemplotrigger;
    c1 | c2 | c3
   ----+----+----
    1 | 10 | 11
    3 | 10 | 13
--La actualización directa del campo c3 no tendrá efecto
--al calcularse siempre su suma
s1=# UPDATE ejemplotrigger SET c3 = 10;
s1=# SELECT * FROM ejemplotrigger;
   c1 | c2 | c3
  ----+----+----
   1 | 10 | 11
   3 | 10 | 13
```

En lugar de este disparador se podrían haber creado dos, uno con la opción BEFORE INSERT y otro con la opción BEFORE UPDATE que actuaran sobre la misma tabla y llamaran a la misma función *tgg_c3_function()*.

Resumen y principales características de los disparadores

A continuación, se muestra algunas notas resumen y características de los disparadores:

1. El nombre de un disparador debe ser único dentro de cada tabla, pero se puede repetir entre diferentes tablas.
2. PostgreSQL 9.1 además de disparadores *'before'* y *'after'* añade un tipo *'instead of'* solo aplicable sobre vistas y para disparadores de fila.
3. PostgreSQL 9.0 agrega la opción *WHEN* en la definición de un disparador para definir una condición en su disparo en función de las columnas de la tabla/vista.

    `[ WHEN ( condition ) ]`

    Los disparadores condicionales son una característica propia de PostgreSQL.
4. PostgreSQL 9.1 en disparadores sobre eventos *UPDATE* agrega la opción *UPDATE [OF nombreColumna1, nombreColumna2, etc.]*, para especificar una o varias columnas de la tabla, de forma que el disparador se active únicamente cuando dichas columnas modifiquen su valor. Especialmente útil es esta característica cuando hablamos de PostGIS y la columna de geometría, de forma que un disparador se puede ejecutar únicamente en el caso de que por ejemplo se actualice la columna *geom*. Este tipo de disparadores son conocidos como disparadores por columna y están definidos en el estándar SQL.

    Ejemplo: ver la solución del ejercicio complementario de la página siguiente.
5. La función utilizada en el disparador no puede tener ningún argumento y además debe devolver un tipo *trigger*.
6. Una misma función se puede utilizar por varios disparadores y en diferentes tablas.
7. Las funciones utilizadas en disparadores de secuencia (*statement level triggers*) deben devolver *null*.
8. Las funciones utilizadas en disparadores de fila (*row level triggers*):
    o Con la opción *'Before'*, deben devolver una fila (*record*) de la tabla o *NULL* (se anulará la inserción o actualización de la fila).
    o Con la opción *'After'*, se ignora el valor de retorno.
9. Si existe más de un disparador para el mismo evento y la misma tabla se ejecutará por orden alfabético de su nombre.
10. Si una función disparadora ejecuta comandos SQL en su interior, dichos comandos SQL pueden activar los disparadores otra vez. Esta característica se conoce como cascada de disparadores. PostgreSQL permite la ejecución de disparadores de forma recursiva en el caso de que los comandos SQL dentro de la función disparadora actúen sobre la misma tabla, en tal caso es responsabilidad del programador controlar que no se produzcan llamadas de forma recursiva provocando un bucle sin salida.
11. Los disparadores de tipo *'After'* y *'Before'* en una vista solo pueden ser disparadores secuenciales (*For each statement*).

Ejercicios espaciales complementarios

En esta sección se realizan varios ejemplos utilizando los conceptos teóricos vistos en los apartados anteriores.

Problema 6. A partir de la siguiente capa:

```
CREATE TABLE nucleosagg (
    gid serial primary key, nombre varchar,
    area double precision, perimetro double precision,
    geom geometry (MultiPolygon, 23030));
```

Crea un disparador que mantenga actualizado los campos *area* y *perimetro* con los valores correspondientes de la geometría *geom*. Para comprobar los resultados inserta algunos registros desde la tabla *nucleos*.

Nota: Como mejora y en el caso de que se disponga de PostgreSQL 9.1 o superior, trata de definir el disparador **para que se active cuando se inserten o modifiquen únicamente los campos implicados**.

A continuación, se mejora el ejercicio propuesto anterior con las siguientes características:

- Creación dinámica de los disparadores utilizando *EXECUTE*, para poder añadir la funcionalidad en cualquier tabla.
- Diferenciar si la tabla es de tipo poligonal (campos *area* y *perimetro*) o de tipo lineal (campo *longitud*), en la función disparadora. Se utilizará el argumento *TG_ARGS[]* pasado desde el disparador con dicha información.
- Utilización de la variable *TG_OP* para diferenciar el tipo de acción en la función disparadora, y si es un evento de actualización entonces modificar los campos área y perímetro o longitud, pero solo en el caso de que la geometría no sea exactamente igual a la geometría antes de la actualización.
- Otra mejora ha sido averiguar la versión de PostgreSQL y utilizar disparadores por columna en el caso de estar soportados.

Primero definimos la función disparadora:

```
--Función disparadora
CREATE OR REPLACE FUNCTION tgg_ColumnasCalculadas_function() RETURNS trigger AS
$$
BEGIN
  RAISE NOTICE 'Función disparadora, acción = %, sobre fila gid = %',
        TG_OP, NEW.gid;
  --Si las geometrías vieja y nueva son iguales entonces
  --no es necesario Realizar los cálculos

  --Capa de tipo polygonal
  IF (TG_ARGV[0] = 'POLYGONAL') THEN
     IF (TG_OP = 'INSERT') THEN
        NEW.area = st_area (NEW.geom);
        NEW.perimetro = st_perimeter (NEW.geom);
     ELSE
        --Si la geometría antes de la actualización es igual a la recien
        --actualizada entonces no calcula los valores de nuevo
        IF (ST_AsEWKB(NEW.geom) <> ST_AsEWKB(OLD.geom)) THEN
           NEW.area = st_area (NEW.geom);
           NEW.perimetro = st_perimeter (NEW.geom);
```

```
        ELSE
            --Evita que el usuario cambie los valores de área y/o perímetro
            --desde una sentencia INSERT o UPDATE
            NEW.area = OLD.area;
            NEW.perimetro = OLD.perimetro;
        END IF;
    END IF;

--Capa de tipo lineal
ELSE
    IF (TG_OP = 'INSERT') THEN
        NEW.longitud = st_length (NEW.geom);
    ELSE
        IF (ST_AsEWKB(NEW.geom) <> ST_AsEWKB(OLD.geom)) THEN
            NEW.longitud = st_length (NEW.geom);
        ELSE
            NEW.longitud = OLD.longitud;
        END IF;
    END IF;
END IF;

RETURN NEW;
END;
$$ LANGUAGE 'plpgsql';
```

A continuación, la función *creaColumnasCalculadas* añadirá las nuevas columnas a la tabla y generará las sentencias *Create Trigger* de forma automática.

```
--Crea las columnas necesarias y disparadores de la tabla pasada como argumento
CREATE OR REPLACE FUNCTION creaColumnasCalculadas (
  schemaName Varchar,
  tableName Varchar ) RETURNS Varchar AS
$$
DECLARE
  typeGeom Varchar;
  numfilas Integer;
  tableNameFull Varchar;
  tipoCapa Varchar;
  mayorversion Integer;
  command Varchar;
BEGIN
  --Comprueba si existe la capa
  SELECT type INTO typeGeom FROM geometry_columns
    WHERE f_table_schema = schemaName
          AND f_table_name = tablename AND f_geometry_column = 'geom';

  IF (not Found) THEN
    RAISE EXCEPTION 'La capa espacial no existe en geometry_columns.';
  END IF;

  --Comprueba el tipo de geometría de la capa
  IF (typeGeom LIKE '%LINESTRING%') THEN
    tipoCapa:= 'LINEAL';
  ELSIF (typeGeom LIKE '%POLYGON%') THEN
    tipoCapa:= 'POLYGONAL';
  ELSE
    RAISE EXCEPTION 'La capa debe ser de tipo lineal o poligonal';
  END IF;

  tableNameFull:= quote_ident (schemaName) || '.' || quote_ident (tableName);

  --Si los campos no están creados los añade, en caso contrario lanza un error
  IF (tipoCapa = 'POLYGONAL') THEN
    SELECT COUNT(*) INTO numfilas FROM information_schema.columns
        WHERE table_schema = schemaName AND table_Name = tableName
              AND (column_name = 'area' OR column_name = 'perimetro');
```

```
    IF (numfilas <> 0) THEN
        RAISE EXCEPTION 'La tabla ya tiene un campo ''area'' o ''perimetro''.';
    END IF;

        EXECUTE 'ALTER TABLE ' || tableNameFull
                || ' ADD COLUMN area Double precision';
        EXECUTE 'ALTER TABLE ' || tableNameFull
                || ' ADD COLUMN perimetro Double precision';
ELSE
    SELECT COUNT(*) INTO numfilas FROM information_schema.columns
        WHERE table_schema = schemaName
            AND table_Name = tableName AND column_name = 'longitud';
    IF (numfilas <> 0) THEN
        RAISE EXCEPTION 'La tabla ya tiene un campo ''longtiud''.';
    END IF;

    EXECUTE 'ALTER TABLE ' || tableNameFull
            || ' ADD COLUMN longitud Double precision';
END IF;

--borra los disparadores antiguos si existen
EXECUTE 'DROP TRIGGER IF EXISTS tgg_ColumnasCalculadas1 ON '
        || tableNameFull;
EXECUTE 'DROP TRIGGER IF EXISTS tgg_ColumnasCalculadas2 ON '
        || tableNameFull;

--averigua la version menor y mayor de PostgreSQL
SELECT (SUBSTRING(version() FROM
    '(?:PostgreSQL)(?: *)([^\.]*)'))::Integer INTO mayorversion;

--añade los disparadores en función de la versión de PostgreSQL
IF (mayorversion >= 9) THEN
    command:= 'CREATE TRIGGER tgg_ColumnasCalculadas1 BEFORE UPDATE '
            || ' OF geom,';
    IF (tipoCapa = 'POLYGONAL') THEN
        command:= command || 'area,perimetro';
    ELSE
        command:= command || 'longitud';
    END IF;

    command:= command || ' ON ' || tableNameFull
        || ' FOR EACH ROW EXECUTE PROCEDURE tgg_ColumnasCalculadas_function ('
            || quote_literal (tipoCapa) || ')';

    --disparador de actualización
    EXECUTE command;

    --disparador de inserción
    EXECUTE 'CREATE TRIGGER tgg_ColumnasCalculadas2 BEFORE INSERT ON '
        || tableNameFull
        || ' FOR EACH ROW EXECUTE PROCEDURE tgg_ColumnasCalculadas_function ('
        || quote_literal (tipoCapa) || ')';

ELSE
    --disparador de actualización y de inserción
    EXECUTE 'CREATE TRIGGER tgg_ColumnasCalculadas1 BEFORE INSERT OR UPDATE ON '
        || tableNameFull
        || ' FOR EACH ROW EXECUTE PROCEDURE tgg_ColumnasCalculadas_function ('
        || quote_literal (tipoCapa) || ')';
END IF;

RETURN 'La funcionalidad se ha agregado correctamente a la tabla';
END;
$$ LANGUAGE 'plpgsql' STRICT VOLATILE;
```

Por último, nos crearemos también una función que elimine la funcionalidad añadida a la tabla borrando las columnas y los disparadores creados.

```
--Borra las columnas añadidas y el disparador sobre la tabla especificada
CREATE OR REPLACE FUNCTION borraColumnasCalculadas (
  schemaName Varchar,
  tableName Varchar ) RETURNS Varchar AS
$$
DECLARE
  tableNameFull Varchar;
  typeGeom VarChar;
BEGIN
  tableNameFull:= quote_ident (schemaName)
                  || '.' || quote_ident (tableName);
  --Comprueba si existe la capa
  SELECT type INTO typeGeom FROM geometry_columns
      WHERE f_table_schema = schemaName
            AND f_table_name = tablename AND f_geometry_column = 'geom';

  IF (typeGeom IS NULL) THEN
    RAISE EXCEPTION 'La capa espacial no existe en geometry_columns.';
  END IF;

  EXECUTE 'DROP TRIGGER IF EXISTS tgg_ColumnasCalculadas1 ON ' || tableNameFull;
  EXECUTE 'DROP TRIGGER IF EXISTS tgg_ColumnasCalculadas2 ON ' || tableNameFull;

  --Comprueba el tipo de geometría de la capa
  IF (typeGeom LIKE '%LINESTRING%') THEN
     EXECUTE 'ALTER TABLE ' || tableNameFull || ' DROP COLUMN longitud';
  ELSIF (typeGeom LIKE '%POLYGON%') THEN
     EXECUTE 'ALTER TABLE ' || tableNameFull || ' DROP COLUMN area';
     EXECUTE 'ALTER TABLE ' || tableNameFull || ' DROP COLUMN perimetro';
  ELSE
     RAISE EXCEPTION 'La capa debe ser de tipo lineal o poligonal';
  END IF;

  RETURN 'La funcionalidad se ha eliminado correctamente de la tabla';
END;
$$ LANGUAGE 'plpgsql' STRICT VOLATILE;
```

Comprobación (en PostgreSQL 9.1 o superior). Se necesita cargar la capa *nucleos*.

```
s1=# DROP TABLE IF EXISTS nucleosagg;
s1=# CREATE TABLE nucleosagg (gid serial primary key,
        nombre varchar, geom geometry (MultiPolygon, 23030));
s1=# SELECT creacolumnascalculadas ('public','nucleosagg');
              creacolumnascalculadas
--------------------------------------------------------
 La funcionalidad se ha agregado correctamente a la tabla
s1=# INSERT INTO nucleosagg (geom, nombre)
          select geom, nombre FROM nucleos WHERE gid < 5;
NOTICE:  Funcion disparadora, accion = INSERT, sobre fila gid = 1
NOTICE:  Funcion disparadora, accion = INSERT, sobre fila gid = 2
NOTICE:  Funcion disparadora, accion = INSERT, sobre fila gid = 3
NOTICE:  Funcion disparadora, accion = INSERT, sobre fila gid = 4
INSERT 0 4
s1=# SELECT area, perimetro FROM nucleosagg WHERE gid = 3;
       area        |     perimetro
-------------------+------------------
 31805.5832172151 | 752.919841663375
s1=# UPDATE nucleosagg SET geom = ST_Scale (geom, 1.01, 1.01)
          WHERE gid = 3;
NOTICE:  Funcion disparadora, accion = UPDATE, sobre fila gid = 3
UPDATE 1
```

```
s1=# SELECT area, perimetro FROM nucleosagg WHERE gid = 3;
      area          |     perimetro
------------------+------------------
32444.8754398147  | 760.449040079297

s1=# UPDATE nucleosagg SET nombre = upper(nombre);
UPDATE 4
s1=# SELECT borracolumnascalculadas ('public','nucleosagg');
                  borracolumnascalculadas
-----------------------------------------------------------
 La funcionalidad se ha eliminado correctamente de la tabla
```

Problema 7. Crea una función disparadora que aplique el comando *STX_Extract* a las geometrías insertadas o modificadas de una capa de tipo *MultiLineString* o *MultiPolygon*.

El propio disparador se deberá crear de forma dinámica mediante otra función *PL/PgSQL* auxiliar.

Nota: mediante este ejercicio nos aseguramos que cualquier geometría introducida en una tabla no provocará un error de violación del tipo de geometría.

El siguiente ejercicio que se va a resolver sigue un razonamiento en cierta manera inverso al del ejercicio propuesto anterior. En este caso, las capas sobre las que se añadirán los disparadores serán capas de geometrías no *multi*, es decir, *Point*, *LineString* o *Polygon*. Se va a crear un disparador de forma que si el usuario inserta una geometría de tipo *multi* entonces en lugar de una única fila se insertará tantas filas como geometrías sencillas contenga dicha geometría *multi* con los valores de los demás campos repetidos.

Función disparadora:

```
CREATE OR REPLACE FUNCTION tgg_geomsencillas_function () RETURNS TRIGGER AS $$
DECLARE
  ngeoms Integer;
  simplefeature Record;
  dimension Integer;
  isMulti Boolean;
  elem Geometry;

BEGIN
  dimension:= TG_ARGV[0];
  isMulti:= TG_ARGV[1];

  --Stx_extract devuelve siempre un elemento de tipo multi
  NEW.geom:= Stx_extract (NEW.geom, dimension);

  ngeoms:= ST_NumGeometries(NEW.geom);
  if ( ngeoms IS NULL or ngeoms = 1 ) THEN
    IF (NOT isMulti) THEN
      NEW.geom:= ST_GeometryN (NEW.geom, 1);
    END IF;

    RETURN NEW;
  END IF;

  simplefeature:= NEW;
```

```
  --La geometría tiene dos o más geometrías integrantes
  FOR elem IN SELECT (ST_Dump(NEW.geom)).geom LOOP
    simpleFeature.geom:= elem;
    --Aceptamos que la tabla tiene un campo llamado 'gid' que es de tipo serial
    simplefeature.gid:= nextval (quote_ident (TG_TABLE_SCHEMA)
                          || '.' || quote_ident (TG_TABLE_NAME || '_gid_seq'));

    --Este INSERT lanzará de nuevo el disparador de forma recursiva
    EXECUTE 'INSERT INTO ' || quote_ident (TG_TABLE_SCHEMA) || '.'
                          || quote_ident (TG_TABLE_NAME) || ' values ($1.*)'
    USING (simplefeature);
  END LOOP;

  RETURN NULL;
END;
$$ LANGUAGE 'plpgsql';
```

Es interesante ver como se pasa una variable de tipo *record* como parámetro en un comando *EXECUTE*, para ello se especifica el parámetro junto con un asterisco $1.* y en la cláusula *USING* se pasa directamente la variable *record simplefeature*.

La función que creará el disparador de forma automática vendrá dada por:

```
CREATE OR REPLACE FUNCTION crea_geomsencillas (
  schemaName Varchar,
  tableName Varchar ) RETURNS Varchar AS
$$
DECLARE
  typeGeom Varchar;
  nombreTablaCompleto Varchar;
  dimension Integer;
  isMulti Boolean;
BEGIN
  --Comprueba si existe la capa
  SELECT type INTO typeGeom FROM geometry_columns
    WHERE f_table_schema = schemaName
          AND f_table_name = tablename AND f_geometry_column = 'geom';

  IF (not Found) THEN
    RAISE EXCEPTION 'La capa espacial no existe en geometry_columns.';
  END IF;

  --Comprueba el tipo de geometría de la capa
  CASE typeGeom
    WHEN 'LINESTRING', 'MULTILINESTRING' THEN
      dimension:= 1;
    WHEN 'POLYGON','MULTIPOLYGON' THEN
      dimension:= 2;
    WHEN 'POINT', 'MULTIPOINT' THEN
      dimension:= 3;
    ELSE
      RAISE EXCEPTION 'El tipo de geometría de la capa no está soportado';
  END CASE;

  isMulti:= false;
  If (typeGeom LIKE 'MULTI%') THEN
    isMulti:= true;
  END IF;

  nombreTablaCompleto:= quote_ident (schemaName) || '.'
                      || quote_ident (tableName);

  EXECUTE 'DROP TRIGGER IF EXISTS tgg_sencillas ON ' || nombreTablaCompleto;
```

```
    EXECUTE 'CREATE TRIGGER tgg_geomsencillas BEFORE INSERT OR UPDATE ON '
        || nombreTablaCompleto
        || ' FOR EACH ROW EXECUTE PROCEDURE tgg_geomsencillas_function ('
        || quote_literal (dimension) || ',' || quote_literal (isMulti) || ')';

    RETURN 'La funcionalidad se ha agregado correctamente a la tabla';
END;
$$ LANGUAGE plpgsql STRICT;
```

Por último, se crea la función que elimina el disparador de la tabla:

```
CREATE OR REPLACE FUNCTION borra_geomsencillas (
    schemaName Varchar,
    tableName Varchar ) RETURNS Varchar AS
$$
DECLARE
    tableNameFull Varchar;
    nfilas Integer;
BEGIN
    tableNameFull:= quote_ident (schemaName)
                        || '.' || quote_ident (tableName);
    --Comprueba si existe la capa
    SELECT count(*) INTO nfilas FROM geometry_columns
        WHERE f_table_schema = schemaName
            AND f_table_name = tablename AND f_geometry_column = 'geom';

    IF (nfilas = 0) THEN
        RAISE EXCEPTION 'La capa espacial no existe en geometry_columns.';
    END IF;

    EXECUTE 'DROP TRIGGER IF EXISTS tgg_geomsencillas ON ' || tableNameFull;
    RETURN 'La funcionalidad se ha eliminado correctamente de la tabla';
END;
$$ LANGUAGE plpgsql STRICT;
```

Esta vez además se comprueba que las funciones admiten nombres de tablas y esquemas
en mayúsculas / minúsculas.

```
s1=# create schema "PruebaAgg";
s1=# create table "PruebaAgg"."Sencillasagg" (gid serial primary key,
        att1 varchar, att2 integer);
s1=# select addgeometrycolumn ('PruebaAgg','Sencillasagg',
        'geom', 0, 'LINESTRING', 2, false);
s1=# select crea_geomsencillas ('PruebaAgg','Sencillasagg');
s1=# insert into "PruebaAgg"."Sencillasagg" (att1, att2, geom) values
    ('Geom1',10,'MULTILINESTRING ((0 0, 10 0), (3 3, 3 5))'::geometry);
INSERT 0 0
s1=# insert into "PruebaAgg"."Sencillasagg" (att1, att2, geom) values
    ('Geom2',20,'GEOMETRYCOLLECTION (MULTILINESTRING((1 1, 2 1), (2 0, 3
    0)), LINESTRING (4 5, 7 8), POINT (8 9))'::geometry);
INSERT 0 0
s1=# select gid, att1, att2, st_astext(geom)
        from "PruebaAgg"."Sencillasagg";
 gid | att1  | att2 |      st_astext
-----+-------+------+---------------------
   2 | Geom1 |   10 | LINESTRING(0 0,10 0)
   3 | Geom1 |   10 | LINESTRING(3 3,3 5)
   5 | Geom2 |   20 | LINESTRING(1 1,2 1)
   6 | Geom2 |   20 | LINESTRING(2 0,3 0)
   7 | Geom2 |   20 | LINESTRING(4 5,7 8)

s1=# select borra_geomsencillas ('PruebaAgg','Sencillasagg');
s1=# drop schema "PruebaAgg" Cascade;
```

2.4. Estructura Arco/Nodo mediante disparadores

En las siguientes páginas se van a crear unos disparadores que serán capaces de imitar una estructura arco-nodo o topología persistente en capas de tipo *LineString*.

Para ello el sistema debe gestionar de forma automática dos campos llamados *nodoinicial* y *nodofinal*, que contendrán la numeración de los nodos inicial y final de cada tramo lineal. Esta numeración de nodos se corresponderá con una tabla de nodos que también gestionará el sistema donde se almacenarán las coordenadas de los nodos y su numeración.

Mediante este modelo de topología persistente se asegura la conectividad de los tramos (según una tolerancia especificada) y se puede de una forma muy rápida realizar ciertas operaciones de análisis espacial, como cálculo de rutas, errores *dangles* o *pseudonodos*, etc.

Vamos a crear un primer modelo de topología que no calcula las interseciones entre las diferentes geometrías, es decir, crea solo los nodos compartidos en las puntos iniciales y finales de cada geometría. Después, ampliaremos el modelo creando nodos también en las intersecciones.

Modelo sin crear nodos en las intersecciones

Quedará más claro exponiendo un ejemplo de utilización de dicha funcionalidad.

Para añadir a nuestra base de datos toda la funcionalidad, que explicaremos poco a poco más adelante, vamos a ejecutar el fichero *disparadores3.sql* en la base de datos. Asegúrate también, que has ejecutado el fichero *funcionesextra.sql* según el apartado B 1.4, pág. 44

```
consola> psql -U postgres -f ruta_a_fichero_disparadores3.sql s1
    SET
    SET
    BEGIN
    CREATE FUNCTION
    CREATE FUNCTION
    ...
    CREATE FUNCTION
    CREATE FUNCTION
    COMMIT
```

Creamos una tabla *topo1* de ejemplo.

```
s1=# create table topo1 (gid serial primary key, geom geometry
    (LineString, 0));
```

Añadimos la funcionalidad: PostgreSQL añadirá los campos *nodoinicial*, *nodofinal* a la tabla *topo1*, creará la tabla *topo1_nodos* y todos los disparadores necesarios.

```
s1=# select pg_creatopolin ('topo1', 0.1);
    pg_creatopolin
    ---------------------------
    Capa de topologia creada
```

Insertamos tres registros de prueba.

```
s1=# insert into topo1 (geom)
    values (st_geomfromtext('LINESTRING(0 0, 10 0)',0));
s1=# insert into topo1 (geom)
    values (st_geomfromtext('LINESTRING(0 5, 0 20)',0));
s1=# insert into topo1 (geom)
    values (st_geomfromtext('LINESTRING(9.95 0, 10 10)',0));
```

En la tabla *topo1*, se aprecia como PostgreSQL ha numerado los nodos. Por ejemplo, se puede averiguar que los tramos de la tabla *topo1* con *gid* = 1 y *gid* = 3 comparten el nodo 2 con lo cual quiere decir que son tramos conectados. Además, al especificar una tolerancia el sistema ha sido capaz de ajustar las coordenadas (9.95, 0) de la tercera geometría al nodo más cercano que era el punto final de la primera geometría.

```
s1=# select l.gid,l.nodoinicial,l.nodofinal,st_astext(geom) from topo1 l;
 gid | nodoinicial | nodofinal |       st_astext
-----+-------------+-----------+----------------------
   1 |           1 |         2 | LINESTRING(0 0,10 0)
   2 |           3 |         4 | LINESTRING(0 5,0 20)
   3 |           2 |         5 | LINESTRING(10 0,10 10)
```

Con la tabla de nodos (el campo *numarcs* especifica cuántas geometrías de la tabla *topo1* utilizan dicho nodo). Fácilmente se averigua que los nodos con *numarcs* igual a 1 son nodos finales o iniciales no conectados, es decir, nodos *dangle* y los nodos con *numarcs* igual a 2 son *pseudonodos*.

```
s1=# select gid,st_astext(geom),numarcs from topo1_nodos;
 gid |   st_astext   | numarcs
-----+---------------+---------
   1 | POINT(0 0)    |       1
   3 | POINT(0 5)    |       1
   4 | POINT(0 20)   |       1
   2 | POINT(10 0)   |       2
   5 | POINT(10 10)  |       1
```

Al actualizar un registro PostgreSQL recalculará la numeración de los nodos:

```
s1=# update topo1
    set geom = (st_geomfromtext('LINESTRING(0 0, 0 5)',0)) where gid = 3;
s1=# select gid,st_astext(geom),numarcs from topo1_nodos;
 gid |   st_astext   | numarcs
-----+---------------+---------
   4 | POINT(0 20)   |       1
   2 | POINT(10 0)   |       1
   1 | POINT(0 0)    |       2
   3 | POINT(0 5)    |       2

s1=# select l.gid,l.nodoinicial,l.nodofinal,st_astext(geom) from topo1 l;
 gid | nodoinicial | nodofinal |       st_astext
-----+-------------+-----------+----------------------
   1 |           1 |         2 | LINESTRING(0 0,10 0)
   2 |           3 |         4 | LINESTRING(0 5,0 20)
   3 |           1 |         3 | LINESTRING(0 0,0 5)
```

La funcionalidad completa (tablas de nodos y disparadores) se puede eliminar con:

```
s1=# select pg_borratopolin ('topo1');
    pg_borratopolin
-------------------------
 Capa de topologia borrada
```

La tabla sobre la cual se quiere añadir la funcionalidad debe tener un campo llamado *gid* que sea un auto-numérico (*serial*) y la columna de geometría se debe llamar *geom*. A continuación, se presenta el código.

Inserción

La función *tggFunction_insertlinea*, será llamada por el disparador al insertar una nueva fila en la tabla *topo1*. Esta función modifica los campos *new.nodoinicial* y *new.nodofinal* según los valores obtenidos al llamar a la función *tggFunction_insertlinea_calculanodo*. También modifica el punto inicial o final de la geometría insertada.

```
CREATE OR REPLACE FUNCTION tggFunction_insertlinea () RETURNS TRIGGER AS $$
DECLARE
    tablename Varchar:= TG_ARGV[0];
    tol Real:= TG_ARGV[1];
    loopquery Varchar;
    nodeRecord1 Record;
    nodeRecord2 Record;

BEGIN
  nodeRecord1:= tggFunction_insertlinea_calculanodo
    (tablename || '_nodos', STX_STARTPOINT (NEW.geom), tol);
  NEW.nodoinicial := nodeRecord1.nodegid;

  nodeRecord2:= tggFunction_insertlinea_calculanodo
    (tablename || '_nodos', STX_ENDPOINT(NEW.geom), tol);
  NEW.nodofinal := nodeRecord2.nodegid;

  --modifica los puntos inicial y final de la línea para que coincida con los
  --nodos (debido a la tolerancia)
  NEW.geom:= ST_SetPoint (ST_SetPoint (NEW.geom, 0, nodeRecord1.nodegeom),
                          ST_NPoints (NEW.geom) - 1, nodeRecord2.nodegeom);
  RETURN NEW;
END;
$$ LANGUAGE 'plpgsql';
```

La función *tggFunction_insertlinea_calculanodo* averigua si el punto pasado como argumento (*punto*) que se corresponde con el punto inicial o final de la línea insertada, existe ya en la tabla de nodos (*topo1_nodos*):

-   Si el nodo existe entonces obtiene su *gid* e incrementa *numarcs* en una unidad.
-   Si no existe entonces añade una nueva fila a la tabla *topo1_nodos*, obtiene el *gid* e inicializa *numarcs* con el valor 1.

```
CREATE OR REPLACE FUNCTION tggFunction_insertlinea_calculanodo (
  IN tablename Varchar, IN punto Geometry, IN tol Real,
  OUT nodegid Integer, OUT nodegeom Geometry)
AS $$
  DECLARE
    querystring Varchar;
    nodeRecord Record;

  BEGIN
    querystring := 'SELECT nodes.gid as nodegid, nodes.geom as nodegeom FROM '
      || quote_ident(tablename)
      || '_nodes WHERE nodes.geom && ST_EXPAND ($1,' || tol || ')';

    EXECUTE querystring INTO nodeRecord USING punto;

    IF (nodeRecord.nodegid IS NULL) THEN
      EXECUTE 'INSERT INTO ' || quote_ident(tablename)
              || ' (numarcs, geom) VALUES (1,$1)' USING punto;
      EXECUTE 'SELECT currval ('
        || quote_literal (quote_ident(tablename || '_gid_seq')) || ')'
          INTO nodeRecord.nodegid;
      nodeRecord.nodegeom:= punto;
```

```
      ELSE
        EXECUTE 'UPDATE ' || quote_ident(tablename)
              || ' SET numarcs = numarcs + 1 WHERE gid = ' || nodeRecord.nodegid;
      END IF;

      nodegid:= nodeRecord.nodegid;
      nodegeom:= nodeRecord.nodegeom;
      RETURN;

  END;
$$ LANGUAGE 'plpgsql' STRICT;
```

Borrado

Al eliminar una fila de la tabla *topo1,* el disparador invocará la función *tggFunction_borralinea*, que a su vez invoca la función *tggFunction_borralinea_aux* pasándole como argumentos el índice del nodo inicial y del nodo final de la línea a borrar.

```
CREATE OR REPLACE FUNCTION tggFunction_borralinea () RETURNS TRIGGER AS $$
DECLARE
      tablename Varchar;
      querystring Varchar;
      nodosrec Record;

BEGIN
    tablename := TG_ARGV[0] || '_nodos';
    PERFORM tggFunction_borralinea_aux (tablename, OLD.nodoinicial, OLD.nodofinal);

    RETURN OLD;
END;
$$ LANGUAGE 'plpgsql';
```

La función *tggFunction_borralinea_aux* decrementa el valor *numarcs* de los nodos que se corresponden con la línea borrada. En el caso de que *numarcs* sea cero entonces borra la fila del nodo de *topo1_nodos* ya que éste no hace referencia a ninguna línea.

```
CREATE OR REPLACE FUNCTION tggFunction_borralinea_aux (
  IN tablename Varchar, IN nodoinicial Integer, IN nodofinal Integer)
  RETURNS void AS $$
DECLARE
      querystring Varchar;
      nodosrec Record;
      nodosactualizados Integer;
BEGIN
  nodosactualizados := 0;

  querystring := 'SELECT nodos.gid AS gid,nodos.numarcs as numarcs FROM '
      || quote_ident(tablename) || ' nodos WHERE nodos.gid = '
      || nodoinicial || ' OR nodos.gid = ' || nodofinal;

  FOR nodosrec IN EXECUTE querystring LOOP
    nodosactualizados := nodosactualizados + 1;
    IF (nodosrec.numarcs <= 1) THEN
      EXECUTE 'DELETE FROM ' || quote_ident(tablename)
            || ' WHERE gid = ' || nodosrec.gid;
    ELSE
      EXECUTE 'UPDATE ' || quote_ident(tablename)
            || ' SET numarcs = numarcs - 1 WHERE gid = ' || nodosrec.gid;
    END IF;
  END LOOP;
END;
$$ LANGUAGE 'plpgsql' STRICT;
```

Actualización

Para actualizar una geometría de una fila, la función *tggFunction_actualizalinea* llamada por el disparador de actualización se limita a borrar la fila e insertar una nueva. Para ello, ejecuta los comandos SQL *Delete* e *Insert* que a su vez invocarán otra vez a los disparadores de borrado e inserción.

```
CREATE OR REPLACE FUNCTION tggFunction_actualizalinea () RETURNS TRIGGER AS $$
DECLARE
     tablename Varchar;
     querystringdelete Varchar;
     querystringINSERT Varchar;

BEGIN
  tablename := TG_ARGV[0];
  querystringdelete:= 'DELETE FROM '
                      || quote_ident(tablename) || ' WHERE gid = $1';
  querystringINSERT:= 'INSERT INTO '
                      || quote_ident(tablename) || ' VALUES ($1.*)';

  -- A partir de postgres 9.0 se puede crear un disparador que solo actúe
  -- cuando se modifique uno de los campos (en este caso el campo de geometría)
  -- y nos evitaríamos Realizar esta comparación
  IF (ST_ASEWKB(OLD.geom) <> ST_ASEWKB(NEW.geom)) THEN
    EXECUTE querystringdelete using OLD.gid;
    EXECUTE querystringINSERT using NEW;

    --Anula la actualización
    RETURN NULL;
  END IF;
  --El usuario no puede cambiar el valor de los nodos de forma manual
  NEW.nodoinicial:= OLD.nodoinicial;
  NEW.nodofinal:= OLD.nodofinal;
  RETURN NEW;
END;
$$ LANGUAGE 'plpgsql';
```

Por último, quedará crear las correspondientes funciones *pg_creatopolin* y *pg_borratopolin* que construyen de forma dinámica los disparadores con el comando *Create Trigger*.

```
CREATE OR REPLACE FUNCTION pg_creatopolin (IN tabla Varchar, IN tolerancia Real)
RETURNS Varchar AS $$
DECLARE
     sqlexp Varchar;
     tablatopolin Varchar;
     colgeom Varchar;
     srid Varchar;
     tabladq Varchar;
BEGIN
  tabladq:= quote_ident(tabla);

  -- Añade los campos de topología nodo inicial y final en la tabla de arcos
  EXECUTE 'ALTER TABLE ' || tabladq || ' ADD COLUMN nodoinicial Integer';
  EXECUTE 'CREATE INDEX ' || quote_ident ('idx_' || tabla || '_nodoinicial')
      || ' ON ' || tabladq || ' (nodoinicial)';
  EXECUTE 'ALTER TABLE ' || tabladq || ' ADD COLUMN nodofinal Integer';
  EXECUTE 'CREATE INDEX ' || quote_ident ('idx_' || tabla || '_nodofinal')
      || ' ON ' || tabladq || ' (nodofinal)';

  -- Crea tabla de lista de nodos
  colgeom := 'geom';
  tablatopolin := tabla || '_nodos';
  SELECT INTO srid FIND_SRID ('',tabla, colgeom);
```

```
EXECUTE 'CREATE TABLE ' || quote_ident(tablatopolin)
    || ' (gid serial primary key)';
EXECUTE 'SELECT addGeometrycolumn (' || quote_literal(tablatopolin) || ','
    || quote_literal(colgeom) || ',' || srid || ',''POINT'',2)';
EXECUTE 'ALTER TABLE ' || quote_ident(tablatopolin)
    || ' ADD COLUMN numarcs Integer';
EXECUTE 'CREATE INDEX ' || quote_ident(tablatopolin || '_gist')
    || ' ON ' || quote_ident(tablatopolin) || ' USING GIST (geom)';

-- Añade los disparadores en la tabla de arcos
EXECUTE 'CREATE TRIGGER pg_insertalinea_topolin BEFORE INSERT ON ' || tabladq
    || ' FOR EACH ROW EXECUTE PROCEDURE tggFunction_insertlinea ('
    || quote_literal(tabla) || ',' || tolerancia || ')';
EXECUTE 'CREATE TRIGGER pg_borralinea_topolin BEFORE DELETE ON ' || tabladq
    || ' FOR EACH ROW EXECUTE PROCEDURE tggFunction_borralinea ('
    || quote_literal(tabla) || ')';
EXECUTE 'CREATE TRIGGER pg_actualizalinea_topolin BEFORE UPDATE ON ' || tabladq
    || ' FOR EACH ROW EXECUTE PROCEDURE tggFunction_actualizalinea ('
    || quote_literal(tabla) || ',' || tolerancia || ')';
RETURN 'Capa de topología creada';
END;
$$ LANGUAGE 'plpgsql' STRICT;
```

```
CREATE OR REPLACE FUNCTION pg_borratopolin (IN tabla Varchar) RETURNS Varchar AS
    $$
DECLARE
    sqlexp Varchar;
    tablatopolin Varchar;
    tabladq Varchar;
BEGIN
    tablatopolin := quote_literal(tabla || '_nodos');
    tabladq:= quote_ident(tabla);

    -- Borra los campos de topología de la tabla de arcos
    EXECUTE 'ALTER TABLE ' || tabladq || ' DROP COLUMN nodoinicial';
    EXECUTE 'ALTER TABLE ' || tabladq || ' DROP COLUMN nodofinal';

    -- Borra disparadores
    EXECUTE 'DROP TRIGGER IF EXISTS pg_insertalinea_topolin ON ' || tabladq;
    EXECUTE 'DROP TRIGGER IF EXISTS pg_borralinea_topolin ON ' || tabladq;
    EXECUTE 'DROP TRIGGER IF EXISTS pg_actualizalinea_topolin ON ' || tabladq;

    -- Borra la tabla de lista de nodos
    EXECUTE 'SELECT dropGeometrytable (' || tablatopolin || ')';

    RETURN 'Capa de topología borrada';
END;
$$ LANGUAGE 'plpgsql' STRICT;
```

Comprobación

Además del ejemplo al inicio del apartado, se puede probar la nueva funcionalidad con cualquier capa lineal, por ejemplo, con la capa de *rios*.

Creamos primero una nueva capa *riosarc*, le añadimos la funcionalidad de arco/nodo y le insertaremos todos las filas de la tabla ríos.

```
s1=# create table riosarc (gid serial primary key, gidfromrios integer);
s1=# select addGeometrycolumn ('riosarc','geom', 23030, 'LINESTRING', 2);
```

```
s1=# select pg_creatopolin ('riosarc', 0.1);
  pg_creatopolin
-------------------------
 Capa de topologia creada

s1=# insert into riosarc (gidfromrios, geom)
          SELECT gid, st_geometryn(geom,1) from rios;
INSERT 0 2009
```

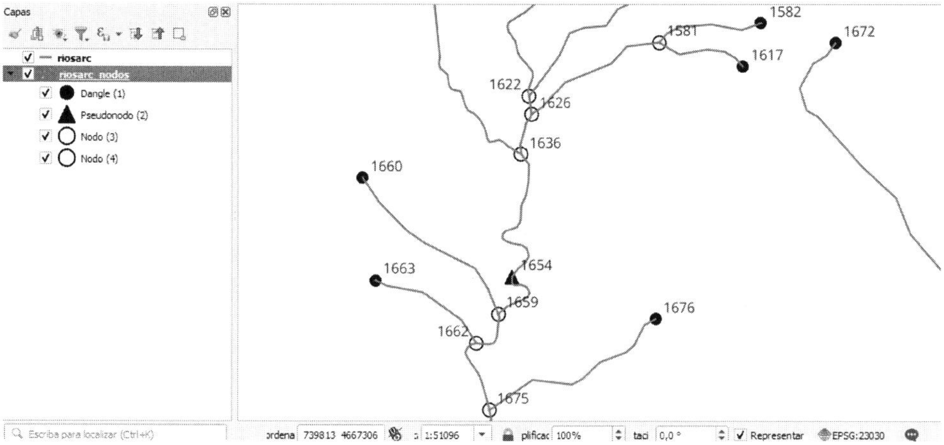

Figura 67 Creación de nodos en la capa *rios*

Para comprobar la funcionalidad de forma gráfica se puede utilizar un SIG de escritorio, por ejemplo, QGIS. Cargamos las capas *riosarc* y *riosarc_nodos*. En *riosarc_nodos* etiquetamos por el campo *gid* y aplicamos una simbología puntual en función del valor de *numarcs:* valor 1 con círculos rellenos para representar los *dangles*, valor 2 con triángulos para representar los seudonodos y valor 3 o mayor con círculos huecos para representar los demás nodos. Tras ello, abrimos la sesión de edición y borramos, insertamos o actualizamos geometrías de la tabla *riosarc*, PostgreSQL gestionará de forma automática la numeración de los nodos inicial y final, y la tabla *riosarc_nodos*.

Por último, para eliminar la funcionalidad de las tablas *riosarc*, habrá que utilizar:

```
s1=# select pg_borratopolin ('riosarc');
```

Creación de nodos en las intersecciones

La funcionalidad presentada anteriormente no tiene en cuenta si al insertar o actualizar una geometría ésta interseca a otra geometría existente, es decir, **no crea nuevas intersecciones y solo insertará nodos en los puntos inicial y final de las geometrías**.

Una mejora importante consiste en que PostgreSQL calcule dichas intersecciones partiendo de forma automática las geometrías lineales y creando nuevos segmentos lineales que se insertarán como nuevas filas en la tabla. Para ello, se va a ampliar la funcionalidad de la función *tggFunction_insertalinea* y modificar ligeramente la función *tggFunction_actualizalinea*.

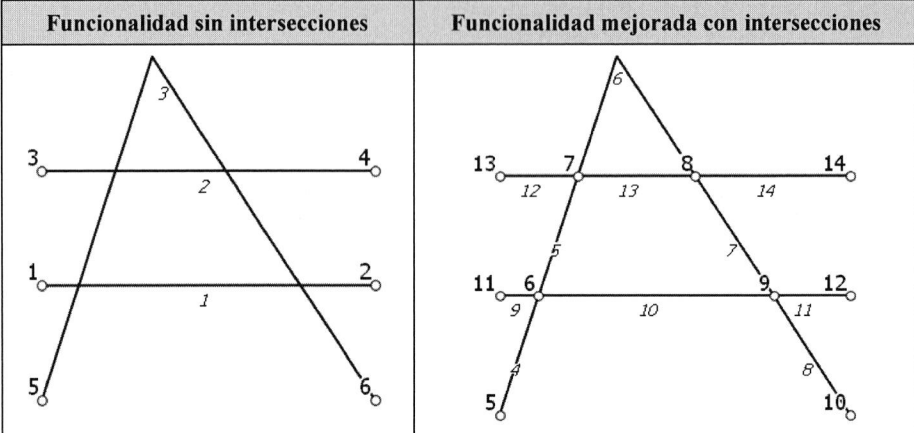

Figura 68 Estructura *arco-nodo* mediante disparadores

La figura superior representa la creación de nodos realizada a partir de tres geometrías lineales. En cursiva aparece la numeración de los *gid* de la capa de líneas, mientras que con tipografía normal aparecen los *gid* de la capa de nodos asociada a la capa de líneas.

La figura de la izquierda representa los nodos creados hasta ahora, es decir, sin realizar las intersecciones. Al no coincidir los puntos inicial y/o final de ninguna de las líneas, éstas no comparten ningún nodo y se cruzan en lugar de intersecarse.

La figura de la derecha representa la creación de nodos realizada tras la mejora expuesta en este apartado.

Esta vez, sí que se calcula las intersecciones y las tres líneas originales insertadas por el usuario se transforman en 11 filas en la capa de líneas como se aprecia en el siguiente ejemplo.

Para añadir a nuestra base de datos la funcionalidad de esta mejora, partimos del ejercicio anterior, donde habíamos ejecutado el fichero disparadores3.sql y ahora pasamos a ejecutar el fichero *disparadores4.sql* con los cambios necesarios. Este fichero modificará las funciones *tggFunction_insertalinea* y *tggFunction_actualizalinea*. Además, crea la nueva función *ST_DWithin_boundary*. Un poco más adelante se explican todas ellas.

```
consola> psql -U postgres -f ruta_a_fichero_disparadores4.sql s1
    BEGIN
    CREATE FUNCTION
    CREATE FUNCTION
    CREATE FUNCTION
    COMMIT
```

Creamos una tabla *topo2* de ejemplo, creamos la topología e insertamos las 3 filas.

```
s1=# create table topo2 (gid serial primary key, geom geometry
    (LineString, 0));
s1=# SELECT pg_creatopolin ('topo2', 0.1);
s1=# INSERT into topo2 (geom)
    values (st_geomfromtext('LINESTRING(0 1, 3 1)',0));
s1=# INSERT into topo2 (geom)
    values (st_geomfromtext('LINESTRING(0 2, 3 2)',0));
s1=# INSERT into topo2 (geom)
    values (st_geomfromtext('LINESTRING(0 0, 1 3, 3 0)',0));
```

```
s1=# SELECT l.gid,l.nodoinicial,l.nodofinal,st_astext(geom) from topo2 l;
 gid | nodoinicial | nodofinal |                st_astext
-----+-------------+-----------+------------------------------------------
   4 |           5 |         6 | LINESTRING(0 0,0.333333333 1)
   5 |           6 |         7 | LINESTRING(0.333333333 1,0.666666666 2)
   6 |           7 |         8 | LINESTRING(0.66666666 2,1 3,1.6666666 2)
   7 |           8 |         9 | LINESTRING(1.66666666 2,2.33333333 1)
   8 |           9 |        10 | LINESTRING(2.33333333 1,3 0)
   9 |          11 |         6 | LINESTRING(0 1,0.333333333 1)
  10 |           6 |         9 | LINESTRING(0.333333333 1,2.33333333 1)
  11 |           9 |        12 | LINESTRING(2.33333333 1,3 1)
  12 |          13 |         7 | LINESTRING(0 2,0.666666666 2)
  13 |           7 |         8 | LINESTRING(0.666666666 2,1.66666666 2)
  14 |           8 |        14 | LINESTRING(1.66666666 2,3 2)
(11 filas)

s1=# SELECT gid,st_astext(geom),numarcs from topo2_nodos;
 gid |            st_astext            | numarcs
-----+--------------------------------+---------
   5 | POINT(0 0)                     |       1
  10 | POINT(3 0)                     |       1
  11 | POINT(0 1)                     |       1
   6 | POINT(0.333333333333333 1)     |       4
   9 | POINT(2.33333333333333 1)      |       4
  12 | POINT(3 1)                     |       1
  13 | POINT(0 2)                     |       1
   7 | POINT(0.666666666666667 2)     |       4
   8 | POINT(1.66666666666667 2)      |       4
  14 | POINT(3 2)                     |       1
(10 filas)
```

De esta forma esta funcionalidad consigue imitar con éxito la estructura *arco-nodo* o topología persistente en una capa lineal, gestionando las operaciones de inserción, borrado y actualización de forma transparente al usuario desde cualquier cliente de SIG que utilice PostGIS como fuente de datos. A continuación, se lista el código fuente.

La primera tarea consiste en definir una nueva función que se va a utilizar dentro de la ampliada *tggFunction_insertalinea: ST_DWithin_boundary* devuelve *true* si los puntos inicial y final de una línea están a menos de la distancia especificada de los puntos inicial y final de una segunda línea. La utilizaremos para averiguar si dos geometrías lineales están conectadas por sus puntos de contorno (utilizando tolerancias).

```
CREATE OR REPLACE FUNCTION ST_DWithin_boundary (
  geom1 Geometry, geom2 Geometry, dist Double precision) RETURNS Boolean AS $$
  DECLARE
    contorno Geometry;

  BEGIN
    IF (ST_IsClosed (geom1) OR ST_IsClosed (geom2)) THEN
      Return false;
    END IF;

    contorno:= ST_Boundary (geom1);
    IF (ST_Distance (contorno, Stx_startpoint (geom2)) < dist) THEN
      RETURN true;
    ELSIF (ST_Distance (contorno, Stx_endpoint (geom2)) < dist) THEN
      RETURN true;
    ELSE
      Return false;
    END IF;
  END;
$$ LANGUAGE 'plpgsql' STRICT IMMUTABLE;
```

La función ampliada *tggFunction_insertalinea* quedará:

```
CREATE OR REPLACE FUNCTION  tggFunction_insertlinea () RETURNS TRIGGER
AS $$
DECLARE
    tablename Varchar:= TG_ARGV[0];
    tol Real:= TG_ARGV[1];
    loopquery Varchar;
    nodeRecord1 Record;
    nodeRecord2 Record;
    geomlin Geometry;

    --Nuevas variables
    simplefeature Record;
    geomfrag Geometry;
    elemfeature Record;
    elemgeom1 Geometry;
    querystringUPDATE Varchar;
    querystring Varchar;
    querystringinicial Varchar;
    ngeoms Integer;
    unionall Geometry;
    array_len Integer;
    gids Integer[];

BEGIN
    /*
    Esta función varía su comportamiento en función desde donde ha
    sido llamada. Para ello analiza el valor de New.nodoinicial.

    Si nodoinicial es NULL, entonces se acepta que tggFunction_insertlinea fue
    llamada por un comando SQL Insert ejecutado por el usuario.

    Si nodoinicial es -1, entonces tggFunction_insertlinea fue llamada por el
    comando SQL Insert ejecutado dentro de la función tggFunction_actualizalinea,
    que a su vez fue llamada tras la ejecución de un comando SQL Update dentro
    de la función tggFunction_insertlinea.

    Si nodoinicial es -3, entonces tggFunction_insertlinea fue llamada por el
    comando SQL Insert ejecutado dentro de la función tggFunction_actualizalinea,
    que a su vez fue llamada tras la ejecución de un comando SQL Update
    por el usuario.

    Si nodoinicial es -2, entonces tggFunction_insertlinea fue llamada por el
    comando SQL Insert ejecutado dentro de la función tggFunction_insertlinea.
    */
    IF (NEW.nodoinicial is NULL OR
        NEW.nodoinicial = -1 OR NEW.nodoinicial = -3) THEN
        querystring:= 'INSERT into ' || quote_ident(tablename) || ' VALUES ($1.*)';
        querystringUPDATE:= 'UPDATE ' || quote_ident(tablename)
            || ' SET nodoinicial = -1 WHERE gid = $1';

        querystringinicial:= 'SELECT * FROM ' || quote_ident(tablename)
        || ' t1 WHERE ST_EXPAND ($1,' || tol ||
        ') && t1.geom AND t1.gid <> $2 AND (NOT ST_DWithin_boundary (t1.geom, $1, '
        || tol || ')) AND ST_DISTANCE (t1.geom, $1) <= ' || tol;
        ngeoms:= 0;
        unionall:= Stx_startpoint (NEW.geom);
        For elemfeature in EXECUTE querystringinicial USING NEW.geom, NEW.gid LOOP
            ngeoms:= ngeoms + 1;
            unionall:= ST_Union (unionall, elemfeature.geom);
            gids:= array_append (gids, elemfeature.gid);
        END LOOP;

        --ngeoms será mayor de cero si la geometría insertada interseca
        --con alguna otra geometría.
```

```
   IF (ngeoms > 0) THEN
       --mediante el comando ST_Snap (a partir de PostGIS 2.0) se evitan
       --errores tipo TopologyException de PostGIS (desde GEOS).
       NEW.geom:= ST_Snap (NEW.geom, unionall, tol);

       geomfrag:= ST_Difference (NEW.geom, unionall);
       IF (geomfrag IS NOT NULL) THEN
          FOR elemgeom1 IN SELECT (st_dump(geomfrag)).geom LOOP
              simplefeature:= NEW;
              simplefeature.geom:= elemgeom1;
              simplefeature.gid:= nextval (quote_ident(tablename || '_gid_seq'));

              --marca el nodo inicial a -2
              simplefeature.nodoinicial:= -2;

              --Esta función lanzará de nuevo el disparador INSERT saltando
              --de forma recursiva a tggFunction_insertlinea
              EXECUTE querystring using simplefeature;
          END LOOP;
       END IF;

       --Si este disparador ha sido invocado desde
       IF (NEW.nodoinicial IS NULL OR NEW.nodoinicial = -3) THEN
          array_len:= array_upper(gids, 1);
          For i in 1 .. array_len LOOP
              --Esta función lanzará el disparador UPDATE pero  con la marca = -2
              --para que el disparador UPDATE sepa que viene de aquí
              EXECUTE querystringUPDATE using gids[i];
          END LOOP;
       END IF;

       --Anula la inserción
       RETURN NULL;
   END IF;
END IF;

--Solo cuando New.nodoinicial es -2, o en el caso en el que la geometría
--insertada no interseque con ninguna geometría en la tabla (ngeoms  = 0)
nodeRecord1:= tggFunction_insertlinea_calculanodo
   (tablename || '_nodos', STX_STARTPOINT (NEW.geom), tol);
NEW.nodoinicial := nodeRecord1.nodegid;

nodeRecord2:= tggFunction_insertlinea_calculanodo
   (tablename || '_nodos', STX_ENDPOINT (NEW.geom), tol);
NEW.nodofinal := nodeRecord2.nodegid;

--modifica los puntos inicial y final de la línea para que coincida con los
--nodos (debido a la tolerancia)
NEW.geom:= ST_SetPoint (ST_SetPoint (NEW.geom, 0, nodeRecord1.nodegeom),
                        ST_NPoints (NEW.geom) - 1, nodeRecord2.nodegeom);

RETURN NEW;
END;
$$ LANGUAGE 'plpgsql';
```

La función *tggFunction_actualizalinea* la modificaremos ligeramente:

```
CREATE OR REPLACE FUNCTION tggFunction_actualizalinea () RETURNS TRIGGER AS $$
DECLARE
    tablename Varchar;
    querystringdelete Varchar;
    querystringINSERT Varchar;
    marca Integer;

BEGIN
  tablename := TG_ARGV[0];
  querystringdelete:= 'DELETE FROM '
                      || quote_ident(tablename) || ' WHERE gid = $1';
  querystringINSERT:= 'INSERT into '
                      || quote_ident(tablename) || ' VALUES ($1.*)';
  marca:= 0;
  IF (NEW.nodoinicial = -1) THEN
    marca:= -1;
  ELSIF (ST_ASEWKB(OLD.geom) <> ST_ASEWKB(NEW.geom)) THEN
    marca:= -3;
  END IF;

  IF ( marca <> 0 ) THEN
    EXECUTE querystringdelete using OLD.gid;

    --New.nodoinicial valdrá -1, marcando si esta función ha sido a su
    --vez invocada previamente tras la ejecución del comando SQL Update dentro
    --de la función tggFunction_insertlinea

    --New.nodoinicial valdrá -3, marcando si esta función ha sido invocada
    --por un comando SQL Update introducido por el usuario.
    NEW.nodoinicial:= marca;
    EXECUTE querystringINSERT using NEW;

    --Anula la actualización
    RETURN NULL;
  END IF;

  --El usuario no puede cambiar el valor de los nodos de forma manual
  NEW.nodoinicial:= OLD.nodoinicial;
  NEW.nodofinal:= OLD.nodofinal;
  RETURN NEW;
END;
$$ LANGUAGE 'plpgsql';
```

Comprobación

Como en el método anterior se puede probar la nueva funcionalidad con cualquier capa lineal, por ejemplo, con la capa de *viaria*

Creamos primero una nueva capa *riosarc1*, le añadimos la funcionalidad de arco/nodo y le insertaremos todos las filas de la tabla ríos.

```
s1=# create table viariaarc (gid serial primary key, gidfromviaria
     integer);
s1=# select addGeometrycolumn ('viariaarc','geom',23030, 'LINESTRING',
     2);

s1=# select pg_creatopolin ('viariaarc', 0.1);
s1=# insert into viariaarc (gidfromviaria, geom)
          SELECT gid, st_geometryn(geom,1) from viaria;
INSERT 0 3580
```

Nótese como el número de filas de *viariaarc* (4199) es mayor que el de *viaria* (3773). Esto es debido a que los disparadores han fragmentado las líneas de *viaria* en aquellos casos en que se cruzan.

```
s1=# select count(*) from viaria;
 -------
  3773

s1=# select count(*) from viariaarc;
 -------
  4199
```

Efectivamente, en *viaria*, existen 143 casos de cruces entre diferentes geometrías lineales.

```
s1=# select count(*) from viaria v1, viaria v2 where v1.gid < v2.gid and
   st_crosses (v1.geom, v2.geom);
 -------
  143
```

Si estudiamos uno de los casos de forma gráfica con un SIG de escritorio:

```
s1=# select v1.gid, v2.gid from viaria v1, viaria v2 where st_crosses
   (v1.geom, v2.geom) order by v1.gid limit 1;
 gid | gid
-----+------
 37 | 3593
```

Vemos en QGIS, como en la capa *viaria,* las geometrías de *gid* 37 y 3594 se cruzan.

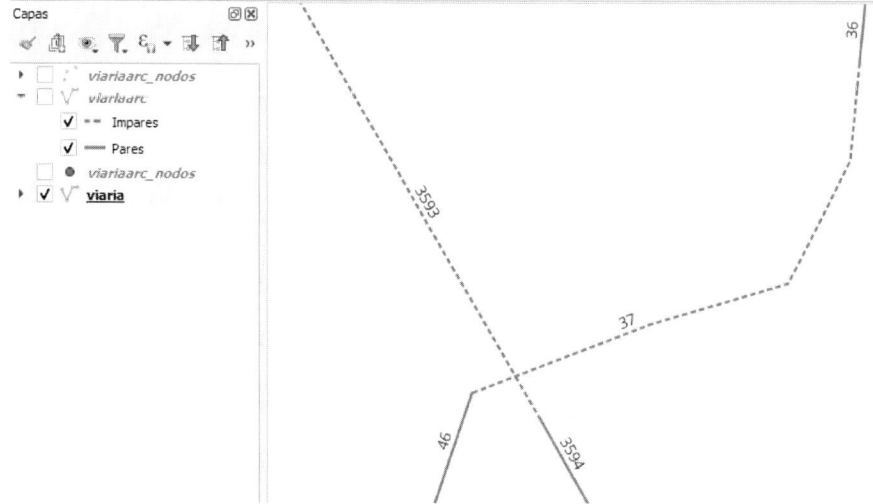

Figura 69 Geometrías de *viaria* que se cruzan

En cambio, en la capa *viariaarc*, las geometrías 3593 y 37 se han segmentado en cuatro geometrías. En la capa de *viariaarc_nodos*, efectivamente vemos un nodo en la confluencia de esas cuatro geometrías.

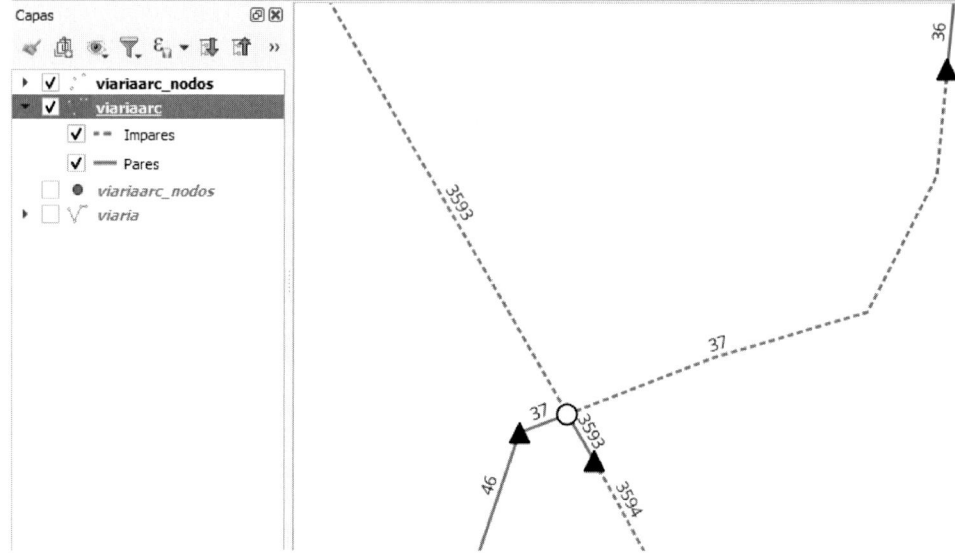

Figura 70 Geometrías de *viariaarc* con la segmentación en el cruce

2.5. Funciones agregadas

PostgreSQL también permite crear nuevas funciones agregadas por el usuario, para ello se utiliza el comando SQL *Create Aggreate*[1].

```
CREATE AGGREGATE nombre_función ( argumentos ) (
        SFUNC = funcion_de_transición
      , STYPE = tipo_del_dato_de_transición
    [ , FINALFUNC = nombre_de_la_función_final ]
    [ , INITCOND = valor_inicial_del_dato_de_transición ]
)
```

Una función agregada se compone de una o dos funciones ordinarias, entendiendo como función ordinaria cualquier función SQL de PostgreSQL o definida por el usuario utilizando por ejemplo *PL/PgSQL* y el comando *Create Function*. El uso de una función ordinaria como función de transición (*sfunc*) en el agregado es obligatorio, mientras que el uso de una segunda función ordinaria como función final (*finalfunc*) es opcional.

Un poco más adelante se definen todos estos conceptos mejor pero antes vamos a ver el resultado de un nuevo agregado de ejemplo llamado *ST_Collect,* con igual nombre que el correspondiente comando de PostGIS, pero con un segundo argumento que especifica la dimensión de las geometrías a agrupar que lo diferencia de éste.

Para añadir a nuestra base de datos toda la funcionalidad, que explicaremos poco a poco más adelante, vamos a ejecutar el fichero *agregados_custom.sql* en la base de datos.

```
consola> psql -U postgres -f ruta_a_fichero_agregados_custom.sql s1
```

---

[1] https://www.postgresql.org/docs/current/sql-createaggregate.html

Vamos a probar el nuevo agregado *ST_Collect* (*geom*, *dimension*), que explicaremos detalladamente a continuación.

```
s1=# select st_astext(st_collect (geom, 0))
  From (
    select 'POINT (2 5)'::geometry
    union
    select
      'GEOMETRYCOLLECTION (LINESTRING (0 0, 5 0),POINT (7 8))'::geometry
  ) as tabla(geom);
                        st_astext
--------------------------------------------------------
  GEOMETRYCOLLECTION(MULTIPOINT(2 5),MULTIPOINT(7 8))
```

La nueva versión de *ST_Collect* extrae las geometrías según la dimensión especificada en el segundo argumento y las agrupa en una única geometría de tipo *GeometryCollection*. Al tomar dos argumentos en lugar de uno solo (como la función *ST_Collect* de PostGIS), PostgreSQL sobrecarga la función agregada y no elimina la función original de PostGIS.

La implementación del agregado se ha realizado de la siguiente forma:

Por cada una de las geometrías que alimenta el agregado se ejecuta la función de transición (*sfunc*). Dicha función la hemos llamado *funcion_de_transicion1* en el ejemplo y toma como argumentos la geometría *geom* (segundo argumento) y la dimensión *dim* (tercer argumento), aplica la función *STX_Extract (geom, dim)* y agrega la geometría de resultado a una variable temporal de tipo *array* de geometrías (variable o dato de transición). La función de transición debe devolver el dato de transición, que además debe coger como primer argumento.

```
CREATE OR REPLACE FUNCTION funcion_de_transicion1 (
  datodetransicion Geometry[],
  geom Geometry, dim Integer) RETURNS Geometry[] AS
$$
DECLARE
  geomaux Geometry;
  nuevodatotransicion Geometry[];
BEGIN
  geomaux:= Stx_extract (geom, dim);
  IF (geomaux IS NOT NULL) THEN
    nuevodatotransicion:= array_append (datodetransicion, geomaux);
    RETURN nuevodatotransicion;
  END IF;

  RETURN datodetransicion;
END;
$$ LANGUAGE 'plpgsql' IMMUTABLE;
```

Después de haber ejecutado la última función de transición, se ejecuta la función final del agregado. Dicha función *funcion_final1* en el ejemplo, toma como argumento el *array* con todas las geometrías extraídas y aplica un comando *ST_Collect* de PostGIS a dicho *array* para agruparlas, esta geometría agrupada será el resultado final que devuelva el agregado.

```
CREATE OR REPLACE FUNCTION funcion_final1 (datodetransicion Geometry[]) RETURNS
  Geometry AS
$$
BEGIN
  RETURN ST_Collect (datodetransicion);
END;
$$ LANGUAGE 'plpgsql' STRICT IMMUTABLE;
```

Por último, se define la propia definición del agregado, que incluye cual es la función de transición (*SFUNC*), la función final (*FINALFUNC*) en caso de usarla, el tipo de la variable de transición (*STYPE*) y el valor inicial de la variable de transición si es necesario.

```
DROP AGGREGATE IF EXISTS ST_Collect (geometry, Integer);

CREATE AGGREGATE ST_Collect (geometry, Integer) (
    SFUNC = funcion_de_transicion1,
    STYPE = Geometry[]
    , FINALFUNC = funcion_final1 );
```

Si no se utiliza la función final entonces el agregado devuelve directamente la variable de transición que obtiene de la última función de transición ejecutada.

Otro ejemplo de agregado que se utiliza a lo largo de esta publicación es *STX_Last* (apartado C 3.2, pág. 139).

```
CREATE OR REPLACE FUNCTION _lastgeom (
        datodetransicion Geometry, geom Geometry) RETURNS Geometry AS
$$
BEGIN
  RETURN geom;
END;
$$ LANGUAGE 'plpgsql' STRICT IMMUTABLE;

DROP AGGREGATE IF EXISTS Stx_last (geometry);
CREATE AGGREGATE Stx_last (geometry) (
    sfunc = _lastgeom,
    stype = Geometry );
```

2.6. Otras funciones

En los apartados anteriores se ha descrito como crear nuevas funciones, disparadores y agregados definidos por el usuario. Además de estos objetos, PostgreSQL permite definir otros tipos de objetos como operadores (*Create Operator*), conversiones entre diferentes tipos de datos (*Create Cast*), e incluso nuevos índices.

En cuanto a los lenguajes utilizados en la creación de nuevas funciones, para la mayoría de las tareas será suficiente con *PL/PgSQL* que como hemos visto es sencillo y potente.

En ocasiones sin embargo dicho lenguaje puede ser insuficiente ya sea por razones de rendimiento o funcionalidad. Por ejemplo:

- Rendimiento: Si se desea recorrer todos los vértices de una geometría para operar con ellos, la utilización de métodos de tipo *ST_X, ST_Y o ST_PointN* utilizando un lenguaje procedural como *PL/PgSQL* no es óptima, por una parte, porque es un lenguaje interpretado, pero principalmente por la sobrecarga que supone el convertir en cada petición de un método SQL el bloque binario desde la base de datos a un objeto de geometría. Una solución es crear la función SQL en lenguaje C y recorrer estos vértices dentro de la propia estructura de geometría.

- Funcionalidad: En *PL/PgSQL* cuando se utilizan las variables especiales *NEW* y *OLD* en los disparadores no es posible acceder a los nombres de los campos de forma dinámica, como *NEW.campo1*, donde *campo1* es una variable que almacena el nombre del campo. Esto por el contrario se puede realizar en lenguaje C o en otros lenguajes procedurales como *PL/Python* o PL/Java.

F   Miscelánea espacial

Este capítulo trata de rellenar conceptos importantes de PostGIS, pero cuyo desarrollo no es lo suficientemente amplio para dedicar un capítulo independiente.

Se desarrollan conceptos diversos ordenados por importancia, especialmente las seis primeras secciones: *Arrays*, tipos compuestos, multigeometrías, dependencia funcional, funciones ventana y copias de seguridad son conceptos que el lector deberá conocer y utilizará con frecuencia en el análisis espacial cartográfico. Por el contrario, las últimas secciones describen temas más específicos que el lector utilizará únicamente si desea utilizar PostGIS para las tareas que allí se exponen: operaciones 3D, geometrías curvas, tratamiento de datos *Open Street Map* (OSM), cálculo de rutas y control de versiones.

Especialmente interesante son quizás las **funciones ventanas** introducidas en la versión de PostgreSQL 8.4 y que aún son desconocidas por algunos usuarios de PostGIS. Dichas funciones facilitan en gran medida cierto tipo de consultas espaciales con PostGIS.

También, la dependencia funcional introducida en PostgreSQL 9.1 simplifica las consultas que utilizan la cláusula *group by* sobre columnas que definen filas únicas.

Otros conceptos como el análisis espacial 3D y las geometrías curvas son descritos en detalle, pero aún implementan poca funcionalidad en PostGIS.

1. *Arrays,* agregados y *set returning* de geometrías.

Los *arrays* en PostgreSQL se pueden crear utilizando la palabra clave *array* definiendo sus elementos entre corchetes separados por comas.

Crea un array con una lista de dos valores de texto, y otro con dos valores numéricos.

```
s1=# select array ['a', 'b'] as atexto, array [1 ,2] as anumeros;
 atexto | anumeros
--------+----------
 {a,b}  | {1,2}
```

Para acceder a un elemento de un *array* basta con especificar entre corchetes el índice del elemento al que se desea acceder:

```
s1=# select atexto[1], anumeros[2] from
  (select array['a', 'b'] as atexto, array[1 ,2] as anumeros) as tabla;
 atexto | anumeros
--------+----------
 a      |     2
```

Creamos una tabla con un campo de tipo *array*. Para ello, especificamos el tipo SQL y añadimos entre corchetes el número de elementos: *integer[2]*. O incluso sin especifica la dimensión también es válido: *integer[]*.

```
s1=# create table testarray (c1 integer[2], c2 integer);
s1=# insert into testarray values (array [3,7], 1);
s1=# insert into testarray values (array [7,8], 2);
s1=# insert into testarray values (array [2,3], 1);
s1=# select * from testarray;
   c1   | c2
--------+--------
 {3,7}  |    1
 {7,8}  |    2
 {2,3}  |    1
```

Se dispone del agregado *array_agg* (expresión) que puede coger una lista de valores y devuelve un *array* (lista con los valores). En este caso coge la lista de los valores del campo *c2* y los convierte a un *array*.

```
s1=# select array_agg(c2) as c3 from testarray;
   c3
-----------
 {1,2,1}
```

Si utilizamos *array_agg* sobre un campo que ya es un *array*, como el campo *c1*, entonces se creará un *array* bidimensional.

```
s1=# select array_agg(c1) as c4, count(*) n from testarray group by c2;
      c4        |  n
----------------+-------
 {{3,7},{2,3}}  |   2
 {{7,8}}        |   1
```

1.1. Arrays de geometrías

Ciertas funciones en PostGIS toman como argumento un *array* de geometrías.

Por ejemplo, una de las variantes del método *ST_Collect,* en concreto *ST_Collect (geometry [])*:

```
s1=# select st_astext( st_collect ( array [
                    st_geomfromtext ('POINT (1 2)'),
                    st_geomfromtext ('LINESTRING (0 0, 1 1)')
                ] ));
-------------------------------------------------
 GEOMETRYCOLLECTION(POINT(1 2),LINESTRING(0 0,1 1))
```

Ahora bien, ¿cómo se puede crear un *array* de forma sencilla a partir de una serie de geometrías de una tabla o de una consulta? Pues al ser *geometry* un tipo de PostgreSQL, actuaremos exactamente igual, es decir, utilizaremos *array_agg* para agregar geometrías en un *array*.

En el siguiente ejemplo se accede al primer elemento *geometry* del *array* creado. Nótese como se ha rodeado la función *array_agg* por paréntesis para que PostgreSQL no tenga confusión sobre a qué hace referencia el índice [1] utilizado.

```
s1=# select st_astext( (array_agg(geom) )[1] )
  from ( select st_geomfromtext ('POINT (1 2)')
         union
         select st_geomfromtext ('LINESTRING (0 0, 1 1)')
       ) as tabla(geom);
 -------------------
 LINESTRING(0 0,1 1)
```

Generalmente en PostGIS los comandos que toman como argumento un *array* de geometrías, también implementan una variante que toma como argumento un *set* de geometrías con lo cual muchas veces no es necesario utilizar *array_agg*.

Anteriormente a PostGIS 3, se utilizaba una función *ST_Accum* la misma funcionalidad que *array_agg*. *ST_Accum* fue eliminada en PostGIS 3, y actualmente solo se utiliza *array_agg* para agregar geometrías en un *array*.

1.2. Funciones *returning set* de geometrías

Las funciones de PostGIS que utilizan *arrays* y agregados de geometrías también están relacionadas con las funciones *returning set* (véase el apartado C 9.1, pág. 183) que devuelven conjuntos de geometrías.

Por ejemplo, una función *returning set* típica de PostGIS es *ST_Dump*, de forma que se puede alimentar el agregado *array_agg* o cualquier otro agregado PostGIS con el resultado de este tipo de funciones, de la forma:

```
s1=# select array_agg ((dump).geom) from (
    select st_dump(st_geomfromtext ('MULTIPOINT (1 2, 3 4, 5 6)'))
  ) as tabla (dump);
```

Cuando se utilizan tipos de datos que están formados por varios elementos, como geometrías de tipo *multi* o tipos especiales como los *arrays,* es frecuente querer iterar para extraer los elementos constituyentes.

La función *generate_series* es una función de tipo *set returning* que devuelve únicamente una lista de números (para iterar) y que se utiliza como contador para iterar sobre este tipo de datos. Varios ejemplos aparecen en el apartado C 9.1, pág. 183 para iterar sobre geometrías de tipo *multi*.

Otra función generadora de contadores es *generate_subscripts* y que en este caso es muy útil para poder extraer de un *array* los diferentes elementos.

Un buen ejemplo aparece en el final del apartado C 5.6, pág. 157 donde se descompone un campo de tipo *array* que contiene información sobre los n vecinos más próximos a una geometría.

2. Tipos compuestos

Los tipos compuestos en PostgreSQL[1], son tipos de datos que se pueden definir por el usuario y que están compuestos por uno o varios campos.

Para la creación de un nuevo tipo compuesto se utiliza el comando SQL *Create Type*[2].

```
s1=# Create Type nuevotipo As (
        dni integer,
        nombre varchar
);
```

Una vez se ha definido el nuevo tipo en una base de datos, éste se puede utilizar de forma general en el lenguaje SQL para por ejemplo definir campos de tablas.

```
s1=# create table ejtipocomp (c1 integer, c2 nuevotipo);
```

Para definir un nuevo literal de un tipo compuesto hay que utilizar paréntesis y separar el valor de sus campos por comas (si se introduce espacios a ambos lados de las comas, éstos formarán parte del valor de los campos de tipo texto):

```
s1=# insert into ejtipocomp values (1, '(1000,Jose Sanchez)' );
```

También se puede utilizar la palabra clave *Row*:

```
s1=# insert into ejtipocomp values (2, ROW (1001, 'Jose Garcia') );
s1=# select * from ejtipocomp;
 c1 |          c2
----+----------------------
  1 | (1000,"Jose Sanchez")
  2 | (1001,"Jose Garcia")
```

Para acceder a un miembro o campo de un tipo compuesto se utiliza el operador '.' y además se encierra el nombre del tipo entre paréntesis.

```
s1=# select c1, (c2).dni, (c2).nombre from ejtipocomp;
 c1 | dni  |    nombre
----+------+--------------
  1 | 1000 | Jose Sanchez
  2 | 1001 | Jose Garcia
```

También se puede utilizar el nuevo tipo para realizar una conversión explícita de un literal de tipo compuesto:

```
s1=# select (c).nombre,(c).dni from (
        select (1002,'Carlos San')::nuevotipo as c ) as tabla;
   nombre   | dni
------------+------
 Carlos San | 1002
```

En cuanto a su uso en funciones PL/PgSQL, en el apartado "Devolviendo tipos compuestos" de la pág. 277, se puede ver como devolver tipos compuestos y en el apartado "Devolviendo tablas de varias columnas" de la pág. 281 se muestra como devolver filas (*set returning*) de tipos compuestos.

---

[1] Conocidos como *composite types*, https://www.postgresql.org/docs/current/rowtypes.html

[2] https://www.postgresql.org/docs/current/sql-createtype.html

2.1. Tipos compuestos en PostGIS

PostGIS también define sus propios tipos compuestos que son especialmente útiles a la hora de tratar la información devuelta por algunos de sus métodos.

Algunos de los métodos de PostGIS que devuelven tipos compuestos son: *ST_Dump*, *ST_DumpPoints*, *ST_DumpRings* y *ST_IsValidDetail*. Menos *ST_IsValidDetail* los demás métodos son *set returning*, es decir, devuelven un conjunto de filas que en estos casos están formados por tipos compuestos.

```
s1=# select (comp1).reason,
            st_astext((comp1).location),
            (comp2).path,
            st_astext((comp2).geom)
    from (
      select st_isvaliddetail(geom) as comp1,
             st_dump(geom) as comp2
      from (
        select st_geomfromtext ('MULTIPOLYGON (((0 0,6 0,3 5,0 0)),
                                               ((5 0,9 0,7 5,5 0 )))')
      ) as tabla(geom)
    ) as tabla1;
       reason        |  st_astext   | path |        st_astext
------------------+--------------+------+---------------------------
 Self-intersection | POINT(5.4 1) | {1}  | POLYGON((0 0,6 0,3 5,0 0))
 Self-intersection | POINT(5.4 1) | {2}  | POLYGON((5 0,9 0,7 5,5 0))
```

Además, se puede ver como un tipo compuesto admite cualquier otro tipo como miembro (incluso otro tipo compuesto), por ejemplo, en la orden *ST_Dump* el campo *path* del tipo compuesto es de tipo *array*.

En el apartado C 9, pág. 183, se puede consultar más ejemplos de acceso tipos compuestos de las funciones *ST_Dump*, *ST_DumpPoints*, etc.

En el ejemplo del apartado E 2.2, pág. 286, se define un nuevo tipo compuesto *zpointdif* para utilizarlo como tipo de retorno de la función *ST_Zpointdifference*.

3.   Comportamiento Multi-geometrías

El comportamiento de los diferentes métodos de PostGIS con las geometrías de tipo *Multi* no siempre ha sido el mismo a lo largo de las diferentes versiones e incluso muchas veces dicho comportamiento no sigue unos patrones lógicos.

A veces este problema viene causado por la rigidez de los estándares del OGC o SQL/MM y también por la interpretación o aplicación práctica de estos estándares por el equipo de dirección de PostGIS.

Vamos comprobar el comportamiento **actual** de algunas de las funciones de PostGIS (es posible que en función de la versión de PostGIS utilizada obtengas valores diferentes).

```
s1=# with tabla(geom, descr) as (
  select st_geometryn (
     'LINESTRING (0 0, 10 0)', 1), 'A-GeometryN con LineString'
  union select st_startpoint (
     'MULTILINESTRING ((0 0, 1 0))'), 'B-Startpoint con MultiLineString'
  union select st_pointn (
     'MULTILINESTRING ((0 0, 1 0))', 2), 'C-PointN con MultiLineString'
)
select descr, geom is null as esnula, st_Astext(geom)
  from tabla order by descr;
```

Salida con la versión PostGIS 3.1

```
            descr                | esnula |        st_astext
--------------------------------+--------+---------------------
 A-GeometryN con LineString      | f      | LINESTRING(0 0,10 0)
 B-Startpoint con MultiLineString | t      |
 C-PointN con MultiLineString    | t      |
```

Salida con la versión PostGIS 3.5

```
            descr                | esnula |        st_astext
--------------------------------+--------+---------------------
 A-GeometryN con LineString      | f      | LINESTRING(0 0,10 0)
 B-Startpoint con MultiLineString | f      | POINT(0 0)
 C-PointN con MultiLineString    | t      |
```

El comando *ST_GeometryN (geometry, índice)* según SQL/MM toma como argumento una geometría de tipo *Multi* y devuelve la geometría componente especificada en el segundo argumento. El problema aparece cuando a dicho comando se le pasa una geometría que no es de tipo *Multi*, según SQL/MM en dichos casos debe devolver *null*, pero esto puede ser fuente de errores ya que las geometrías pasadas a dicha función pueden provenir de resultados de otros cálculos y por lo tanto a priori se desconoce si son de tipo *multi* o no.

En cuanto a los comandos *ST_Startpoint* y *ST_PointN*, según los estándares dichos comandos deben devolver *null* cuando se les pasa una geometría de tipo *Multi*. En este caso, el comportamiento es variado según la versión de PostGIS. En la última versión estudiada (PostGIS 3.4), *ST_StartPoint* devuelve el punto inicial, aunque se trate de un elemento *Multi*, en cambio *ST_PointN* devuelve *null* si el argumento es una geometría de tipo *Multi*.

En este caso, aunque PostGIS sigue más fielmente los estándares con estas dos funciones, de forma práctica no es un comportamiento deseado ya que se traduce en el uso de funciones extra para su uso con entidades de tipo *Multi*: *Select st_startpoint (st_geometryn (geom , 1))*.

El usuario debe comprobar por tanto ante la menor duda el comportamiento de las funciones PostGIS respecto a geometrías de tipo *Multi*. P. ej.: El comando *ST_PointN*, aunque funciona con multigeometrías el índice de búsqueda del punto debe recaer dentro de la primera componente de la multigeometría.

Notas:

ST_NumPoints soporta solo *LineString* o *MultiLineString*, en estas últimas devuelve el número de puntos de la primera geometría. *ST_NPoints* devuelve todos los puntos de la geometría, además soporta otros tipos de geometría.

Para utilizar, algunos comandos como *ST_Startpoint* o *ST_Endpoint* con *MultiLineStrings* de forma correcta, independientemente de la versión de PostGIS, habrá que utilizar el comando *ST_GeometryN*.

Otras funciones como *ST_Numgeometries* también presentan un comportamiento diferente según la versión de PostGIS.

Los ejemplos de esta publicación se han diseñado para que funcionen con PostGIS 3.x y superior. Por esta razón se ha introducido dos nuevas funciones (fichero *funcionesextra.sql*): *STX_StartPoint* y *STX_EndPoint,* que modifican el comportamiento de las funciones originales *ST_StartPoint* y *ST_EndPoint*.

De esta forma independientemente de la versión de PostGIS utilizada siempre se devuelve el primer o último punto tanto de una entidad *LineString* como de una entidad *MultiLineSring* (su primer elemento).

En versiones de PostGIS posteriores a esta publicación el comportamiento de estas u otras funciones según las geometrías sean de tipo *Multi* o sencillas puede volver a cambiar, como de hecho así ha sucedido entre diferentes ediciones de esta publicación.

```
CREATE OR REPLACE FUNCTION STX_StartPoint (geometry)
RETURNS geometry AS $$
  SELECT ST_StartPoint(ST_GeometryN (ST_Multi($1), 1))
  --Si se está trabajando con PostGIS 2 o 3 esta sentencia
  --se puede simplificar a ST_StartPoint (ST_GeometryN ($1, 1))
  --Si se está trabajando con PostGIS 1.5 o inferior
  --se puede utilizar directamente la sentencia ST_StartPoint
$$ LANGUAGE 'SQL' STRICT IMMUTABLE;

CREATE OR REPLACE FUNCTION STX_EndPoint (geometry)
RETURNS geometry AS $$
  SELECT ST_EndPoint(ST_GeometryN (ST_Multi($1), 1))
$$ LANGUAGE 'SQL' STRICT IMMUTABLE;
```

4.　Dependencia funcional (*group by*)

En PostgreSQL 9.1 se introduce el concepto de dependencia funcional 　`D. Func.`　en las agrupaciones realizadas utilizando la cláusula *Group by*, de esta forma se permite omitir las columnas de una cláusula *Group by* cuando la clave primaria de la tabla está incluida en la lista de columnas del *Group by*.

Vamos a verlo con un ejemplo. Supongamos que disponemos de dos tablas con los siguientes datos:

```
s1=# CREATE TABLE personas (
     id serial primary key,
     nombre varchar,
     apellido varchar );
s1=# CREATE TABLE visitas (
     id serial primary key,
     personas_id integer not null references personas (id),
     fechalogin timestamptz );
s1=# INSERT INTO personas (nombre, apellido)
     VALUES
     ('Jose', 'Garcia'),
     ('Rosa', 'Perez'),
     ('Manuel', 'Sanchez'),
     ('Alfredo', 'Fernandez');
s1=# INSERT INTO visitas (personas_id, fechalogin)
     SELECT
        1 + floor(random() * 4),
        now() - '1 year'::INTERVAL * random()
     FROM
        generate_series(1,100);
```

Lista el ID de las personas con el contador de las visitas. La solución se resuelve sin problemas con el siguiente código:

```
s1=# SELECT p.id, count(*)
        FROM personas p, visitas v
          WHERE p.id = v.personas_id
          GROUP BY p.id;
```

Lista el ID, el nombre y los apellidos de las personas con el contador de las visitas. En este caso se puede utilizar diferentes soluciones como:

En versiones antiguas de PostgreSQL, versiones 9.0 o inferior, la siguiente sentencia SQL de resolución del ejercicio, provocaba el error que aparece abajo. La razón es que los campos *nombre* y *apellido* no están en el *Group by*, aunque realmente se sabe que solo hay un *nombre* y un *apellido* por cada *id* de persona.

```
--Resultado de ejecución en PostgreSQL 9.0
s1=# SELECT p.id, p.nombre, p.apellido, count(*)
        FROM personas p, visitas v
          WHERE p.id = v.personas_id
          GROUP BY p.id;
ERROR:  column "p.nombre" must appear in the GROUP BY clause or be used
   in an aggregate function
```

Actualmente, esto ya no es un problema, porque debido a la dependencia funcional, PostgreSQL sabe que *p.id* es un valor *unique* y por tanto una fila (*p.id*) solo puede tener un valor de *nombre* y *apellido*. Es decir, la sentencia anterior funciona correctamente.

Si tienes curiosidad, esto es lo que se hacía en PostgreSQL 9.0 y versiones anteriores para solucionar el problema, al no tener aún implementada la dependencia funcional:

Solución mediante funciones agregadas:

```
s1=# SELECT p.id, max(p.nombre), max(p.apellido), count(*)
        FROM personas p, visitas v WHERE p.id = v.personas_id
           GROUP BY p.id;
```

Solución añadiendo los campos a la cláusula *Group by*:

```
s1=# SELECT p.id, p.nombre, p.apellido, count(*)
        FROM personas p, visitas v WHERE p.id = v.personas_id
           GROUP BY p.id, p.nombre, p.apellido;
```

En un capítulo anterior se utilizó la operación espacial *erase* (apartado C 3.2, pág. 139), aplicando la dependencia funcional. Como curiosidad, veamos cómo se podría resolver en **versiones anteriores a PostgreSQL 9.1** sin utilizar dependencia funcional:

1.- Solución utilizando agregados y solo agrupando por el campo *s.gid*.

```
s1#= insert into erase1 (tema, grupo, geom)
  select tema, grupo, geom from
    ( select max(tema) as tema, max(grupo) as grupo,    → *1
           stx_extract(st_difference (
                        (array_agg(s.geom))[1],         → *2
                        st_union(n.geom)),2 ) as geom
      from suelos s, nucleos n       where s.geom && n.geom and
           st_relate (s.geom, n.geom, 'T********') group by s.gid
    ) as tabla where geom is not null;
```

En cuanto a campos no geométricos el problema se resolvía utilizando agregados como *max* o *min* en los campos que no están en el *group by* (marca *1).

En cuanto a las geometrías, no existe ningún agregado *min* o *max* que tome como argumento este tipo de datos. En este caso se puede utilizar agregados que tomen geometrías y devuelvan un *array* de geometrías del cual se elige el primer elemento mediante los comandos *array_agg* con las siguiente expresión: *(array_agg(s.geom)) [1]* como se ha utilizado en el ejemplo de arriba (marca *2).

Otra solución consistiría en definirse un nuevo agregado, por ejemplo, *STX_Last (geometry set)* que devuelva la última de las geometrías pasadas como argumento. Su código fuente aparece en el apartado E 2.5, pág. 318.

2.- Solución con tantos campos en el *group by* como campos se utilicen en el *Select*.

```
s1#= insert into erase1 (tema, grupo, geom)
  select tema, grupo, geom from
    ( select s.tema, s.grupo,
         stx_extract(st_difference (
                      s.geom,
                      st_union(n.geom)),2 ) as geom
      from suelos s, nucleos n
      where s.geom && n.geom and
         st_relate (s.geom, n.geom, 'T********')
      group by s.gid, s.tema, s.grupo, s.geom
    ) as tabla where geom is not null;
```

5. Funciones de ventana espaciales

Una función de ventana es parecida a una función agregada en el sentido que actúa sobre una porción de filas seleccionadas por la consulta, pero al contrario que una función agregada las funciones de ventana no agrupan las filas seleccionas en una única fila de salida, cada fila permanece separada en la consulta de salida. Las funciones agregadas utilizan la cláusula *Group By* para su aplicación mientras que las funciones de ventana parten la tabla utilizando la palabra *Partition* (no confundir con las particiones declarativas de tablas que se ven en el apartado F 12.2, pág. 374).

Mediante una función de ventana se simplifica notablemente los tipos de consultas que necesitan utilizar agregados y además desean conservar todas las filas de entrada.

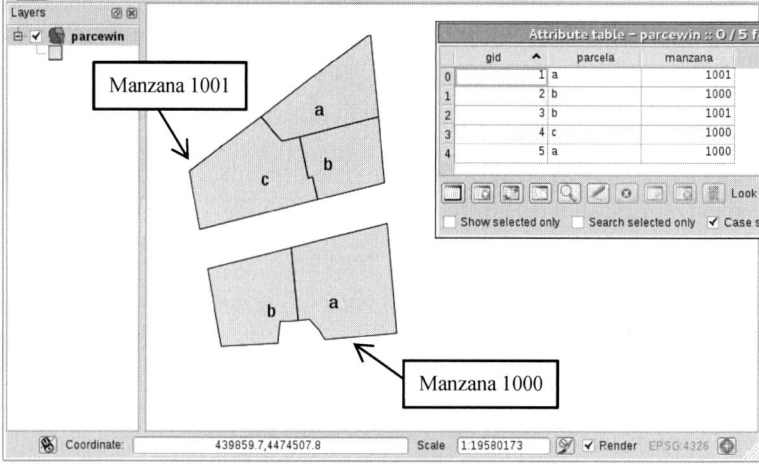

Figura 71 Ejemplo de funciones de ventana

En las funciones de ventana se utilizan funciones agregadas, ya sean funciones agregadas normales como *max*, *min*, *avg*, *count*, etc. (véase el apartado I 2.4 en la pág. 554) o funciones específicas diseñadas para utilizar como funciones ventana[1] y que se verán un poco más adelante. En cualquier caso, se utiliza la cláusula *OVER* a continuación de la definición de dicha función agregada o específica.

```
Expresión_agregada_o_específica OVER (
    [PARTITION BY expresión]
    [ORDER BY expresion [opciones] ]
    [Frame]
)
```

Todo lo que aparece especificado dentro de la cláusula *OVER* se llama ventana (*WINDOW*). De esta forma una ventana está formada por una partición (*PARTITION*), una cláusula *ORDER BY* y una cláusula *FRAME* (esta última no se estudia en esta publicación).

Como alternativa se puede separar en la sintaxis la ventana de la cláusula *OVER*:

```
Expresión_agregada_específica OVER nombre_ventana
```

---

[1] https://www.postgresql.org/docs/current/interactive/functions-window.html

```
WINDOW nombre_ventana AS
(
   [PARTITION BY expresión]
   [ORDER BY expresion [opciones] ]
   [Frame]
)
```

En este apartado se va a realizar un pequeño tutorial sobre las funciones de ventana utilizando la capa *parcewin* (fichero *parcewin.sql*) mostrada en la figura anterior. Dicha capa está formada por parcelas que forman dos manzanas. Cada parcela tiene una referencia de a qué manzana pertenece (campo *manzana*) y sigue una nomenclatura correlativa (campo *parcela*) dentro de cada manzana.

Obtiene un listado de las parcelas con un campo que indique la diferencia entre el área de cada parcela y el área media de todas las parcelas de la capa.

1. – Solución tradicional utilizando una concatenación interna con un *subselect*.

```
sl=# select p.manzana, p.parcela, st_area(p.geom)::integer as area,
        st_perimeter(p.geom)::integer as perimetro,
        (areatotal - st_area(p.geom))::integer as areadif
     from parcewin p, (
                       select avg(st_area(geom)) as areatotal from parcewin
                       ) as tabla;
 manzana | parcela | area | perimetro | areadif
---------+---------+------+-----------+---------
    1001 | a       |  421 |        82 |    -100
    1000 | b       |  217 |        60 |     105
    1001 | b       |  297 |        71 |      25
    1000 | c       |  394 |        83 |     -72
    1000 | a       |  280 |        74 |      42
```

2.- Exactamente la misma tabla se obtiene aplicando funciones de ventana.

```
sl=# select p.manzana, p.parcela, st_area(p.geom)::integer as area,
   st_perimeter(p.geom)::integer as perimetro,
   (avg (st_area(p.geom)) over ventana_manzana - st_area(p.geom))::integer
        as areadif
from parcewin p
window
   ventana_manzana as ();
```

Se ha especificado la cláusula *OVER* a continuación de la función agregada *avg*, además dicha cláusula *OVER* hace referencia a una ventana llamada *ventana_manzana* cuya definición aparece al final de la sentencia mediante la cláusula *WINDOW*.

La ventana definida en la cláusula *WINDOW* aparece vacía, ya que no se ha realizado ninguna partición al considerar la media de todas las áreas de las filas de la tabla.

Obtiene un listado de las parcelas con un campo que indique la diferencia entre el área de cada parcela y el área media de las parcelas que pertenecen a la misma manzana.

1. – Solución tradicional.

```
s1=# select p.manzana, p.parcela, st_area(p.geom)::integer as area,
       st_perimeter(p.geom)::integer as perimetro,
         (areamediapormanzana - st_area(p.geom))::integer as areadif
     from parcewin p, (
         select avg(st_area(p1.geom)) as areamediapormanzana, p1.manzana
         from parcewin p1 group by p1.manzana
     ) as tabla
     where p.manzana = tabla.manzana;
 manzana | parcela | area | perimetro | areadif
---------+---------+------+-----------+---------
    1001 | a       |  421 |        82 |     -62
    1000 | b       |  217 |        60 |      80
    1001 | b       |  297 |        71 |      62
    1000 | c       |  394 |        83 |     -97
    1000 | a       |  280 |        74 |      17
```

Como se puede apreciar se ha introducido una cláusula *Group by* en la subconsulta y además una cláusula *Where* que relaciona dicha subconsulta con la tabla original de parcelas.

2.- Solución utilizando funciones de ventana.

El único cambio respecto a la solución del ejercicio anterior consiste en añadir dentro de la cláusula *WINDOW* que define la ventana, la opción *Partition* by *manzana*.

```
s1=# select p.manzana, p.parcela, st_area(p.geom)::integer as area,
     st_perimeter(p.geom)::integer as perimetro,
     (avg (st_area(p.geom)) over ventana_manzana - st_area(p.geom))::integer
        as areadif
     from parcewin p
     window
       ventana_manzana as (partition by manzana);
```

La simplificación de la sintaxis respecto a la solución tradicional empieza ya a ser notable, como también sería su velocidad de ejecución si se utilizara una capa con varios miles de parcelas.

En los siguientes ejercicios únicamente se va a aportar la solución utilizando funciones ventana, ya que incluso en algunos casos la solución tradicional no es posible.

Añade a la solución del ejercicio anterior un nuevo campo que indique la diferencia entre el perímetro de cada parcela y el perímetro medio de las parcelas que pertenecen a la misma manzana.

```
s1=# select p.manzana, p.parcela, st_area(p.geom)::integer as area,
     (avg (st_length(p.geom)) over vman - st_perimeter(p.geom))::integer as perdif,
     (avg (st_area(p.geom)) over vman - st_area(p.geom))::integer as areadif
     from parcewin p
     window
       vman as (partition by manzana);
 manzana | parcela | area | perdif | areadif
---------+---------+------+--------+---------
    1000 | b       |  217 |     12 |      80
    1000 | c       |  394 |    -11 |     -97
    1000 | a       |  280 |     -2 |      17
    1001 | a       |  421 |     -6 |     -62
    1001 | b       |  297 |      6 |      62
```

En este caso se ha aprovechado la misma ventana en las dos expresiones agregadas, aunque se podría haber utilizado dos ventanas distintas con el mismo resultado:

```
select ...,
  (avg (st_length(p.geom)) over vman1 - ...
  (avg (st_area(p.geom)) over vman2 - ...
...
window
  vman1 as (partition by manzana),
  vman2 as (partition by manzana);
```

Una característica interesante y difícil de imitar sin utilizar funciones ventana es la posibilidad de creación de *rankings*, por ejemplo, para averiguar qué posición ocupa una parcela dentro de la manzana a la cual pertenece en función de su área. Como ejemplo se va a añadir dos campos que indiquen el *ranking* de la parcela en función de su área (menor área se corresponde con mayor número de ranking) considerando su posición relativa dentro de la manzana y su posición relativa respecto al total de las parcelas de la capa.

La característica buscada (*ranking*) no se puede conseguir utilizando funciones agregadas normales, para ello se utiliza la función específica[1] de funciones de ventana *rank()*.

Para el uso de la función *ranking* es necesario utilizar la cláusula *Order By* en la definición de la ventana.

El resultado final será ordenado por la manzana y el *ranking* obtenido dentro de la manzana.

```
s1=# select p.manzana, p.parcela, st_area(p.geom)::integer as area,
(avg (st_area(p.geom)) over vman1 - st_area(p.geom))::integer as dfmanza,
(avg (st_area(p.geom)) over vman2 - st_area(p.geom))::integer as dftota,
  rank() over vman3 as rankmanzana,
  rank() over vman4 as ranktotal
from parcewin p
window
  vman1 as (partition by manzana),
  vman2 as (),
  vman3 as (partition by manzana order by st_area(p.geom) desc),
  vman4 as (order by st_area(p.geom))
order by p.manzana, rankmanzana;
manzana | parcela | area | dfmanza | dftota | rankmanzana | ranktotal
--------+---------+------+---------+--------+-------------+----------
   1000 | c       |  394 |     -97 |    -72 |           1 |         4
   1000 | a       |  280 |      17 |     42 |           2 |         2
   1000 | b       |  217 |      80 |    105 |           3 |         1
   1001 | a       |  421 |     -62 |   -100 |           1 |         5
   1001 | b       |  297 |      62 |     25 |           2 |         3
```

Mediante las funciones de ventana se puede resolver análisis espaciales como la búsqueda de las *n* geometrías más próximas a cada geometría de la misma tabla o de una segunda tabla, análisis que no son posibles de realizar simplemente con *subselects*.

Un ejercicio práctico se puede encontrar en el apartado C 5.8, pág. 160.

---

[1] https://www.postgresql.org/docs/current/interactive/functions-window.html

5.1.   Funciones ventana de PostGIS

Desde PostGIS 2.3 se han introducido algunas funciones ventanas específicas de PostGIS. En concreto vamos a hablar de dos funciones ventana de PostGIS diseñadas para crear agrupamientos (*clusters*) en función de la distancia o la densidad entre las geometrías.

Función ventana	Descripción
ST_ClusterKMeans (ventana geom, number_of_clusters)	Función ventana que devuelve un identificador (entero) del *cluster* al cual pertenece (contenida) cada geometría. En el segundo argumento *number_of_clusters* especifica el número de agrupaciones (*clusters*) en lo que se desea agrupar las geometrías
ST_ClusterDBSCAN (ventana geom, eps, minpoints)	Función ventana que devuelve un identificador (entero) del *cluster* según el algoritmo DBSCAN[1]. La diferencia con *ST_ClusterKMeans* es que no se necesita especificar el número de *clusters*. En su lugar utiliza un algoritmo llamado DBSCAN que permite definir los *clusters* en función de una distancia (*eps*) y un número mínimo de puntos (*minpoints*).

Tabla 41 Funciones ventana específicas de PostGIS

En la documentación oficial de PostGIS[2], se pueden encontrar unas pocas más funciones ventana espaciales como: *ST_clusterIntersectingWin* o *ST_ClusterWithinWin*.

Como otra función ventana (*row_number, rank*, etc.) se aplican con la cláusula *over()*.

Vamos a crear una vista *meteocheclu* que agrupará utilizando *ST_ClusterKMeans* las estaciones meteorológicas (*meteoche*) en 100 partes (*clusters*). La vista resultando será una representación de los centroides de las estaciones de cada *cluster*. Además, se etiqueta el resultado de forma gráfica utilizando el número de estaciones dentro de cada *cluster*.

```
s1#= create or replace view meteocheclu as
  select min(gid) gid,
            avg(tmedia) tmedia, avg(pmedia) pmedia, count(*) nclusters,
            st_centroid(st_collect(geom))::geometry (point,23030) geom
  from ( select st_clusterkmeans (geom, 100) over () as ncluster,
            geom, pmedia, tmedia, gid from meteoche
  ) as tabla group by ncluster;
```

Figura 72 Resultado de la agrupación (*cluster*) con *ST_ClusterKmeans*

---

[1] DBSCAN es un algoritmo de agrupación basado en la densidad. https://en.wikipedia.org/wiki/DBSCAN

[2] Funciones ventana espaciales: https://postgis.net/docs/manual-3.5/reference.html#Clustering_Functions

6. Copia de seguridad de la base de datos espacial

Pg_dump[1] es uno de los comandos de utilidad (otros comandos vistos son *createdb, dropdb, createlang*) que se distribuye con cualquier instalación de PostgreSQL y sirve para exportar una base de datos (o alguno de sus objetos como tablas, vistas, etc.) a un fichero de *script* (fichero de texto con comandos SQL) o un fichero binario de intercambio:

```
pg_dump [opciones de conexión] [opciones de pg_dump] [base de datos]
```

Opciones de conexión:

- *-h <host>*: Máquina donde está el servidor de PostgreSQL. Por defecto: *localhost*.
- *-p <puerto>*: Número de puerto para la conexión. Por defecto es 5432.
- *-U <usuario>*: Nombre del usuario de la conexión a la base de datos.

Opciones de *pg_dump* (más utilizadas):

-E <codificación>: Crea el fichero de *backup* en la codificación especificada. Por defecto, el *backup* se crea en la misma codificación que la base de datos. Para averiguar la codificación de una base de datos se puede utilizar el comando '\l' o '\l+' en una sesión del cliente *psql* o utilizar el comando '*psql -U postgres -l*' desde la consola.

-F <formato>: Formato utilizado para el fichero de *backup*, 'p' (-Fp) utiliza un formato de texto con instrucciones SQL, 'c' (-Fc) utiliza un formato interno de PostgreSQL.

--inserts: Inserta los datos utilizando comandos INSERT del SQL estándar en lugar de utilizar el comando *copy[2]* de PostgreSQL.

-t <tabla>: Realiza el *backup* de la tabla, vista o secuencia con el nombre 'tabla'. Se puede especificar varias tablas utilizando varias opciones '-t'. El nombre de la tabla puede consistir en un patrón. Ejemplo: '*-t prov*.*mun**' realizará un *backup* de todas las tablas que contienen '*mun*' en su nombre y están en los esquemas que comienzan con '*prov*'. La misma opción, pero con la '-T' en mayúscula excluye la tabla especificada.

-n <esquema>: Realiza el *backup* del esquema especificado (se permiten patrones) y de los objetos contenidos. La misma opción, pero con la '-N' en mayúscula excluye el esquema.

-b: Incluye objetos BLOB.

--disable-triggers: Desactiva los disparadores y la integridad referencial en el proceso de restauración del fichero *backup*.

Realiza una copia de seguridad de las tablas *manza* y *parce*. Almacena el resultado en el fichero '*/tmp/catastrobackup.sql*' utilizando el operador de redirección '>' válido tanto en *Linux* como en *MS Windows*.

```
consola> pg_dump -U postgres -Fp --inserts -b -t manza -t parce s1 >
    /tmp/catastrobackup.sql
```

Si el *backup* se realiza utilizando el formato '*-Fp*' (*plain text*), entonces se crea un fichero de texto con instrucciones SQL que podrá ser restaurado en otra base de datos con el comando *psql* (opción '-f' para ejecutar un fichero SQL).

---

[1] https://www.postgresql.org/docs/current/app-pgdump.html
[2] https://www.postgresql.org/docs/current/sql-copy.html

Si se utiliza el formato *'-Fc'*, entonces se crea un fichero en un formato interno de PostgreSQL y se deberá utilizar el comando *pg_restore[1]* para ser restaurado en otra base de datos.

Con la opción *'--inserts'*, el *backup* se realizará más lento y el fichero obtenido tiene un tamaño más elevado, aunque como ventaja aporta que se genera una sentencia *Insert* por cada fila lo cual puede ayudar a localizar un error en la carga, además desde un punto docente es interesante debido a que el usuario puede ver y comprender mejor el fichero SQL obtenido.

Además de las dos tablas, el fichero *catastrobackup.sql* contiene las secuencias de los campos auto-numéricos y los índices espaciales creados en las tablas. El valor de los campos de geometría aparece con secuencias binarias (hexadecimal).

La restauración de las tablas en la base de datos *s2* sería:

```
consola> psql -U postgres -f /tmp/catastrobackup.sql s2
```

PostGIS se instala por defecto en el esquema *public* y dentro de este esquema crea como sabemos varios cientos de objetos entre procedimientos almacenados, agregados, operadores, funciones *cast*, vistas de metadatos, tabla de *srid*, etc.

Las funciones PostGIS instaladas en una base de datos contienen enlaces que pueden depender tanto de la versión de PostGIS como del sistema operativo (ver apartado B 1.1, pág. 41).

Carece de sentido el realizar un *backup* de una base de datos espacial completa (todos los objetos de PostGIS del esquema *public*), ya que con este *backup* se arrastra toda la funcionalidad de PostGIS detrás, funcionalidad que además no se puede restaurar en otra base de datos vacía a no ser que ésta esté situada en el mismo ordenador y con la misma versión de PostGIS.

Debemos pues realizar un *backup* selectivo de nuestros datos, lo cual es mucho más sencillo si todos los objetos creados por el usuario se sitúan en un **esquema diferente al esquema *public*** ya que de esta forma se puede realizar un *backup* selectivo especificando el esquema donde esta nuestro proyecto.

Copia de seguridad de todos los objetos de *s1* excepto los situados en el esquema *public*.

```
consola> pg_dump -U postgres -Fp -b -N public s1 >
         /tmp/bddcompletamenospostgis.sql1
```

Copia de seguridad de todos los objetos de la base de datos *s1* situados en *miesquema*.

```
consola> pg_dump -U postgres -Fp -b -n miesquema s1 >
         /tmp/esquemademiproyecto.sql
```

Otros métodos

Si queremos realizar una copia de seguridad completa que incluya todas las bases de datos e incluso información sobre *roles* o *tablespaces* (*pg_dump* no incluye esta información[2]), se puede utilizar el comando *pg_dumpall[3]*.

---

[1] https://www.postgresql.org/docs/current/app-pgrestore.html

[2] A partir de PostgreSQL 11, si se utiliza con el comando *pg_dump* la opción *--create* entonces se exportarán tanto las variables del sistema (SET) como los permisos (GRANT/REVOKE).

[3] https://www.postgresql.org/docs/current/app-p+g-dumpall.html

Hay que tener en cuenta que dicho comando realizará un *backup* también del esquema *public* y por tanto de todo PostGIS con lo cual es útil para realizar copias de seguridad, pero únicamente si son restauradas en el mismo ordenador y sin actualizar la versión de PostGIS instalada.

```
pg_dumpall -U postgres > /tmp/backupcompletoconpostgis.sql
psql -U postgres -f /tmp/backupcompletoconpostgis.sql template1
```

Donde *template1* es una base de datos vacía que solo se utiliza en el ejemplo para ejecutar los comandos SQL necesarios para crear todas las bases de datos y restaurar el *backup* completo. Se podría utilizar cualquier otra base de datos.

Pg_dumpall preguntará la contraseña tantas veces como diferentes bases de datos haya en el sistema, es un buen consejo cambiar el método local de autentificación a *trust* (véase el apartado I 1.2, pág. 504) antes de realizar un *backup* completo.

Otro método apropiado para realizar una copia de seguridad completa para ser restaurada en la misma máquina consiste en simplemente copiar los directorios donde PostgreSQL almacena los datos, es decir, copiar directamente el *cluster* (véase el apartado I 1.3, pág. 507 para la localización del *cluster*) de PostgreSQL. Para ello, es necesario parar el servidor de PostgreSQL antes de realizar la copia. Para más información consultar la documentación *online* sobre la realización de *backup* por ficheros[1] de PostgreSQL.

6.1. *Backup* y migración de una base de datos espacial

Uno de los procedimientos más seguros para realizar un *backup* de la base de datos PostGIS consiste en hacer una *backup* selectivo de forma que no se incluya en dicho *backup* la propia funcionalidad de PostGIS. De esta forma el proceso de copia de seguridad se podrá utilizar incluso para convertir la base de datos PostGIS de una versión de PostGIS a otra más actualizada o incluso más antigua. Los pasos a seguir serán los siguientes:

1. Creación de la copia de seguridad (*script* SQL) de la base de datos situada en un ordenador A. Dicha base de datos depende de un sistema operativo determinado y una versión de PostGIS instalada. Se realizará un *backup* selectivo (*pg_dump*) para no incluir la funcionalidad PostGIS en el *backup*. Para ello, si todo el trabajo está ubicado dentro de esquemas diferentes al esquema *public*, se puede utilizar la opción '-*n*' de *pg_dump* con dichos esquemas. En el caso de disponer de tablas u otros objetos ubicados en el esquema *public* se deberá seleccionar uno por uno dichas tablas/objetos para realizar el *backup*.

2. Creación de una base de datos espacial vacía en un ordenador B que puede depender otro sistema operativo y/o versión de PostGIS diferente a la base de datos A.

3. Ejecución del script SQL en la base de datos vacía creada en el punto anterior.

4. En caso de disponer de una versión de PostGIS inferior a la 2.0 habrá que ejecutar el comando '*Select probe_geometry_columns()*' en la nueva base de datos espacial. Este comando buscará en toda la base de datos la existencia de tablas con columnas espaciales y agregará dichas columnas a la tabla *geometry_columns*.

---

[1] https://www.postgresql.org/docs/current/backup-file.html

Hay que tener en cuenta que si en la base de datos antigua se ha modificado algún registro de la tabla *spatial_ref_sys*, como la introducción de algún sistema de referencia nuevo o la configuración de cambio de *datum,* será necesario realizar dichos cambios en la tabla *spatial_ref_sys* en la base de datos espacial nueva. Otra posibilidad consiste en realizar un *backup* selectivo de dicha tabla e insertarla en la nueva base de datos, aunque de esta forma se eliminan los cambios que la nueva versión de PostGIS pudiera haber introducido en dicha tabla (generalmente son pocos).

Un método parecido se sigue desde el sitio oficial de PostGIS con el procedimiento *hard upgrade[1]*. También se describe en dicho sitio el método *soft upgrade*, útil en el caso de querer actualizar la base de datos PostGIS a una nueva versión de PostGIS sin la realización de un *backup* (solo será posible si la versión nueva de PostGIS presenta únicamente cambios menores, generalmente cuando solo cambia el tercer digito de la versión 'a.b.c' de PostGIS).

> *PgAdmin* permite realizar copias de seguridad de forma sencilla a través de diálogos donde se especifican las opciones deseadas del comando *pg_dump*. Además, permite seleccionar los objetos sobre los cuales realizar el *backup*.

6.2. Instalación de PostGIS en un esquema personalizado

La instalación de PostGIS en un esquema diferente a *public*, puede dar problemas inesperados, ya que es un proceso no habitual y no probado en profundidad. Por lo tanto, se insta al lector a instalar PostGIS en un esquema personalizado solo si no tiene otra alternativa.

Si se tiene instalado PostGIS en un esquema diferente al *public*, puede facilitar la realización de copias de seguridad de nuestra base de datos espacial, ya que el comando *pg_dump* dispone de la opción *−N* que excluye el esquema especificado y todo su contenido.

El método de instalación en un esquema diferente al *public* es diferente según se instale PostGIS como una extensión (*create extesion*) o ejecutando *postgis.sql* en la base de datos.

Mediante extensiones: Instalación en un esquema diferente

En este ejercicio creamos una base de datos nueva *s4*, y un esquema test, que será el esquema donde instalaremos PostGIS.

```
consola> createdb -U postgres s4
consola> psql -U postgres s4
s4=# create schema test;
CREATE SCHEMA
s4=# create extension postgis with schema test;
CREATE EXTENSION
s4=# select test.postgis_version();
          postgis_version
---------------------------------------
USE_GEOS=1 USE_PROJ=1 USE_STATS=1

s4=# select postgis_version();
ERROR:  no existe la función postgis_version()
```

---

[1] https://postgis.net/docs/postgis_installation.html#upgrading

Si además se desea acceder a todas las funciones de PostGIS sin escribir el esquema *test* al comienzo de cada función, entonces se puede configurar la variable *search_path* para incluir el esquema *test* (véase el apartado B 2.2, pág. 61):

```
s4=# alter database s4 set search_path = public,test;
```

A partir de la próxima conexión a *s4* ya se podrá acceder directamente y la sentencia anterior que daba error funcionará correctamente.

Sin el uso de extensiones: Instalación en un esquema diferente

Se aconseja utilizar el procedimiento anterior con *create extension* para crear la base de datos espacial, pero si por alguna razón se desea ejecutar el fichero *postgis.sql* el procedimiento para instalar PostGIS en un esquema diferente a *public* sería:

Primero se crearía el nuevo esquema, por ejemplo, *test*.

```
consola> createdb -U postgres s5
consola> psql -U postgres s5
s5=# create schema test;
```

Se cambiaría la variable *search_path* para incluir en **PRIMER** lugar el nuevo esquema:

```
s5=# alter database s5 set search_path = test,public;
```

Por último, se ejecutaría el fichero *postgis.sql* en la base de datos.

```
consola> psql -U postgres -f ruta_al_fichero_postgis.sql s5
```

Si se desea instalar otras extensiones como *raster*, *topology* o *pgrouting* se deben ejecutar también los ficheros correspondientes.

7. Operaciones 3D

El análisis espacial vectorial tridimensional en los SIG y las bases de datos espaciales es un tema aún en desarrollo y todavía en búsqueda de una funcionalidad completa.

Aunque PostGIS permite almacenar, consultar y editar geometrías 3D e incluso 3DM, no tiene una consciencia volumétrica de los objetos, es decir, en algunas operaciones espaciales la coordenada Z es ignorada y en el mejor de los casos los cálculos se realizan en 2D y la coordenada Z es copiada, promediada o interpolada a partir de las geometrías iniciales.

A menudo a un SIG que es capaz de gestionar coordenadas Zs, pero no dispone de estas complejas funcionalidades 3D se le conoce como **SIG de 2.5 dimensiones**.

En un SIG o una base de datos espacial con una funcionalidad 3D completa, una operación de área de influencia sobre una línea 3D construye un tubo volumétrico tridimensional a lo largo de dicha línea, es fácil pensar que si se extiende este concepto a todas las operaciones de análisis espacial la complejidad en la implementación aumentaría enormemente (al menos en un modelo vectorial).

Aunque en las últimas versiones de PostGIS se están incluyendo algunas operaciones espaciales que trabajan en 3D, éstas aún son minoría y la base del análisis espacial todavía se realiza en 2D como en la gran mayoría de los SIG.

Hay que pensar que las bibliotecas *open source* de geometría computacional en las que se basan los SIG de escritorio y PostGIS son escasas (*JTS, GDAL, OGR,* etc.) y son de análisis en 2.5D en la mayoría de los casos (excepto algunos métodos 3D de SFCGAL).

> PostGIS integra parte de la funcionalidad de la biblioteca **SFCGAL** mediante una extensión, ampliando de esta forma la funcionalidad 3D y permitiendo utilizar por primera vez operadores espaciales en 3D, como intersecciones, diferencias, uniones, etc.

> *Grass GIS*: Otra solución al análisis espacial 3D en el mundo *open source* consiste en utilizar el modelo *raster* en lugar del vectorial. *Grass GIS*[1] es una aplicación SIG de escritorio que soporta análisis espacial tridimensional utilizando *voxels* (capas *raster* tridimensionales).

7.1. Tipos de funciones espaciales 3D

En función de cómo se comportan las funciones PostGIS con la coordenada Z de las geometrías, podemos agrupar las funciones/métodos de PostGIS en cuatro bloques:

1.- Un primer grupo formado por aquellas funciones que no realizan ningún análisis espacial (o muy básico) con las geometrías como: constructores (p. ej.: *st_geomfromewkt, st_asewkt, st_makepoint*), editores de geometrías (p. ej.: *st_addpoint, st_setpoint*), lectores de componentes de las geometrías (p. ej.: *st_boundary, st_dump, stx_startpoint*), manejo de conjuntos de geometrías (p. ej.: *st_collect*), análisis básicos (p. ej.: *st_snaptogrid, st_forcerhr, st_rotate, st_z*), etc. Estas funciones soportan de forma completa la coordenada Z de las geometrías.

---

[1] Grass GIS soporta el análisis 3D en su modelo *raster* 3D (*voxel*). En la versión 7 además incluye soporte temporal. https://grass.osgeo.org/

2.- Un segundo grupo formado por aquellas funciones básicas en el análisis espacial y que únicamente utilizan las coordenadas 2D de las geometrías en sus cálculos ignorando la coordenada Z: todos los predicados espaciales (p. ej.: *st_touches*, *st_contains*, etc.), algunos operadores espaciales (p. ej.: *st_buffer*, *st_buildarea*), etc.

```
s1=# select st_asewkt(st_buffer ('POINT (5 5 100)', 2, 1));
POLYGON((7 5,5 3,3 4.9999999999999,4.9999999999999 7,7 5))
```

3.- Un tercer grupo formado por aquellas funciones espaciales que, aunque soportan la coordenada Z lo hacen de forma parcial, es decir, realizan los cálculos en 2D y después tratan de interpolar o **aproximar** el valor de la coordenada Z para los vértices de las nuevas geometrías calculadas: operadores espaciales (p. ej.: *st_union*, *st_intersection*, etc.)

```
s1=# select st_asewkt(st_intersection
          ('LINESTRING (0 0 4, 10 0 4)', 'LINESTRING (5 -5 0, 5 5 0)'));
POINT(5 0 2)
```

4.- Un cuarto grupo formado por aquellas funciones que realizan sus cálculos espaciales utilizando la coordenada Z. Muchas de estas funciones utilizan el prefijo *ST_3D* para diferenciarlas de sus correspondientes versiones 2D.

> Casi todas las funciones 3D como *ST_3DIntersects*, *ST_3DDWithin*, *ST_3DDistance*, etc. se basan en el cálculo de la mínima distancia entre dos geometrías 3D, y este cálculo actualmente PostGIS lo realiza por **fuerza bruta** (calculando de forma recursiva la distancia entre todos los puntos de ambas geometrías, consecuencia de lo cual **la ejecución de estas funciones 3D es muy lenta**).

Además, en lo relativo al cálculo de la distancia 3D mínima entre un punto y un polígono es necesario comentar que una entidad poligonal en el caso más general no es coplanaria y PostGIS debe averiguar un plano medio para realizar los cálculos:

1) Encuentra el plano medio del polígono.
2) Proyecta el punto sobre dicho plano medio.
3) Si el punto proyectado recae dentro del polígono (2D) entonces la distancia 3D mínima es la distancia medida a dicho punto proyectado.
4) En caso contrario comprueba la distancia entre el punto y el contorno del polígono.

> La **Tabla 42** muestra las funciones 3D de este cuarto grupo que soportan el cálculo 3D de forma completa., Además, si se instala la extensión SFCGAL se dispondrán de algunas funcionas 3D extras (**Tabla 44**), incluyendo algunos operadores espaciales 3D muy interesantes como *ST_3DIntersection*, *ST_3DUnion*, etc.

Nombre	Descripción	*Polyhedral Surface*
ST_3DClosestPoint	Devuelve el punto 3D de una geometría más cercano a una segunda geometría. Versión 3D de *ST_ClosestPoint*.	Sí
ST_3DDFullyWithin *ST_3DDWithin*	Función similar a *ST_DWithin* y *ST_FullyWithin* pero considerando la inclusión de una geometría dentro de otra en el espacio 3D.	Sí
ST_3DDistance	Devuelve la mínima distancia euclídea 3D entre dos geometrías. Versión 3D de la función *ST_Distance*.	Sí
ST_3DExtent	Agregado que devuelve la caja 3D que encierra todas las geometrías pasadas como argumento. Versión 3D de la función *ST_Extent*.	Sí, además con TIN
ST_3DIntersects	Devuelve verdadero si las dos geometrías no son disjuntas, es decir, si intersecan en algún punto en el espacio tridimensional.	Sí, además con TIN
ST_3DLength	Devuelve la longitud 3D de una geometría de tipo lineal.	Solo *LineString* *MultiLineStrig*
ST_3DLengthSpheroid	Calcula la longitud de la geometría 3D sobre el elipsoide dado, teniendo en cuenta la altura. Tiene el alias *ST_LengthSpheroid* y funciona en 2D y 3D.	Solo *LineString* *MultiLineStrig*
ST_3DLineInerpolatePoint	Devuelve el punto interpolado de una línea 3D en función de un fracción (0 a 1) de la longitud total de la línea.	Solo *LineString* *MultiLineStrig*
ST_3DLongestLine	Devuelve la línea 3D más larga entre las geometrías dadas. Versión 3D de la función *ST_LongestLine*.	Sí
ST_3DMakeBox	Crea una caja tridimensional (*Box3D*) a partir de dos puntos 3D. Versión 3D de la función *ST_MakeBox2D*.	Solo *Point*
BOX3D	Crea una caja 3D (tipo de geometría BOX3D) desde la extensión 3D de la geometría.	Sí, además con TIN
ST_3DMaxDistance	Devuelve la máxima distancia euclídea 3D entre dos geometrías. Versión 3D de la función *ST_MaxDistance*.	Sí
ST_3DPerimeter	Devuelve el perímetro 3D de una geometría de tipo poligonal.	Solo *Polygon* *MultiPolygon*
ST_3DShortestLine	Devuelve la línea 3D más corta entre las geometrías dadas. Versión 3D de la función *ST_ShortestLine*.	Sí

Tabla 42 Funciones PostGIS 3D

En el momento de escribir esta publicación algunas aplicaciones de SIG de escritorio *open source* como *gvSIG* y *QGIS* soportan la edición 2D de capas que contienen geometrías 3D, aunque aún no soportan correctamente los tipos superficiales (TIN, POLYHEDRALSURFACE y TRIANGLE), ni tampoco permiten la edición 3D de las geometrías. Es de esperar que en las próximas versiones se vayan incorporando estas funcionalidades.

7.2. Cálculos con SFCGAL

Para añadir más funciones 3D que las comentadas en la tabla anterior, es necesario instalar la extensión SFCGAL en la base de datos espacial.

Instalar extensión:

```
s1=# create extension postgis_sfcgal;
```

Comprobación de la versión de SFCGAL soportada:

```
s1=# select postgis_sfcgal_version();
 postgis_sfcgal_version
------------------------
 1.5.2
```

Una vez instalado, se tendrán accedo a las nuevas funciones espaciales soportadas por SFCGAL, la mayoría de ellas de análisis **3D**.

En PostGIS 3.5 las funciones SQL que se apoyan en SFCGAL se han renombrado para utilizar el prefijo CG en lugar del prefijo tradicional ST.

Las funciones se muestran en dos tablas. La tabla xx muestra las funciones para acceder o establecer ciertas propiedades de las geometrías. La tabla xx muestra las funciones de procesamiento o de relaciones espaciales.

Nombre	Descripción	*Polyhedral Sf*
Funciones 2D SFCGAL		
CG_Area	Calcula el área de una geometría. Similar a ST_Distance pero ejecutada por SFCGAL	Sí, además TIN
CG_Distance	Calcula la distancia mínima entre dos geometrías. Similar a ST_Distance pero ejecutada por SFCGAL.	Sí, además TIN
Funciones 3D SFCGAL		
CG_3DArea*	Área de una superficie 3D. Si es sólido devuelve 0.	Sí, además TIN
CG_3DDistance	Calcula la distancia mínima entre dos geometrías en el espacio 3D. Similar a ST_3DDistance pero ejecutada por SFCGAL.	Sí, además TIN
CG_ForceLHR*	Cambia el orden de los vértices para seguir la regla *Left Hand Rule* en los anillos de las superficies.	Sí, además TIN
CG_IsPlanar*	Comprueba si la superficie es coplanaria	Sí, además TIN
CG_IsSolid*	Comprueba si la geometría es un sólido. No se realiza ninguna comprobación de validez.	Sí, además TIN
CG_MakeSolid*	Marca la geometría como un sólido, sin realizar ninguna comprobación. Para ser un sólido válido la geometría debe ser un poliedro o un TIN cerrado.	Sí, además TIN
CG_Oritentation*	Determina la orientación de la superficie	Solo *Polygon*
CG_Volume*	Calcula el volumen de un sólido. Si se aplica a una superficie (marcada como no sólido) devuelve 0.	Sí, además TIN
* En versiones anteriores a PostGIS 3.5, estas funciones utilizan el prefijo, es decir, *ST_3DArea, ST_ForceLHR, ST_ISPlanar,* etc.		

Tabla 43 Funciones de acceso vía SFCGAL[1]

En la Tabla 44, se han podido detallar casi a totalidad de las nuevas funciones 3D, ya que actualmente no son demasiadas.

Especialmente importantes son los **operadores espaciales 3D como la intersección, diferencia y unión (**de los cuales carece GEOS), con similar definición semántica que los operadores 2D del apartado C 2, pág. 128, pero trabajando con geometrías 3D y/o superficies poliédricas.Hablamos de *CG_3Dintersection*, *CG_3Dunion* y *CG_3Ddifference*.

Nombre	Descripción	*Polyhedral Sf*
Funciones 2D SFCGAL		
CG_AlphaShape	Calcula la forma cóncava. Similar a *ST_ConcaveHull* de GEOS pero ejecutada por SFCGAL.	Sí, además TIN
CG_ApproximateMedialAxis	Calcula el eje medio de una geometría (función 2D), aunque conserva la Z.	Sí, además TIN
CG_Difference	Operador similar a *ST_Difference* pero utilizando SFCGAL en lugar de GEOS	No, solo geometrías 2D y TIN
CG_Intersection	Operador similar a *ST_Intersection* pero utilizando SFCGAL en lugar de GEOS	No, solo geometrías 2D y TIN
CG_Intersects	Predicado espacial similar a *ST_Intersects* pero utilizando SFCGAL en lugar de GEOS	No, solo geometrías 2D y TIN
CG_MinkowskiSum	Calcula la suma de *Minkowski*.	Geometrías 2D
CG_Union	Operador similar a *ST_Union* pero utilizando SFCGAL en lugar de GEOS	No, solo geometrías 2D y TIN
CG_GreneApproxConvexPartition *CG_OptimalConvexPartition* *CG_YmonotonePartition*	Funciones que particionan entidades superficiales en función de varios algoritmos diferentes.	No, solo geometrías 2D
Funciones 3D SFCGAL		
CG_3DConvexHull	Calcula la forma convexa 3D.	Sí, además TIN
*CG_**3DIntersection***	Calcula la intersección 3D	Sí, además TIN
CG_3DIntersects	Comprueba si dos geometrías tienen algún en común en el espacio 3D	Sí, además TIN
*CG_**3DDifference***	Calcula la diferencia 3D	Sí, además TIN
*CG_**3DUnion***	Calcula la unión 3D	Sí, además TIN
CG_ConstrainedDelaunayTriangles	Devuelve una triangulación *Delaunay* restringida a los vértices de la geometría de entrada.	TIN de salida.
CG_Extrude	Extrude una superficie para generar un volumen	Sí, además TIN
CG_StraightSkeleton	Calcula el esqueleto de una geometría	Sí, además TIN
CG_Tesselate	Convierte un polígono o una superficie poliédrica en una colección de TINs.	Sí, además TIN
CG_Triangulate	Devuelve una geometría TIN o TIN Z con la triangulación.	Sí, además TIN
CG_Visibility	Devuelve una geometría con la zona de visibilidad desde un punto a una geometría.	Sí, además TIN

Tabla 44 Funciones de procesamiento vía SFCGAL

Comentar en este apartado que en el manual de referencia oficial online de PostGIS, hay una entrada[1] donde aparecen listadas todas las funciones que soportan geometrías en 3D ya sea de forma completa o parcial (2.5D), incluyendo constructores y lectores de geometrías, editores geométricos, etc.

7.3.   Nuevas geometrías superficiales

Aunque las geometrías básicas de PostGIS pueden almacenar coordenadas 3D, no permiten trabajar con superficies 3D, por ejemplo, para definir un modelo digital del terreno vectorial o para crear superficies volumétricas que definan edificios.

En el apartado B 4.1, pág. 75 aparece la jerarquía gráfica de los tres tipos de geometrías superficiales del estándar SQL/MM que son: *PolyhedralSurface*, *TIN* y *Triangle*

Según el estándar SQL/MM, una superficie poliédrica (**POLYEDRALSURFACE**), es una colección continúa de polígonos que comparten segmentos en los bordes (Figura 73).

Para cualquiera dos polígonos que tengan un linde común (como el polígono A y B, que comparten la línea 1-2), los anillos de ambos polígonos recorren el linde común en direcciones opuestas: el anillo del polígono A lo recorre en sentido de 1 a 2, y el B de 2 a 1. Todos los polígonos que forman la superficie poliédrica están orientados consistentemente.

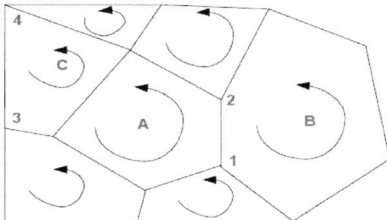

Figura 73 Superficie poliédrica (*polyhedral Surface*). Fuente: estándar SFA 1.2.1

Si todas las *LineString* son límites de exactamente dos polígonos, entonces la superficie define un sólido. No sería el caso de la figura superior, ya que hay polígonos como el C que tienen lindes (3-4) que solo son compartidos por un polígono.

El método de PostGIS *ST_IsClosed*, devuelve *true* si la superficie poliédrica es **cerrada** (todo polígono se cierra sobre sí mismo, no existiendo un contorno de la superficie y por tanto representará una **superficie volumétrica/sólida**) o *false* si es **abierta** (representa una **superficie de área**, como la de la figura superior, y existirá un contorno formado por todas las líneas comunes a solo un polígono).

Las superficies poliédricas tienen los siguientes métodos específicos de PostGIS:

-   *ST_NumPatches (geom)*: devuelve el número de polígonos componentes.

-   *ST_PatchN (geom, n)*: devuelve el polígono 'n' de la superficie.

También se puede utilizar con el mismo objetivo los métodos *ST_NumGeometries* y *ST_GeometryN* que además funcionan también con superficies TIN.

---

[1] https://postgis.net/docs/PostGIS_Special_Functions_Index.html#PostGIS_3D_Functions

Un **TIN** (red irregular de triángulos) es una simplificación de una superficie poliédrica (POLYHEDRALSURFACE) formada únicamente por triángulos (TRIANGLE).

Un triángulo (**TRIANGLE**) es una simplificación de un polígono de tres vértices.

Ejemplos de superficies

Crea una superficie de triángulos en 2D a partir de un polígono 2D, con *ST_Tesselate*.

```
s1=# select st_astext(g) tin, st_astext(st_geometryn(g,1)) triangle,
            st_numgeometries(g) num
     from ( select st_tesselate
              ('POLYGON ((0 0, 5 0, 5 5, 0 5, 0 0))') as g ) as foo;
                    tin               |          triangle         | num
--------------------------------------+---------------------------+----
 (((0 5,5 0,5 5,0 5)),((0 5,0 0,5 0,0 5)))  | TRIANGLE((0 5,5 0,5 5,0 5)) |  2
```

El TIN en este caso es de 2D y las geometrías integrantes son de tipo TRIANGLE.

Se ha visto en este ejemplo que las geometrías superficiales pueden ser 2D, aunque lo normal y lo que tiene sentido es que se utilicen para representar objetos 3D.

En el siguiente ejemplo se crean dos superficies 3D a partir de dos geometrías planas (un polígono y una línea) aplicando una extrusión (comando *st_extrude*). La superficie creada a partir del polígono será un cubo sólido, mientras que la creada a partir del anillo lineal será un cubo hueco sin las caras de arriba y abajo.

```
s1=# select st_astext(g) as superficie, st_issolid(g) as solido,
     st_isclosed(g) as cerrado,
     st_astext(st_geometryn(g,1))as primerageom,
     st_astext(st_3dintersection (g,'POINT (2 2 1)')) as interseccion,
     st_3ddistance (g,'POINT (2 2 1)') as distancia
from ( select st_extrude('POLYGON((0 0, 4 0, 4 4, 0 4, 0 0))',0,0,8)
            union
            select st_extrude ('LINESTRING(0 0, 4 0, 4 4, 0 4, 0 0)',0,0,8)
) as foo(g);

-[ RECORD 1 ]+--------------------------------------------------------------
superficie   | POLYHEDRALSURFACE Z (((0 0 0,4 0 0,4 0 8,0 0 8,0 0 0)),
 ((4 0 0,4 4 0,4 4 8,4 0 8,4 0 0)),((4 4 0,0 4 0,0 4 8,4 4 8,4 4 0)),
 ((0 4 0,0 0 0,0 0 8,0 4 8,0 4 0)))
solido       | f
cerrado      | f
primerageom  | POLYGON Z ((0 0 0,4 0 0,4 0 8,0 0 8,0 0 0))
interseccion | GEOMETRYCOLLECTION EMPTY
distancia    | 2
-[ RECORD 2 ]+--------------------------------------------------------------
superficie   | POLYHEDRALSURFACE Z (((0 0 0,0 4 0,4 4 0,4 0 0,0 0 0)),
 ((0 0 8,4 0 8,4 4 8,0 4 8,0 0 8)),((0 0 0,0 0 8,0 4 8,0 4 0,0 0 0)),
 ((0 4 0,0 4 8,4 4 8,4 4 0,0 4 0)),((4 4 0,4 4 8,4 0 8,4 0 0,4 4 0)),
 ((4 0 0,4 0 8,0 0 8,0 0 0,4 0 0)))
solido       | t
cerrado      | t
primerageom  | POLYGON Z ((0 0 0,0 4 0,4 4 0,4 0 0,0 0 0))
interseccion | POINT Z (2 2 1)
distancia    | 0
```

A partir del ejemplo anterior, se pide al lector razonar sobre las siguientes características:

- Cómo se construye el WKT de la geometría poliédrica 3D.

- Las superficies poliédricas están formadas por polígonos 3D: POLYGON Z.

- La creada a partir del polígono es una geometría SÓLIDA y CERRADA (6 caras), mientras que la otra es ABIERTA, y NO SÓLIDA (AREAL de 4 caras).

- La intersección de la superficie con un punto 3D, da un elemento vacío en el caso de la superficie no sólida (al no tener interior), mientras que la otra sí devuelve la parte común que es el mismo punto.

- La distancia 3D de la superficie sólida da 0 (al intersecar con el sólido), mientras que la otra da 2, que es la distancia del punto a una de las caras laterales.

Es interesante que el lector vea los ejemplos de los operadores espaciales 3D *ST_3DIntersection, ST_3DDifference, ST_3DUnion* del manual oficial de PostGIS[1].

En este ejemplo se va a crear una capa con edificios 3D a partir de la información de catastro (España) que está en 2D (capa *catastro*, fichero *catastro.sql*) pero que tiene un campo de atributos *constru* con información sobre el nivel de altura sobre rasante.

La información de *constru* es textual, p.ej.: "-I + III", significa que el polígono tiene una altura bajo rasante y tres sobre rasante. Vamos a crear una vista que convierta dicha información textual a un campo de altura en metros sobre rasante.

```
sl=# create or replace view alturas as
select gid, geom, masa, parcela, case
  when position('VII' in r) <> 0 then 7 when position('VI' in r) <> 0 then 6
  when position('IV' in r) <> 0 then 4 when position('V' in r) <> 0 then 5
  when position('III' in r) <> 0 then 3 when position('II' in r) <> 0 then 2
  when position('I' in r) <> 0 then 1 else 0
end * 2.5::smallint as altura from (select gid, geom, masa, parcela,
  regexp_replace (constru,'-I{1,}','') as r from catastro) as foo;
```

A continuación, se crea la tabla *edificios3d* con la columna 3D y se insertan los edificios con una extrusión (*st_extrude*) para darles volumen en función de la altura. El comando *st_makevalid* se utiliza porque se han detectado algunos polígonos 2D no válidos.

```
sl=# create table edificios3d (gid serial primary key, masa varchar,
  parcela varchar, altura smallint,
  geom geometry (polyhedralsurfacez, 23030));
sl=# insert into edificios3d (masa, parcela, altura, geom)
  select masa, parcela, altura,
    st_extrude (st_geometryn (st_makevalid(geom),1),0,0,altura) as geom
  from alturas where altura > 0;
```

Visualización de geometrías superficiales

Actualmente, varios SIG de escritorio *open source* como gvSIG o QGIS, ya permiten la visualización de elementos superficiales 3D de PostGIS.

---

[1] https://postgis.net/docs/reference.html#reference_sfcgal

Por ejemplo, QGIS permite cargar la capa *edificios3d* de *polyhedralsurfacez* como polígonos 2D y mediante la vista de **mapa 3D** permite visualizarla en tres dimensiones a partir de la coordenada Z de las geometrías.

Figura 74 Visualización de una capa de superficie poliédrica con QGIS

Exportación a X3D y visualización web

Además, se puede optar por convertir las geometrías o la tabla 3D a algún otro formato como X3D o GML para su visualización o edición con otro tipo de software más enfocado a la visualización tridimensional.

Mediante *st_asx3d* se convierten las geometrías y con *copy* se escriben a un fichero.

```
s1=# copy ( select '<Shape>' || st_asx3d(geom) || '</Shape>' from
    edificios3d limit 100) to 'c:\\tmp\\salida';
```

El fichero obtenido contiene todos elementos *<IndexFaceSet>* de X3D, pero falta agregar la cabecera de X3D. Para ello, insertaremos el contenido completo del fichero *salida.x3d* en la sección *<Scene>* de un segundo fichero como el siguiente:

```xml
<?xml version="1.0" encoding="UTF-8"?>
<!DOCTYPE X3D PUBLIC "ISO//Web3D//DTD X3D 3.2//EN"
  "http://www.web3d.org/specifications/x3d-3.2.dtd">

<X3D profile="Interchange" version="3.2"
    xmlns:xsd="http://www.w3.org/2001/XMLSchema-instance"
    xsd:noNamespaceSchemaLocation="http://www.web3d.org/specifications/x3d-3.2.xsd">
<Scene>
    <!-- Copar aquí los elementos IndexedFaceSet -->
</Scene>
</X3D>
```

Mediante el software *view3dscene*[1] se puede cargar el fichero X3D y visualizarlo. Con *x3dom*[2] se puede visualizar el X3D con cualquier navegador (página HTML).

---

[1] *View3dscene* es gratuito (MS Windows, Linux y OSX) https://castle-engine.io/view3dscene.php

[2] https://doc.x3dom.org/tutorials/basics/hello/HelloX3DOM.html

8.   Geometrías curvas

En el apartado B 4.1, pág. 75 se hace referencia a las geometrías curvas del estándar SQL/MM y que PostGIS ha ido introduciendo paulatinamente. Estas geometrías son *ST_CircularString* y *ST_CompoundCurve* para geometrías de dimensión 1 (lineales) y *ST_CurvePolygon* para geometrías de dimensión 2 (superficiales).

Aunque existen geometrías que por su naturaleza (tramos circulares de vías de comunicación) o por su construcción (áreas de influencia) se modelan mucho mejor con geometrías curvas, en PostGIS aún no son plenamente utilizables ya que presentan ciertas limitaciones.

- La mayoría de los métodos espaciales, sobre todo los predicados espaciales y los operadores espaciales, no soportan geometrías curvas de forma nativa. Esto es consecuencia de que las bibliotecas *GEOS/JTS* únicamente implementan en su modelo de geometrías los siete tipos básicos de geometrías.

    Aunque puede parecer que el listado de funciones PostGIS que soportan tipos curvos[1] es amplio, este listado incluye principalmente funciones constructoras, de acceso o de edición de geometrías.

    El resto de funciones espaciales de PostGIS pueden aceptar geometrías curvas, pero antes de procesarlas **las convierten internamente a segmentos rectos**, lo cual introduce un error intrínseco en las operaciones a tener muy en cuenta. Hablamos de funciones como *ST_Intersects*, *ST_Intersection*, *ST_Buffer*, *ST_Relate*, etc.

- Los programas que utilizan PostGIS como repositorio de datos, SIG de escritorio, servidores de mapas, etc. no soportan generalmente este tipo de geometrías. Tampoco los controladores (*drivers*) de acceso a datos PostGIS suelen incorporan en su modelo este tipo de geometrías.

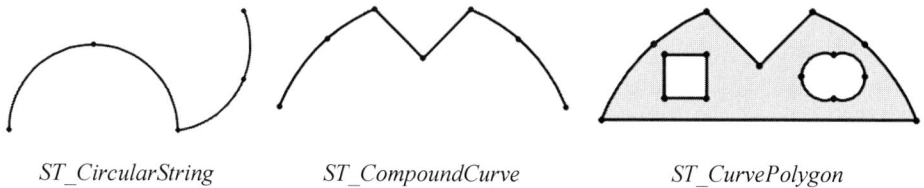

ST_CircularString   *ST_CompoundCurve*   *ST_CurvePolygon*

Figura 75 Tipos de geometrías curvas

ST_CircularString

Este tipo de geometría es similar al tipo *LineString,* pero los segmentos vienen definidos por arcos circulares conectados. Cada arco circular viene definido por tres vértices donde el ultimo vértice del primero forma el primer vértice del segundo y así sucesivamente. Por lo tanto, una entidad de tipo *ST_CircularString* estará formada por un número impar de vértices mayor o igual a 3, si no es así PostGIS informará de un error. Una geometría *ST_CircularString* puede ser cerrada o no, en el caso de ser cerrada puede formar parte de un polígono curvo (*ST_CurvePolygon*).

Según la figura anterior (izquierda), obtiene la longitud del tramo circular formado por un primer arco definido por los puntos (0 0, 5 5, 10 0) y un según arco conectado definido por los puntos (10 0, 14 3, 14 7).

```
s1=# select st_length(st_geomfromtext
                   ('CIRCULARSTRING (0 0, 5 5, 10 0, 14 3, 14 7)'));
------------------
 25.0530795883161
```

ST_CompoundCurve

Una curva compuesta añade la posibilidad al tipo *ST_CircularString* de intercalar segmentos lineales con los arcos para formar geometrías mixtas lineales y curvas. La condición a la hora de conectar segmentos curvos y lineales consiste en que el último vértice de uno coincida con el primer vértice del otro. Una curva compuesta puede ser cerrada o no. Si es cerrada puede formar parte de un polígono curvo (*ST_CurvePolygon*).

Según la figura anterior (centro), obtiene la longitud de la curva compuesta formada por tres tramos: curvo, recto, curvo. Se puede apreciar que los diferentes tramos están conectados, en caso contrario PostGIS informará de un error en la construcción del WKT.

```
s1=# select st_length(st_geomfromtext('
      COMPOUNDCURVE ( CIRCULARSTRING(0 0, 5 7, 10 10),
                      (10 10, 15 5, 20 10),
                      CIRCULARSTRING(20 10, 25 7, 30 0) )'));
------------------
 43.2351712032797
```

En los tramos rectos se puede agregar la palabra *LINESTRING* en el WKT como aparece en el ejemplo siguiente (solo en PostGIS >= 2.0).

ST_CurvePolygon

Un polígono curvo es aquél cuyo anillo exterior y/o anillos interiores, están formados por geometrías cerradas de tipo *CircularString* o *CompoundCurve*.

Según la figura anterior (derecha), obtiene el número de anillos, vértices y área del polígono curvo formado por un anillo exterior (*CompoundCurve*) y dos anillos interiores (*LineString, CircularString*). Este ejemplo solo funciona a partir de PostGIS 2.0.

```
s1=# select st_nrings(geom), st_npoints(geom),st_area(geom)
  from (
        select st_geomfromtext('
     CURVEPOLYGON (
        COMPOUNDCURVE (
             CIRCULARSTRING(0 0, 5 7, 10 10),
             LINESTRING(10 10, 15 5, 20 10),
             CIRCULARSTRING(20 10, 25 7, 30 0),
             LINESTRING(30 0, 0 0)
        ),
        LINESTRING (6 2,10 2, 10 6, 6 6, 6 2),
        CIRCULARSTRING (22 2, 19 4, 22 6, 25 4, 22 2))')
  ) as tabla(geom);
 st_nrings | st_npoints |     st_area
-----------+------------+-----------------
         3 |         21 | 165.08807944374
```

8.1.   Geometrías curvas de tipo multi

Al igual que los tipos *MultiPoint* para puntos o *MultiLineString* para segmentos lineales, tenemos las dos siguientes colecciones para tipos curvos:

- **MultiCurve** que permite la agregación de los tramos curvos *CircularString* y *CompoundCurve*, aunque también permite tramos normales (*LineString*).
- **MultiSurface** que permite la agregación de polígonos curvos *CurvePolygon* y polígonos normales (*Polygon*).

Al ser colecciones estos tipos de geometrías soportan las funciones *ST_NumGeometries* y *ST_GeometryN*, *ST_Dump*, etc.

A su vez el operador *ST_Multi* convertirá en *MultiCurve* los tipos *CircularString* y *CompoundCurve*, y convertirá en *MultSurface* al tipo *CurvePolygon*.

Los tipos *CompoundCurve* y *CurvePolygon* también son tratados como colecciones en PostGIS (*ST_IsCollection* devuelve *true*) e implementan los métodos *ST_NumGeometries* y *ST_GeometryN*, *ST_Dump*, etc.

El ejercicio siguiente muestra una geometría de tipo *MultiSurface* compuesta a su vez por dos geometrías. **Notad** como una *CurvePolygon* no tiene necesariamente que contener un tipo curvo, y la *MultiSurface* puede también contener un polígono no curvo.

```
s1=# select ST_NumGeometries ('
  MULTISURFACE (
    CURVEPOLYGON ( LINESTRING (0 0, 1 0, 1 1, 0 1, 0 0 ) ),
    POLYGON (( 2 2, 3 2, 3 3, 2 3, 2 2))  )'::geometry);
 st_numgeometries
------------------
                2
```

Lo mismo pasaría con una *MultiCurve*, es decir, puede contener cualquier mezcla de tramos curvos y/o lineales.

```
s1=# select st_numgeometries ('
    MULTICURVE (
      CIRCULARSTRING(0 0, 1 0, 1 1),
      LINESTRING (5 5, 7 5),
      COMPOUNDCURVE (
              CIRCULARSTRING(0 0, 5 7, 10 10),
              LINESTRING(10 10, 15 5, 20 10) )
    )'::geometry);
 st_numgeometries
------------------
                3
```

8.2.   Conversión entre geometrías lineales y curvas

Debido a las limitaciones de las geometrías curvas (aunque en versiones futuras de Post-GIS se añadirán más funcionalidades), existe el método *ST_CurveToLine (geometry, numsegs)* que permite segmentar las geometrías circulares y convertirlas a geometrías de tipo *LineString* o *Polygon* en función del número de segmentos por cuadrante especificado en el segundo argumento (32 por defecto).

Existe una versión de la función *st_curvetoline* que permite especificar la tolerancia o error máximo a cometer en la discretización en segmentos rectos.

Por supuesto, esta conversión genera un número de vértices elevado y además no asegura la fiabilidad con la geometría curva original. El error cometido al aproximar los arcos mediante segmentos lineales aparece en el apartado C 5.1, pág. 147.

```
s1=# select
 st_npoints(st_curvetoline(g, 16)) point_16,
 (st_length(st_curvetoline (g, 16))-st_length(g))::numeric(10,4) dif16,
 st_npoints(st_curvetoline(g,0.001,1,1)) points_tol,
 (st_length(st_curvetoline (g,0.001,1,1))-st_length(g))::numeric(10,4) diftol,
 st_npoints(g) as puntoscurva
from ( select st_geomfromtext('CIRCULARSTRING(0 0, 5 5, 10 0, 14 3, 14 7)')
     ) as tabla (g);
 point_16 |  dif16  | points_tol | diftol | puntoscurva
----------+---------+------------+--------+-------------
      52  | -0.0100 |        127  | -0.0016 |           5
```

St_curvetoline (g, 16) convierte la curva a una geometría lineal de 16 segmentos por cuadrante. *St_curvetoline (g, 0.001, 1, 1)* convierte la curva utilizando una tolerancia máxima (0.001). El tercer argumento especifica si es una tolerancia lineal (valor 1) o una tolerancia angular en radianes (valor 2).

La conversión inversa se realiza mediante el comando *ST_LineToCurve*. Este comando trata de encajar arcos entre los vértices de la geometría pasada como argumento.

El área de influencia del punto original tiene 33 vértices, que se han reducido a 3 tras convertir la geometría a una curva.

```
s1=# select st_npoints(geom),st_astext(st_linetocurve(geom)) as curva
       from (
           select st_buffer (st_geomfromtext('POINT (10 10)'), 5)
       ) as tabla (geom);
 st_npoints |                           curva
------------+-----------------------------------------------------------------
         33 | CURVEPOLYGON(CIRCULARSTRING(15 10,5 10,15 10))
```

PostGIS permite crear tablas espaciales de cualquier tipo de geometría curva de la misma forma que se crea una tabla espacial de otro tipo de geometría. El problema, como se ha comentado anteriormente es que a fecha de publicación de este libro no existe ningún programa de SIG o similar que soporte de forma nativa (mediante conexión a PostGIS) este tipo de geometrías para su visualización y edición.

> Las geometrías curvas aún no se deberían utilizar en producción, ya que además de no soportar los predicados y operadores espaciales más importantes, tampoco están totalmente implementadas para su visualización y edición en los SIG de escritorio más conocidos. En futuras versiones de PostGIS se irán ampliando funcionalidades pudiendo incluso haber modificaciones a los conceptos explicados en este apartado.

9.   Tipos de datos de cajas

PostGIS dispone de dos tipos de datos para almacenar las cajas de las geometrías: *Box2D* y *Box3D*. Estos tipos de datos almacenan el rectángulo mínimo que contiene a una geometría. El tipo *Box2D* viene definido por las coordenadas: *xmin*, *ymin*, *xmax* e *ymax*, mientras que el tipo *Box3D* añade la coordenada Z: *xmin*, *ymin*, *zmin*, *xmax*, *ymax* y *zmax*.

La construcción de un tipo *box2d* o *box3d* se puede realizar de diferentes formas:

- Utilizando los constructores *ST_Makebox2d* y *ST_3DMakebox*.
- Realizando un *Cast* desde una geometría normal de PostGIS con el operador '*::box2d*' o '*::box3d*'.
- Utilizando las funciones *Box2D* (*geometry*) y *Box3D* (*geometry*).

PostGIS también permite convertir de un tipo *box2d* o *box3d* a un tipo *Polygon* utilizando el *Cast* '*::geometry*'.

Este ejercicio muestra una sentencia utilizando las tres posibilidades explicadas arriba.

```
s1=# select st_makebox2d(p1,p2),
          st_3dmakebox (p1,p2),
          st_union (p1,p2)::box3d, --igual que: box3d(st_union(p1,p2))
          st_astext(st_makebox2d (p1,p2)::geometry)
     from  ( select 'POINT (1 4 7)'::geometry, 'POINT (2 3 5)'::geometry
     ) as tabla(p1, p2);
 st_makebox2d|    st_3dmakebox    |     st_union     |          st_astext
-------------+-------------------+------------------+------------------------------
 BOX(1 3,2 4)| BOX3D(1 4 7,2 3 5)| BOX3D(1 3 5,2 4 7)| POLYGON((1 3,1 4,2 4,2 3,1 3))
```

El resultado de la sentencia anterior muestra el WKT de los tipos *Box2D* (texto 'BOX' en el WKT) y *Box3D* (texto 'BOX3D' en el WKT).

> No hay que confundir el tipo *Box2d* con el tipo *Box* de PostgreSQL que no tiene nada que ver con PostGIS y no se utiliza con las geometrías PostGIS.

Un tipo de datos *Box2D* o *Box3D* se puede utilizar en los métodos de PostGIS que toman como argumento un tipo *geometry*, pero es necesario realizar una conversión al tipo *box2d/box3d*.

```
s1=# select st_npoints ('BOX(0 0, 2 2)'::box2d);
------------
      5
```

Por último, comentar que **los tipos *Box2D* y *Box3D* no están considerados en los estándares y son propios de PostGIS**. Los operadores comparadores de cajas (apartado B 6.1, pág. 106) utilizan estos tipos, pero el usuario no tiene por qué ser consciente ni siquiera de ello ya que PostGIS realiza un *cast* automático.

> Es aconsejable utilizar el tipo *Polygon* en lugar de los tipos *Box2D* o *Box3D*, ya que el código es más compatible con los estándares y tampoco hay penalización en el rendimiento.

Este ejercicio utiliza una caja para realizar un filtrado espacial de dos formas diferentes: Primera forma, definiendo la caja a partir de una geometría, p. ej.: *MutiPoint*.

```
s1=# select count(*) from suelos where geom && st_Geomfromtext
    ('MULTIPOINT (743000 4680000, 753000 4690000)');
```

Segunda forma, utilizando el tipo box2d.

```
s1=# select count(*) from suelos where geom &&
        'BOX(743000 4680000, 753000 4690000)'::box2d;
```

Algunos clientes de PostGIS como QGIS, gvSIG, etc. al acceder a PostGIS utilizan la segunda forma, aunque es menos estándar.

10. Importación de datos OSM

El proyecto OSM[1] (*Open Street Map*) es un proyecto colaborativo para crear una base de datos de cartografía gratuita y de libre uso. La base de datos OSM sigue una licencia de tipo *Open Database License (ODbL)*, y la cartografía posee licencia *CC BY-SA*, por lo tanto, cualquier persona tiene derecho a copiar, distribuir, comunicar, transformar y comercializar dicha cartografía con la única condición de decir quien la ha producido (*attribution*) y utilizar una licencia igual o compatible en la creación de cualquier producto derivado.

La primera tarea que vamos a realizar es descargar cartografía en formato OSM. El fichero en formato OSM está disponible en los recursos de la publicación, aunque el lector también lo puede descargar como se indica a continuación:

Para ello desde la web principal[2] de OSM, hacemos clic en el menú exportar, seleccionamos el área a exportar de forma gráfica o introduciendo las coordenadas longitud, latitud en WGS 84 y finalmente presionamos el botón *Exportar* (o si da algún problema *Overpass API*). En este caso se va a descargar parte del núcleo urbano de la población de Valencia (España).

Figura 76 Descarga de cartografía OSM

Tras la descarga se obtendrá un fichero en formato *xml* (lo grabamos como *map.osm*) que se habrá de importar a PostGIS. Para ello, algunas de las soluciones que existen son:

- El cargador *osm2pgsql*[3], es sencillo de utilizar permitiendo importar las etiquetas como *tags* o como campos dentro de la tabla. Convierte los objetos *way* de OSM[4] a *LineString* de PostGIS, pero sin conservar la relación de estas líneas con los nodos que las forman, es decir, de una forma práctica enfocada a su visualización.

---

[1] https://es.wikipedia.org/wiki/OpenStreetMap

[2] https://www.openstreetmap.org/

[3] https://osm2pgsql.org/

[4] https://wiki.openstreetmap.org/wiki/Elements

- El cargador *osmosis*[1], al contrario que *osm2pgsql* sí que conserva las diferentes relaciones entre objetos OSM siendo además más completo, aunque quizás es un poco más complicado de utilizar. Tiene la ventaja que está realizado en *Java* y en principio la distribución binaria que se ofrece desde su página oficial se puede utilizar en *MS Windows* y cualquier distribución de *Linux*.

- *QGIS* ofrece varias herramientas para el manejo de datos OSM en forma de complementos (*plugins*). Dos de estas herramientas son *OSMDownloader* y *QuickOSM* que permiten tanto la descarga como la gestión de datos OSM.

- Otras utilidades de importación[2] son *Imposm*, *osm2postgres* y *osm2postgis*.

10.1. Sistema de referencia usado en OSM

Los datos OSM se almacenan por defecto en WGS84 (CRS de código EPSG: 4326), con coordenadas en latitud y longitud. Para la visualización de los datos OSM se utiliza generalmente la proyección esférica de Mercator[3].

El uso de esta proyección se ha generalizado en los últimos años gracias a programas como *OpenLayers* o servidores cartográficos como *Google Maps* y *Virtual Earth 2d*.

También muchos programas que manejan datos OSM como visualizadores o editores utilizan dicha proyección principalmente porque cubre prácticamente toda la tierra (salvo latitudes inferiores o superiores a 85 grados), aunque a latitudes absolutas altas la deformación de dicha proyección es enorme, por ejemplo el tamaño de Groenlandia en esta proyección es similar al de África, cuando en realidad el área de África es 14 veces superior.

Inicialmente esta proyección fue conocida como proyección *Google* y su código EPSG (de forma no oficial) era el 900913, código todavía utilizado por algunos programas. Más tarde se incluyó en el estándar EPSG con el código 3785 y finalmente fue completada su descripción con el código que actualmente se debe utilizar que es el 3857[4] pasando el código 3785 a marcarse como en desuso. Tanto PostGIS como *proj4* soportan los tres códigos.

10.2. Osm2Pgsql

El programa de utilidad *osm2pgsql* se puede instalar en distribuciones *Ubuntu* a partir de los repositorios estándar o de repositorios de terceros[5] y en distribuciones *OpenSuse* a partir de repositorios de terceros[6]. En *MS Windows* encontramos los binarios[7] listos para su uso.

Tras la importación se obtendrán cuatro tablas en la base de datos PostGIS: *planet_osm_point*, *planet_osm_line*, *planet_osm_polygon* y *planet_osm_roads* (aunque ésta es un subconjunto de *planet_osm_line*).

---

[1] https://wiki.openstreetmap.org/wiki/Osmosis

[2] https://wiki.openstreetmap.org/wiki/Imposm - http://osm2postgis.sourceforge.net/
https://wiki.openstreetmap.org/wiki/Osm2postgresql

[3] https://wiki.openstreetmap.org/wiki/Mercator - http://es.wikipedia.org/wiki/Proyección_de_Mercator

[4] https://wiki.openstreetmap.org/wiki/EPSG:3857

[5] https://launchpad.net/~kakrueger/+archive/openstreetmap

[6] https://download.opensuse.org/repositories/Application:/Geo/

[7] https://osm2pgsql.org/download/windows/

Si se utiliza la opción '*-s*' además se obtienen otras tablas intermedias que *osm2pgsql* necesita para trabajar.

Los atributos de los datos OSM están formados por etiquetas (*tags*), existiendo varios centenares de ellas. Cada elemento geográfico queda clasificado generalmente solo por algunas pocas etiquetas mientras que el resto no son utilizadas.

Osm2pgsql utiliza para cada una de las etiquetas un campo de la tabla, por lo tanto, para importar todos los datos OSM las tablas dispondrán de cientos de campos donde la gran mayoría de ellos tendrán valor nulo.

Existe una segunda posibilidad con el cargador *osm2pgsql* que consiste en utilizar un tipo de datos de PostgreSQL llamado *hstore*. Este tipo de datos está diseñado para almacenar etiquetas y puede almacenar 0, 1 o n etiquetas dentro de un mismo campo.

Para este ejercicio guiado nos crearemos una nueva base de datos con soporte PostGIS llamada *osm1* donde vamos a realizar la importación del fichero *map.osm* con *osm2pgsql*.

Instalación del tipo hstore

PosgreSQL no incluye este tipo de datos por defecto, para poder utilizarlo es necesario instalarlo dentro de la base de datos donde se vaya a utilizar.

Si la versión de PostgreSQL es 9.1 o superior, la instalación del tipo *hstore* simplemente se realiza con el comando SQL *create extension* de esta forma:

```
osm1=# Create Extension hstore;
```

Importación

Osm2Pgsql se ejecuta desde la línea de comandos en una terminal del sistema. La sintaxis del comando es:

```
osm2pgsql [opciones] fichero1.osm fichero2.osm
osm2pgsql [opciones] planet_osm.{gz, bz2}
```

Podemos comprobar la versión de *osm2pgsql*:

```
consola> ./osm2pgsql --version
osm2pgsql version 2.0.0
```

Con la opción '-h' se obtiene información sobre las opciones soportadas, aquí solo se comentan las más importantes.

```
consola> osm2pgsql -h
```

- *-H <host>*: *Host* de la máquina donde está el servidor de PostgreSQL. Por defecto es *localhost*.
- *-P <puerto>*: Número de puerto para la conexión. Por defecto es 5432.
- *-U <usuario>*: Nombre del usuario de la conexión a la base de datos.
- *-W*: Pregunta por la contraseña del usuario de la conexión a la base de datos.
- *-d <base de datos>*: Nombre de la base de datos en la cual cargar las capas OSM.
- *--hstore-all*: Crea un nuevo campo *tags* que contiene las etiquetas *(tags)* OSM. Esta opción solo está disponible a partir de la versión de 0.8 de *osm2pgsql* (consultar la versión disponible con *osm2pgsql -h -v*).

- *-a*: Añade datos a las tablas OSM importadas anteriormente en la base de datos.
- *-l*: Almacena las coordenadas en longitud y latitud (WGS84, ESPG: 4326) en lugar de proyectadas (esférica de *Mercator*, EPSG: 900913).
- *-s*: Utiliza tablas intermedias para realizar los cálculos en lugar de usar únicamente memoria. Opción necesaria cuando el volumen de datos es elevado.
- *-S <fichero de estilos>*: Localización del fichero de estilos a utilizar donde se indica qué etiquetas OSM se quieren importar como columnas de la tabla.
- *-v*: Muestra información extra durante en el proceso de conversión.

Es necesario especificar la opción '*-S*' (mayúscula) donde se indica la localización del fichero de estilos. La distribución de *osm2pgsql* incluye un fichero de estilos llamado *default.style* ya configurado. En dicho fichero se establece qué etiquetas OSM se quieren importar como campos dentro de las tablas. El fichero *default.style* distribuido incluye por defecto más de 50 etiquetas que se traducirán en un número igual de campos en las tablas de atributos lo cual puede ser molesto.

En distribuciones Linux este fichero puede estar localizado en '*/usr/share/osm2pgsql/default.style*', mientras *MS Windows* se copia en el mismo directorio de instalación.

Hay que recordar que si se utiliza la opción '*--hstore-all*' (previamente hay que instalar el tipo *hstore* en la base de datos), *osm2pgsql* además añadirá un campo *tags* con todas las etiquetas, luego la información del resto de campos definidos en *default.style* es redundante.

Aunque es redundante es aconsejable importar ciertas etiquetas como campos, esto es debido a que generalmente los clientes SIG no interpretan correctamente el tipo de datos *hstore* y no son capaces de operar con él.

En nuestro ejemplo vamos a realizar una copia del fichero *default.style* (localizado en el directorio de instalación de *osm2pgsql*) a *miestiloosm.style* (*en c:\tmp*) y lo vamos a editar con un editor de textos, eliminando todas las filas de definición de columnas y dejando únicamente el nombre de la calle, el tipo de vía, el tipo de ruta y si es de un único sentido. Se puede encontrar información gráfica y descriptiva detallada de cada etiqueta y qué valores puede tomar consultando el modelo de datos[1] de OSM.

```
# OsmType    Tag         DataType        Flags
node,way     name        text            linear
node,way     highway     text            linear
node,way     route       text            linear
node,way     oneway      text            linear
```

```
consola> osm2pgsql -U postgres -H localhost -W -S
   c:\tmp\miestiloosm.style --hstore-all -d osm1 c:\tmp\map.osm
osm1=# select * from geometry_columns;
osm1=# \d planet_osm_line
    Tabla "public.planet_osm_line"
 Columna |             Tipo             | Collation | Nullable | Default
---------+------------------------------+-----------+----------+---------
 osm_id  | bigint                       |           |          |
 name    | text                         |           |          |
 highway | text                         |           |          |
 route   | text                         |           |          |
 oneway  | text                         |           |          |
 tags    | hstore                       |           |          |
 way     | geometry(LineString,3857)    |           |          |
```

---

[1] https://wiki.openstreetmap.org/wiki/Map_Features

```
índices:
    "planet_osm_line_way_idx" gist (way) WITH (fillfactor='100')

osm1=# select f_table_schema as schema, f_table_name as table,
            f_geometry_column as geometry, coord_dimension as dim,
            srid, type
        from geometry_columns where f_table_name like 'planet%';
 schema |        table        | geometry | dim |  srid  |    type
--------+---------------------+----------+-----+--------+------------
 public | planet_osm_point    | way      |   2 | 3857   | POINT
 public | planet_osm_line     | way      |   2 | 3857   | LINESTRING
 public | planet_osm_polygon  | way      |   2 | 3857   | GEOMETRY
 public | planet_osm_roads    | way      |   2 | 3857   | LINESTRING
```

Si se utiliza la opción '-s' (minúscula), *osm2pgsql* en lugar de trabajar en memoria utiliza tablas auxiliares, lo cual permite importar un volumen OSM elevado y además obtener las tablas auxiliares que almacenan la relación entre las líneas (*ways*) y los nodos que las forman.

Consultas utilizando etiquetas

En el manual *online* de PostgreSQL aparece información detallada de cómo manejar, consultar y utilizar funciones especiales utilizando el tipo *hstore*[1]. El tipo *hstore* almacena parejas de valores en forma '*clave => valor*', de forma que se tiene una clave por cada etiqueta OSM y cada una de ellas puede tomar un valor de los definidos en el modelo de datos.

Tras cargar la cartografía. Primero que todo, crearemos un índice por el campo *tags*:

```
osm1=# CREATE INDEX planet_osm_line_tags_idx ON planet_osm_line
    USING GIST(tags);
```

¿Cuántas filas de la tabla *planet_osm_line* tiene definida la etiqueta *highway*?

```
osm1=# select count(*) from planet_osm_line
        where (tags->'highway') is not null;
-------
 10463
```

¿Cuántas filas presentan un valor de *highway* de tipo *pedestrian*?

```
osm1=# select count(*) from planet_osm_line
        where tags->'highway' = 'pedestrian';
-------
 1473
```

¿Cuántos valores diferentes contiene la etiqueta *highway* y cuántas filas de cada caso?

```
osm1=# select highway, count(*) as ncasos
        from ( select tags->'highway' as highway from planet_osm_line
        ) as tabla group by highway order by ncasos desc limit 5;
  highway    | ncasos
-------------+--------
             | 12430
 residential |  3172
 footway     |  2290
 pedestrian  |  1473
 primary     |   676
```

---

[1] https://www.postgresql.org/docs/current/static/hstore.html

Se puede observar que 12430 filas no tienen definida la etiqueta *highway* y que de las filas que la tienen definida hay 3172 casos cuya *highway* es *residential*.

A partir de la versión 9.0, PostgreSQL soporta la utilización de la cláusula *Group By* y *Distinct* con el tipo *hstore*, lo cual permite operar de forma más sencilla con este tipo de datos, la consulta anterior quedaría:

```
osm1=# select tags->'highway' as tiposdecarreta, count(*) as ncasos
          from planet_osm_line
          group by tags->'highway' order by ncasos desc limit 5;
```

También es posible extraer las diferentes claves o valores de las etiquetas que existen en un dato *hstore* para iterar sobre ellas o realizar cualquier operación con el comando *each(hstore)* que devuelve un conjunto de tipos compuestos (clave, valor). Otros comandos para convertir claves o valores a un tipo *array* son: *avals(hstore)* o *akeys (hstore)*, etc.

```
osm1=# select clave, count(*) as ncasos
          from (
             select (each(tags)).key as clave from planet_osm_line
          ) as tabla group by clave order by ncasos desc, clave limit 5;
    clave    | ncasos
 ----------+--------
  highway   |  10463
  building  |   8354
  name      |   7616
  oneway    |   4872
  name:es   |   2890
```

10.3. *Osmosis*

Esta utilidad se puede instalar en algunas distribuciones de *Linux* como *Ubuntu* o en *OpenSuse* desde repositorios de terceros[1]. También es posible su instalación tanto en *MS Windows* como en *Linux* simplemente descomprimiendo la distribución binaria[2] que es el paso que se va a seguir en este apartado.

Algunas opciones de *osmosis* utilizando PostGIS son:

- *user <usuario>*: Nombre del usuario de la conexión a la base de datos.
- *host <host>*: *Host* de la máquina donde está el servidor. Por defecto es *localhost*.
- *password <contraseña>*: Contraseña del usuario de la conexión a la base de datos.
- *database <base de datos>*: Base de datos donde cargar las capas OSM.

Operaciones:

- *--write-pgsql*: Exporta los resultados a una base de datos PostGIS.
- *--truncate-pgsql*: Elimina los registros de todas las tablas *osmosis* en PostGIS. De esta forma se permite ejecutar el comando para cargar más datos OSM en las mismas tablas (opción '-a' de *osm2pgsql*).
- *--read-pgsql*: Lee datos *osmosis* en PostGIS para su exportación.
- *--read-xml*: Establece como origen el formato *xml* de OSM.

---

[1] *Ubuntu*: http://ppa.launchpad.net/kakrueger/openstreetmap/ubuntu
OpenSuse: https://download.opensuse.org/repositories/Application:/Geo/
[2] https://wiki.openstreetmap.org/wiki/Osmosis#Latest_Stable_Version
https://github.com/openstreetmap/osmosis/releases/latest

En el siguiente enlace[1], se puede consultar una descripción detallada de las opciones generales de *osmosis* y las específicas de PostGIS (buscar '*PostGIS Tasks*').

El proceso para importar datos OSM en PostGIS desde un fichero XML con *osmosis* es:

1. Descomprimir la distribución binaria de *osmosis*. Comprobad el ejecutable.

```
consola/ruta_bin_osmosis> osmosis
nov 24, 2024 10:14:56 P. M. org.openstreetmap.osmosis.core.Osmosis run
INFO: Osmosis Version 0.49.2 …
```

2. Crear una base de datos con soporte PostGIS, p. ej.: *osm2*.
3. Añadir a *osm2* soporte para el tipo *hstore* siguiendo el mismo procedimiento explicado en el apartado anterior.
4. Crear el esquema de tablas que *osm2* necesita para importar los datos OSM, para ello dentro del directorio *scripts* de *osmosis* ejecutaremos:

```
consola/ruta_scripts> psql -U postgres -f pgsnapshot_schema_0.6.sql osm2
consola/ruta_scripts> psql -U postgres -f
  pgsnapshot_schema_0.6_linestring.sql osm2
```

5. Importar del fichero *map.osm*. Dentro del directorio *bin* de *Osmosis* ejecutaremos:

```
consola/ruta_bin_osmosis> ./osmosis.bat --read-xml file="c:\tmp\map.osm"
  --write-pgsql database="osm2" user="postgres" password="xxxxx"
```

6. Si todo ha ido bien *osmosis* habrá creado las tablas *ways* y *way_nodes* entre otras:

```
osm2=# \d ways
                     Table "public.ways"
   Columna     |             Tipo             | Collation | Nullable | Default
---------------+------------------------------+-----------+----------+---
 id            | bigint                       |           | not null |
 version       | integer                      |           | not null |
 user_id       | integer                      |           | not null |
 tstamp        | timestamp without time zone  |           | not null |
 changeset_id  | bigint                       |           | not null |
 tags          | hstore                       |           |          |
 nodes         | bigint[]                     |           |          |
 linestring    | geometry(Geometry,4326)      |           |          |
índices:
    "pk_ways" PRIMARY KEY, btree (id)
    "idx_ways_linestring" gist (linestring) CLUSTER
```

Observar como el campo *nodes*, es un *array* de enteros que contiene los identificadores *node_id* de la tabla *way_nodes*. El campo *tags* de tipo *hstore* contiene las etiquetas OSM.

```
osm2=# select count(*) from ways;
 count
-------
 24006
```

Para eliminar todos los datos cargados sin borrar las tablas en PostGIS:

```
consola/ruta_bin> ./osmosis.bat --truncate-pgsql database="osm2"
  user="postgres" password="xxxxx"
```

> Osmosis importa los datos OSM en latitud y longitud WGS84 (código ESPG: 4326).

---

11. Control de versiones en PostGIS

Aunque PostgreSQL proporciona un sistema de control de multi-versionado concurrente o MVCC[1], sería interesante contar sobre todo para la edición de información geográfica desde varios clientes simultáneos, de un sistema de control de versiones que gestionara los cambios producidos por cada cliente. De esta forma, el usuario podría gestionar de forma sencilla como se resuelven los conflictos cuando dos usuarios editan las mismas geometrías al mismo tiempo. Además, mediante un sistema de control de versiones el usuario puede fácilmente devolver una tabla al estado que tenía en una fecha o revisión determinada y conocer un histórico de cambios y las personas que los han realizado.

PostGIS no incorpora un sistema de control de versiones por defecto con las características comentadas en el párrafo superior, pero existe una herramienta externa llamada *pgVersion* que implementa dicha funcionalidad. *PgVersion* crea un sistema de versionado para la edición de capas PostGIS similar a los sistemas de versionado utilizados en los proyectos de código fuente como *CVS* o *Subversion*.

La instalación de *pgVersion* en una base de datos simplemente se realiza ejecutando un fichero SQL *create_pgversion_schema.sql* (toda la funcionalidad está programada en *PL/PgSQL*) que se descarga desde el repositorio oficial de *pgVersion*[2]. En el directorio *docs* del repositorio se encuentra dicho fichero *sql*.

Lo normal es ejecutar el fichero con un usuario que sea administrador como el usuario *postgres*.

Para la instalación y realización del posterior ejercicio práctico vamos a crear una nueva base de datos espacial y agregarle la funcionalidad de *pgversion*:

```
consola> createdb -U postgres testvs
```

Agregamos la extensión de PostGIS:

```
testvs=# create extension postgis;
```

Instalación de la funcionalidad *pgVersion:*

```
consola> psql -U postgres -f create_pgversion_schema.sql testvs
```

Comprobamos la versión instalada de *pgversion*:

```
testvs=# select * from versions.pgvsrevision();
 pgvsrevision
--------------
 2.1.20
```

Al instalar *pgversion* aparecerá un nuevo esquema *versions* en la base de datos *testvs*, que contendrá algunas tablas de metadatos como: *version_tables, version_tables_logmsg y version_tags*. Además, por cada capa que versionemos aparecerá una nueva tabla con el nombre *esquema_nombretabla_version_log*.

---

[1] https://www.postgresql.org/docs/current/mvcc.html
[2] https://github.com/sourcepole/pgversion

11.1. Ejercicio práctico de control de versiones

En este ejercicio vamos a crear dos usuarios de PostgreSQL. Cada usuario realizará labores de edición en la base de datos, y veremos cómo se almacenan y gestionan en un histórico esos cambios.

Preparación de los datos y configuración del versionado

1.- Carga de la capa *nucleos* de ejemplo.

Cargamos la capa *nucleos.sql* utilizada en este ejemplo. No es necesario instalar *pgVersion* antes de la carga o creación de las capas, por lo tanto, se pueden tener capas en la base de datos ya cargadas y posteriormente instalar *pgversion* para su versionado.

```
consola> psql -U postgres -f nucleos.sql testvs
```

2.- Creación de nuevos usuarios para la edición simultánea.

Este paso se realizará una sola vez por cada usuario que vaya a utilizar el sistema de versionado.

Los usuarios quedan almacenados en el *cluster* de PostgreSQL, por lo que su configuración es global a todas las bases de datos.

Para que el ejemplo sea más real se va a crear dos usuarios nuevos (*user1* y *user2)* en la base de datos.

Dichos usuarios editarán de forma simultánea geometrías dentro de una misma capa, mientras que el usuario *postgres* será el encargado de importar las capas PostGIS e iniciar el sistema de versionado para cada capa elegida.

```
consola> psql -U postgres testvs
```

Creación de los dos usuarios *user1* y *user2* con únicamente permisos de *login* y creación de contraseñas.

```
testvs=# create role user1 login;
testvs=# create role user2 login;
testvs=# alter role user1 password 'pg1';
testvs=# alter role user2 password 'pg2';
```

3.- Asignación de los usuarios al grupo *versions*.

A partir de este punto deberemos asegurarnos que *pgversion* está instalado en la base de datos testvs (se realizó en el apartado anterior).

Pgversion crea un usuario de nombre *versions* que es el dueño del esquema *versions* que contiene varias tablas de metadatos de *pgversion*.

```
testvs=# grant versions to user1, user2;
```

4.- Adición del resto de permisos necesarios.

Añade los permisos necesarios para las tablas futuras:

```
testvs=# alter default privileges in schema public, versions grant all on
    tables to versions;
```

Añade los permisos para poder ejecutar funciones:

```
testvs=# alter default privileges in schema versions, public grant
    execute on functions to versions;
```

Añade los permisos para poder usar las secuencias (tipo serial):

```
testvs=# alter default privileges in schema versions, public grant usage,
    select on sequences to versions;
```

5.- Una vez con las capas preparadas y los permisos adecuados concedidos, el usuario *postgres* será el encargado de iniciar el control de versiones para la capas, así como de eliminar el control de versiones (*versions.pgvdrop*).

```
testvs=# select * from versions.pgvsinit ('nucleos');
pgvsinit
----------
 t
```

El proceso de inicialización del control de versiones sobre *nucleos* realiza tres tareas:

- Crea una vista con el nombre *nucleos_version* con la misma estructura que la tabla original *nucleos*. Además, crea algunas reglas y disparadores sobre la vista.
- Añade una nueva fila a la tabla de metadatos *version_tables* situada en el esquema *versions*:

```
testvs=# select * from versions.version_tables;
-[ RECORD 1 ]----------------+----------------
version_table_id             | 1
version_table_schema         | public
version_table_name           | nucleos
version_view_schema          | public
version_view_name            | nucleos_version
version_view_pkey            | gid
version_view_geometry_column | geom
```

- A partir de **ahora todas las modificaciones** (atributos y/o geometrías) se tienen que realizar sobre la vista *nucleos_version* de la misma forma que se realizaría sobre la tabla *nucleos*.
- Los cambios producidos en *nucleos_version* solo serán visibles para el usuario que los haya realizado, ya que se almacenan con un estado temporal. Para que el resto de los usuarios vean dichos cambios se debe realizar un *commit* (*pgvscommit*).
- No es posible cambiar la estructura (definición de los campos) de la capa *nucleos*, para ello habría que eliminar el control de versiones sobre dicha capa (*pgvsdrop*) y volver a añadirlo (*pgvsinit*).

La función *versions.pgvsinit* inicializa el control de versiones y crea una vista llamada *nucleos_version* (cuyo dueño en el usuario *versions*) que será la que se utilizará para la edición.

Ejercicio de edición concurrente con versionado

1.- Ejecución de varias instancias de QGIS.

Para la edición simultánea se va a ejecutar tres instancias del programa *QGIS* simulando que se va a realizar una edición concurrente desde varios ordenadores y usuarios distintos.

> Tras la iniciación con *pgvsinit* del control de versiones de la capa *nucleos*, la edición se realizará siempre con la capa *nucleos_version*, **la capa *nucleos* original no debe editarse directamente**.

Carga de datos con *QGIS*:

En la instancia 1 se cargará la capa *nucleos_version* utilizando el usuario *user1*.

En la instancia 2 se cargará la capa *nucleos_version* utilizando el usuario *user2*.

La instancia 3 se utilizará como comprobación, para ello se cargará la capa *nucleos* utilizando cualquier usuario (por ejemplo, con el administrador *postgres*).

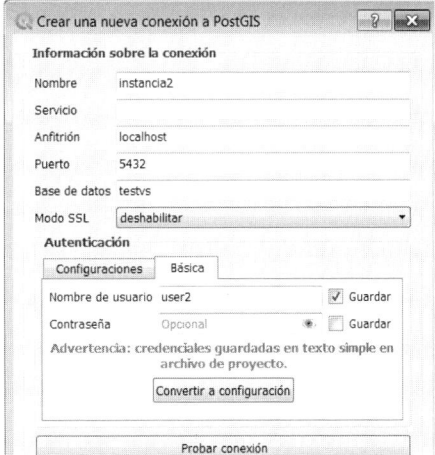

Conexión de la instancia 1 de *QGIS*   Conexión de la instancia 2 de *QGIS*

Figura 77 Edición concurrente con *QGIS*

Además, se abrirán dos nuevos clientes *psql* para que ambos usuarios puedan utilizar los comandos de control de versiones:

```
consola_ventana1> psql -U user1 testvs
consola_ventana2> psql -U user2 testvs
```

2.- Edición y *commit* de los cambios.

El ejercicio consta de los siguientes puntos:

- Añade dos nuevos polígonos en la capa *nucleos_version* en **la instancia1** de *QGIS*: abre sesión de edición (*toggle editing*), añade polígonos, **cierra y graba** la sesión de edición (*toggle editing*).

- Comprueba que dichos cambios no aparecen ni en la capa *nucleos_version* de la **instancia2** ni en la capa original *nucleos* de la *instancia3* incluso aunque se han salvado los cambios desde *QGIS*.

- Desde el cliente *psql* autentificado con el usuario *user1* ejecuta:

```
[conexión psql user1]
testvs=> select * from
         versions.pgvscommit ('nucleos','dos nucleos nuevos');
 objectkey | myproject | mysystime | project | systime
-----------+-----------+-----------+---------+---------
```

Tras el *commit* los dos polígonos aparecerán en la **instancia2** y en la **instancia3** de *QGIS*.

- Desde la **instancia2** de QGIS elimina uno de los dos nuevos polígonos en la capa *nucleos_version*: abre sesión de edición (*toggle editing*), elimina un polígono, cierra y graba la sesión de edición (*toggle editing*).

- Los cambios aparecerán en las otras dos instancias de *QGIS*, tras realizar el usuario *user2* el correspondiente *commit*.

```
[conexión psql user2]
testvs=> select *
         from versions.pgvscommit ('nucleos','borrado de un nucleo');
 objectkey | myproject | mysystime | project | systime
-----------+-----------+-----------+---------+---------
```

Aunque los usuarios se desconecten de la base de datos (p. ej.: cerrando QGIS), si existen cambios pendientes sin haber realizado *pgvscommit* estos cambios no se eliminarán, sino que seguirán estando pendientes hasta el próximo *commit* del usuario que los realizó.

3.- Utilización de *rollback* a un número de revisión anterior.

Ahora suponemos que el usuario *user1* no está de acuerdo con el cambio y quiere que la capa vuelva al estado que tenía antes de que el usuario *user2* realizara el *commit*. Para ello, desde su terminal primero consulta las revisiones actuales de la capa *nucleos*.

```
[conexión psql user1]
testvs=> select * from versions.pgvslogview ('nucleos');
 revision |        datum        |         logmsg         | project
----------+---------------------+------------------------+----------
        2 | 2024-05-06 16:51:42 | borrado de un nucleo   | user2
        1 | 2024-05-06 16:50:07 | dos nucleos nuevos     | user1
        0 | 2024-05-06 16:20:02 | initial commit revision 0 | postgres
(3 filas)
```

y después devuelve el estado actual de la capa a la revisión 1.

```
[conexión psql user1]
testvs=> select * from versions.pgvsrollback ('nucleos', 1);
 pgvsrollback
--------------
 t
```

Ejecutamos el *commit* de nuevo:

```
[conexión psql user1]
testvs=> select * from
         versions.pgvscommit ('nucleos','otra vez dos nucleos nuevos');
```

```
testvs=> select * from versions.pgvslogview ('nucleos');
 revision |        datum        |          logmsg           | project
----------+---------------------+---------------------------+---------
        3 | 2024-05-06 16:53:22 | otra vez dos nucleos nuevos | user1
        2 | 2024-05-06 16:51:42 | borrado de un nucleo         | user2
        1 | 2024-05-06 16:50:07 | dos nucleos nuevos           | user1
        0 | 2024-05-06 16:20:02 | initial commit revision 0    | postgres
(4 filas)
```

Tras lo cual se puede comprobar que todas las instancias de *QGIS* muestran las capas ahora con los dos polígonos nuevos otra vez.

4.- Resolución de conflictos.

Ahora vamos a editar el mismo polígono con la instancia 1 y la instancia 2 de QGIS. Tras la edición se salvan (*toggle editing*) los cambios con QGIS en ambas instancias.

Se realizan los dos *commits* primero por ejemplo en la terminal SQL de *user1* y luego en la terminal de *user2*.

```
[conexión psql user1]
testvs=> select * from versions.pgvscommit ('nucleos','modificar un mismo
    nucleo');
 objectkey | myproject | mysystime | project | systime
-----------+-----------+-----------+---------+---------
```

Pero al realizar el *commit* del *user2* nos encontramos con un problema de conflicto ya que el *user1* ya ha realizado un *commit* de la misma entidad geométrica y el sistema no deja realizar el *commit* hasta que se resuelva el conflicto.

```
[conexión psql user2]
testvs=> select *
        from versions.pgvscommit ('nucleos','modificar un mismo nucleo');
NOTICE:
WARNING! The object with gid=977 is also changed by user user1.
Changes are not committed!

 objectkey | myproject |   mysystime  | project |   systime
-----------+-----------+--------------+---------+--------------
       977 | user2     | 1326392554722 | user1   | 1326392597964
```

La información nos dice que se ha producido un conflicto en el proyecto actual que se corresponde con la conexión de *user2* (donde se ha ejecutado este último *commit*) y el usuario *user1* que también ha modificado la geometría con identificador 977.

Para resolver el conflicto se debe establecer (contactando con el otro usuario y discutiendo los cambios) cuál de los dos cambios debe prevalecer. Por ejemplo, si se decide que el cambio que debe prevalecer es del usuario *user2*, la sentencia de resolución del conflicto quedará:

```
[conexión psql user2]
testvs=> select * from versions.pgvsmerge ('nucleos',977, 'user2');
```

Tras lo cual se tiene que realizar de nuevo el *commit* está vez de forma satisfactoria:

```
[conexión psql user2]
testvs=> select *
        from versions.pgvscommit ('nucleos','modificar un mismo nucleo');
```

Por último, si se desea eliminar la funcionalidad de control de versiones de la capa *nucleos* habrá que ejecutar como administrador (*postgres*):

```
testvs=# select * from versions.pgvsdrop ('nucleos');
```

Existe un complemento o plugin para *QGIS* que añade la funcionalidad de *pgVersion* y de todos los métodos aquí vistos, pero de una forma más amigable a través de menús.

El control de conflictos se realiza a través de una interfaz gráfica.

El nombre del complemento es *PgVersion* y se puede instalar desde el administrador de complementos de QGIS.

Existe otro complemento (*qgis-versioning*) de control de versiones para PostGIS[1] en forma de *plugin* de QGIS, que convendría comparar y comprobar respecto a *pgversion*.

---

[1] https://qgis-versioning.readthedocs.io/en/latest/functionality.html
https://github.com/Oslandia/qgis-versioning

12. Particiones de datos

El objetivo principal de crear particiones (*partitions*) de las tablas es mejorar su rendimiento. Crear particiones (*partitioning*) permite dividir una tabla muy grande en piezas físicas (tablas) más pequeñas **para sobre todo mejorar el rendimiento** de las consultas.

En versiones anteriores de PostgreSQL 10, la forma más natural de crear particiones era utilizar herencia de tablas.

A partir de PostgreSQL 10 y con las llamadas **particiones declarativas**, ya no es necesario utilizar herencia para crear particiones de tablas y esto posiblemente hará que el uso práctico de tablas heredadas en PostgreSQL disminuya a partir de ahora.

En cualquier caso, la herencia de tablas es lo suficientemente importante para que el lector tenga constancia de esta característica y su potencial en tablas alfanuméricas y en espaciales.

12.1. Herencia de tablas

PostgreSQL tiene una característica interesante de la cual carece otros SGBD y que consiste en estructurar las tablas según una jerarquía padre-hija siguiendo la filosofía de herencia de los lenguajes de programación orientados a objeto (POO) convencionales.

La herencia de tablas en PostgreSQL era especialmente útil cuando se querían crear particiones (*partitions*) de las tablas para mejorar su rendimiento.

Empezaremos explicando la herencia de tablas en general con algún ejemplo para más adelante incluir la herencia de campos de geometrías y detallar algunas notas al respecto.

La herencia de tablas significa que una tabla hereda la estructura de una tabla llamada padre.

Esta tabla padre no tiene porqué contener ningún dato sino únicamente la estructura de campos para las tablas hija. Es como una tabla abstracta en terminología POO.

La tabla hija hereda la estructura de la tabla padre. La tabla padre no tiene por qué contener datos, pudiéndose utilizar simplemente como una tabla abstracta como modelo de la estructura a heredar por las hijas.

Las restricciones de la tabla padre son heredadas por las hijas, excepto la clave primaria y las claves ajenas. Los índices tampoco se heredan.

Vamos a realizar un pequeño ejemplo para demostrar algunas de las características de la herencia de tablas comentadas hasta ahora:

Vamos a crear una tabla padre *vehiculo* que contiene los atributos (campos) comunes a varios tipos de vehículo (campo *tipo*) como bici, moto, coche, etc. Añadiremos también un índice sobre el campo *peso* para ver simplemente si se hereda en la tabla hija.

```
s1=# create table vehiculo (id serial primary key, precio integer check
    (precio >= 0), peso real, tipo varchar not null);
s1=# create index vehiculo_peso on vehiculo(peso);
```

La tabla hija (nótese la cláusula *inherits*) que almacenará las bicicletas heredará todos los atributos de la tabla padre vehículo y además tendrá algunos campos específicos solo para bicicletas si es eléctrica (*electrica*) o su tamaño en pulgadas de rueda (*rueda*).

```
s1=# create table bici (electrica boolean default false, rueda integer,
    constraint check_bici check (tipo = 'bici')) inherits (vehiculo);
```

Esta tabla solo permite almacenar bicicletas (campo *tipo* igual a *bici*), para ello se utiliza la restricción *check_bici*.

La información de la tabla bici muestra que se han heredado las columnas de *vehiculo* y también sus restricciones. En cambio, no se han heredado ni los índices (campo *peso*) ni la clave primaria.

```
s1=# \d bici
                             Tabla «public.bici»
  Columna   |       Tipo        | Col. | Nullable |            Default
------------+-------------------+------+----------+------------------------------------
 id         | integer           |      | not null |nextval('vehiculo_id_seq'::regclass)
 precio     | integer           |      |          |
 peso       | real              |      |          |
 tipo       | character varying |      | not null |
 electrica  | boolean           |      |          | false
 rueda      | integer           |      |          |
Restricciones CHECK:
    "check_bici" CHECK (tipo::text = 'bici'::text)
    "vehiculo_precio_check" CHECK (precio >= 0)
Hereda: vehiculo
```

Añadimos la clave primaria y también el valor por defecto a *bici* en el campo *tipo* para que no sea necesario especificarlo cuando se inserta una fila en la tabla *bici*.

```
s1=# alter table bici alter column tipo set default 'bici';
s1=# alter table bici add constraint bici_pkey primary key (id);
```

La segunda tabla hija *coche* quedará, por ejemplo:

```
s1=# create table coche (cilindrada integer, constraint check_coche check
    (tipo = 'coche')) inherits (vehiculo);
s1=# alter table coche alter column tipo set default 'coche';
s1=# alter table coche add constraint coche_pkey primary key (id);
```

Insertamos una bicicleta y un coche en las tablas hijas:

```
s1=# insert into bici (precio, rueda) values (200, 26);
s1=# insert into coche (precio, cilindrada) values (1500000, 1200);
```

Vemos como al insertar una bici y un coche, también aparecen en la tabla *vehiculo*.

```
s1=# select * from bici;
 id | precio | peso | tipo | electrica | rueda
----+--------+------+------+-----------+-------
  1 |    200 |      | bici | f         |    26
s1=# select * from coche;
 id | precio  | peso | tipo  | cilindrada
----+---------+------+-------+------------
  2 | 1500000 |      | coche |       1200

s1=# select * from vehiculo;
 id | precio  | peso | tipo
----+---------+------+-------
  1 |     100 |      | bici
  2 | 1500000 |      | coche
```

Hasta aquí todo correcto, incluso se podría actualizar el precio de un coche desde la tabla *vehiculo* o desde la propia tabla *coche*, mostrándose los cambios en ambas tablas de forma automática. El borrado de filas es igual, es decir, la tabla padre e hija están sincronizadas.

```
s1=# update coche set precio = 1350000 where id = 2;
```

En cambio, no es posible insertar una nueva fila en la tabla *vehiculo* y que esta aparezca según sea de tipo coche o bici en la tabla hija correspondiente.

```
s1=# insert into vehiculo (precio, tipo) values (150, 'bici');
s1=# select * from vehiculo;
 id | precio   | peso | tipo
----+----------+------+-------
  3 |      150 |      | bici
  1 |      200 |      | bici
  2 |  1350000 |      | coche
```

La tabla *bici* no se ha actualizado.

```
s1=# select * from bici;
 id | precio | peso | tipo | electrica | rueda
----+--------+------+------+-----------+-------
  1 |    200 |      | bici | f         |    26
```

Borramos la fila insertada no sincronizada con la tabla hija, para seguir con el ejercicio.

```
s1=# delete from vehiculo where id = 3; --borramos la fila anterior
```

Si se deseara insertar filas en la tabla padre manteniendo la sincronización con las hijas es necesario crear un disparador en la tabla *vehiculo* que en función del valor del campo *tipo* inserte una fila en la tabla hija correspondiente.

La función disparadora quedará:

```
CREATE OR REPLACE FUNCTION tgg_function_vehiculo () RETURNS trigger AS
$$
DECLARE
  num_rows integer;
BEGIN
  IF (NEW.tipo = 'bici') THEN
    INSERT INTO bici (precio, peso) VALUES (NEW.precio, NEW.peso);
  ELSIF (NEW.tipo = 'coche') THEN
    INSERT INTO coche (precio, peso) VALUES (NEW.precio, NEW.peso);
  END IF;

  IF FOUND THEN
    GET DIAGNOSTICS num_rows = ROW_COUNT;
    RAISE NOTICE 'Filas modificadas: %', num_rows;
  END IF;

  RETURN null;
END;
$$ LANGUAGE 'plpgsql';
```

Y el disparador sobre la tabla *vehiculo* permitirá la inserción controlada en la tabla padre para su propagación a las tablas hijas:

```
s1=# CREATE TRIGGER tgg_vehiculo
  BEFORE INSERT ON vehiculo
  FOR EACH ROW EXECUTE PROCEDURE tgg_function_vehiculo ();
s1=# insert into vehiculo (precio, tipo) values (150, 'bici');
NOTICE: Filas modificadas: 1
INSERT 0 0
s1=# select * from vehiculo;
 id | precio   | peso | tipo
----+----------+------+-------
  1 |      200 |      | bici
  5 |      150 |      | bici
  2 |  1500000 |      | coche
```

```
s1=# select * from bici;
 id | precio | peso | tipo | electrica | rueda
----+--------+------+------+-----------+-------
  1 |    200 |      | bici | f         |    26
  5 |    150 |      | bici | f         |
```

Es importante tener configurada adecuadamente la variable de configuración de PostgreSQL *constraint_exclusion*. Si esta variable vale ON o PARTITION (valor por defecto), entonces al realizar una consulta el planificador de PostgreSQL comprobará las restricciones y desechará las tablas que no intervienen en la consulta. Esto es especialmente útil en las consultas de herencia de tablas, así como en las particiones declarativas que se verán en el siguiente apartado.

De esta manera, la siguiente consulta, no indaga en la tabla *bici*, ya que el planificador analiza las restricciones y sabe que solo debe mirar la tabla *coche*.

```
s1=# explain analyze select count(*) from vehiculo where tipo = 'coche';
                                   QUERY PLAN
-------------------------------------------------------------------------------
Aggregate  (cost=25.83..25.84 rows=1 width=8) (actual time=0.019..0.019 rows=1
  loops=1)
  -> Append  (cost=0.00..25.82 rows=6 width=0) (actual time=0.016..0.016 rows=1
  loops=1)
      -> Seq Scan on vehiculo vehiculo_1  (cost=0.00..2.41 rows=1 width=0)
(actual time=0.010..0.010 rows=0 loops=1)
          Filter: ((tipo)::text = 'coche'::text)
      -> Seq Scan on coche vehiculo_2  (cost=0.00..23.38 rows=5 width=0) (actual
  time=0.005..0.005 rows=1 loops=1)
          Filter: ((tipo)::text = 'coche'::text)
Planning Time: 0.263 ms
Execution Time: 0.038 ms
```

En este segundo ejemplo se va a *particionar* una tabla de hidrografía para que cada tabla hija contenga un tipo de geometría diferente, es decir, los lagos (polígonos), los ríos (líneas) y los puntos de acceso al mar (puntos) serán tres tablas hijas.

La tabla padre de hidrografía *btn100* contendrá una columna de geometría de tipo genérico (*geometry*) para permitir almacenar cualquier tipo de geometría.

La cartografía de hidrografía se ha obtenido (centro de descarga del CNIG) a partir de la BTN100 (*ign.es*). De todas las capas solo se han utilizado las de embalses, ríos y puntos de acceso al mar y se han recortado a la Comunidad Autónoma Valenciana para aligerar su carga. El fichero es *btn100valencia.sql*.

Capa padre de tipo de geometría genérico:

```
s1=# create table btn100 (gid serial primary key, nombre varchar, geom
   geometry (geometry, 4258));
s1=# create index btn100_geom_gist on btn100 using gist (geom);
```

Capa hija *btn100rios* que contendrá solo las geometrías lineales de los ríos de la BTN100:

```
s1=# create table btn100rios (cod_rio varchar) inherits (btn100);
s1=# create index btn100rios_geom_gist on btn100rios using gist (geom);
s1=# alter table btn100rios add constraint btn100rios_pkey primary key
   (gid);
```

Se debe modificar el campo heredado *geom* para que contenga solo geometrías lineales:

```
s1=# alter table btn100rios alter column geom type geometry
   (multilinestring, 4258);
ERROR: no se puede alterar la columna heredada «geom»
```

Pero como se ve no es posible, ya que un campo heredado no se puede cambiar de tipo, y al utilizar la característica *typmod* para restringir las geometrías solo a *multilinestring* en realidad lo que se está haciendo es un cambio de tipo.

Solución: primero insertaremos las geometrías y luego añadiremos las restricciones de tipo CHECK en lugar de utilizar *typmod*.

Insertamos las geometrías lineales de la capa *btn100valencia* (*btn100valencia.sql*):

```
s1=# insert into btn100rios (nombre, cod_rio, geom)
   select nombre, codrio, geom from btn100valencia where tipo = 'rio';
INSERT 0 2839
```

Ahora, con el método *populate_geometry_columns* con su segundo parámetro a *false*, se añadirán a la columna de geometría las restricciones de tipo CHECK en lugar de utilizar *typmod* como se ve en la definición de la tabla:

```
s1=# select populate_geometry_columns ('btn100rios'::regclass, false);
 populate_geometry_columns
---------------------------
                         1
s1=# \d btn100rios
                         Tabla «public.btn100rios»
 Columna |          Tipo            | Coll | Nullable |           Default
---------+--------------------------+------+----------+------------------------------
 gid     | integer                  |      | not null | nextval('btn100_gid_seq'::regclass)
 nombre  | character varying        |      |          |
 geom    | geometry(Geometry,4258)  |      |          |
 cod_rio | character varying        |      |          |
Índices:
    "btn100rios_pkey" PRIMARY KEY, btree (gid)
    "btn100rios_geom_gist" gist (geom)
Restricciones CHECK:
    "enforce_dims_geom" CHECK (st_ndims(geom) = 2)
    "enforce_geotype_geom" CHECK (geometrytype(geom) = 'MULTILINESTRING'::text)
    "enforce_srid_geom" CHECK (st_srid(geom) = 4258)
Hereda: btn100
```

Ahora ya se podrá cargar la capa *btn100rios* desde cualquier SIG de escritorio al aparecer inventariada correctamente en la vista *geometry_columns*.

Hacemos lo mismo a las capas hijas de embalses (*multipolygon*) y acceso al mar (*point*):

```
s1=# create table btn100embalses () inherits (btn100);
s1=# create index btn100embalses_geom_gist on btn100embalses using gist (geom);
s1=# alter table btn100embalses add constraint btn100emb_pkey primary key (gid);
s1=# insert into btn100embalses (nombre, geom)
   select nombre, geom from btn100valencia where tipo = 'embalse';
INSERT 0 30
s1=# select populate_geometry_columns ('btn100embalses'::regclass, false);
s1=# create table btn100accmar () inherits (btn100);
s1=# create index btn100accmar on btn100accmar using gist (geom);
s1=# alter table btn100accmar add constraint btn100accmar_pkey primary key (gid);
s1=# insert into btn100accmar (nombre, geom)
   select nombre, geom from btn100valencia where tipo = 'accmar';
INSERT 0 93
s1=# select populate_geometry_columns ('btn100accmar'::regclass, false);
s1=# select count(*) from btn100;
 count
-------
  2962
```

En este caso se deja al lector la posibilidad (si lo necesita) de crear disparadores en la tabla padre para insertar directamente los ríos, embalses y accesos al mar y que el sistema inserte en las tablas hijas correspondientes los datos.

Limitaciones de la herencia de tablas

- La consistencia depende de las restricciones CHECK de cada tabla hija.
- Las operaciones INSERT y COPY sobre la tabla padre no se propagan de forma automática a las tablas hijas, en lugar de ello hay que utilizar disparadores lo que causa inserciones más lentas.
- Se requiere un trabajo manual en la creación y mantenimiento de las tablas hijas.
- No se puede asegurar la unicidad de un campo entre todas las tablas hijas, ya que los índices se deben crear para cada tabla hija.
- Los índices, las restricciones y muchas labores de mantenimiento se necesitan aplicar sobre todas las tablas hijas de forma explícita lo cual complica la gestión.

Por todas estas limitaciones y sobre todo el trabajo manual necesario para mantener la consistencia y la gestión de la jerarquía de herencia de las tablas, PostgreSQL a partir de la versión 10 introdujo las llamadas particiones declarativas[1] que se explican en el siguiente apartado y que solucionan muchas de las anteriores limitaciones (sobre todo a partir de la versión 11 de PostgreSQL).

Figura 78 Tablas particionadas utilizando herencia según el tipo de geometría

12.2. Particiones declarativas

Con las particiones declarativas **no es necesario crear una estructura de tablas padre-hijas** para *particionar* los datos.

Se introduce una nueva cláusula **PARTITION** que se aplica cuando se crea una nueva tabla y en dicha cláusula se especifica cómo se va a *particionar* los datos: en función de una lista de valores de un campo o de un rango de valores de un campo.

Lo veremos mejor con un ejemplo práctico. En este caso queremos *particionar* las carreteras según el nombre del municipio al que pertenezcan.

Este ejemplo práctico es un caso real que ocurre con frecuencia, ya que en ocasiones se necesita cargar en una base de datos las carreteras, hidrografía, etc. a nivel nacional pero generalmente se va a trabajar a nivel municipal y se desea dividir dicha información por municipios buscando incrementar el rendimiento del servidor PostgreSQL.

---

[1] https://www.postgresql.org/docs/current/ddl-partitioning.html

La tabla *tramosmuni* (fichero *tramosmuni.sql*) se utilizará para cargar la información. Las particiones se realizarán por el campo *municipio*. Para agilizar la carga dicha tabla solo posee información de dos municipios: *Calahorra* y *Autol* de la provincia de La Rioja.

La tabla *tramos* será la tabla genérica (*partitioned* o particionada) a partir de la cual se realizarán las particiones, para ello se utiliza la cláusula **partition by** (introducida en Post-greSQL 10). Se permiten tres tipos de particiones: por lista de valores *partition by LIST* (p. ej.: por nombres de municipios), por un rango *partition by RANGE* (p. ej.: por un campo de fecha) y por el módulo/resto de un campo numérico *partition by HASH*. Las particiones se pueden crear por uno o varios campos o expresiones.

```
s1=# create table tramos ( gid serial, clased varchar, nombre varchar,
    municipio varchar not null, geom geometry (multilinestring, 4258) )
    partition by list (municipio);
```

A partir de PostgreSQL 11, la tabla particionada *tramos*, permite crear índices, y restricciones de unicidad o clave primaria, que se propagarán en las tablas de las particiones.

La condición para la clave primaria es que debe incluir al menos el campo por el cual se ha realizado la partición, es decir, *municipio* en nuestro caso.

```
s1=# alter table tramos add primary key (gid, municipio);
s1=# create index tramos_geom_gist on tramos using gist(geom);
```

También se permite especificar restricciones de tipo CHECK o NOT NULL que serán propagadas a las particiones.

En el siguiente paso, se crean las tablas de las particiones (dos en este caso, ya que se sabe que solo hay dos municipios).

Para crear la partición se utiliza la cláusula *partition of nombre_tabla for values*.

Partición para el municipio Calahorra:

```
s1=# create table tramos_calahorra partition of tramos for values in
    ('Calahorra');
```

Partición para el municipio Autol:

```
s1=# create table tramos_autol partition of tramos for values in ('Autol');
```

En la definición de las particiones, se aprecia cómo se está utilizando la clave primaria y el índice creado en la tabla particionada (*partitioned*) *tramos*. Las tablas de las particiones *tramos_calahorra* o *tramos_autol* pueden también incluir otras restricciones de tipo *check* o índices de forma individual, es decir, no propagadas desde la tabla particionada *tramos*.

```
s1=# \d tramos_calahorra
                         Columna    |               Tipo               |
   Ordenamiento | Nulable   |           Por omisión
-----------+-------------------------------+--------------+----------+--
 gid       | integer                       |              | not null |
    nextval('tramos_gid_seq'::regclass)
 clased    | character varying             |              |          |
 nombre    | character varying             |              |          |
 municipio | character varying             |              | not null |
 geom      | geometry(MultiLineString,4258) |             |          |
Partición de: tramos FOR VALUES IN ('Calahorra')
Índices:
    "tramos_calahorra_pkey" PRIMARY KEY, btree (gid, municipio)
    "tramos_calahorra_geom_idx" gist (geom)
```

* La restricción *not null* no se puede eliminar, ya que ha sido definida en la tabla particionada *tramos*.

Por último, se realiza la carga de datos directamente sobre la tabla genérica/particionada *tramos*, al contrario que en el sistema de herencia de tablas, al insertar los datos en la tabla *tramos* de forma automática se insertarán los datos en las tablas de las particiones correspondientes según el nombre del municipio y no es necesaria la creación de disparadores de forma manual. Si no hay una partición para un municipio dado de la tabla tramos se produciría un error en la inserción.

Hay que tener en cuenta que las particiones no se pueden solapar.

```
s1=# insert into tramos (clased, nombre, municipio, geom) select clased,
    nombre, municipio, geom from tramosmuni;
INSERT 0 3212
```

Para una información más detallada de las particiones declarativas consultad la ayuda de PostgreSQL del comando *Create Table*[1], así como un ejemplo[2] que se resuelve utilizando particiones declarativas y herencia.

Si se realiza una consulta sobre un municipio determinado en la tabla tramos, se puede ver como únicamente se consulta la partición implicada (variable de configuración *constraint exclusion* vale *partition*):

```
s1=# explain analyze select count(*) from tramos where municipio =
    'Calahorra';
                              QUERY PLAN
---------------------------------------------------------------------
Aggregate  (cost=133.72..133.73 rows=1 width=8)
  (actual time=0.754..0.755 rows=1 loops=1)
    -> Bitmap Heap Scan on tramos_calahorra tramos
(cost=79.48..133.67 rows=23 width=0) (actual time=0.327..0.676 rows=2282 loops=1)
        Recheck Cond: ((municipio)::text = 'Calahorra'::text)
        Heap Blocks: exact=92
        -> Bitmap Index Scan on tramos_calahorra_pkey
    (cost=0.00..79.47 rows=23 width=0) (actual time=0.133..0.133 rows=2282 loops=1)
            Index Cond: ((municipio)::text = 'Calahorra'::text)
Planning Time: 0.196 ms  Execution Time: 0.785 ms
```

La variable de entorno de PostgreSQL *enable_partition_pruning* debe estar a *on* (valor por defecto), para que el planificador aproveche las ventajas de las particiones en las consultas. Ver el apartado I 1.1, pág. 501, para cambiar una variable de PostgreSQL.

```
s1=# show enable_partition_pruning;
 enable_partition_pruning
-------------------------
 on
```

Si se **cambia el nombre de algún municipio**, las particiones se actualizan automáticamente. En el sistema de herencia se deben programar disparadores para dicha funcionalidad.

```
s1=# select 'tramos' as municipio, count(*) from tramos union
    select 'calahorra', count(*) from tramos_calahorra union
    select 'autol', count(*) from tramos_autol;
 municipio | count
-----------+-------
 calahorra |  2282
 tramos    |  3212
 autol     |   930
```

---

[1] https://www.postgresql.org/docs/current/sql-createtable.html

[2] https://www.postgresql.org/docs/current/ddl-partitioning.html

Cambiamos de nombre 10 municipios de la tabla tramos, de 'Autol' a 'Calahorra':

```
s1=# update tramos t0 set municipio = 'Calahorra' from (select gid from
    tramos where municipio = 'Autol' limit 10) as t1 where t0.gid =
    t1.gid;
UPDATE 10
```

Ejecutamos la primera sentencia para ver que las particiones se han redimensionado:

```
municipio | count
-----------+-------
 calahorra |  2292
 tramos    |  3212
 autol     |   920
```

Para ser justos hay que decir que la herencia de tablas sigue teniendo algunas ventajas respecto a las particiones declarativas como la posibilidad de añadir columnas extra en las tablas hijas, el soporte de herencia múltiple, o permitir dividir las particiones de una forma más flexible (aunque hay que tener cuidado en las condiciones y asegurarse que el planificador puede discriminar de forma efectiva las particiones en las consultas).

12.3. *Tablespaces* y particiones de datos

Un *tablespace* en PostgreSQL define (por el administrador) localizaciones alternativas al *cluster* de datos por defecto, para almacenar cualquier objeto de la base de datos.

El administrador puede controlar de esta forma la distribución de los objetos de la base de datos en diferentes particiones lógicas o dispositivos de almacenamiento.

Algunas de las ventajas de los *tablespaces* pueden ser:

- Extender la capacidad de almacenamiento del *cluster* principal de PostgreSQL.
- Mejorar el rendimiento del sistema dedicando sistemas de almacenamiento más rápidos (como discos duros SSD de última generación) para almacenar los datos (tablas) más frecuentemente utilizados o almacenar los índices.

> Una posibilidad interesante el realizar particiones de un gran volumen de datos consiste en que cada partición (tabla hija heredada o partición declarativa) **se puede almacenar en un TABLESPACE diferente** y así aprovechar el rendimiento de tener un sistema de almacenamiento mejor distribuido.

La siguiente sentencia crea un *table space* (que no es más que un directorio) que apunta a un disco SSD alternativo:

```
CREATE TABLESPACE fastspace LOCATION '/ssd1/postgresql/data';
```

Cualquier tabla en PostgreSQL (tabla normal, tabla hija o tabla de una partición) podrá almacenarse en dicho *table space* añadiendo la cláusula *TABLESPACE nombretablaspace* en su creación:

```
CREATE TABLE tramos_calahorra partition of tramos for values in ('Calahorra')
    TABLESPACE fastspace;
```

Es importante recordar que otros objetos de la base de datos como los índices también permiten almacenarse en *tablespaces*:

```
CREATE INDEX tramos_calahorra_nombre_idx on tramos_calahorra using
    (nombre) TABLESPACE fastspace;
```

13. Consultas espaciales paralelas

PostgreSQL puede diseñar el plan de ejecución de una consulta para que soporte múltiples núcleos de la CPU, y de esta manera ejecutar las consultas más rápido. Esta característica se denomina consultas paralelas[1] donde la carga de procesado de la consulta se divide según los núcleos que tenga el procesador del ordenador.

No todas las consultas se pueden ejecutar de forma paralela, ya sea por limitaciones de la implementación actual de PostgreSQL o simplemente porque dividir la consulta de forma paralela no garantiza una ejecución más rápida que de forma secuencial.

Por regla general, aquellas consultas que actúan sobre un volumen de datos muy grande pero que solo devuelven unas pocas filas tienden a beneficiarse más de un plan paralelo de ejecución, aunque esto no es del todo cierto si hablamos de consultas PostGIS caracterizadas por usar operadores o predicados espaciales que consumen un alto tiempo de procesado.

> Para saber sí una consulta se está ejecutando de forma paralela utilizaremos el comando *explain analyze*. Si el planificador incluye un nodo *Gather* o *Gather Merge* con varios *workers* entonces la consulta sí se está ejecutando de forma paralela. Lo veremos en seguida.

Aunque las consultas Paralelas se introdujeron en la versión 9.6 de PostgreSQL, es a partir de la versión 12 de PostgreSQL y la versión 3.0 de PostGIS cuando muestran todo su potencial especialmente en el apartado de consultas espaciales.

Un blog de referencia para seguir la evolución de las consultas paralelas en PostGIS es una vez más el de Paul Ramsey donde hay varias entradas específicas[2] con ejemplos y cartografía para ver de cómo aplicar este tipo consultas en PostGIS.

En el caso de disponer versiones de PostgreSQL 10 o 11, o versiones de PostGIS 2.x se aconseja consultar otras entradas más antiguas de dicho blog para ver las limitaciones que tienen en estas versiones las consultas espaciales.

En este apartado estudiaremos la capacidad de las consultas paralelas en versiones de PostgreSQL 12 o superior, y PostGIS 3.0 o superior.

PostgreSQL soporta los siguientes planes de consultas paralelas:

  a)   Escaneos paralelos (*sequence, index, y bitmap heap scans*).
  b)   Agregados paralelos.
  c)   Concatenaciones paralelas (*nested loop, merge y hash joins*).
  d)   Adiciones (*append*) paralelas (*union all*).

Para ver las limitaciones y características de cada plan se aconseja consultar la documentación online de PostgreSQL[3].

En cuanto a las consultas paralelas espaciales, PostGIS generalmente utiliza el procesador de forma intensiva en sus cálculos espaciales y las consultas paralelas pueden mejorar notablemente el rendimiento de un gran número de consultas espaciales.

---

[1] https://www.postgresql.org/docs/current//parallel-query.html
[2] https://blog.cleverelephant.ca/2019/05/parallel-postgis-4.html
[3] https://www.postgresql.org/docs/current//parallel-plans.html

La primera tarea es comprobar el valor de tres variables de configuración[1] relacionadas con la ejecución paralela de consultas:

- *max_worker_processes (integer)*: Selecciona el número máximo de procesos de *background* que soporta el sistema. Por defecto vale 8.
- *max_parallel_workers (integer)*: Selecciona el número máximo de *workers* que el sistema soporta en las consultas paralelas. Por defecto vale 8.
  Su valor debe ser igual o menor que *max_worker_processes*.
- *max_parallel_workers_per_gather (integer)*: Selecciona el número de *workers* que pueden ser iniciados por un único nodo *Gather* o *Gather merge*. Por defecto vale 2. Es importante comprobar esta variable, si cambiamos su valor a 0, desactivaremos las consultas paralelas.

Hay que tener en cuenta que una consulta paralela consume más recursos que una consulta secuencial, ya que cada *worker* es un proceso independiente, y tiene el mismo impacto que por ejemplo una conexión de un usuario adicional.

Cada proceso utiliza como máximo la memoria establecida por la variable *work_mem* (apartado I 1.8, pág. 528) y la ejecución paralela de consultas multiplica los procesos utilizados y por tanto también multiplica la memoria establecida en *work_mem*.

```
s1=# show max_worker_processes; show max_parallel_workers;
    show max_parallel_workers_per_gather;
 max_worker_processes
 ---------------------
 8
 max_parallel_workers
 ---------------------
 8
 max_parallel_workers_per_gather
 ---------------------------------
 2
```

La variable *max_parallel_workers_per_gather* la vamos a configurar (comando SET) con el valor 0 en algunos ejemplos para desactivar el uso de las consultas paralelas.

Siguiendo la filosofía de esta publicación vamos a ver varios ejemplos que de forma práctica mostrarán la mejora de rendimiento de este tipo de consultas.

Para los ejemplos se ha optado por crear una nueva base de datos espacial *s3*, permitiendo al lector borrarla tras los ejemplos.

En este primer ejemplo vamos a tratar de aplicar las consultas paralelas a un **agregado**.

Vamos a utilizar una capa de líneas (*tramosrioja.sql*) y otra de puntos (*pkrioja.sql*) de cerca de 100.000 filas para obligar mejor al planificador a utilizar consultas paralelas.

Primero, nos aseguramos que **no** se va a utilizar consultas paralelas configurando el número de *workers* por *gather* a 0.

```
s3=# set max_parallel_workers_per_gather = 0;
```

Sumamos la longitud (agregado) de todos los tramos. Utilizamos la versión *geography* de *st_length* ya que las coordenadas están en geográficas y además nos sirve para que la consulta emplee un poco más de tiempo en ejecutarse:

---

[1] https://www.postgresql.org/docs/current//runtime-config-resource.html

```
s3=# explain analyze
        select sum(st_length(geom::geography)) from tramosrioja;
                                QUERY PLAN
------------------------------------------------------------------------
    Aggregate  (cost=207056.46..207056.48 rows=1 width=8)
            (actual time=11403.943..11403.944 rows=1 loops=1)
    -> Seq Scan on tramosrioja  (cost=0.00..8833.31 rows=79131 width=536)
    (actual time=0.522..523.369 rows=79131 loops=1)
 Planning Time: 0.289 ms
 Execution Time: 11404.067 ms
```

No aparece el nodo *Gather* a lo largo del plan de ejecución: la consulta se está ejecutando de **forma secuencial y no paralela**.

Ahora, actualizamos la variable a su valor por defecto de 2 *workers*.

```
s3=# set max_parallel_workers_per_gather = 2;
s3=# explain analyze
        select sum(st_length(geom::geography)) from tramosrioja;
                                QUERY PLAN
------------------------------------------------------------------------
    Finalize Aggregate  (cost=91964.28..91964.29 rows=1 width=8)
                        (actual time=4105.791..4105.791 rows=1 loops=1)
    -> Gather  (cost=91964.07..91964.28 rows=2 width=8)
                        (actual time=4103.443..4127.499 rows=3 loops=1)
        Workers Planned: 2
        Workers Launched: 2
        -> Partial Aggregate  (cost=90964.07..90964.08 rows=1 width=8)
    (actual time=3931.748..3931.749 rows=1 loops=3)
                -> Parallel Seq Scan on tramosrioja  (cost=0.00..8371.71
    rows=32971 width=536) (actual time=1.326..189.595 rows=26377 loops=3)
 Planning Time: 0.826 ms
 Execution Time: 4128.431 ms
```

Ahora sí, se utilizan varios *workers* de forma paralela bajando el tiempo de ejecución a **más del doble** (los ejemplos se están realizando dentro de una máquina virtual).

Si nuestro ordenador dispusiera de más de dos núcleos y se incrementa *max_parallel_workers_per_gather* se puede mejorar aún más el tiempo obtenido.

En este segundo ejemplo vemos otro **escaneo secuencial**, en este caso la carga de proceso está en la cláusula *where*.

```
s3=# explain analyze select * from tramosrioja
        where st_length(geom::geography) > 1000;
                                QUERY PLAN
------------------------------------------------------------------------
 Gather  (cost=1000.00..94602.39 rows=26377 width=1043)
            (actual time=9.041..4452.182 rows=3309 loops=1)
    Workers Planned: 2
    Workers Launched: 2
    -> Parallel Seq Scan on tramosrioja  (cost=0.00..90964.69 rows=10990
    width=1043) (actual time=12.944..4205.565 rows=1103 loops=3)
        Filter:
            (st_length((geom)::geography, true) > '1000'::double precision)
        Rows Removed by Filter: 25274
 Planning Time: 0.570 ms
 Execution Time: 4454.082 ms
```

Con *max_parallel_workers_per_gather = 0* tardaría unos 11 segundos, con el siguiente plan de ejecución:

```
                                  QUERY PLAN
-----------------------------------------------------------------------
 Seq Scan on tramosrioja  (cost=0.00..207056.46 rows=26377 width=1043)
                          (actual time=2.946..11061.860 rows=3309 loops=1)
   Filter: (st_length((geom)::geography, true) > '1000'::double precision)
   Rows Removed by Filter: 75822
 Planning Time: 0.362 ms
 Execution Time: 11064.293 ms
```

En este tercer ejemplo vemos cómo se puede para paralelizar un **escaneo secuencial**, que consiste en la creación de un área de influencia de una capa. La carga de procesamiento está en las expresiones del propio *select*...

```
s1=# explain analyze select st_buffer(geom::geography,0.0001) from
    tramosrioja;
                                  QUERY PLAN
-----------------------------------------------------------------------
 Gather   (cost=1000.00..1014987.27 rows=79131 width=32)
          (actual time=8.241..24035.928 rows=79131 loops=1)
   Workers Planned: 2
   Workers Launched: 2
   -> Parallel Seq Scan on tramosrioja
         (cost=0.00..1006074.17 rows=32971 width=32)
         (actual time=14.166..23702.584 rows=26377 loops=3)
 Planning Time: 0.562 ms
 Execution Time: 24073.056 ms
```

Con *max_parallel_workers_per_gather = 0* tardaría unos 70 segundos, con el siguiente plan de ejecución:

```
                                  QUERY PLAN
-----------------------------------------------------------------------
 Seq Scan on tramosrioja  (cost=0.00..2403337.37 rows=79131 width=32)
   (actual time=4.275..70331.878 rows=79131 loops=1)
 Planning Time: 0.449 ms
 Execution Time: 70400.490 ms
```

En el cuarto ejemplo, vemos cómo se comporta el plan de ejecución respecto a una **concatenación** espacial:

```
s3=# explain analyze select t.gid, p.gid from tramosrioja t, pkrioja p
      where st_dwithin (t.geom, p.geom,0.0001);
                             QUERY PLAN
-----------------------------------------------------------------------
 Gather   (cost=1000.53..10484958.69 rows=13752870 width=8) (actual
   time=37.011..5323.828 rows=160617 loops=1)
   Workers Planned: 2
   Workers Launched: 2
   -> Nested Loop  (cost=0.53..9108671.69 rows=5730362 width=8) (actual
   time=17.867..4996.843 rows=53539 loops=3)
       -> Parallel Seq Scan on tramosrioja t  (cost=0.00..8371.71
   rows=32971 width=540) (actual time=1.604..204.499 rows=26377 loops=3)
       -> Index Scan using pkrioja_geom on pkrioja p  (cost=0.53..275.90
   rows=11 width=52) (actual time=0.136..0.169 rows=2 loops=79131)
             Index Cond: (geom && st_expand(t.geom, '0.0001'::double
   precision))
             Filter: st_dwithin(t.geom, geom, '0.0001'::double precision)
             Rows Removed by Filter: 2
 Planning Time: 27.164 ms
 Execution Time: 5356.091 ms
```

Con *max_parallel_workers_per_gather = 0* tardaría unos 10.5 segundos.

Además, a partir de PostgreSQL 12 y PostGIS 3.x, incluso las consultas espaciales con predicados espaciales que llevan incluida la comparación de cajas de forma interna (*ST_Intersects, ST_Overlaps, ST_Crosses*, etc.), también permiten concatenaciones paralelas de forma transparente, cosa que no ocurría con PostgreSQL 11 y PostGIS 2.x, ya que era necesario recurrir a algún artefacto[1].

En el cuarto ejemplo, vemos cómo se comporta el plan de ejecución respecto a una **concatenación** espacial:

```
s1=# explain analyze select t1.gid, t2.gid
   from tramosrioja t1, tramosrioja t2 where st_crosses (t1.geom,t2.geom);
                            QUERY PLAN
----------------------------------------------------------------
 Gather   (cost=1000.28..7359855.14 rows=7254447 width=8)
          (actual time=36.552..36164.041 rows=4128 loops=1)
    Workers Planned: 2
    Workers Launched: 2
    -> Nested Loop (cost=0.28..6633410.44 rows=3022686 width=8) (actual
    time=66.175..35938.523 rows=1376 loops=3)
          -> Parallel Seq Scan on tramosrioja t1  (cost=0.00..8371.71
    rows=32971 width=540) (actual time=0.074..72.089 rows=26377 loops=3)
          -> Index Scan using tramosrioja_geom on tramosrioja t2
    (cost=0.28..200.86 rows=8 width=540) (actual time=1.293..1.351 rows=0
    loops=79131)
                Index Cond: (geom && t1.geom)
                Filter: st_crosses(t1.geom, geom)
                Rows Removed by Filter: 8
 Planning Time: 5.897 ms
 Execution Time: 36166.493 ms
```

Con *max_parallel_workers_per_gather = 0* tardaría unos 96 segundos

En estos tres ejemplos el planificador ha utilizado las consultas paralelas en el primer intento (sin cambiar ningún parámetro de configuración), aunque podría no ser así debido a:

- En algunas ocasiones puede ser necesario incrementar el coste estimado que tiene la función de PostGIS utiliza, especialmente en funciones *PL/PgSQL* creadas por el usuario. Para incrementarlo, por ejemplo, con la función STX_EXTRACTse puede ejecutar:

  `ALTER FUNCTION STX_EXTRACT(geometry, integer) COST 100;`

  Nótese también que para que una función de PostgreSQL sea susceptible de utilizarse en una consulta paralela debe estar marcada con la cláusula **PARALLEL SAFE**.

  `ALTER FUNCTION STX_EXTRACT(geometry, integer) PARALLEL SAFE;`

- Además, algunas funciones de PostGIS llaman a su vez otras funciones SQL de PostGIS lo cual también puede cambiar el comportamiento del planificador.
- Otras veces puede ser necesario ajustar mejor el valor de algunos parámetros como *parallel_tuple_cost* para mejorar el comportamiento del planificador. Ver parámetros de configuración de la Tabla 45, pág. 383

---

[1] http://blog.cleverelephant.ca/2018/09/parallel-postgis-3.html

Como resumen comentar que la ejecución de consultas paralelas en PostgreSQL y PostGIS, especialmente a partir de las versiones 12 y 3.0, son potentes y aprovechan en gran medida los diferentes núcleos de nuestro procesador, reduciendo el tiempo empleado en varias veces según el número de *workers* empleados. Además, en estas últimas versiones tampoco es necesario configurar nada en especial, ya que la mayoría de las consultas se ejecutan de forma paralela sin necesidad de configuración.

13.1. Otros parámetros de configuración

Hay otros parámetros relacionados[1] con las consultas paralelas y el planificador de PostgreSQL, aunque lo normal es no cambiarlos, su objetivo es afinar el comportamiento del planificador y es necesario conocer bien lo que se está haciendo y cómo puede afectar a cualquier otro tipo de consultas.

Nombre	Descripción
parallel_setup_cost *(float)*	Estimación del coste de lanzar un proceso de trabajo (worker) paralelo. Por defecto vale 1000.
parallel_tuple_cost *(float)*	Estimación del coste de transferir una tupla desde un proceso (*worker*) paralelo a otro proceso. Por defecto vale 0.1.
min_parallel_table_ scan_size *(integer)*	Cantidad mínima de memoria de los datos de una tabla que deben ser escaneados para considerar el uso de un escaneo paralelo. Es importante tener en cuenta que cuando se utilizan índices la cantidad de datos escaneados será menor. Por defecto vale 8MB.
min_parallel_index_ scan_size (integer)	Igual que la variable anterior, pero para índices. Por defecto vale 512KB.
force_parallel_mode *(enum)*	Obliga (si su valor es ON o REGRESS) al planificador a utilizar consultas paralelas. Añadirá siempre un nodo *Gather* arriba del plan de ejecución, incluso aunque no se utilice ningún *worker* paralelo. Se utiliza solo con una finalidad de testeo. El valor por defecto es *OFF* que significa que se utilizará el modo paralelo solo si se estima que se mejorará la eficacia de la consulta.
effective_io_ concurrency *(integer)*	Selecciona el número de operaciones I/O del disco que pueden ser ejecutadas simultáneamente. **Un disco SSD** u otro sistema de almacenamiento basado en memoria permite generalmente muchos accesos concurrentes luego en estos casos un valor de cientos puede ser adecuado. Si los discos son magnéticos su valor será el número de discos magnéticos usados en paralelo (RAID). El valor por defecto es 1.

Tabla 45 Configuración de las consultas paralelas (planificador)

---

[1] https://www.postgresql.org/docs/current/runtime-config-query.html

G Análisis raster

El bloque de funcionalidad *raster* se trata en bastante profundidad a lo largo de tres apartados.

En el primer apartado se muestra las propiedades del nuevo tipo de datos *raster*, cómo se define, los métodos para agregar bandas y valores a las celdas, las propiedades de las bandas, los procesos de conversión de formato vectorial a *raster* y viceversa, etc.

En un segundo apartado se introduce el concepto de capa *raster* y se estudian las herramientas de importación y exportación de capas *raster*. Se hace hincapié en los conceptos de alineamiento (*alignment*) y distribución de las teselas de las capas *raster*, así como las restricciones que deben cumplir dichas capas.

Por último, se trabaja con capas *raster* con cartografía real y se calculan histogramas, reclasificaciones, álgebra de mapas, remuestreos, funciones de vecindad, estadísticas zonales, intersecciones, etc. Todos estos análisis espaciales se realizan teniendo en cuenta que las capas están distribuidas según teselas lo que condiciona directamente el diseño del código SQL de las operaciones.

1. Introducción

PostGIS *Raster*[1] permite gestionar la información *raster* de una forma sencilla y potente, sigue la misma filosofía que el tipo *geometry* permitiendo realizar análisis *raster*.

Su principal potencia la ofrece cuando se desea mezclar y combinar información *raster* y vectorial en el análisis espacial.

El tipo de datos nativo se llama *raster* y algunas de las características son:

- A una tabla con un campo de tipo *raster*, la llamaremos capa *raster*.
- Una capa puede estar formada por una única fila (imagen *raster* completa) o por muchas filas donde cada fila representa una tesela (*tile*) del *raster* original.
- Cada tesela está georreferenciada y puede ocupar hasta 1 GB. Una capa compuesta por muchas teselas puede ocupar hasta 32TB (son los límites de PostgreSQL).
- Permite capas con teselas regulares o irregulares (con solapes).
- Soporta pirámides (*overviews*) para optimizar la visualización según el zoom.
- Dispone de vistas de metadatos, al igual que la parte vectorial de PostGIS, donde se almacena información de las propiedades de las capas *raster*.
- El comando *raster2pgsql* permite importar muchos formatos *raster* diferentes.
- Permite realizar reclasificaciones, análisis de vecindad, remuestreo, álgebra de mapas, intersecciones, uniones, mapas de pendientes (*slope*), sombreados (*hillshade*), direcciones (*aspect*), etc.
- Permite al usuario crear funciones personalizadas para implementar sus propios algoritmos mediante el álgebra de mapas.
- Permite convertir datos vectoriales (*geometry*) a *raster* y viceversa.
- Reproyección de capas.
- Indexación espacial sobre las teselas de las capas.
- Exportación a cualquier formato soportado por *GDAL*.

Antes de entrar de lleno con la importación de ficheros *raster* y la creación de capas *raster* se va a estudiar las propiedades de un objeto *raster* o tesela individual.

---

[1] https://postgis.net/docs/using_raster_dataman.html
https://postgis.net/docs/RT_reference.html

2.   Tipo raster

Igual que las geometrías vectoriales se almacenan en PostGIS utilizando el tipo *geometry* o el tipo *geography*, los datos en formato *raster* se almacenan utilizando el tipo *raster*.

Aunque la creación de una nueva capa *raster* en PostGIS generalmente se realiza mediante importación desde ficheros *raster* u obteniendo capas derivadas a partir de otras capas *raster*. De momento y para comprender el funcionamiento del tipo de datos *raster*, se van a analizar sus propiedades y cómo se crea un nuevo valor de este tipo de datos.

2.1.   Creación de un objeto *raster* vacío

El primer paso consiste en la creación de un *raster* vacío para definir la estructura de la malla que contiene las celdas del *raster*. Es necesario considerar las siguientes propiedades:

- Ancho de la malla en píxeles (*integer*): *width*
- Alto de la malla en píxeles (*integer*): *height*
- Coordenada X del origen del sistema de coordenadas (*double precision*):*upperleftx*
- Coordenada Y del origen del sistema de coordenadas (*double precision*):*upperlefty*
- Ancho de la celda en X (*double precision*): *scalex*
- Ancho de la celda en Y (*double precision*): *scaley*
- Rotación del sistema de coordenadas en el eje X (*double precision*): *skewx*
- Rotación del sistema de coordenadas en el eje Y (*double precision*): *skewy*
- Sistema de referencia espacial (CRS) de la malla (*integer*): *srid* (por defecto = 0)

El siguiente comando crea un *raster* vacío a partir de dichas propiedades:

rasterout ST_MakeEmptyRaster (width, height, upperleftx, upperlefty, scalex,

scaley, skewx, skewy, srid = 0)

Crea un *raster* vacío de 3 filas x 4 columnas, con un ancho de celda de 20 m en X y 10 m en Y. El origen del sistema de coordenadas es: 50, 100. Como valor de *srid* se utilizará el código 0 para denotar que el *raster* no tiene ningún CRS. Tampoco se utilizará ninguna rotación en los ejes X e Y.

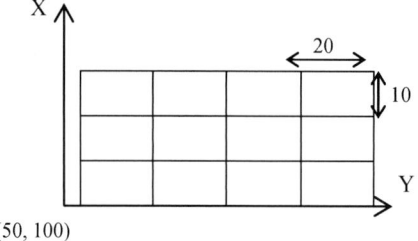

Figura 79 Estructura de un *raster*

```
sl=# select st_makeemptyraster (4, 3, 50, 100, 20, 10, 0, 0, 0);
              st_makeemptyraster
----------------------------------------------------------------------
0100000000000000000000034400000000000000024400000000000004940000000000000594
0000000000000000000000000000000000000000004000300
```

El método *ST_MakeEmptyRaster* devuelve una ristra binaria que define el objeto *raster* según las propiedades establecidas. Estas propiedades también se denominan metadatos del *raster* y se pueden obtener con el método *ST_Metadata* que devuelve un tipo compuesto de PostgreSQL donde sus campos contienen las propiedades del *raster*.

```
s1=# select (st_metadata(rast)).* from (
        select st_makeemptyraster (4, 3, 50, 100, 20, 10, 0, 0, 0) as rast
    ) as tabla;
 upperleftx|upperlefty|width|height|scalex|scaley|skewx|skewy|srid|numbands
-----------+----------+------+------+------+------+------+------+-----+---------
        50 |      100 |   4 |    3 |   20 |   10 |    0 |    0 |   0 |   0
```

Propiedades de un raster

Además del método *ST_Medatadata*, PostGIS dispone de comandos individuales para obtener y modificar cada una de las propiedades del *raster*.

Lectores	Descripción
float8 ST_ScaleX (raster)	Obtiene el tamaño de la celda en X o Y en unidades del CRS (SRID) del *raster*.
float8 ST_ScaleY (raster)	
float8 ST_PixelHeight (raster)	Es igual que *ScaleX* y *ScaleY* pero tiene en cuenta si el sistema de coordenadas del *raster* tiene cierta inclinación (parámetros *skewx* o *skewy* distintos de cero).
float8 ST_PixelWidth (raster)	
float8 ST_UpperLeftX (raster)	Obtiene el origen del sistema de coordenadas del *raster*.
float8 ST_UpperLeftY (raster)	
integer ST_Width (raster)	Obtiene el número de filas (*height*) o columnas (*width*) del *raster*.
integer ST_Height (raster)	
float8 ST_SkewX (raster)	Obtiene la rotación de los ejes X e Y del *raster*. Si son cero entonces los ejes no están rotados y son ortogonales.
float8 ST_SkewY (raster)	
integer ST_SRID (raster)	Obtiene el CRS del *raster*.
integer ST_NumBands (raster)	Obtiene el número de bandas del *raster*.
varchar ST_GeoReference (raster, format = 'GDAL')	Devuelve todas las propiedades de forma conjunta en formato GDAL (*format* = 'GDAL') o ESRI[1] (*format* = 'ESRI').

Tabla 46 Métodos de acceso a las propiedades de un *raster*

Problema 1. Obtener los parámetros de georreferenciación (*ST_GeoReference*) del *raster* del ejemplo anterior en formato *GDAL* y formato *ESRI*.

---

[1] El formato ESRI es comúnmente conocido como *word file*, consiste en un formato de texto utilizado ampliamente en los SIG para georreferenciar capas *raster*. https://en.wikipedia.org/wiki/World_file

Los métodos para modificar las propiedades básicas de un *raster* son los siguientes:

Editores	Descripción
raster ST_SetScale (raster, sizexy) *raster ST_SetScale (raster, sizex, sizey)*	Asigna el tamaño de la celda en X o Y.
raster ST_SetUpperLeft *(raster, origenx, origeny)*	Asigna el origen del sistema de coordenadas del *raster*.
raster ST_SetSkew (raster, skewxy) *raster ST_SetSkew (raster, skewx, skewy)*	Asigna la rotación de los ejes X e Y del *raster*.
raster ST_SetSRID (raster, srid)	Asigna el CRS del *raster*.
raster ST_SetGeoReference (raster, *georreferenciación, format = 'GDAL')*	Asigna todas las propiedades anteriores pero de forma conjunta.

Tabla 47 Métodos para modificar las propiedades de un *raster*

Este ejemplo muestra cómo se puede acceder y modificar las propiedades de un *raster* y los efectos que tiene de forma gráfica. Para ello, se utiliza el comando *ST_ConvexHull* que convierte el contorno (los límites) del *raster* a una entidad poligonal vectorial.

```
s1=# with tabla as (
   select st_makeemptyraster (4, 3, 50, 100, 20, 10, 0, 0, 0) as rast
),
tabla1 (id, rast) as (
  select 'A',rast from tabla union all
  select 'B',st_setupperleft(st_setscale(rast,10, 5), 50, 130) from tabla
    union all select 'C', st_setskew (rast, 5, -10)  from tabla
)
  select id, st_width(rast) as width,
             st_pixelwidth(rast)::numeric (5,2)  as pixelwidth,
             st_astext (st_convexhull(rast)) as convexhull
  from tabla1;
 id | width | pixelwidth|                  convexhull
----+-------+-----------+--------------------------------------------------
  A |     4 |     20.00 | POLYGON((50 100,130 100,130 130,50 130,50 100))
  B |     4 |     10.00 | POLYGON((50 130,90 130,90 145,50 145,50 130))
  C |     4 |     22.36 | POLYGON((50 100,130 60,145 90,65 130,50 100))
```

El *raster* B se ha creado a partir del A modificando el tamaño de celda (reduciéndolo a la mitad en X e Y) y cambiando el origen del sistema de coordenadas a X = 50 e Y = 130.

En el *raster* C se ha modificado los parámetros de rotación *(skew)* del sistema de coordenadas. Este cambio origina que el propio *raster* sufra una rotación que además no tiene por qué mantener los ejes ortogonales. En realidad, los parámetros *skew* no son valores de rotación, es decir, grados o radianes, sino que son unidades de desplazamiento de los ejes de coordenadas. En el siguiente enlace[1] aparece una descripción de dichos parámetros.

---

[1] https://en.wikipedia.org/wiki/World_file

Si un *raster* tiene un *skew* diferente a cero, el tamaño de celda original se verá distorsionado en función del giro del sistema de coordenadas, como así lo indica la propiedad *PixelWidth* en el *raster* C del ejemplo (su valor no coincide con la propiedad *Width* que indica el tamaño de celda original).

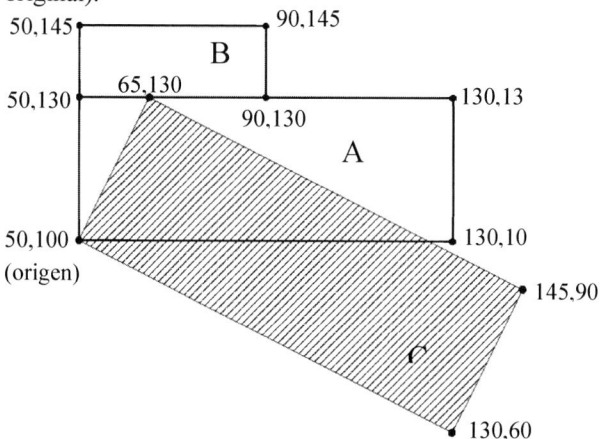

Figura 80 Origen, tamaño de celda e inclinación (*skew*) de un *raster*

En los ejemplos de esta publicación se utilizan unos valores de *SkewX* y *SkewY* a cero, es decir, siguiendo un sistema ortogonal de coordenadas y sin rotar como el de la Figura 79. Así ocurre en la gran mayoría de los formatos *raster* georreferenciados por ejemplo utilizando coordenadas UTM u otros sistemas de referencia.

2.2. Adición de bandas al *raster*

Una banda en un *raster* es como una capa de información que permite dar valores a las celdas del *raster*. Un mismo *raster* puede tener una o varias bandas, p. ej.: una banda puede representar los valores de elevación de cada celda y otra banda un valor de temperatura. En cualquier caso, todas las bandas de un mismo *raster* comparten las mismas propiedades estudiadas en el apartado anterior.

Antes de definir una banda es necesario conocer el tipo de dato de la banda que definirá el tipo de dato de todas las celdas de la banda. La Tabla 48 muestra los tipos de píxel.

Para añadir una banda a un *raster* se utiliza el comando *ST_AddBand*, una de sus variantes es la siguiente:

rasterout ST_AddBand (rasterin, pixeltype, initialvalue = 0, nodatavalue = NULL)

Esta función crea un nuevo *raster* (*rasterout*) a partir de añadir una nueva banda al *raster* de entrada (*rasterin*) según el tipo de píxel especificado (*pixeltype*). Todas las celdas de la banda se rellenan con el valor *initialvalue*.

Si se desea que las celdas presenten un valor para identificar la falta de dato, habrá que definir en el parámetro *nodatavalue* dicho valor. Si no se especifica, entonces *nodatavalue* tomará el valor por defecto NULL lo que indica que todas las celdas tienen un dato válido.

Las bandas se identifican en un *raster* con un número correlativo empezando desde uno, de esta forma si el *raster* de entrada ya disponía de una o más bandas, la nueva banda será identificada incrementando en uno dicho contador.

Código a utilizar	Descripción	Rango
1BB	1 bit (booleano)	[0, 1]
2BUI	Entero de 2 *bits* sin signo	[0, 3]
4BUI	Entero de 4 *bits* sin signo	[0, 15]
8BSI	Entero de 8 *bits* con signo	[-128, 127]
8BUI	Entero de 8 *bits* sin signo	[0, 255]
16BSI	Entero de 16 *bits* con signo	[-32768, 32767]
16BUI	Entero de 16 *bits* sin signo	[0, 65535]
32BSI	Entero de 32 *bits* con signo	[-2147483648, 2147483647]
32BUI	Entero de 32 *bits* sin signo	[0, 4294967295]
32BF	Flotante de 32 *bits* según *IEEE 754*	Aprox. 7-8 dígitos
64BF	Flotante de 64 *bits* según *IEEE 754*	Aprox. 14-15 dígitos

Tabla 48 Tipos de píxel soportados en PostGIS *raster*

Como *nodatavalue* hay que elegir un valor que no se vaya a utilizar nunca como dato de una celda. P. ej.: si la banda representa valores de precipitación un valor negativo como -99 se puede utilizar para representar que una celda no dispone de dato sin posibilidad de error. El valor de *nodatavalue* debe estar dentro del rango del tipo de píxel seleccionado para la banda.

Crea un *raster* vacío y añádele una banda (comando *ST_AddBand*) preparada para almacenar los valores de elevación del terreno (entero con signo) según la figura inferior. Como valor para *nodatavalue* utiliza '-99', rellena la banda inicialmente con este valor.

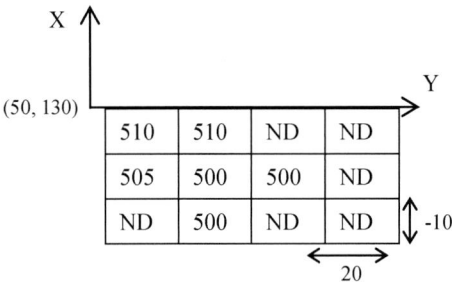

Figura 81 Banda de un *raster*

A partir de ahora el origen de coordenadas lo vamos a localizar en la esquina superior izquierda del *raster*, en lugar de en la esquina inferior izquierda. La razón simplemente es porque la mayoría de los formatos de imagen siguen esta convención. Para ello, es necesario utilizar un valor de la propiedad *ScaleY* negativo.

La utilización de una tabla simplificará el código en otros ejemplos posteriores.

```
s1=# create table testraster as select st_addband (
           st_makeemptyraster (4, 3, 50, 130, 20, -10, 0, 0, 0),
           '16BSI'::varchar, -99, -99 ) as rast;
s1=# select (st_bandmetadata(rast, 1)).* from testraster;
 pixeltype | nodatavalue | isoutdb | path | outdbbandnum | filesize | filetimestamp
-----------+-------------+---------+------+--------------+----------+--------------
 16BSI     |         -99 | f       |      |              |          |
```

En el argumento del tipo de píxel '*16BSI*' se ha utilizado un *Cast* explícito a *Varchar*, ya que la función *ST_AddBand* está sobrecargada tomando diferentes argumentos, p. ej.: variante para añadir una banda a partir de una banda de un segundo *raster (fromrast)*.

rasterout ST_AddBand (rasterin, fromrast, fromband = 1, torastindex = at_end)

Propiedades de una banda

Las propiedades o metadatos de una banda se pueden obtener con el comando *ST_BandMetadata*, en el segundo argumento se especifica el número de banda (banda uno por defecto). Las propiedades de una banda son:

- Tipo de píxel de la banda según la Tabla 48 (*varchar*): *pixeltype*
- Valor de celda correspondiente a *nodata* (*double precision*): *nodatavalue*. Si es NULL no se utilizará ningún valor para representar una celda sin dato.
- Indicación si los datos de la banda son tomados desde un fichero *raster* externo (*boolean*): *isoutdb*. La explicación a esta propiedad se verá más adelante.
- Ruta al fichero externo donde se definen los datos de las celdas de dicha banda (*varchar*): *path*. Válido únicamente cuando *isoutdb* es *true*.
- Indicación si ninguna de las celdas de la banda contiene un dato, es decir, todas las celdas contienen el valor *nodatavalue* (*boolean*): *isnodata*.

Además del método *ST_BandMedatadata*, las propiedades individuales de una banda de un *raster* se pueden obtener con los siguientes comandos:

Lectores	Descripción
float8 ST_BandNoDataValue (raster, bandnum = 1)	Obtiene el valor utilizado para representar que una celda no tiene dato. Devuelve NULL si no se ha definido ningún valor.
varchar ST_BandPixelType (raster, bandnum = 1)	Obtiene el tipo de píxel utilizado en las celdas de una banda. Se corresponde con los valores de la Tabla 48.
varchar ST_BandPath (raster, bandnum = 1)	Devuelve la ruta del fichero externo que almacena la banda especificada. Si la banda no está almacenada en un fichero externo (*isoutdb* es *false*) devuelve NULL.
boolean ST_HasNoBand (raster, bandnum = 1)	Devuelve *true* si el *raster* dispone de la banda especificada. Si no existe la banda en el *raster* devuelve *false*.
boolean ST_BandIsNoData (raster, bandnum, forcingChecking = false)	Devuelve *true* si todas las celdas de la banda contienen el valor *nodatavalue*, es decir, no hay celdas con datos. Si el tercer argumento es *true* se comprueban todos los píxeles, si es *false* entonces se devuelve el valor de la propiedad *isnodata* del *raster* (la cual puede estar desactualizada).

Tabla 49 Métodos de acceso a las propiedades de un *raster*

Los métodos para modificar las propiedades de una banda son los siguientes:

Editor	Descripción
float8 ST_SetBandNoDataValue (raster, bandnum, nodatavalue)	Establece el valor que será interpretado como *nodata* en las celdas.
Integer ST_SetBandIsNoData (raster, bandnum = 1)	Actualiza la propiedad *isnodata* de la banda.

Tabla 50 Métodos para modificar las propiedades de una banda de un *raster*

Algunos procedimientos de PostGIS *Raster* como el cargador *raster2pgsql* que se estudia más adelante no actualizan la propiedad *isnodata* de las bandas del *raster* y por lo tanto puede ocurrir que *ST_BandIsNoData (raster, 1, false)* sea distinto a *ST_BandIsNoData (raster, 1, true)*. Si esto es así, habrá que utilizar el método *ST_SetBandIsNoData* para cambiar el valor de la propiedad *isnodata* manualmente.

Raster con varias bandas

Mediante el comando *ST_Band* se obtiene una banda de un *raster*. De esta forma se puede crear un nuevo *raster* a partir de una banda o varias bandas de un segundo *raster*.

```
s1=# select st_numbands(rast), st_bandpixeltype (rast,1),
       st_numbands(st_band(rast,2)), st_bandpixeltype (st_band(rast,2),1)
  from (
    select st_addband (rast,'32BF'::varchar,-1,-1) as rast from testraster
  ) as tabla;
 st_numbands | st_bandpixeltype | st_numbands | st_bandpixeltype
-------------+------------------+-------------+------------------
           2 | 16BSI            |             |           1 | 32BF
```

Otras variantes de *ST_Band* permiten crear un *raster* a partir de múltiples bandas:

ST_Band (rast, '1,2,4') -> Crea un nuevo *raster* a partir de las bandas 1, 2 y 4 de *rast*.

Muchos métodos de PostGIS *Raster* toman un argumento que es el número de banda (por defecto si no se especifica se considera la banda uno), de forma que se puede trabajar de forma sencilla con cualquier banda de un *raster*.

Asignación de valores a las celdas

La asignación de valores a las celdas de forma manual se realiza con el comando *ST_SetValue*. La lectura de valores individuales de las celdas se realiza con *ST_Value*.

En este ejercicio se va a asignar los valores de las celdas según el raster de la Figura 81. Para ello, se va a utilizar el comando *ST_SetValue* con la siguiente firma:

rasterout ST_SetValue (rasterin, bandnum = 1, columnx, rowy, newvalue)

Este método de momento no permite la asignación de múltiples celdas con una única llamada, de forma que se tendrá que utilizar tantas veces como celdas se quiera rellenar. Si no se especifica el parámetro *bandnum* se utiliza la banda uno por defecto (este comportamiento es común en otros métodos de PostGIS *Raster*).

```
s1=# create table testraster1 as
        select st_setvalue (
                st_setvalue (
                  st_setvalue (
                    st_setvalue (
                      st_setvalue (
                        st_setvalue (rast, 1, 1, 510),
                      1, 2, 505),
                    2, 1, 510),
                  2, 2, 500),
                2, 3, 500),
              3, 2, 500) as rast from testraster;
```

Para obtener el valor de una celda se puede utilizar el comando *ST_Value.*

double precision ST_Value (raster, bandnum = 1, columnx, rowy,

$$exclude\_nodata\_value = true\ )$$

```
s1=# select st_value (rast, 1, 1) as val1, st_value (rast, 1, 3) as val2,
            st_value (rast, 1, 3, false) from testraster1;
 val1 | val2 | st_value
------+------+----------
  510 |      |      -99
```

Si el argumento *exclude_nodata_value* es *true* (valor por defecto) y la celda solicitada no tiene dato *ST_Value* devuelve NULL, si es *false* devolverá el valor correspondiente a *nodatavalue.*

Los métodos *ST_SetValue* y *ST_Value* tienen otra versión que aceptan una geometría de tipo punto para especificar la celda en lugar de utilizar las coordenadas píxel.

2.3. Estadísticas de las bandas

PostGIS dispone de funciones de cálculo de estadísticas de los valores de las celdas de un *raster*. Estas estadísticas se pueden aplicar a una banda de un *raster* o a una banda de una capa *raster*. Una capa *raster* está compuesta por muchas filas, cada fila es una tesela del *raster* original (empezaremos a trabajar con capas *raster* en el siguiente apartado).

Nombre	Descripción
ST_Count	Devuelve el número de píxeles de una banda del *raster*.
ST_Histogram	Devuelve un histograma (conjunto SETOF) que resume un *raster* en función de unos rangos de clase especificados.
ST_Quantile	Devuelve el valor de los cuartiles de un *raster*.
ST_SummaryStats	Devuelve un resumen de los estadísticos de un *raster*.
ST_ValueCount	Devuelve para cada valor diferente del *raster* cuantos píxeles tienen el mismo valor.

Tabla 51 Métodos de cálculo de estadísticas de una banda de un *raster*

Calcula el resumen de las estadísticas (*ST_SummaryStats*) del *raster* creado en el ejercicio anterior (*testraster1*). La firma de la función *ST_SummaryStats* es*:*

summarystats ST_SummaryStats (raster, bandnum = 1,

$$exclude\_nodata\_value = true\ )$$

ST_SummaryStats devuelve un tipo compuesto (*summarystats*) formado por seis campos con las propiedades estadísticas de la banda del *raster* especificado. Observar los diferentes valores obtenidos según el argumento *exclude_nodata_value*.

```
s1=# select (st_summarystats (rast)).* from testraster1 union
     select (st_summarystats (rast, false)).*  from testraster1;
 count | sum  |       mean        |       stddev       | min | max
-------+------+-------------------+--------------------+-----+-----
     6 | 3025 | 504.166666666667  | 4.48763733927875   | 500 | 510
    12 | 2431 | 202.583333333333  | 301.600027169907   | -99 | 510
```

Otra función interesante y fácil de utilizar es *ST_ValueCount* que devuelve cuántos píxeles hay de un valor determinado.

setof record ST_ValueCount (raster, bandnum = 1,

   exclude_nodata_value = true, searchvalues[] = NULL, roundto = 0)

Si en el argumento s*earchvalues* se especifican algunos valores, entonces únicamente se cuenta el número de píxeles para dichos valores. El argumento *roundto* realiza un redondeo del valor de los píxeles.

Calcula el número de píxeles que hay de cada valor de celda diferente (*testraster1*).

```
s1=# select st_valuecount(rast) from testraster1;
 st_valuecount
---------------
 (510,2)
 (505,1)
 (500,3)
```

Considera las celdas con valor *nodatavalue* en el cálculo.

```
s1=# select st_valuecount(rast, 1, false) from testraster1;
 st_valuecount
---------------
 (510,2)
 (505,1)
 (-99,6)
 (500,3)
```

Cuenta únicamente el número de píxeles para los valores 505 y 510.

```
s1=# select st_valuecount(rast, ARRAY [505,510]) from testraster1;
 st_valuecount
---------------
 (505,1)
 (510,2)
```

Otra variante devuelve un número entero en lugar de un conjunto SETOF, para ello en lugar de especificar un *array* de valores buscados se especifica un único valor.

```
s1=# select st_valuecount(rast, 1, 510) from testraster1;
 st_valuecount
---------------
             2
```

2.4. Coordenadas píxel y coordenadas terreno

PostGIS dispone de varios métodos para obtener las coordenadas terreno (coordenadas georreferenciadas) a partir de las coordenadas píxel (columna, fila) de una celda.

float8 ST_RasterToWorldCoordX (raster, xcolumn)

float8 ST_RasterToWorldCoordX (raster, xcolumn, yrow)

float8 ST_RasterToWorldCoordY(raster, yrow)

float8 ST_RasterToWorldCoordY(raster, xcolumn, yrow)

> No es necesario especificar una banda ya que la georreferenciación es una propiedad del *raster* que comparten todas las bandas.

Las variantes que necesitan tanto la columna como la fila para obtener la X o la Y terreno son necesarias cuando el *raster* está rotado (parámetros *skewx* o *skewy* distinto de cero), en caso contrario únicamente se necesita la columna o la fila. La numeración de las columnas y filas píxel empiezan en el número uno.

Calcula la coordenada terreno correspondiente al píxel que tiene un valor de celda de 505 $(x = 1, y = 2)$.

```
s1=# select ST_RasterToWorldCoordX (rast, 1),
            ST_RasterToWorldCoordY (rast, 2) from testraster1;
 st_rastertoworldcoordx | st_rastertoworldcoordy
------------------------+------------------------
                     50 |                    120
```

La operación contraria se realiza con los comandos *ST_WorldToRasterCoordX* y *ST_WorldToRasterCoordY*. El valor del punto terreno a convertir se puede especificar con sus valores X e Y o utilizando una geometría puntual como argumento:

integer ST_WorldToRasterCoordX(raster, xworld, yworld)

integer ST_WorldToRasterCoordY(raster, xworld, yworld)

integer ST_WorldToRasterCoordX(raster, geometry pt)

integer ST_WorldToRasterCoordY(raster, geometry pt)

```
s1=# select ST_WorldToRasterCoordX (rast, 50),
            ST_WorldToRasterCoordY (rast, 120) from testraster1;
 st_worldtorastercoordx | st_worldtorastercoordy
------------------------+------------------------
                      1 |                      2
```

2.5. Lectura de los valores de las celdas

El comando *ST_Value* permite el acceso a los valores de las celdas de una banda mediante las coordenadas píxel de la celda o especificando un punto en coordenadas terreno.

float8 ST_Value(raster, bandnum = 1, columnx, rowy, exclude_nodata_value = true)

float8 ST_Value(raster, bandnum = 1, geometry pt, exclude_nodata_value = true)

```
s1=# select st_value (rast, st_makepoint (50, 120)) from testraster1;
----------
      505
```

2.6. Vectorización

Para la vectorización de un *raster* PostGIS dispone de tres funciones, aunque la más útil es quizás *ST_DumpAsPolygons*.

Nombre	Descripción
geometry ST_PixelAsPolygon *(raster, columnx, rowy)*	Devuelve un polígono que se corresponde con los límites del píxel especificado.
setof record ST_PixelAsPolygons *(raster, bandnum = 1,* *exclude_nodata_value=TRUE)*	Crea un polígono por cada píxel de la banda especificada. Devuelve un conjunto (*setof*) con un tipo compuesto (4 campos) formado por la columna (x), fila (y), valor de la celda (*val*) y el polígono (*geom*).
setof geomval ST_DumpAsPolygons *(raster, bandnum = 1,* *exclude_nodata_value=TRUE)*	Crea polígonos que se corresponden con la agrupación de píxeles del mismo valor. Devuelve un conjunto (*setof*) con un tipo compuesto (2 campos) que contiene el polígono vectorizado (*geom*) y su valor (*val*).

Tabla 52 Métodos de vectorización de un *raster*

Vectoriza el *raster* utilizando los métodos *ST_PixelAsPolygons* y *ST_DumpAsPolygons*.

```
s1=# select (rc).x, (rc).y,(rc).val, st_astext((rc).geom) as geom
 from (
        select st_pixelaspolygons (rast) as rc from testraster1
 ) as tabla order by (rc).x, (rc).y;

 x | y | val |                      geom
---+---+-----+------------------------------------------------------
 1 | 1 | 510 | POLYGON((50 130,70 130,70 120,50 120,50 130))
 1 | 2 | 505 | POLYGON((50 120,70 120,70 110,50 110,50 120))
 2 | 1 | 510 | POLYGON((70 130,90 130,90 120,70 120,70 130))
 2 | 2 | 500 | POLYGON((70 120,90 120,90 110,70 110,70 120))
 2 | 3 | 500 | POLYGON((70 110,90 110,90 100,70 100,70 110))
 3 | 2 | 500 | POLYGON((90 120,110 120,110 110,90 110,90 120))
```

En este caso no se han incluido las celdas con valores *nodata*, al contrario que en siguiente ejercicio:

```
s1=# select (dump).val, st_astext((dump).geom) as geom
 from (select st_dumpaspolygons(rast, 1, false) as dump from testraster1)
   as tabla;
 val |                      geom
-----+------------------------------------------------------
 510 | POLYGON((50 130,50 120,90 120,90 130,50 130))
 505 | POLYGON((50 120,50 110,70 110,70 120,50 120))
 500 | POLYGON((70 120,70 100,90 100,90 110,110 110,110 120,70 120))
 -99 | POLYGON((50 110,50 100,70 100,70 110,50 110))
 -99 | POLYGON((90 130,90 120,110 120,110 110,90 110,90 100,110 100,130
   100,130 130,90 130))
```

Problema 2. Crea dos capas vectoriales (*vect1* y *vect2*) con el resultado de los comandos *ST_PixelAsPolygons* y *ST_DumpAsPolygons* a partir de *testraster1*. Crea una tercera capa *vect3* con el resultado del comando *ST_DumpAsPolygons* pero tras modificar las propiedades *skewx* y *skewy* del *raster* original a los valores (5, -5). Visualizar las tres capas con un SIG de escritorio.

2.7. Rasterización de geometrías

La rasterización de geometrías vectoriales es una operación habitual en los análisis espaciales *raster*-vectoriales mixtos. PostGIS utiliza para ello el comando *ST_AsRaster* que está sobrecargado con diferentes variantes en función del número y tipo de argumentos.

Para convertir a *raster* una geometría vectorial hay que definir las propiedades que tendrá la banda del *raster* de salida, es decir, el método *ST_AsRaster* necesita conocer las siguientes variables:

- Una de las dos: *Scalex* (ancho de celda) o *width* (número de píxeles de ancho)
- Una de las dos: *Scaley* (alto de celda) o *height* (número de píxeles de alto)
- *Skewx* (rotación del sistema de coordenadas en el eje X)
- *Skewy* (rotación del sistema de coordenadas en el eje Y)
- *Srid* (Sistema de referencia espacial)
- *pixeltype* (tipo de píxel de la banda del *raster*)
- *nodatavalue* (valor utilizado para representar celdas sin dato)

Dichas variables se pueden pasar al método *ST_AsRaster* de varias formas:

a) Utilizando un *raster* como plantilla, de forma que *ST_AsRaster* utilizará las propiedades de dicho *raster* para construir el nuevo *raster* con la misma estructura (menos la propiedad *pixeltype* que es tomada como argumento).

b) Especificando las variables de forma manual utilizando un argumento de la función *ST_AsRaster* por cada variable.

La propiedad *Srid* es inferida en los dos casos: En el caso a) se utiliza el *Srid* del *raster* de plantilla y en el caso b) se utiliza el *Srid* de la geometría vectorial a *rasterizar*.

Las propiedades *nodatavalue* y *pixeltype* son siempre tomadas como argumentos.

La variante de *ST_AsRaster* correspondiente al caso a) suele ser la más popular en el análisis espacial, ya que se suele usar un *raster* como plantilla para realizar la vectorización de una capa vectorial completa. Ejemplos de este tipo de rasterización se estudian en el apartado G 4, pág. 440.

De momento, en este apartado se va a estudiar las variantes de la función *ST_AsRaster* correspondientes al caso b) donde el usuario debe elegir los parámetros apropiados del *raster* de salida.

rasterout ST_AsRaster (geometry, scalex, scaley, gridx, gridy, pixeltype, value = 1,
nodatavalue = 0, skewx = 0, skewy = 0, touched = false)

Los argumentos *gridx* y *gridy* sirven para especificar la rejilla (alineamiento) que se utilizará para definir la estructura de celdas del *raster*. Puede ser cualquier punto de la rejilla de forma que a partir de ese punto las celdas quedarán definidas por su ancho (*scalex*) y su alto (*scaley*).

Las celdas que intersequen con la geometría contendrán el valor *value*, mientras que las celdas que no intersequen contendrán el valor *nodatavalue*.

El argumento *touched* define si una celda que simplemente toque, aunque no solape la geometría es considerada como dato (*touched* = *true*) o *nodatavalue* (*touched* = *false*).

Rasteriza la geometría '*POLYGON ((11 11, 21 11, 26 21, 16 21, 11 11))*' utilizando un tamaño de celda de ancho = 2.5 m y alto = 3 m. Las celdas deben contener el valor 100 si contienen dato y -1 en caso contrario. Dejar el parámetro *touched* a su valor por defecto (*false*) que es el comportamiento normal.

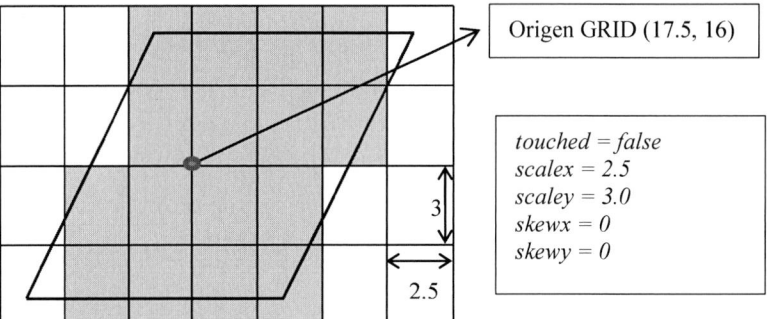

Además de utilizar el comando *ST_AsRaster*, vamos a crear una capa vectorial a partir del *raster* utilizando el método *ST_PixelAsPolygons* visto anteriormente con la finalidad de visualizar el resultado con un SIG de escritorio de forma vectorial.

```
sl=# create table rast1 as
  select ((pol).geom)::geometry (polygon, 0) as geom,
          (pol).val::integer as value  from (
    select st_pixelaspolygons (
      st_asraster ('POLYGON ((11 11,21 11,26 21,16 21,11 11))'::geometry,
                   2.5::double precision, 3::double precision,
                   17.5, 16,
                   '8BUI',
                   100, -1,
                   0, 0, false))
    ) as tabla (pol);
SELECT 16
```

Se realiza un *Cast* al tipo *double precision* en los argumentos *scalex* y *scaley,* ya que en el caso de utilizar enteros en dichos argumentos se utilizará otra variante de *ST_AsRaster*.

Es importante tener en cuenta que el argumento *nodatavalue* establece el valor de las celdas que no intersecan con la geometría, pero para establecer el valor de *nodata* para la banda se ha de seguir utilizando el comando *ST_SetBandNodataValue*:

$ST\_SetBandNodataValue\ (\ ST\_AsRaster(geometry,\ scalex,\ scaley,\ gridx,\ gridy,\ pixeltype,\ value,\ nodatavalue,\ skewx,\ skewy,\ touched),\ nodatavalue\ )$

touched = true
scalex = 2.0
scaley = 3.0
skewx = 0
skewy = 0

Origen GRID (11, 11)

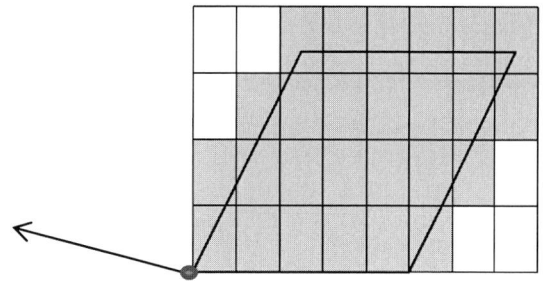

Otra variante del método *ST_AsRaster*, es aquella en la que se especifica el número de píxeles de ancho y de alto de forma que PostGIS calcula el tamaño de celda apropiado.

rasterout ST_AsRaster (geometry, width, height, gridx, gridy, pixeltype, value = 1,
nodatavalue = 0, skewx = 0, skewy = 0, touched = false)

Si además se utiliza el valor NULL en los argumentos *gridx* y *gridy*, entonces PostGIS ajustará el *raster* a los límites de la geometría.

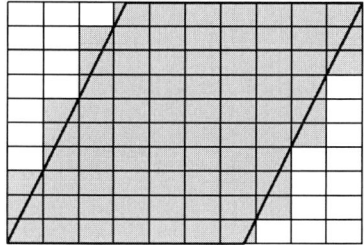

```
s1=# create table rast1 as
  select ((pol).geom)::geometry (polygon, 0) as geom,
         (pol).val::integer as value  from (
    select st_pixelaspolygons (
      st_asraster ('POLYGON ((11 11,21 11,26 21,16 21,11 11))'::geometry,
                   10, 10,null:: double precision, null::double precision,
                   '8BUI', 100, -1, 0, 0, true))
    ) as tabla (pol);
SELECT 78
```

Todas las variantes del comando *ST_AsRaster* son ampliadas con otras variantes que permiten la generación de *raster* multibanda. Para ello en lugar de los argumentos *pixeltype*, *value* y *nodatavalue* dichas variantes toman *arrays* de dichas propiedades. P. ej.:

rasterout ST_AsRaster (geometry, width, height, gridx, gridy, pixeltype[], value[] = 1,
nodatavalue[] = 0, skewx = 0, skewy = 0, touched = false)

Es importante tener en cuenta que el argumento *nodatavalue* establece el valor de las celdas que no intersecan con la geometría, pero para establecer el valor de *nodata* para la banda se ha de seguir utilizando el comando *ST_SetBandNodataValue*.

2.8. Exportación a otros formatos *raster*

PostGIS *Raster* utiliza en muchas de sus operaciones la biblioteca *GDAL* de procesamiento *raster*. A su vez, dicha biblioteca soporta múltiples formatos *raster* tanto enfocados a imagen (p. ej.: *Jpeg* o *Png)* como enfocados manejar información de modelos digitales del terreno (p. ej.: *Arc/Info ASCII Grid* o *GeoTIFF*).

Desde PostGIS es posible convertir un *raster* a cualquiera de los formatos soportados por GDAL. Los formatos soportados se pueden obtener con el comando *ST_GdalDrivers*.

```
s1=# select short_name, long_name
        from st_gdaldrivers() order by short_name;
   short_name |              long_name
------------+-----------------------------------
 AAIGrid    | Arc/Info ASCII Grid
 DTED       | DTED Elevation Raster
 GIF        | Graphics Interchange Format (.gif)
 GTiff      | GeoTIFF
 JPEG       | JPEG JFIF
 PNG        | Portable Network Graphics
 USGSDEM    | USGS Optional ASCII DEM (and CDED)
 XYZ        | ASCII Gridded XYZ
(8 filas)
```

ST_GdalDrivers devuelve un conjunto (*setof*) de registros con los campos *short_name*, *long_name* y *create_options*.

```
s1=# select create_options from st_gdaldrivers()
   where short_name = 'XYZ';

----------------------------------------------------------------------
 <CreationOptionList>
   <Option name='COLUMN_SEPARATOR' type='string' default=' '
          description='Separator between fields.'/>
   <Option name='ADD_HEADER_LINE' type='boolean' default='false'
          description='Add an header line with column names.'/>
 </CreationOptionList>
```

El campo *create_options* contiene las opciones admitidas por *GDAL* para cada formato. Está en formato *xml,* aunque fácilmente se aprecia que para el formato XYZ existen dos opciones: COLUMN_SEPARATOR y ADD_HEADER_LINE, y que la primera es textual y la segunda booleana.

Mediante el comando *ST_AsGDALRaster* es posible exportar un objeto *raster* a cualquiera de los formatos soportados (*ST_GdalDrivers*), configurando si se desea las diversas opciones posibles (*create_options*) utilizando el argumento *options*:

binario ST_AsGDALRaster (raster, format, options[] = NULL, srid = sameassource)

Exportar el objeto *raster* de la tabla *testraster1* al formato 'XYZ'.

```
s1=# select st_asgdalraster (rast, 'XYZ') as xyzformat from testraster1;
 xyzformat
\x363020313235203531300a383020313235203531300a3130302031323535202d39390a313
...3035203530300a3130302031303535202d39390a31323020313035202d39390a
```

La salida del comando es un bloque binario no utilizable directamente dentro de PostgreSQL, pero que puede ser muy útil cuando se está utilizando cualquier lenguaje de programación. De esta forma, en *PHP*, *Java*, *Python*, etc. es posible ejecutar dicha sentencia SQL en PostgreSQ, almacenar el resultado en una variable y escribir un fichero con su contenido para crear un objeto gráfico (png, tiff, etc.) directamente representable en pantalla, etc.

Exporta el objeto *raster* de la tabla *testraster1* al formato 'XYZ'. Utiliza las opciones necesarias para añadir una cabecera y para utilizar como separador entre los campos puntos y coma. Crea un fichero en el ordenador local con el resultado de la salida del comando.

En PostgreSQL es posible mediante SQL (aunque de una forma bastante tediosa) crear un fichero con el resultado de una sentencia SQL que devuelve un bloque binario.

Primero se almacena el resultado como un recurso de PostgreSQL.

```
s1=# select id, lowrite (lo_open (id, 131072), binario) As num_bytes
   from (select lo_create(0),
             st_asgdalraster (rast, 'XYZ',
               ARRAY ['COLUMN_SEPARATOR=;','ADD_HEADER_LINE=TRUE'] )
             from testraster1 ) As   tabla (id,binario);
   id   | num_bytes
 -------+-----------
  60095 |       144
```

A continuación, se escribe dicho recurso a un fichero dentro del ordenador local desde el cual se ha realizado la conexión a PostgreSQL.

```
s1=# \lo_export 60095 'c:/tmp/xyz.txt'
```

Por último, se libera dicho recurso.

```
s1=# select lo_unlink(60095);
```

El contenido del fichero *c:\tmp\xyz.txt* creado es:

```
X;Y;Z
60;125;510
80;125;510
100;125;-99
...
60;105;-99
80;105;500
100;105;-99
120;105;-99
```

Por último, comentar que PostGIS dispone de los comandos *ST_AsPNG*, *ST_AsJPEG* y *ST_AsTIFF* que no son más que atajos del comando *ST_AsGDALRaster*.

3. Capas *raster*

Aunque un único objeto de tipo *raster* puede estar formado por miles de filas y columnas de forma que defina de forma completa un determinado modelo digital del terreno o una ortofotografía con la requerida resolución, ésta no es la forma adecuada de gestionar dicha información.

Como conocerá el lector si ha trabajado con otros programas de SIG *raster*, una capa *raster* se suele fragmentar en pequeños rectángulos o teselas (*tiles*), de forma que forman un mosaico que define la capa o zona completa del terreno analizado. De esta forma, los programas informáticos pueden acceder solo a las teselas o a las zonas de un *raster* en concreto sin la necesidad de cargar o leer el *raster* completo.

En PostGIS estas teselas o fragmentos del *raster* se gestionan almacenándolos en diferentes filas (en una columna de tipo *raster*) de una misma tabla.

De la misma forma que una capa vectorial está formada por una columna de geometría de tipo *geometry* y compuesta por múltiples filas donde se almacenan las diversas geometrías, una capa *raster* está formada por una columna de tipo *raster*, compuesta por múltiples filas donde se almacenan diversos objetos de tipo *raster*. Estos objetos *raster* corresponden a las teselas que cubren por completa la zona de terreno analizada.

PostGIS dispone del comando **raster2pgsql** para importar un fichero *raster* a PostGIS. Para ello, se apoya en la biblioteca GDAL y por lo tanto soporta un gran número de diferentes formatos como: *Arc/Info Binary Grid, GeoTIFF, Erdas Imagine Images (.img)*, etc. Este mismo comando es el encargado fragmentar el fichero *raster* original y calcular las teselas. Cada tesela formará un objeto de tipo *raster* que se almacenará en una fila de la tabla importada en PostGIS.

También, igual que una capa vectorial aplica restricciones a las geometrías como el número de dimensiones, el *srid* o el tipo de geometría, una capa *raster* presenta restricciones como el tipo de píxel de las teselas, el ancho y alto en píxeles de capa tesela, etc.

Por último, las capas *raster* quedan registradas según una vista de metadatos, igual que la vista *geometry_columns* en una capa vectorial. En concreto, estas vistas son dos: la vista *raster_columns* y la vista *raster_overviews* que también estudiaremos en este capítulo.

3.1. Importación de ficheros *raster*

Para importar ficheros *raster*, PostGIS dispone del comando *raster2pgsql*. De forma similar al comando *shp2pgsql*, este comando leerá un fichero *raster* en un determinado formato y creará el código SQL adecuado para su posterior carga en PostGIS.

raster2pgsql se apoya en la biblioteca *GDAL* para la conversión de un gran número de formatos de ficheros diferentes. Con la opción '-G' se obtiene una lista de los formatos soportados (más de 120 formatos):

```
consola> raster2pgsql -G
Available GDAL raster formats:
  Virtual Raster
  Derived datasets using VRT pixel functions
  GeoTIFF
  Erdas Imagine Images (.img)
  ...
```

Para ver los detalles del comando, se puede consultar la ayuda *online* de PostGIS o simplemente teclear *raster2pgsql*. Algunas opciones de este comando son:

- *-s <SRID>*: Especifica el CRS (por defecto toma el valor 0). Si no se especifica se tratará de inferir su valor desde los metadatos del fichero *raster*. Si el usuario lo conoce siempre es mejor especificarlo directamente.
- *-b <banda>*: Número de banda a importar (comenzando desde uno). Se puede especificar una lista de bandas o rango, separando los números por comas y guiones respectivamente.
- *-t <tamaño tesela>*: Tamaño de la tesela (*tile*) en el cual se fragmentará el *raster*. Cada tesela se almacenará en una fila de la tabla de salida. Formato: *Width* x *Height*. Ejemplo: 200x100
- *-a*: Añade nuevas filas a una tabla ya creada. Si no se especifica esta opción por defecto PostGIS crea una nueva tabla.
- *-d*: Borra la tabla antes de empezar.
- *-f <columna>*: Nombre de la columna de tipo *raster*. Por defecto es *rast*.
- *-I*: Crea un índice espacial sobre la columna *raster*.
- *-R*: Registra el *raster* como *out-of-db* (*raster* externo a PostGIS). Es decir, los píxeles no se almacenarán en PostGIS sino únicamente la ruta absoluta al fichero original y algunos metadatos del *raster*.
- *-M*: Ejecuta el comando *Vacuum Analyze* (apartado 1.5, pág. 514) sobre la columna *raster* creada. Es útil al añadir filas a una tabla ya creada.
- *-l <factor de overviews>*: Consiste en una lista separada por comas indicando los factores deseados (p. ej.: 2, 4, 8) para la creación de pirámides (*overviews*) que se almacenarán en tablas de nombre: *o_<factor>_<nombrecapa>*. Las pirámides siempre se almacenan en la base de datos (aunque se utilice la opción '-R').
- *-P*: Alinea las teselas creadas para que incluso las teselas situadas en la columna más a la derecha y en la fila más abajo tengan el mismo ancho y alto.
- *-Y*: Utiliza la sentencia COPY en lugar de INSERT. El comando COPY es propio de PostgreSQL y optimiza la introducción de un volumen de información elevado.

¡Un poco más adelante se estudian las restricciones (*constraints*) de tipo *Check* que se aplican a la capa *raster*. Las opciones relacionadas son:

- *-C*: Crea las restricciones estándar de tipo *Check* tras la carga del *raster*.
- *-r*: Establece la restricción de bloque regular (*regular blocking*). Es aplicable solo si la opción '-C' ha sido utilizada. Esta restricción se tiene que especificar de forma manual, ya que en la versión 2.0 de PostGIS no se comprueba si las teselas se distribuyen regularmente.
- *-x*: Elimina la restricción *max extent* (extensión total que abarca el *raster*). Es aplicable solo si la opción '-C' ha sido utilizada.

Convierte el fichero *raster dem-mallorca.img* a formato SQL de PostGIS y cárgalo en una base de datos espacial. Para ello, se desea utilizar teselas de 128x128 píxeles. Crea pirámides (*overviews*) con factores de 2 y 4. Antes de proceder a su conversión, utiliza el comando *gdalinfo* para obtener información sobre dicho fichero.

El comando *gdalinfo* (biblioteca GDAL) viene distribuido con QGIS y aparece en el directorio *bin* de QGIS. Se puede ejecutar el comando desde dicho directorio.

```
Consola> gdalinfo ruta_a_dem-mallorca.img
  Driver: GTiff/GeoTIFF
  Files: dem-mallorca.img
  Size is 1148, 1007
  Coordinate System is:
  PROJCRS["ETRS89 / UTM zone 31N",
      BASEGEOGCRS["ETRS89",
          DATUM["European Terrestrial Reference System 1989",
              ELLIPSOID["GRS 1980",6378137,298.257222101, LENGTHUNIT["metre",1]],
              ID["EPSG",6258]],
          PRIMEM["Greenwich",0,
              ANGLEUNIT["degree",0.0174532925199433,
                  ID["EPSG",9122]]]],
      CONVERSION["Transverse Mercator",
          METHOD["Transverse Mercator",
              ID["EPSG",9807]],
          PARAMETER["Latitude of natural origin",0,
              ANGLEUNIT["degree",0.0174532925199433], ID["EPSG",8801]],
          PARAMETER["Longitude of natural origin",3,
              ANGLEUNIT["degree",0.0174532925199433], ID["EPSG",8802]],
          PARAMETER["Scale factor at natural origin",0.9996,
              SCALEUNIT["unity",1], ID["EPSG",8805]],
          PARAMETER["False easting",500000,
              LENGTHUNIT["metre",1], ID["EPSG",8806]],
          PARAMETER["False northing",0,
              LENGTHUNIT["metre",1], ID["EPSG",8807]]],
      CS[Cartesian,2],
          AXIS["easting",east, ORDER[1], LENGTHUNIT["metre",1,ID["EPSG",9001]]],
          AXIS["northing",north, ORDER[2], LENGTHUNIT["metre",1,ID["EPSG",9001]]]]
  Data axis to CRS axis mapping: 1,2
  Origin = (436500.000000000000000,4428200.000000000000000)
  Pixel Size = (100.000000000000000,-100.000000000000000)
  Metadata:
    AREA_OR_POINT=Area
  Image Structure Metadata:
    INTERLEAVE=BAND
  Corner Coordinates:
  Upper Left  (  436500.000, 4428200.000) (  2d15'21.87"E, 40d 0' 5.77"N)
  Lower Left  (  436500.000, 4327500.000) (  2d15'56.53"E, 39d 5'39.55"N)
  Upper Right (  551300.000, 4428200.000) (  3d36' 3.62"E, 40d 0' 8.75"N)
  Lower Right (  551300.000, 4327500.000) (  3d35'35.62"E, 39d 5'42.44"N)
  Center      (  493900.000, 4377850.000) (  2d55'44.40"E, 39d33' 1.10"N)
  Band 1 Block=1148x3 Type=Int16, ColorInterp=Gray
    NoData Value=32767
```

De dichos metadatos se puede deducir lo siguiente:

- El formato del fichero *raster* es *Erdas Imagine.*
- El CRS es "*ETRS_1989_UTM_Zone_31N*"
- El tamaño de celda es de 100 m.
- Tiene una única banda de 16 bits de enteros.
- El valor utilizado como *nodatavalue* es 32767.
- Se conoce la extensión total, es decir, las coordenadas de sus esquinas.

```
consola> raster2pgsql -s 25831 -I -C -l 2,4 -t 128x128 -P ruta_a_dem-
    mallorca.img dem > dem.sql
consola> psql -U postgres -f dem.sql s1
```

Además, se está utilizando *Linux* se puede utilizar el carácter de tubería '|' para cargar directamente la salida SQL en la base de datos:

raster2pgsql -s 25831 -I -C -l 2,4 -t 128x128 -P dem-mallorca.img dem | psql -U postgres -d s1

El comando *raster2pgsql* también permite la conversión de múltiples ficheros *raster* utilizando comodines en el nombre del *raster*, p. ej.: *raster2pgsql -s 25831 -I -C -l 12,4 -t 128x128 -P *.tiff dem > dem.sql*. Todos los ficheros *raster* se añaden a la misma tabla *dem*, por lo tanto, está pensado para cargar ficheros que compongan zonas contiguas.

Tras la carga del fichero SQL en PostGIS, se habrá creado la tabla *dem* con dos columnas: *rid* que es una columna autonumérica y clave primaria y *rast* que es la columna de tipo *raster*.

También se habrán creado dos tablas más que se corresponden con los dos factores de zoom de las **pirámides** solicitadas: *o_2_dem* y *o_4_dem*. Estas tablas tienen la misma estructura que la tabla *dem*.

Visualización

QGIS visualiza capas *raster* de PostGIS directamente desde el *Administrador de BBDD*. Haciendo clic en el botón derecho sobre la capa *dem* y seleccionar *añadir al lienzo*.

Figura 82 Carga de una capa *raster* en QGIS

Mediante el software *OpenJump* y la visualización de consultas directas a PostGIS es posible visualizar una capa *raster* previa su vectorización dinámica (ver Figura 12, pág. 71).

Por defecto QGIS ajustará una rampa de color de grises entre los valores mínimos (-2) y máximo (1413) de la capa. Esta simbolización se cambia en propiedades de capa/simbología.

Vamos a configurar la cota del mar (cota 0) con color transparente. Por defecto, el valor *nodata* QGIS lo configura como valor transparente como es lógico. En el ejemplo, además en *Valores adicionales sin dato* especificaremos el valor 0 simplemente para ver el resultado, ignorando el sin sentido de dibujar también los valores con tierra de cota 0 transparentes.

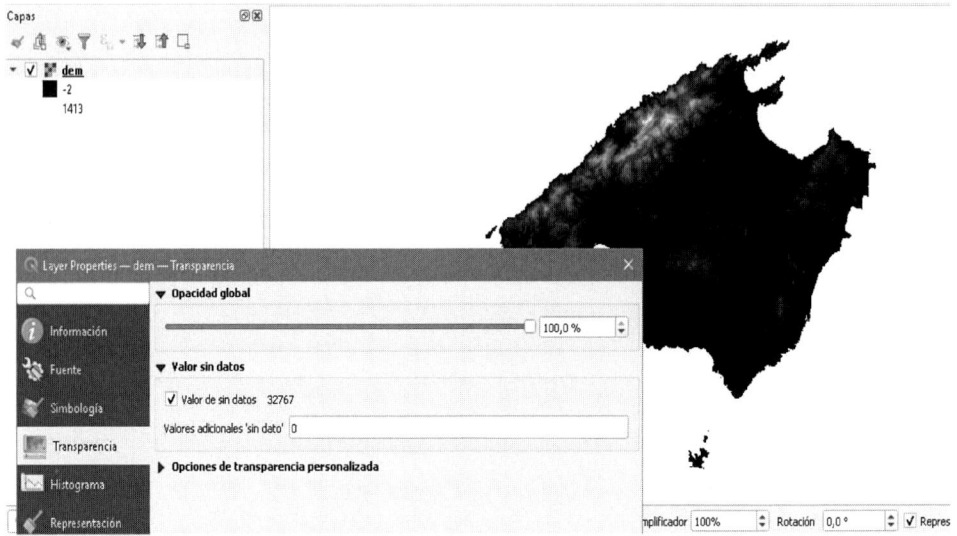

Ajuste de la transparencia   Visualización de la capa *dem*

Figura 83 Visualización de la capa *dem* en QGIS

Es interesante que el lector compruebe otros SIG de escritorio como *gvSIG* o *MapServer* que también son capaces de visualizar capas *raster* de PostGIS.

3.2.   Alineamiento y teselado regular

Antes de estudiar las restricciones que PostGIS establece en las capas *raster*, hay que tener claro dos conceptos sobre las teselas que forman una capa *raster*: el alineamiento (*alignment*) entre las teselas y su distribución regular (*regular blocking*).

Alignment

Alineamiento (*alignment*): Dos *raster* presentan el mismo alineamiento si sus propiedades *srid*, *scalex*, *scaley*, *skewx*, *skewy* son iguales y además los píxeles de ambos *raster* se distribuyen utilizando un mismo patrón de rejilla.

La figura siguiente muestra dos *raster* que además del mismo *srid* tienen las propiedades *scalex*, *scaley*, *skewx*, *skewy* iguales. También presentan la misma alineación (patrón) de la rejilla que distribuye los píxeles, es decir, aunque dichos *raster* presentaran un solape entre ellos, los píxeles estarían cubiertos totalmente o serían adyacentes, pero en ningún caso un píxel quedaría solapado parcialmente.

Con el comando *ST_SameAlignment (raster1, raster2)* se comprueba el alineamiento:

```
s1=# select st_samealignment (
        st_makeemptyraster (3, 3, 10, 40, 10, -10, 0, 0, 0),
        st_makeemptyraster (3, 4, 60, 60, 10, -10, 0, 0, 0) );
------------------
 t
```

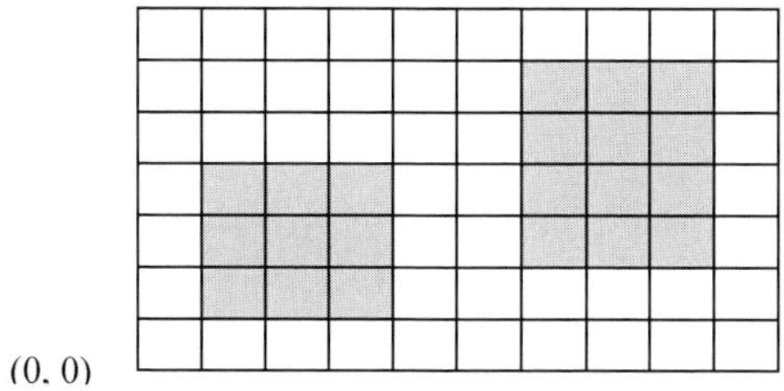

Figura 84 Dos raster con igual alineamiento (*alignment*)

Si desplazamos el *raster* de la derecha 5 unidades, el alineamiento de la rejilla ha cambiado y aunque las demás propiedades son las mismas los *raster* ya no están alineados.

```
s1=# select st_samealignment (
        st_makeemptyraster (3, 3, 10, 40, 10, -10, 0, 0, 0),
        st_makeemptyraster (3, 4, 55, 60, 10, -10, 0, 0, 0) );
------------------
 f
```

Regular blocking

El teselado regular (*regular blocking*) de un *raster* consiste en que las teselas sigan una distribución lo más homogénea posible. Además de presentar el mismo alineamiento, las teselas deben de tener el mismo tamaño en píxeles de ancho y alto y no deben de superponerse entre sí.

3.3. Restricciones de la capa *raster*

La finalidad de utilizar las restricciones en una capa *raster* es similar a la utilización de restricciones en una capa vectorial, es decir, aunque no es obligatorio su uso es aconsejable ya que establecen ciertas propiedades comunes a todas las teselas de la capa *raster* y esta información es muy apreciada por programas de terceros como SIG de escritorio (encargados de visualizar dichas capas).

Ejemplo: No es lo mismo que un SIG de escritorio tenga que utilizar un valor diferente para simbolizar la transparencia que representa las celdas que no tienen dato, si este valor (*nodatavalue*) es diferente para cada tesela o es el mismo para todas. De esta forma si la capa *raster* presenta la restricción *enforce_nodata_values_rast,* el SIG de escritorio podrá asumir que el valor de *nodatavalue* es el mismo para todas las teselas.

Vamos a comprobar la estructura y las restricciones creadas en la capa *dem*:

```
s1=# \d dem
                         Tabla "public.dem"
  Columna |   Tipo   | Collation | Nullable |             Default
---------+---------+-----------+----------+--------------------------------
  rid     | integer  |           | not null | nextval('dem_rid_seq'::regclass)
  rast    | raster   |           |          |
Índices:
    "dem_pkey" PRIMARY KEY, btree (rid)
    "dem_st_convexhull_idx" gist (st_convexhull(rast))
Restricciones CHECK:
    "enforce_height_rast" CHECK (st_height(rast) = 128)
    "enforce_max_extent_rast" CHECK (st_envelope(rast) @ '0103000020E7640...
        00006A805041'::geometry) NOT VALID
    "enforce_nodata_values_rast"
        CHECK (_raster_constraint_nodata_values(rast) = '{32767}'::numeric[])
    "enforce_num_bands_rast" CHECK (st_numbands(rast) = 1)
    "enforce_out_db_rast"
        CHECK (_raster_constraint_out_db(rast) = '{f}'::boolean[])
    "enforce_pixel_types_rast"
        CHECK (_raster_constraint_pixel_types(rast) = '{16BSI}'::text[])
    "enforce_same_alignment_rast" CHECK (st_samealignment(rast,
        '010000000000000...64000001000100'::raster))
    "enforce_scalex_rast"
        CHECK (round(st_scalex(rast)::numeric, 10) =  round(100::numeric, 10))
    "enforce_scaley_rast"
        CHECK (round(st_scaley(rast)::numeric, 10) = round(- 100::numeric, 10))
    "enforce_srid_rast" CHECK (st_srid(rast) = 25831)
    "enforce_width_rast" CHECK (st_width(rast) = 128)
```

Nombre de la restricción	Descripción
enforce_height_rast	Fija la altura en píxeles de las teselas.
enforce_max_extent_rast	Las teselas deben de estar dentro de la extensión total de la capa *raster*, (establecida por la secuencia WKB especificada).
enforce_nodata_values_rast	Fija el valor *nodatavalue* para cada una de las bandas.
enforce_num_bands_rast	Fija el número de bandas permitido para las teselas.
enforce_out_db_rast	Fija si las teselas están almacenadas en PostGIS o en ficheros *raster* externos.
enforce_pixel_types_rast	Fija el tipo de píxel para cada una de las bandas.
enforce_same_alignment_rast	Fija el alineamiento de las teselas. Para ello, utiliza el comando *ST_SameAlignment* utilizando una tesela de plantilla.
enforce_scalex_rast	Fija el tamaño de la celda en dirección X (ancho).
enforce_scaley_rast	Fija el tamaño de la celda en dirección Y (alto).
enforce_srid_rast	Fija el CRS de las teselas.
enforce_width_rast	Fija la altura en píxeles de las teselas.

Tabla 53 Restricciones *Check* de una capa *raster*

PostGIS no comprueba si las teselas de una capa *raster* se distribuyen regularmente o no. Si el usuario quiere marcar que una capa *raster* sigue una distribución regular de teselas debe añadir una restricción a la tabla llamada *enforce_regular_blocking_<nombrecolumnaraster>* que devuelva directamente *true* : *"enforce_ regular_blocking_rast" CHECK (true)*.

Esto se puede realizar utilizando la opción '*-r*' en el comando *raster2pgsql* (la finalidad es que algún programa externo como *GDAL* o un SIG de escritorio pueda leer esta restricción para su uso interno).

Eliminación y creación de restricciones

Las restricciones estudiadas en el apartado anterior fijan muchas propiedades que impiden realizar operaciones en una capa *raster,* como por ejemplo agregar una nueva banda (*enforce_num_bands_rast*), agregar una nueva tesela que se salga de la extensión total de la capa (*enforce_max_extent_rast)*, etc.

Agrega una segunda banda a la capa *dem* pensada para almacenar valores de precipitación. El valor *nodatavalue* debe ser -1. El valor inicial de las celdas será de -1 para indicar que aún no se dispone de datos.

```
s1=# update dem set rast = st_addband (rast, '8BSI'::varchar, -1, -1);
ERROR:  el nuevo registro para la relación «dem» viola la restricción
    «check» «enforce_nodata_values_rast»
```

La solución pasa por eliminar las restricciones y volver a añadirlas tras la operación. Los comandos *ST_AddRasterConstraints* y *ST_DropRasterConstraints* realizan de forma sencilla esta tarea.

Con estos comandos se puede eliminar o agregar una restricción en concreto o todas al mismo tiempo.

```
s1=# select droprasterconstraints ('dem','rast');
s1=# update dem set rast = st_addband (rast, '8BSI'::varchar, -1, -1);
UPDATE 72
s1=# select addrasterconstraints ('dem','rast');
```

A continuación, se muestra las restricciones que han cambiado:

```
s1=# \d dem
Tabla "public.dem"
 Columna |  Tipo   | Collation | Nullable |              Default
---------+---------+-----------+----------+-------------------------------
 rid     | integer |           | not null | nextval('dem_rid_seq'::regclass)
 rast    | raster  |           |          |
...
Check constraints:
    ...
    "enforce_nodata_values_rast" CHECK (_raster_constraint_nodata_values(rast)
        = '{32767.0000000000,-1.0000000000}'::numeric[])
    "enforce_num_bands_rast" CHECK (st_numbands(rast) = 2)
    "enforce_pixel_types_rast" CHECK (_raster_constraint_pixel_types(rast)
        = '{16BSI,8BSI}'::text[])
    ...
```

También es posible eliminar o añadir solo las restricciones que interesen de la forma:

boolean AddRasterConstraints (schema, table, column, VariaDic constraints[])

Donde *constraints* es una lista de argumentos variables indicando las restricciones a añadir: *blocksize_x, blocksize_y, extent, num_bands, pixel_types, regular_blocking, same_alignment, srid, out_db, nodata_values, scale_x* y *scale_y.*

```
s1=# select droprasterconstraints
    ('dem','rast','num_bands','pixel_types','nodata_values');

NOTICE:  Dropping number of bands constraint
NOTICE:  Dropping pixel type constraint
NOTICE:  Dropping nodata value constraint
 droprasterconstraints
---------------------
 t
s1=# select addrasterconstraints
    ('dem','rast','num_bands','pixel_types','nodata_values');
NOTICE:  Adding number of bands constraint
NOTICE:  Adding pixel type constraint
NOTICE:  Adding nodata value constraint
 addrasterconstraints
---------------------
 t
```

> Es importante recalcar que si el objetivo es realizar análisis espacial en PostGIS y no se necesita visualizar los datos ni utilizar ningún otro programa externo (p. ej.: comandos *GDAL*), se puede trabajar sin problema eliminando todas las restricciones. Esto puede cambiar en un futuro si PostGIS introduce funcionalidades a nivel de capa *raster.*

Restricciones de las overviews

Las capas *overviews* son unas capas similares a las capas normales, pero además de todas las restricciones vistas anteriormente añaden otra restricción que las liga con la capa original.

La gestión de restricciones en las *overviews* se realiza con los comandos *AddRasterConstraints* y *DropRasterConstraints* exactamente como una capa normal.

Además, el comando *AddOverviewConstraints* añade una restricción a la capa *overview* que sirve para saber de qué capa representa la *overview.*

```
s1=# \d o_2_dem
                         Tabla "public.o_2_dem"
 Columna |  Tipo   | Collation | Nullable |            Default
---------+---------+-----------+----------+-----------------------------------
 rid     | integer |           | not null | nextval('o_2_dem_rid_seq'::regclass)
 rast    | raster  |           |          |
Índices:
    "o_2_dem_pkey" PRIMARY KEY, btree (rid)
    "o_2_dem_st_convexhull_idx" gist (st_convexhull(rast))
Restricciones CHECK:
 ...
    "enforce_overview_rast" CHECK (_overview_constraint(rast, 2,
    'public'::name, 'dem'::name, 'rast'::name))
    ...
    "enforce_scalex_rast"
      CHECK (round(st_scalex(rast)::numeric, 10)=round(200::numeric,10))
    "enforce_scaley_rast"
      CHECK (round(st_scaley(rast)::numeric, 10)=round(-200::numeric,10))
 ...
```

En el texto del código anterior se ha dejado también las restricciones correspondientes a *scalex* y *scaley* para que el lector observe como se ha incrementado el tamaño de las celdas por un factor de 2 como corresponde a la *overview* de la capa *dem*.

El comando para eliminar la restricción *enforce_overview_rast* de la tabla *o_2_dem* es:

```
SELECT dropOverviewConstraints('o_2_dem','rast');
```

Y para crear la restricción:

```
SELECT addOverviewConstraints('o_2_dem','rast','dem','rast',2);
```

3.4. Vistas de metadatos

PostGIS *raster* utiliza dos vistas de metadatos de forma similar a como la parte vectorial utiliza la vista *geometry_columns o geography_columns*.

La vista *raster_columns* contiene un inventarío de las columnas de tipo *raster* que existen en las tablas, es decir, de las capas *raster*. Esta vista es una consulta sobre el catálogo de PostgreSQL donde se almacenan las restricciones *Check* de las tablas. Por lo tanto, si nuestras capas *raster* no disponen de restricciones (p. ej.: se han eliminado con el comando *ST_DropRasterConstrains*) la vista *raster_columns* no mostrará de forma correcta las propiedades de dicha capa.

Muestra los metadatos de la columna de geometría de la tabla *dem*.

```
s1=# select * from raster_columns where r_table_name = 'dem';

r_table_catalog    | r_table_schema| r_table_name| r_raster_column| srid          |
scale_x            | scale_y       | blocksize_x | blocksize_y    | same_alignment|
regular_blocking   | num_bands     | pixel_types | nodata_values  | out_db        |
extent
s1                 | public        | dem         | rast           |25831          |
100                |     -100      |         128 |            128 | t             |
f                  |          2    | {16BSI,8BSI}| {32767,-1}     |  {f,f}        |
0103000020E7640000010000000500000...50410000000050A41A41000000006A805041
```

> Al ser una vista, el usuario no ha de preocuparse de su sincronización con las capas *raster*, ya que al igual que PostGIS 2 con *geometry_columns* el sistema lo hará de forma automática.

La segunda vista de metadatos *raster_overviews* es donde se inventarían las capas correspondientes a las pirámides (*overviews*) de las capas normales.

```
s1=# select * from raster_overviews;
o_table_catalog | o_table_schema | o_table_name | o_raster_column |
r_table_catalog | r_table_schema | r_table_name | r_raster_column |overview_f
----------------+----------------+--------------+-----------------+----------
  s1            | public         | o_4_dem      | rast            |
  s1            | public         | dem          | rast            |         4

  s1            | public         | o_2_dem      | rast            |
  s1            | public         | dem          | rast            |         2
```

Además, las *overviews* también aparecen en la vista *raster_columns* porque presentan todas las restricciones de las capas normales. De todas formas, programas como QGIS reconocen que dichas capas son *overviews* y no permiten al usuario cargarlas de forma manual, su gestión es automática.

Hay que tener en cuenta que, si se aplica cualquier proceso que modifique las teselas de una capa que posee *overviews*, éstas permanecerán invariables y se perderá su sincronización con las capas que representan.

3.5. Indexación espacial

La creación de índices espaciales en las columnas de tipo *raster* es esencial para no penalizar el rendimiento en las operaciones de análisis que requieran cualquier comparación de cajas, como sucede con las geometrías vectoriales.

El proceso de creación de índices espaciales y su utilización es muy parecido al estudiado en los análisis espaciales realizados con capas vectoriales.

La creación de un índice espacial sobre la columna *rast* de la tabla *dem* viene dado por la expresión:

```
CREATE INDEX dem_rast_gist ON dem USING GIST (st_convexhull(rast));
```

Notad la utilización del comando *ST_ConvexHull* en la creación del índice espacial, en realidad lo que se está indexando es su resultado que es la caja de cada tesela. No se utiliza el comando *ST_Envelope* ya que *ST_ConvexHull* también devuelve el resultado apropiado si la tesela tiene las propiedades *skewx* o *skewy* distintas de cero.

EL borrado del índice se realiza con el comando *Drop Index*.

3.6. Exportación de capas *raster* con *GDAL*

La exportación de capas *raster* de PostGIS a otros formatos se puede realizar utilizando el comando *gdal_translate* de la biblioteca *GDAL*.

Primero hay que comprobar si el formato de salida es soportado por *GDAL* (actualmente soporta más de 50 formatos *raster*)

```
Consola> gdal_translate --formats
Supported Formats:
  ECW -raster- (rov): ERDAS Compressed Wavelets (SDK 5.3)
  JP2ECW -raster,vector- (rov): ERDAS JPEG2000 (SDK 5.3)
  GeoRàster -raster- (rw+s): Oracle Spatial GeoRaster
  MG4Lidar -raster- (ro): MrSID Generation 4 / Lidar (.sid)
  ...
```

Mediante este comando no solo es posible la exportación de una capa *raster*, sino que también se puede transformar cambiando el tipo de píxel, reproyectarla a otro CRS, re-escalarla y cambiarla de tamaño, aplicarle una máscara, etc.

```
gdal_translate [opciones] formato_origen formato_destino
```

En este ejercicio únicamente vamos a utilizar dicho comando para la exportación:

- *-of <formato>*: Especifica el formato de salida según un texto breve identificativo del formato, p. ej.: VRT, XYZ, HF2 o ZMap.
- *-b <banda>*: Selecciona la banda para la salida. Las bandas son numeradas empezando desde uno. Se puede utilizar múltiples opciones '-b' para especificar diferentes bandas que serán exportadas de forma conjunta al fichero de salida.
- *-co "NAME=VALUE"*: Pasa la opción especificada al *driver* de salida. Se puede utilizar tantas veces como opciones se quiera configurar del *driver*.

Cadena de conexión a la capa *raster* de PostGIS a exportar[1]. Esta cadena de conexión para una capa de PostGIS *Raster* es la que se utiliza también con otros comandos de GDAL[2] como *gdalinfo*, *gdalwarp*, *gdaltransform*, etc.:

```
PG:"host='<host>' port='<port>' dbname='<dbname>' user='<user>'
  password='<password>' [schema='<schema>'] [table='<raster_table>']
  [where='<sql_where>'] [mode='<mode>'] [outdb_resolution='<resolution>']"
```

El parámetro *where* admite cualquier expresión SQL válida y es útil para filtrar y no exportar todas las filas (teselas) de una capa.

El parámetro *mode* puede tomar dos valores: '2' para indicar que cada fila de la tabla es una tesela del *raster* a exportar y '1' que indica que cada fila es un *raster* independiente y por lo tanto se crearán tantos ficheros *raster* de salida como filas tenga la tabla.

Además, cada formato de salida puede tener sus propias opciones de configuración. Para conocer estas posibilidades es necesario revisar la documentación de *GDAL* del *driver*[3] del formato solicitado.

Exporta la capa de PostGIS *Raster dem* al formato *Portable NetWork Graphics (PNG)* y al formato *ASCII Gridded XYZ (XYZ)*.

En la creación del *PNG*[4] utiliza la opción del *driver* para crear también el fichero .*wld* (*world file*). En la exportación al formato *XYZ*[5] utiliza las opciones para separar los campos por comas y además crear una primera línea de encabezamiento.

```
consola> gdal_translate -of png -ot uint16 PG:"host=localhost dbname='s1'
    port='5432' user='postgres' password='pg' table='dem' column='rast'
    mode='2'" -co "WORLDFILE=YES" -b 1 salida.png

consola> gdal_translate -of xyz PG:"host=localhost dbname='s1'
    port='5432' user='postgres' password='pg' table='dem' column='rast'
    mode='2'" -co "COLUMN_SEPARATOR=," -co "ADD_HEADER_LINE=YES" -b 1
    salida.asc
```

---

[1] https://gdal.org/drivers/raster/postgisraster.html

[2] https://gdal.org/programs/index.html

[3] https://gdal.org/drivers/raster/index.html

[4] https://gdal.org/drivers/raster/png.html

[5] https://gdal.org/drivers/raster/xyz.html

4. Análisis de capas teseladas

A partir de este momento vamos a empezar a realizar análisis espacial *raster* y mixto *raster*-vectorial, utilizando capas *raster* teseladas donde cada fila representa una tesela o *tile*. Algunos de los resultados de dichos análisis espaciales crearán nuevos contenidos *raster* que se pueden almacenar de distintas formas:

a) Creando una nueva tabla con una columna de tipo *raster*.

b) Añadiendo una nueva banda a una capa *raster* ya creada siempre que la estructura del *raster* sea compatible.

c) Añadiendo un nuevo campo de tipo *raster* a una tabla ya existente que ya disponía de una o más columnas de tipo *raster*.

Aunque la información en PostGIS se puede gestionar de cualquiera de las tres formas, a la hora de visualizar los datos con los SIG de escritorio es conveniente evitar la opción c) hasta que dichos programas no se vayan ajustando a las nuevas características de PostGIS *Raster*. La opción a) es la que menos problemas debería causar.

4.1. Estadísticas

En la Tabla 51, pág. 395 se presentaron las funciones de estadísticas *raster* de PostGIS. Estas funciones nicamente trabajan con objetos *raster*, es decir, si queremos calcular las estadísticas de una capa raster entera (formada por tantos objetos raster como filas) se puede proceder de dos formas: utilizando *ST_SummaryStats* junto con agregados para cada campo de estadística o utilizando la variante *ST_SummaryStatsAgg* que ya agrega los resultados de forma automática.

Utiliza la función *ST_SummaryStats* junto con agregados para calcular las estadísticas de la capa *dem*. Como alternativa, utiliza la función *ST_SummaryStatsAgg* que ya agrega internamente los resultados para obtener los mismos valores.

```
s1=# select sum(count) as count, sum(sum), max(max), min(min)
        from (select (st_summarystats (rast, 1)).*
                from dem
        ) as tabla;
  count  |   sum    | max  | min
---------+----------+------+-----
 1151315 | 57974423 | 1413 |  -2

s1=# select (st_summarystatsagg (rast,1, true)).* from dem;
  count  |   sum    |       mean        |       stddev       | min | max
---------+----------+-------------------+--------------------+-----+-----
 1151315 | 57974423 | 50.35496193483104 | 123.11723382560024 |  -2 | 1413
```

Es necesario mencionar que estas funciones excluyen en sus cálculos las celdas con valor *nodatavalue* a no ser que se especifique el argumento *exclude_nodata_value = false*.

Comprueba como la función *ST_SummaryStats* no tiene en cuenta los valores por defecto. Utiliza la función *ST_Count* para contrastarlo. Utiliza las variantes con sufijo *Agg*.

```
s2=# select st_countagg (rast,1, true), st_countagg(rast, 1, false) as
      novaluecout from dem;
 st_countagg | novaluecout
-------------+-------------
     1151315 |     1179648
```

La sentencia anterior ofrece el mismo resultado que realizar la suma de los valores *ST_Count* de todas las teselas de la capa: *select sum(st_count(rast)) from dem;*

Algunas funciones como *ST_Histogram* o *ST_Quantile* son especialmente útiles cuando se utilizan a nivel de capa.

Histogramas

El comando *ST_Histogram* devuelve un conjunto de filas (*setof*) del tipo compuesto *histogram* que está formado por cuatro campos:

- *min*: Valor de píxel mínimo del intervalo.
- *max*: Valor de píxel máximo del intervalo.
- *count*: Número de píxeles en el intervalo.
- *percent*: Porcentaje de píxeles del intervalo en relación con el número total de píxeles de la capa (población).

La configuración de los intervalos o clases (*bins*), ya sea especificando su número o cada uno de sus anchos se realiza utilizando diferentes variantes del comando.

Setof histogram ST_Histogram (rastercolumn, nband,

exclude_nodata_value, nbins, right)

El argumento *right* evalúa el histograma desde la derecha (*true*) o desde la izquierda (*false*) para el cálculo de las clases.

Calcula el histograma de la capa *dem* utilizando 5 clases (*bins*) para la tesela con *rid* = 6. No considera las celdas sin dato para el cálculo. Las clases (*bins*) se deben empezar a calcular desde la izquierda.

```
s1=# select (ST_Histogram (rast, 1, true, 5, false)).*
        from dem where rid = 6;
  min  |  max  | count |       percent
-------+-------+-------+----------------------
     0 | 105.8 | 13911 |   0.8764490927419355
 105.8 | 211.6 |   894 |  0.05632560483870968
 211.6 | 317.4 |   609 |  0.03836945564516129
 317.4 | 423.2 |   314 |  0.019783266129032258
 423.2 |   529 |   144 |  0.009072580645161291
(5 filas)
```

Para obtener el histograma de la capa entera es necesario utilizar agregados sobre los campos que se quieren contabilizar (*min*, *max*, *count*, etc.). Pero para ello, es necesario definir las clases (bins) del histograma de forma manual, de esta forma se podrán agregar los datos de forma uniforme.

Utilizando la siguiente variante del comando calcula el histograma de la tesela con *rid* = 6 utilizando 3 clases con un ancho de 100, 400 y 1000 unidades.

setof histogram ST_Histogram (rastercolumn, nband = 1, exclude_nodata_value = true,

nbins=autocomputed, width[] = null, right = false);

```
s1=# select (ST_Histogram
    (rast, 1, true, 3, ARRAY [100,400,1000], false)).*
    from dem where rid = 6;
 min | max  | count |        percent
-----+------+-------+----------------------
   0 |  100 | 13837 |    0.8717867943548387
 100 |  500 |  2026 |    0.12764616935483872
 500 | 1500 |     9 | 0.0005670362903225807
(3 filas)
```

4.2. Reclasificación

La operación de reclasificación modifica el valor de los píxeles de un *raster* en función de unos intervalos establecidos, de forma que a los píxeles que están dentro de un determinado intervalo se les asigna un valor diferente en función de un valor destino.

Los intervalos se definen utilizando corchetes para especificar que el intervalo tiene un inicio o un final cerrado, o paréntesis para especificar que el inicio o el final es abierto:

[a-b] -> a <= x <= b

(a-b] -> a < x <= b

[a-b) -> a <= x < b

(a-b) -> a < x < b

La configuración de los intervalos origen y destino (argumento *reclassexpr*) se realiza de la siguiente forma: *interv_origen1:interv_destino1, interv_origen2:intervo_destino2, …, interv_origenn:interv_destinon.*

rasterout ST_Reclass (rasterin, bandnum, reclassexpr, pixeltype, nodatavalue = NULL)

Reclasifica la capa *dem* y crea una nueva capa *demreclass1* utilizando los siguientes intervalos:

Desde 0 (inclusive) al valor 500 (no inclusive) asigna al nuevo *raster* el valor 0.

Desde 500 (inclusive) al valor 1000 (no inclusive) asigna al nuevo *raster* el valor 1.

Desde 1000 (inclusive) al valor 1500 (inclusive) asigna al nuevo *raster* el valor 2.

La expresión de texto *reclassexpr*, sería: '[0-500):0,[500-1000):1,[1000-1500]:2'

Todos los valores de los píxeles del *raster* origen que no se encuentren dentro de ninguno de los intervalos establecidos se les asignará el valor *nodatavalue*.

Se conoce que el *notadavalue* del *raster* original era el valor 32767, como este valor no cae en ningún intervalo de *reclassexpr* se le asignará el valor *nodatavalue* especificado en la función *ST_Reclass*.

Como valor *nodatavalue* para el nuevo *raster* reclasificado vamos a utilizar el valor 3, de esta forma el *raster* reclasificado tiene solo 4 valores en total que se podrán almacenar utilizando el tipo de píxel más pequeño posible que será '2BUI' (ver Tabla 48, pág. 392).

Los valores originales -1, -2 y 32767 serán marcados como *nodatavalue* con el valor 3.

En este caso vamos a crear una nueva capa con el resultado del *raster* reclasificado:

```
s1=# create table demreclass1 (rid serial, rast raster);
s1=# insert into demreclass1 (rid, rast) select rid, st_reclass (rast, 1,
        '[0-500):0,[500-1000):1,[1000-1500]:2', '2BUI', 3) from dem;
INSERT 0 72
```

A continuación, se añaden las restricciones para que los programas externos como SIG de escritorio, etc. no tengan problemas.

```
s1=# select addrasterconstraints ('demreclass1','rast');
```

Se comprueba mediante las estadísticas que efectivamente la reclasificación se ha realizado correctamente.

```
s1=# select (ST_valuecount('demreclass1','rast',1, false)).*;
 value |  count
-------+---------
     3 |   28334
     0 | 1128061
     1 |   22093
     2 |    1160

s1=# select (st_bandmetadata (rast, 1)).* from demreclass1 where rid = 1;
 pixeltype | nodatavalue | isoutdb | path | outdbbandnum | filesize | filetimestamp
-----------+-------------+---------+------+--------------+----------+----------
 2BUI      |           3 | f       |      |              |          |
```

También es posible asignar nuevos intervalos destino en lugar de valores concretos, por ejemplo, la siguiente sentencia reclasifica el *raster dem* a los valores 0-254, dejando el 255 para *nodatavalue*.

En lugar de crear una nueva capa, esta vez se va a añadir una segunda banda al *raster demreclass1* a partir de la capa *dem*. Antes de realizar dicha operación es necesario eliminar las restricciones.

```
s1=# select droprasterconstraints ('demreclass1','rast');
s1=# update demreclass1 set rast = ST_addBand (
  st_reclass (dem.rast, 1,'[0-10):[0-10),[10-1413]:[10-254]','8BUI',255),
  '8BUI'::varchar, 255 )
  from dem where dem.rid = demreclass1.rid;
UPDATE 72
s1=# select addrasterconstraints ('demreclass1','rast');
```

Nota: La comparación de los *rid* de las dos capas en la sentencia anterior se puede realizar porque la capa d*emreclass1* ha utilizado para su construcción el *rid* de la capa *dem*, aunque si esto no fuera así se podría utilizar: *where dem.rast && demreclass1.rast and st_relate (dem.rast, demreclass1.rast, '2********')* que relacionaría las teselas correctas entre las dos capas.

> Si el *raster dem* tuviera más de una banda, el *raster* reclasificado conservaría las bandas no reclasificadas originales.

Reclasificación de múltiples bandas

La siguiente variante permite reclasificar varias bandas en una única operación:

rasterout ST_Reclass (rasterin, Variadic reclassarg[])

El segundo argumento es de tipo *reclassargset* que es un tipo compuesto donde se puede especificar el texto *reclassexpr*, el tipo de píxel de salida, la banda sobre la que se actúa y el valor *nodatavalue* correspondiente.

La propiedad *Variadic* establece que el número de argumentos es variable.

Si partimos de la capa *demreclass1* del ejemplo anterior, sus dos bandas se pueden reclasificar de la siguiente forma:

```
UPDATE demreclass1 SET rast =
    ST_Reclass(rast,
        ROW(1,'[0-2]:1', '1BB', 0)::reclassarg,
        ROW(2,'[0-254]:[0-10]', '4BUI', 15)::reclassarg );
```

4.3.   Apoyo de geometrías sobre un MDE

En este apartado se pretende apoyar una capa vectorial sobre una capa *raster* para la captura del valor temático del *raster* y su incorporación a la geometría vectorial ya sea como coordenada Z o como valor de un campo de atributos (útil especialmente para geometrías puntuales).

La función a utilizar es *ST_Value* que ya fue introducida en la pág. 397.

Se dispone de una capa de puntos (2D) *poismallorca* (fichero *poisma.sql*) de origen *Open Street Map* en WGS84. Se desea agregar un campo *cota* a dicha capa que contenga el valor de elevación obtenido de la capa *dem*.

```
s1=# alter table poisma add column cota integer;
s1=# update poisma set cota =
        st_value (rast, 1, st_transform (geom, 25831))
    from dem where dem.rast && st_transform (poisma.geom, 25831);
UPDATE 5962
```

A partir de la capa *viasma* (fichero *viasma.sql*) de tipo *MultilineString* en 2D, se quiere convertir a una capa 3D apoyando todos los vértices de las líneas sobre el raster *dem*. Apoya únicamente las vías de comunicación cuyo campo *type* es *primary*.

Primero hay que eliminar las restricciones sobre la columna de geometría ya que se va a convertir a una capa 3D.

```
s1=# alter table viasma alter column geom type geometry;
s1=# update viasma set geom = st_force3d(geom);
UPDATE 24116
s1=# alter table viasma alter column geom type geometry
    (multilinestringz, 25831);
```

Esta sentencia tras realizar un *dump* de los vértices de las líneas, calcula la coordenada Z en el *raster* de cada uno de sus vértices y construye la línea de nuevo con *ST_Makeline*.

```
s1=# with tabla(geom, nline) as (
   select (st_dumppoints (st_geometryn (v.geom, 1))).geom, v.gid
      from viasma v where v.type = 'primary'
)
update viasma set geom = tabla1.geom from
( select st_multi(st_makeline (
    st_translate (t.geom,0,0, st_value (d.rast, 1, t.geom)))) as geom,
    t.nline
    from tabla t, dem d where t.geom && d.rast group by t.nline
) as tabla1 where tabla1.nline = viasma.gid;
UPDATE 631
```

Problema 3. Se dispone de un fichero *trackma.gpx* con un recorrido capturado con coordenadas GPS (WGS84). Tras importar la capa *track_points* a PostGIS añade un campo *cota* a dicha capa que contenga la cota calculada mediante el *raster dem*. Calcula la media de las diferencias entre el campo *cota* y el campo *ele* (campo que contiene la cota tomada con el GPS) de todos los puntos.

4.4. Vectorización

Para convertir a vectorial una capa *raster* se puede utilizar diferentes métodos según lo explicado en el apartado G 2, pág. 398. Es necesario en la mayoría de los casos, el realizar un agrupamiento de píxeles de igual valor antes de su vectorización, proceso que realiza el método *ST_DumpAsPolygons*.

Si se dispone de capas con muchos valores diferentes de píxeles, el proceso de agrupamiento requiere una operación de reclasificación previa para reducir el número de valores.

También, se puede realizar una operación de suavizamiento sobre la capa *raster* (admitiendo que se puede cometer cierto error en la variable temática) y de esta forma eliminar irregularidades en la capa *raster* que al vectorizarla formarían pequeños polígonos compuestos por muy pocas celdas (incluso solo una).

En este ejemplo de conversión de *raster* a vectorial, vamos a cargar en la base de datos la capa *raster corine-mallorca.img* (*corine land cover*). El usuario puede ejecutar el comando *raster2pgsql* o directamente cargar el fichero *corine.sql* que ya ha sido convertido.

Notad que se utiliza un tamaño de tesela 96x96 diferente el tamaño de tesela de la capa *dem*, ya que en un ejercicio posterior se va a necesitar dos tamaños de teselas diferentes.

```
consola> raster2pgsql -s 25831 -I -C -l 2,4 -t 96x96 -P corine-
    mallorca.img corine > corine.sql
```

Algunas estadísticas de la nueva capa y la banda de datos son:

```
s1=# select (st_summarystatsagg (rast,1, true)).* from corine;
 count  |   sum   |       mean        |      stddev       | min | max
--------+---------+-------------------+-------------------+-----+-----
 363657 | 7219251 | 19.85181365957482 | 6.592435357722791 |   1 |  42

s1=# select (st_bandmetadata(rast,1)).* from corine where rid=1;
 pixeltype | nodatavalue | isoutdb | path | outd | filesize |filetimestamp
-----------+-------------+---------+------+------+----------+----
 8BUI      |         255 | f       |      |      |          |

s1=# create table corinevect (gid serial, value integer, geom geometry
    (polygon, 25831));
```

```
s1=# insert into corinevect (value, geom)
      select (dump).val,(dump).geom from (
        select st_dumpaspolygons (rast) as dump from corine
      ) as tabla;
INSERT 0 5010
```

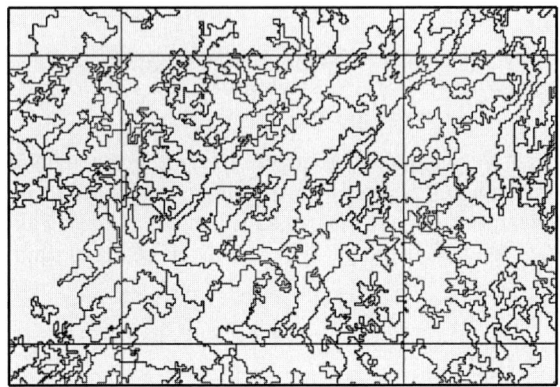

Figura 85 Conversión *raster* a vectorial (*corine land cover*)

La figura anterior muestra como la vectorización realizada por teselas origina la fragmentación de los polígonos en los límites de éstas. Para eliminar este efecto se puede realizar una operación espacial de disolución vectorial (véase el apartado C 7.1, pág. 170).

Por último, comentar que *ST_DumpAsPolygons* siempre devuelve geometrías de tipo *Polygon* (no *MultiPolygon*).

4.5. Reescalado

El comando *ST_Rescale* remuestrea un *raster* ajustando el tamaño de píxel o celda (*scalex*, *scaley*). El número de píxeles de ancho/alto del *raster* se ajusta al nuevo tamaño de celda.

El valor de los píxeles se calcula utilizando uno de los métodos de interpolación soportados por *GDAL*: Vecino más próximo (*NearestNeighbour*), Bilineal (*Bilinear*), Cúbica (*cubic*), *Splines* cúbicos (*cubicsplines*), *lanczos*, *average*, *max*, *min*, etc. Ver la información de todos los métodos disponibles en el comando *gdalwarp*[1].

El método de interpolación por defecto es el de vecino más próximo. Aunque es uno de los métodos que más error produce con frecuencia es el más adecuado.

Si la variable temática se corresponde con valores discretos o valores que representan ciertas clases o valores cualitativos, no tiene sentido el aplicar otro tipo de interpolación. Por ejemplo, si un píxel con valor 1 hace referencia a cultivos de cítricos y uno con valor 2 a cultivos de cereales, no tiene sentido que tras el *raster* remuestreado se obtengan píxeles con valores decimales.

---

[1] https://gdal.org/programs/gdalwarp.html

El único método en PostGIS que solo utiliza los valores de los píxeles originales es el de vecino más próximo, por contrapartida en la precisión posicional este método puede introducir un error de ½ píxeles.

Otra razón de utilizar el método de vecino más próximo en imágenes como ortofotografías consiste en la obtención de imágenes más nítidas. Los demás métodos crearán imágenes más difuminadas, aunque más precisas.

La firma del método es la siguiente:

rasterout ST_Rescale (rasterin, scalex, scaley,

algorithm = NearestNeighbour, maxerr = 0.125)

Si el ancho o el alto total del *raster* no es divisible por el tamaño de celda (*scalex*, *scaley*) seleccionado, la extensión del *raster* será expandida para adecuarse.

No hay que confundir el comando *ST_ReScale* con el comando *ST_SetScale* (ver Tabla 47, pág. 390) que únicamente cambia la propiedad *scalex* o *scaley* del *raster* pero sin realizar ningún remuestreo.

Crea una nueva capa *demres* que contenga el raster *dem,* pero reescalado con un tamaño de celda de 200 m.

```
s1=# create table demres as select rid, st_rescale (rast, 200, -200) as
    rast200 from dem;
s1=# select (st_metadata(rast)).* from dem where rid = 1
        union select (st_metadata(rast200)).* from demres where rid= 1;
```

```
upperleftx| upperlefty| width| height| scalex| scaley| skewx| skewy| srid | numbands
------+-----------+------+-------+-------+-------+------+------+------+---
436500 |  4428200 |  64 |  64 |  200 |  -200 |  0 |  0 | 25831 |  2
436500 |  4428200 | 128 | 128 |  100 |  -100 |  0 |  0 | 25831 |  2
```

La nueva capa *raster* dispone de teselas con la misma extensión, pero con un tamaño de celda de 200 metros y la mitad de píxeles en ancho y alto.

Si se desea visualizar la capa con algún SIG de escritorio, es necesario generalmente ejecutar el comando *addrasterconstraints ('demres', 'rast200')* para añadir las restricciones que fijan las propiedades comunes de todas las teselas de las capas.

También es posible reescalar un *raster* utilizando un tamaño de celda más pequeño, lo cual aumentará el tamaño en píxeles de las teselas. En el siguiente ejemplo se va a reescalar la capa *demres*. En este caso se crea una segunda columna de geometría.

```
s1=# alter table demres add rast100 raster;
s1=# update demres set rast100 = st_rescale (rast200, 100, -100);
```

Las propiedades de las teselas de la capa *demres.rast100* son iguales que las de la capa *dem.rast*, aunque el valor de las celdas habrá cambiado ya que este nuevo *raster* ha sido creado a partir de generalizar el original con un tamaño del celda de 200 m. Más adelante con el uso del comando *ST_MapAlgebra* se calculará un nuevo *raster* con la diferencia entre estos dos.

4.6. Álgebra de mapas (una capa)

El comando *ST_MapAlgebra* permite crear un nuevo *raster* derivado a partir de un *raster* de entrada al que se le aplica una determina expresión a sus píxeles. El *raster* de salida tendrá las mismas propiedades que el de entrada (salvo el tipo de píxel si así se especifica) pero únicamente dispondrá de una banda.

rasterout ST_MapAlgebra

> *(rasterin, bandnum = 1, pixeltype, expression, nodatavalue = NULL)*

Argumentos:

- *pixeltype*: Tipo de píxel del *raster* de salida (*rasterout*). Si es NULL entonces el tipo de píxel será el mismo que el tipo de píxel de *rasterin*.
- *nodatavalue:* Contiene el valor a devolver cuando el píxel de *rasterin* analizado presenta un valor *nodata*. Si es NULL entonces el valor a devolver será el mismo que utiliza *rasterin* como *nodata*.
- *expression:* Admite cualquier expresión válida en PostgreSQL/PostGIS, pero además se puede incrustar en la expresión los textos *[rast.val]* para representar el valor del píxel, *[rast.x]* para la columna del píxel y *[rast.y]* para la fila del píxel.

El valor de *nodatavalue* para el nuevo *raster* creado será el mismo que el valor de *nodatavalue* utilizado en *rasterin*, es decir, *st_bandnodatavalue (rasterin, band)*.

Crea una nueva capa *demres* a partir de la capa *dem* donde cada píxel contenga el valor absoluto de la diferencia entre su valor de elevación y un valor de 1000 metros.

```
s1=# create table demres1 as select rid, st_mapalgebra
    (rast, 1, '16BSI', 'abs(1000 - [rast.val])::integer') as rast from dem;
```

El argumento *expression* puede ser todo lo complejo que se desee, incluso se puede diseñar para reclasificar un *raster* con resultados similares al comando *ST_Reclass*, para ello utilizaremos la cláusula SQL *Case*.

```
s1=# create table demreclass2 as select rid,
    st_setbandnodatavalue (
      st_mapalgebra (rast, 1, '16BSI',
        'case when [rast.val] >= 0 and [rast.val] < 500 then 0
            when [rast.val] >= 500 and [rast.val] < 1000 then 1
            when [rast.val] >= 1000 and [rast.val] <= 1500 then 2
            else 3 end',
      3),
    3) as rast from dem;

s1=# select (ST_valuecount('demreclass2','rast',1, false)).*;
 value |  count
-------+---------
     3 |   28334
     0 | 1128061
     1 |   22093
     2 |    1160
```

Si no se utiliza el comando *ST_SetbandnNodatavalue* el valor *nodata* de cada tesela de la capa *demreclass2* sería 32727 como la capa *dem*.

Funciones personalizadas

El comando *ST_MapAlgebra* tiene otras firmas alternativas que permiten en lugar de tomar una expresión que aplica a cada píxel del *raster,* se le pasa una **función definida por el usuario (*callbackfunc*)** la cual ejecutará para obtener el nuevo valor del píxel.

rasterout ST_MapAlgebra   (rasterin, bandnum,

callbackfunc, pixeltype = NULL,

extenttype = FIRST, customextent = NULL,

distancex = 0, distancey = 0,   VariaDic userargs[])

Argumentos:

- *rasterin*: Raster de entrada. Hay firmas alternativas de *ST_MapAlgebra* para especificar varios *raster* de entrada.
- *bandnum*: Número de banda del *raster* de entrada. Hay firmas alternativas de *ST_MapAlgebra* para especificar varias bandas.
- *pixeltype*: Tipo de píxel del *raster* de salida. Si es NULL utiliza el mismo que el primer raster de entrada o en su caso el mismo que *extenttype* (SECOND, LAST,..).
- *extenttype:* extensión del *raster* de salida. Puede ser INTERSECTION (defecto), UNION, FIRST (defecto si solo hay un raster de entrada), SECOND, LAST o CUSTOM. Si es CUSTOM es necesario definir la extensión con un nuevo raster que se pasará en el argumento *customextent*.
- *customextent:* ver párrafo anterior.
- *distancex:* El ancho de la matriz será *2*distancex + 1*, es decir, para una matriz de ancho de 5 píxeles, *distancex* será igual a 2.
- *distancey:* El alto de la matriz será *2*distancey + 1*, es decir, para una matriz de alto de 3 píxeles, *distancey* será igual a 1.
- *userargs[]*: Argumento variable de texto que contiene parámetros auxiliares que se le puede pasar a la función *onerasteruserfunc.*
- *callbackfunc*: Este argumento se corresponde con una función que puede ser creada por el usuario y que debe tener la siguiente estructura o firma:

double precision nombreFuncionCallBack
(value [][][], position [][], VariaDic args[])

Donde:

- *value [][][]: Array* de 3 dimensiones (tipo *double precision*) de la forma [*nraster*][y][x]. En el caso de que *ST_MapAlgebra* solo tenga un *raster* de entrada entonces será de la forma [1][y][x]. Las dimensiones [x] e [y] contienen el número de fila *y*, columna *x* de la matriz de vecindad.

   Por ejemplo, si la matriz de vecindad es de 5 filas x 7 columnas, entonces *value*[1][3][4] será el valor del píxel central, la esquina inferior derecha de la matriz de 5x7 será *value*[1][5][7].

   El tamaño de la matriz de vecindad se define con *distancex* y *distancey*.

- *position: Array* de 2 dimensiones (tipo *integer*) que contiene la posición de los píxeles. No lo vamos a utilizar en estos ejemplos.

- *args* (*VariaDic text[]*): *Array* de *varchar* conteniendo parámetros auxiliares que se le puede pasar a la función *callback* utilizando el último argumento (*userargs*) desde *ST_MapAlgebra* (véase el apartado E 2.1, pág. 281, sobre los argumentos de tipo *Variadic* en funciones *PL/PgSQL*).

Mediante una función personalizada y *ST_MapAlgebra* se puede trabajar tanto a nivel de píxel (p. ej.: restando a cada píxel del *raster* un valor), como a nivel de vecindad (p. ej.: calculando la pendiente de cada píxel en función de los valores de los píxeles vecinos).

En el primer ejemplo se va a trabajar a nivel de un solo píxel, es decir, como si la matriz de vecindad tuviera un tamaño solo 1x1, con lo cual los parámetros *distancex* y *distancey* valdrían 0.

Crea una función personalizada para su uso mediante *ST_MapAlgebra* que reclasifique el *raster* en intervalos definidos entre un valor origen y un valor final.

De esta forma se pretende reclasificar la capa *dem* y crear una nueva capa *demreclass3* que contenga los píxeles situados entre 500 y 1000 m reclasificados en intervalos de 100 metros, es decir, de 500 a 600 m tendrá el valor 0, de 600 a 700 m el valor 1 y así hasta llegar al valor máximo de 1000 m.

Lo primero será crear la función *prueba_callback*, que además tomará con su tercer argumento *args* los valores que se le pasarán desde *ST_MapAlgebra* (parámetro *userargs)* con el origen, final y ancho del intervalo para la reclasificación.

```
CREATE OR REPLACE FUNCTION prueba_callback (
  value double precision[][][], pos integer[][], VARIADIC args text[])
      RETURNS double precision
AS $$

DECLARE
  origen Double Precision;
  final Double Precision;
  ancho Double Precision;
  pixel Double Precision;
BEGIN
  IF (args IS NULL OR array_upper(args,1) < 3) THEN
    RETURN null;
  END IF;

  origen:= args[1];
  final:= args[2];
  ancho:= args[3];

  pixel:= value[1][1][1];
  --Al pasarle una matriz de 1 por 1, solo tendra una celda y
  --por tanto la posicion central sera filay=1,colx=1: value[nraster][fi-
lay][colx]

  IF (pixel < origen OR pixel > final) THEN
    RETURN null;
  END IF;

  RETURN ((pixel - origen) / ancho)::Integer;
END;
$$ LANGUAGE 'plpgsql' IMMUTABLE;
```

En el código SQL de la función *prueba_callback* el valor *null* devuelto (*return null*) corresponde al valor de *nodata* del nuevo *raster* creado.

```
s1=# create table demreclass3 as select rid,
      ST_MapAlgebra (rast, 1,
'prueba_callback(double precision[], integer[], text[])'::regprocedure,
      '16BSI', 'FIRST', NULL, 0, 0,
      '500','1000','100' --parametros variadic userargs
) as rast from dem;
```

Observad como el argumento de *ST_MapAlgebra* correspondiente a la función *prueba_callback* debe ser convertido al tipo *regprocedure* de PostgreSQL.

```
s1=# select rid,st_valuecount (rast, 1, false)
      from demreclass3 where rid < 10 order by rid;
 rid | st_valuecount
-----+----------------
   1 | (32767,16384)
   ...
   5 | (32767,15970)
   5 | (0,83)
   5 | (1,145)
   5 | (2,143)
   5 | (3,43)
   6 | (32767,16375)
   6 | (0,9)
   7 | (32767,16384)
   ...
```

4.7. Álgebra de mapas (dos capas)

La variante más poderosa del comando *ST_MapAlgebra* es la que toma dos *raster* como argumentos, permitiendo aplicarles cualquier expresión para obtener un nuevo *raster* de salida. De esta forma, se permite álgebra de mapas entre dos objetos *raster,* aunque por el momento PostGIS tiene algunas limitaciones como:

- Es una operación lenta en su proceso, comparada con software especializado de tratamiento digital de imágenes.
- Los dos *raster* utilizados deben tener el mismo alineamiento (ver concepto *alignment* en la pág. 408).

La firma del método es la siguiente:

rasterout ST_MapAlgebra (rasterin1, bandnum1, rasterin2, bandnum2,

expression, pixeltype = NULL, extenttype = 'INTERSECTION',

nodata1expr = NULL, nodata2expr = NULL, nodatavalue = NULL)

Argumentos:

- *expression*: Expresión similar a la variante de *ST_MapAlgebra* del apartado anterior, pero con las variables [*rast1.val*] y [*rast2.val*] en lugar de [*rast.val*].
- *pixeltype*: Tipo de píxel del *raster* de salida (*rasterout*). Si es NULL entonces el tipo de píxel será el mismo que el tipo de píxel de *rasterin1*.
- *extenttype:* Controla la extensión del *raster* de salida según las extensiones de los *raster* de entrada. Puede ser: '*FIRST'*, '*SECOND'*, '*INTERSECTION'* o '*UNION'*.

- *nodata1expr*: En el caso de que el píxel de *rasterin1* tenga un valor *nodata*, esta expresión (puede ser una constante o utilizar la variable *rast2*) se aplicará para establecer el valor del píxel que tomará el *raster* de salida.

- *nodata2expr*: En el caso de que el píxel de *rasterin2* tenga un valor *nodata*, esta expresión (puede ser una constante o utilizar la variable *rast1*) se aplicará para establecer el valor del píxel que tomará el *raster* de salida.

- *nodatavalue:* Constante a aplicar como valor del píxel en el *raster* de salida cuando tanto el píxel de *rasterin1* como el de *rasterin2* presentan el valor *nodata*.

> Los parámetros *nodata1expr*, nodata2expr y *nodatavalue* por defecto toman el valor NULL. En los tres casos el valor NULL significa que el valor del píxel asignado para el nuevo *raster* será el utilizado como *nodatavalue* en *rasterin1*.
>
> El valor de píxel reservado para marcar una celda como *nodata* será siempre el mismo que el utilizado en *raster1*. Si se desea cambiar se tendrá que utilizar el comando *ST_Set-BandNodataValue*.

Igual alineamiento y teselado

Antes de realizar ejemplos reales con cartografía y para afianzar los conceptos vamos a utilizar álgebra de mapas con dos objetos *raster* muy sencillos.

La figura siguiente muestra dos objetos *raster* con un mismo alineamiento (*alignment*), ya que el tamaño de celda (x = 20, y = - 10), la rotación (*skewx* = 0, *skewy* = 0) y el alineamiento de la rejilla es el mismo.

Aunque el origen de coordenadas de los dos *raster* (*raster1* = 10, 50 y *raster2* = 30, 60) y las dimensiones de los mismos (*raster1* = 3x3 píxeles y *raster2* = 3x2) son diferentes, estos parámetros no afectan al alineamiento ya que la rejilla encaja entre los dos *rasters*.

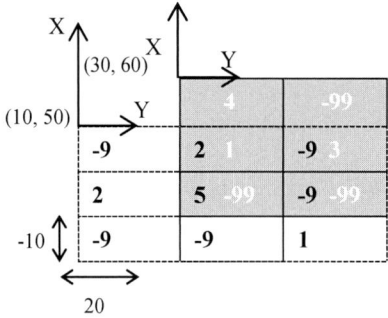

Nodata raster1 = -9

Nodata raster2 = -99

```
s1=# create table raster1 as select
   st_setvalue ( st_setvalue ( st_setvalue ( st_setvalue (
      st_addband (
         st_makeemptyraster (3, 3, 10, 50, 20, -10, 0, 0, 0),
         '16BSI'::varchar, -9, -9 )
   , 2, 1, 2), 1, 2, 2), 2, 2, 5), 3, 3, 1) as rast;
```

```
s1=# create table raster2 as select
   st_setvalue ( st_setvalue ( st_setvalue (
      st_addband (
         st_makeemptyraster (2, 3, 30, 60, 20, -10, 0, 0, 0),
         '16BSI'::varchar, -99, -99 )
   , 1, 1, 4), 1, 2, 1), 2, 2, 3) as rast;
```

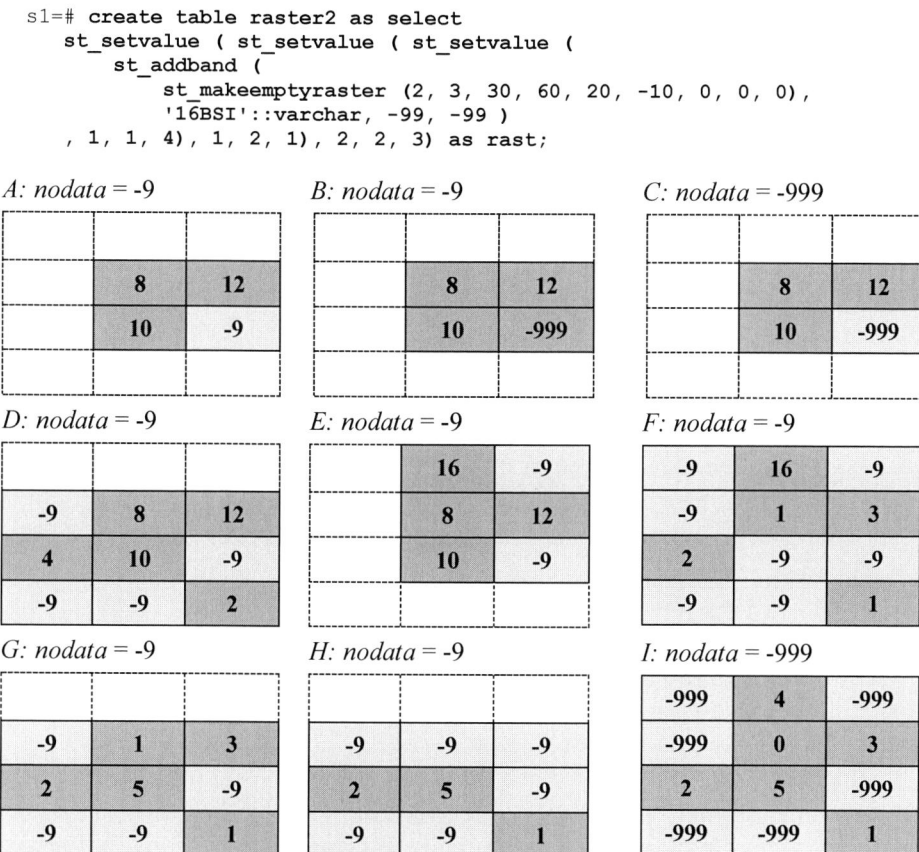

Figura 86 Ejemplos de álgebra de mapas entre dos *raster*

Casos A, B, C: Intersección aplicando la fórmula 2 * *raster1* + 4 * *raster2*.

```
st_mapalgebra (raster1, 1, raster2, 1,
 '2 * [rast1.val] + [rast2.val] * 4','16BSI', 'INTERSECTION',
 '[rast2.val]*4', '[rast1.val] * 2', null)
st_mapalgebra (raster1, 1, raster2, 1,
 ' 2 * [rast1.val] + [rast2.val] * 4','16BSI', 'INTERSECTION',
 '[rast2.val] * 4', '[rast1.val] * 2', -999)
st_setbandnodatavalue (st_mapalgebra (raster1, 1, raster2, 1,
 '2 * [rast1.val] + [rast2.val] * 4','16BSI', 'INTERSECTION',
 '[rast2.val] * 4', '[rast1.val] * 2', -999), -999)
```

Se pueden comprobar los resultados utilizando la función *ST_DumpValues*. Por ejemplo, en el caso A sería:

```
s1=# select st_dumpvalues (
    st_mapalgebra (raster1.rast, 1, raster2.rast, 1,
      '2 * [rast1.val] + [rast2.val] * 4','16BSI'::text, 'INTERSECTION',
      '[rast2.val]*4', '[rast1.val] * 2', null)
    , 1, false)
from raster1, raster2;
    st_dumpvalues
------------------
 {{8,12},{10,-9}}
```

Caso D: Como el caso A, pero utilizando la extensión de *raster1*.

```
st_mapalgebra (raster1, 1, raster2,  1,
  '2  * [rast1.val] + [rast2.val] * 4','16BSI', 'FIRST',
  '[rast2.val] *4', '[rast1.val] * 2',null)
```

Caso E: Como el caso A, pero utilizando la extensión de *raster2*.

```
st_mapalgebra (raster1, 1, raster2,  1,
  '2  * [rast1.val] + [rast2.val] * 4','16BSI', 'SECOND',
  '[rast2.val] *4', '[rast1.val] * 2',null)
```

Caso F: Como el caso A, pero utilizando la extensión de los dos *raster*.

```
st_mapalgebra (raster1, 1, raster2,  1,
  '2  * [rast1.val] + [rast2.val] * 4','16BSI', 'UNION',
  '[rast2.val] *4', '[rast1.val] * 2',null)
```

Caso G: Modifica el *raster1* con los valores de las celdas del *raster2*.

```
st_mapalgebra (raster1, 1, raster2,  1, '[rast2.val]','16BSI', 'FIRST',
  '[rast2.val] ', '[rast1.val]', null)
```

Caso H: Modifica el *raster1* borrando las celdas correspondientes al *raster2*.

```
st_mapalgebra (raster1, 1, raster2,  1, '-9','16BSI', 'FIRST',
  null, '[rast1.val]', null)
```

Caso I: Establece al valor 0 la zona común de los dos *raster*. Utiliza como valor *nodata* -999 en el nuevo *raster* y marca solo con este valor los pixeles que son *nodata* en los dos *raster*.

```
st_setbandnodatavalue (st_mapalgebra (raster1, 1, raster2,  1,
  '0','16BSI', 'UNION', '[rast2.val]', '[rast1.val]', -999), -999)
```

Mediante estos ejemplos se ha tratado de demostrar que todas las operaciones de análisis espacial vectorial explicadas en los apartados C 3 y C 4 (págs. 145 y 137) como *intersect, erase, overlay, identity, update, clip*, etc. se pueden imitar en un modelo *raster* utilizando *ST_MapAlgebra* de una forma muy sencilla.

> En PostGIS, los métodos de análisis espacial *raster ST_Clip, ST_Intersection* y *ST_Union* son funciones realizadas en *PL/PgSQL* que llaman a su vez a *ST_MapAlgebra* configurando los argumentos de forma adecuada según los ejemplos mostrados arriba.

Problema 4. Realiza todos los ejemplos de álgebra de mapas correspondientes a la Figura 86. Para ello, habrá que definir previamente los dos *raster* con los comandos *ST_MakeEmptyRaster* y *ST_SetValue* como se ha realizado en el ejercicio anterior. Utiliza la función *ST_PixelAsPoints* para listar los resultados finales.

Problema 5. Trata de modificar el alineamiento de uno de los dos *raster* del problema anterior y comprueba que sucede cuando se ejecuta el comando *ST_MapAlgebra*.

Crea un nuevo *raster demdif1* que contenga las diferencias entre las capas *dem.rast* y *demres.rast100* (calculado en el apartado de reescalado de la pág. 422).

Una limitación importante del comando *ST_MapAlgebra* consiste en la exigencia de que ambos *raster* de entrada deben tener el mismo alineamiento (pág. 408), lo cual en casos reales no es nada habitual, ya que los dos *raster* pueden haber sido obtenidos de diferentes fuentes, tener diferente tamaño de celda o lo que es más común presentar un desfase en las coordenadas de las esquinas de los píxeles.

En este primer ejemplo sin embargo los dos *raster* tienen el mismo alineamiento ya que *demres.rast100* se ha obtenido a partir de reescalar dos veces *dem.rast*, proceso que ha suavizado el valor de los pixeles, pero que no ha modificado las propiedades de las teselas.

Además, otra simplificación a la hora combinar las dos capas *raster* es que las teselas de ambos *raster* cubren cada una exactamente la misma extensión geográfica, luego únicamente será necesario combinar una tesela de la capa *dem.rast* con la tesela correspondiente de la capa *demres.rast100*.

```
s1=# create table demdif1 (rid serial, rast raster);
s1=# insert into demdif1 (rast)
  select st_mapalgebra (d1.rast, 1, d2.rast100,  1,
         'abs([rast1.val] - [rast2.val])','16BSI', 'FIRST',
         '[rast2.val]', '[rast1.val]', null)
  from dem d1, demres d2
  where d1.rast && d2.rast100
    and st_relate (d1.rast::geometry, d2.rast100::geometry, 'T********');
INSERT 0 72
s1=# select (st_summarystatsagg (rast, 1, true)).* from demdif1;
  count  |   sum   |       mean        |      stddev       | min | max
---------+---------+-------------------+-------------------+-----+-----
 1151869 | 3101849 | 2.69288347893727  | 9.67503900677119  |   0 | 318
```

La máxima diferencia de cota entre los dos modelos digitales es de 395 m, y la media de las diferencias entre los dos modelos es de 2.69 m.

Sabiendo de antemano en este ejemplo que cada tesela de *dem.rast* está cubierta por una única tesela de *demres.rast100*, la combinación de las teselas es un proceso sencillo y que no requiere ninguna agrupación u operación espacial extra.

De esta forma, en la sentencia SQL superior las teselas se han emparejado con la condición de que los interiores de sus cajas presenten algún solape (patrón *relate*: 'T********'), aunque aún habría sido más sencillo simplemente emparejarlas con la condición *d1.rid = d2.rid* ya que la capa *demres* ha heredado los identificadores *rid* de la capa *dem*.

> Hay que recordar la importancia de crear un índice espacial en las columnas de tipo *raster*. Aunque en este ejemplo no se ha realizado, debe ser práctica común sobre todo si el número de teselas de una capa *raster* es elevada y se desea realizar análisis espaciales mixtos *raster-vectorial*.

Diferente teselado

En este caso vamos a utilizar álgebra de mapas entre dos capas *raster* con el mismo alineamiento, pero con distinta distribución de las teselas. Las capas son *dem* y *corine* (fichero *corine.sql*).

```
s1=# select (st_metadata (rast)).* from
( select rast from dem where rid = 10 union all
  select rast from corine where rid = 10 ) as tabla;
```

```
upperleftx|upperlefty|width|height| scalex | scaley |skewx|skewy| srid |numbands
-----------+----------+-----+------+--------+--------+-----+-----+------+--------
   436500 |  4415400 | 128 | 128 |   100 |  -100 |  0 |  0 | 25831|       2
   503900 |  4454200 |  96 |  96 |   100 |  -100 |  0 |  0 | 25831|       1
```

Se comprueba que tienen el mismo alineamiento, ya que comparando dos teselas cualesquiera se observa que el origen de la esquina superior izquierda es un múltiplo del tamaño de celda (100 metros). Además, tanto este tamaño de 100 m, como los parámetros de *srid y skew* son los mismos en las teselas de ambas capas lo cual asegura el mismo alineamiento.

Aun así, para poder aplicar álgebra de mapas entre las teselas de estas dos capas será necesario agregar o fundir varias teselas de una capa en una única tesela más grande (operador *ST_Union*) que cubra por completo la tesela analizada de la otra capa.

Se desea realizar un análisis espacial entre las capas *dem* y *corine* para buscar zonas de acampada que deben cumplir estar situadas en una altitud de 800 – 1200 metros y ubicadas en suelos de tipo forestal.

Para realizar este análisis se va utilizar un sistema de pesos asignando entre 0 y 10 puntos (10 puntos indica la situación más favorable) a cada píxel de cada una de las capas en función de unos criterios. La media de los pesos de los píxeles de las dos capas marcará la situación combinada teniendo en cuenta las dos variables temáticas. Se busca áreas con una puntuación entre 8 y 10.

Para asignar pesos a una capa en función de un rango de valores lo normal es realizar una reclasificación previa de la capa (*ST_Reclass*). En este caso aprovechando la función *ST_MapAlgebra* la reclasificación se realiza al mismo tiempo que se suman los dos valores de las dos capas.

Se desea una localización óptima situada a 1000 m de altura (10 puntos), pudiéndose ampliar entre 800 m – 1000 m (0 – 10 puntos) y entre 1000 m – 1200 m (10 – 0 puntos).

La ubicación debe localizarse en tipos de suelos de bosque o arbustos siguiendo la siguiente puntuación en función del tipo de suelo (valor de píxel y descripciones obtenidas del proyecto *Corine Land Cover* 2000).

Valor píxel Corine	Descripción general o grupo	Descripción o subgrupo	Puntuación asignada por los expertos
23	*Forests*	*Broad-leaved forest*	10
24	*Forests*	*Coniferous forest*	9
25	*Forests*	*Mixed forest*	8
26	*Scrub and/or herbaceous vegetation associations*	*Natural grasslands*	7
28	*Scrub and/or herbaceous vegetation associations*	*Sclerophyllous vegetation*	5
29	*Scrub and/or herbaceous vegetation associations*	*Transitional woodland-shrub*	6

```
s1=# create table acampada as select d1.rid as rid,
  st_mapalgebra (d1.rast, 1, st_union (d2.rast), 1,
  '( case
    when [rast1.val]>=800 and [rast1.val]<1000 then ([rast1.val]-800)/20.0
    when [rast1.val]>=1000 and [rast1.val]<=1200 then (1200-[rast1.val])/20.0
    else 0 end
    +
    case when [rast2.val] = 23 then 10 when [rast2.val] = 24 then 9
         when [rast2.val] = 25 then 8  when [rast2.val] = 26 then 7
         when [rast2.val] = 28 then 5 when [rast2.val] = 29 then 6
         else 0 end
  ) / 2.0'::text,
  '32BF', 'FIRST', null, null, null) as rast
  from dem d1, corine d2 where d1.rast && d2.rast and
             st_relate (d1.rast::geometry, d2.rast::geometry, 'T********')
  group by d1.rid; [D. Func.]
SELECT 72
```

El histograma nos muestra que 224 píxeles (cada uno representa una zona de una hectárea) cumplen los requisitos con una puntuación superior a 8.

```
s1=# select (st_histogram (st_union(rast), 1, 2, array[8,2], false)).*
    from acampada;
 min | max | count  |       percent
-----+-----+--------+-----------------------
   0 |   8 | 363433 |    0.9993840349560162
   8 |  10 |    224 | 0.0006159650439837539
```

Unión de dos objetos raster

El ejemplo anterior introduce el comando *ST_Union* que no es más que un agregado que une o junta diferentes *raster*. Esta operación se puede imitar con el comando *ST_Mapalgebra*.

rasterout ST_Union (set rasterin, bandnum = 1, expression = 'LAST')

Argumentos:

- *expression*: Cuando en la unión de los dos *raster* existen píxeles que se intersecan, el agregado *ST_Union* devolverá el último de ellos 'LAST', la media 'MEAN', la suma 'SUM', el rango 'RANGE', el número 'COUNT', el máximo 'MAX', el mínimo 'MIN' o el primero de ellos 'FIRST'.
- *rasterin*: Conjunto (lista agregada) de *raster* a unir.

De esta forma el agregado *ST_Union* va uniendo los *raster* de dos en dos (mediante la correspondiente función de transición (véase el apartado E 2.4 sobre agregados personalizados en la pág. 314) utilizando sentencias *ST_MapAlgebra*. Por ejemplo, en el caso de seleccionar 'MAX' en *expression* la sentencia utilizando álgebra de mapas quedaría:

```
st_mapalgebra (raster1, band_num, raster2, band_num,
  'greatest ([rast1.val], [rast2.val])', null, 'UNION',
  '[rast2.val]', '[rast1.val]', null)
```

Diferente alineamiento: remuestreo

Por último, el caso más general consiste en que las capas o los objetos *raster* a analizar disponen de diferente alineamiento y las capas tienen diferente distribución de teselas.

Acabamos de ver que si la distribución de teselas es diferente se puede utilizar el método *ST_Union* agrupando teselas, pero para poder comparar dos objetos *raster* con diferente alineamiento de momento en PostGIS no queda otro remedio que realizar un remuestreo de uno de los objetos *raster* para quedar alineado con el otro.

El remuestreo de un *raster* se puede realizar con el comando *ST_Resample* de PostGIS o utilizando el comando de utilidad *gdalwarp*[1] para realizar un remuestreo de una capa *raster* entera previa carga en PostGIS.

Comprueba el alineamiento del fichero *corine-mallorca-original.img* con *gdalinfo*.

```
consola> gdalinfo corine-mallorca-original.img
   Driver: GTiff/GeoTIFF
   ...
   Origin = (417482.965531122754328,4454206.246914136223495)
   Pixel Size = (100.000000000000000,-100.000000000000000)
   ...
   Upper Left  (  417482.966, 4454206.247) (  2d 1'47.95"E, 40d14' 3.23"N)
   Lower Left  (  417482.966, 4304806.247) (  2d 2'54.82"E, 38d53'17.71"N)
   Upper Right (  569682.966, 4454206.247) (  3d49' 8.98"E, 40d14' 7.43"N)
   Lower Right (  569682.966, 4304806.247) (  3d48'12.51"E, 38d53'21.72"N)
   Band 1 Block=1522x5 Type=Byte, ColorInterp=Palette
     Min=1.000 Max=255.000
     Minimum=1.000, Maximum=255.000, Mean=182.000, StdDev=108.000
     NoData Value=255
   ...
```

Aunque el tamaño de las celdas es el apropiado para poder comparar esta capa con la capa *dem*, las coordenadas de las esquinas de la extensión del fichero *raster* no generan una rejilla alineada con el *raster dem* que se quiere comparar.

Remuestreo con GDAL

El siguiente comando realiza un remuestreo de dicho fichero para que los píxeles se adapten a una rejilla alineada con el *raster dem* (se ha elegido una nueva extensión divisible por 100 lo más cercada a los valores originales).

```
consola> gdalwarp -te 417500 4304800 569700 4454200 -srcnodata 255
   -dstnodata 255 corine-mallorca-original.img corine-mallorca-alineado.img
```

El fichero resultante tiene las siguientes propiedades y se podrá cargar con *raster2pgsql* a PostGIS y poder ser comparado con la capa *dem*:

```
   Origin = (417500.000000000000000,4454200.000000000000000)
   Pixel Size = (100.000000000000000,-100.000000000000000)
   ...
   Upper Left  (  417500.000, 4454200.000) (  2d 1'48.68"E, 40d14' 3.03"N)
   Lower Left  (  417500.000, 4304800.000) (  2d 2'55.53"E, 38d53'17.52"N)
   Upper Right (  569700.000, 4454200.000) (  3d49' 9.69"E, 40d14' 7.22"N)
   Lower Right (  569700.000, 4304800.000) (  3d48'13.21"E, 38d53'21.51"N)
```

---

[1] El comando *gdalwarp* (comando perteneciente a la biblioteca *GDAL*) permite reproyección de ficheros *raster*, teselado, remuestreo, etc. https://www.gdal.org/gdalwarp.html

Es muy importante conocer los métodos de interpolación que utiliza *gdalwarp* o el comando *ST_Resample* de PostGIS. Por defecto, ambos utilizan el método del vecino más próximo (*near*) que, aunque introduce cierto error respecta la información original.

En nuestro caso al corresponder los datos a clases discretas (no cuantitativos) como los datos *Corine* es el más adecuado a utilizar. Mediante la opción '-r' en el comando *gdalwarp* es posible especificar uno de los cinco métodos de interpolación: *near, bilinear, cubic, cubicspline* y *lanczos*[1]. El comando *ST_Resample* también soporta estos métodos.

También es posible remuestrar una imagen y cambiar al mismo tiempo el tamaño de las celdas (opción '-tr' en *gdalwarp*):

```
gdalwarp -te 417500 4304800 569700 4454200 -tr 200 -200
    -srcnodata 255 -dstnodata 255
    corine-mallorca-original.img corine-mallorca-cambiotamano.img
```

Otra de las formas de cambiar el alineamiento de un *raster* es utilizar el comando *ST_Resample* de PostGIS, ya sea creando una nueva capa *raster* o utilizando *ST_Resample* antes de pasar uno de los dos objetos *raster* a la función *ST_MapAlgebra* o cualquier otra función.

Remuestreo con PostGIS

Resuelve el ejercicio de la pág. 432, pero esta vez utilizando la capa *corineoriginal* (fichero *corineoriginal.sql* que se corresponde con el ráster *corine-mallorca-original.img)* que no está alineada (teselas de 96x96).

```
s1=# create table acampada1 as select d1.rid as rid,
  st_mapalgebra (d1.rast,1, st_resample (st_union (d2.rast), d1.rast) ,1,
  '( case
      when [rast1.val]>=800 and [rast1.val]<1000 then ([rast1.val]-800)/20.0
      when [rast1.val]>=1000 and [rast1.val]<=1200 then (1200-[rast1.val])/20.0
      else 0 end
      +
      case when [rast2.val] = 23 then 10 when [rast2.val] = 24 then 9
           when [rast2.val] = 25 then 8  when [rast2.val] = 26 then 7
           when [rast2.val] = 28 then 5 when [rast2.val] = 29 then 6
           else 0 end
   ) / 2.0'::text,
   '32BF', 'FIRST', null, null, null) as rast
 from dem d1, corineoriginal d2 where d1.rast && d2.rast and
             st_relate (d1.rast::geometry, d2.rast::geometry, 'T********')
  group by d1.rid; D. Func.
SELECT 72
```

Si se calcula el histograma se comprobará que los resultados son idénticos a los del ejercicio anterior.

El comando *ST_Resample* tiene diferentes variantes, la utilizada en el ejemplo superior realiza un remuestreo del *raster* tomado como primer argumento según las propiedades inferidas del *raster* de referencia del segundo argumento.

rasterout ST_Resample(rasterin, rasterreferencia,

algorithm = 'NearestNeighbour', maxerr = 0.125, usescale = true)

---

[1] http://gis.stackexchange.com/questions/10931/what-is-lanczos-resampling-useful-for-in-a-spatial-context

Argumentos:

- *rasterreferencia*: *Raster* del cual son tomadas las propiedades de alineamiento para el remuestreo del *raster* de entrada *rasterin*.
- *usescale*: Si el argumento es *true* y el *raster* de referencia tiene diferente tamaño de píxel, el nuevo *raster* será remuestreado teniendo en cuenta dicho tamaño. Otras variantes del método *ST_Resample* en lugar de utilizar un *raster* de referencia permiten especificar las propiedades como argumentos individuales.
- *algorithm*: Alguno de los algoritmos de remuestreo admitidos[1].

4.8. Funciones de vecindad

PostGIS también permite realizar análisis de vecindad utilizando el método *ST_MapAlgebra*. Esta variante utiliza el miso tipo de función personalizada para realizar los cálculos requeridos sobre cada píxel de la misma forma que la función *ST_MapAlgebra* (pág. 425).

La diferencia es que la función personalizada no será de *1x1*, sino que con los parámetros distancex y distancey se configurará el tamaño deseado (*kernel*, matriz de convolución o ventana) siendo posible realizar cálculos en los que intervengan los píxeles vecinos.

Por ejemplo, a partir de un modelo digital de elevación se puede obtener mapas de pendientes, rugosidad, direcciones, etc. En tratamiento digital de la imagen se puede aplicar matrices de convolución como filtros de paso alto y bajo, realce, etc.

PostGIS dispone de algunas funciones *callback* predefinidas (*built-in map algebra callback functions*) para ser utilizadas directamente con *ST_MapAlgebra* como:

Función de vecindad	Descripción de la funcionalidad
ST_Min4ma	Valor mínimo de todos los píxeles de la ventana.
ST_Max4ma	Valor máximo de todos los píxeles de la ventana.
ST_Sum4ma	Suma de todos los valores de los píxeles de la ventana.
ST_Mean4ma	Valor medio de todos los píxeles de la ventana.
ST_Range4ma	Valor del rango entre todos los valores de los píxeles de la ventana.
ST_Distinct4ma	Número de valores diferentes entre todos los píxeles de la ventana.
ST_StdDev4ma	Desviación típica considerando todos los píxeles de la ventana.
ST_MinDist4ma	Distancia mínima (en píxeles) entre un valor de píxel determinado de la vecindad y el centro de la matriz de la ventana.
ST_InvDistWeight4ma	Valor interpolado según pesos inversos a la distancia de los valores de la ventana.

Tabla 54 Funciones de vecindad predefinidas en PostGIS *raster*

---

[1] https://gdal.org/programs/gdalwarp.html

A partir de la capa *dem* se pretende crear una capa *demmedia* que suavice la capa original. Para ello se desea realizar una media en bloques de píxeles de 4x4 (*distancex* y *distancey* valdrán 2).

```
s1=# create table demmedia as
 select rid, st_mapalgebra (rast, 1,
  'st_mean4ma(double precision[][][], integer[][],text[])'::regprocedure,
  '32BF', 'FIRST', NULL, 2, 2
 ) as rast from dem;
SELECT 72
```

El lector puede consultar el código del fichero *rtpostgis.sql* para observar cómo se han creado las funciones de vecindad predefinidas de la Tabla 54 y de esta forma ser capaz de crear sus propias funciones de vecindad para su utilización con el comando *ST_MapAlgebra*.

Agrupación de teselas previa

Es muy importante comentar que en la sentencia SQL anterior si la capa *dem* está formada por más de una tesela (como es el caso) el resultado obtenido es ligeramente erróneo. La razón es que la función de vecindad no puede calcular correctamente el valor de los píxeles correspondientes a los bordes de las teselas. Al haber utilizado una matriz de 4x4, la ventana de cálculo de las celdas del borde de cada tesela no será de 4x4 y se producirá **una disconti-nuidad en límites** entre las teselas calculadas. Este efecto se obtiene con todas las funciones de vecindad de PostGIS como muestra la siguiente figura.

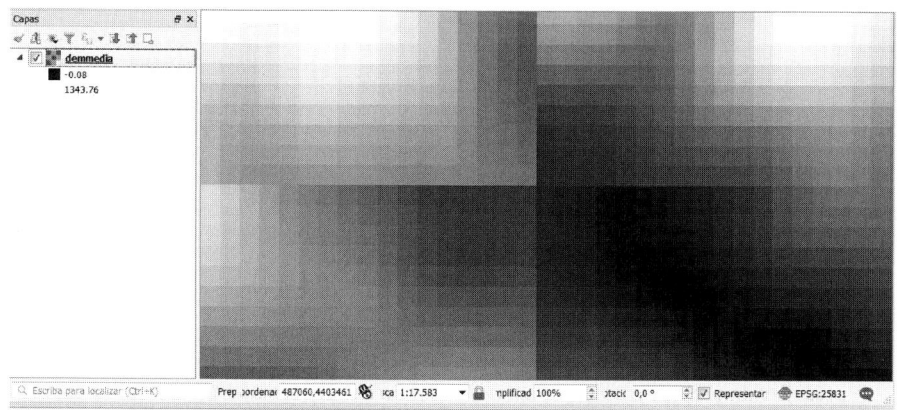

Figura 87 Efecto de las funciones de vecindad en los bordes de las teselas

Una posible solución vendrá dada por unir cada tesela con sus teselas colindantes, calcular el método *ST_MapAlgebra* para dicha tesela ampliada y recortar la tesela a su tamaño original.

Para ello, necesitamos conocer previamente el comando *ST_Clip* que recorta un objeto *raster* (todas sus bandas) a partir de una geometría vectorial.

rasterout ST_Clip (rasterin, geometry, nodatavalue[] = NULL, crop = true)

Argumentos:

- *geometry*: Geometría vectorial utilizada como recorte de *rasterin*.
- *nodatavalue[]*: *Array* de tipo *double precision* conteniendo todos los valores *nodatavalue* para cada una de las bandas de *rasterin*.
- *crop*: Si es *false* entonces la extensión del *raster* de salida *rasterout* será igual a *rasterin*. Si es *true* (defecto) la extensión de *rasterout* será la intersección de *rasterin* y *geometry*.

La función de vecindad teniendo en cuenta las teselas colindantes quedaría:

```
s1=# create table demmedia1 (rid serial primary key, rast raster);
s1=# insert into demmedia1 (rast)
  select
    st_clip (
      st_mapalgebra (st_union (d2.rast), 1,
  'st_mean4ma(double precision[][][], integer[][],text[])'::regprocedure,
  '32BF', 'FIRST', NULL, 2, 2
      ),
      st_envelope (d1.rast)
    ) as rast
  from dem d1, dem d2
    where st_intersects (d1.rast, d2.rast) group by d1.rid; D. Func.
INSERT 0 72
```

Esta sentencia SQL tarda en ejecutarse 100 s, debido principalmente a que el comando *ST_Union* es computacionalmente lento, así que vamos a mejorar el proceso recorta solo la parte que se necesita de cada tesela colindante (parte sombreada del código).

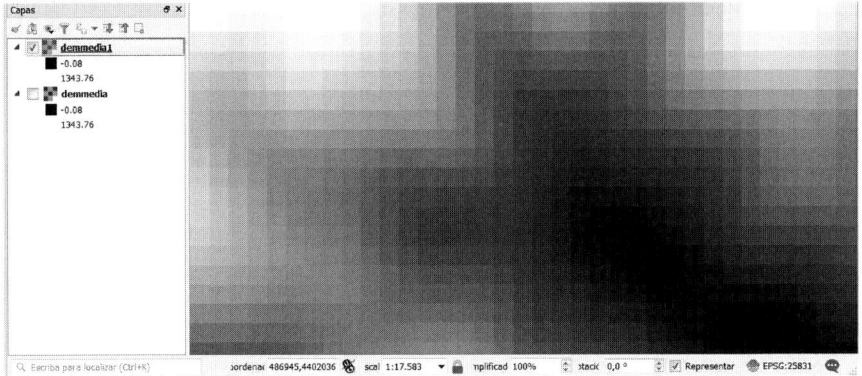

Figura 88 Corrección del efecto de vecindad en los bordes de las teselas

```
s1=# delete from demmedia1;

s1=# insert into demmedia1 (rast)
  select
    st_clip (
      st_mapalgebra (
        st_union(st_clip(d2.rast,st_expand(st_envelope(d1.rast),400))),1,
  'st_mean4ma(double precision[][][], integer[][],text[])'::regprocedure,
  '32BF', 'FIRST', NULL, 2, 2
      ),
      st_envelope (d1.rast)
    ) as rast
  from dem d1, dem d2
    where st_intersects (d1.rast, d2.rast) group by d1.rid; D. Func.
```

La mejora consigue reducir el cálculo de la suavización de la capa *dem* a 15 s, aun así, Post-GIS en este tipo de operaciones (*ST_Union*, *ST_MapAlgebra*, funciones de vecindad, etc.) es bastante lento sobre todo si lo comparamos con software específico de tratamiento digital de imagen. Esto hace difícil su uso con capas *raster* que tengan varios miles de píxeles de lado.

 Problema 6. Por último, se propone transformar la capa *demmedia1* a vectorial tras reclasificarla con la función *prueba_callbackt* creada en la pág. 426, utilizando intervalos de 100 m.

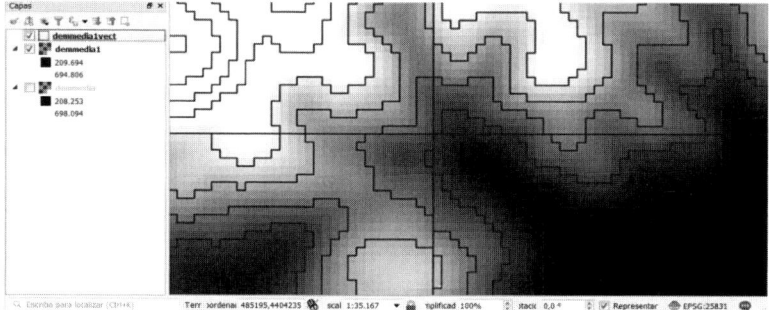

Figura 89 Vectorización de la capa *demmedia1* tras su reclasificación

Comandos con funciones de vecindad predefinidas

En este apartado se ha realizado una suavización de una capa *raster* a partir de utilizar una función de vecindad predefinida *ST_Mean4ma* como argumento en el comando *ST_Mapalgebra*.

PostGIS dispone de algunas funciones de cálculo sobre modelos digitales de elevación como la creación de mapas de pendientes (*ST_Slope*) **que internamente utilizan *ST_Mapalgebra*** más una función de vecindad personalizada.

Estos métodos son *ST_Slope* (crea un mapa de pendientes), *ST_Aspect* (mapa de direcciones de máxima pendiente), *ST_HillShade* (mapa de sombras), *ST_Roughness* (mapa de rugosidad), etc.

En cualquier caso, la forma de utilizar dichas funciones es similar a la explicada en este apartado, es decir, habrá que combinar las teselas y después recortarlas. Como ejemplo vamos a utilizar la función de vecindad predefinida *ST_Slope*:

El método *ST_Slope* tiene la siguiente firma:

> *rasterout ST_Slope (rasterin, bandnum = 1, pixeltype='32BF',*
>
>   *units='DEGREES', scale=1.0, interpolate_nodata = FALSE)*

Argumentos:

- *units*: Pueden ser *RADIANS*, *DEGREES* (defecto) o *PERCENT*.
- *interpolate_nodata*: Si es *TRUE* los valores *nodata* serán estimados utilizando *ST_InvDivWeight4ma*.
- *scale*: Razón entre las unidades verticales y horizontales. Es útil si las coordenadas son geográficas, entonces si la altura está en pies se utiliza una escala de 370400 y si está en metros una escala de 111120.

Vamos a crear una capa *demslope* que contenga un mapa de pendientes (*st_slope*) suavizado de la capa *dem*. Primero calculamos las pendientes y luego se va a aplicar un suavizado a las pendientes con un filtro de media de 3x3.

Por último, realizaremos una reclasificación de la capa *demslope* en intervalos de 5 grados y convierte el resultado a vectorial.

```
s1=# create table slopemedia (rid serial primary key, rast raster);
```

Mediante esta sentencia en un solo paso calculamos la pendiente y sobre ella se aplica el filtro de media de 3x3 (*distancex* = 1, *distancey* = 1).

```
s1=# insert into slopemedia (rast)
  select
    st_clip (
      st_mapalgebra (
        st_slope(st_union(st_clip (
            d2.rast,st_expand(st_envelope (d1.rast),400)))), 1, '32BF'
        ), 1,
     'st_mean4ma(double precision[][][],integer[][],text[])'::regprocedure,
     '32BF', 'FIRST', NULL, 1, 1
        ),
        st_envelope (d1.rast)
      ) as rast
  from dem d1, dem d2
  where st_intersects (d1.rast, d2.rast) group by d1.rid;    D. Func.
  INSERT 0 72
```

Por último, convertiremos a vectorial realizando una reclasificación previa con la función personalizada *prueba_callback*.

```
s1=# create table slopemediavect as select rid, (dump).val,
    (dump).geom::geometry (polygon, 25831) from
  ( select rid,
     ST_Dumpaspolygons (
       ST_MapAlgebra (rast, 1,
    'prueba_callback(double precision[], integer[], text[])'::regprocedure,
       '16BSI', 'FIRST', NULL, 0, 0,
       '0','90','5')) as dump
     from slopemedia
  ) as tabla;
  SELECT 17333
```

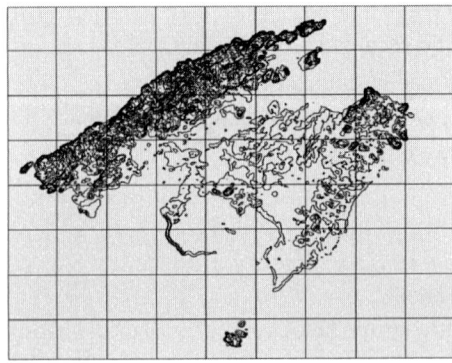

Figura 90 Vectorización de la capa de pendientes (st_slope) reclasificada

4.9.   Rasterización

La función de rasterización de geometrías fue estudiada en el apartado 2, pág. 399, pero en este apartado se pretende aplicarla para convertir una capa vectorial a una capa *raster* teselada. Para realizar este tipo de conversiones lo mejor es disponer previamente de una plantilla de la estructura del *raster* que se desea de salida, es decir, la configuración del ancho y alto de las teselas, el alineamiento del *raster*, etc.

Las variantes de *ST_AsRaster* que vamos a utilizar son:

a)   Para crear un *raster* con una única banda

rasterout ST_AsRaster(geometry, rasterref, pixeltype, value=1,

nodatavalue = 0, touched = false)

b)   Para crear un *raster* con varias bandas

rasterout ST_AsRaster(geometry, rasterref, pixeltype[] = ARRAY['8BUI'],

value[] = ARRAY[1], nodatavalue[] = ARRAY[0], boolean touched = false)

Argumentos:

- *rasterref*: *Raster* de referencia del cual se toman las propiedades necesarias para la rasterización en lugar de especificarlas manualmente como aparece en otras variantes del comando explicadas en el apartado 2, pág. 399.
- Los demás argumentos: *geometry*, *pixeltype*, *value*, *nodatavalue* y *touched* tienen el mismo significado que en las otras variantes de *ST_AsRaster* (pág. 399).

A la hora de convertir la capa vectorial a una capa *raster* teselada hay que tener en cuenta algunas cuestiones:

- Utilizar una capa *raster* como patrón (referencia) de forma que la distribución de las teselas y su resolución sea la misma en la nueva capa *raster* obtenida.
- Recortar las geometrías vectoriales según la extensión de cada tesela (*ST_Envelope*) *raster* antes de su rasterización (*ST_Intersection*).

- Una misma tesela *raster* puede contener varias geometrías vectoriales a rasterizar que habrá que fundir (*ST_Union*).

- Cada una de las geometrías vectoriales puede tener un valor de atributo diferente, en el caso de que varias geometrías vectoriales coincidan en la misma posición píxel dentro de una tesela solo será conservado el último de ellos, aunque el lector puede utilizar el argumento *expression* del comando *ST_Union* para conservar el valor medio, mínimo, máximo, etc. (ver comando *ST_Union*, pág. 433).

Convierte a *raster* la capa vectorial de polígonos *ttmmma* (fichero *ttmmma.sql*). La nueva capa raster *ttmmmara* deberá tener la misma distribución de teselas y resolución que la capa *dem*. Utiliza como valor de las celdas el campo *codine* (convierte los valores a *integer*) de los polígonos de *ttmmma*. Las celdas vacías deberán contener el valor 0 que será marcado como valor *nodata* de la banda.

```
s1=# create table ttmmmara (rid serial primary key, rast raster);

s1=# insert into ttmmmara (rast)
  select st_setbandnodatavalue (
    st_mapalgebra (rasto, rast, '[rast2]','16BUI','FIRST'), 0 )
  from (
    select d.rast as rasto,
      st_union(
        st_asraster (
          st_intersection (st_envelope (d.rast), t.geom),
          d.rast, '16BUI', t.codine::integer, 0)
      ) as rast
    from dem d, ttmmma t
    where d.rast && t.geom and
          st_relate (st_envelope (d.rast), t.geom, '2********')
    group by d.rid) as tabla; D. Func.
INSERT 0 41
```

Figura 91 Conversión a una capa *raster* teselada de una capa vectorial

Si se desea convertir a *raster* una capa de geometrías puntuales o lineales se puede utilizar el comando *ST_Buffer* para dotar de cierta anchura a las entidades antes de su conversión a *raster*, en caso contrario, éstas únicamente dispondrán de un píxel de ancho. También puede ocurrir el caso contrario, es decir, que un único píxel represente un valor excesivo para el ancho o la resolución requerida, con lo cual será necesario aumentar la resolución en el proceso de rasterización.

4.10. Análisis estadístico zonal

Con los comandos que se han visto hasta ahora se puede calcular estadísticas zonales de forma sencilla. Las estadísticas zonales consisten en obtener ciertos parámetros estadísticos de los píxeles de una capa *raster*, pero agrupados en función de una segunda capa que aporta el criterio zonal del análisis.

A partir de la capa de términos municipales *ttmmma* (capa zonal) y de la capa *dem*, se desea calcular ciertos valores estadísticos por municipio como la altura media del municipio.

```
s1=# select nombre, mean::integer, min, max,
        count * 10000 as arearaster, area::integer  as areavect
    from (
        select (st_summarystats (st_union (st_clip (d.rast, t.geom)))).*,
                max(t.municipio) as nombre, max(st_Area(t.geom)) as area
        from ttmmma t, dem d
        where st_intersects (t.geom, d.rast)
        group by t.codine order by mean desc limit 5    D. Func
    ) as tabla;
    nombre     | mean | min | max  | arearaster | areavect
-------------+------+-----+------+------------+-----------
  Escorca    | 618  |  0  | 1413 | 139180000  | 139146550
  Fornalutx  | 505  | 35  | 1234 |  19460000  |  19488258
  Deyá       | 437  |  0  | 1063 |  15190000  |  15135777
  Valldemossa| 435  |  8  |  998 |  42850000  |  42852831
  Bunyola    | 428  | 87  | 1108 |  84540000  |  84629098
```

4.11. Intersección

El método *ST_Intersection* en PostGIS *Raster* se comporta de dos formas diferentes en función de los argumentos tomados:

a)   Intersección entre una geometría vectorial y un objeto *raster*.

En este caso la intersección devuelve un conjunto de geometrías vectoriales resultado de intersecar la geometría con la vectorización (*ST_DumpAsPolygons*) del objeto *raster*.

b)   Intersección entre dos objetos *raster*.

Este modelo de intersección no es más que un *ST_MapAlgebra* pero expuesto de una forma más sencilla para el usuario, aunque también con menos opciones. La intersección devuelve un objeto *raster*.

Intersección vectorial-raster

La firma de esta variante de *ST_Intersection* es:

   setof geomval ST_Intersection (geometry, raster, bandnum = 1)

Internamente PostGIS realiza una operación *ST_DumpAsPolygons* del objeto *raster* para después realizar una intersección con la geometría vectorial utilizando el método *ST_Intersection (geometry, geometry)* visto en el apartado C 2, pág. 128.

Devuelve un conjunto de *geomval* que consiste en un tipo compuesto formado por dos campos: *geom* (contiene la geometría intersecada) y *val* (contiene el valor del píxel).

Realiza una intersección de la capa vectorial *viasma* (carga el fichero *viasma.sql* de nuevo, ya que ha sufrido modificaciones), únicamente de aquellas vías con el campo *type* igual a '*primary*', y la capa *raster corine*.

El resultado es una capa *viasmaint* que contiene las vías de comunicación segmentadas en función de los valores de la capa *raster corine*.

```
s1=# create table viasmaint (gid serial, corine integer,
                        geom geometry (multilinestring, 25831));

s1=# insert into viasmaint (corine, geom)
        select (int).val, st_multi((int).geom)
          from (
            select st_intersection (st_force2d(v.geom), c.rast) as int
              from corine c, viasma v
              where st_intersects (c.rast, v.geom) and v.type = 'primary'
          ) as tabla;
INSERT 0 1409
```

Se observa que, aunque la capa *viasma* contiene 631 geometrías de vías de comunicación (*type* = '*primary*'), la capa resultante *viasmaint* contiene 1348 segmentos de vías.

Además, en muchos casos se han obtenido geometrías de tipo *multi* con más de un elemento como se comprueba:

```
s1=# select st_numgeometries (geom) as ngeoms,count(*) from viasma group
    by ngeoms;
 ngeoms | count
--------+-------
      1 | 24116
s1=# select st_numgeometries (geom) as ngeoms,count(*) from viasmaint
    group by ngeoms order by ngeoms;
 ngeoms | count
--------+-------
      1 |   731
      2 |   216
      3 |   144
    ...
```

La figura siguiente muestra como una carretera se ha fragmentado en múltiples tramos, cada uno con un valor de tipo de suelo *corine* diferente.

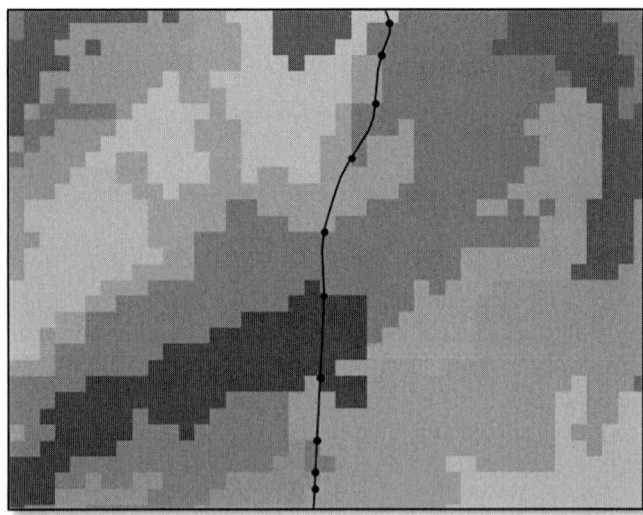

Figura 92 Intersección *raster*-vectorial

Esta funcionalidad se debe aplicar con capas *raster* que no dispongan de muchos valores de píxeles diferentes y además éstos se encuentren agrupados, ya que se calcula una vectorización previa a la intersección. Por ejemplo: si se dispone una capa como *dem* será necesario realizar una reclasificación previa para disminuir valores agrupándolos.

Intersección raster-raster

Esta variante devuelve un *raster* que consiste en la intersección de los dos *raster* de los argumentos. La extensión del nuevo *raster* se corresponde con la intersección de las extensiones de los dos *raster* de entrada.

La firma de esta variante de *ST_Intersection* es:

rasterout ST_Intersection (rasterin1, bandnum1, rasterin2, bandnum2,

returnband = 'BOTH', nodatavalue[] = NULL)

Argumentos:

- *returnband*: El *raster* de salida puede estar formado por una única banda proveniente de uno de los dos *raster* de entrada (*returnband* = 'BAND1' o 'BAND2') o formado por las dos bandas (*returnband* = 'BOTH').
- *nodatavalue:* Valor utilizado en el *raster* de salida como *valor* de *nodata*. Si no se especifica entonces se utiliza los valores *nodata* definidos en los *raster* de entrada.

Internamente esta función utiliza el comando *ST_MapAlgebra*, esto se puede comprobar localizando su código PL/PgSQL en el fichero *rtpostgis.sql*.

Obtiene la intersección utilizando el comando *ST_Intersection* de los dos objetos *raster* del ejemplo de la pág. 429. Crea dos intersecciones, una con el resultado de la banda del *raster1* y otra con la banda del *raster2*.

El código SQL para la creación de los dos objetos *raster* aparece en la resolución del problema 4 de este capítulo (pág. 595).

La resolución mediante el operador *ST_Intersection* queda:

```
s1=# select st_intersection (rast1, 1, rast2, 1,'BAND1') from mapalgebra;
s1=# select st_intersection (rast1, 1, rast2, 1,'BAND2') from mapalgebra;
```

El resultado obtenido es:

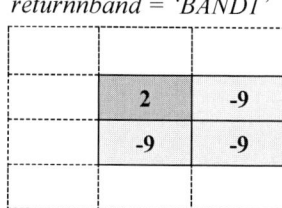

Exactamente el mismo resultado se obtiene con los siguientes comandos:

```
s1=# select st_setbandnodatavalue (
        st_mapalgebra (rast1, 1, rast2, 2, '[rast1.val]', '8BSI',
            'INTERSECTION','-9', '-9', '-9'), -9) from mapalgebra;
```

```
sl=# select st_setbandnodatavalue (
        st_mapalgebra (rast1, 1, rast2, 2, '[rast2.val]', '8BSI',
                'INTERSECTION','-99', '-99', '-99'), -99) from mapalgebra;
```

La utilización de *ST_MapAlgebra* sobre *ST_Intersection* tiene ciertas ventajas como la posibilidad de configurar la extensión del objeto *raster* de salida ('INTERSECTION', 'FIRST', 'SECOND' o 'UNION').

En cambio, *ST_Intersection* utiliza siempre la opción 'INTERSECTION'. En el siguiente ejercicio veremos que esto puede llegar a ser una limitación del operador *ST_Intersection*.

Se desea obtener una capa *corine* recortada de forma que contenga solo aquellos píxeles que se encuentran a una elevación entre 500 y 1000 metros (capa *dem*).

Para ello, se pretende realizar una intersección de las capas *corine256* (fichero *corine256.sql* que es igual a *corine.sql* pero con otra distribución de teselas) y *dem* que conserve únicamente la banda de datos del *corine* y que utilice como recorte la capa *dem* (únicamente aquellos píxeles que tengan un valor entre 500 y 1000).

Las capas *corine256* y *dem* tienen el mismo alineamiento (no hará falta remuestreo) pero diferente distribución de teselas. Como se explicó en el apartado sobre álgebra de mapas, en una operación entre dos capas con diferente distribución de las teselas (pág. 431) es necesario realizar una agrupación y una unión de teselas.

```
sl=# create table corinerec (rid serial primary key, rast raster);
sl=# insert into corinerec (rast)
   select st_intersection (
        c.rast,
        st_reclass (
           st_union (d.rast), 1, '[500-1000]:1','8BUI',255
        ),
        'BAND1'
   ) from dem d, corine256 c
        where d.rast && c.rast and
              st_relate (d.rast::geometry, c.rast::geometry, 'T********')
      group by c.rid;   D. Func.
INSERT 0 156
```

Aunque la capa *corinerec* contiene el resultado buscado, hay un problema y es que el ancho y/o alto en píxeles de sus teselas no es el mismo en todas las filas. Efectivamente, el comando *ST_Intersection* da como resultado una extensión que es la intersección de las dos teselas, lo cual origina que el ancho y alto en píxeles de las teselas sea diferente.

Si se añade las restricciones a la capa *corinerec* con el comando *addrasterconstraints,* el mismo PostGIS flexibiliza las restricciones del alto y ancho de las teselas de la siguiente forma:

```
sl=# select addrasterconstraints ('corinerec','rast');
sl=# \d corinerec
 ...
    "enforce_height_rast" CHECK (st_height(rast) = ANY (ARRAY[96, 28, 36]))
 ...
    "enforce_width_rast" CHECK (st_width(rast) = ANY (ARRAY[96, 2, 94]))
 ...
```

Los SIG de escritorio y otras herramientas pueden tener problemas para visualizar y trabajar con capas *raster* de PostGIS con teselas irregulares.

La solución más sencilla consiste en utilizar *ST_MapAlgebra* en lugar de *ST_Intersection* y cambiar la extensión de salida a 'FIRST'. Además, otra ventaja es que la propia reclasificación se puede realizar en la misma operación. El tiempo de ejecución es también menor.

```
s1=# create table corinerec1 (rid serial primary key, rast raster);

s1=# insert into corinerec1 (rast)
  select st_mapalgebra (c.rast, 1, st_union(d.rast), 1,
    'case when [rast2.val] >= 500 and [rast2.val] <= 1000 then
    [rast1.val] else 255 end', '8BUI', 'FIRST', '255', '255', '255' )
  from dem d, corine256 c where d.rast && c.rast and
            st_relate (d.rast::geometry, c.rast::geometry, 'T********')
  group by c.rid;  D. Func.
INSERT 0 156

s1=# select addrasterconstraints ('corinerec1','rast');
s1=# \d corinerec1
...
  "enforce_height_rast" CHECK (st_height(rast) = 96)
...
  "enforce_width_rast" CHECK (st_width(rast) = 96)
...
```

H Extensiones

Este capítulo aborda dos bloques de funcionalidades de PostGIS que, si bien son de gran relevancia, presentan un carácter de uso más específico y están condicionadas a las necesidades particulares del usuario.

- Extensión de topología persistente: La extensión *topology* de PostGIS implementa topología persistente para bases de datos espaciales, permitiendo almacenar y gestionar relaciones geométricas complejas entre entidades. Facilita la representación y validación de estructuras espaciales conectadas, como redes de calles o límites administrativos, optimizando la integridad y consistencia de datos en análisis geoespaciales avanzados. Estudiaremos los principales conceptos y las ventajas de este modelo de topología con ejemplos reales.

- Extensión de análisis de redes: La extensión *pgrouting* amplía las capacidades de análisis espacial de bases de datos geográficas en PostgreSQL, permitiendo realizar operaciones avanzadas de enrutamiento y análisis de redes. Esta herramienta es especialmente útil en aplicaciones que requieren la resolución de problemas relacionados con redes, como el cálculo de rutas óptimas, la búsqueda de caminos más cortos y la evaluación de accesibilidad

PostGIS incluye otras extensiones menos comunes, que no se abordan en esta publicación, como: *postgis_tiger_geocoder*, que facilita la geocodificación de direcciones en EE.UU. usando datos TIGER, y *address_standardizer*, que estandariza y formatea direcciones para optimizar el proceso de geocodificación.

La extensión *postgis_sfcgal* se ha visto en el apartado F 7.2, pág. 342.

1. Pgrouting

Pgrouting es una extensión de PostgreSQL/PostGIS que añade la funcionalidad del cálculo de rutas, en concreto se puede utilizar para resolver los siguientes problemas:

- Resolver el camino o los n caminos más cortos o *Shortest Path* entre dos nodos o ejes de la red lineal (dispone varios algoritmos diferentes).

- Problema del viajante o *Traveling Salesperson Problem (TSP)*. Si imaginamos un comerciante que debe visitar una serie de ciudades distintas, el problema a resolver consiste en encontrar una ruta óptima que pase una única vez por cada una de las ciudades minimizando la distancia total recorrida por el comerciante.

- Problema de distancia de conducción o *Driving Distance calculation* (DD).

En este apartado se va a centrar en resolver el problema del camino más corto, primero utilizando unos datos de ejemplo y a continuación cartografía de OSM.

Instalación

En MS Windows los paquetes de instalación del propio PostGIS (obtenidos ya sea directamente desde el sitio web de PostGIS o mediante la utilización de la aplicación *StackBuilder* de PostgreSQL) incluyen la extensión de *pgrouting* y por lo tanto no es necesario realizar ningún proceso adicional como en versiones más antiguas de *pgrouting*.

En Linux u OSX es posible que se necesiten instalar paquetes extra además de la propia instalación de PostGIS.

En *Ubuntu* se puede encontrar algunos repositorios especializados en *pgrouting*[1], aunque generalmente estos paquetes pueden estar algo desactualizados y no contener las versiones más recientes de *pgrouting*.

En último caso, especialmente en Linux por su facilidad siempre se podrá compilar la última versión de *pgrouting* según la versión de *postgis* y *postgresql* que tengamos instalada. Las instrucciones del proceso para los diferentes sistemas operativos se pueden encontrar en la documentación oficial de *pgrouting*[2]

Si lo que se desea es probar la funcionalidad de *pgrouting* también se puede optar por utilizar *OSGEO Live*[3] que es una distribución *live* de Linux que lleva ya todo instalado.

Tras la instalación de *pgrouting* utilizaremos el comando *Create Extension* para añadir la extensión a nuestra base de datos espacial. Para este ejercicio guiado vamos a crear una nueva base de datos con soporte PostGIS llamada *routing1*.

---

[1] http://ppa.launchpad.net/georepublic/pgrouting/ubuntu
https://launchpad.net/~ubuntugis/+archive/ubuntu/ppa
[2] https://docs.pgrouting.org/latest/en/index.html
[3] https://live.osgeo.org

Para los ejercicios de este capítulo creamos una base de datos nueva *routing1* y le añadiremos la extensión de PostGIS (*create extension postgis*). Después instalamos *pgrouting*:

```
routing1=# create extension pgrouting;
```

Comprobamos la versión de *pgrouting* instalada con el comando *pgr_version()*.

```
routing1=# select pgr_version();
          pgr_version
--------------------------------------------------
  3.6.3
```

Caminos más cortos

El camino más corto[1] consiste en el cálculo de la ruta entre dos puntos (nodos) de forma que la suma de los costes de los tramos constituyentes es minimizada. El coste de un tramo puede consistir en su longitud, el tiempo en atravesarlo o cualquier otra variable.

Pgrouting implementa varios algoritmos diferentes para resolver el problema del camino más corto entre dos puntos o ejes de una red lineal.

1) Algoritmo de *Dijkstra*[2] (comando *pgr_dijkstra* de *pgrouting*). Este algoritmo devuelve el camino más corto (de todos los posibles) entre dos nodos de una red. Para ello, no se necesita conocer las coordenadas de los puntos de los nodos de la red sino simplemente disponer de la numeración de los puntos inicial y final de cada tramo, así como su longitud. *Pgrouting* incluye también otra variedad llamada *Bi-directional Dijkstra* (comando *pgr_bdDijkstra* de *pgrouting*) que realiza dos rutas óptimas: una desde el origen al destino y otra del destino al origen, y se detiene cuando alcanza el punto medio de las dos rutas.

   Otra variedad de este algoritmo es el *K-Shortest Path* (comando *pgr_ksp* de *pgrouting*). Este algoritmo obtiene no solo el camino óptimo sino los n caminos óptimos.

2) Algoritmo *Astar* (comando *pgr_astar* de *pgrouting*). Además de los números de los nodos inicial y final de cada tramo y su longitud utiliza para los cálculos las coordenadas X e Y de dichos nodos. Mediante un algoritmo heurístico es capaz de encontrar un camino que tiene una alta probabilidad de ser uno de los más cortos entre dos nodos de la red. Al contrario que el algoritmo de *Dijkstra* es capaz de trabajar con redes grandes. Al igual que en *Dijkstra* también se implementa la variedad bidireccional de este algoritmo (comando *pgr_bdAstar* de *pgrouting*).

3) Algoritmo *Turn Restriction Shortest Path* (comando *pgr_trsp* de *pgrouting*). Es un algoritmo que necesita también las coordenadas como el *Astar,* pero añade la posibilidad de añadir restricciones a la red, por ejemplo, giros no permitidos.

4) Además tenemos otros algoritmos[3] como los de la familia *All Pairs* (caminos más óptimos entre todos los pares de nodos del grafo) con los algoritmos de *Johnson* y de *Floyd-Warshall* (comandos *pgr_johnson* y *pgr_floydWarshall* de *pgrouting*).

---

[1] https://es.wikipedia.org/wiki/Problema_del_camino_más_corto
[2] https://es.wikipedia.org/wiki/Algoritmo_de_Dijkstra
[3] https://docs.pgrouting.org/3.1/en/index.html

Topología de red

Pgrouting necesita que la capa lineal utilizada en todos sus algoritmos tenga topología de red. Esto implica las siguientes condiciones:

a) Los tramos de la red deben tener sus puntos inicial y final numerados de forma que se asegure que dos tramos están conectados si su número de nodo inicial o final es el mismo.

b) Si hay dos tramos que se cruzan, el punto de intersección no será considerado en el cálculo de la ruta. Por lo tanto, es necesario que si en la realidad el cruce representa una intersección donde la ruta puede bifurcarse éste se debe modelar con un nodo y partir los dos tramos que se cruzan en cuatro tramos con la inserción/actualización de nuevas geometrías en la tabla.

Para que la capa lineal cumpla la primera condición (a) se puede utilizar el comando *pgr_createtopology* de *pgrouting* como se va a realizar en un ejemplo a continuación.

Si además la capa lineal presenta casos como (b) entonces será necesario crear nuevos tramos mediante la fragmentación de los existentes. Desde la versión 2.x, *pgrouting* aporta el comando *pgr_nodeNetwork* para realizar esta tarea. También podríamos aprovechar algunas de las funciones que se crearon en el apartado E 2.4, pág. 309 para crear los nuevos tramos y cumplir las dos condiciones requeridas.

Carga cartografía y topología

Vamos a resolver un ejemplo de una pequeña red, calculando el camino óptimo mediante diferentes algoritmos. La red de ejemplo de ejes (capa *wr*) no presenta tramos que se crucen, por lo tanto, aunque inicialmente la tabla no contiene campos con la numeración inicial y final de los nodos, éstos se pueden conseguir fácilmente mediante la función *pgr_createtopology* de *pgrouting*.

Carga de la cartografía de ejemplo y creación de la topología de red.

```
consola> psql -U postgres -f wr.sql routing1
```

La tabla creada *wr* únicamente dispone de un campo *gid* con la identificación de los tramos y un campo *geom* con la geometría del tramo. En este caso al ser un ejemplo el *srid* de la capa es el 0, aunque en la práctica se tendrá un *srid* adecuado según la cartografía.

Hay que asegurarse que la tabla posee un índice espacial por la columna de geometría.

Como primera tarea se va a crear topología de red en dicha capa lineal, primero se añaden los campos para almacenar los índices de los nodos:

```
routing1=# alter table wr add column source integer;
routing1=# alter table wr add column target integer;
```

A continuación, rellenamos dichos campos con la función de *pgr_createtopology* de *pgrouting*. La función requiere el nombre de la tabla, una tolerancia para buscar nodos coincidentes, el nombre del campo de geometría, el nombre del campo que identifica unívocamente a cada tramo (gid), y los campos de *source* y *target* donde dicha función almacenará la numeración de los nodos inicial y final de cada tramo.

```
routing1=# select
  pgr_createTopology('wr',0.001,'geom','gid','source','target');

NOTICE:  PROCESSING:
NOTICE:  pgr_createTopology('wr', 0.001, 'geom', 'gid','source','target',...
NOTICE:  Performing checks, please wait .....
NOTICE:  Creating Topology, Please wait...
NOTICE:  ------------> TOPOLOGY CREATED FOR   22 edges
NOTICE:  Rows with NULL geometry or NULL id: 0
NOTICE:  Vertices table for table public.wr is: public.wr_vertices_pgr
NOTICE:  -----------------------------------------
 pgr_createtopology
--------------------
 OK
```

Los argumentos *'source'* y *'target'* los podríamos haber omitido ya que son los valores por defecto para el nombre de estos campos.

Este método realizará las siguientes tareas:

- Crea los índices sobre los campos *source* y *target*, ya que *pgrouting* utiliza dichos campos de forma intensiva en sus cálculos de rutas. También crea índices en los campos de geometría (*geom*) e identificador (*gid*) en el caso de que no existan.
- Rellena los campos *source* y *target* con la numeración de los nodos inicial y final de cada tramo. Esta numeración la obtiene mediante comparación de los vértices inicial y final de las geometrías.
- Crea una nueva tabla *"<nombrecapaejes>_vertices_pgr"* (*wr_vertices_pgr*) que *pg_routing* utilizará para almacenar información de los nodos para sus algoritmos.

> Esta tabla es para uso interno de *pgrouting* y no se debe editar manualmente.

Este método además tiene dos argumentos más que no hemos utilizado: *row_where* (para aplicar un filtrado a la tabla de ejes inicial, *wr* en este caso) y *clean* (que tomará el valor true si deseamos que borre la topología existente).

La figura inferior muestra el resultado de la capa después del cálculo de los nodos. Los números en negrita representan los *gid* de los tramos (capa *wr*) mientras que los números más pequeños muestran los identificadores de los nodos de la capa *wr_vertices_pgr* (números coincidentes con los campos *source* y *target* de *wr*). Las flechas indican la dirección desde el nodo inicial al nodo final de cada tramo:

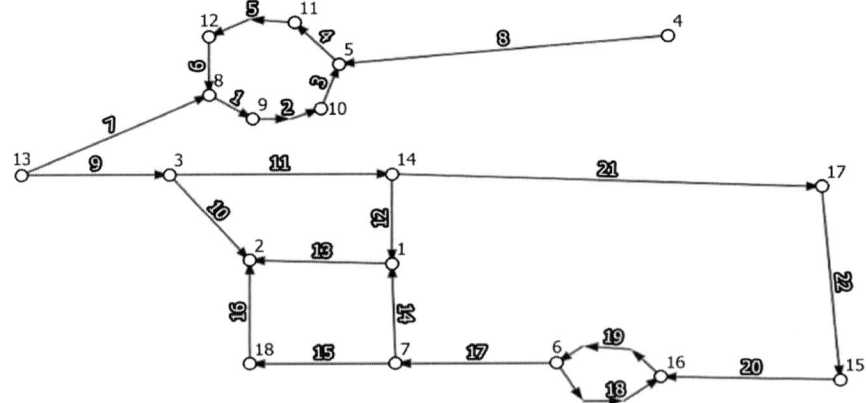

Figura 93 Topología de red

Si realiza el ejemplo en su computadora es probable que la numeración de los nodos sea diferente a la mostrada en la figura anterior.

Grafos directos, indirectos y costes

La dirección de un tramo se define como la dirección para atravesar dicho tramo desde el nodo inicial al nodo final (A->B). Una red o grafo se puede clasificar por:

- Grafo indirecto: la dirección de los tramos no se utiliza, es decir, se puede atravesar el tramo de A->B o de B->A indistintamente y con el mismo coste (campo *cost*) en ambas direcciones.
- Grafo directo: la dirección de los tramos se utiliza en los cálculos. *Pgrouting* da la opción de utilizar un coste reverso (*reverse_cost)* para atravesar el tramo de B->A, estableciendo el parámetro *directed* en los diferentes algoritmos.
  - o Si *directed* es *false* entonces no se utiliza el valor *reverse_cost*, luego los tramos no podrán atravesarse en dirección opuesta.
  - o Si *directed* es *true*, el coste de atravesar los tramos en dirección opuesta vendrá dado por el valor *reverse_cost*.

En un grafo indirecto el coste inverso (campo *reverse_cost*) no se utiliza y será ignorado por *pgrouting*, ya que ambas direcciones son consideradas igual.

Una forma de modelar la red es definir el grafo como directo con *directed* a *true*. Entonces, para una vía de doble sentido se especifica un *reverse_cost* igual al coste de dirección normal (*cost*) mientras que para una vía de sentido único el *reverse_cost* se establece con un valor muy alto para que no sea atravesada en dirección contraria o simplemente con un valor negativo (de esta forma *pgrouting* eliminará dicha dirección del grafo).

Antes de realizar cualquier cálculo de camino más corto con *pgrouting* al menos hay que razonar sobre las siguientes cuestiones:

¿Cuál es el coste de atravesar un eje? *Pgrouting* minimizará este coste para encontrar la ruta más óptima. Se puede considerar dicho coste como la longitud que mide cada tramo o utilizar alguna fórmula un poco más compleja como el tiempo empleado en atravesar dicho tramo (se necesita saber la velocidad media de cada tramo).

¿Los tramos son de sentido único o doble sentido? Si un tramo es de sentido único, el sentido vendrá dado por la dirección de atravesar el tramo partiendo desde el nodo inicial hasta el nodo final (flechas de la figura anterior) y dicho tramo no se podrá atravesar en dirección contraria a no ser que se establezca un *reverse_cost* apropiado.

Camino más corto (Dijkstra, A Star y restricciones de giro)

Dijkstra

Como primer ejemplo se va a calcular el camino más corto desde el nodo 4 al nodo 15 utilizando el algoritmo de *Dijkstra* que nos asegura la mejor ruta posible. Vamos a considerar todos los tramos de doble dirección (grafo indirecto) y el coste va a consistir en la longitud de cada tramo.

La función a utilizar se llama *shortest_path* y tiene una firma similar a la siguiente:

```
CREATE OR REPLACE FUNCTION pgr_dijkstra(
    edges_sql text,
    start_vid integer,
    end_vid integer,
    directed boolean, -- por defecto si no se especifica es true
) RETURNS SETOF (seq, path_seq, node, edge, cost, agg_cost)
```

Argumentos:

- ▪ *edges_sql*: Se corresponde con una consulta que *pgrouting* ejecutará para obtener los datos de la red. Esta consulta *Select* debe devolver los siguientes campos (no es necesario que estén en orden, aunque hay que respetar el nombre y el tipo de datos).
  - *id*: *Any-Integer* -> Identifica el número de eje/tramo de la red.
  - *source*: *Any-Integer* -> Identifica el número de nodo inicial del tramo.
  - *target*: *Any-Integer* -> Identifica el número de nodo final del tramo.
  - *cost*: *Any-Numerical (ej.: Double precisión)* -> Coste del tramo necesario para atravesarlo en la dirección del nodo inicial al nodo final.
  - *reverse_cost*: *Any-Numerical* (opcional) -> Coste del tramo necesario para atravesarlo en la dirección del nodo final al nodo inicial. Únicamente se necesita si el grafo se ha definido directo y el argumento *directed* es *true*.

  Any-Integer hace referencia a cualquier entero, ej.: *Integer, BigInt*, etc. *Any-Numerical* hace referencia a cualquier tipo decimal, ej.: *Double precisión, Real, Integer*, etc.

- ▪ *start_vid*: Número de nodo origen de la ruta a calcular.
- ▪ *end_vid*: Número de nodo final de la ruta a calcular.
- ▪ *directed*: *true* (el grafo es directo, es el valor por defecto) o *false* (el grafo es indirecto). En el caso de grafo directo se utilizará el campo *reverse_cost* de la consulta SQL del primer argumento (*edges_sql*) como coste para atravesar el tramo en dirección opuesta.

Como salida la función devuelve el conjunto de filas conteniendo la ruta calculada, cada fila tiene los siguientes campos:

- ▪ *seq:* Valor secuencial empezando en 1
- ▪ *path_seq:* Posición relativa respecto al inicio de la ruta. El valor 1 representa el inicio.
- ▪ *start_vid*: Identifica el número de nodo inicial del tramo de la ruta. Solo aparece cuando se utiliza la variedad del algoritmo que permite varios vértices de salida.
- ▪ *end_vid*: Identifica el número de nodo final del tramo de la ruta. Solo aparece cuando se utiliza la variedad del algoritmo que permite varios vértices de llegada.
- ▪ *node*: Número de nodo en la ruta, desde *start_vid* hasta *end_vid*.
- ▪ *edge*: Identifica el eje del tramo de la ruta. Toma el valor -1 para el último eje.
- ▪ *cost*: Coste del tramo.
- ▪ *agg_cost*: Coste total acumulado desde el tramo inicial.

Calcula el camino más corto desde el nodo 4 al nodo 15 utilizando el algoritmo de *Dijkstra*. Consideraremos todos los tramos de doble dirección (grafo indirecto) y el coste va a consistir en la longitud de cada tramo.

```
routing1=# select path_seq, start_vid, end_vid, node, edge,
    cost::numeric(12,2), agg_cost::numeric(10,2)
from pgr_dijkstra ('select gid as id, source, target, st_length(geom) as
    cost from wr', 4, 15, false);
```

```
 path_seq | start_vid | end_vid | node | edge |  cost  | agg_cost
----------+-----------+---------+------+------+--------+----------
        1 |         4 |      15 |    4 |    8 |  88.36 |     0.00
        2 |         4 |      15 |    5 |    3 |  13.93 |    88.36
        3 |         4 |      15 |   10 |    2 |  18.54 |   102.29
        4 |         4 |      15 |    9 |    1 |  13.89 |   120.84
        5 |         4 |      15 |    8 |    7 |  55.95 |   134.73
        6 |         4 |      15 |   13 |    9 |  40.00 |   190.67
        7 |         4 |      15 |    3 |   10 |  33.30 |   230.67
        8 |         4 |      15 |    2 |   13 |  38.01 |   263.98
        9 |         4 |      15 |    1 |   14 |  29.02 |   301.99
       10 |         4 |      15 |    7 |   17 |  43.00 |   331.01
       11 |         4 |      15 |    6 |   19 |  32.95 |   374.01
       12 |         4 |      15 |   16 |   20 |  48.01 |   406.96
       13 |         4 |      15 |   15 |   -1 |   0.00 |   454.97
(13 filas)
```

Como se puede observar la ruta trazada atraviesa algunos ejes y las rotondas en dirección contraria a la establecida por los nodos inicial y final (flechas de la figura).

Si se trata de resolver el ejercicio conforme un grafo directo, pero no se especifica un coste reverso (*reverse_cost*), entonces *pgrouting* se parará al llegar al nodo 8 y no encontrará una solución:

```
routing1=# select * from pgr_dijkstra ('select gid as id, source, target,
    st_length(geom) as cost from wr', 4, 15, true);
seq | path_seq | start_vid | end_vid | node | edge | cost | agg_cost
-----+----------+-----------+---------+------+------+------+----------
(0 filas)
```

En este ejercicio vamos a modelar la red con tramos en los dos sentidos.

Nuestra red en realidad tiene **todos los tramos de doble sentido** salvo las dos rotondas. Para modelarla añadiremos dos campos, un campo *cost* con la longitud de cada tramo y otro *reverse_cost* también con la longitud de cada tramo excepto en los tramos 1, 2, 3, 4, 5, 6, 18 y 19 que son los que forman las dos rotondas.

```
routing1=# alter table wr add cost double precision;
routing1=# alter table wr add reverse_cost double precision;
```

Modelamos los tramos en los dos sentidos con un coste igual a su longitud.

```
routing1=# update wr
        set cost = st_length(geom) , reverse_cost = st_length(geom);
UPDATE 22
```

Modelamos los tramos de las rotondas con un *reverse_cost* igual a -1, ya que las rotondas son de sentido único.

```
routing1=# update wr set reverse_cost = -1
        where gid in (1,2,3,4,5,6,18,19);
UPDATE 8
```

En este caso para ver el resultado de forma gráfica, vamos además a crear una nueva tabla espacial que contendrá la ruta calculada:

```
routing1=# create table dijkstra1 (gid serial, vertex_id integer, geom
    geometry (MultilineString, 0));
```

```
routing1=# insert into dijkstra1 (vertex_id, geom)
  select wr.gid, wr.geom from
  pgr_dijkstra
      ('select gid as id, source, target, cost, reverse_cost from wr',
       4, 15, true)
  ,
  wr where wr.gid = edge;
INSERT 0 12
```

En este ejemplo, se ha respetado la dirección de las rotondas incluso aunque el coste de los tramos 4, 5, 6 es mas alto que los tramos 3, 2, 1. La siguiente figura muestra la capa *dijkstra1* con la ruta calculada.

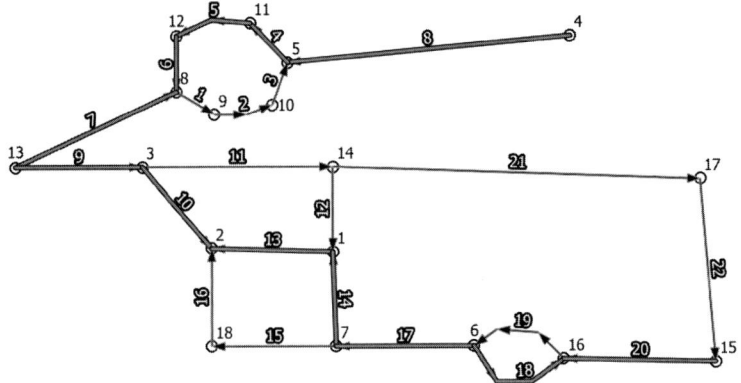

Figura 94 Ruta más corta en grafo directo.

Si la red es muy grande siempre se puede acelerar el cálculo de la ruta utilizando un filtro espacial que únicamente seleccione los tramos dentro de una caja (expandida cierta cantidad) que contenga a los nodos inicial y final.

Ejercicio: Limitando el tamaño de la red.

Aunque en nuestra pequeña red no tiene sentido, el procedimiento a seguir consistiría por ejemplo en pasar a *pgrouting* únicamente los tramos de la red que están dentro de una caja expandida en 50 metros.

```
routing1=# select * from pgr_dijkstra (
  'select gid as id, source, target, cost, reverse_cost
  from wr,
  ( select st_expand (st_extent(wr.geom)::geometry, 50) from wr
    where wr.source in (4,15) or wr.target in (4,15)
  ) as tabla (caja)
  where wr.geom && caja',
  4, 15, true);
```

Ejercicio: Utilizando varios nodos de salida y/o llegada.

El método *pgr_dijkstra* tiene varias firmas alternativas que permiten el cálculo de varias rutas a partir de uno o varios puntos de inicio a uno o varios puntos final. Para ello, en lugar de especifiar un único nodo de inicio o final se utiliza un array.

Por ejemplo, el siguiente método utiliza un *array* en el argumento del nodo inicial para especificar dos nodos iniciales. Modificando nuestro primer ejemplo:

```
s1=#  select seq, path_seq, start_vid, end_vid, node, edge,
    cost::numeric(12,2), agg_cost::numeric(10,2)
from pgr_dijkstra ('select gid as id, source, target, st_length(geom) as cost
    from wr', array[4,14], 15, false);
 seq | path_seq | start_vid | end_vid | node | edge |  cost  | agg_cost
-----+----------+-----------+---------+------+------+--------+----------
   1 |        1 |         4 |      15 |    4 |    8 |  88.36 |     0.00
   2 |        2 |         4 |      15 |    5 |    3 |  13.93 |    88.36
   3 |        3 |         4 |      15 |   10 |    2 |  18.54 |   102.29
   4 |        4 |         4 |      15 |    9 |    1 |  13.89 |   120.84
   5 |        5 |         4 |      15 |    8 |    7 |  55.95 |   134.73
  ...
  12 |       12 |         4 |      15 |   16 |   20 |  48.01 |   406.96
  13 |       13 |         4 |      15 |   15 |   -1 |   0.00 |   454.97
  14 |        1 |        14 |      15 |   14 |   21 | 115.07 |     0.00
  15 |        2 |        14 |      15 |   17 |   22 |  56.22 |   115.07
  16 |        3 |        14 |      15 |   15 |   -1 |   0.00 |   171.29
(16 filas)
```

Si se utilizara también un *array* para establecer más de un nodo final, la tabla de resultado tendría un nuevo campo *end_vid*.

A Star

El método *pgr_astar* es el encargado del cálculo del camino más corto utilizando técnicas heurísticas que limitan las combinaciones de las rutas candidatas analizando la configuración geométrica de los nodos. En redes muy grandes el algoritmo de *Dijkstra* puede ser inviable debido al tiempo empleado en el cálculo.

Los argumentos que toma *pgr_astar* son iguales a los de la función *pgr_dijkstra* salvo que en la consulta SQL habrá que pasarle a *pgrouting* además los campos *x1, y1, x2, y2* que se corresponden con las coordenadas de los puntos inicial y final de cada uno de los tramos.

Se pueden añadir estos campos a la tabla *wr* y rellenarlos con la orden *Update* o directamente utilizar los comandos *STX_Startpoint* y *STX_Endpoint* (*funcionesestra.sql*) dentro del *Select* que se le pasa a la función.

Ejercicio: Añade a la tabla del ejercicio anterior los campos con las coordenadas de los vértices de la red. Calcula la ruta utilizando el método *A Star*.

```
routing1=# alter table wr add column x1 double precision;
routing1=# alter table wr add column y1 double precision;
routing1=# alter table wr add column x2 double precision;
routing1=# alter table wr add column y2 double precision;
routing1=# update wr set
            x1 = ST_X(Stx_startpoint (geom)),
            y1 = ST_Y(Stx_startpoint (geom)),
            x2 = ST_X(Stx_endpoint (geom)),
            y2 = ST_Y(Stx_endpoint (geom));
```

De esta forma el cálculo utilizando este algoritmo con los mismos parámetros que el último ejemplo con *Dijkstra* quedará:

```
routing1=# select * from pgr_astar
  ('select gid as id, source, target, cost,
    reverse_cost, x1, y1, x2, y2 from wr', 4, 15, true);
```

La función *pgr_astar* tiene otra firma con 3 argumentos extra[1]: *heuristic*, *factor* y *epsilon*:

```
pgr_aStar (edges_sql,start_vid,end_vid,directed,heuristic,factor,epsilon)
```

- *heuristic*: permite elegir diferentes valores para la función heurística utilizada:

```
0: h(v) = 0 (para comparación con pgr_dijkstra)
1: h(v) abs(max(dx, dy))
2: h(v) abs(min(dx, dy))
3: h(v) = dx * dx + dy * dy
4: h(v) = sqrt(dx * dx + dy * dy)
5: h(v) = abs(dx) + abs(dy)
```

- *factor*: se utiliza para aplicar una conversión en el caso de utilizar coordenadas geográficas o tiempo en lugar de distancias. EL valor 1 significa que no hay conversión.
  - Si se utiliza como coste directo/inverso distancias en metros, pero las coordenadas de los puntos están en geográficas: para una latitud de 45 grados sería 78846 y para una latitud de 0 grados sería 111319. Se aplicaría un valor medio aproximado para la zona.
  - Si se utiliza como coste directo/inverso tiempo en segundos, pero las coordenadas de los puntos están en geográficas: para una latitud de 45 grados sería 3153 y para una latitud de 0 grados sería 4452. Se aplicaría un valor medio aproximado para la zona.

- *epsilon*: permite establecer la flexibilidad del algoritmo. Valor entre 0 (menos flexible) y 1 (más flexible).

Turn Restricted Shortest Path

El método *pgr_trsp* añade la capacidad de introducir restricciones de giros en la red.

Para ello, es necesario crear una nueva tabla de restricciones, tabla que pasaremos como argumento a la función *pgr_trsp* y que debe tener los siguientes campos:

- *to_cost*: *Double precision* -> Nuevo coste del trayecto especificado. Para especificar el trayecto se utiliza los campos *target_id* y *via_path*.
- *target_id*: *Integer* -> Identificador del tramo final del trayecto.
- *via_path*: *Text* -> Lista de identificadores de tramo separados por comas, sin especificar el tramo final del trayecto *target_id*. Si al trayecto actual se ha llegado desde los tramos especificados en esta lista (de forma consecutiva) entonces se utiliza el coste del campo *to_cost* en lugar del coste normal *cost* o el coste *reverse_cost*.

Vamos a modificar la ruta obtenida con la función *pgr_dijkstra* de la Figura 93, pág. 454 estableciendo dos restricciones de giro:

- No es posible 'viajar' al tramo 14 desde el tramo 13, con un coste de 10000.
- Se penaliza debido a un semáforo el coste de 'viajar' al tramo 16 desde el tramo 10, con un coste de 100 (el coste del tramo 16 era de 30).

Primero creamos la tabla de restricciones:

```
routing1=# create table restrictions (
    to_cost double precision,
    target_id integer,
    via_path text );
```

---

[1] https://docs.pgrouting.org/latest/en/pgr_aStar.html

Añadimos la primera restricción: viajar hasta el tramo 14 (*target_id*), desde el tramo 13 (*via_path*) no es posible:

```
routing1=# insert into restrictions (to_cost, target_id, via_path) values
    (10000, 14, '13');
```

Añadimos la segunda restricción: viajar hasta el tramo 16 (*target_id*), desde el tramo 10 (*via_path*) tiene un coste alto debido al semáforo:

```
routing1=# insert into restrictions (to_cost, target_id, via_path) values
    (100, 16, '10');
```

Ejecutamos el algoritmo:

```
routing1=# select * from pgr_trsp(
    'select gid as id, source, target, cost, reverse_cost from wr',
    4, 15, true, true,
    'select to_cost, target_id, via_path from restrictions');

 seq | id1 | id2 |        cost
-----+-----+-----+--------------------
   0 |   4 |   8 |  88.36288813749809
   1 |   5 |   4 |  16.970562748477136
   2 |  11 |   5 |  24.124640552386865
   3 |  12 |   6 |                  17
   4 |   8 |   7 |  55.94640292279746
   5 |  13 |   9 |                  40
   6 |   3 |  11 |                  60
   7 |  14 |  21 | 115.06954418958998
   8 |  17 |  22 |  56.22277118748241
   9 |  15 |  -1 |                   0
(10 filas)
```

En la tabla de resultado el campo *id1* indica el nodo inicial del tramo, y el campo *id2* es el número de tramo que atraviesa.

Como se aprecia en el resultado de esta sentencia la solución de la ruta ha cambiado para adaptarse a las restricciones. Nótese como se han evitado atravesar los dos trayectos (tramo 13 a tramo 14 y tramo 10 a tramo 16).

Se podría especificar trayectos de más de dos tramos, por ejemplo, si quisiéramos establecer un *coste* determinado para el trayecto formado por los tramos 11, 21 y 22 la inserción de la restricción sería:

insert into restrictions (to_cost, target_id, via_path) values (coste, 12, '21,11');

Nótese como los tramos del campo *via_path* se han separado por comas y aparecen en orden inverso (primero el 21 y luego el 11).

Utilización de datos OSM

Los datos OSM por su naturaleza y por ser datos cartográficos libres son ideales para utilizarlos en programas de cálculo de rutas. En el apartado F 10, pág. 355 se estudió como importar datos OSM a PostGIS utilizando los cargadores *osm2pgsql* y *osmosis*.

También acabamos de ver que la función *pgr_createTopology* de *pgrouting* crea topología de red de una capa lineal, siempre que no existan intersecciones entre los tramos (ver pág. 453), y es precisamente esta condición la que no cumple los datos OSM.

Efectivamente un tramo (*way*) OSM puede estar formado por más de dos nodos, donde los nodos intermedios pueden formar parte de otros tramos, por lo tanto, es necesario partir dichos tramos para que solo sus nodos inicial y final sean los que conectan con otros tramos.

La figura siguiente (izquierda) muestra como en la cartografía OSM importada con *oms2pgsql* los tramos lineales OSM (*ways*) se cruzan entre sí sin crear nodos en las intersecciones, por el contrario, la cartografía de la figura de la derecha muestra como la cartografía OSM importada con *osm2pgrouting* ha partido dichos tramos lineales creando nuevos registros en la tabla. Los dos tramos lineales (2 filas) de la figura de la izquierda (tramos resaltados) se han transformado en 9 tramos lineales (9 filas) en la figura de la derecha.

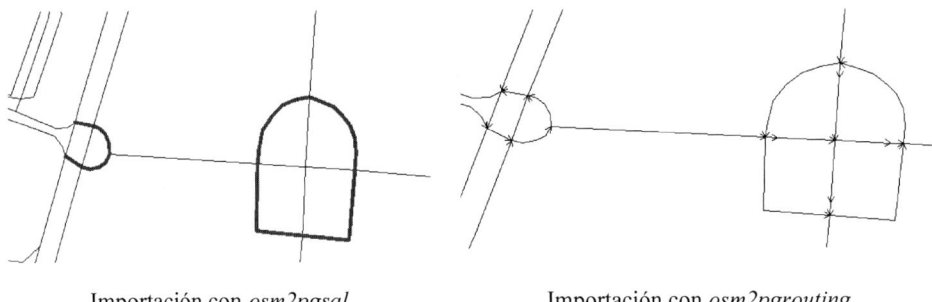

Importación con *osm2pgsql*   Importación con *osm2pgrouting*

Figura 95 *Nodificación* de cartografía OSM

Osm2pgrouting

El comando de utilidad *osm2pgrouting*[1] se puede instalar desde repositorios de terceros en distribuciones *Ubuntu* o mediante paquetes *rpm* para distribuciones *Fedora*. En *MS Windows* este comando se distribuye ya de forma oficial con la instalación de PostGIS. En otras distribuciones de *Linux,* así como para obtener una versión más reciente puede ser necesaria su compilación a partir del código fuente.

Osm2pgrouting se ejecuta desde línea de comandos. Las opciones del comando son:

- *--file <fichero osm>*: Nombre del fichero *xml* OSM a importar.
- *--conf <fichero de configuración>*: Ruta al archivo de configuración de *osm2pgrouting*. Generalmente este archivo es *mapconfig_for_cars.xml* y se distribuye al instalar *osm2pgrouting*.
- *--addnodes*: Importa los *nodes*, *ways* y las *relations* de OSM.
- *--clean <true | false>*: Elimina las tablas instaladas en un proceso de *osm2pgrouting* anterior.

Opciones de conexión a PostgreSQL:
- *-d <base de datos>*: Nombre de la base de datos en la cual cargar las capas OSM.
- *-U <usuario>*: Usuario de la base de datos.
- *-password <contraseña>*: Contraseña de la conexión a la base de datos.
- *-h <host>*: Máquina donde está el servidor PostgreSQL. Por defecto es 127.0.0.1.
- *-p <puerto>*: Número de puerto para la conexión. Por defecto es 5432.

---

[1] https://www.pgrouting.org/

Antes de realizar la importación hay que localizar el fichero de configuración de *osm2pgrouting*. La distribución de *osm2pgrouting* incluye un fichero de configuración llamado *mapconfig_for_cars.xml* ya preparado con las etiquetas OSM que se utilizan para las rutas utilizando coches[1], que conviene localizar en nuestro disco duro. Generalmente se encontrará en el directorio de instalación de *osm2pgrouting* (en MS Windows se encontrará dentro el directorio de instalación de PostgreSQL, ej.: *c:\PostgreSQL\17\bin*).

Osm2pgrouting solo importará aquellos objetos *ways* (tramos) OSM cuyas etiquetas aparezcan definidas en *mapconfig_for_cars.xml*, por defecto este fichero importa únicamente aquella información OSM relativa a los viales. En la *wiki* de OSM aparecen varios artículos[2] con información sobre las etiquetas utilizables en aplicaciones de *routing*.

Ejercicio: Preparación de los datos. Importación de la cartografía utilizando *osm2pgrouting*.

Primero, comprobamos qué versión de *osm2pgrouting* tenemos instalada:

```
consola> osm2pgrouting --version
This is osm2pgrouting Version 2.3.8
```

Tras crear una nueva base de datos *routing1* con las extensiones de *postgis*, *hstore* y *pgrouting*, ejecutaremos la sentencia de importación a la base de datos *routing1*:

```
consola> osm2pgrouting --file "c:/tmp/map.osm"
   --conf "c:/PostgreSQL/17/bin/mapconfig_for_cars.xml"
   --addnodes --clean true
   -d routing1 -U postgres --password ponercontraseñadepostgres
   ...
   #########################
   size of streets: 24006
   Execution started at: Wed Nov 27 10:31:51 2024
   Execution ended at:   Wed Nov 27 10:32:11 2024
   Elapsed time: 19.709 Seconds.
   User CPU time: -> 19.711 seconds
   #########################
```

El fichero *map.osm* pertenece a centro urbano de Valencia (España) y se encuentra en los datos de esta publicación. El lector puede obtener si lo desea otra zona de cartografía directamente de la web de OSM[3] (seleccionar zona y presionar botón exportar).

La tabla *ways* contiene los nuevos tramos lineales tras el proceso de partición de los originales OSM. También se habrán importado las tablas OSM originales: *osm_nodes*, *osm_relations* y *osm_ways*, aunque no se necesitarán para los cálculos.

Además, *osm2pgrouting* habrá calculado la tabla de vértices *ways_vertices_pgr* que en un ejercicio anterior creábamos con la función *pgr_createtopology*.

Pgrouting nos evita mucho trabajo porque:

- Crea nodos en las intersecciones de la red OSM calculando y partiendo los tramos lineales adecuadamente. Crea la tabla de vértices.

---

[1] Para rutas en bicicleta o pie se utilizaría *mapconfig_for_bicycles.xml* y *mapconfig_for_pedestrian.xml*.

[2] https://wiki.openstreetmap.org/wiki/OSM_tags_for_routing - https://wiki.openstreetmap.org/wiki/Routing
https://wiki.openstreetmap.org/wiki/OpenRouteService

[3] https://www.openstreetmap.org

- Importa únicamente (fichero *mapconfig_for_cars.xml*) la cartografía OSM necesaria aplicando filtros de etiquetas.

- Añade a la tabla los campos adecuados para utilizar las funciones de *pgrouting*, como *x1, y1, x2, y2, length, cost, reverse_cost, source* y *target*. Aunque algunos de ellos se deben rellenar tras la importación por el usuario.

- Calcula en función de la etiqueta *'Highways->Oneway'* de OSM si los tramos son de dirección única, y en tal caso establece un *'reverse_cost'* apropiado.

Campos calculados por osm2pgrouting

Tras la importación, *osm2pgrouting* habrá añadido algunos campos a la tabla *ways* especiales para *pgrouting*. Los más importantes son:

source, target: Identificadores de nodos de los tramos calculados por *osm2pgrouting*.

x1, y1, x2, y2: Contienen las coordenadas de los nodos. Estos campos son útiles para los métodos heurísticos de *pgrouting* como *pgr_astar* que necesita las coordenadas de los vértices. Son coordenadas geográficas en WGS84.

length_m: Este campo contiene la distancia verdadera del tramo en metros. Los datos OSM vienen en coordenadas geográficas en WGS84, este campo representa la longitud del tramo sobre el esferoide en metros y es el que utilizaremos para los cálculos de coste.

one_way: Este campo no se necesita directamente en *pgrouting*, pero a partir de él se puede calcular si el tramo tiene una o dos direcciones.

- Si vale 1 quiere decir que solo tiene una dirección y ésta es en el sentido del nodo *source* al nodo target. Por lo tanto, el valor del campo *reverse_cos*t deberá ser negativo para anular la dirección *target->source* y el campo *cost* contendrá el coste para la dirección *source->target*.
- Si vale -1 quiere decir que solo tiene una dirección, pero ésta es en el sentido del nodo *target* al nodo *source*. Tendremos la situación contraria, es decir, *cost* deberá ser negativo y *reverse_cost* contener el coste normal.
- Si su valor es distinto a 1 o -1 entonces el campo *cost* y el campo *reverse_cost* tendrán un valor positivo de coste que posiblemente será el mismo.

Para conocer exactamente los detalles del campo *one_way* y otros relacionados con **rutas de cartografía de OSM** consultad la wiki de OSM *"OSM tags for routing"*[1].

cost_s y **reverse_cost_s**: coste en segundos. En función de los campos de velocidad del tramo (*maxspeed_forward* y *maxspeed_backward*) y el campo *one_way*, *pgrouting* calcula los costes en segundos necesarios para recorrer dicho tramo.

Cálculo de la ruta

Aunque no es necesario en este ejemplo, mencionar que si no se tuviera la tabla de vértices ésta se podría crear con la siguiente orden:

```
select pgr_createverticestable ('ways','the_geom','source','target');
```

A falta de establecer si se desea restricciones de giro, ya tenemos los datos preparados.

---

[1] https://wiki.openstreetmap.org/wiki/OSM_tags_for_routing y https://wiki.openstreetmap.org/wiki/Routing

Crea dos capas *ruta1* y *ruta2* que contendrán dos rutas calculadas con *pgr_dijkstra*: *ruta1* utiliza un grafo indirecto y *ruta2* uno directo.

Para obtener los nodos de inicio y final utilizaremos el nombre de calle. El nodo inicial coincidirá con un nodo de la calle 'Ueshiba' y el final con uno de 'Racional' (el número *source* puede cambiar según la versión de *osm2pgrouting* utilizada):

```
routing1=# select source from ways
           where name like '%Ueshiba%' order by source desc limit 1;
--------
  9313
routing1=# select source from ways
           where name like '%Racional%' order by source desc limit 1;
--------
  6887
```

Para el coste se utiliza los campos *cost_s* y *reverse_cost_s* (en caso de ruta 2). Notad como en el cálculo de la *ruta1* se utiliza la función *abs* para obtener siempre el valor absoluto del coste, ya que *osm2pgrouting* lo puede poner en negativo en función de la dirección como se ha explicado anteriormente.

```
routing1=# create table ruta1 (gid serial, vertex_id integer, coste real,
   geom geometry (MultilineString, 4326));

routing1=# insert into ruta1 (vertex_id, coste, geom)
   select ways.gid, abs(ways.cost_s), st_multi(ways.the_geom) from
   pgr_dijkstra ('select gid as id, source, target, abs(cost_s) as cost
    from ways', 6887, 9313, false), ways
   where ways.gid = edge;
INSERT 0 97

routing1=# create table ruta2 (gid serial, vertex_id integer, coste real,
   geom geometry (MultilineString, 4326));

routing1=# insert into ruta2 (vertex_id, coste, geom)
   select ways.gid, abs(ways.cost_s), st_multi(ways.the_geom) from
   pgr_dijkstra ('select gid as id, source, target, cost_s as cost,
    reverse_cost_s as reverse_cost from ways', 6887, 9313, true), ways
   where ways.gid = edge;
INSERT 0 154
```

Se han elegido dos nodos alejados dentro del núcleo urbano. La figura siguiente muestra la cartografía y las dos rutas calculadas.

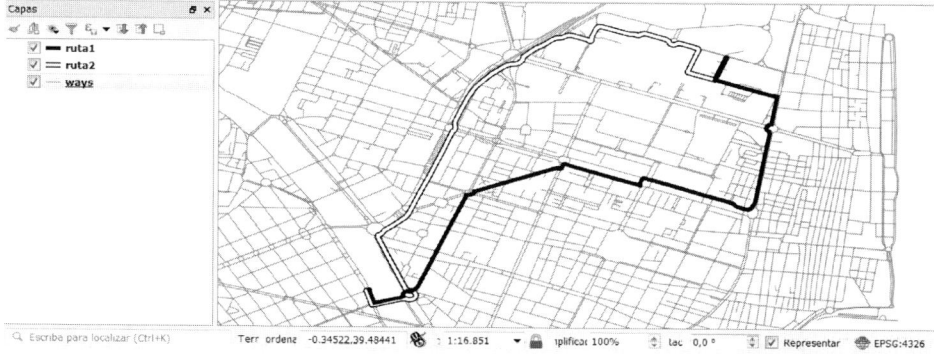

Figura 96 Rutas con OSM

Por último, el número de tramos, coste total en segundos y longitud total en metros (nótese que utilizamos la función *St_Length,* pero convertimos la geometría al tipo *geography*). La función *St_Length* está sobrecargada de forma que si el argumento es de tipo *geography* calcula la distancia correctamente cuando las unidades son longitud y latitud sobre WGS 84.

```
routing1=# select count(*),sum(st_length(geom::geography)) as longitude,
    sum(coste) as coste from ruta1;
 count |     longitude     |   coste
-------+-------------------+----------
    97 | 4685.15728116448 | 187.40634

routing1=# select count(*),sum(st_length(geom::geography)) as longitude,
    sum(coste) as coste from ruta2;
 count |     longitude     |   coste
-------+-------------------+----------
   154 | 4614.13688802231 | 219.50333
```

Si se desea, también se podrían aplicar pesos a las distancias de los tramos (costes con pesos) con el fin de valorar alguna otra variable (*workshop* de los congresos FOSS4G[1]).

En cualquier caso y lo más importante sin duda, es que el lector trate de averiguar si algunos de los **servicios online de navegación** (*routing*) ofertados actualmente[2] (*OpenRoute Service, CycleStreets,* etc.) con cartografía de OSM cubren sus necesidades, el ejemplo realizado anteriormente solo es una aproximación, ya que habría que establecer correctamente las restricciones de giro y comprobar si los tramos segmentados en realidad solo se cruzaban.

Utilización de cartografía sin estructura de red

Si se desea utilizar cualquier capa de vías de comunicación o cualquier tipo de red que no se encuentre en formato OSM no se podrá utilizar el comando *osm2pgrouting* y si dicha cartografía no está estructurada según una topología de red (intersecciones en los cruces), será necesario nodificar la red. Para ello *pgrouting* dispone del comando *pgr_nodenetwork* y que utilizaremos en este apartado. También y como solución alternativa podríamos utilizar los *scripts* que desarrollamos en el apartado E 2.4, pág. 309, 'creación de nodos en las intersecciones'. En efecto, este *script* numera los nodos inicial y final de los tramos, y además parte los tramos en los puntos de intersección con otros tramos, permitiendo usar cualquier cartografía con *pgrouting.*

Vamos a utilizar un tipo de cartografía que presenta las siguientes características:

- No tiene intersecciones en los cruces.
- Está en coordenadas geográficas en WGS84.
- Hay un campo llamado *oneway* con el mismo contenido que el explicado en OSM.

Con un CRS en coordenadas geográficas cualquier análisis espacial o cálculo de la longitud de los tramos utilizando geometría plana es totalmente incorrecto y carece de sentido físico. Por lo tanto, si se desea realizar análisis espacial con esta cartografía lo más aconsejable es reproyectar nuestros datos a un CRS apropiado.

---

[1] https://workshop.pgrouting.org/2.9/en/index.html

[2] https://wiki.openstreetmap.org/wiki/Routing

En el apartado anterior no hicimos dicha reproyección, debido a que *osm2pgoruting* tiene el detalle de calcular los campos *length_m* sobre el esferoide. Aun así, las coordenadas x1, y1, x2 e y2 utilizadas en algunos algoritmos de *pgrouting* vienen dadas en geográficas lo cual puede dar lugar a problemas (aunque se ha visto que existe el argumento *factor* en los métodos que necesitan utilizar las coordenadas de los nodos como *pgr_aStar* su utilización puede ser un poco confusa y será más fácil el reproyectar los datos originales).

Se podría estar tentado a proyectar los datos al CRS EPSG: 3857 o proyección esférica de *mercator*[1] que es precisamente la proyección que utilizan muchos de los programas que visualizan cartografía en la web (como *Google Maps*) y la que por ejemplo utiliza la herramienta *osm2pgsql* por defecto. En tal caso, aunque nos estaríamos acercando a la realidad aún se estaría cometiendo un error no despreciable para utilizar los datos OSM con *pgrouting*.

Como demostración vamos a calcular la longitud de un tramo entre dos puntos dentro del casco urbano de la ciudad de Valencia.

```
routing1=# select
    st_length (st_transform (linea, 3857)) as mercator,
    st_length (st_transform (linea, 32630)) as utmwgs84huso30,
    st_lengthspheroid(linea,
        'SPHEROID["WGS 84",6378137,298.257223563]') as elipsoidalreal
    -- con geography -- st_length (linea::geography) as elipsoidalreal
    from (
        select st_geomfromtext
        ('LINESTRING (-0.4013 39.4549, -0.3414 39.4805)', 4326) as linea
    ) as tabla;
    mercator        | utmwgs84huso30   | elipsoidalreal
------------------+------------------+------------------
 7621.67507015997 | 5887.60825679619 | 5886.25654225072
```

La distancia *mercator* es 1764 metros mayor que la *utmwgs84*, por el contrario, esta última se aproxima a la real en menos de 1 metro. Como vamos a tener que nodificar la red y calcular las intersecciones necesitamos trabajar en un sistema proyectado para que PostGIS realiza correctamente los cálculos, tenemos dos opciones:

- Reproyectar las geometrías de la capa a una proyección local adecuada con capacidad métrica como UTM (si los datos no están contenidos en un solo huso UTM, habría que seleccionar otro tipo de proyección como una *Lambert*).

- Reproyectar las geometrías a una proyección de ámbito mundial como una *mercator* (EPSG: 3857) con lo cual no hay que preocuparse de la extensión de la cartografía (puede incluso considerar varios continentes) y utilizar el comando *ST_Lengthspheroid* para el cálculo de costes de los tramos.

En nuestro ejemplo vamos a seguir la primera opción al tener la cartografía una extensión que cabe dentro de un único huso UTM (y la latitud no es superior a 80 grados).

Vamos a cargar el fichero que contiene la cartografía del núcleo de Valencia, pero esta vez no tiene intersecciones y está en 4326 como ya hemos comentado.

---

[1] https://wiki.openstreetmap.org/wiki/Mercator

```
routing1=# \d ejes
  Columna  |           Tipo            |         Modificadores
---------+---------------------------+-----------------------------
  gid     | integer                   | not null valor por omisión
                                        nextval('ejes_gid_seq'::regclass)
  name    | text                      |
  oneway  | integer                   |
  geom    | geometry(LineString,4326) |
Índices:
    "ejes_pkey" PRIMARY KEY, btree (gid)
    "ejes_geom_gist" gist (geom)
```

Asignamos el CRS 32630 a todas las geometrías de la capa 'ejes' y actualizamos la entrada en *geometry_colums* (véase el apartado C 8.3, pág. 179):

```
routing1=# alter table ejes alter column geom type geometry (linestring,
   32630) using st_transform (geom, 32630);
```

Ahora calculamos las intersecciones de la capa *ejes* con el comando *pgr_nodenetwork*. Se creará una nueva tabla *ejes_noded* con los nuevos tramos segmentados. Además, se añadirán dos campos *source* y *target* vacíos a la nueva tabla.

```
routing1=# select pgr_nodenetwork ('ejes', 0.01, 'gid', 'geom');
   ...
NOTICE:    Split Edges: 5872
NOTICE:    Untouched Edges: 4591
NOTICE:        Total original Edges: 10463
NOTICE:    Edges generated: 23926
NOTICE:    Untouched Edges: 4591
NOTICE:        Total New segments: 28517
NOTICE:    New Table: public.ejes_noded
NOTICE:    --------------------------------
 pgr_nodenetwork
---------------- OK
```

> La nueva capa *ejes_noded* dispone de 28517 tramos y la original de *ejes* tenía 10463

La nueva tabla no incorpora los campos *name* y *oneway* que vamos a necesitar, pero sí incorpora un campo llamado *old_id* que hace referencia al *gid* de la tabla ejes y por lo tanto podemos relacionar ambas tablas. Para facilitar el análisis vamos a añadir estos dos campos y actualizarlos en la tabla *ejes_noded*.

```
routing1=# alter table ejes_noded add column name text;
routing1=# alter table ejes_noded add column oneway integer;
routing1=# update ejes_noded set name = ejes.name, oneway = ejes.oneway
   from ejes where ejes.gid = ejes_noded.old_id;
UPDATE 28517
```

La table *ejes_noded* ya está preparada para utilizar las funciones de *pgrouting*. Como anteriormente, primero calcularemos los nodos con *pgr_createTopology* y luego procederemos al cálculo de una ruta.

```
routing1=# select
   pgr_createTopology('ejes_noded',0.01,'geom','id','source','target');
NOTICE:  28000 edges processed
NOTICE:  ------------> TOPOLOGY CREATED FOR  28517 edges
NOTICE:  Rows with NULL geometry or NULL id: 0
NOTICE:  Vertices table for table public.ejes_noded is:
   public.ejes_noded_vertices_pgr
NOTICE:  ---------------------------------------------
 pgr_createtopology
------------------- OK
```

Agregamos los campos de los costes y calculamos los costes en función de la dirección del campo *oneway*. En este caso los costes van a ser las distancias en metros de los tramos.

```
routing1=# alter table ejes_noded add column cost double precision;
routing1=# alter table ejes_noded add column reverse_cost double
    precision;
routing1=# update ejes_noded set
    cost = case when oneway = -1 then -st_length(geom)
                                else st_length(geom)
            end,
    reverse_cost = case when oneway = 1 then -st_length(geom)
                                else st_length(geom)
            end;
```

Como estamos en la misma zona del núcleo de valencia, vamos a repetir una de las rutas realizadas anteriormente.

Calcula la longitud y número de tramos atravesados de la ruta más óptima utilizando el algoritmo *A-Star*, entre el nodo *source* de la calle 'Racional' al nodo *target* de 'Ueshiba':

```
routing1=# select source from ejes_noded
           where name like '%Ueshiba%' limit 1;
-------- 11547
routing1=# select source from ejes_noded
           where name like '%Racional%' limit 1;
-------- 14560

routing1=# select sum(cost) as costetotal,count(*) as tramos from
    pgr_dijkstra ('select id, source, target, cost, reverse_cost from
    ejes_noded', 11547, 14560, true);
     costetotal    | tramos
-------------------+--------
 3783.78867385860 |     83
```

La diferencia con el ejemplo previo es que la cartografía en este caso dispone de más ejes (incluye ejes para ir a pie) que en el ejemplo previo.

```
routing1=# create table ruta3 (gid serial, vertex_id integer, coste real,
    geom geometry (MultilineString, 32630));
routing1=# insert into ruta3 (vertex_id, coste, geom)
    select ejes_noded.id, abs(ejes_noded.cost), st_multi(ejes_noded.geom)
    from
    pgr_dijkstra ('select id, source, target, cost, reverse_cost from
    ejes_noded', 11547, 14560, true), ejes_noded
    where ejes_noded.id = edge;
```

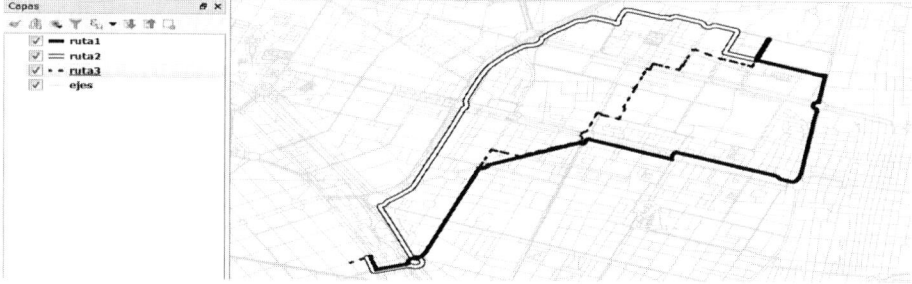

Figura 97 Rutas con *pgrouting* (cartografía sin estructura de red)

2. Topología persistente

2.1. Introducción

El modelo de topología persistente es una forma de estructurar la información geográfica (geometrías) diferente al modelo de *simple features* (también conocido como modelo espagueti) en el cual está basado PostGIS.

La topología persistente plasma las relaciones espaciales de las geometrías de forma explícita mediante la adición de nuevos campos en las tablas espaciales o la existencia de tablas auxiliares con información sobre dichas relaciones.

En la versión 2.0, PostGIS introduce por primera vez un modelo de topología persistente basado en la norma ISO 13249:3 (SQL/MM) y el modelo de topología de *Oracle Spatial*. Dicho modelo de topología tiene muchas similitudes con el modelo de topología seguido por *Arc/Info Workstation* y la estructura arco-nodo, aunque es más completo.

Modelo espagueti

Supongamos que se quiere modelar dos capas cartográficas, una poligonal (capa *parce*) compuesta por dos parcelas (PA, PB) que son adyacentes y otra lineal (capa *elec*) compuesta por una línea eléctrica (LIN1) que atraviesa la mediana de las dos parcelas.

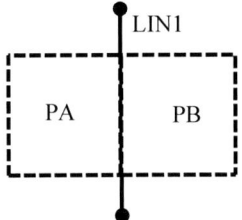

En un modelo espagueti, cada entidad geométrica del mapa se corresponde con una fila en la tabla espacial, es decir, en este caso se dispondrá de dos tablas espaciales:

- Capa *parce*, con dos filas conteniendo los polígonos PA y PB.
- Capa *elec*, con una fila conteniendo la línea eléctrica LIN1.

El fragmento de línea o tramo resultante de la intersección de la línea eléctrica con las parcelas aparece repetido tres veces, al formar parte de las dos parcelas colindantes y de la línea eléctrica. Las redundancias de un modelo espagueti incrementan el volumen de información, pero lo más grave es que en el momento que un editor SIG modifique los vértices de alguna de las geometrías de los tramos, deberá modificar de la misma forma el resto de las geometrías o aparecerán efectos no deseados como polígonos *slivers* o perdida de la relación espacial entre las geometrías colindantes.

Como se ha realizado hasta ahora en PostGIS, para averiguar una relación espacial entre dos geometrías (p. ej.: si la línea eléctrica toca a una parcela), es necesario utilizar los predicados espaciales de tipo *ST_Intersects*, *ST_Crosses*, *ST_Relate*, etc. Dichos predicados espaciales utilizan complejos algoritmos de geometría computacional para el cálculo de dichas relaciones, a partir de analizar las coordenadas de los vértices de las geometrías.

Modelo topología SQL/MM

En un modelo de topología persistente siguiendo las especificaciones de la norma SQL/MM, primero se calculan las llamadas primitivas topológicas formadas por nodos (*nodes*), ejes (*edges*) y áreas o caras (*faces*). Estas primitivas se obtienen a partir de *nodificar* los elementos geográficos iniciales. De esta forma, se crean nuevas intersecciones entre todos los fenómenos geográficos (parcelas y líneas eléctricas) que forman parte de una misma topología. Tras este proceso (mostrado en la figura inferior), la geometría correspondiente a la línea eléctrica LIN1 se ha fragmentado en tres ejes o líneas (E3, E4 y E5) y los perímetros de las parcelas también se han descompuesto en nuevos tramos (E1, E4) y (E4, E2). Además de los nodos (Ni) y los ejes (Ei), también se calculan las caras (Fi) compuestas por cualquier área que quede encerrada por ejes.

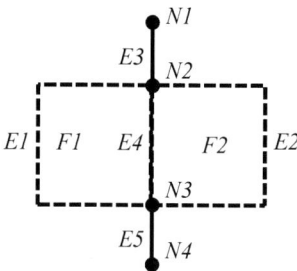

En una segunda fase se definen las llamadas capas de topo-geometrías (*topogeom*), que se corresponden con la representación de los fenómenos geográficos de las parcelas (capa *topogeom parce*) y líneas eléctricas (capa *topogeom elec*) que originalmente se quería modelar.

Estas capas de topo-geometrías (fenómenos geográficos) no contienen los vértices de las geometrías de las parcelas y las líneas eléctricas, sino una lista de qué primitivas topológicas (nodos, ejes o caras) forman cada fenómeno geográfico. De esta forma, las dos capas de topo-geometrías (*topogeom*) vienen definidas según:

- Capa *parce*, con dos filas, donde la parcela PA viene definida por la cara F1 (compuesta a su vez por los ejes E1 y E4) y la parcela PB por la cara F2 (compuesta por los ejes E4 y E2).
- Capa *elec*, con una fila, conteniendo la línea eléctrica LIN1 que viene definida por los ejes E3, E4 y E5.

De esta forma se eliminan las redundancias, ya que las coordenadas geométricas del eje E4 se almacenan una única vez, y este mismo eje se utiliza para definir las topo-geometrías PA, PB y LIN1.

El sistema crea tres tablas (*node, edge* y *face*) donde se almacenan todas las primitivas topológicas que forman todos los fenómenos geográficos (topo-geometrías). Estas tablas están relacionadas entre sí, de forma que *face* hace referencia a los ejes que forman cada cara y *edge* a los nodos que forman los puntos inicial y final de cada eje.

Además de las tablas de primitivas topológicas, PostGIS crea otra tabla (tabla *relation*) donde se enumera para cada topo-geometría qué primitivas topológicas la forman.

En las tablas de primitivas topológicas *node, edge* y *face* se añaden campos donde se almacenan las relaciones espaciales de forma explícita:

- Para cada eje se conoce qué cara tiene a su derecha e izquierda, cuáles son sus nodos inicial y final, a qué ejes está conectado, etc.
- Para cada nodo se conoce si está contenido dentro de una cara o no.
- Además, la tabla *relation* contiene información sobre si una misma primitiva topológica es compartida por más de una topo-geometría. Por ejemplo, si las topo-geometrías PA y PB están formadas por caras que tienen algún eje en común (E4 en este caso), significa que ambas topo-geometrías son adyacentes en dicho eje.

Estas tablas permiten el cálculo de las relaciones espaciales entre dos topo-geometrías sin realizar ninguna operación de geometría computacional, de una forma rigurosa y además empleando un tiempo de cálculo muy inferior a la de un modelo espagueti.

Algunas de las ventajas del modelo de topología persistente o explícita son:

- Se reduce el volumen de almacenamiento.
- Los ejes están compartidos y su geometría solo se almacena una única vez.
- Las relaciones espaciales quedan explicitadas en las tablas de topología (*node*, *edge*, *face* y *relation*).
- Incrementa la velocidad de cálculo de las relaciones espaciales (predicados espaciales) y las operaciones de análisis espacial (superposición de polígonos, disolución de barreras interiores, etc.).

2.2. Creación de topología

Para explicar cómo se realiza el proceso de creación de topología persistente, se va a realizar un ejemplo donde se quiere modelar tres capas cartográficas (capas de topo-geometrías):

- Una capa poligonal de parcelas (*parce*) compuesta por dos parcelas (PA y PB).
- Una capa lineal de redes (*red*) formada por tramos de red eléctrica (ELEC), tramos de red de agua (AGUA) y tramos de canales (CANAL).
- Una capa puntual (*equip*) formada por farolas y árboles.

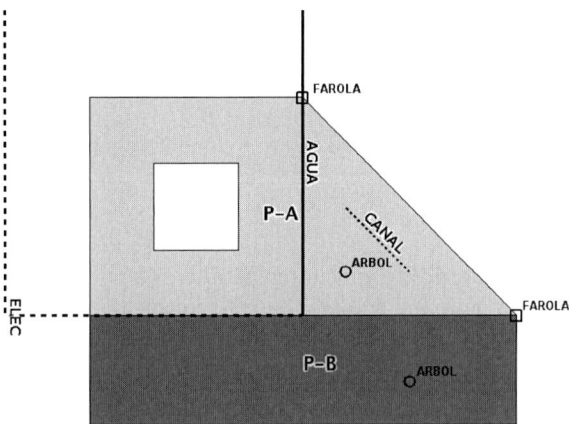

Figura 98 Capas de topo-geometrías

Ejemplo: topo-geometrías y primitivas

Como se ha comentado en la introducción, para definir las topo-geometrías de las capas *parce*, *red* y *equip*, es necesario definir previamente las primitivas topológicas que componen cada una de las topo-geometrías. En este apartado se va a definir las primitivas topológicas (nodos, ejes y caras) de una forma manual, utilizando los comandos PostGIS dedicados a la inserción y edición de primitivas topológicas.

La figura siguiente muestra los nodos (N1,..., N11), los ejes (E1,..., E10) y las caras (F1,..., F4) que compondrán las topo-geometrías.

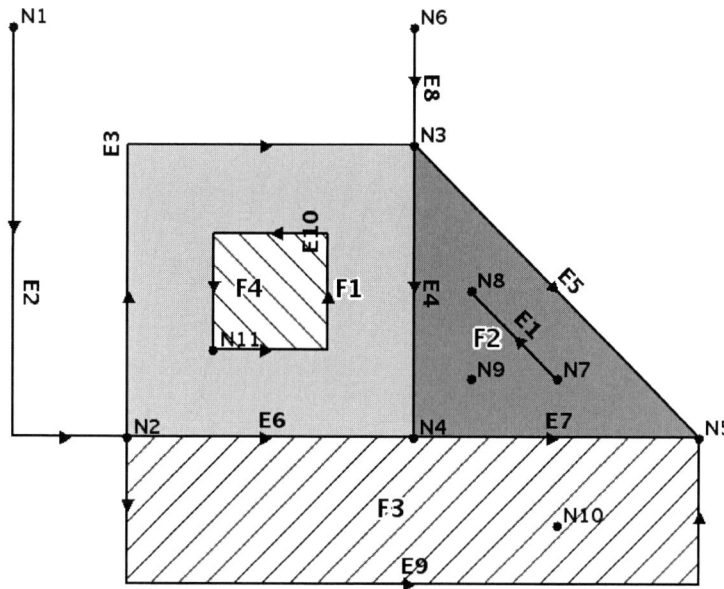

Figura 99 Primitivas topológicas

Antes de empezar a utilizar los comandos de creación de primitivas topológicas con Post-GIS es conveniente definir algunos conceptos sobre dichas primitivas:

Un nodo (*node*) se representa por un punto. Los nodos pueden ser aislados (*isolated*) o ser utilizados como puntos iniciales o finales de un determinado eje (*edge*). Por tanto, si dos ejes conectan (comparten un nodo) siempre lo hacen en nodos no aislados. En el ejemplo propuesto sólo hay dos nodos aislados (N9 y N10). Un nodo tiene una geometría asociada de tipo *Point*.

Un eje (*edge*) queda limitado por dos nodos: el nodo origen o inicial (*start node*) y el nodo destino o final (*end node*). Un eje tiene una geometría asociada de tipo *LineString* formada por una ristra (*string*) de vértices y puede contener vértices intermedios que no son nodos (p. ej.: el eje E3 está formado por un nodo inicial N2 y un nodo final N3 además de un vértice intermedio). El sentido de un eje viene definido al ser atravesado desde el nodo inicial al nodo final (flechas de la figura).

Una cara (*face*) es una lista de ejes que forman un área cerrada. Una cara no tiene una geometría superficial asociada, sino que está formada por una lista de ejes.

Las primitivas topológicas se almacenan en tres tablas o vistas: *node*, *edge* y *face*.

La cara con identificador F0 se conoce como cara universal o polígono universal y representa todo el espacio que no está ocupado por ninguna primitiva, es decir, representa el exterior de todas las geometrías. La cara universal no se representa geométricamente pero sí es útil para definir ciertas relaciones espaciales, como la de adyacencia de los ejes y la de los puntos que no están contenidos dentro de ninguna otra cara.

Se dispondrá de un nodo por cada topo-geometría de tipo puntual creada (las farolas y el árbol en este caso) y por cada inicio y final de eje.

Un nodo aislado (*isolated*) o también llamado nodo isla es un nodo aislado dentro de una cara (puede ser la cara universal). El nodo N9, es un nodo aislado contenido por la cara F2 (propiedad *containing_face* = F2). Un nodo aislado no forma parte del punto inicial o final de ningún eje.

Los nodos no aislados están formados por los nodos iniciales y finales de los ejes, y por lo tanto no están contenidos en ninguna cara. P. ej.: el nodo N4 forma parte de los ejes E4, E6 y E7 (propiedad *containing_face* = NULL).

Un eje no puede contener un nodo aislado. En tal caso, el eje debe ser partido en dos ejes que compartirán dicho nodo.

Un eje lazo (*loop edge*) consiste en un eje que su nodo inicial y final es el mismo. P. ej.: el eje E10 tiene como nodo inicial y final el nodo N11.

El sentido de un eje (desde el nodo inicial al nodo final) hace posible establecer cuál es la cara que queda a su derecha (*right face*) y a su izquierda (*left face*). P. ej.: el eje E4 tiene a su derecha la cara F1 y a su izquierda la cara F2.

Un eje aislado (*isolated*) o también llamado eje isla, es un eje que está aislado dentro de una cara. Sus propiedades *right_face* y *left_face* hacen referencia a la misma cara. Un eje aislado no está conectado con ningún otro eje. P. ej: el eje E1 es un eje aislado ya que no está conectado a ningún otro eje.

Instalación

La instalación de la funcionalidad de topología persistente se realiza con el comando *create extension* (apartado B 1.2, pág. 42) o en su defecto ejecutando el fichero *topology.sql* (apartado B 1.1, pág. 41). Tras la lectura de este capítulo y si el lector tiene alguna duda específica, puede ser interesante el estudio del código fuente de *topology.sql,* ya que al estar programado en *PL/PgSQL* no es demasiado complicado de entender y aparece detallada la metodología y los algoritmos utilizados.

> Todas las funciones de topología persistente se instalan dentro del esquema *topology* de la base de datos.

Además, dentro de ese mismo esquema hay dos tablas de metadatos: *topology.topology* y *topology.layers* que se verán a los siguientes apartados.

La instalación agrega el esquema *topology* a la variable del sistema *search_path* (véase el apartado B 2.2, pág. 61).

```
s1=# show search_path;
        search_path
----------------------------
  "$user", public, topology
```

Capa de topología

La primera tarea antes de poder empezar a trabajar con datos topológicos consiste en la creación de una nueva topología. Una topología se materializa en PostGIS con un nuevo esquema dentro de la base de datos donde se sitúan las tablas de nodos, ejes, caras y relaciones (*relation*). El comando a utilizar es *CreateTopology*:

integer CreateTopology(topology_name, srid, tolerance = 0, boolean hasz = false)

Argumentos:

- *topology_name*: Nombre de la topología a crear. Se creará un nuevo esquema con este nombre y dentro de él las tablas correspondientes para almacenar los nodos, ejes y caras de las primitivas topológicas y las relaciones entre las primitivas y las capas de topo-geometrías.
- *srid:* Establece el sistema de referencia que deberán tener todas las primitivas topológicas.
- *tolerance*: Establece una tolerancia para realizar los cálculos. Si no se especifica se considera una tolerancia de 0.
- *hasz:* Establece si las primitivas a almacenar en la topología disponen de coordenada Z o no (por defecto es *false*).

Actualmente los cálculos topológicos no se han implementado teniendo en cuenta si las geometrías tienen Z (*hasz = true*) o tolerancias.

Además este comando registra el nombre de la topología creada en la tabla de metadatos *topology.topology*. El valor devuelto por el comando se corresponde con la clave primaria (campo *id*) de dicha tabla que identifica numéricamente a la topología.

Crea una topología nueva con el nombre 't1' y un *srid* = 0 (no utilizar ni tolerancia ni coordenada Z en las primitivas). Comprueba que la nueva topología se ha registrado en la tabla de metadatos *topology.topology*.

```
s1=# select CreateTopology('t1', 0);
createtopology
---------------
              1
s1=# select * from topology;
 id | name | srid | precision | hasz
----+------+------+-----------+------
  1 | t1   |    0 |         0 | f
```

Creación de primitivas topológicas

La norma SQL/MM define con detalle los comandos de edición de primitivas topológicas. PostGIS ha realizado una implementación fiel de dichos comandos (se muestran en la siguiente tabla). El primer argumento de todas las funciones (*topo*), hace referencia al nombre de la topología vinculada a la primitiva ('t1' en el ejemplo).

Para la utilización de dichos comandos, la información geográfica debe estar previamente estructurada (p. ej.: no se permite que un eje insertado interseque a otro existente). Más adelante, se estudiará otro método más usable desde un punto de vista práctico. Es necesario conocer estas funciones para entender el funcionamiento de la topología.

Comando	Descripción
ST_AddIsoNode (topo, containing_faceid, point)	Añade un nodo aislado (point) a una cara (containing_faceid). Devuelve el identificador del nodo añadido.
ST_MoveIsoNode (topo, nodeid, point)	Mueve un nodo aislado (nodeid) al punto especificado por la geometría point. El nuevo punto (point) no debe existir. Devuelve un texto descriptivo del movimiento del nodo.
ST_RemoveIsoNode (topo, nodeid)	Elimina el nodo aislado (nodeid). Devuelve un texto descriptivo de la acción (si no es un nodo aislado devuelve un error).
ST_AddIsoEdge (topo, nodeid0, nodeid1, linestring)	Añade un eje aislado (linestring) conectando dos nodos aislados existentes (el eje conectará el nodo inicial nodeid0 con el nodo final nodeid1). Devuelve el identificador del eje añadido.
ST_AddEdgeNewFaces (topo, nodeid0, nodeid1, linestring)	Añade un nuevo eje (el eje conectará el nodo inicial nodeid0 con el nodo final nodeid1). Si al hacerlo parte una cara, borra la cara original y crea dos caras nuevas. Devuelve el identificador del eje añadido.
ST_AddEdgeModFace (topo, nodeid0, nodeid1, linestring)	Es similar a ST_AddEdgeNewFaces, pero en lugar de crear dos caras modifica la existente y crea una nueva. Devuelve el identificador del nuevo eje insertado.
ST_RemEdgeNewFace (topo, edgeid)	Elimina un eje. Si dicho eje separaba dos caras adyacentes, elimina las dos caras y crea una nueva. Devuelve el identificador de la nueva cara creada o null si no se ha creado ninguna.
ST_RemEdgeModFace (topo, edgeid)	Es similar a ST_RemEdgeNewFace, pero modifica únicamente la cara existente para ocupar el espacio ocupado por las dos caras. Devuelve el identificador de la cara modificada.
ST_NewEdgesSplit (topo, edgeid, point)	Parte un eje (edgeid) creando un nuevo nodo sobre él. Borra el eje original y crea dos nuevos ejes. Devuelve el identificador del nuevo nodo creado.
ST_ModEdgeSplit (topo, edgeid, point)	Es similar a ST_NewEdgesSplit, pero en lugar de borrar el eje original lo modifica y añade solo un nuevo eje. Devuelve el identificador del nuevo nodo creado.
ST_NewEdgeHeal (topo, edgeid0, edgeid1)	Une los ejes edgeid0 y edgeid1 en un único eje, para ello elimina el nodo que los conecta. Borra los dos ejes originales (edgeid0 y edgeid1) y crea un nuevo eje resultado de la unión de los dos anteriores. Devuelve el identificador del nuevo eje creado.
ST_ModEdgeHeal (topo, edgeid0, edgeid1)	Es similar a ST_NewEdgeHeal pero en lugar de borrar los dos ejes, modifica el primer eje y borra el segundo eje. Devuelve el identificador del nodo eliminado.
ST_ChangeEdgeGeom (topo, edgeid, linestring)	Modifica la geometría (linestring) de un determinado eje. Solo es posible cuando dicho cambio no altere la topología existente (el nodo inicial y el final son los mismos y los vértices intermedios no provocan ninguna intersección o cruce con otros ejes).

Tabla 55 Funciones para la edición de primitivas topológicas según SQL/MM

Utiliza los comandos de edición de topologías primitivas para crear los nodos y los ejes necesarios para construir el ejemplo de la Figura 99, pág. 473.

El primer paso consiste en añadir los nodos necesarios para la construcción posterior de los ejes. No es necesario añadir todos los nodos, sino que se puede ir añadiendo nodos y creando ejes de forma alternada (como ejemplo se deja la creación del nodo 11 y del eje 10 para más adelante).

El comando a utilizar para insertar nodos aislados *será ST_AddIsoNode*. El segundo argumento *containing_faceid* hace referencia a la cara donde está incluido el nodo. Como aún no se ha construido ninguna cara, todos los nodos aislados estarán contenidos en la cara universal F0 (identificador = 0).

```
s1=# SELECT ST_AddIsoNode('t1', 0, 'POINT(6 34)');  --Nodo 1
s1=# SELECT ST_AddIsoNode('t1', 0, 'POINT(10 20)'); --Nodo 2
s1=# SELECT ST_AddIsoNode('t1', 0, 'POINT(20 30)'); --Nodo 3
s1=# SELECT ST_AddIsoNode('t1', 0, 'POINT(20 20)'); --Nodo 4
s1=# SELECT ST_AddIsoNode('t1', 0, 'POINT(30 20)'); --Nodo 5
s1=# SELECT ST_AddIsoNode('t1', 0, 'POINT(20 34)'); --Nodo 6
s1=# SELECT ST_AddIsoNode('t1', 0, 'POINT(25 22)'); --Nodo 7
s1=# SELECT ST_AddIsoNode('t1', 0, 'POINT(22 25)'); --Nodo 8
s1=# SELECT ST_AddIsoNode('t1', 0, 'POINT(22 22)'); --Nodo 9
s1=# SELECT ST_AddIsoNode('t1', 0, 'POINT(25 17)'); --Nodo 10
```

Tabla de nodos

La tabla de topología de nodos (*t1.node*) contiene los nodos insertados y tiene la siguiente estructura:

- *node_id*: Identificador del nodo insertado. Este valor (coincide con el valor de retorno de la *función ST_AddIsoNode*) será el utilizado para identificar los nodos inicial y final de los nuevos ejes a insertar.
- *containing_face*: Identificador de la cara que contiene al nodo. Como actualmente no hay ninguna cara creada, todos los nodos pertenecen a la cara universal.
- *geom*: Geometría (tipo *Point* de PostGIS) de tipo puntual conteniendo el punto que define el nodo.

```
s1=# select node_id, containing_face, st_astext(geom)
        from t1.node order by node_id;
 node_id | containing_face |   st_astext
---------+-----------------+--------------
       1 |               0 | POINT(6 34)
       2 |               0 | POINT(10 20)
       3 |               0 | POINT(20 30)
       4 |               0 | POINT(20 20)
       5 |               0 | POINT(30 20)
       6 |               0 | POINT(20 34)
       7 |               0 | POINT(25 22)
       8 |               0 | POINT(22 25)
       9 |               0 | POINT(22 22)
      10 |               0 | POINT(25 17)
```

A continuación, a partir de los nodos se definen los ejes, teniendo en cuenta el sentido de los mismos (nodo inicial y nodo final). Los comandos a utilizar pueden ser: *ST_AddIsoEdge*, *ST_AddEdgeModFace y ST_AddEdgeModFace*. De forma práctica se utiliza únicamente *ST_AddEdgeModFace*, ya que no es necesario conocer si un eje es aislado o no y tampoco se necesita crear nuevas caras sino modificar las existentes.

```
s1=# SELECT ST_AddEdgeModFace('t1',7,8,'LINESTRING(25 22, 22 25)');      --E1
s1=# SELECT ST_AddEdgeModFace('t1',1,2,'LINESTRING(6 34, 6 20, 10 20)'); --E2
s1=# SELECT ST_AddEdgeModFace('t1',2,3,'LINESTRING(10 20, 10 30, 20 30)');--E3
s1=# SELECT ST_AddEdgeModFace('t1',3,4,'LINESTRING(20 30, 20 20)'); --E4
s1=# SELECT ST_AddEdgeModFace('t1',3,5,'LINESTRING(20 30, 30 20)'); --E5
s1=# SELECT ST_AddEdgeModFace('t1',2,4,'LINESTRING(10 20, 20 20)'); --E6
s1=# SELECT ST_AddEdgeModFace('t1',4,5,'LINESTRING(20 20, 30 20)'); --E7
s1=# SELECT ST_AddEdgeModFace('t1',6,3,'LINESTRING(20 34, 20 30)'); --E8
s1=# SELECT ST_AddEdgeModFace('t1',2,5,
                    'LINESTRING(10 20,10 15,30 15,30 20)'); --E9
```

Tras la inserción de los ejes, PostGIS habrá realizado los siguientes procesos:

- Insertado los ejes en la tabla *t1.edge*.
- Creado las caras correspondientes y que aparecerán en la tabla *t1.face*.
- Modificado la tabla de nodos *t1.node,* ya que al crear los ejes que conectan dichos nodos, éstos ya no serán nodos aislados. Por definición, un nodo no aislado debe contener el valor *null* en el campo *containing_face* de la tabla de nodos.

La siguiente sentencia muestra que el campo *containing_face* contiene el valor *null* menos en el nodo N9 (sigue siendo un nodo aislado dentro de la cara F2).

```
s1=# select node_id, containing_face, st_Astext(geom)
       from t1.node where containing_face is not null;
 node_id | containing_face |   st_astext
---------+-----------------+--------------
       9 |               2 | POINT(22 22)
      10 |               3 | POINT(25 17)
```

> La tabla de nodos tiene un índice espacial por el campo *geom* y está referenciada (integridad referencial) desde las tablas de ejes y caras.

Tabla de ejes

La vista de topología de ejes (*t1.edge*) contiene los ejes insertados. Esta vista tiene campos muy interesantes donde se plasman ciertas relaciones espaciales entre los nodos, los ejes y las caras.

- *edge_id*: Identificador del eje insertado. Este identificador coincide con el valor de retorno de la *función ST_AddEdgeModFace.*
- *start_node*: Identificador (*node_id*) de la tabla de nodos (nodo inicial del eje).
- *end_node*: Identificador (*node_id*) de la tabla de nodos (nodo final del eje).
- *next_left_edge*: Identificador (*edge_id*) del siguiente eje conectado al actual por la izquierda.
- *next_right_edge*: Identificador (*edge_id*) del siguiente eje conectado al actual por la derecha.
- *left_face*: Identificador (*face_id*) de la tabla de caras que identifica la cara situada a la izquierda del eje (siguiendo la dirección de avance del nodo inicial al final).
- *right_face*: Identificador (*face_id*) de la tabla de caras que identifica la cara situada a la derecha del eje (siguiendo la dirección de avance del nodo inicial al final).
- *geom*: Geometría (tipo *LineString* de PostGIS) conteniendo los vértices el eje. Los vértices inicial y final de la *LineString* deben de coincidir con las coordenadas de los nodos inicial y final.

Observando el resultado, la vista *t1.edge* se puede decir que:

- Los ejes quedan orientados según sus nodos inicial y final. De esta forma se puede identificar para cada eje, cuál es la cara que queda a su izquierda y a su derecha. P. ej.: el eje 4 tiene a su derecha la cara 1 y a su izquierda la cara 2.
- El eje 1 tiene a la derecha y a la izquierda la misma cara, lo cual indica que dicho eje está contenido dentro de esa cara. Además, sus nodos inicial 7 y final 8 no están conectados a ningún otro eje, por lo tanto es un eje aislado (*isolated*).
- Los ejes que tienen la cara universal a su derecha o a su izquierda son ejes exteriores (p. ej.: los ejes 2, 3, 5, 8 y 9).
- Los ejes que están conectados comparten un nodo (p. ej.: los ejes 4, 6 y 7 están conectados entre sí porque comparten el nodo 4).

```
s4=# select edge_id as id, start_node as sn, end_node as en,
       next_left_edge as nle, next_right_edge as nre,
       left_face as lf, right_face as rf, st_astext(geom) as geom
     from t1.edge order by edge_id;
 id | sn | en | nle | nre | lf | rf |              geom
----+----+----+-----+-----+----+----+---------------------------------
  1 |  7 |  8 |  -1 |   1 |  2 |  2 | LINESTRING(25 22,22 25)
  2 |  1 |  2 |   3 |   2 |  0 |  0 | LINESTRING(6 34,6 20,10 20)
  3 |  2 |  3 |  -8 |   6 |  0 |  1 | LINESTRING(10 20,10 30,20 30)
  4 |  3 |  4 |   7 |  -3 |  2 |  1 | LINESTRING(20 30,20 20)
  5 |  3 |  5 |  -9 |   4 |  0 |  2 | LINESTRING(20 30,30 20)
  6 |  2 |  4 |  -4 |   9 |  1 |  3 | LINESTRING(10 20,20 20)
  7 |  4 |  5 |  -5 |  -6 |  2 |  3 | LINESTRING(20 20,30 20)
  8 |  6 |  3 |   5 |   8 |  0 |  0 | LINESTRING(20 34,20 30)
  9 |  2 |  5 |  -7 |  -2 |  3 |  0 | LINESTRING(10 20,10 15,30 15,30 20))
```

A partir de la tabla de topología de ejes (*t1.edge*), lista el identificador de los nodos que corresponden a nodos de tipo *dangle*.

```
s1=# select n.node_id from t1.node n, t1.edge e
       where n.node_id = e.start_node or n.node_id = e.end_node
       group by n.node_id having count(*) = 1 order by n.node_id;
 node_id
---------
       1
       6
       7
       8
```

Conectividad de los ejes

El valor de los campos *next_left_edge* y *next_right_edge* de un eje se define en función del sentido de avance que establece la cara izquierda o derecha de dicho eje (considerando un sentido contrario a las agujas del reloj).

Por ejemplo, según la Figura 100, el eje E4 divide las caras F2 (izquierda) y F1 (derecha). Si se considera la dirección marcada por las flechas en dicha figura (sentido contrario a las agujas del reloj) se puede decir que:

- El eje siguiente al eje E4, recorriendo la cara F2 (cara izquierda) en sentido contrario a las agujas del reloj, se corresponde con el eje E7. Éste es el valor para el campo *next_left_edge*.
- El eje siguiente al eje E4, recorriendo la cara F1 (cara derecha) en sentido contrario a las agujas del reloj, se corresponde con el eje E3. Éste es el valor que toma el campo *next_right_edge*. Además, como el eje E3 tiene un sentido contrario al marcado por las flechas, su valor aparecerá en negativo.

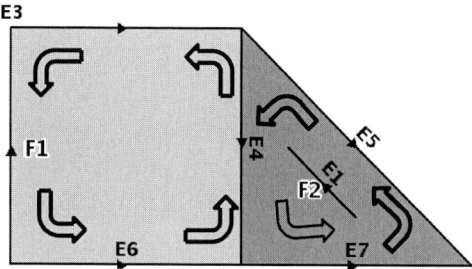

Figura 100 Sentido de los ejes conectados

Hay que resaltar que la vista de topología *edge* se basa en la tabla *edge_data*, aunque son prácticamente iguales.
La tabla *edge_data* tiene indexados los campos *right_face*, *left_face* y *geom* (*gist*). Además, está relacionada (integridad referencial) con las tablas de nodos y de caras.

Tabla de caras

Aunque no se ha creado ninguna cara de forma explícita, PostGIS las construye de forma automática conforme se van definiendo las áreas cerradas. La tabla de topología de caras (*t1.face*) es bastante simple, únicamente contiene el campo *face_id* (identificador de la cara) y el campo *mbr* (caja o *bounding box*) de la cara. La cara con identificador 0 (*face_id*) se corresponden con la cara universal.

```
s1=# select face_id, st_astext(mbr) from t1.face;
 face_id |                st_astext
---------+-----------------------------------------
       0 |
       1 | POLYGON((10 20,10 30,20 30,20 20,10 20))
       2 | POLYGON((20 20,20 30,30 30,30 20,20 20))
       3 | POLYGON((10 15,10 20,30 20,30 15,10 15))
```

Geometría de las caras

El campo *mbr* únicamente contiene la caja de la cara y no su geometría. Para obtener la geometría de la cara sería necesario construir el polígono correspondiente a partir de los ejes que forman su contorno.

Utilizando el comando *ST_BuildArea* (estudiado en el apartado C 9.5, pág. 190), trata de crear una vista que contenga los polígonos formados por las caras de la tabla *t1.face* a partir de las geometrías de los ejes relacionados.

```
s1=# create view faceview1 as select f.face_id as gid,
         st_buildarea(st_collect(e.geom))::geometry (polygon,0) as geom
    from t1.edge e, t1.face f
      where (e.right_face = f.face_id or e.left_face = f.face_id)
            and face_id > 0
      group by f.face_id;
```

En este caso no es necesario *nodificar* los ejes antes de utilizar *ST_BuildArea*, ya que los ejes por definición solo pueden conectar por sus nodos inicial y/o final, luego no se cruzan.

Esta misma funcionalidad se puede obtener de una forma mucho más sencilla con el comando *ST_GetFaceGeometry* que en su implementación en PostGIS 2.0 utiliza el mismo procedimiento empleado en la sentencia SQL anterior:

geometry ST_GetFaceGeometry (topology, face_id)

```
s1=# create view faceview2 as
       select face_id,
         ST_GetFaceGeometry('t1', face_id)::geometry (polygon, 0)
       from t1.face where face_id > 0;
```

Modificación de primitivas topológicas

Utilizando los comandos de la Tabla 55, pág. 476 también es posible modificar y borrar primitivas topológicas ya creadas o añadir otras nuevas.

Añade la cara F4 a la topología *t1*. Para ello, añade primero el nodo N11 y a continuación añade el nuevo eje E10.

```
s1=# SELECT ST_AddIsoNode('t1', 1, 'POINT(13 23)');
---------------
            11
```

El método devuelve el identificador del nuevo nodo añadido (*containing_face* = 1).

```
s1=# SELECT ST_AddEdgeModFace('t1', 11, 11,
            'LINESTRING(13 23, 17 23, 17 27, 13 27, 13 23)');
------------------
            10
```

El método devuelve el identificador del nuevo eje creado. El eje E10 creará a su vez la cara F4. La propiedad *containing_face* del nodo N11 se modifica al valor *null* y éste deja de ser un nodo aislado.

Parte el eje E9 con un nuevo nodo situado en la posición (20, 15). Se desea que el primer tramo partido conserve el identificador de eje E9. Tras partir el eje E9, crea un nuevo eje que una el nuevo nodo creado con el nodo N4.

```
s1=# select st_modedgesplit ('t1', 9, 'POINT (20 15)');
---------------
            12
```

El método devuelve el identificador del nuevo nodo creado. Además, se habrá creado el nuevo eje E11.

```
s1=# select st_addedgemodface ('t1', 4, 12, 'LINESTRING (20 20, 20 15)');
------------------
            12
```

El método devuelve el identificador del nuevo eje creado. La cara F3 se habrá reducido a la mitad de la superficie y una nueva cara F5 se habrá creado. El nodo N10 que antes pertenecía a la cara F3, ahora pasa a pertenecer a la cara F5.

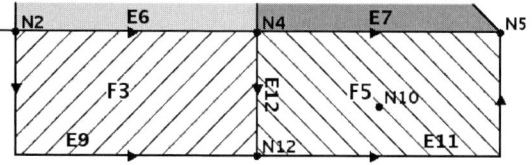

Figura 101 Modificación de primitivas topológicas

```
s3=# select containing_face from t1.node where node_id = 10;
----------------
            5
```

Además, el método *ST_ChangeEdgeGeom* puede cambiar la geometría de un eje siempre que no se modifiquen los nodos inicial y final, y que el nuevo eje no interseque o atraviese ningún otro nodo.

```
s1=# select st_changeedgegeom ('t1',12,
            'LINESTRING (20 20, 18.5 17.5, 20 15)'::geometry);
------------------
Edge 12 changed
```

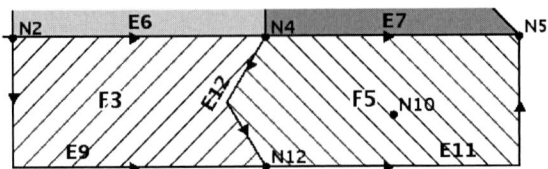

Figura 102 Modificación la geometría de los ejes

También se dispone de comandos de eliminación de ejes y nodos. Para eliminar el nuevo eje E12 se utiliza el comando *ST_RemEdgeModFace*:

```
s1=# select st_remedgemodface ('t1', 12);
-------------------
         3
```

Por último, con el comando *ST_ModEdgeHeal* se eliminará el nodo N12, y las primitivas quedarán como orignalmente hace referencia la Figura 99, pág. 473

```
s1=# select st_modedgeheal ('t1', 9, 11);
----------------
        12
```

El método devuelve el identificador del nodo eliminado al unir los dos ejes. El nodo N10 volverá a pertenecer a la cara F3.

```
s3=# select containing_face from t1.node where node_id = 10;
 containing_face
-----------------
        3
```

Resumen de la topología

PostGIS dispone de dos comandos de utilidad: *TopologySummary* para obtener un resumen de los elementos de una topología y *ValidateTopology* que devuelve una lista de errores encontrados en la topología.

```
s1=# select topologysummary ('t1');
                  topologysummary
------------------------------------------------------
 Topology t1 (id 1, SRID 0, precision 0)            +
 11 nodes, 10 edges, 4 faces, 0 topogeoms in 0 layers+
```

ValidateTopology comprueba si existe algún eje que cruza un nodo, si las geometrías de los ejes son válidas (*ST_IsValid*) y simples (*ST_IsSimple*), si un eje toca en el interior de otro eje, etc.

```
s1=# select validatetopology ('t1');
```

Acceso a primitivas topológicas

PostGIS añade una serie de métodos para facilitar el acceso a las primitivas topológicas.

Un grupo de funciones está formado por: *GetEdgeByPoint*, *GetFaceByPoint* y *GetNodeByPoint*. Estas funciones devuelven el identificador de la primitiva a partir de un punto:

P. ej.: *integer GetEdgeByPoint (topology, point, tolerance)*

Si se especifica una tolerancia (*tolerance* > 0), entonces se devuelve la primitiva que dista menos que esa cantidad del punto (si hay más de una devuelve un error).

Otro grupo está formado por funciones que devuelven una lista de ejes en función de la cara, el nodo o el eje consultado: *getnodeedges*, *getringedges* y *st_getfaceedges*.

Ejemplo	Descripción
`s1=# select (getnodeedges ('t1',3)).*;` `sequence	edge` `----------+------` ` 1	-8` ` 2	5` ` 3	4` ` 4	-3`	Devuelve una lista de ejes conectados al nodo especificado (N3). Los ejes son positivos cuando su nodo inicial coincide con el N3 y negativos en caso contrario.
`s1=# select` `(st_getfaceedges('t1',2)).*;` `sequence	edge` `----------+------` ` 1	4` ` 2	7` ` 3	-5`	Obtiene la lista de ejes de la cara especificada (F2). El sentido de los ejes es positivo si es recorrido en sentido contrario a las agujas del reloj.
`s1=# select (getringedges ('t1',4)).*;` `sequence	edge` `----------+------` ` 1	4` ` 2	7` ` 3	-5`	Devuelve la lista de ejes que junto con el eje especificado (E4) forman el anillo de la cara. Si el número de eje especificado es negativo se obtiene la cara de la derecha.

Por último, las funciones *GetTopologyID*, *GetTopologySRID* y *getTopologyName* devuelven el identificador, el *srid* y el nombre de una topología respectivamente.

2.3. Capas de topo-geometrías

Una vez se han añadido las primitivas topológicas a la topología *t1*, el siguiente paso consiste en la creación de las capas de topo-geometrías (*features*). En el ejemplo propuesto se van a crear las capas *parce*, *elec* y *equip* según la Figura 98, pág. 472.

Dichas capas no contendrán coordenadas geométricas sino simplemente una referencia o lista de las primitivas topológicas que forman cada topo-geometría.

Creación de la capa

Una capa de topo-geometrías se crea en dos pasos: primero se crea la tabla con los campos de atributos deseados y en segundo lugar se añade una columna de tipo *topogeometry* a dicha tabla.

Crea la capa *parce* y añádele la columna de topo-geometrías.

a) Las capas de topo-geometrías no tienen por qué estar localizadas en el mismo esquema que la topología *t1*, en este caso se van a situar en el esquema *public*.

```
s1=# create table parce (gid serial primary key, codigo varchar);
```

b) Para añadir la columna de tipo *topogeometry* a la tabla *parce*, se utiliza el comando *AddTopoGeometryColumn:*

varchar AddTopoGeometryColumn (topology_name, schema_name, table_name,

column_name, feature_type, child_layer)

Argumentos:

- *topology_name*: Nombre de la topología que nutrirá las primitivas topológicas.
- *schema_name, table_name*: Nombre de la tabla.
- *column_name*: Nombre del campo (tipo *topogeometry*) que se añadirá a la tabla y contendrá las topo-geometrías.
- *feature_type*: Tipo de topo-geometrías a almacenar en la columna *column_name*. El tipo *feature_type* puede ser: POINT, LINE, POLYGON y COLLECTION.
- *child_layer*: Si la capa a definir es una capa derivada, este argumento contiene el identificador (*layer_id*) de la capa base (se estudia en el apartado H 2.5, pág. 493).

Esta función realiza las siguientes tareas:

- Añade una columna de tipo *topogeometry* a la tabla especificada.
- Añade una fila a la tabla de metadatos *topology.layer* que contiene un inventario de las capas de topo-geometrías que hay actualmente en la base de datos.
- Devuelve el identificador de la capa de topo-geometrías recién creada (*layer_id*) que se corresponde con el campo *layer_id* de la tabla *topology.layer*.

```
s1=# select addtopogeometrycolumn
              ('t1','public','parce','topogeom','POLYGON');
```

Tabla de metadatos layer

La tabla de metadatos *layer* presentará una nueva fila:

```
s1=# select * from layer;
topology_id|layer_id|schema_name|table_name|f.._column|f.._type|level|child_id
-----------+--------+-----------+----------+----------+--------+-----+-------
         1 |      1 | public    | parce    | topogeom |      3 |   0 |
```

Campos*:*

- *topology_id*: Identificador de la topología donde están almacenadas las primitivas (campo *id* de la tabla *topology*). Se corresponde con la topología *t1* (pág. 475).
- *layer_id*: Identificador de la capa (valor devuelto por *addtopogeometrycolumn*). En este caso la capa de topo-geometrías *parce* será identificada mediante *layer_id = 1*. Este identificador es único dentro de una topología, pero puede haber dos capas con el mismo *layer_id* en distintas topologías. La clave primaria de la tabla *layer* está formada por los campos *topology_id* y *layer_id*.
- *schema_name, table_name:* Identifica a la tabla que contiene la columna de tipo *topogeometry*.
- *feature_column*: Nombre de la columna de tipo *topogeometry*.
- *feature_type*: Tipo de geometría de la columna *topogeometry*. Este campo contiene el valor numérico en lugar de la descripción proporcionada en el argumento

feature_type de *addtopogeometrycolumn* (POINT = 1, LINE = 2, POLYGON = 3, COLLECTION = 4).

- *level, child_id*: Están relacionados con la creación de capas de topo-geometrías derivadas (véase el apartado H 2.5, pág. 493).

Tras ejecutar el comando *addtopogeometrycolumn* la tabla *parce* queda:

```
s1=# \d parce
                          Table "public.parce"
   Column   |     Type     |                  Modifiers
------------+--------------+---------------------------------------------
 gid        | integer      | not null default nextval('parce_gid_seq'::regclass)
 codigo     | varchar      |
 topogeom   | topogeometry |
Indexes:
    "parce_pkey" PRIMARY KEY, btree (gid)
Check constraints:
    "check_topogeom_topogeom" CHECK ((topogeom).topology_id = 1 AND
    (topogeom).layer_id = 1 AND (topogeom).type = 3)
```

Inserción de topo-geometrías

El siguiente paso consiste en la inserción de las filas en las capas de topo-geometrías. Para insertar los valores adecuados en la columna de tipo *topogeometry* (p. ej.: columna *topogeom* en la tabla *parce*) vamos a describir previamente el tipo compuesto *topogeometry* y el método *CreateTopoGeom* para crear nuevos valores de este tipo de datos.

Constructores de topo-geometrías

De la misma forma que con el tipo *geometry* o *geography* PostGIS dispone de constructores de tipo *ST_GeomFromText* y lectores de tipo *ST_AsText,* con el tipo *topogeometry* también es necesario disponer de los correspondientes constructores y lectores. El método utilizado para crear objetos de tipo *topogeometry* es *CreateTopoGeom*:

Constructor:

topogeometry CreateTopoGeom (topology_name, topogeometry_type, layer_id, topoelementarray[])

Argumentos:

- *topology_name*: Nombre de la topología que nutrirá las primitivas topológicas.
- *topogeometry_type*: Tipo de topo-geometría: [1] Puntual [2] Lineal [3] Superficial [4] Colección.
- *layer_id*: Identificador de la capa que contiene la columna de topo-geometría.
- *topoelementarray[]*: *Array* de *topoelement*. Un *topoelement* es una *array* de dos enteros { *id, tipo* }. De esta forma *topoelementarray* tendrá la siguiente estructura: { *{id, tipo}, ... , {id, tipo}}*
  El significado de los parámetros *id* y *tipo* de un *topoelement* depende si la *topogeometría* a definir está formada por primitivas topológicas (p. ej.: parcelas formadas a partir de caras) o si está derivada a partir de otras topo-geometrías (p. ej.: manzanas formadas a partir de parcelas). El segundo caso se estudia en el apartado H 2.5, pág. 493. En el primer caso *id* y *tipo* tienen el siguiente significado:
  - o *id*: Identificador de la primitiva topológica *node_id, edge_id* o *face_id* que compone la topo-geometría.
  - o *tipo*: [1] si es un nodo [2] si es un eje o [3] si es una cara.

Inserta en la tabla *parce* las topo-geometrías correspondientes.

Según la Figura 98, pág. 472 y la Figura 99, pág. 473 la capa *parce* está formada por las parcelas P-A y P-B. La parcela P-A está formada por las caras F1 y F2, y la parcela P-B está formada por la cara F3. Aplicando el constructor *CreateTopoGeom* las sentencias *Insert* quedarán:

La capa *parce* (*layer_id = 1*) es de tipo superficial (*topogeometry_type = 3*) y está definida dentro de la topología *t1* (*topology_name*).

El *array* de *topoelement* de la primera topo-geometría está formado por dos elementos: el primer *topolement* {1, 3} hace referencia a la cara F1 (*identificador*) que es una cara (*tipo = 3*) y el segundo *topoelement* {2, 3} hace referencia a la cara F2.

```
s1=# INSERT INTO parce (codigo, topogeom) VALUES ('P-A',
     CreateTopoGeom('t1', 3, 1,'{{1,3},{2,3}}' ));
```

El *array* de *topoelement* de la segunda topo-geometría está formado por un único *topoelement* que hace referencia a la cara F3.

```
s1=# INSERT INTO parce (codigo, topogeom) VALUES ('P-B',
     CreateTopoGeom('t1', 3, 1,'{{3,3}}' ));
```

En este ejercicio vamos a consultar los elementos (tipo compuesto) del campo *topogeom* de la capa *parce*. También consultamos la información de la tabla *relation*, que contiene las caras que forman cada parcela.

Tipo topo-geometry

El método *CreateTopoGeom* ha creado los objetos de tipo *topogeometry*.

```
s1=# select gid, codigo, (topogeom).* from parce;
 gid | codigo | topology_id | layer_id | id | type
-----+--------+-------------+----------+----+------
   1 | P-A    |           1 |        1 |  1 |    3
   2 | P-B    |           1 |        1 |  2 |    3
```

El tipo *topogeometry* es un tipo compuesto formado por cuatro campos que relacionan la topo-geometría con las primitivas topológicas que la forman.

- *topology_id*: Identificador de la topología.
- *layer_id*: Identificador de la capa a la cual pertenece.
- *id*: Identificador (autonumérico secuencial) que identifica cada topo-geometría dentro de la topología a la cual pertenece.
- *type*: Tipo de topo-geometría: [1] Puntual [2] Lineal [3] Superficial [4] Colección.

Tabla relation

Como el lector puede observar la información referente a las caras que forman cada parcela no aparece en ningún campo de la tabla *parce*. Sin embargo, el campo *topogeom.id* incluye un identificador que hace referencia a una tabla denominada *t1.relation* que sí incluye dicha información y que el método *CreateTopoGeom* se ha encargado de insertar.

```
s1=# select * from t1.relation;
 topogeo_id | layer_id | element_id | element_type
------------+----------+------------+--------------
         1 |        1 |          1 |            3
         1 |        1 |          2 |            3
         2 |        1 |          3 |            3
```

Campos:

- *topogeo_id*: Identificador de la topo-geometría. Coincide con el campo *id* de la columna *topogeometry*.
- *layer_id*: Identificador de la capa a la cual pertenece la topo-geometría. Coincide con el campo *layer_id* de la columna *topogeometry*.
- *element_id, element_type*: Describen cada uno de los *topoelement* que componen la topo-geometría de identificador *topogeo_id*.

Crea las otras dos tablas *red* y *equip*. Añade la columna de topo-geometrías, y por último inserta las topo-geometrías en dichas tablas.

La parcela P-A (*topogeo_id = 1*), está formada por la primitiva F1 (*element_id = 1*) que es una cara (*element_type = 3*) y por la primitiva F2 (*element_id = 2*). La parcela P-B está formada por la primitiva F3 (*element_id = 3*). Estas topo-geometrías se encuentran en la capa *parce* (*layer_id = 1*).

La creación de las capas *elec* y *equip* se realiza de la misma forma:

```
s1=# create table red (gid serial primary key, tipo varchar);
s1=# select addtopogeometrycolumn ('t1','public','red','topogeom','LINE');
s1=# INSERT INTO red (tipo, topogeom) VALUES ('AGUA',
    CreateTopoGeom('t1', 2, 2,'{{8,2},{4,2}}' ));
s1=# INSERT INTO red (tipo, topogeom) VALUES ('ELEC',
    CreateTopoGeom('t1', 2, 2,'{{2,2},{6,2}}' ));
s1=# INSERT INTO red (tipo, topogeom) VALUES ('AGUA',
    CreateTopoGeom('t1', 2, 2,'{{1,2}}' ));

s1=# create table equip (gid serial primary key, tipo varchar);
s1=# select addtopogeometrycolumn ('t1','public','equip','topogeom','POINT');
s1=# INSERT INTO equip (tipo, topogeom) VALUES ('FAROLA',
    CreateTopoGeom('t1', 1, 3,'{{3,1},{5,1}}' ));
s1=# INSERT INTO equip (tipo, topogeom) VALUES ('ARBOL',
    CreateTopoGeom('t1', 1, 3,'{{9,1}}' ));
s1=# INSERT INTO equip (tipo, topogeom) VALUES ('ARBOL',
    CreateTopoGeom('t1', 1, 3,'{{10,1}}' ));

s1=# select * from t1.relation order by layer_id;
 topogeo_id | layer_id | element_id | element_type
------------+----------+------------+--------------
         1 |        1 |          1 |            3
         1 |        1 |          2 |            3
         2 |        1 |          3 |            3
         1 |        2 |          4 |            2
         1 |        2 |          8 |            2
         2 |        2 |          2 |            2
         2 |        2 |          6 |            2
         3 |        2 |          1 |            2
         1 |        3 |          3 |            1
         1 |        3 |          5 |            1
         2 |        3 |          9 |            1
         3 |        3 |         10 |            1
```

Borrado de una capa de topo-geometrías

Para eliminar adecuadamente una columna de topo-geometría de una tabla, se debe utilizar el comando:

varchar DropTopoGeometryColumn (schema_name, table_name, column_name);

Este comando borra la columna de tipo *topogeometry* además de eliminar la entrada de dicha capa en la tabla *topology.layer*. Sin embargo, la tabla *relation* de la topología seguirá conteniendo las entradas a las topo-geometrías de dicha capa que ya no existen.

Conversión a geometrías

Para poder utilizar cualquier comando PostGIS no relacionado con la topología persistente es necesario convertir las topo-geometrías a objetos de tipo *geometry* de PostGIS.

Esta conversión no es trivial, ya que una topo-geometría está compuesta por primitivas topológicas u otras topo-geometrías según la información de la tabla *relation*.

PostGIS puede realizar este tipo de conversiones de forma muy sencilla utilizando el operador de conversión Cast de la siguiente forma: '*topogeometry::geometry*'

Obtiene el WKT de las geometrías que definen las parcelas de la capa de topo-geometrías *parce*.

```
s1=# select codigo, st_astext(topogeom::geometry) as wkt from parce;
 codigo  |                              wkt
--------+---------------------------------------------------------------
  P-A   | MULTIPOLYGON(((10 20,10 30,20 30,30 20,20 20,10 20),
                       (13 23,17 23,17 27,13 27,13 23)))
  P-B   | MULTIPOLYGON(((30 20,30 15,10 15,10 20,20 20,20 30 20)))
```

De la misma forma con la capa *equip* se obtiene:

```
s1=# select tipo, st_astext(topogeom::geometry) as wkt from equip;
  tipo  |           wkt
--------+------------------------
 FAROLA | MULTIPOINT(20 30,30 20)
 ARBOL  | MULTIPOINT(22 22)
 ARBOL  | MULTIPOINT(25 17)
```

La conversión de las topo-geometrías crea geometrías de tipo *Multi*.

> Este proceso de conversión tiene un coste computacional muy alto, ya que PostGIS debe obtener las geometrías primitivas relacionadas y componerlas para construir la geometría final.

En el caso de conversión de las parcelas, PostGIS utiliza el comando *ST_GetFaceGeometry* (pág. 480) para obtener las geometrías de las caras que componen cada parcela (la identificación de las caras de cada parcela se encuentra en la tabla *relation*) y les aplica el operador *ST_Union*.

La conversión del ejemplo anterior está ejecutando una sentencia SQL similar a esta:

```
s1=# select max(p.codigo), st_astext(
            st_multi (
             st_union (
               st_getfacegeometry ('t1', element_id)))) as wkt
      from parce p, t1.relation
      where topogeo_id = (p.topogeom).id and layer_id = 1 and
            element_type = 3
      group by (p.topogeom).id;
  max |                                                        wkt
-----+----------------------------------------------------------------
  P-A | MULTIPOLYGON(((20 30,30 20,20 20,10 20,10 30,20 30),
                       (13 23,17 23,17 27,13 27,13 23)))
  P-B | MULTIPOLYGON(((30 20,30 15,10 15,10 20,20 20,30 20)))
```

Visualización de capas de topo-geometrías

Con QGIS es posible visualizar capas de topo-geometrías de forma directa, e incluso editar las topo-geometrías de forma gráfica.

Efectivamente, vemos con QGIS como al cargar las capas detecta el tipo *topogeometry* y las visualiza correctamente.

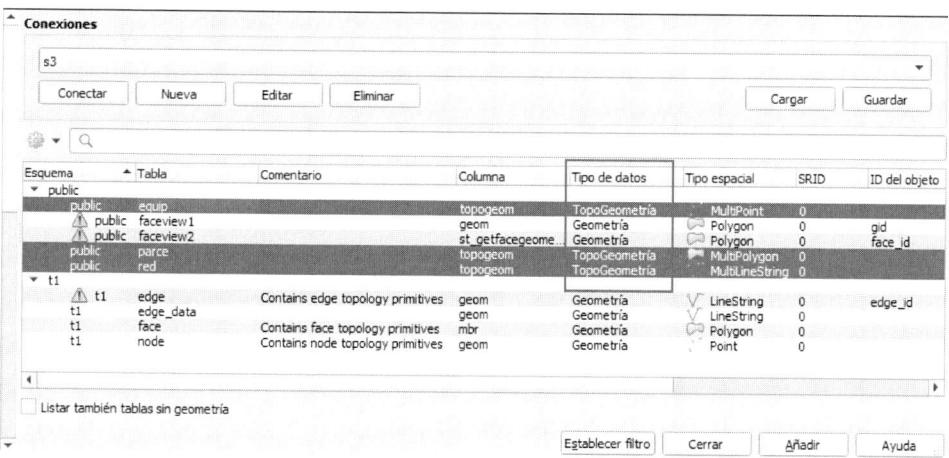

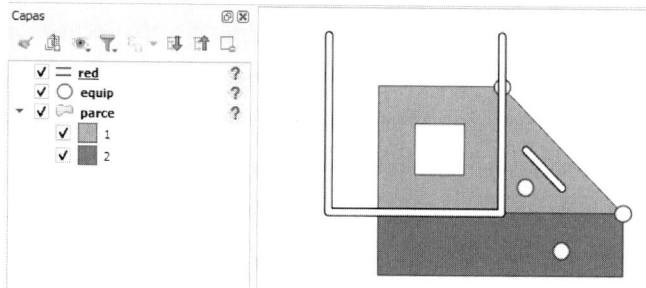

Figura 103 Carga y visualización de capas de tipo *topogeometry* (QGIS).

En este ejercicio, vamos a utilizar la capa de topo-geometrías *parce* y las capas de primitivas *edge* y *node*. Los nodos y los ejes se muestran etiquetados por su identificador.

Añadimos una nueva geometría en QGIS en la capa *parce*, por ejemplo, la parcela P-C según la figura inferior y guardamos los cambios.

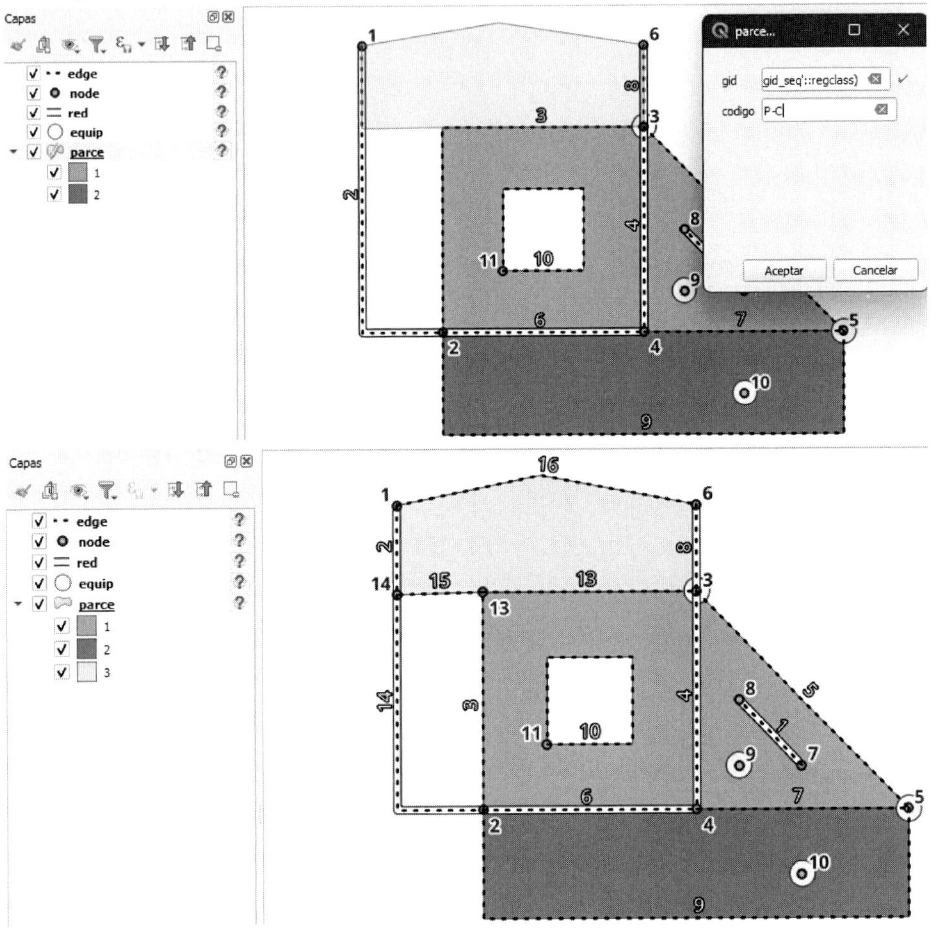

Figura 104 Creación de topo-geometrías (arriba) y modificación de primitivas (abajo).

Automáticamente, como se ve en la figura superior (abajo), aparecen nuevos nodos y ejes:

- Nodos: Aparece los nuevos nodos 13 y 14.
- Ejes: El eje 3 se divide en los nuevos ejes 13 y 15. El eje 2 se divide en los ejes 14 y 2. Se crea un nuevo eje 16.
- Las caras, aunque no se muestran en las figuras también se han actualizado, así como los atributos de topología entre las primitivas, p. ej.: cara izquierda y derecha de un eje, etc.

Salvo QGIS, el resto de los programas de SIG de escritorio actuales aún no soportan la visualización de las capas de topo-geometrías, al menos de una forma directa y menos aún la edición de dichas capas.

En estos casos para poder visualizar las topo-geometrías es necesario convertirlas a geometrías normales de PostGIS.

Crea vistas para las tablas *parce*, *red* y *equip* para poder ser visualizadas con el tipo *geometry*, en lugar de con el tipo *topogeom*.

```
s1=# create or replace view parceview as select p.*,
    st_multi(p.topogeom)::geometry (multipolygon,0) as geom from parce p;
s1=# create or replace view redview as select p.*,
    st_multi(p.topogeom)::geometry (multilinestring,0) as geom from red p;
s1=# create or replace view equipview as select p.*,
    st_multi(p.topogeom)::geometry (multipoint,0) as geom from equip p;
```

Si las capas a visualizar tienen más de algunos cientos o miles de topo-geometrías, este procedimiento no será adecuado debido al alto coste computacional de la conversión. Una posible solución consistiría en añadir un nuevo campo a la tabla original que almacenara la topo-geometría en formato *geometry*:

```
s1=# alter table parce add column geom geometry (multipolygon, 0);
s1=# update parce set geom = topogeom::geometry;
```

En este caso se debería actualizar de forma manual la columna *geom* cuando las topo-geometrías hayan cambiado o implementar algún sistema de sincronización.

2.4. Creación automática de topo-geometrías

PostGIS dispone de dos formas alternativas para la creación de primitivas topológicas que facilitan al usuario el proceso de creación topológica sin tener que utilizar los comandos de la Tabla 55, pág. 476).

a) La primera forma consiste en utilizar los métodos:

integer TopoGeo_AddPoint (topology, point, tolerance)

integer TopoGeo_AddLineString (topology, linestring, tolerance)

integer TopoGeo_AddPolygon (topology, polygon, tolerance)

Estos métodos añaden las primitivas necesarias para representar las geometrías que toman como argumentos. Además, y lo que es más importante, modifican las primitivas topológicas existentes *nodificándolas* para adaptarse a la nueva geometría insertada.

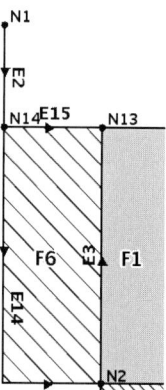

```
s1=# select TopoGeo_AddPolygon ('t1',
    'POLYGON ((10 20, 6 20, 6 30, 10 30, 10 20))');
```

La figura de la derecha muestra cómo se han creado nuevos nodos (N14, N13) y ejes (E14, E15) para definir la nueva cara F6. Además, la topo-geometría correspondiente a la línea eléctrica ELEC, formada antes únicamente por los ejes E2 y E6, ahora está formada por los ejes E2, E14 y E6.

b) La segunda forma, además de construir las primitivas topológicas necesarias, devuelve un objeto *topogeometry* que puede ser insertado en la capa de topo-geometrías.

El ejemplo realizado hasta ahora se puede construir insertando directamente las topo-geometrías utilizando el método *totopogeom*:

topogeometry toTopoGeom (geometry, topology, layer_id, tolerance)

PostGIS actualizará las tablas *node*, *edge*, *face* y *relation*, además de crear las intersecciones necesarias.

Como novedad se ha utilizado una tolerancia de 0.1. PostGIS utilizará esta tolerancia para realizar ajustes (*ST_Snap*) entre las geometrías insertadas y evitar de esta forma problemas de adyacencia o errores topológicos lanzados por la biblioteca *GEOS*. En el caso de que se produzcan errores al crear las topo-geometrías, es conveniente variar esta tolerancia siempre y cuando la magnitud utilizada sea al menos 10-100 veces inferior a la precisión cartográfica de las geometrías (véase el apartado D 3.1, pág. 222).

```
sl=# SELECT CreateTopology('t2', 0, 0.1);
```

Capa de topo-geometrías *t2.parce*.

```
sl=# create table t2.parce (gid serial primary key, codigo varchar);
sl=# select addtopogeometrycolumn
    ('t2','t2','parce','topogeom','POLYGON');
sl=# insert into t2.parce (codigo, topogeom) VALUES ('P-A',    totopogeom
    ('MULTIPOLYGON(((10 20,10 30,20 30,30 20,20 20,15 20,10 20),(13 23,17
    23,17 27,13 27,13 23)))'::geometry, 't2', 1, 0.1));
sl=# insert into t2.parce (codigo, topogeom) VALUES ('P-B',    totopogeom
    ('MULTIPOLYGON(((10 20,15 20,20 20,30 20,30 15,10 15,10
    20)))'::geometry, 't2', 1, 0.1));
```

Capa de topo-geometrías *t2.red*.

```
sl=# create table t2.red (gid serial primary key, tipo varchar);
sl=# select addtopogeometrycolumn ('t2','t2','red','topogeom','LINE');
sl=# insert into t2.red (tipo, topogeom) VALUES ('AGUA', totopogeom
    ('MULTILINESTRING((20 34,20 30,20 20))'::geometry, 't2', 2, 0.1));
sl=# insert into t2.red (tipo, topogeom) VALUES ('ELEC', totopogeom
    ('MULTILINESTRING((6 34,6 20,10 20,20 20))'::geometry, 't2', 2, 0.1));
sl=# insert into t2.red (tipo, topogeom) VALUES ('AGUA', totopogeom
    ('MULTILINESTRING((25 22,22 25))'::geometry, 't2', 2, 0.1));
```

Capa de topo-geometrías *t2.equip*.

```
sl=# create table t2.equip (gid serial primary key, tipo varchar);
sl=# select addtopogeometrycolumn ('t2','t2','equip','topogeom','POINT');
sl=# insert into t2.equip (tipo, topogeom) VALUES ('FAROLA', totopogeom
    ('MULTIPOINT (20 30, 30 20)'::geometry, 't2', 3, 0.1));
sl=# insert into t2.equip (tipo, topogeom) VALUES ('ARBOL', totopogeom
    ('MULTIPOINT (22 22)'::geometry, 't2', 3, 0.1));
sl=# insert into t2.equip (tipo, topogeom) VALUES ('ARBOL', totopogeom
    ('MULTIPOINT (25 17)'::geometry, 't2', 3, 0.1));
```

El resultado obtenido es similar al mostrado en la Figura 98 y la Figura 99, pág. 473

Esta es la metodología que generalmente se utilizará en la práctica. Aunque no se utilicen de forma directa las tablas *node*, *edge*, *face* y *relation*, es necesario conocer cómo se generan y qué significan, para la realización de análisis espaciales o modificación de topo-geometrías.

2.5. Capas derivadas o hijas

Las capas derivadas consisten en capas en las cuales las topo-geometrías están formadas por otras topo-geometrías, en lugar de estar formadas por primitivas topológicas.

En la práctica este tipo de capas es muy útil para definir ciertos tipos de relaciones entre capas cartográficas: una capa de municipios está formada por primitivas topológicas, pero la capa de provincias está formada a partir de una agrupación de municipios, la capa de comunidades autónomas a partir de una agrupación de provincias, etc.

Crea una topología llamada *cat* que contenga una capa de topo-geometrías *cat.parcela*, con las parcelas catastrales de la capa de geometrías *parcelacat* (*parcelacat.sql*).

A continuación crea una capa de topo-geometrías *cat.manzana*, derivada de la capa *cat.parcela* formando manzanas (el campo *masa* de la capa *cat.parcela* contiene el número de la manzana a la cual pertenece cada parcela).

Creación de la topología *cat* y de la capa *cat.parcela*:

```
s1=# select CreateTopology('cat', 23030, 0.1);
s1=# create table cat.parcela
        (gid serial primary key, masa varchar(5), parcela varchar(5));
s1=# select addtopogeometrycolumn('cat','cat','parcela','topogeom','POLYGON');
s1=# insert into cat.parcela (masa, parcela, topogeom)
        select masa, parcela,  totopogeom (geom, 'cat', 1,0.000001)
        from parcelacat;
INSERT 0 313
```

Para definir una capa de topo-geometrías derivadas se utiliza el argumento *child_layer* del comando *AddTopoGeometryColumn*. Este argumento contiene el identificador de la capa (*layer_id*) de topo-geometrías en la cual se basará la nueva capa creada. En este caso, la capa *cat.manzana* se compone de topo-geometrías de la capa *cat.parcela* cuyo identificador *layer_id* es 1.

```
s1=# create table cat.manzana (gid serial, masa varchar (5));
s1=# select addtopogeometrycolumn
        ('cat','cat','manzana','topogeom','POLYGON', 1);
```

La forma de construir las topo-geometrías es diferente, ya que los diferentes *topoelement* que componen cada topo-geometría *{id, tipo}* no hacen referencia a primitivas sino a otras topo-geometrías de la capa *cat.parcela*:

id: Identificador de la topo-geometría.

tipo: Identificador (*layer_id*) de la capa que contiene dicha topo-geometría.

En el ejemplo, el identificador *id* viene dado por el elemento *id* del tipo *topogeometry* de la capa *cat.parcela*, es decir, *(p.topogeom).id* en la sentencia SQL. El *tipo* es el valor de *layer_id* de la capa *cat.parcela*.

Para crear un *array* con los diferentes *topolement* que forman cada manzana se ha utilizado la función *TopoElementArray_Agg* que es un agregado que devuelve un *array* de *topoelement*.

```
s1=# insert into cat.manzana (masa, topogeom)
        select p.masa,
            createtopogeom ('cat', 3, 2,
                TopoElementArray_Agg (ARRAY [(p.topogeom).id, 1]) )
        from cat.parcela p group by p.masa;
```

```
INSERT 0 20
s1=# select l.* from layer l, topology t where t.id = l.topology_id and
    t.name = 'cat';

topology_id|layer_id|schema_name|table_name|f.._column|f.._type|level|child_id
-----------+--------+-----------+----------+----------+--------+-----+-------
          1 |      1 | cat       | parcela  | topogeom |      3 |   0 |
          1 |      2 | cat       | manzana  | topogeom |      3 |   1 |       1
```

Nótese como el campo *child_id* de la capa *manzana* identifica la capa de topo-geometrías *parcela* en la cual se basa.

El campo *level* indica el nivel de jerarquía de la capa derivada, es decir, si se construyera una capa de topo-geometrías *nucleo-población,* que fuera una agrupación de manzanas, entonces *level* tomaría el valor 2, ya que para conseguir las primitivas topológicas habría que consultar dos capas: *mazana* y *parcela.*

Obtiene el área de la manzana cuyo campo *masa* es 44273. Calcula el área a partir de la capa *cat.parcela* y de la capa *cat.manzana.*

```
s1=# select sum(st_area(topogeom::geometry)),count(*)
        from cat.manzana where masa = '44273';
      sum          | count
-----------------+-------
 6213.36090001989 |     1

s1=# select sum(st_area(topogeom::geometry)),count(*)
        from cat.parcela where masa = '44273';
      sum          | count
-----------------+-------
 6213.36090001989 |    31
```

Se propone al lector el crear las correspondientes vistas *cat.parcelaview* y *cat.manzanaview* para comprobar de forma visual los resultados obtenidos.

2.6. Análisis espacial

La topología persistente abre un nuevo mundo de posibilidades respecto al análisis espacial. En la mayoría de las ocasiones, la realización del análisis espacial difiere completamente respecto al realizado en un modelo *simple features* (en la pág. 479 se mostró un ejemplo que consistía en averiguar los *dangles* de una capa).

Al realizar un análisis espacial en un modelo de topología persistente se debe estudiar si es posible realizarlo consultando únicamente las relaciones espaciales de las tablas *node*, *edge, face* y *relation* (o al menos utilizando dichas tablas lo más posible).

De esta forma, al evitar predicados espaciales de tipo *ST_Intersects*, *ST_Relate*, etc. se asegura una mejora en la velocidad de ejecución y también en la rigurosidad de los resultados obtenidos (al estar las geometrías ajustadas y compartidas entre los diferentes fenómenos geográficos).

A partir de la capa de topo-geometrías *cat.parcela* creada en el apartado anterior, crea una vista que represente las parcelas interiores. Las parcelas interiores son aquellas tal que ninguno de sus lados son fachada (cara universal).

```
s1=# create or replace view cat.interiores as
    select p.gid, p.topogeom::geometry(multipolygon,23030) as geom
    from cat.parcela p,
      ( select topogeo_id from cat.relation except
        select r.topogeo_id from cat.relation r, cat.edge e
        where (e.right_face = 0 or e.left_face = 0) and r.layer_id = 1
          and (r.element_id = e.right_face or r.element_id = e.left_face)
      ) as tabla where tabla.topogeo_id = (p.topogeom).id;
```

Simplificación de geometrías adyacentes

Uno de los problemas de la generalización o simplificación de líneas en un modelo de *simple features* es la perdida de las relaciones espaciales entre geometrías adyacentes (véase el apartado D 3.2, pág. 223).

Mediante la topología persistente es posible simplificar las líneas contiguas entre polígonos adyacentes, ya que los ejes están compartidos.

Para simplificar una cartografía *simple features*, podemos seguir el procedimiento[1]:

1.- Conversión de la capa de geometrías a una capa de topo-geometrías.

2.- Simplificación de los ejes de la topología (capa *edge_data*).

3.- Conversión de las topo-geometrías simplificadas a las geometrías originales.

Simplifica la capa *ttmm.sql* utilizando una tolerancia de 10 m. Añade una nueva columna *geomsimpli* a la tabla *ttmm* con las geometrías simplificadas.

```
s1=# select createtopology ('simpli', 23030);
s1=# create table simpli.ttmm (gidori integer primary key);
s1=# select addtopogeometrycolumn
        ('simpli','simpli','ttmm','topogeom','POLYGON');
s1=# insert into simpli.ttmm (gidori, topogeom)
        select gid, totopogeom (geom,'simpli',1, 0.0001) from ttmm;
INSERT 0 212
s1=# select st_changeedgegeom ('simpli',e.edge_id,
    st_simplifypreservetopology (e.geom, 10)) from simpli.edge_data e;
s1=# alter table ttmm add column geomsimpli geometry(multipolygon,23030);
s1=# update ttmm t1 set geomsimpli = t2.topogeom::geometry
        from simpli.ttmm t2 where t2.gidori = t1.gid;
UPDATE 212
s1=# select sum(st_npoints (geom)) from ttmm;
-------
 75175
s1=# select sum(st_npoints (geomsimpli)) from ttmm;
-------
 35110
```

---

[1] Basado en un ejemplo del blog de Sandro Santilli (autor de la topología persistente en PostGIS).

Utilización de índices espaciales con topo-geometrías

Como se ha comentado anteriormente, una de las grandes ventajas de la topología persistente es la posibilidad de realizar operaciones de análisis espacial directamente consultando las tablas de nodos, ejes, caras y relaciones entre topo-geometrías.

Uno de los problemas actuales en PostGIS, es la imposibilidad de utilizar indexación espacial con la columna de topo-geometrías, a no ser que se cree un nuevo campo que contenga la caja de las topo-geometrías y se indexe. Esto último es lo que se propone en este ejercicio.

Se quiere obtener una tabla de adyacencias entre los polígonos de la capa *ttmmche* (*ttmmche.sql*). El ejercicio consiste en crear una topología llamada *int*, insertar la capa *ttmmche* y obtener el listado de adyacencias.

```
s1=# select createtopology ('int', 23030);
s1=# create table int.ttmmche (gid serial primary key, ine varchar);
s1=# select addtopogeometrycolumn('int','int','ttmmche','topogeom','POLYGON');
s1=# insert into int.ttmmche (ine, topogeom)
        select ine, totopogeom (geom, 'int', 1,0.000001) from ttmmche;
INSERT 0 1945
```

Dos topo-geometrías superficiales intersecan si comparten algún eje o nodo. El procedimiento sería el siguiente:

- Con la tabla *relation* se puede averiguar que caras forman cada topo-geometría.
- Con la tabla *edge_data* se obtienen los ejes que forman cada cara, así como los nodos inicial y final de cada eje.
- Se compara si hay algún eje o nodo en común entre las dos topo-geomerías.

Código del predicado espacial auxiliar *STX_Intersects* sobre topo-geometrías:

```
CREATE OR REPLACE FUNCTION STX_INTERSECTS
  (tg1 topology.TopoGeometry, tg2 topology.TopoGeometry)
RETURNS Boolean AS $$
    DECLARE
      rec Record;
    BEGIN

    FOR rec IN
      SELECT e1.edge_id
        FROM int.relation r1, int.relation r2, int.edge_data e1, int.edge_data e2
        WHERE
          r1.layer_id = tg1.layer_id AND r1.topogeo_id = tg1.id AND
          r2.layer_id = tg2.layer_id AND r2.topogeo_id = tg2.id
          AND (e1.left_face = r1.element_id OR e1.right_face = r1.element_id)
          AND (e2.left_face = r2.element_id OR e2.right_face = r2.element_id)
          AND (
              e1.left_face = r2.element_id OR e1.right_face = r2.element_id OR
              e2.left_face = r1.element_id OR e2.right_face = r1.element_id OR
              e1.start_node = e2.start_node OR e1.start_node = e2.end_node OR
              e1.end_node = e2.start_node OR e1.end_node = e2.end_node
              )
      LOOP
        RETURN true;
      END LOOP;
      RETURN false;
      END;
$$ LANGUAGE 'plpgsql' STRICT STABLE;
```

Para facilitar el uso de esta funcionalidad se va a crear una función *STX_Intersects* que toma como argumentos dos topo-geometrías y devuelve si éstas intersecan (esta función está basada en la función *intersects* de *topology.sql*).

Para simplificar el código del ejemplo se ha utilizado directamente el nombre de la topología *int*, de esta forma no ha sido necesario utilizar el comando EXECUTE de *PL/PgSQL*.

A continuación, se crea una nueva columna donde almacenar la caja de las topo-geometrías para su indexación. En la práctica se debería crear un sistema de sincronización para que dicha columna representara la caja de las topo-geometrías incluso cuando éstas se modifican.

```
sl=# alter table int.ttmmche add column box geometry (polygon, 23030);
sl=# update int.ttmmche set box = st_envelope (topogeom::geometry);
sl=# create index ttmmche_gist_box on int.ttmmche using gist(box);
```

En este ejercicio, una vez calculada la topología persistente de la capa *ttmmche*, vamos a realizar una consulta aplicando una relación espacial de intersección. Lo vamos a realizar de tres formas diferentes:

a) Resolución utilizando las primitivas topológicas de la capa con topología persistente *int.ttmmche* mediante el predicado espacial propuesto *stx_intersects* (tiempo aprox. 2.1 s):

```
sl=# select t1.gid, t2.gid from int.ttmmche t1, int.ttmmche t2
        where t1.box && t2.box and t1.gid <> t2.gid
              and (stx_intersects (t1.topogeom, t2.topogeom));
```

b) Resolución con la capa original *ttmmche* en un modelo *simple features*, es decir, sin haber calculado la topología persistente (tiempo aprox. 1.5 s):

```
sl=# select t1.gid, t2.gid from ttmmche t1, ttmmche t2
        where t1.gid <> t2.gid and st_intersects (t1.geom, t2.geom);
```

c) En la versión 1.1 de la extensión de topología persistente se han introducido dos predicados espaciales para trabajar con topo-geometrías utilizando únicamente las tablas de nodos, ejes y caras, de forma similar al código expuesto en este ejercicio con la función *stx_intersects*:

boolean Intersects (topogeometry tg1, topogeometry tg2);

boolean Equals (topogeometry tg1, topogeometry tg2);

Resolución en el modelo de topología persistente con el predicado espacial de topología persistente *intersects* de PostGIS (tiempo aprox. 10 s):

```
sl=# select t1.gid, t2.gid from int.ttmmche t1, int.ttmmche t2
        where t1.box && t2.box and t1.gid <> t2.gid
              and (intersects (t1.topogeom, t2.topogeom));
```

Para comprobar la bondad de los resultados vamos a calcular para cada polígono la media del área de los polígonos a los cuales interseca y también su número. Se calcula un valor final con la suma para todos los polígonos de esos dos valores. Utilizamos los tres métodos arriba expuestos:

Según método 1. Tiempo de ejecución de aprox. 16.2 s

```
s1=# select sum(area), sum (ninter) as ninter from
(
   select t1.gid, avg(st_area(t2.topogeom::geometry)) as area,
   count(t2.gid) as ninter from int.ttmmche t1, int.ttmmche t2
       where t1.box && t2.box and t1.gid <> t2.gid
               and (stx_intersects(t1.topogeom, t2.topogeom)) group by
   t1.gid
) as tabla;
        sum          |  ninter
--------------------+--------
 124628681630.84232 |  10922
```

Según método 2. Tiempo de ejecución de aprox. 1.3 s

```
s1=# select sum(area), sum (ninter) as ninter from
(
   select t1.gid, avg(st_area(t2.geom)) as area, count(t2.gid) as ninter
   from ttmmche t1, ttmmche t2
       where t1.gid <> t2.gid and st_intersects (t1.geom, t2.geom) group
   by t1.gid
) as tabla;
        sum          |  ninter
--------------------+--------
 124628681630.84216 |  10922
```

Según método 3. Tiempo de ejecución de aprox. 46.5 s

```
s1=# select sum(area), sum (ninter) as ninter from
(
   select t1.gid, avg(st_area(t2.topogeom::geometry)) as area,
   count(t2.gid) as ninter from int.ttmmche t1, int.ttmmche t2
       where t1.box && t2.box and t1.gid <> t2.gid and
               intersects (t1.topogeom, t2.topogeom) group by t1.gid
) as tabla;
        sum          |  ninter
--------------------+--------
 124628681630.84232 |  10922
```

Como podemos observar según los métodos 1 y 3, actualmente (PostGIS 3.5), algo sucede con el predicado *intersects*, ya que la versión *stx_intersects* tarda 3 veces menos en ejecutarse.

I Anexos

En anexo I 2, pág. 531 de la publicación el lector encontrará una guía de aprendizaje de SQL, donde en apenas unas decenas de páginas se hace un recorrido necesario y suficiente para que un usuario sin conocimientos de SQL esté en disposición de empezar a introducirse en el mundo de las bases de datos espaciales y PostGIS. Es importante que este tipo de usuarios lea detenidamente la sección de SQL y realice los correspondientes ejercicios antes de pasar al capítulo A de esta publicación.

Se ha añadido también una sección sobre administración de PostgreSQL (anexo I 1, pág. 501), que, aunque no pretende ser un documento de referencia sobre esta temática, es especialmente útil para usuarios con un nivel inicial y medio sobre PostgreSQL, ya que aborda distintos aspectos de la administración desde un punto de vista práctico. Aunque no en una etapa inicial de aprendizaje de PostGIS, pronto un usuario que empiece a profundizar en PostgreSQL / PostGIS necesitará conocer algunos aspectos básicos sobre la administración del sistema, como los métodos de autentificación, la codificación de las bases de datos, los permisos de usuarios y roles, las variables del sistema, etc.

Por último, se incluye una sección con las soluciones de todos los problemas planteados a lo largo de los diferentes capítulos y una descripción sobre otros recursos bibliográficos y material que el lector puede utilizar al margen de esta publicación para seguir practicando, profundizando y afianzando conceptos en PostGIS.

1. Notas sobre administración

En este apartado se describe algunos conceptos de administración de PostgreSQL que serán necesarios tarde o temprano al adentrarse en PostGIS. Conceptos tratados de forma sencilla y práctica, aunque no de forma exhaustiva pero suficiente en la mayoría de los casos. Además, servirán para fomentar la curiosidad del lector sobre la administración de la base de datos PostgreSQL para un posible estudio más profundo utilizando otros recursos.

1.1. Variables de sistema

PostgreSQL dispone de un conjunto de variables del sistema o parámetros de configuración en tiempo de ejecución que generalmente sirven para configurar el comportamiento de la base de datos: Algunos ejemplos:

- *datestyle*: Formato en el cual PostgreSQL interpreta las fechas (día/mes/año, mes/día/año, etc.).
- *search_path*: Esquemas de búsqueda de un objeto de la base de datos.
- *shared_buffers*: Memoria compartida entre las distintas bases de datos.
- *enable_seqscan*: Activa/desactiva el uso del escaneo secuencial en el planificador.

En la ayuda de PostgreSQL aparece una lista detallada[1] de todas las variables del sistema agrupadas por funcionalidades.

Los nombres de las variables no son sensibles al uso de mayúsculas o minúsculas.

Para obtener el valor actual de dichas variables se puede utilizar el comando SQL *show*:

```
s1=# show datastyle;
-----------
 ISO, MDY
```

Modificación a nivel de sesión (show y set)

Para cambiar alguna de estas variables se puede utilizar el comando *Set*[2]. Este comando únicamente modifica el valor de la variable dentro de la sesión (conexión) activa.

Si se modifica la variable *datastyle* con el comando *Set* y se sale de la sesión *psql* con el comando '\q', al entrar de nuevo dicha variable no habrá sido modificada tomando de nuevo el valor por defecto.

No todas las variables se pueden modificar con *Set* ya que algunas requieren que el servidor o la sesión no hayan sido iniciados, otras requieren privilegios de administrador.

```
s1=# select extract (month from '10-02-2010'::date);
-----------
        10
s1=# set datestyle to iso, dmy;
```

[1] https://www.postgresql.org/docs/current/runtime-config.html
[2] https://www.postgresql.org/docs/current/sql-set.html

```
s1=# select extract (month from '10-02-2010'::date);
  -----------
      2
```

Modificación a nivel de sesión (vista pg_settings)

La vista *pg_settings*[1] proporciona información y acceso a los parámetros de configuración del servidor en tiempo de ejecución. Es una alternativa a los comandos SHOW y SET. Además, proporciona información extra sobre los parámetros como valores mínimos y máximos.

La fila sobre la variable *DateStyle* muestra el valor de la variable en el arranque (*boot_val*) y el fichero origen (*sourcefile*) de configuración donde toma este valor inicial (*C:/PostgreSQL/10/data/postgresql.conf*).

```
s1=# select * from pg_settings where name ilike 'datestyle';
-[ RECORD 1 ]---+-----------------------------------------------------
name            | DateStyle
setting         | ISO, DMY
unit            |
category        | Valores por Omisión de Conexiones / Configuraciones
                  Regionales y Formateo
short_desc      | Formato de salida para valores de horas y fechas.
extra_desc      | Controla la interpretación de entradas fechas ambiguas
context         | user
vartype         | string
source          | configuration file
min_val         |
max_val         |
enumvals        |
boot_val        | ISO, MDY
reset_val       | ISO, DMY
sourcefile      | C:/PostgreSQL/16/data/postgresql.conf
sourceline      | 715
pending_restart | f
```

Es interesante el significado del campo *context* que explica de qué tipo es la variable y dónde y cómo se puede modificar:

- *internal*: No se puede modificar directamente, algunas necesitan recompilar el servidor, otras se pueden modificar cambiando las opciones en el comando *initdb*
- *postmaster*: Se aplican cuando el servidor se inicia, cualquier cambio requiere el reinicio del servidor. Se almacenan generalmente en el fichero *postgresql.conf*.
- *sigup*: Pueden modificarse en *postgresql.conf*, pero sin reiniciar el servidor. Se puede enviar una señal SIGHUP para releer el fichero *postgresql.conf*.
- *superuser-backed*: Igual que *sigup*, pero además pueden modificarse para una sesión especificándolas en el comando de conexión, por ejemplo, vía la variable de entorno PGOPTIONS, pero es necesario ser super usuario de la base de datos.
- *backend*: Igual que *superuser-backend*, pero un usuario normal puede cambiarla a nivel de sesión.
- *superuser*: Igual que *sigup*, pero además un super usuario puede modificar la variable a nivel de sesión mediante el comando SET.
- *user*: Igual que *superuser*, pero un usuario normal puede cambiarla con SET.

---

[1] https://www.postgresql.org/docs/current/view-pg-settings.html

La vista se puede actualizar para cambiar **a nivel de sesión** una variable. Por ejemplo, la siguiente sentencia (notad en el *prompt* como se ha realizado la conexión *psql* con un usuario no administrador) modifica el valor de la variable *DateStyle*.

```
s1=> show datestyle;
 DateStyle
 -----------
 ISO, DMY

s1=> UPDATE pg_settings SET setting = 'ISO,MDY' WHERE name = 'DateStyle';

s1=> select * from pg_settings where name ilike 'datestyle';
-[ RECORD 1 ]---+----------------------------------------------------------
name            | DateStyle
setting         | ISO, MDY
unit            |
category        | Client Connection Defaults / Locale and Formatting
short_desc      | Sets the display format for date and time values.
extra_desc      | Also controls interpretation of ambiguous date inputs.
context         | user
vartype         | string
source          | session
min_val         |
max_val         |
enumvals        |
boot_val        | ISO, MDY
reset_val       | ISO, DMY
sourcefile      |
sourceline      |
pending_restart | f
```

Efectivamente si se comprueba con el comando SHOW dicha variable habrá cambiado de valor:

```
s1=> show datestyle;
 DateStyle
 -----------
 ISO, MDY
```

Si un usuario que no es administrador trata de cambiar (UPDATE en la vista o comando SET) una variable de *context superuser* obtendrá un error:

```
s1=> UPDATE pg_settings SET setting = 'all' WHERE name = 'log_statement';
ERROR:  se ha denegado el permiso para cambiar la opción «log_statement»
```

Modificación a nivel de base de datos

El establecer el valor de una variable cada vez que se inicia una sesión puede ser una labor bastante tediosa si no se realiza de forma programática. Una solución consiste en establecer el valor de la variable para una base de datos en concreto, de esta forma cada vez que se haga una conexión a dicha base de datos la variable tomará el valor deseado.

Para ello, se utiliza el comando *Alter Database[1]* de la siguiente forma:

```
ALTER DATABASE basededatos SET variable {TO | =} {valor | DEFAULT}
```

De esta forma, la variable *datestyle* se puede cambiar con:

```
s1=# alter database s1 set datestyle = 'iso, dmy';
```

Si se especifica *Default*, entonces la variable será reinicializada al valor por defecto.

También es posible asignar un valor a una variable para un usuario determinado con el comando *Alter Role[2]*.

Modificación de los valores por defecto

Para modificar el valor por defecto que toman dichas variables se deben de modificar en el fichero *postgresql.conf*. Normalmente este fichero se encuentra dentro del directorio *data* del *cluster* de PostgreSQL, aunque su ubicación puede cambiar en función del SO utilizado.

Algunas variables solo permiten su modificación cambiando sus valores en el fichero *postgresql.conf*, siendo necesario por lo tanto reiniciar el servidor para que el cambio surga efecto. En el fichero *postgresql.conf* aparece un pequeño comentario '*#change requires restart*' en la descripción de dichas variables.

Problema 1. Consulta la variable *config_file* de PostgreSQL que devuelve la localización del fichero de configuración *postgresql.conf*.

Edita el fichero *postgresql.conf* con un editor de textos, localiza la variable *datestyle* y modifica su valor y cambia el formato de la fecha. Entra en una sesión *psql* y comprueba que el valor de *datestyle* ha cambiado sin la necesidad de utilizar el comando *set*. Recuerda parar y volver a arrancar el servidor PostgreSQL después de cambiar el fichero *postgresql.conf*.

También se puede utilizar la variable de entorno *PGOPTIONS* para modificar las variables del sistema de PostgreSQL.

1.2.   Autentificación del cliente

Cuando un cliente se conecta al servidor PostgreSQL debe especificar el nombre de usuario de PostgreSQL y la contraseña, como se ha realizado a lo largo de la publicación donde se ha utilizado diferentes clientes como *psql*, *pgadmin* o programas SIG como *gvSIG*, *QGIS*, etc.

La autentificación es el proceso por el cual el servidor PostreSQL establece la identidad del cliente y por lo tanto determina si permite dicha conexión o no.

La autentificación es controlada por un fichero de configuración llamado *pg_hba.conf* y localizado en el directorio *cluster* (véase apartado I 1.2, pág. 504) de PostgreSQL. Se puede utilizar la variable de PostgreSQL *hba_file* para obtener la localización de dicho fichero.

---

[1] https://www.postgresql.org/docs/current/sql-alterdatabase.html
[2] https://www.postgresql.org/docs/current/sql-alterrole.html

Consulta la localización del fichero de autentificación de PostgreSQL.

```
s1=# show hba_file;
```

Ejemplo de salida en Linux:

```
              hba_file
---------------------------------
/var/lib/pgsql/data/pg_hba.conf
```

Ejemplo de salida en MS windows:

```
-----------------------------------
C:/PostgreSQL/17/data/pg_hba.conf
```

Dicho fichero se ubica generalmente dentro del directorio del *cluster*. En máquinas *Linux* se necesita permisos de administrador para la edición e incluso acceso de dicho directorio.

El fichero *pg_hba.conf* es un fichero de texto donde cada una de sus filas (salvo las filas de comentarios que empiezan por '#') son un registro (los valores de los campos aparecen separados por tabuladores y/o espacios) que representa qué usuario puede acceder a qué base de datos y desde qué dirección IP, con la siguiente estructura:

```
#TYPE       DATABASE   USER   ADDRESS             METHOD         [OPTIONS]
local       database   user                       auth-method    [auth-options]
host        database   user   address             auth-method    [auth-options]
hostssl     database   user   address             auth-method    [auth-options]
hostnossl   database   user   address             auth-method    [auth-options]
...
```

Tabla 56 Fichero *pg_hba.conf* de autentificación del cliente PostgreSQL

A continuación, se describe de forma breve cada uno de los campos del fichero *pg_hba.conf*. Para más información consultar la ayuda *online* de PostgreSQL sobre autentificación del cliente[1].

TYPE:

hostssl y *hostnossl*, especifican conexiones clientes que utilizan únicamente SSL[2] o que no utilizan SSL respectivamente.

host, especifica conexiones clientes que utilizan o no indistintamente el protocolo SSL.

DATABASE:

Representa el nombre de la base de datos a la cual se realiza la conexión. Puede valer '*all*' que representa a cualquier base de datos. Se puede especificar varias bases de datos separándolas por comas. También puede valer '*sameuser*' o '*samerole*'.

USER:

Representa el nombre del usuario que realiza la conexión. Puede valer '*all*' que representa a cualquier usuario de PostgreSQL. Si se precede por un signo '+' entonces hace referencia al nombre de un grupo de usuarios PostgreSQL.

---

[1] https://www.postgresql.org/docs/current/auth-pg-hba-conf.html
[2] *Secure Sockets Layer* (SSL) es un protocolo criptográfico que proporciona comunicación segura sobre Internet.

ADDRESS:

En el campo *address* se especifica la dirección IP del cliente, ésta se puede definir con dos formatos diferentes: el formato CIDR y el formato IP + máscara. Ambos formatos sirven para especificar una única IP o un rango de IP. Por ejemplo, si se quiere especificar la IP 158.42.116.0 hasta la IP 158.42.116.255, según el formato elegido quedaría:

- Formato CIDR tiene la siguiente estructura: *IPBase / MáscaraCIDR*. Resultado: 158.42.116.0/24. Donde la *máscaraCIDR* vale 24, lo que significa que hay 24 *bits* significativos (empezando por la izquierda en la *IPBase*), mientras que los 8 bits restantes de la *IPBase* pueden variar (los últimos 8 bits deben ser cero en la *IPBase*).
- Formato *IP+Máscara* tiene la siguiente estructura: *IP MáscaraIP*. Resultado: 158.42.116.0 255.255.255.0. Donde la máscara indica (donde los *bits* están a cero) que los valores de la *IPBase* pueden variar en dicha posición.

Por ejemplo, los formatos para una única IP: 158.42.116.40, serían: 158.42.116.40/32 en formato CIDR y 158.42.116.40 255.255.255.255 en formato IP + máscara.

METHOD:

Representa el método de autentificación, es decir, si PostgreSQL solicita la contraseña, si ésta es cifrada, si no se acepta la conexión, etc. Algunos de los valores más usados son:

- *trust*: Permite la conexión incondicionalmente sin pedir contraseña. Este método es útil cuando el cliente es local, es decir, se encuentra en la misma máquina en la cual está instalado el servidor PostgreSQL.
- *reject*: Rechaza la conexión incondicionalmente. Útil para bloquear máquinas (*host*) no deseadas.
- *password*: Permite la conexión, pero tras introducir una contraseña. La contraseña no se cifra, luego si se envía por un protocolo no seguro ésta viajará en texto plano por la red.
- *scram-sha-256*: Permite la conexión tras introducir una contraseña. La contraseña se encripta, aunque no se utilice un protocolo seguro como SSL, ésta viajará cifrada por la red. Sustituye al antiguo método, mucho menos seguro, MD5.
- *ident*: Permite la conexión sin pedir contraseña en el caso de que el nombre del usuario se corresponda con el nombre del usuario del sistema operativo del cliente que ha lanzado dicha conexión.

El siguiente fragmento de texto representa el contenido de un fichero *pg_hba.conf* con varias entradas:

```
# TYPE   DATABASE   USER        ADDRESS            METHOD
# "local" is for Unix domain socket connections only
local    all        all
host     all        all         127.0.0.1/32       trust
host     s1         jomarlla    158.0.0.0/8        scram-sha-256
host     s1         jomarlla    158.42.116.24/32   reject
host     all        alumno      158.39.50.0/24     ident
```

La primera línea (*TYPE=local*), sólo tiene sentido cuando el servidor PostgreSQL no está instalado en una máquina *MS Windows* y permite las conexiones basadas en *Unix-domain*[1]. Lo normal es dejar la línea como está.

---

[1] Un *Unix domain socket*, es un mecanismo que permite el intercambio de datos de procesos de una máquina.

La segunda entrada, permite conexiones IP 127.0.0.1, es decir, conexiones locales *localhost*, de cualquier usuario a cualquier base de datos y sin pedir contraseña (método *trust*).

La tercera entrada, permite conexiones únicamente a la base de datos *s1* mediante el usuario *jomarlla* desde los clientes cuya IP sigue el patrón *158.x.x.x* y solicita la contraseña. La contraseña se cifra según algoritmos scram-sha-256[1].

La cuarta entrada, rechaza la conexión a la base de datos *s1* por el usuario *jomarlla* desde la máquina 158.42.116.24.

La última entrada, permite al usuario *alumno* la conexión a cualquier base de datos desde máquinas *158.39.50.x*. PostgreSQL permitirá la conexión sin contraseña en el caso de que el usuario *alumno* esté autentificado en el sistema operativo cliente.

El fichero *pg_hba.conf* se lee al arrancar el servidor de PostgreSQL, luego si se ha modificado, para que los cambios tengan efecto es necesario parar y arrancar el servidor.

Recuperación de la contraseña de administración

En ocasiones puede ser necesario la recuperación o reiniciado de la contraseña de administrador de PostgreSQL. Esta tarea se puede llevar a cabo siempre que conozcamos la contraseña de administrador del sistema operativo en el cual está instalado PostgreSQL o en su defecto conozcamos la contraseña y nombre de usuario que utiliza el sistema operativo para arrancar el servidor (generalmente el usuario del sistema operativo se llama *postgres*).

Vamos a suponer que el usuario conoce la contraseña de administrador o tiene privilegios de administrador (*MS Windows*) del sistema operativo.

El cambio de contraseña es tan sencillo como:

1. Parar el servidor de PostgreSQL.
2. Editar el fichero *pg_hba.conf* y modificar el método de autentificación a *trust* de la entrada adecuada, p. ej.: si el usuario se encuentra en la misma máquina que está instalado PostgreSQL bastará con cambiar la línea que contiene la dirección 127.0.0.1/32 al método *trust*.
3. Arrancar el servidor PostgreSQL.
4. Ejecutar los siguientes comandos (entrar en una base de datos, p. ej.: *template1*):

```
consola> psql -U postgres template1
template1=# ALTER USER postgres PASSWORD 'nuevacontraseña';
```

Ahora que ya se conoce la contraseña se puede volver a cambiar el método de autentificación al que tuviera el fichero *pg_hba.conf* antes del cambio a *trust*, para ello es necesario parar el servidor, editar el fichero de nuevo y volver a arrancarlo.

1.3. *Cluster* de la base de datos

Al instalar el servidor PostgreSQL y arrancarlo (ver el siguiente apartado de como arrancar y parar el servidor) por primera vez, en la mayoría de las distribuciones (*MS Windows*, *Ubuntu*, *OpenSuse*, etc.) se inicializa un área de almacenamiento en el disco duro de forma automática. A esta área se le llama *cluster* de la base de datos y es donde PostgreSQL almacena todas las bases de datos, usuarios, ficheros temporales, etc.

---

[1] scram-sha-256 es un algoritmo de encriptación de 256 bits, https://datatracker.ietf.org/doc/html/rfc7677

En el sistema de ficheros, un *cluster* de base de datos es un directorio dentro del cual se almacena todos los datos. A este directorio se le llama directorio de datos o área de datos. Aunque su ubicación depende del sistema operativo y de la versión de PostgreSQL, algunas de las ubicaciones más utilizadas pueden ser:

/var/lib/pgsql/data -> distribución Linux OpenSuse

/var/lib/postgresql/17/main -> distribución Ubuntu (PostgreSQL 17)

/usr/local/pgsql/data -> otras distribuciones Linux.

En *MS Windows*, al instalar PostgreSQL el propio instalador pregunta por el directorio del *cluster*, por defecto se localiza dentro del directorio *data*.

Dicha localización se puede conocer consultando la variable de *PostgreSQL data_directory*. Ejemplo (*MS Windows*):

```
consola> psql -U postgres -c "show data_directory"
                   data_directory
    ----------------------------------------------
     C:/PostgreSQL/17/data
```

En una instalación inicial de PostgreSQL, el *cluster* de la base de datos se inicializa con al menos tres bases de datos. La base de datos *postgres* y dos bases de datos plantilla: *template0* y *template1*.

```
consola> psql -U postgres -l
                            Listado de base de datos
   Name     |  Owner   | Enc  |     Collate       |      Ctype        | Privileges
-----------+----------+------+-------------------+-------------------+----------
 postgres   | postgres | UTF8 | Spanish_Spain.1252 | Spanish_Spain.1252 |
 template0  | postgres | UTF8 | Spanish_Spain.1252 | Spanish_Spain.1252 | =c/postgres...
 template1  | postgres | UTF8 | Spanish_Spain.1252 | Spanish_Spain.1252 | =c/postgres...
```

Los comandos de creación de bases de datos (*createdb* o el comando SQL *Create Database*) en realidad crean una copia de una base de datos plantilla o semilla que por defecto es *template1*. Inicialmente *template1* es una base de datos vacía estándar, pero si se le añade cualquier objeto entonces cualquier base de datos creada contendrá también dichos objetos. La base de datos *template0* no puede ser modificada (no tiene permisos de conexión) y contiene una copia original de *template1* antes de cualquier modificación por el usuario. La base de datos *postgres*, simplemente se utiliza como utilidad, algunos programas se conectan a dicha base de datos con la finalidad de ejecutar cierto código SQL sin la obligación de conocer el nombre de una base de datos existente.

Las columnas *encoding*, *collate* y *ctype* se estudian en el apartado I 1.4, pág. 511 y sus valores establecen la codificación o más generalmente la localización de las bases de datos. Si al crear una base de datos no se especifica dichos parámetros, entonces la base de datos toma por defecto los establecidos en el fichero *postgresql.conf* (directorio del *cluster*). El listado de arriba (*Spanish_Spain.1252*) corresponde a una máquina MS Windows (codificación *Windows 1252*) con una localización geográfica de España. En una máquina MS Linux con localización de Estados Unidos los campos *Collate* y *Ctype* serían: *en_US.UTF-8*.

El fichero *postgresql.conf* es leído únicamente cuando el servidor de PostgreSQL es iniciado. Si se modifica es necesario parar y volver a arrancar el servidor.

Arrancar y parar el servidor de PostgreSQL

En la mayoría de los sistemas operativos como en *MS Windows* o en distribuciones *Linux* al instalar PostgreSQL se instalan unos determinados servicios que se utilizan para arrancar y parar el servidor de la base de datos PostgreSQL. Aunque esta operación se puede realizar de forma manual, existen utilidades gráficas facilitadoras:

MS Windows: Como alternativa se puede gestionar el servicio desde Panel de Control (*Control Panel*) / Herramientas administrativas (*Administrative Tools*) / Servicios (*Services*). Seleccionar en la lista el servicio cuyo nombre empieza por *posgressql* y hacer doble clic, aparecerá una nueva ventana con los botones 'Iniciar' y 'Detener'.

Linux (*OpenSUSE*): Ejecutar el programa *YaST* y seleccionar *System Services (runlevel)*. Con los botones *Enable* / *Disable* se inicia o detiene el correspondiente servicio.

Linux (*Ubuntu*): Es aconsejable instalar desde el gestor de paquetes algún programa gráfico de edición de los niveles de ejecución como el programa *Stacer*. Tras seleccionar el servicio de PostgreSQL en la lista con el botón derecho del ratón se puede iniciar o detenerlo.

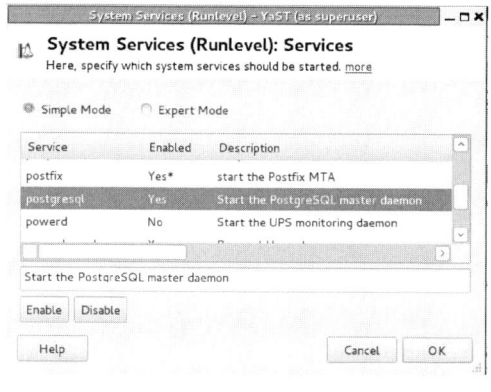
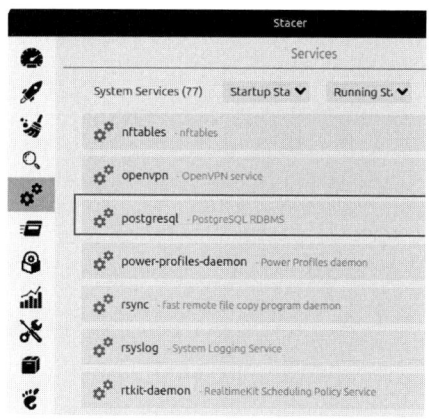

Servicios con *YaST* (*openSUSE*)   Servicios con *Stacer* (*Ubuntu*)

Figura 105 Editores gráficos de los niveles de ejecución en *Linux*

Desde una terminal *Linux* también es posible parar y arrancar el servicio por defecto de PostgreSQL mediante los siguientes comandos (*Ubuntu*):

consola> sudo /etc/init.d/postgresql stop

consola> sudo /etc/init.d/postgresql start

Los servicios en *MS Windows* y en *Linux* consisten en unos *scripts* que ejecutan ciertos comandos. En el caso del servicio de PostgreSQL estos comandos son los siguientes:

- programa *initdb*: sirve para inicializar el *cluster* o directorio de datos. Generalmente se ejecuta la primera vez que se inicia el servidor PostgreSQL.
- programa *postgres*: sirve para iniciar o detener el servidor de PostgreSQL. Dispone de varias opciones para especificar el directorio de datos, el fichero de *log* en el arranque o parada del servidor, etc.
- programa *pg_ctl*: este comando encapsula la funcionalidad de los dos anteriores siendo más fácil de utilizar.

Inicializar y utilizar un *cluster* alternativo

A continuación, vamos a realizar un ejercicio que consiste en crear un nuevo *cluster* de PostgreSQL en un directorio determinado y a continuación arrancar un servidor de PostgreSQL utilizando el nuevo *cluster* creado.

Normalmente no es habitual el tener dos servidores de PostgreSQL (con sus dos *cluster* respectivos) ejecutándose al mismo tiempo, aunque esto es posible si ambos servidores utilizan diferentes puertos y es lo que se va a realizar en esta práctica. Por lo tanto, no es necesario parar el servidor actual de PostgreSQL.

Por facilidad y claridad vamos a realizar esta práctica utilizando *Linux* en una distribución *Ubuntu 24.04 LTS*. En Ubuntu los comandos *initdb* y *pg_ctl* se encuentran en /usr/lib/postgresql/17/bin.

Creación de un nuevo cluster

El comando *initdb*[1] debe ser ejecutado por el usuario del sistema operativo *postgres*, lo primero será utilizar el comando *su* para cambiar a dicho usuario.

```
usuario@consola> suso su - postgres
postgres@consola> /usr/lib/postgresql/17/bin/initdb
    --locale=en_US.utf8 -D /var/lib/postgresql/17/main1 --auth="trust"
```

El parámetro '*--locale*' especifica los valores por defecto de las bases de datos nuevas en cuanto a la codificación (*utf8*), el idioma, tipo de moneda, separación de miles, fecha, etc. según el país y el idioma seleccionados. Estos valores se pueden cambiar al crear una base de datos con el comando *createdb* utilizando la opción '*--locale*'.

El parámetro '*-D*' se utiliza para especificar la ubicación del nuevo directorio de datos. El usuario *postgres* del sistema operativo debe tener los permisos adecuados para poner leer y escribir en dicho directorio.

El parámetro '*--auth*' sirve para especificar el método de autentificación por defecto del fichero (*pg_hba.conf*), en este caso al especificar *trust* el sistema no pedirá contraseña.

Tras una serie de mensajes informativos, el comando *initdb* habrá creado un nuevo directorio *cluster data1*, dicho directorio contará con los ficheros *pg_hba.conf* (véase el apartado I 1.2, pág. 504) y *postgresql.conf* además de una serie de subdirectorios donde se almacenan todos los objetos de la base de datos.

Inicio y parada del servidor PostgreSQL

Tras la creación del nuevo *cluster* vamos a iniciar el servidor de PostgreSQL utilizando el comando *pg_ctl*[2], pero se deberá utilizar otro puerto diferente al 5432. Es importante recalcar que los comandos *initdb*, *postgres* y *pc_ctl* deben de ser ejecutados desde la cuenta del usuario *postgres* y no por el usuario *root* o cualquier otro usuario.

```
postgres@consola> /usr/lib/postgresql/17/bin/pg_ctl start -w -D
    /var/lib/postgresql/17/main1 -o "-p 5433"
waiting for server to start....
server started
```

---

[1] https://www.postgresql.org/docs/current/app-initdb.html
[2] https://www.postgresql.org/docs/current/app-pg-ctl.html

El parámetro '-o' sirve para pasar opciones al comando *postgres*[1] que es ejecutado a su vez por *pg_ctl*. En este ejemplo se le pasa la opción '-p 5433' para que el servidor utilice en el puerto 5433.

```
consola> psql -U postgres -p 5433 -l
                        List of databases
   Name    |   Owner   | Encoding |  Collate  |  Ctype   |
-----------+-----------+----------+-----------+-----------+
 postgres  | postgres  | UTF8     | en_US.utf8 | en_US.utf8 |
 template0 | postgres  | UTF8     | en_US.utf8 | en_US.utf8 |
 template1 | postgres  | UTF8     | en_US.utf8 | en_US.utf8 |
```

Si no se especifica el puerto o se especifica con la opción '-p' el 5432, entonces se estará accediendo al otro servidor de PostgreSQL.

```
consola> psql -U postgres -c "show data_directory"
   data_directory
--------------------
 /var/lib/postgresql/17/main

consola> psql -U postgres -c "show data_directory" -p 5433
    data_directory
--------------------
 /var/lib/postgresql/17/main1
```

Por último, para parar el servidor ejecutaremos como usuario *postgres* el comando:

```
postgres@consola> pg_ctl stop -w -D /var/lib/postgresql/17/main1
waiting for server to shut down.... done
server stopped
```

Nótese que cuando se gestiona el servidor de PostgreSQL desde los editores gráficos de servicios (*YaST*, *stacer* o el panel de control de *MS Windows*) se hace referencia al servidor de PostgreSQL instalado por defecto en el *cluster* original. Si el lector desea cambiar el *cluster* y además utilizar estos editores gráficos de servicios en lugar del comando *pg_ctl* será necesario indagar en nuestro sistema operativo y averiguar los *scripts* que ejecutan dichos servicios. En *Linux (ubuntu)*, dicho *script* puede estar situado en */etc/init.d/postgresql*.

1.4. Localización

La localización[2] consiste en la adaptación de un determinado *software*, en este caso, PostgreSQL a una determinada región geográfica mediante la utilización de un *locale*. Un *locale* se define como un conjunto de parámetros que definen el país, idioma, codificación de los caracteres, formato de números y fechas, moneda, traducción de mensajes, etc.

Generalmente el sistema operativo tiene configurado un *locale* que será el que utilizará PostgreSQL si no se especifica ninguno.

En *MS Windows* se puede averiguar desde una *Shell* ejecutando el comando *systeminfo* y buscando en sus resultados la cadena de texto *Locale* (SO en inglés) o *regional* (SO en español).

```
C:\> systeminfo | findstr /C:"Locale"
System Locale: es;Spanish (International Sort)
```

---

[1] https://www.postgresql.org/docs/current/app-postgres.html

[2] http://es.wikipedia.org/wiki/Internacionalización_y_localización

```
C:\> systeminfo | findstr /C:"regional"
Configuración regional del sistema: es;Español (internacional)
```

Para cambiar el *locale* o ver los disponibles hay que ir a *control panel / Region and Language*, en la pestaña *Administrative* aparece un botón *Change system locale*.

En *Linux*, el comando '*locale -a*' proporciona una lista de los locales disponibles.

En ocasiones es deseable mezclar características de diferentes *locales* como por ejemplo utilizar el formato de los números según un *locale,* pero el formato de las fechas según otro diferente, por esta razón existen algunas variables que permiten modificar de forma individual estos parámetros del *locale*.

Variable de PostgreSQL	Descripción
Parámetros fijos tras la creación de una base de datos	
LC_COLLATE	Criterio de ordenación de las cadenas de texto.
LC_CTYPE	Clasificación de los caracteres (p. ej.: ¿es sensible a minúsculas/mayúsculas?)
Parámetros modificables tras la creación de una base de datos	
LC_MESSAGES	Idioma de los mensajes de PostreSQL como mensajes de error del servidor, informativos, etc.
LC_MONETARY	Formato de las cantidades dinerarias (moneda).
LC_NUMERIC	Formato numérico utilizado.
LC_TIME	Formato de fechas y tiempo.

Tabla 57 Parámetros *locale* de PostgreSQL

La configuración del *locale* tiene influencia en diversas características del SQL como el orden establecido por las cláusulas *Order By*, el uso de los índices en las cláusulas *Like*, algunas funciones de conversión a mayúsculas o minúsculas (*upper*, *lower*), la familia de funciones de conversión de textos *to_char*, etc. Por este motivo las variables LC_COLLATE y LC_CTYPE no se pueden modificar para una base de datos en concreto una vez ha sido creada[1].

Al iniciar el *cluster* de PostgreSQL con el comando *initdb* (véase el apartado I 1.3, pág. 510) se elige el *locale* que tendrán por defecto todas las bases de datos creadas dentro de dicho *cluster* y también la codificación de los caracteres que debe ser compatible con el *locale* seleccionado.

La base de datos *testlocale0* se crea utilizando el *locale* por defecto del *cluster*.

```
consola> createdb -U postgres testlocale0
```

La base de datos *testlocale1* se crea utilizando el *locale* especificado (*es_US* con codificación *utf8*).

---

[1] El soporte de *collation*, permite especificar el orden y las reglas de clasificación de los textos para cada una de las columnas de texto de una tabla mediante la cláusula COLLATE. Esto permite saltarse la restricción de que las variables LC_COLLATE y LC_CTYPE no se pueden cambiar tras la creación de la base de datos. https://www.postgresql.org/docs/current/collation.html

```
consola> createdb -U postgres -E UTF8 --locale=es_US.utf8 -T template0
    testlocale1
```

En los ejemplos se utiliza la plantilla *template0* en lugar de la plantilla *template1*, ya que esta última no permite ser utilizada como plantilla para crear una base de datos con diferente *locale* al suyo propio.

La opción '*--locale*' es similar a especificar las variables LC_COLLATE y LC_CTYPE. La siguiente sentencia es similar a la anterior:

```
consola> createdb -U postgres -E UTF8 --lc-collate=es_US.utf8
                --lc-ctype=es_US.utf8 -T template0 testlocale1
```

También es posible especificar la codificación utilizando el *locale* por defecto con opción '*-E*' en el comando *createdb* (siempre que la codificación elegida sea compatible con el *locale* utilizado).

```
consola> createdb -U postgres -E UTF8 testlocale2
```

El comando SQL *Create Database[1]* también soporta los parámetros LC_COLLATE y LC_CTYPE en la creación de bases de datos, mientras que para establecer la codificación se utiliza la cláusula '*with encoding*':
create database testlocale3 with encoding 'UTF8'
    LC_COLLATE='es_US.utf8' LC_CTYPE='es_US.utf8' template=template0;

A partir de este momento no es posible cambiar las variables LC_COLLATE y LC_CTYPE de las bases de datos *testlocale0* o *testlocale1*, pero sí que es posible modificar el resto de variables relacionadas con la localización. En el siguiente ejemplo se modifica el valor de LC_MESSAGES para obtener mensajes en inglés o en español.

```
consola> psql -U postgres testlocale1
testlocale1=# set lc_messages = "es_US";
testlocale1=# pruebadeerror;
ERROR:  error de sintaxis en o cerca de «pruebadeerror»
testlocale1=# set lc_messages = "en_US";
testlocale1=# pruebadeerror;
ERROR:  syntax error at or near "pruebadeerror"
```

Si se desea cambiar los valores por defecto de las variables de la localización utilizadas al crear el *cluster* (*initdb*), será necesario editar el fichero *postgres.conf* y modificar sus valores.

Codificaciones soportadas

Los conjuntos de caracteres soportados por PostgreSQL permiten almacenar textos con distinta codificación (*encoding*). Por ejemplo, una codificación según la norma ISO 8859 utiliza un *byte* por carácter, mientras que una codificación UTF8 utiliza entre uno y cuatro *bytes* por carácter, pero permite almacenar conjuntos de caracteres de distintos idiomas, p. ej.: idiomas asiáticos. Es aconsejable utilizar la codificación UTF8 ya que como se verá a continuación PostgreSQL es capaz de convertir cualquier texto a UTF8 de forma automática.

---

[1] https://www.postgresql.org/docs/current/sql-createdatabase.html

En la sección anterior se ha visto que la codificación de una base de datos no se puede cambiar una vez la base de datos ha sido creada, y que dicha codificación se establece de diferentes maneras:

- Si no se especifica en el comando *createdb* o *Create Database*, entonces se seleccionará la codificación por defecto del *cluster*, es decir, la especificada al crear el *cluster* con el comando *initdb* y que aparece en el fichero *postgres.conf*.
- Especificando el parámetro '*-E*' con el comando *createdb* o la cláusula '*with encoding*' en el comando SQL *Create Database*.

En la documentación *online* de PostgreSQL aparece una tabla[1] donde se muestra las distintas codificaciones soportadas por el servidor y cuantos *bytes* ocupa cada carácter.

Conversión entre el cliente y el servidor

Por lo tanto, todas las cadenas de caracteres que almacene la base de datos se codificarán según un conjunto de caracteres especificado, en general UTF8. Ahora bien, hay que tener presente cuál es la codificación utilizada por un cliente que se conecta al servidor PostgreSQL y ejecuta cierto código SQL. Por ejemplo, si la siguiente sentencia se ejecuta desde una conexión mediante el cliente *psql*:

s1=# Insert into tabla1 (campodetipotexto) values ('Cadena de texto');

PostgreSQL tratará de convertir el literal 'Cadena de texto' a una codificación UTF8 (si esa es la codificación de la base de datos) para su almacenamiento. Para realizar dicha conversión, PostgreSQL debe conocer cuál es la codificación original del literal 'Cadena de texto' y que viene dada por la llamada codificación cliente. La codificación del cliente, ya sea *psql* o cualquier otro cliente se puede configurar mediante la variable '*client_encoding*', ya sea a nivel de sesión (comando *Set*) o utilizando el comando *Alter Database* (véase el apartado I 1.1, pág. 501).

Lo mismo ocurre si se ejecuta un determinado fichero de texto SQL en una base de datos (opción '*-f*' del cliente *psql*), es decir, el fichero de texto tendrá una determinada codificación que habrá que conocer y especificar en el encabezamiento de dicho fichero añadiendo una línea. P. ej.: **SET Client_encoding TO UTF8**;

El valor por defecto de la variable *client_encoding* es el mismo que la codificación de la base de datos.
Las reglas de conversión entre codificaciones cliente-servidor aparecen en el catálogo *pg_conversion*. Además, se puede crear nuevas reglas de conversión con el comando SQL *Create Conversion*.

1.5. Vacuum

Las bases de datos PostgreSQL requieren ciertas operaciones periódicas de mantenimiento conocidas como *vacuuming* mediante los comandos *Vacuum* y *Analyze*. En la mayoría de los casos es suficiente dejar que el sistema realice estas operaciones por sí mismo de forma automática, esto es posible debido a un proceso llamado *Autovacuum* (servicio en *MS Windows* o demonio en *Linux* que en una configuración por defecto está activado) que ejecuta dichos comandos cuando lo estima necesario.

---

[1] https://www.postgresql.org/docs/current/multibyte.html#MULTIBYTE-CHARSET-SUPPORTED

No está de más sin embargo que el lector conozca las tareas que realizan dichos comandos y por qué es necesaria su existencia.

Algunos administradores de PostgreSQL prefieren desactivar o cambiar la configuración del servicio *Autovacuum* para que éste ejecute los comandos *Vacuum* y *Analyze* con distinta frecuencia o en unas horas determinadas.

Comando *Vacuum*

En PostgreSQL una operación *Update* o *Delete* sobre una fila no elimina inmediatamente la fila antigua de forma física. Este es un comportamiento normal en una base de datos y es necesario para su correcto funcionamiento. Dichas filas obsoletas son eliminadas cuando se ejecuta una operación *vacuum*.

Esta operación presenta dos comportamientos, uno cuando se ejecuta el comando *vacuum* sin la opción *full* y el otro cuando se usa dicha opción.

Los siguientes comandos ejecutan un *Vacuum* normal y *full* respectivamente sobre la tabla *rios* de la base de datos *s1* (si no se especifica ninguna tabla se realiza el *vacuum* de todas las tablas de la base de datos):

```
s1=# vacuum verbose rios; -- vacuum normal
S1=# vacuum full verbose rios; --vacuum full
```

El *Vacuum* normal, recupera el espacio de las filas borradas y lo pone a disposición para su reutilización, aunque en la mayoría de las ocasiones dicho espacio no se devuelve al sistema perativo, sino que se aprovecha para posteriores operaciones de la misma tabla. Se puede ejecutar de forma paralela (se puede seguir utilizando los comandos *Delete*, *Update*, *Insert* o *Select,* pero no se puede modificar la definición de una tabla hasta que el proceso termine) y no bloquea de forma exclusiva las tablas.

El *Vacuum full*, rescribe de forma completa las tablas reorganizando las filas, de forma que el espacio recuperado se pone a disposición del sistema operativo. Por contra, el proceso es mucho más lento y requiere un bloqueo exclusivo sobre la tabla que se está ejecutando.

El parámetro *verbose* es opcional y se utiliza para obtener mensajes informativos durante el proceso de *vacuum*.

El proceso de *autovacuum* ejecuta *Vacuum* normales de forma automática sobre aquellas tablas que presentan un número de filas obsoletas que superan ciertos umbrales.

Notas:

- Los *vacuum* normales pueden no ser satisfactorios en el caso de que una tabla contenga un número elevado de filas obsoletas como resultado de operaciones masivas de actualización o borrado. En estos casos, si se quiere reutilizar el espacio ocupado es necesario ejecutar un *Vacuum full* o alternativamente utilizar el comando SQL *Cluster*[1].

- El comando de consola *vacuumdb* realiza un *vacuum* a todas las bases de datos del *cluster* de PostgreSQL.

---

[1] https://www.postgresql.org/docs/current/sql-cluster.html. El comando *cluster* reorganiza los datos de una tabla en función de un índice.

- Es preferible realizar frecuentes *vacuum* normales que infrecuentes *Vacuum full* a la hora de mantener tablas que se actualizan constantemente.
- Es totalmente desaconsejable desactivar el proceso de *autovacuum* a no ser que se conozca perfectamente la carga de trabajo.
- Si se desea borrar todas las filas de una tabla, es aconsejable utilizar el comando *Truncate*[1] en lugar de *Delete*, ya que el primero elimina el contenido de la tabla de forma inmediata y no requiere un *vacuum* posterior.

Comando *Analyze*

El comando *Analyze* recolecta estadísticas sobre los contenidos de las tablas de la base de datos y almacena dichos resultados en el catálogo *pg_statistic*. El planificador de PostgreSQL utiliza dichas estadísticas para diseñar el plan de ejecución más eficiente de las consultas. Algunos de los datos recopilados son, por ejemplo, valores más comunes de las columnas, número de valores diferentes de las columnas, histogramas sobre la distribución de los datos, etc.

El proceso de *autovacuum* ejecuta también de forma automática el comando *Analyze* cuando estima que los datos de las tablas han cambiado lo suficiente o cuando las tablas son cargadas con datos por primera vez.

El comando *Analyze* se puede ejecutar sobre una tabla (y sus columnas). Si no se especifica ninguna tabla entonces se ejecuta sobre todas las tablas (y sus columnas) de la base de datos. Además, también permite ejecutarse únicamente sobre una o varias columnas de una tabla.

Ejemplos comandos *analyze* y *vacuum*.

```
s1=# analyze verbose rios; -- todas las columnas de la tabla rios
s1=# analyze rios (geom, gid); -- sobre la columna geom y gid de rios
```

Notas:

- *Analyze* solo requiere un bloqueo de lectura sobre la tabla analizada luego puede ser ejecutada en paralelo junto con otras actividades sobre la tabla.
- En tablas grandes, *Analyze* no estudia toda la tabla, sino que utiliza un muestreo aleatorio de ella. Las estadísticas de las tablas se tienen que tomar como aproximadas, incluso aunque los datos de las tablas no cambien, las estadísticas de las mismas lo pueden hacer cada vez que se ejecute *Analyze*.

El comando *Analyze* también se puede ejecutar al mismo tiempo que se usa el comando *Vacuum*, utilizando el parámetro *Analyze*.

Realiza un *Vacuum* normal de la tabla *meteo* y un *Analyze* de la columna *geom* de la table *meteo*.

```
s1=# vacuum verbose analyze meteo (geom);
```

---

[1] https://www.postgresql.org/docs/current/sql-truncate.html

Autovacuum

Como se ha comentado en los dos apartados anteriores el proceso de *autovacuum* lanza de forma automática operaciones de *vacuum* y *analyze* en función de unas estimaciones.

El proceso *autovacuum* se puede configurar modificando las correspondientes variables del sistema[1]. En concreto la variable *autovacuum* (por defecto tiene el valor *on*) controla si el servidor debe lanzar el servicio de *autovacuum* o no. En el caso de estar activada, la variable *track_count*[2] también se debe poner a *on* para que el servidor recolecte estadísticas sobre la actividad de la base de datos.

1.6. Roles de la base de datos y privilegios

Los roles (o usuarios y grupos) de la base de datos no tienen nada que ver con los usuarios y los grupos del sistema operativo. Los *roles* de la base de datos son generales al directorio de datos o *cluster* de PostgreSQL, por lo tanto, son únicos para todas las bases de datos almacenadas en el mismo *cluster*. La sentencia SQL para la creación de un *role* es:

```
CREATE ROLE nombre [ [WITH] opciones ]
```

Donde las opciones se corresponden con los privilegios asignados al *role* y otros parámetros de configuración.

Crea y borra un *role* asignándole los privilegios por defecto.

```
s1=# create role pepito;
s1=# drop role pepito;
```

Los *roles* existentes en el *cluster* de PostgreSQL se pueden averiguar consultando la tabla *pg_roles* o en el cliente *psql* con el commando '\du'.

```
s1=# select rolname from pg_roles;
```

Cuando se inicializa el *cluster* de PostgreSQL por primera vez (generalmente en el proceso de instalación de PostgreSQL) se crea un primer *role* superusuario o administrador cuyo nombre coincide con el nombre del usuario (del sistema operativo) que ejecutó el comando de inicialización del *cluster*. Generalmente dicho *role* o usuario se llama *postgres* y se corresponde con el usuario que se ha utilizado en este libro como administrador, aunque en algunas instalaciones peculiares de PostgreSQL dicho *role* administrador podría tener otro nombre.

Atributos de los roles

Al crear el *role* se puede especificar diferentes privilegios. Los diferentes privilegios que se pueden asignar a un *role* en PostgreSQL son:

---

[1] Las variables para configurar el *vacuum* automático se pueden encontrar en:
https://www.postgresql.org/docs/current/runtime-config-autovacuum.html

[2] Las variables para configurar la captura de estadísticas en tiempo de ejecución se pueden encontrar en:
https://www.postgresql.org/docs/current/runtime-config-statistics.html

login: Otorga al *role* la capacidad de poder conectarse a una base de datos.

superuser: Crea un *role* con privilegios de administrador o superusuario (p. ej.: similar al role *postgres*). Los roles administradores se deben utilizar únicamente cuando sea necesario ya que disponen de todos los privilegios posibles. Para crear un *role* administrador es necesario que el *role* que lo crea también sea administrador.

createdb: Permite al *role* creado la capacidad de crear bases de datos.

createrole: Permite a un *role* la capacidad de crear otros roles. Un *role* con este privilegio puede modificar (crear, cambiar o borrar) otros roles de la base de datos. Únicamente los roles administradores pueden modificar un *role* administrador.

Replication: Permite a un *role* replicar[1] la base de datos.

Algunas otras opciones del comando *Create Role* son:

password <contraseña>: Especifica la contraseña del *role* creado. Si el método de autentificación requiere contraseña (véase el apartado I 1.2, pág. 504) y ésta no se especifica, entonces la contraseña se marca como *null* y el usuario no podrá conectarse hasta que se modifique su contraseña por un usuario administrador con el comando *Alter Role* o se cambie el método de autentificación.

valid until <timestamp>: Especifica hasta que fecha la contraseña del *role* es válida.

connection limit <numero límite>: Número máximo de conexiones concurrentes permitidas por el *role*, por defecto es -1 que significa que no hay límite.

```
s1=# create role pepito login password 'prueba';
s1=# create role fulanito login createdb;
```

A partir de estas sentencias, se puede realizar una conexión a la base de datos con estos usuarios al tener concedido el privilegio *login* (siempre que se permita desde el fichero de configuración *pg_hba.conf*, véase el apartado I 1.2, pág. 504):

```
consola> psql -U pepito s1
```

Mediante el comando *Alter Role* se puede modificar un *role*. La sintaxis es bastante similar al comando *Create Role*. Para eliminar un privilegio de un *role* se utiliza las palabras clave: *nologin, nocreatedb, nocreaterole, noinherit* y *nosuperuser*. El siguiente comando elimina el privilegio de crear bases de datos para el *role fulanito*, y le asigna una contraseña.

```
s1=# alter role fulanito nocreatedb password 'contraseña';
```

Cuando se crea un objeto (tabla, vista, secuencia, etc.), el dueño es el *role* que ha creado tal objeto. Por defecto, ningún otro *role* (salvo los administradores) pueden realizar ninguna operación con el objeto a no ser que se les conceda el permiso correspondiente (comando *Grant*, ver siguiente apartado).

Existe un comando SQL ya obsoleto *Create User,* que es similar al comando *Create Role* pero además con el privilegio *login* concedido por defecto.

---

[1] https://www.postgresql.org/docs/current/high-availability.html

Grupos de roles

En ocasiones es útil agrupar varios usuarios o roles dentro un grupo para facilitar la gestión de privilegios.

No hay diferencia en la sintaxis a la hora de crear un grupo de roles o un único *role*.

Creación del grupo *sigusers* con permisos de conexión y de creación de bases de datos.

```
s1=# create role sigusers login createdb;
```

Creación de los usuarios *sig1* y *sig2*. Nótese la opción *inherit* (no es necesario especificarla ya que es la opción por defecto) que capacita al *role* para heredar los privilegios del grupo al que pertenece:

```
s1=# create role sig1 login inherit password '123';
s1=# create role sig2 inherit password '123';
s1=# grant all on schema public to sigusers; --grant lo vemos luego
```

Para agregar dichos roles al grupo *sigusers* se puede utilizar la orden *Grant* (con el comando '*revoke sigusers from sig1* ', se eliminaría uno o varios roles del grupo):

```
s1=# grant sigusers to sig1, sig2;
s1=# \du
                            Lista de roles
  Nombre de rol |                         Atributos
 ---------------+---------------------------------------------------
  fulanito      | Crear BD
  pepito        | Crear BD
  postgres      | Superusuario, Crear rol, Crear BD, Replicación, Ignora RLS
  sig1          |
  sig2          | No puede conectarse
  sigusers      | Crear BD
  user1         |
  user2         |
  versions      | No puede conectarse
```

* Los roles *user1*, *user2* y *versions* se crearon en el apartado F 11 de versionado de PostgreSQL.

Podemos consultar los roles miembros de otros roles (grupos) consultando las tablas del catálogo *pg_catalog.auth_members* y pg_catalog.pg_roles con la siguiente sentencia:

```
s1=# select max(r3.rolname) roles, array_agg (r2.rolname) members
   from pg_catalog.pg_auth_members r1 join pg_catalog.pg_roles r2
      on r1.member = r2.oid and r2.oid > 16384
    join pg_catalog.pg_roles r3
      on r1.roleid = r3.oid
  group by r1.roleid;
   roles   |    members
 ----------+----------------
  versions | {user2,user1}
  sigusers | {sig2,sig1}
```

A partir de ahora, los roles *sig1* y *sig2* además de los propios privilegios disponen del privilegio *createdb*. Los privilegios se heredan del grupo tras realizar la conexión a la base de datos, con lo cual es necesario que cada *role* utilizado para conectarse a la base de datos incluya directamente el privilegio *login*.

El *role sig2* no puede realizar la conexión:

```
consola> psql -U sig2 s1
psql: ... FATAL: al rol «sig2» no se le permite conectarse
```

El *role sig1* puede realizar la conexión y además podrá crear bases de datos al heredar el privilegio correspondiente del role *sigusers*.

Por último, el comando *Set Role* permite cambiar el *role* actual dentro de una sesión SQL, siempre que el cambio sea a un *role* del cual el *role* actual es miembro o el *role* actual tenga privilegios de administrador.

```
consola> psql -U sig1 s1
s1=> select current_user;
 current_user
--------------
 sig1
s1=> set role sigusers;
s1=> select current_user;
 current_user
--------------
 sigusers
s1=> create table b (a integer);
-- El role sigusers es dueño de la tabla b.
s1=> set role sig2;
ERROR: se ha denegado el permiso para definir el rol «sig2»
s1=> reset role;
s1=> select current_user;
 current_user
--------------
 sig1
```

Grant y *Revoke*

El comando *Grant* se utiliza para conceder permisos. Existen dos variantes, la más conocida consiste en conceder permisos a los diferentes objetos de la base de datos (tablas, columnas, vistas, secuencias, funciones, esquemas, etc.) y que se describe en este apartado. La segunda variante sirve para asignar roles a otros roles o grupos (utilizado en el apartado anterior).

- Sintaxis para tablas:

```
GRANT { SELECT | INSERT | UPDATE | DELETE |
       TRUNCATE | REFERENCES | TRIGGER | ALL } [ COLUMN listaColumnas ]
   ON { listaTablas | ALL TABLES IN SCHEMA listaEsquemas }
   TO { listaRoles | PUBLIC }
```

- Sintaxis para secuencias:

```
GRANT { SELECT | USAGE | UPDATE | ALL }
   ON { SEQUENCE listaSecuencias | ALL SEQUENCES IN SCHEMA listaEsquemas}
   TO { listaDeRoles | PUBLIC }
```

- Sintaxis para bases de datos:

```
GRANT { CREATE | CONNECT | TEMP }
   ON { DATABASE listaBDD }
   TO { listaDeRoles | PUBLIC }
```

- Sintaxis para funciones:

```
GRANT { EXECUTE | ALL }
    ON { FUNCTION listaFirmaFunciones
         | ALL FUNCTIONS IN SCHEMA listaEsquemas}
    TO { listaRoles | PUBLIC }
```

- Sintaxis para esquemas:

```
GRANT { CREATE | USAGE | ALL }
    ON { SCHEMA listaEsquemas }
    TO { listaRoles | PUBLIC }
```

Además, existen otras sintaxis para conceder permisos sobre otros objetos como *tablespaces*, integridad referencial, etc. Para una información más detallada de la sintaxis y los privilegios consultar la ayuda *online* de PostgreSQL sobre el comando SQL *Grant / Revoque*.

A continuación, se describe brevemente el significado de cada privilegio según el tipo de objeto sobre el que es concedido:

- *Select*: Permite realizar un *Select* sobre la tabla, vista o secuencia especificada (uso de la función *currval*).
- *Insert*: Permite la inserción (*Insert*) de una nueva fila en la tabla especificada.
- *Update*: Permite la actualización (*Update*) de una fila en la tabla especificada. Una sentencia típica *Update* también requiere el privilegio *Select*, ya que tiene que seleccionar las filas indicadas (*Where*) para la actualización. En las secuencias este privilegio permite el uso de las funciones *nextval* y *setval*.
- *Delete*: Permite el borrado (*Delete*) de una fila de la tabla especificada. Una sentencia típica *Delete* también requiere el privilegio *Select*, ya que tiene que seleccionar las filas indicadas (W*here*) para el borrado.
- *Create*: Para las bases de datos permite la creación de nuevos esquemas. Para los esquemas permite la creación de objetos dentro de los esquemas y el renombrado de los esquemas.
- *Truncate*: Permite utilizar el comando *Truncate* sobre la tabla (el comando *truncate* elimina todas las filas de una tabla).
- *References*: Para relacionar dos tablas mediante una integridad referencial (véase el apartado I 2.3, pág. 543), es necesario que las dos tablas implicadas tengan concedido este privilegio.
- *Trigger*: Permite la creación de un disparador (*Trigger*) sobre la tabla (véase el apartado E 2.3, pág. 292).
- *Connect*: Permite a un usuario conectarse a la base de datos especificada. Es una comprobación adicional a la establecida por el fichero *pg_hba.conf*.
- *Temp*: Permite la creación de tablas temporales en la base de datos especificada.
- *Execute*: Permite el uso de la función especificada (por su firma). Éste es el único privilegio aplicable a las funciones.
- *Usage*: Para los esquemas permite el acceso a los objetos contenidos en ellos. Para las secuencias este privilegio permite el uso de las funciones *currval* y *nextval*.
- *All*: Concede todos los privilegios posibles al *role* especificado. Se puede añadir la palabra opcional *Privileges* tras la palabra *all*.

Algunas notas:

Si se especifica la palabra clave *Public* en lugar de una lista de roles, entonces se concede los permisos a todos los roles de la base de datos incluso a aquellos que son creados a posteriori.

Cualquier *role* adquiere los privilegios especificados para él y los privilegios de cualquier otro *role* del cual es miembro (grupo).

La capacidad de borrar o modificar un objeto no se puede tratar utilizando privilegios, ya que son propiedades inherentes al dueño del objeto.

Los privilegios *Select, Insert, Update* y *Reference* de la sintaxis del comando *Grant* aplicado a tablas, se pueden conceder a unas columnas determinadas. Para ello, hay que especificar la lista de columnas separadas por comas con la cláusula *Column*. Dicha opción no tiene efecto con los demás privilegios *delete, truncate* y *trigger*.

La concesión de permisos sobre una tabla no extiende dicha concesión a ninguna de las secuencias utilizadas en dicha tabla, incluyendo las secuencias creadas automáticamente por las columnas de tipo *Serial*.

Cuando un usuario que no es dueño de un objeto intenta utilizar el comando *Grant* sobre dicho objeto, solo podrá gestionar aquellos privilegios que tiene concedidos de antemano sobre dicho objeto, a no ser que sea un usuario administrador.

Se desea permitir la lectura (*Select*) a la tabla *ttmm* (cargada anteriormente con el usuario *postgres*) para el usuario *sig1*. Si no se dispone de dicho usuario se puede crear con el comando *create role* según se describe en este mismo apartado en la pág. 517.

La tabla *ttmm* por defecto únicamente podrá ser gestionada (*delete, insert, update, drop table, alter tabl*e, etc.) por su dueño, en este caso el usuario *postgres*.

Para poder conceder permisos al usuario *sig1*, será necesario conectarse a la base de datos que contiene el objeto utilizando el usuario *postgres* u otro usuario con privilegios de administrador.

```
--conexión como usuario postgres
Consola> psql -U postgres s1
--cambia al usuario sig1 (posible por ser administrador)
s1=# set role sig1;
--EL usuario sig1 no puede ni siquiera leer (select) la tabla ttmm
s1=> select count(*) from ttmm;
ERROR: permiso denegado a la tabla ttmm
--al no ser el dueño tampoco puede conceder otros permisos
s1=> grant select on ttmm to sig1;
ERROR: permiso denegado a la tabla ttmm
--vuelve al role inicial (postgres)
s1=> reset role;
--Concede el privilegio select al usuario sig1 para la tabla ttmm
s1=# grant select on ttmm to sig1;
--cambia al usuario sig1 de nuevo
s1=# set role sig1;
--ahora el usuario sig1 si dispone del privilegio adecuado
s1=> select count(*) from ttmm;
 count
-------
   212
```

La concesión de permisos sobre una tabla no extiende dicha concesión a ninguna de las secuencias utilizadas en dicha tabla, incluyendo las secuencias creadas automáticamente por las columnas de tipo *Serial*.

 Problema 2. Permite a cualquier usuario utilizar las tablas (con todos los privilegios posibles) dentro del esquema *ej1* (*ej1.psuelos, ej1.pusos,* etc.).

El comando *Revoke* elimina privilegios concedidos previamente con *Grant*. La sintaxis es similar a la del comando *Grant*, cambiando la palabra clave *To* por *From*. Además, incluye unas opciones *Cascade / Restrict*. Para más información sobre la eliminación de privilegios y como afectan a los roles que forman parte de otros roles o grupos consultar la información *online* de PostgreSQL[1].

Elimina el permiso de consulta (*select*) que se había concedido previamente sobre la tabla *ttmm* para el usuario *sig1*.

```
s1=# revoke select on ttmm from sig1;
```

1.7. Ficheros *log*

PostgreSQL dispone de un sistema de registro de sucesos o eventos con información del servidor. Este mecanismo también llamado *log* del sistema registra mensajes de interés tanto para detectar posibles errores del servidor como para averiguar información detallada sobre la ejecución de los comandos desde los diferentes clientes conectados al servidor.

La cantidad y el tipo de información a registrar en el sistema *log* es configurable, de forma que se puede registrar cuando se conectan o desconectan los diferentes clientes, las propias sentencias SQL ejecutadas, los mensajes que emiten las diferentes funciones definidas por los usuarios, etc.

La configuración del sistema *log* viene definida con variables del sistema de PostgreSQL, variables que inicialmente toman el valor por defecto establecido en el fichero de configuración general *postgresql.conf* (ver sección "*Error Reporting And Logging*" dentro de dicho fichero).

Dentro de esta sección del fichero *postgresql.conf* se encuentran tres bloques de variables relativas al sistema *log* con la siguiente información: dónde enviar los mensajes, cuándo enviar los mensajes y qué mensajes enviar.

Para un usuario recién iniciado no es necesario modificar la configuración del sistema *log*, de hecho, en esta publicación solo es interesante modificarla para provocar que los mensajes enviados desde los procedimientos almacenados *PL/PgSQL* programados en el apartado E pág. 267 se envíen a la terminal del cliente ya que por defecto no es así.

---

[1] https://www.postgresql.org/docs/current/sql-revoke.html

Dónde se envían los mensajes de log

Por defecto, aunque esto puede cambiar según el sistema operativo o la versión de PostgreSQL instalada, los mensajes se envían a *stderr* (variable *log_destination = stderr*) y desde ahí se redirigen (variable *loggin_collector = on*) a un fichero de texto. Tanto la ubicación de este fichero de texto (variable *log_directory*), como su nombre (variable *log_filename*) son configurables. En general este fichero se almacena dentro del *cluster* o directorio de datos de PostgreSQL. Cada vez que el servidor de PostgreSQL arranca o el fichero *log* crece hasta un alcanzar un tamaño determinado (variable *log_rotation_size*) se crea un fichero *log* nuevo.

A continuación, se muestra el valor de algunas variables (consultadas con el comando *show*) en una instalación por defecto en una distribución *OpenSuse* de *Linux*.

Nombre Variable	Ejemplo valor por defecto (*OpenSuse*)	Descripción
log_destination	*Stderr*	Lista separada por comas con los valores: *stderr* | *csvlog* | *syslog* | *eventlog*
loggin_collector	*On*	*on* -> redirige los mensajes *log* a un fichero. *off* -> no redirige los mensajes. (su modificación requiere reiniciar el servidor)
Las siguientes variables se usan cuando *loggin_collector* es *on*.		
log_directory	*pg_log*	Ruta relativa al *cluster* de PostgreSQL o absoluta.
log_filename	*postgresql-%Y-%m-%d_%H%M%S.log* Los valores de escape (precedidos por %) especifican valores de tiempo.	
log_rotation_size	10MB	Tamaño máximo del fichero *log*. Al alcanzar este tamaño se crea un nuevo fichero.
log_rotation_age	1d	Duración máxima del fichero *log*. Al alcanzar esta duración se crea un nuevo fichero.

Tabla 58 Variables del sistema (localización de los ficheros *log*)

Si en la variable *log_destination* se especifica también el valor *csv* entonces los mensajes se envían formateados en el formato *csv*. Los valores *syslog* y *eventlog* (en *MS Windows*) se utilizan para enviar los mensajes *log* al registro del sistema operativo.

Cuándo se envían los mensajes log

No todos los mensajes o sucesos que produce el servidor PostgreSQL se envían al *log*, ya que algunos mensajes son demasiado detallados o carecen de la importancia necesaria para ser registrados por defecto. Para establecer la importancia de los sucesos, cuando éstos se lanzan se etiquetan según su importancia con el valor de una escala.

De menos importancia a mayor importancia un suceso se puede catalogar como*: DEBUG5, DEBUG4, DEBUG3, DEBUG2, DEBUG1* (información detallada para los desarrolladores), *INFO, NOTICE* (información útil para usuarios), *WARNING* (información de aviso de un problema), *ERROR* (error que causó el aborto del comando actual), *LOG* (información interesante para administradores), *FATAL* (error que causó el aborto de la sesión actual) y *PANIC* (error que causó el aborto de todas las sesiones).

La variable *log_min_messages* establece el valor de los sucesos que se envían al registro *log*, por defecto su valor es WARNING lo que indica que sólo los sucesos etiquetados como *WARNING* y de mayor importancia, es decir, *ERROR, LOG, FATAL* y *PANIC* son enviados al *log*.

Generalmente las sentencias SQL (el propio texto que define la sentencia) enviadas por un cliente para que el servidor PostgreSQL las ejecute no son enviadas al *log* del sistema a no ser que estas sentencias provoquen un error, p. ej.: un error de sintaxis. Este comportamiento lo gestiona la variable *log_min_error_statement* que por defecto toma el valor *ERROR*, es decir, únicamente se enviará el texto que define la sentencia SQL al *log* del sistema cuando la sentencia produzca un mensaje de tipo *ERROR, LOG, FATAL* o *PANIC*.

En cualquier caso, si la sentencia SQL no provoca un error no se enviará nada al *log*, salvo los mensajes que haya lanzado en su ejecución.

Por último, la variable *client_min_messages*, controla si los sucesos son enviados al cliente que ha realizado la conexión y provocado el suceso. La escala de valores cambia ligeramente respecto a las dos variables anteriores (observar el valor *LOG*): *DEBUG5, DEBUG4, DEBUG3, DEBUG2, DEBUG1, LOG, NOTICE, WARNING, ERROR, FATAL* y *PANIC*.

La localización y configuración de los ficheros log depende de la configuración de PostgreSQL y generalmente es diferente según qué sistema operativo se utilice.

En este ejemplo se ha utilizado *MS Windows* y PostgreSQL está configurado, por defecto, para escribir el *log* en un fichero.

Para la realización de un ejemplo práctico se va a utilizar un procedimiento almacenado que lanza dos sucesos mediante el comando *RAISE*, uno con un nivel *NOTICE* y otro con un nivel *WARNING*.

```
CREATE OR REPLACE FUNCTION mensajes (texto Varchar) RETURNS Varchar
AS $$
BEGIN
  RAISE NOTICE 'Mensaje de nivel notice %', texto;
  RAISE WARNING 'Mensaje de nivel warning %', texto;
  RETURN 'Ejemplo';
END;
$$ LANGUAGE 'plpgsql' STRICT IMMUTABLE;
```

Tras ejecutar el código anterior en la base de datos *s1* ejecutamos los comandos:

Valores iniciales de las variables:

```
s1=# show client_min_messages;
 notice
```

```
s1=# show log_min_messages;
 warning
```

```
s1=# show log_min_error_statement;
 error
```

Ahora ejecutamos una sentencia SQL y llamamos a la función *mensajes*. Aparecen los mensajes *notice* y *warning* ya que *client_min_messages* incluye el nivel desde *notice*.

```
s1=# select mensajes (valor::varchar) from generate_series (1,2) as
    valor;
NOTICE:  Mensaje de nivel notice 1
WARNING:  Mensaje de nivel warning 1
NOTICE:  Mensaje de nivel notice 2
WARNING:  Mensaje de nivel warning 2
 mensajes
----------
 Ejemplo
 Ejemplo
```

Comprobación de las últimas líneas del fichero log. Únicamente se han registrado los mensajes de nivel *warning*, ya que *log_min_messages* incluye el nivel desde *warning* y por lo tanto no incluye *notice*

Para averiguar donde se encuentra el fichero *log* puede consultar las siguientes sentencias:

```
s1=# show data_directory;
   data_directory
--------------------
 C:/PostgreSQL/17/data

s1=# show log_directory;
 log_directory
---------------
 log
```

Y para ver el nombre del fichero log actual se puede consultar la función *pg_current_logfile*.

```
s1=# select pg_current_logfile();
        pg_current_logfile
------------------------------------
 log/postgresql-2024-05-22_000000.log
```

De esta forma, si consultamos las últimas líneas del fichero *postgresql-2024-05-22_000000.log*, ya sea desde un editor de texto o un comando de consola, obtenemos:

```
2024-05-22 17:11:41.967 CEST [14424] WARNING:  Mensaje de nivel warning 1
2024-05-22 17:11:41.967 CEST [14424] CONTEXTO:  función PL/pgSQL
    mensajes(character varying) en la línea 4 en RAISE
2024-05-22 17:11:41.967 CEST [14424] WARNING:  Mensaje de nivel warning 2
2024-05-22 17:11:41.967 CEST [14424] CONTEXTO:  función PL/pgSQL
    mensajes(character varying) en la línea 4 en RAISE
```

Cambiamos el nivel de detalle de ambas variables para observar que ahora el resultado es inverso, es decir, no se manda al cliente los sucesos de nivel *notice* pero sí que se registran en el fichero *log*.

```
s1=# set client_min_messages = warning;
s1=# set log_min_messages = notice;

s1=# select mensajes (valor::varchar) from generate_series (1,2) as
    valor;
WARNING:  Mensaje de nivel warning 1
WARNING:  Mensaje de nivel warning 2
 mensajes
----------
 Ejemplo
 Ejemplo
```

Últimas líneas del fichero *postgresql-2024-05-22_000000.log:*

```
2024-05-22 17:27:32.044 CEST [7200] NOTICE:  Mensaje de nivel notice 1
2024-05-22 17:27:32.044 CEST [7200] CONTEXTO:  ...
2024-05-22 17:27:32.045 CEST [7200] WARNING:  Mensaje de nivel warning 1
2024-05-22 17:27:32.045 CEST [7200] CONTEXTO:  ...
2024-05-22 17:27:32.045 CEST [7200] NOTICE:  Mensaje de nivel notice 2
2024-05-22 17:27:32.045 CEST [7200] CONTEXTO:  ...
2024-05-22 17:27:32.045 CEST [7200] WARNING:  Mensaje de nivel warning 2
2024-05-22 17:27:32.045 CEST [7200] CONTEXTO:  ...
```

Por último, al cambiar el valor de la variable *log_min_error_statement* y disminuir el nivel de detalle a *warning*, se provoca que la sentencia SQL se mande al fichero *log* siempre claro de que dicha sentencia SQL provoque un mensaje de tipo *warning* o superior. En cualquier caso, la sentencia SQL no se manda al cliente.

```
s1=# set log_min_error_statement = warning;
s1=# select mensajes (valor::varchar) from generate_series (1,2) as
    valor;
WARNING:  Mensaje de nivel warning 1
WARNING:  Mensaje de nivel warning 2
 mensajes
----------
 Ejemplo
 Ejemplo
```

Últimas líneas del fichero *postgresql-2024-05-22_000000.log:*

```
2024-05-22 17:31:53.649 CEST [7200] NOTICE:  Mensaje de nivel notice 1
2024-05-22 17:31:53.649 CEST [7200] CONTEXTO:  ...
2024-05-22 17:31:53.649 CEST [7200] WARNING:  Mensaje de nivel warning 1
2024-05-22 17:31:53.649 CEST [7200] CONTEXTO:  ...
2024-05-22 17:31:53.649 CEST [7200] SENTENCIA:  select mensajes
    (valor::varchar) from generate_series (1,2) as valor;
2024-05-22 17:31:53.650 CEST [7200] NOTICE:  Mensaje de nivel notice 2
2024-05-22 17:31:53.650 CEST [7200] CONTEXTO:  ...
2024-05-22 17:31:53.650 CEST [7200] WARNING:  Mensaje de nivel warning 2
2024-05-22 17:31:53.650 CEST [7200] CONTEXTO:  ...
2024-05-22 17:31:53.650 CEST [7200] SENTENCIA:  select mensajes
    (valor::varchar) from generate_series (1,2) as valor;
```

Qué se puede enviar al log

Por último, hay otro grupo de variables que sirven para especificar qué es lo que se desea enviar a *log*. Por ejemplo, se puede enviar el nombre de la aplicación cliente que origina el mensaje con la variable *application_name* o filtrar el tipo de sentencia SQL que se envía con la variable *log_statement*. Para más información de este grupo de variables y otras variables no detalladas de los dos grupos anteriores se puede consultar la documentación *online* de PostgreSQL sobre *error reporting and logging[1]*.

---

[1] https://www.postgresql.org/docs/current/runtime-config-logging.html

Mediante *log_statement* se puede enviar al *log* sentencias SQL, aunque éstas no produzcan ningún error en su ejecución (ver variable *log_min_error_statement* vista anteriormente).

```
s1=# set log_statement = 'all';
s1=# create table log1 (a integer);
```

Últimas líneas del fichero *postgresql-2024-05-22_000000.log:*

```
2024-05-22 17:34:25.825 CEST [7200] LOG:  sentencia: create table log1 (a
   integer);
```

Si el valor de la variable coincide con una palabra reservada (*all*) de PostgreSQL, habrá que encerrarlo entre comillas simples. En realidad, se debería haber realizado esto con los valores de las demás variables para seguir una sintaxis rigurosa y más fiable.

1.8. Consumo de recursos

PostgreSQL permite la configuración del consumo de los recursos del sistema mediante la modificación de una serie de variables.

La configuración de muchas de estas variables está íntimamente relacionada con la finalidad del servidor de PostgreSQL, es decir, ¿se desea un servidor que atienda muchos clientes de forma concurrente o solo se va a utilizar como servidor de desarrollo?, ¿el servidor dispone de muchas bases de datos que mantener o solo unas pocas?, ¿el ordenador está dedicado para el servidor o tiene que compartir recursos con otras aplicaciones? La respuesta a este tipo de preguntas es necesaria para establecer cómo reaccionará el servidor PostgreSQL ante los recursos *hardware* del ordenador.

Una configuración adecuada puede reducir el tiempo de ejecución en consultas SQL, en procesos de *vacuum* (apartado I 1.5, pág. 514) o *backup* (apartado F 6, pág. 335) considerablemente. Tras la modificación de algunas variables de configuración es necesario reiniciar el servidor, pero otras muchas variables permiten su modificación en caliente y de esta forma asignar más recursos según las necesidades.

Las variables que afectan al rendimiento del servidor PostgreSQL están relacionadas con el uso de la memoria, con el sistema operativo como el número máximo de ficheros abierto, los cálculos de coste de los procesos *vacuum*, el proceso de escritura de PostgreSQL, el sistema WAL[1] de PostgreSQL, etc.

La correcta configuración de dichas variables es un asunto difícil y que requiere de experiencia y conocimiento profundo de PostgreSQL. De todas formas, PostgreSQL establece un valor por defecto de estas variables apropiado en la gran mayoría de los casos.

Aun así, vamos a comentar la configuración de unas pocas variables (quizás las más importantes) que un usuario normal puede calcular y modificar de forma sencilla mejorando el rendimiento del servidor considerablemente. Algunas de estas variables son las relacionadas con la gestión de la memoria RAM:

---

[1] *Write-Ahead Logging* (WAL), es un sistema estándar para asegurar la integridad de los datos y que implementan la gran mayoría de los SGBD.

shared_buffers:

Establece la cantidad de memoria que el servidor utiliza de forma compartida entre todas las bases de datos.

Generalmente por defecto se establece con un valor muy pequeño (24/32 MB). Si la máquina está dedicada a PostgreSQL se puede elevar esta cantidad hasta utilizar aproximadamente un 25%-50% de la memoria RAM total. En máquinas *MS Windows*, valores muy grandes no son efectivos ya que el sistema operativo utiliza su propio sistema *cache*, en estos casos un rango aconsejable es entre 64 y 512MB.

Esta variable se debe modificar en el fichero *postgresql.conf* y reiniciar el servidor.

work_mem:

Establece la cantidad de memoria utilizada por el servidor en operaciones de ordenación tipo *sort* (*order by*, *distinct*, *merge joins*) y tablas *hash* (*hash join*, subconsultas *In*, agregaciones *hash*).

Hay que tener en cuenta que una única consulta SQL puede tener varias operaciones *sort* o *hash* ejecutándose en paralelo y también que varias sesiones pueden ejecutar consultas SQL de forma concurrente. Esto origina que la cantidad de memoria requerida por el servidor sea la especificada en *work_mem,* pero multiplicada varias o muchas veces en función de la carga del mismo.

El valor por defecto es de 1MB, quizás es adecuado para un servidor que soporte cientos de clientes por ejemplo en una arquitectura web, pero para la mayoría de los usos (y sobre todo si es un servidor dedicado) es una cantidad demasiado pequeña. Por el contrario, si se dispone de un número de usuarios concurrentes pequeño y una cantidad de RAM elevada es conveniente incrementar esta cantidad al menos a 16MB.

Para un uso más específico, por ejemplo, un equipo de desarrollo con muy pocos usuarios, incluso se puede incrementar dicha cantidad de forma condicional con el comando *Set*.

```
s1=# set work_mem = '64MB';
s1=# --ejecución de los comandos SQL
s1=# set work_mem = '16MB';
```

Como cualquier variable que no requiera el reinicio del servidor se puede modificar de diferentes formas (véase el apartado I 1.1, pág. 501).

Las consultas paralelas (introducidas en PostgreSQL 9.6) están relacionadas con el uso de *work_mem*. Véase el apartado F 13, pág. 378.

Maintenance_work_mem:

Establece la cantidad máxima de memoria a utilizar en operaciones de mantenimiento como *Vacuum*, *Create Index* y adición de claves ajenas.

Su valor por defecto es de 16MB, cantidad pequeña si se tiene en cuenta que únicamente se puede ejecutar una operación de *vacuum* por base de datos de forma simultánea y que generalmente no se producen muchas operaciones de este tipo de forma concurrente (ver variable *autovacuum_max_workers*). Una cantidad apropiada en un servidor dedicado puede oscilar entre 32 y 256MB, si no es un servidor dedicado al menos varias veces la cantidad dedicada a *work_men* puede ser apropiada.

1.9. Otros

Otras tareas de administración o características que un usuario avanzado de PostgreSQL debería conocer son:

- Gestión de *tablespaces.*
- Monitorización del sistema, como actividad de la base de datos y el uso del dispositivo de almacenamiento secundario.
- Alta disponibilidad, balanceo de carga y replicación.
- Funcionamiento del sistema WAL (*Write-Ahead Logging*).
- Configuración óptima del servidor mediante las variables correspondientes.

2. SQL

En este apartado se pretende introducir el lenguaje de consulta estructurado o *Structured Query Language,* en adelante SQL. La única pretensión de este apartado es que usuarios nóveles en bases de datos y SQL conozcan los principios básicos del lenguaje. La sintaxis de los comandos analizados se basa en el SQL estándar, comentando cuando sea el caso si alguna opción o comando no está considerado en el estándar y es propio de PostgreSQL.

Existe un elevado número de publicaciones sobre SQL y bases de datos en el mercado donde el lector puede profundizar en estos conceptos, el manual *online* de PostgreSQL[1] es una fuente de ayuda completa y de calidad tanto de SQL como de todas las particularizaciones y extensiones al lenguaje que hace el propio PostgreSQL.

Sin embargo, aun siendo una introducción a este lenguaje, el capítulo es más que suficiente para que el lector comprenda PostGIS[2] y sea capaz de diseñar y desarrollar sus propios análisis espaciales propuestos en este libro.

También se ha pretendido enfocar este capítulo de una forma práctica, sin incurrir en teoría de base de datos ni explicaciones demasiado detalladas sobre las instrucciones SQL analizadas.

En las órdenes SQL que se verán a partir del apartado siguiente, se hace una descripción de algunas de las opciones y posibilidades más utilizadas. Para ver con detalle la descripción de la sintaxis y las características de cada comando SQL es aconsejable consultar la documentación de PostgreSQL[3]. Esta documentación está disponible *online* y también en formato *pdf.*

2.1. Lenguaje SQL

SQL es un lenguaje de bases de datos diseñado para el manejo de datos almacenados en sistemas gestores de bases de datos (SGBD). Incluye comandos para la creación, consulta y actualización de datos, creación y modificación de esquemas y control de acceso.

En este capítulo se estudiará el lenguaje SQL de una forma práctica mediante ejemplos. Los ejemplos y sentencias SQL utilizadas tratan de respetar lo más posible el SQL estándar de forma que dichos conceptos se puedan aplicar a cualquier base de datos que siga dicho estándar. En este sentido, PostgreSQL es una base de datos recomendada para el aprendizaje SQL ya que se ciñe al estándar SQL de una forma bastante rigurosa. Aun así, cuando algunas instrucciones de PosgreSQL no estén incluidas en el estándar se indicará de forma explícita.

El estándar SQL ha ido sufriendo una serie de revisiones desde que apareció de forma oficial en su primera versión en el año 1986. En la siguiente tabla se resume las diferentes versiones.

PostgreSQL es un sistema gestor de bases de datos *open source.* Tras más de 35 años de desarrollo es un producto estable y cuenta con una fuerte reputación en cuanto a fiabilidad, e integridad. Está disponible para distintos sistemas operativos como *Linux*, algunos sistemas *Unix, Mac OS* y *MS Windows*.

---

[1] Versión actual del manual *online* de PostgreSQL:
 https://www.postgresql.org/docs/current/index.html

[2] Extensión espacial de PostgreSQL tratada en este libro. https://postgis.net/

[3] Capítulo *Reference / SQL commands* en https://www.postgresql.org/docs/current/index.html

Año	Nombre	Descripción
1986	SQL-86	Primer estándar formalizado por ANSI[1].
1989	SQL-89	Revisión menor.
1992	SQL-92	También llamado SQL2, fue una revisión mayor del estándar (ISO 9075).
1999	SQL:1999	También llamado SQL3, incluyó características importantes como disparadores (*triggers*), consultas recursivas, soporte para lenguajes procedurales y algunas características orientadas a objeto.
2003	SQL:2003	Introdujo características relacionadas con XML, secuencias, columnas con valores autogenerados, etc.
2006	SQL:2006	Relación del SQL con XML. Importación y almacenamiento de datos XML. Uso de *Xquery*[2] en el código SQL, etc.
2008	SQL:2008	Instead of (triggers), tipos *Binary* y *Varbinary*, comando *Truncate*, etc.
2011	SQL:2011	Extensiones a las funciones ventana, tablas temporales, correcciones, etc.
2016	SQL:2016	Añade ajuste (*matching*) de patrones de fila, tablas polimórficas, JSON.
2019	SQL:2019	*Arrays* multidimensionales y operadores
2023	SQL:2023	Nuevas características relacionadas con JSON y consultas de grafos.

Tabla 59 Versiones de SQL

PostgreSQL es conforme ACID[3] y soporta el estándar SQL-2008 ampliamente, incluyendo un gran número de características opcionales del estándar. Soporta un número importante de características de SQL-2023: al menos es conforme en 170 de los 179 elementos obligatorios del SQL:2023.

PostgreSQL está considerado por la comunidad como el sistema gestor de bases de datos más avanzado dentro del mundo del código abierto.

> Este capítulo del libro solo pretende ser una introducción práctica al SQL, sin profundizar en conceptos teóricos y centrándose en las órdenes más comunes y necesarias para entender y poder manejar la extensión espacial PostGIS.

2.2. Instrucciones SQL

Las sentencias SQL se pueden agrupar en tres bloques según su funcionalidad:

- Lenguaje de Definición de Datos (DDL): Instrucciones de definición de datos para crear una base de datos (creación de objetos como tablas, vistas, dominios, etc.), modificar y eliminar las definiciones de los objetos: *Create Database, Drop Database, Create Table, Drop Table, Alter Table, Create Domain*, etc.
- Lenguaje de Manipulación de Datos (DML): Instrucciones de manipulación de datos para consultar y actualizar la base de datos: *Select, Insert, Delete, Update*.
- Lenguaje de Control de Datos (DCL): Instrucciones de gestión que permiten la gestión de la sesión, de las transacciones, usuarios y permisos de acceso, etc. Algunos comandos son: *Commit, Rollback, Grant, Revoke, Create Role,* etc.

---

[1] *American National Standards Institute.*

[2] The *XML Query Language*, publicado por el *World Wide Web Consortium* (W3C).

[3] Conjunto de propiedades (atomicidad, consistencia, aislamiento y durabilidad) que aseguran la fiabilidad en el procesamiento de transacciones dentro de las bases de datos.

Este apartado se centra en los dos primeros bloques, suficientes para entender todos los ejemplos sobre PostGIS. En el apartado I 1, pág. 501 se muestra una guía introductoria a la administración de PostgreSQL donde se utilizan algunos comandos del bloque DCL.

Este apartado es una introducción al lenguaje SQL, pero parte de que el lector posee unos conocimientos mínimos de bases de datos, es decir, por lo menos conoce y es capaz de aplicar las tres primeras formas normales a las tablas de una base de datos. En caso contrario, es aconsejable que consulte bibliografía y sobre todo ejemplos prácticos sobre el modelo relacional y la normalización de la base de datos[1].

2.3. Definición de datos

En este apartado se va a estudiar los comandos necesarios para definir la estructura de los datos, pero sin entrar aún en la propia inserción, actualización o borrado de los mismos.

Listado de los ejemplos

Los ejemplos realizados en este apartado se encuentran en el fichero "*codigo/capi.sql*". El usuario puede ir copiando y pegando los fragmentos de código SQL en un cliente *psql* para su aprendizaje.

Tablas

Las instrucciones SQL para la creación, modificación y borrado de relaciones o tablas son: *create table, alter table* y *drop table*.

Creación

CREATE TABLE tabla (elemento_tabla_1, ..., elemento_tabla_n)
donde *elemento_tabla_i* puede ser:
    La definición de una columna o
    La definición de una restricción de tabla (lo veremos más adelante)
    Ejemplo: restricción de valor general CHECK)

La definición de columna es:
    columna {tipo_dato | dominio}
    [DEFAULT expresión]
    [restricción_columna_1, ..., restricción_columna_n]

Los corchetes [] se utilizan para definir los parámetros opcionales y las llaves {} para delimitar parámetros excluyentes.

Ejemplo:

```
b1=# CREATE TABLE proveedor (dni INTEGER, nombre VARCHAR(20), direccion
     VARCHAR(40), ciudad CHAR(10) DEFAULT 'Valencia');
```

---

[1] https://es.wikipedia.org/wiki/Normalización_de_bases_de_datos

La correcta creación de la tabla se puede comprobar con el comando \d *proveedor* del cliente *psql*.

Si el lector desea en este momento introducir, listar y borrar registros en la tabla puede consultar el apartado I 2.4, pág. 548.

> PostgreSQL tiene otras opciones interesantes para la creación de tablas que pueden no estar consideradas en el estándar SQL, como puede ser la creación de tablas temporales o la creación de una tabla a partir de una segunda tabla aprovechando la definición de las columnas de esta última. En la ayuda *online* oficial de PostgreSQL (*Reference / SQL commands*) aparece una descripción detallada de la creación de tablas de PostgreSQL[1].

Modificación

Una vez la tabla está creada, es posible cambiar su definición mediante la instrucción ALTER TABLE. Se puede añadir/eliminar columnas, modificar el tipo de una columna, establecer/eliminar valores por defecto de una columna, añadir/eliminar restricciones de tabla (lo veremos más adelante), etc.

```
ALTER TABLE tabla
    { ADD [COLUMN] definición_columna,
        ALTER [COLUMN] columna SET DEFAULT expresión,
        ALTER [COLUMN] columna DROP DEFAULT,
        ALTER [COLUMN] columna {SET | DROP} NOT NULL,
        DROP [COLUMN] columna [RESTRICT | CASCADE],
        ADD CONSTRAINT restricción_tabla,
        DROP CONSTRAINT restricción [RESTRICT | CASCADE] }
```

Ejemplos:

Añade una columna *empleados* de tipo entero y con un valor por defecto de 0.

```
b1=# ALTER TABLE proveedor ADD COLUMN empleados INTEGER DEFAULT 0;
```

Modifica el valor por defecto de la columna *empleados* al valor -1.

```
b1=# ALTER TABLE proveedor ALTER COLUMN empleados SET DEFAULT -1;
```

Modifica el tipo de datos de la columna *empleados* a un entero corto.

```
b1=# ALTER TABLE proveedor ALTER COLUMN empleados TYPE SMALLINT;
```

Modifica la columna *empleados* y le añade la condición NOT NULL, es decir, dicha columna no podrá almacenar valores nulos (veremos las condiciones o restricciones, como NOT NULL, UNIQUE, etc., un poco más adelante).

```
b1=# ALTER TABLE proveedor ALTER COLUMN empleados SET NOT NULL;
```

También es posible cambiar el nombre de una columna:

```
b1=# ALTER TABLE proveedor RENAME COLUMN empleados TO personal;
```

> Al cambiar una columna de tipo de dato (en el ejemplo se cambia la columna *empleados* de tipo INTEGER a tipo SMALLINT), PostgreSQL realizará la modificación solo en el caso que la conversión no pierda precisión en los datos existentes y los tipos sean compatibles.

---

[1] https://www.postgresql.org/docs/current/sql-createtable.html

Borrado

DROP TABLE tabla [RESTRICT | CASCADE]

Ejemplo:

```
b1=# DROP TABLE proveedor;
```

En las instrucciones *ALTER TABLE* y *DROP TABLE*, la opción *RESTRICT* (por defecto) o *CASCADE* hace referencia a cómo se comportará el sistema si existen objetos relacionados con el elemento que se desea eliminar. Mediante la opción *RESTRICT* se producirá el borrado únicamente si no existen elementos relacionados. La opción *CASCADE* producirá el borrado incluso aunque hallan elementos relacionados (éstos también se borrarán).

Uso de mayúsculas

PostgreSQL convierte a minúsculas las sentencias SQL salvo los literales de texto que se introduzcan entre comillas simples. De esta forma, si se desea utilizar mayúsculas o incluso espacios u otros caracteres en los nombres de las tablas, campos, funciones, índices, etc. será necesario utilizar comillas dobles de la siguiente forma:

```
b1=# create table "Prueba" ("Gid" serial, "Campo" integer);
NOTICE:  CREATE TABLE will create implicit sequence "Prueba_Gid_seq" for
    serial column "Prueba.Gid"
CREATE TABLE

b1=# select * from Prueba;
ERROR:  relation "prueba" does not exist

b1=# select * from "Prueba";
Gid | Campo
-----+-------
(0 rows)
b1=# drop table "Prueba";
```

Tanto para referirse a la tabla "*Prueba*" como a los campos de dicha tabla será necesario utilizar comillas dobles en todas las sentencias. Para evitar este tedioso proceso en los ejemplos de esta publicación siempre se utilizan minúsculas en los nombres de los objetos.

Dominios

Las instrucciones SQL para la creación, modificación y borrado de dominios son: *create domain, alter domain* y *drop domain*.

Definición

CREATE DOMAIN dominio AS tipo_dato
    [DEFAULT expresión]
    [*constraint* [...]]

Donde *constraint* es:

[CONSTRAINT nombre_restricción]
        { NOT NULL | NULL | CHECK (expresión) }

- Donde [*CONSTRAINT nombre_restricción*] es opcional y sirve para dar un nombre o etiquetar la restricción de forma que más tarde ésta pueda ser identificada para ser modificada o borrada.
- *tipo_dato*, debe ser uno de los tipos básicos o definidos por el usuario.

Ejemplos:

```
b1=# CREATE DOMAIN d_dni AS INTEGER CHECK (VALUE > 0);
```

Creación de un dominio sin darle nombre a la restricción:

```
b1=# CREATE DOMAIN d_ciudad AS CHAR(10) CHECK (VALUE IN ('Barcelona',
    'Bilbao', 'Madrid', 'Valencia'));
```

Creación de un dominio asignado un nombre a la restricción (*r1_d_dni*):

```
b1=# CREATE DOMAIN d_dni AS INTEGER DEFAULT -1 CONSTRAINT r1_d_dni CHECK
    (VALUE > 0 OR VALUE=-1);
```

Tras la definición de los dominios, éstos se pueden aplicar al crear una nueva tabla:

```
b1=# CREATE TABLE proveedor (dni d_dni, nombre VARCHAR(20), direccion
    VARCHAR(40), ciudad d_ciudad);
```

Modificación

Una vez que un dominio está creado, es posible cambiar su definición mediante la instrucción *alter domain*. Mediante esta orden se puede: establecer o eliminar valores por defecto del dominio y añadir o eliminar restricciones de un dominio (lo veremos más adelante).

```
ALTER DOMAIN dominio
  { SET DEFAULT expresión,
    DROP DEFAULT,
    ADD restricción_dominio
    DROP CONSTRAINT restricción }
```

Ejemplos:

```
b1=# ALTER DOMAIN d_ciudad SET DEFAULT 'Valencia';
```

Al haberle dado un nombre a una restricción, será más fácil, modificar la condición del dominio una vez ha sido creado, e incluso asignado a la columna de las tablas:

Añadimos la ciudad 'Bilbao' a la lista del dominio *d_ciudad*:

```
b1=# ALTER DOMAIN d_ciudad DROP CONSTRAINT r1_d_ciudad;
b1=# ALTER DOMAIN d_ciudad ADD CONSTRAINT r1_d_ciudad CHECK (VALUE IN
('Barcelona', 'Bilbao', 'Madrid', 'Valencia'));
```

Eliminamos la restricción del dominio *d_dni*:

```
b1=# ALTER DOMAIN d_dni DROP CONSTRAINT r1_d_dni;
```

Borrado

DROP DOMAIN dominio [RESTRICT | CASCADE]

Ejemplo:

```
b1=# DROP DOMAIN d_dni;
```

Las opciones *RESTRICT y CASCADE* tienen la misma funcionalidad que la explicada en las instrucciones *ALTER TABLE y DROP TABLE*. La opción por defecto es *RESTRICT.*

Supongamos que se ha definido un dominio, y se ha utilizado en la definición de una tabla. Si se elimina el dominio con la opción *CASCADE* la columna de la tabla correspondiente será eliminada también.

> El valor por defecto de una columna tiene prioridad respecto al valor por defecto de un dominio que esté asignado a esa misma columna.

Esquemas

Los comandos SQL para crear y borrar esquemas son: *create schema y drop schema.*

Esencialmente un esquema es un espacio de nombres. De forma breve se puede decir que es como un directorio dentro de la base de datos de forma que nos permite organizar las tablas, funciones, etc. Una base de datos puede tener muchos esquemas, pero no puede haber un esquema dentro de otro, es decir, los esquemas deben de 'colgar' directamente de la base de datos.

Al crear una tabla y no especificar el esquema (como se ha realizado hasta ahora), ésta se almacena en el esquema actual que generalmente en PostgreSQL será el esquema *public* (a no ser que se haya cambiado el esquema actual o por defecto, véase el apartado B 2.2, pág. 61). Las dos siguientes sentencias serían similares:

```
CREATE TABLE ejemplo (campo INTEGER);
CREATE TABLE public.ejemplo (campo INTEGER);
```

Como se puede apreciar la forma de referirnos a un objeto que se encuentra dentro de un esquema ya sea una tabla, vista, función, etc., es con el nombre del esquema más un punto.

Definición

CREATE SCHEMA esquema

Ejemplos:

```
b1=# CREATE SCHEMA prueba;
b1=# CREATE TABLE prueba.mitabla (campo INTEGER);
```

Borrado

DROP SCHEMA esquema [RESTRICT | CASCADE]

Ejemplo (borra el esquema *prueba* y la tabla *prueba.mitabla*):

```
b1=# DROP SCHEMA prueba CASCADE;
```

La opción CASCADE borra automáticamente todos los objetos dentro del esquema. La opción RESTRICT solo borrará el esquema si está vacío.

> Aunque el SQL estándar no considera la posibilidad de modificar un esquema, en PostgreSQL se permite modificar el nombre o el dueño de un esquema, por ejemplo: *ALTER SCHEMA schema RENAME TO nuevonombre.*

Con el cliente *psql* se puede utilizar el comando *'\d esquema.*' para listar las tablas que hay contenidas en un esquema en concreto.

En el apartado B 2.2, pág. 61 aparece más información sobre cómo configurar el esquema por defecto de PostgreSQL cambiando la ruta de búsqueda mediante la variable *search_path*.

Restricciones (not null, unique, primary key, check)

El Modelo Entidad-Relación proporciona distintos tipos de restricciones de integridad que permiten establecer ciertas pautas de comportamiento en la base de datos. Las restricciones son condiciones que se deben cumplir en la base de datos. El SGBD es el responsable de asegurar que en todo momento se cumplan.

Las restricciones se pueden aplicar sobre:

1. **Una columna**. Restricción de columna: impone una condición sobre una columna.
2. **Una tabla (varias columnas)**. Restricción de tabla: impone una condición sobre varias columnas de una tabla.
3. **Varias tablas**. Restricción general (ASSERTIONS): impone una condición sobre varias columnas pertenecientes a varias tablas.
4. **Un dominio**. Anteriormente se vio un ejemplo para imponer una condición sobre un dominio (*Check*). Los dominios solo admiten el tipo de restricción *CHECK*.

A continuación, se muestra los 5 tipos de restricciones que existen (la numeración entre corchetes hace referencia a la lista superior que representa a los elementos sobre los que se puede aplicar cada tipo de restricción):

- **Restricción de valor no nulo** (*NOT NULL*) [1]. Se viola si existe alguna fila de la tabla con valor nulo en la columna.
- **Restricción de unicidad** (*UNIQUE*) [1, 2]. Se viola si existen dos filas de esa tabla que tengan los mismos valores en la/s columna/s (no se viola si las columnas contienen valores nulos).
- **Restricción de clave primaria** (*PRIMARY KEY*) [1, 2]. Es equivalente a NOT *NULL + UNIQUE*. Se viola si existe alguna fila con valor nulo en alguna columna o si existen dos filas con los mismos valores en la/s columna/s.
- **Restricción general** (*CHECK*) [1, 2, 3, 4]. Restricción que permite especificar una expresión lógica cualquiera.
- **Restricción de clave ajena** (*FOREIGN KEY*) [1, 2]. Restricción conocida como **integridad referencial**. Los valores de la/s columna/s de la tabla (A) hacen referencia a los valores de la/s columna/s de otra tabla (B). Se viola si no existe ninguna fila en la tabla (B) cuyos valores se correspondan con los valores de la tabla (A).

A una restricción se le puede dar nombre (aconsejable), en caso contrario el SGBD le asignará uno automáticamente. La sintaxis de una restricción es la siguiente:

```
[CONSTRAINT restricción]
    {restricción_dominio | restricción_columna | restricción_tabla}
    [{INITIALLY DEFERRED | INITIALLY INMEDIATE}] [[NOT] DEFERABLE]
```

Nota:

Las cláusulas *[{INITIALLY DEFERRED | INITIALLY INMEDIATE}] [[NOT] DEFERA-BLE]*, no se estudiarán en esta publicación.

Restricción de valor no nulo

La restricción de valor no nulo (*NOT NULL*) es una restricción que se puede asociar únicamente a una columna (1) de una tabla, e impide que pueda aparecer alguna fila en la tabla que contenga un valor nulo para esa columna.

```
[CONSTRAINT restricción] NOT NULL
    [{INITIALLY DEFERRED | INITIALLY INMEDIATE}] [[NOT] DEFERABLE]
```

Ejemplos:

```
b1=# CREATE TABLE proveedor (dni d_dni, nombre VARCHAR(20) NOT NULL,
    direccion VARCHAR(40), ciudad d_ciudad);
```

En PostgreSQL para añadir o eliminar una restricción de valor no nulo a una columna ya creada se debe utilizar la siguiente sintaxis: *ALTER TABLE tabla ALTER COLUMN columna { SET | DROP } NOT NULL.*

Es posible eliminar o añadir una restricción *not null* a una tabla ya creada, incluso aunque esté rellena con filas.

Ejemplo (elimina la restricción not null en el campo nombre de la tabla anterior):

```
b1=# ALTER TABLE proveedor ALTER COLUMN nombre DROP NOT NULL;
```

Ejemplo (añade una restricción not null al campo direccion):

```
b1=# ALTER TABLE proveedor ALTER COLUMN direccion SET NOT NULL;
```

En este caso, si la tabla tiene filas, y alguna dirección es nula, PostgreSQL dará error al ejecutar la sentencia anterior.

Restricción de unicidad

La restricción de unicidad (*UNIQUE*) es una restricción que se puede asociar tanto a una única columna (restricción de columna) como a varias columnas (restricción de tabla).

Esta restricción exige que el valor de una columna (1) o la combinación de varias de ellas (2) no esté duplicado en el conjunto de filas de la tabla.

Si se aplica solo a una columna se expresa de la forma:

Definición_columna [CONSTRAINT nombre_restricción] UNIQUE

En el caso de que se aplique a una o más columnas, se expresa:

[CONSTRAINT restricción] UNIQUE (columna_1, ..., columna_n)
[{INITIALLY DEFERRED | INITIALLY INMEDIATE}] [[NOT] DEFERABLE]

1. Ejemplos (restricciones sobre una columna):

Restricción UNIQUE en la definición de una columna, sin nombre:

```
b1=# CREATE TABLE proveedor (dni d_dni, nombre VARCHAR(20) UNIQUE,
    direccion VARCHAR(40), ciudad d_ciudad);
```

Dos restricciones UNIQUE en la definición de una columna, con nombre:

```
b1=# CREATE TABLE proveedor (dni d_dni, nombre VARCHAR(20) CONSTRAINT
r1_proveedor UNIQUE, direccion VARCHAR(40) CONSTRAINT r2_proveedor
UNIQUE, ciudad d_ciudad);
```

Ejemplos (modificación de restricciones):

Al tener nombre, es sencillo eliminar la restricción más adelante con la expresión:

Eliminamos una de las dos restricciones del ejemplo anterior.

```
b1=# ALTER TABLE proveedor DROP CONSTRAINT r2_proveedor;
```

Para añadir una restricción de columna a una tabla ya creada, utilizaremos:

```
b1=# ALTER TABLE proveedor ADD CONSTRAINT r2_proveedor
        UNIQUE (direccion);
```

2. Ejemplo (restricciones sobre dos o más columnas, es decir, de tipo tabla):

La unicidad considera un valor único la combinación de nombre y dirección, no como el ejemplo anterior.

```
b1=# CREATE TABLE proveedor (dni d_dni, nombre VARCHAR(20), direccion
VARCHAR(40), ciudad d_ciudad, CONSTRAINT r3_proveedor UNIQUE (nombre,
direccion));
```

Añadimos además dos restricciones *not null* a ambos campos.

```
b1=# CREATE TABLE proveedor (dni d_dni, nombre VARCHAR(20) NOT NULL,
direccion VARCHAR(40) NOT NULL, ciudad d_ciudad, CONSTRAINT
r3_proveedor UNIQUE (nombre, direccion));
```

Modificación de restricciones:

De la misma forma que en el ejemplo anterior:

```
b1=# ALTER TABLE proveedor DROP CONSTRAINT r3_proveedor;
b1=# ALTER TABLE proveedor ADD CONSTRAINT r3_proveedor UNIQUE
(nombre, direccion);
```

Al añadir una restricción UNIQUE en una tabla con filas existentes, PostgreSQL comprobará si los valores de los datos son únicos y si no es así no dejará añadir la restricción.

> El valor nulo significa que se desconoce el valor, esto implica que, si dos filas presentan valor nulo en una misma columna, la restricción de unicidad no se viola.
> PostgreSQL crea de forma automática un índice sobre la/s columna/s que forman parte de una restricción de tipo *UNIQUE*.

Restricción de clave primaria

Una restricción de clave primaria es como las dos restricciones anteriores al mismo tiempo, es decir, **UNIQUE + NOT NULL**.

La restricción de clave primaria (*PRIMARY KEY*) es una restricción que se puede asociar tanto a una única columna (restricción de columna) como a varias columnas (restricción de tabla).

Esta restricción exige que el valor de una columna (1) o la combinación de varias de ellas (2) no esté duplicado en el conjunto de filas de la tabla, y además no sea nulo.

Esta restricción implica por lo tanto **una restricción de valor no nulo sobre cada una de las columnas que forman la clave primaria y una restricción de unicidad** sobre el conjunto de las columnas.

Las columnas de una tabla que presentan restricciones de clave primaria se utilizarán más adelante cuando se estudien las restricciones de clave ajena (integridad referencial).

Si se aplica solo a una columna se expresa de la forma:

> Definición_columna [CONSTRAINT nombre_restricción] PRIMARY KEY

En el caso de que se aplique a una o más columnas, se expresa:

> [CONSTRAINT restricción] PRIMARY KEY (columna_1, ..., columna_n)
>   [{INITIALLY DEFERRED | INITIALLY INMEDIATE}] [[NOT] DEFERABLE]

1. Ejemplo (restricción de tipo columna, sin definir un nombre de restricción):

```
b1=# CREATE TABLE proveedor (dni d_dni PRIMARY KEY, nombre VAR-
CHAR(20), direccion VARCHAR(40), ciudad d_ciudad);
```

2. Ejemplo (restricción de tipo tabla y definiendo un nombre de restricción):

```
b1=# CREATE TABLE proveedor (dni d_dni, nombre VARCHAR(20), direccion
VARCHAR(40), ciudad d_ciudad, CONSTRAINT r4_proveedor PRIMARY KEY
(nombre, direccion));
```

Modificación de restricciones: La eliminación o adición de una restricción es similar al ejemplo anterior de restricciones *unique*.

```
b1=# ALTER TABLE proveedor DROP CONSTRAINT r4_proveedor;
b1=# ALTER TABLE proveedor ADD CONSTRAINT r4_proveedor PRIMARY KEY
(nombre, direccion);
```

PostgreSQL **crea de forma automática un índice** sobre la/s columna/s que forman parte de esta restricción.

La teoría relacional dice que toda tabla debe tener una clave primaria, pero en PostgreSQL no es necesario (se permite que no tenga ninguna clave primaria). En cualquier caso, lo que no es posible es que una tabla tenga más de una clave primaria.

Restricción general

La restricción general (*CHECK*) es una restricción que se puede asociar a una única columna de una tabla (1), a varias columnas de una tabla (2), a un dominio (4) o incluso relacionando varias tablas (3).

[CONSTRAINT restricción] CHECK (condición)
    [{INITIALLY DEFERRED | INITIALLY INMEDIATE}] [[NOT] DEFERABLE]

Cuando la restricción general va asociada a un dominio (3), la condición utilizada en la cláusula CHECK no puede hacer referencia a columnas o tablas de la base de datos, únicamente se puede evaluar los valores del dominio utilizando la palabra clave VALUE.

```
CREATE DOMAIN d_dni AS INTEGER CHECK (VALUE > 0);
CREATE DOMAIN d_ciudad AS CHAR(10) CONSTRAINT r1_d_ciudad CHECK (VALUE IN
    ('Barcelona', 'Bilbao', 'Madrid', 'Valencia'));
```

Modificación de la lista de ciudades del dominio:

```
ALTER DOMAIN d_ciudad DROP CONSTRAINT r1_d_ciudad;
ALTER DOMAIN d_ciudad ADD CONSTRAINT r1_d_ciudad CHECK (VALUE IN
    ('Barcelona', 'Bilbao', 'Madrid', 'Valencia', 'Sevilla'));
```

Cuando la restricción general va asociada a una columna (1) o a una tabla (2), su condición no tiene ninguna limitación sintáctica, pudiéndose emplear cualquier expresión lógica SQL (*true* o *false*).

1. Ejemplo (restricción de tipo columna, con un nombre de restricción):

```
b1=# CREATE TABLE proveedor (dni d_dni, nombre VARCHAR(20) CONSTRAINT
    r5_proveedor CHECK (nombre <> 'Malos PCs SA'),
    direccion VARCHAR(40), ciudad d_ciudad);
```

Modificación de la lista negra de proveedores:

```
b1=# ALTER TABLE proveedor DROP CONSTRAINT r5_proveedor;
b1=# ALTER TABLE proveedor ADD CONSTRAINT r5_proveedor
        CHECK (nombre NOT IN ('Malos PCs SA','Potatos PCs'));
```

2. Ejemplo (restricción de tipo tabla, con un nombre de restricción):

```
b1=# CREATE TABLE proveedor (dni d_dni, nombre VARCHAR(20),
        direccion VARCHAR(40), ciudad d_ciudad,
        CONSTRAINT r6_proveedor CHECK (nombre <> direccion));
```

En esencia la condición de una restricción general asociada a una columna debería estar formada por una expresión compuesta por valores **únicamente** de dicha columna, aunque como muestra este ejemplo, esta afirmación no es necesario cumplirla, aunque sí es aconsejable para que la estructura de la base de datos sea más legible:

```
b1=# CREATE TABLE proveedor (dni d_dni, nombre VARCHAR(20) CHECK (nombre
     <> direccion), direccion VARCHAR(40), ciudad d_ciudad);
```

En la condición de la cláusula *CHECK*, ya sea en el caso (1) o (2), se puede hacer referencia a otras tablas de la base de datos (para ello hay que utilizar subconsultas SQL) aunque esto no sería adecuado desde el punto de vista de legibilidad. En tal caso se deberá utilizar instrucción *CREATE ASSERTION*.

CREATE ASSERTION restricción CHECK (condición)
    [{INITIALLY DEFERRED | INITIALLY INMEDIATE}] [[NOT] DEFERABLE]

Actualmente en PostgreSQL la condición dentro de la restricción de tipo CHECK no puede contener subconsultas o referirse a otras columnas que las de la propia tabla. Esto imposibilita en PostgreSQL el uso de *assertions*.

Restricción de clave ajena o integridad referencial

La restricción de clave ajena (*FOREIGN KEY*) es una restricción que se puede asociar a una única columna de una tabla (1) o a varias columnas de una tabla (2). Se utiliza para hacer referencia por valor a las filas de otra tabla.

Una clave ajena es una columna o grupo de columnas de una tabla que corresponden a una clave primaria (o restricción de unicidad) de otra tabla de la base de datos. Una clave ajena no tiene por qué ser única, pero sí debe identificar de forma única las columnas de la tabla a la cual referencia.

Sintaxis de la clave ajena cuando la restricción la forma una única columna:

[CONSTRAINT restricción]
    REFERENCES tabla_ref [(columna_ref_1, ..., columna_ref_n)]
    [MATCH {FULL | PARTIAL | SIMPLE}]
    [ON UPDATE {NO ACTION | CASCADE | SET NULL | SET DEFAULT}]
    [ON DELETE {NO ACTION | CASCADE | SET NULL | SET DEFAULT}]
    [{INITIALLY DEFERRED | INITIALLY INMEDIATE}] [[NOT] DEFERABLE]

Sintaxis de la clave ajena cuando la restricción la forman varias columnas:

[CONSTRAINT restricción] FOREIGN KEY (columna_1,..., columna_n)
    REFERENCES tabla_ref [(columna_ref_1, ..., columna_ref_n)]
    [MATCH {FULL | PARTIAL | SIMPLE}]
    [ON UPDATE {NO ACTION | CASCADE | SET NULL | SET DEFAULT}]
    [ON DELETE {NO ACTION | CASCADE | SET NULL | SET DEFAULT}]
    [{INITIALLY DEFERRED | INITIALLY INMEDIATE}] [[NOT] DEFERABLE]

La lista de *columnas columna_ref_i* de la tabla a la que hace referencia la clave ajena debe tener asociada una clave de unicidad o clave primaria.

Las componentes *[ON UPDATE {NO ACTION | CASCADE | SET NULL | SET DE-FAULT}] y [ON DELETE {NO ACTION | CASCADE | SET NULL | SET DEFAULT}]* corresponden a la declaración de las acciones restauradoras de la integridad referencial.

Ejemplo: Disponemos de una tabla de *alumnos* donde la columna *cod_centro* indica en qué escuela están matriculados. También tenemos una tabla *centro* que contiene una descripción de cada centro en el que los alumnos se pueden matricular.

Tabla alumnos	
dni	*cod_centro*
10203040	ETSIGCT
20405060	ETSICCP
10203041	ETSIGCP
20405061	ETSIGCT

Tabla centro	
codigo	*descr*
ETSIGCT	Cartografía
ETSICCP	Caminos
ETSII	Industriales
Desconocido	Sin asignar centro

Tabla 60 Tablas de ejemplo de integridad referencial

Un centro puede tener 0, 1 o n alumnos matriculados mientras que un alumno (para simplificar nuestro ejemplo) debe estar matriculado en un centro. La relación se establece entre el campo *cod_centro* de la tabla *alumnos* y el campo *codigo* de la tabla *centro*.

> Podemos decir que la tabla centro, es una tabla **MAESTRA**, ya que con contiene información que será muy estable con el tiempo, en cambio la tabla alumnos, es una tabla **DETALLE**, porque se puede actualizar constantemente.

Esta relación y las correspondientes tablas se pueden dibujar según un diagrama ER[1] (notación *Chen*) como muestra la siguiente figura. No es el objetivo de esta publicación describir el modelo entidad relación[2] aunque es interesante que el lector profundice en esta u otras herramientas de modelado de datos de un sistema de información.

Restricción ajena de columna *asignado* (*cardinalidad* muchos a 1).

Figura 106 Ejemplo de restricción de clave ajena (I)

En código SQL las tablas y la relación anterior quedarían:

```
bl=# CREATE TABLE centro (codigo CHAR(10) CONSTRAINT cp_centro PRIMARY
    KEY,descr VARCHAR (100) NOT NULL);
```

---

[1] Los diagramas ER (Entidad Relación) son una forma conceptual de representar los datos. La notación *Chen* es una de las posibilidades de representación gráfica de un ER.

[2] https://es.wikipedia.org/wiki/Modelo_entidad-relación

```
b1=# CREATE TABLE alumnos (dni INTEGER CONSTRAINT cp_alumnos PRIMARY KEY,
    cod_centro CHAR (10) DEFAULT 'ETSIGCT' CONSTRAINT caj_asignado
    REFERENCES centro (codigo));
```

Si se define la tabla *alumnos* antes de la tabla *centro*, PostgreSQL dará un error ya que la tabla *alumnos* hace referencia (REFERENCES *centro*) a una tabla aún inexistente.

Es aconsejable definir las restricciones de integridad referencial cuando ya se han definido todas las tablas (incluso se pueden definir tras haber insertado las filas de datos en las tablas). Para ello, se utiliza la orden *ALTER TABLE* (en este caso se especifica la restricción como si fuera una restricción de tabla, aunque de una sola columna).

```
b1=# CREATE TABLE alumnos (dni INTEGER PRIMARY KEY, cod_centro CHAR(10)
    DEFAULT 'ETSIGCT' NOT NULL);
b1=# CREATE TABLE centro (codigo CHAR(10) PRIMARY KEY,descr VARCHAR (100)
    NOT NULL);
b1=# ALTER TABLE alumnos ADD CONSTRAINT caj_asignado FOREIGN KEY
    (cod_centro) REFERENCES centro(codigo);
```

Comportamiento respecto al borrado (tabla MAESTRA)

¿Qué ocurre si se borra una fila de la tabla MAESTRA *centro*? - Por ejemplo, se va a eliminar una fila con el valor *'ETSICCP'* de la columna *codigo*. Automáticamente el SGBD en función del criterio que se haya seleccionado realizará las siguientes operaciones en aquellas filas de la tabla DETALLE *alumnos* que tengan como valor *'ETSICCP'* en la columna *cod_centro*.

- ON DELETE CASCADE: Se borran todas las filas.
- ON DELETE SET NULL: Se establece el valor de la columna *cod_centro* a valor nulo (aunque en este caso no se podría por la restricción *NOT NULL*).
- ON DELETE NO ACTION: Produciría un error ya que habría alumnos matriculados en un centro inexistente. Esta es la opción por defecto.
- ON DELETE SET DEFAULT: Se establece el valor de la columna *cod_centro* de la tabla *alumnos* al valor por defecto, que en este caso es *'ETSIGCT'*.

Ejemplo anterior con la opción de borrado en cascada:

```
b1=# ALTER TABLE alumnos ADD CONSTRAINT caj_asignado FOREIGN KEY
    (cod_centro) REFERENCES centro(codigo) ON DELETE CASCADE;
```

Comportamiento respecto a la actualización (tabla MAESTRA)

¿Qué ocurre si se actualiza una fila de la tabla MAESTRA *centro*? - Por ejemplo, se va a actualizar la fila con el valor *'ETSIGCT'* de la columna *codigo* al valor *'ETSIG'*. Automáticamente el SGBD realizará las siguientes operaciones en aquellas filas de la tabla DETALLE *alumnos* que tengan como valor *'ETSIGCT'* en la columna *cod_centro*.

- ON UPDATE CASCADE: Se establece el valor de *cod_centro* a *'ETSIG'*.
- ON UPDATE SET NULL: Se establece el valor de la columna *cod_centro* a valor nulo (aunque en este caso no se podría por la restricción *NOT NULL*).
- ON UPDATE NO ACTION: Produciría un error ya que los alumnos matriculados en '*ETSIGCT*' no tendrían entrada en la tabla *centro*.
- ON UPDATE SET DEFAULT: Se establece el valor de la columna *cod_centro* de la tabla *alumnos* al valor por defecto. En este caso *'ETSIGCT'*.

Ejemplo anterior con la opción de actualización en cascada:

```
b1=# ALTER TABLE alumnos ADD CONSTRAINT caj_asignado FOREIGN KEY
     (cod_centro) REFERENCES centro(codigo) ON UPDATE CASCADE;
```

Restricción de clave ajena de columna: *masdatos* (*cardinalidad* 1 a 1). Restricción de clave ajena de tabla: *asignado* (dos columnas) (*cardinalidad* muchos a 1).

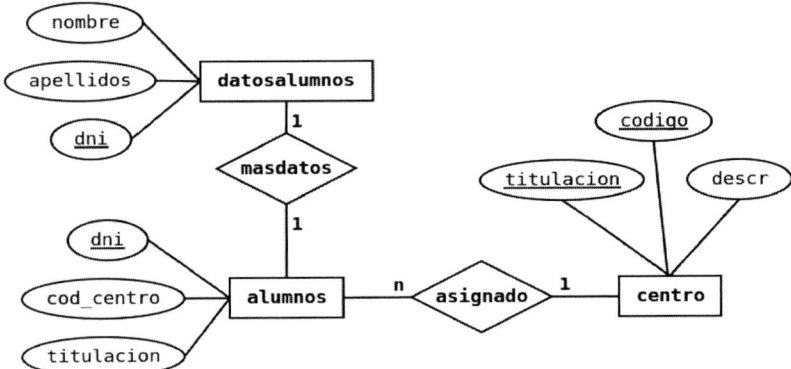

Figura 107 Ejemplo de restricción de clave ajena (II)

El orden de definición de las tablas *datosalumnos, alumnos y centro* no es relevante, ya que primero se definen las tablas y luego las restricciones de clave ajena con *ALTER*.

Como se puede apreciar en el código SQL, en este caso la relación entre las tablas alumnos y centro viene dada por dos campos en cada tabla.

```
b1=# CREATE TABLE datosalumnos (dni INTEGER PRIMARY KEY, nombre
     VARCHAR(20) NOT NULL, apellidos VARCHAR(20) NOT NULL);
b1=# CREATE TABLE alumnos (dni INTEGER PRIMARY KEY, cod_centro CHAR(10)
     NOT NULL, titulacion VARCHAR(40) NOT NULL);
b1=# CREATE TABLE centro (codigo CHAR(10), titulacion VARCHAR(40), descr
     VARCHAR(100) NOT NULL, CONSTRAINT cp_centro PRIMARY KEY (codigo,
     titulacion));
b1=# ALTER TABLE alumnos ADD CONSTRAINT caj_masdatos FOREIGN KEY (dni)
     REFERENCES datosalumnos(dni) ON UPDATE CASCADE ON DELETE CASCADE;
b1=# ALTER TABLE alumnos ADD CONSTRAINT caj_asignado FOREIGN KEY
     (cod_centro, titulacion) REFERENCES centro(codigo, titulacion) ON
     UPDATE CASCADE ON DELETE CASCADE;
```

Para introducir filas en las tablas (orden *INSERT*, véase el apartado I 2.4, pág. 548), se debe tener en cuenta la integridad referencial para establecer el orden de introducción de datos. En primer lugar, hay que introducir los datos en las tablas *datosalumnos* y *centro* (no importa el orden). Después se introducirán los datos en la tabla *alumnos*.

Si se desea borrar las tablas, ¿en qué orden debería realizarse? Se podría realizar de dos formas distintas, utilizando la orden *DROP TABLE* en el orden adecuado:

```
DROP TABLE alumnos;
DROP TABLE datosalumnos;
DROP TABLE centro;
```

O utilizando la opción *CASCADE*, p. ej.: la siguiente orden borraría la tabla *datosalumnos* y la integridad referencial de la tabla *alumnos* que hace referencia a dicha tabla.

```
DROP TABLE datosalumnos CASCADE;
```

Programas de diseño conceptual

Existen muchas herramientas utilizadas para el diseño del modelo conceptual de una base de datos, ya sea utilizando diagramas ER en sus diferentes versiones, así como otras técnicas o lenguajes más genéricos como la utilización de diagramas UML[1] o diagramas propios de cada herramienta.

Algunas de estas herramientas permiten la generación de código SQL a partir de los diagramas generados, en este caso, dichas herramientas deberán soportar el SGBD para el cual se desea generar el código SQL.

Dentro del mundo *open source*, algunas herramientas que soportan PostgreSQL son:

- DBeaver: Cliente SQL para diferentes bases de datos (soporta PostgreSQL). Permite crear diagramas ER y generar el código SQL. https://dbeaver.io/
- *SQL Power Architect*: Herramienta gráfica de diseño de bases de datos que soporta PostgreSQL entre otros SGBD. Dispone de una versión *open source* con algunas limitaciones, pero bastante completa:

  http://www.sqlpower.ca/page/architect_download_os

- *Umbrello*: Herramienta de diseño UML que permite también la creación de modelos ER y la generación de código para PostgreSQL, otras bases de datos y lenguajes. https://umbrello.kde.org/
- *pgDesigner*: Herramienta gráfica de diseño de bases de datos específica de PostgreSQL. http://pgdesigner.sourceforge.net/
- Obsoleto: *Moskitt*: Herramienta desarrollada bajo *Eclipse*. Permite diseño UML, diagramas de bases de datos (PostgreSQL está soportado), etc. http://www.moskitt.org/. Tiene una extensión espacial GeoMoskitt que soporta PostGIS: https://www.prodevelop.es/moskitt-geo-modelling-spatial-databases

Todas estas utilidades informáticas se conocen de forma general como herramientas CASE (*Computer Aided Software Engineering*)[2].

En el mundo del software comercial sí tenemos algunas opciones más completas. Algunos de estos productos ofrecen versiones *open source*, pero presentan fuertes limitaciones, ya sea en funcionalidad, compilación, etc. que finalmente requieren comprar una licencia: *pgModeler* (https://pgmodeler.io/), *Valentina Studio* (https://www.valentina-db.com), *dbForge Studio* (https://www.devart.com/dbforge/postgresql/studio/), etc.

2.4. Manipulación de datos

La manipulación de datos en SQL se realiza utilizando los siguientes cuatro comandos:

- `SELECT`: Realización de consultas sobre la base de datos.
- `INSERT`: Adición de nuevas filas a una tabla.
- `DELETE`: Eliminación de filas de una tabla.
- `UPDATE`: Modificación de la información existente en las filas de una tabla.

---

[1] El Lenguaje de Modelado Unificado (UML) es muy utilizado en la actualidad. Es un lenguaje gráfico para visualizar, diseñar, construir y documentar un sistema informático.

[2] Más información y listado de herramientas CASE en https://es.wikipedia.org/wiki/Herramienta_CASE

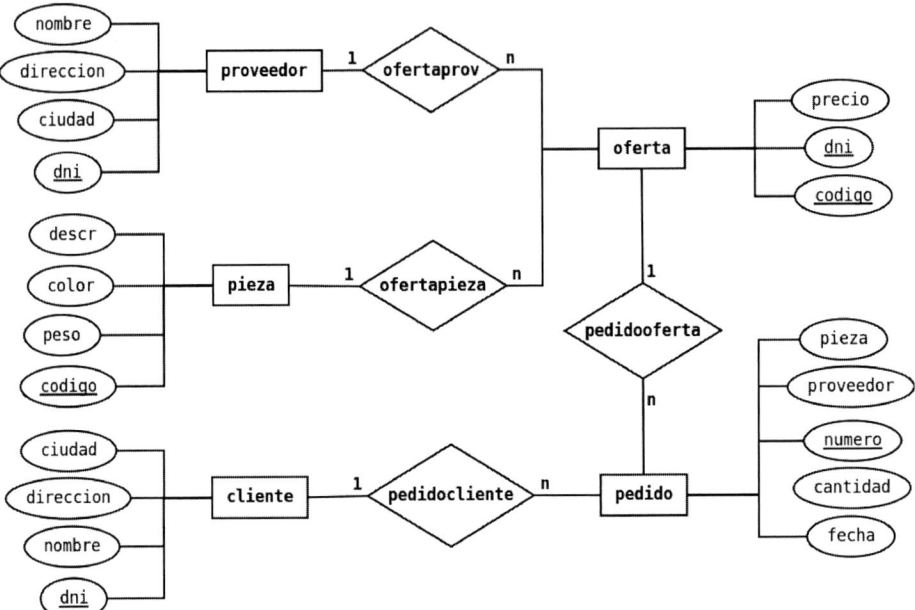

Figura 108 Ejemplo de restricción de clave ajena (III)

Los ejemplos propuestos en este capítulo utilizan el modelo de datos representado por el esquema ER de la figura anterior.

Notas al esquema:

- La relación *ofertaprov* relaciona *proveedor*(*dni*) con oferta(*dni*)
- La relación *ofertapieza* relaciona *pieza*(*dni*) con oferta(*codigo*)
- La relación *pedidocliente* relaciona *cliente*(*dni*) con *pedido*(*cliente*)
- La relación *pedidooferta* relaciona *oferta*(*dni, codigo*) con *pedido* (*pieza, proveedor*)

Antes de nada, ejecutaremos el fichero "*codigo/capi2-esquema.sql*" en una base de datos. Para evitar problemas se creará una nueva base de datos *b2*. Dicho fichero generará el esquema ER de la Figura 108 en la base de datos.

```
consola> createdb -U postgres b2
consola> psql -U postgres -f ruta_al_fichero_capi2-esquema.sql b2
```

Inserción, borrado y actualización

Insert

La instrucción *INSERT* incluye nueva información en la base de datos mediante la adición de nuevas filas a una tabla. La sintaxis es:

```
INSERT INTO tabla [(columna_1, ..., columna_n)]
     { VALUES (expresión_1, ..., expresión_n) |
     DEFAULT VALUES |
     expresión_consulta }
```

Si no se proporciona la lista de columnas, se presupone que se van a insertar valores en todas las columnas.

- La primera alternativa inserta una fila con los valores explicitados.
- La segunda alternativa inserta una fila con los valores por defecto de las columnas.
- La tercera alternativa consiste en una inserción múltiple de las filas que devuelve una expresión (generalmente una instrucción *SELECT*). Esta alternativa se verá más adelante cuando se estudien las consultas.

Ejemplos:

```
b2=# INSERT INTO pieza DEFAULT VALUES;
ERROR: null value in column "codigo" violates not-null constraint

b2=# INSERT INTO pieza (codigo, descr, color, peso)
    VALUES('MON001','PHILIPS 17 TFT', 'Amarillo', 4);

b2=# INSERT INTO pieza (codigo, descr, color, peso)
    VALUES('MON002','PHILIPS 19 TFT', 'Azulado', 6);
ERROR: value for domain d_color violates check constraint "r_d_color"

b2=# INSERT INTO pieza (codigo, descr) VALUES ('MON002','PHILIPS 19
    TFT');

b2=# INSERT INTO pieza (codigo, descr, color, peso)
    VALUES('MON001','PHILIPS 19 TFT', 'Azul', 6);
ERROR: duplicate key violates unique constraint "cp_pieza"

b2=# INSERT INTO pieza (codigo, descr, color, peso)
        VALUES('MON004','LG 18 TFT', 'Rojo', 5),
              ('MON005','LG 17 TFT', 'Azul', 3);
```

> Si se viola cualquier tipo de restricción o valores de dominio, el sistema dará un error y no dejará insertar la fila como se ha mostrado en los ejemplos.

Si no se especifica el valor para una columna, se insertará el valor por defecto. En el caso de que la columna no tenga valores por defecto se insertará el valor *NULL*. En el caso de que la columna tenga una restricción que no admita valores nulos (restricción de valor no nulo o restricción de clave primaria), el sistema dará un error.

Update

La instrucción *UPDATE* permite la modificación de la información existente en las filas de una tabla. La sintaxis es la siguiente:

```
UPDATE tabla
    SET columna_1 = expr_escalar_1, ..., columna_2 = expr_escalar_n
    [ WHERE condición ]
```

La instrucción *UPDATE* permite realizar una modificación del valor de una o varias columnas sobre un conjunto de filas de una tabla (condición de la cláusula *WHERE*). Si no se especifica esta cláusula la modificación se realiza en todas las filas de la tabla.

Ejemplos:

Multiplicar por diez el peso de las piezas que sean de un color diferente a 'Otro'.

`b2=# UPDATE pieza SET peso = peso * 10 WHERE color <> 'Otro';`

Actualizar a color rojo y peso igual a 5 todas aquellas piezas que empiecen por 'MON'.

`b2=# UPDATE pieza SET color = 'Rojo', peso = 5 WHERE codigo like 'MON%';`

> PostgreSQL incorpora la cláusula FROM en el comando UPDATE, de esta forma se puede actualizar campos provenientes de una consulta.

Delete

La instrucción *DELETE* permite borrar información en la base de datos mediante la eliminación de filas de una tabla. La sintaxis es:

> DELETE FROM tabla
> [WHERE condición]

Donde *condición* puede ser cualquier expresión SQL que devuelva *true/false*. La cláusula WHERE se verá con más detenimiento en la orden *SELECT*.

> PostgreSQL permite referenciar las columnas de otras tablas con la cláusula *WHERE*. Para ello hay que utilizar la cláusula *USING* la cual se comporta como la cláusula *FROM* de una sentencia *SELECT* que se estudiará más adelante.

Ejemplos:

Borra las piezas cuyo peso sea mayor que 2 y sean de color 'Amarillo'.

`b2=# DELETE FROM pieza WHERE peso > 2 AND color = 'Amarillo';`

Borra todas las filas de la tabla *pieza*.

`b2=# DELETE FROM pieza;`

Consultas elementales sobre una tabla

La instrucción *SELECT* permite realizar consultas a la base de datos sobre una o varias tablas. Se puede realizar consultas sencillas sobre una única tabla hasta consultas bastante complicadas relacionando varias tablas.

Pero antes de entrar en detalle con este comando vamos a insertar algunos datos en las tablas para poder realizar ejemplos prácticos con las consultas. Para ello, vamos a utilizar la orden *INSERT*, pero no es necesario introducir el código de forma manual ya que estas sentencias *INSERT* están en el fichero "*codigo/capi2-datos.sql*", el cual ejecutaremos en la base de datos *b2*.

`consola> psql -U postgres -f ruta_al_fichero_capi2-datos.sql b2`

```
SELECT [ALL | DISTINCT]
    {expresión_1, ..., expresión_n | * }
    FROM tabla
    [WHERE condición]
    [GROUP BY expresión_agrupamiento]
    [HAVING condición]
    [ORDER BY expresión_ordenamiento]
```

- ALL (opción por defecto): Significa que no se desea omitir el resultado de filas repetidas.
- DISTINCT: Significa que se desea omitir del resultado las filas repetidas.
- *expresión*: Puede ser expresiones de tipo:
    - Numérico: -8, 10+12, columna*5
    - Cadena de caracteres (el operador de concatenación es '||'): 'ABC', 'ABC' || 'DEF', 'Nombre completo=' || columna_nombre || columna_apellidos.
    - Lógico: AND, OR, NOT, IS [NOT] {TRUE | FALSE | UNKNOWN}

Además, existen expresiones de fecha, de intervalos de tiempo, de tipo vector, de tipo fila, y de valores condicionales con la sentencia CASE.

En estas expresiones se puede utilizar las funciones de tratamiento de cadenas de caracteres, de fechas, matemáticas, etc. que ofrece SQL.

- *: Forma breve de expresar que se desea todas las columnas de una tabla.
- *FROM* tabla: Indica de qué tabla/s se desea extraer la información, usualmente es el nombre de una tabla.
- *WHERE*: Establece una condición de filtrado. La condición de la cláusula *WHERE* puede ser simple o muy compleja. Se puede tratar varias condiciones de forma conjunta utilizando los operadores lógicos *AND*, *OR* y *NOT* para crear una condición simple.
- *GROUP BY*: Agrupa las filas que la cláusula *WHERE* ha obtenido, de acuerdo con el valor de la expresión de agrupamiento.
- *HAVING*: Establece una condición de filtrado sobre el conjunto de agrupamiento que devuelve *GROUP BY*.
- *ORDER BY*: Ordena los valores obtenidos según una condición.

Las condiciones que se expresan en la cláusula *WHERE* se conocen como *PREDICADOS*.

El orden de ejecución de las cláusulas dentro de la instrucción *SELECT* es el siguiente: *FROM -> Filtrado (ON, WHERE) -> GROUP BY -> HAVING -> SELECT -> ORDER BY.*

Ejemplos:

```
b2=# SELECT * from pieza;
b2=# SELECT peso FROM pieza;
b2=# SELECT peso/1000, 'color= ' || color from pieza;
b2=# SELECT color = 'Rojo' from pieza;
```

Es posible establecer alias en las expresiones de la cláusula *SELECT*. Para ello, en PostgreSQL es necesario utilizar la palabra clave *AS*. En el estándar SQL la palabra clave *AS* se puede sustituir por un espacio.

```
b2=# SELECT peso AS pesos FROM pieza;
b2=# SELECT peso/1000 AS pesos, 'color= ' || color AS colores from pieza;
```

Listado de los ejemplos

Los ejemplos realizados en los apartados 2.4, 2.5, 2.6, 2.7, 2.8 y 2.9 se encuentran en el fichero "*codigo/caph24-29-ejemplos.sql*". El usuario puede ir copiando y pegando los fragmentos de código SQL en un cliente *psql* para su aprendizaje o si lo desea puede ejecutar dicho fichero dentro de la base de datos *b2* creada anteriormente y que ya contiene los datos de las tablas.

Uso de CAST o conversiones explícitas de tipos

A veces es necesario convertir un campo o expresión a otro tipo de datos. Por ejemplo, la sentencia *SELECT 10/3*, devuelve 3, ya que por defecto los tipos numéricos son considerados *Integer* y 10 / 3 es una división de enteros como pasa en muchos lenguajes de programación. Para obligar a que el número 10 sea un número decimal se puede escribir 10.0 o utilizar un CAST. PostgreSQL tiene dos sintaxis diferentes para especificar una conversión de tipos (CAST):

Sintaxis del estándar SQL -> CAST (expresión AS tipo)

Sintaxis propia de PostgreSQL -> expresion::tipo

```
b2=# SELECT 10.0 / 3;
b2=# SELECT 10::double precision / 3;
b2=# SELECT CAST (10 AS double precision) / 3;
b2=# SELECT 25::numeric (10,3);
 numeric
 ---------
  25.000
b2=# SELECT 25::varchar;
 varchar
 ---------
 25
```

Uso de Predicados

Predicados de comparación

Los predicados de comparación tienen la siguiente sintaxis:

```
expresión_1 { > | < | >= | <= | <> } expresión_2
```

Ejemplo 1: Obtener el código y la descripción de las piezas de color rojo y un peso mayor de 1. Obtener el código y la descripción de las piezas con peso entre 2 y 3 unidades.

```
b2=# SELECT codigo, descr FROM pieza WHERE color = 'Rojo' AND peso > 1;
b2=# SELECT codigo, descr FROM pieza WHERE peso >= 2 AND peso <=3;
b2=# SELECT codigo, descr FROM pieza WHERE peso BETWEEN 2 AND 3;
```

Predicado In

El predicado *IN* tiene la siguiente sintaxis:

```
expresión [NOT] IN (expresión_1, ..., expresión_n)
```

Ejemplo 2: Obtener el dni y el nombre de los proveedores cuya ciudad sea Valencia, Alicante o Castellón.

```
b2=# SELECT dni, nombre FROM proveedor WHERE ciudad IN ('Castellón',
    'Valencia', 'Alicante');
```

El predicado IN es un predicado derivado:

[NOT] (expresión = expresión_1 OR ... OR expresión = expresión_n)

El SGBD puede implementar dos métodos diferentes para ambas soluciones, siendo uno significativamente más rápido que el otro. Un SGBD con un buen optimizador debería elegir automáticamente el método más adecuado.

Predicado Like

El predicado *LIKE* tiene la siguiente sintaxis:

```
expresión_cadena [NOT] LIKE patrón [ESCAPE carácter]
```

patrón: es una expresión de tipo cadena que corresponde al modelo a comparar. Pueden aparecer los siguientes caracteres especiales:

- `'_'`: Denota que la cadena puede contener en esa posición cualquier carácter.
- `'%'`: Denota que la cadena puede contener en esa posición una secuencia de caracteres de cualquier longitud incluso 0.

'%CPU%'	Coindice con	'???...?CPU???...?'
'CPU%'	Coindice con	'CPU??????...?'
'CPU_1%'	Coindice con	'CPU?1????...?'
'%CPU_'	Coindice con	'???...?CPU?'

Ejemplo 3: Obtener el código y el peso de aquellas piezas en cuya descripción aparezca la palabra *'AMD'* en cualquier posición:

```
b2=# SELECT codigo, peso FROM pieza WHERE descr LIKE '%AMD%';
```

PostgreSQL dispone también del comando ILIKE, dicho comando no es sensible a las mayúsculas/minúsculas en la comparación de cadenas de texto.

Predicado Similar

El predicado *SIMILAR* tiene la siguiente sintaxis:

```
expresión_cadena [NOT] SIMILAR patrón [ESCAPE carácter]
```

Este predicado es parecido a *LIKE*, pero en la definición del patrón se puede introducir una expresión regular según una sintaxis muy parecida al comando *grep* de Linux. Para más información consultar la ayuda *online* de PostgreSQL sobre la combinación de patrones (*pattern matching*) localizada en el capítulo de funciones y operadores.

Predicado Is Null

El predicado *IS NULL* tiene la siguiente sintaxis:

```
expresión IS[NOT] NULL
```

Permite expresar si una expresión tiene valor nulo.

Ejemplo 4: Obtener el dni y el nombre de aquellos proveedores que no disponen de información sobre la ciudad.

```
b2=# SELECT dni, nombre FROM proveedor WHERE ciudad IS NULL;
```

Funciones de valor y agregadas

Funciones de valor

Hay ciertas operaciones que se pueden aplicar en una gran variedad de contextos. Debido a la necesidad de utilizar estas operaciones bastante a menudo, han sido incorporadas al estándar SQL. Aunque SQL ofrece muy pocas funciones en comparación con otros lenguajes o las funciones propias de un SGBD en particular, éstas son las más utilizadas comúnmente.

Los tres tipos de funciones SQL más habituales son: funciones que devuelven un valor de tipo cadena, funciones que devuelven un valor numérico y funciones que devuelven un valor de fecha y/o tiempo. Algunas de estas funciones son:

Cadenas de caracteres

- SUBSTRING (cadena FROM inicio FOR longitud): Extrae una sub-cadena.
- UPPER (cadena): Convierte a mayúsculas.
- LOWER (cadena): Convierte a minúsculas.
- TRIM ([LEADING | TRAILING | BOTH] carácter FROM cadena): Elimina caracteres al principio, final o ambos lados de una cadena. Por defecto elimina los espacios.

Numéricas

- POSITION (cadena_1 IN cadena_2): Obtiene la posición de comienzo de cadena_1 en cadena_2.
- CHARACTER_LENGTH (cadena): Obtiene la longitud de una cadena.
- ABS (número): Valor absoluto.
- MOD (dividendo, divisor): Obtiene el módulo de un cociente.
- LN (número): Logaritmo.
- EXP (número): Inversa de LN.
- POWER (número, exponente): Obtiene un número elevado al exponente.
- FLOOR (número): Redondea al entero más pequeño.
- CEIL (número): Redondea al entero más grande.

Fecha/tiempo

- CURRENT_DATE: Fecha actual del sistema.
- CURRENT_TIME [(precisión)]: Hora actual del sistema.
- CURRENT_TIMESTAMP [(precisión)]: Fecha/Hora actual del sistema.

Ejemplo 5: Obtener los tres primeros caracteres del campo *codigo* de la tabla *pieza*. Eliminar un carácter 'x' del inicio y el final de un texto. Obtener la posición del primer carácter de la cadena 'GHZ' en la descripción de las piezas.

```
b2=# SELECT DISTINCT SUBSTRING (codigo FROM 1 FOR 3) FROM pieza;
b2=# SELECT TRIM (BOTH 'x' FROM 'xxxHOLAxxx');
b2=# SELECT POSITION ('GHZ' IN descr) FROM pieza;
```

PostgreSQL dispone de un gran número de funciones de valor propias, como son funciones matemáticas, funciones de cadenas, funciones de conversión de tipos, funciones de fechas y tiempo, funciones de búsqueda de textos, etc. Se pueden consultar en el capítulo sobre funciones y operadores en la ayuda *online*.

Funciones agregadas

Se aplican a un conjunto de filas de una tabla, en lugar de a una única fila.

{COUNT(*) | COUNT | MAX | MIN | SUM | AVG}
    ([{ DISTINCT | ALL}] expresión)

El uso de la opción *DISTINCT* para eliminar valores duplicados implica un proceso costoso para el SGBD, por lo que es importante utilizarla solo cuando sea necesario. Hay que resaltar que DISTINCT no evalúa los valores nulos.

La función *COUNT* devuelve el número de filas que hay en una tabla o el número de filas que cumplen una determinada condición en el caso de que la consulta incorpore la cláusula *WHERE*. De la misma forma las funciones *MAX, MIN, SUM y AVG* devuelven el valor máximo, mínimo, sumatorio y la media.

Ejemplo 6: Obtener el número de piezas totales disponibles.

```
b2=# SELECT COUNT(*) FROM pieza;
```

Ejemplo 7: Obtener el número de colores diferentes de las piezas cuyo peso no es nulo.

```
b2=# SELECT COUNT(DISTINCT color) FROM pieza WHERE peso IS NOT NULL;
```

Ejemplo 8: Obtener el número total, el peso medio, el peso máximo, la suma de todos los pesos y el número de colores diferentes de los ordenadores portátiles.

```
b2=# SELECT COUNT(*), AVG(peso), MAX(peso), SUM(peso), COUNT(DISTINCT
     color) FROM pieza WHERE codigo LIKE 'POR%';
```

Observar cómo estos ejemplos devuelven diferentes valores:

```
b2=# SELECT COUNT(ciudad) FROM proveedor;
b2=# SELECT COUNT(DISTINCT ciudad) FROM proveedor;
b2=# SELECT COUNT(*) FROM proveedor;
```

Cláusula Group By

A veces en lugar de obtener filas individuales, se desea obtener información sobre una agrupación de filas.

Ejemplo 9: Obtener el número de piezas de cada color.

```
b2=# SELECT color, COUNT(*) FROM pieza GROUP BY color;
b2=# SELECT color, COUNT(*), codigo FROM pieza GROUP BY color;
ERROR: column "pieza.codigo" must appear in the GROUP BY clause or be
    used in an aggregate function
```

Cláusula Having

Igual que *WHERE* realiza un filtrado sobre las filas individuales, la cláusula *HAVING* realiza un filtrado sobre las filas agrupadas obtenidas mediante la cláusula *GROUP BY*.

Ejemplo 10: Obtener el número de piezas rojas.

```
b2=# SELECT color, COUNT(*) FROM pieza GROUP BY color HAVING color =
    'Rojo';
```

Cláusula Order By

La cláusula *ORDER BY*, ordena los resultados obtenidos.

Ejemplo 11: Obtener el código, la descripción y el peso de las piezas de color 'Otro' ordenadas por el valor del peso.

```
b2=# SELECT codigo, descr, peso FROM pieza WHERE color = 'Otro' ORDER BY
     peso;
```

Ejemplo 12: Por defecto lo ordena en orden ascendente, se puede especificar un orden mediante la opción *ASC o DESC*.

```
b2=# SELECT codigo, descr,peso FROM pieza WHERE color = 'Otro' ORDER BY
     peso DESC;
```

Ejemplo 13: También se puede ordenar por varias columnas.

```
b2=# SELECT codigo, descr,peso FROM pieza WHERE color = 'Otro' ORDER BY
     codigo DESC, peso ASC;
```

PostgreSQL dispone de más funciones agregadas[1], para la gestión de *arrays* o para el cálculo de otras funciones matemáticas como desviación típica, varianza o índice de correlación de un conjunto de valores.

2.5. Consultas sobre varias tablas

Subconsultas (predicados In, All, Any, Exists, Distinct, Unique, ...)

Generalmente una subconsulta es una expresión *SELECT* que va entre paréntesis (la excepción son las consultas provenientes de varias tablas) y que se incrusta dentro de otra sentencia SQL utilizando algunos predicados que admiten subconsultas como son los predicados *In, Any/Some, All*, etc.

Además, PostgreSQL también permite las llamadas S*ubselects* y *Common Table Expresions* (CTE), artificios utilizados con frecuencia y de los que se realizará un uso intensivo en los ejemplos de PostGIS de esta publicación (véase el apartado B 4.4 en la pág. 81).

Mediante el predicado In

El predicado *IN* ya se ha presentado en su forma más simple cuando el conjunto de valores se daba de forma explícita, ahora ese conjunto de valores se especifica mediante una subconsulta:

expresión [NOT] IN subconsulta

Ejemplo 15: Obtener el dni y el nombre de los proveedores que ofertan alguna pieza.

```
b2=# SELECT nombre FROM proveedor WHERE dni IN (SELECT dni FROM oferta);
```

Ejemplo 16: Obtener el código y la descripción de las piezas que están a la venta con un precio superior a 10 Euros.

```
b2=# SELECT codigo, descr FROM pieza WHERE codigo IN
            (SELECT codigo FROM oferta WHERE precio > 10);
```

Ejemplo 17: Obtener el dni y el nombre de los proveedores que ofertan alguna pieza roja.

```
b2=# SELECT dni, nombre FROM proveedor WHERE dni IN
        ( SELECT dni FROM oferta WHERE codigo IN
          (SELECT codigo FROM pieza WHERE color = 'Rojo') );
```

---

[1] https://www.postgresql.org/docs/current/functions-aggregate.html

Ejemplo 18: Obtener el dni y el nombre de los proveedores que ofertan alguna pieza roja y también alguna pieza a un precio superior a 2000 Euros.

```
b2=# SELECT dni, nombre FROM proveedor WHERE dni IN
       ( SELECT dni FROM oferta WHERE codigo IN
          (SELECT codigo FROM pieza WHERE color = 'Rojo') )
       AND dni IN
       ( SELECT dni FROM oferta WHERE precio > 2000 );
```

Ejemplo 19 (subconsulta *correlada*): Obtener la descripción de las piezas cuyo precio ofertado supera en 1000 veces a su peso.

```
b2=# SELECT descr FROM pieza WHERE codigo IN
       (SELECT codigo FROM oferta WHERE oferta.precio > pieza.peso * 1000);
```

Esta subconsulta al ser *correlada* se ejecuta tantas veces como piezas hay. En cambio en los ejemplos no *correlados* anteriores las subconsultas se ejecutaban una única vez. Más información en: https://en.wikipedia.org/wiki/Correlated_subquery

A lo largo de la publicación hay varios ejemplos de **subconsultas espaciales correladas** y también **laterales**. Ver por ejemplo los apartados C 5.6, pág. 155 y C 5.7, pág. 159.

Mediante los predicados All, Any, Some

La sintaxis de los cuantificadores existenciales es la siguiente:

```
expresión_escalar {SOME | ANY | ALL} predicado_subconsulta
```

Predicado ALL

Si todo valor en el resultado de la subconsulta hace cierta la comparación (predicado especificado con el valor escalar), entonces se evalúa a cierto. Si existe algún valor en la subconsulta que haga falsa la comparación entonces se evalúa a falso.

Ejemplo 20: Obtener el código y la descripción de las piezas cuyo peso es superior al peso de cualquier pieza roja.

```
b2=# SELECT codigo, descr FROM pieza WHERE peso > ALL
       (SELECT peso FROM pieza WHERE color = 'Rojo');
```

Esta sentencia también se puede expresar de esta forma:

```
b2=# SELECT codigo, descr FROM pieza WHERE peso >
       (SELECT max(peso) FROM pieza WHERE color = 'Rojo');
```

Predicados SOME y ANY

La cuantificación *SOME y ANY* es equivalente. Si existe algún valor en el resultado de la subconsulta cuya comparación es cierta se evalúa a cierto, si no existe ningún valor que haga cierta la comparación se evalúa a falso.

Ejemplo 21: Obtener el código y la descripción de las piezas cuyo peso es superior al peso de alguna pieza roja.

```
b2=# SELECT codigo, descr FROM pieza WHERE peso > ANY
       (SELECT peso FROM pieza WHERE color = 'Rojo');
```

Esta sentencia también se puede expresar de esta forma:

```
b2=# SELECT codigo, descr FROM pieza WHERE peso >
        (SELECT min(peso) FROM pieza WHERE color = 'Rojo');
```

Ejemplo 22: Obtener el nombre de los proveedores que ofertan alguna pieza (este ejemplo es igual al ejemplo 15).

```
b2=# SELECT nombre FROM proveedor WHERE dni=ANY (SELECT dni FROM oferta);
```

Mediante el predicado Exists

Se puede utilizar el predicado *EXISTS* junto con una subconsulta para evaluar si dicha subconsulta devuelve alguna fila. Sirve para comprobar si la subconsulta está vacía. La sintaxis es:

```
EXISTS subconsulta
```

Ejemplo 23 (subconsulta *correlada*): Obtener el nombre de los proveedores que ofertan alguna pieza. Ejemplo igual a los ejemplos 15 y 22.

```
b2=# SELECT nombre FROM proveedor WHERE EXISTS
        (SELECT * FROM oferta WHERE oferta.dni = proveedor.dni);
```

El predicado *EXISTS* es similar a una comparación utilizando la función *COUNT(*)* y viendo si es cero.

```
b2=# SELECT nombre FROM proveedor WHERE 0 <>
        (SELECT COUNT(*) FROM oferta WHERE oferta.dni = proveedor.dni);
```

Mediante los predicados Distinct y Unique

El predicado *UNIQUE* se utiliza en una subconsulta para ver si las filas de dicha subconsulta son únicas o no. El predicado *UNIQUE* se evalúa a *true* solo si no existe ninguna fila repetida. Dos valores nulos son considerados como diferentes por *UNIQUE*, ya que son indeterminados. Su sintaxis es:

```
UNIQUE subconsulta
```

```
DISTINCT subconsulta
```

Ejemplo 24 (subconsulta *correlada*): Obtener el código y la descripción de las piezas tales que los precios de sus ofertas sean diferentes.

```
b2=# SELECT codigo, descr FROM pieza WHERE UNIQUE
        (SELECT precio FROM oferta WHERE oferta.codigo = pieza.codigo);
```

El predicado *DISTINCT* es similar a *UNIQUE*, pero trata los nulos de diferente forma. *UNIQUE* evalúa dos valores nulos a *true* (son únicos, es decir, diferentes), pero DISTINCT dará *false* (los considera iguales).

Estos predicados **no están soportados** en la versión 9.1 de PostgreSQL, una forma de imitar el comportamiento del ejemplo 24 sería el siguiente ejemplo.

Ejemplo 25 (subconsulta *correlada*): Un resultado similar al ejemplo 24 se podría obtener de la siguiente forma:

```
b2=# SELECT codigo, descr FROM pieza WHERE
        ( SELECT COUNT(DISTINCT precio) = COUNT(precio) AND
              COUNT(precio) > 0
          FROM oferta WHERE oferta.codigo = pieza.codigo );
```

La diferencia es que la cláusula *DISTINCT* empleada dentro de la función agregada *COUNT*, no tiene en cuenta los valores nulos.

Mediante los predicados de comparación

Ejemplo 26 (subconsulta *correlada*): Obtener el código y la descripción de las piezas que son ofertadas al máximo precio ofertado total.

```
b2=# SELECT codigo, descr FROM pieza WHERE
        (SELECT MAX(precio) FROM oferta WHERE pieza.codigo = oferta.codigo)
    = (SELECT MAX(precio) FROM oferta);
```

En este ejemplo se utiliza un predicado de comparación con dos subconsultas como argumentos. La primera subconsulta es *correlada* mientras que la segunda no lo es.

2.6. Trabajo con varias tablas (concatenaciones)

Los operadores conjuntistas: *Union, Except* e *Intersect*

El SQL proporciona los tres operadores conjuntistas clásicos: unión (UNION), diferencia (EXCEPT) e intersección (INTERSECT).

```
expresión_consulta_1
    { UNION | EXCEPT | INTERSECT }
    [ ALL | DISTINCT ]
    [ CORRESPONDING [ BY (columna_1, ..., columna_n) ] ]
    expresión_consulta_2
```

Las columnas consultadas en *expresión_consulta_1* y *expresión_consulta_2* deben de tener la misma estructura (las columnas deben coincidir en tipo y longitud). En este caso se dice que las tablas son unión-compatibles.

La opción *ALL / DISTINCT* (defecto), establece si en la operación aparecerán filas duplicadas o no respectivamente.

- A *UNION* B: La tabla resultado tiene todas las filas de A y de B.
- A *EXCEPT* B: La tabla resultado tiene las filas de A que no se están en B (A – B).
- A *INTERSECT* B: La tabla resultado tiene las filas que están a la vez en A y en B.

Para realizar los ejemplos con los operadores conjuntistas se va a utilizar otra tabla llamada *proveedorint* con el mismo esquema que la tabla *proveedor* pero que almacena únicamente proveedores de ámbito internacional.

Ejemplo 27: Obtener los proveedores a) nacionales e internacionales b) internacionales que no sean también nacionales c) nacionales e internacionales a la vez.

```
a) b2=# SELECT * FROM proveedor UNION SELECT * FROM proveedorint;
b) b2=# SELECT * FROM proveedorint EXCEPT SELECT * FROM proveedor;
c) b2=# SELECT * FROM proveedor INTERSECT SELECT * FROM proveedorint;
```

Los ejemplos anteriores funcionan solo si todos los campos de ambas tablas tienen el mismo nombre, tipo y longitud (tablas unión-compatibles). Se puede aplicar también estos operadores efectuando la equivalencia solo con los campos especificados, para ello se utiliza la cláusula *CORRESPONDING* aunque actualmente PostgreSQL no soporta dicha cláusula.

En lugar de utilizar todos los campos de las tablas para efectuar la correspondencia, se puede utilizar los que se desee especificándolo en la cláusula *SELECT*.

Ejemplo 28: Obtener el dni de los proveedores que no ofertan ninguna pieza.

```
b2=# SELECT dni FROM proveedor EXCEPT SELECT dni FROM oferta;
```

Concatenaciones (Joins): *Cross Join, Inner Join* y *Outer Join*

Los operadores conjuntistas son evaluables entre múltiples tablas que son unión-compatibles, en muchos casos sin embargo se desea obtener información a partir de tablas que tienen muy poca información en común o incluso ninguna.

Estamos hablando de las concatenaciones o cruces entre tablas, conocidas en inglés y SQL como JOIN.

Producto cartesiano o concatenación cruzada (CROSS JOIN)

El tipo de JOIN más simple es el producto cartesiano o también llamado producto o concatenación cruzada en el cual cada fila de la primera tabla se une a todas las filas de la segunda tabla. El número de filas de la tabla resultante es el producto del número de filas de las dos tablas de origen.

La sintaxis es la siguiente:

```
referencia_tabla_1 CROSS JOIN referencia_tabla_2
```

La tabla de resultado de esta operación es la concatenación cruzada de las dos referencias de tabla.

Ejemplo 29: Obtener el producto cartesiano de la tabla *proveedor* y la tabla *pedido*.

```
b2=# SELECT * FROM proveedor CROSS JOIN pedido;
```

Ejemplo 30: Obtener la concatenación cruzada de la tabla *proveedor* y la tabla *pedido,* pero únicamente de los campos *dni* y *nombre* de la tabla *proveedor* y los campos *proveedor* y *pieza* de la tabla *pedido*.

```
b2=# SELECT proveedor.dni, proveedor.nombre, pedido.proveedor,
        pedido.pieza FROM proveedor CROSS JOIN pedido;
```

Se puede facilitar la referencia a un nombre de una tabla utilizando alias. La utilización de alias ya sea en tablas o en columnas es de uso general en la sintaxis SQL.

```
b2=# SELECT pr.dni, pr.nombre, pe.proveedor, pe.pieza
        FROM proveedor AS pr CROSS JOIN pedido AS pe;
b2=# SELECT pr.dni, pr.nombre, pe.proveedor, pe.pieza
        FROM proveedor pr CROSS JOIN pedido pe;
```

Ejemplo 31: Obtener los números de pedidos de los clientes que no son de *'Valencia'*.

```
b2=# SELECT t2.numero FROM cliente t1 CROSS JOIN pedido t2
        WHERE t1.ciudad <> 'Valencia' AND t1.dni = t2.cliente;
```

La concatenación cruzada tiene una sintaxis más sencilla y además es más utilizada que el operador *CROSS JOIN*. Esta sintaxis consiste en eliminar las palabras clave *CROSS JOIN* y separar los nombres de las tablas utilizando comas.

Ejemplo 32: (igual que el ejemplo 29)

```
b2=# SELECT * FROM proveedor, pedido;
```

Ejemplo 33: (igual que el ejemplo 31)

```
b2=# SELECT t2.numero FROM cliente t1, pedido t2
        WHERE t1.ciudad <> 'Valencia' AND t1.dni = t2.cliente;
```

Concatenación interna (INNER JOIN)

La concatenación interna es la forma más usual de combinar tablas que están relacionadas de alguna forma. La sintaxis es la siguiente:

```
{ ref_tabla_1 NATURAL INNER JOIN ref_tabla_2 |
  ref_tabla_1 INNER JOIN ref_tabla_2 ON condición |
  ref_tabla_1 NATURAL INNER JOIN ref_tabla_2 USING (col_1, ..., col_n) }
```

- *NATURAL INNER JOIN*: Concatenación natural. Se combina una fila de cada una de las dos tablas en el caso de que el valor de todas las columnas del mismo nombre sea el mismo (los tipos deben ser también compatibles).
- *INNER JOIN .. ON*: Se combina la fila cuando la expresión se evalúe a cierto.
- *INNER JOIN ... USING*: Se combina una fila de cada una de las dos tablas en el caso de que el valor de cada una de las columnas especificadas en la cláusula *USING* del mismo nombre sea el mismo (los tipos deben ser también compatibles).

Ejemplo 34 (similar que el ejemplo 33): Utilización *INNER JOIN ... ON*

```
b2=# SELECT t2.numero FROM cliente t1 INNER JOIN pedido t2
        ON t2.cliente = t1.dni WHERE t1.ciudad <> 'Valencia';
```

Ejemplo 35: Utilización de *INNER JOIN ... USING*. Obtener el nombre de los proveedores y código de las piezas que ofertan cada uno.

```
b2=# SELECT pr.nombre, o.codigo
        FROM proveedor pr INNER JOIN oferta o USING (dni);
```

Mediante el producto cartesiano y la cláusula *WHERE* quedaría:

```
b2=# SELECT pr.nombre, o.codigo FROM proveedor pr, oferta o
        WHERE pr.dni = o.dni;
```

También se podría utilizar la cláusula *WHERE* con *INNER JOIN ... USING*:

```
b2=# SELECT pr.nombre, o.codigo FROM proveedor pr INNER JOIN oferta o
    USING (dni) WHERE pr.ciudad = 'Valencia';
```

Concatenación externa (OUTER JOIN)

Cuando se realiza una concatenación interna de dos tablas, la primera de ellas (llamada tabla izquierda) puede tener filas que no se correspondan con ninguna fila de la segunda tabla (llamada tabla derecha). De forma recíproca la tabla derecha puede tener filas que no se correspondan con ninguna fila de la tabla izquierda.

Una concatenación interna *(INNER JOIN)*, excluye en la tabla de resultado todas las filas no correspondidas entre las dos tablas origen.

Una concatenación externa *(OUTER JOIN)*, sin embargo, **no excluye las filas no correspondidas**. Las concatenaciones externas pueden ser de tres tipos *LEFT OUTER JOIN* (preserva las filas de la tabla de la izquierda no correspondidas), *RIGHT OUTER JOIN* (preserva las filas de la tabla de la derecha no correspondidas) y *FULL OUTER JOIN* (preserva las filas de la tabla de la izquierda y de la derecha no correspondidas).

La sintaxis es la siguiente:

```
{ ref_tabla_1 NATURAL { LEFT | RIGHT | FULL } [OUTER] JOIN ref_tabla_2 |
  ref_tabla_1 { LEFT | RIGHT | FULL } [OUTER] JOIN ref_tabla_2  ON condición |
  ref_tabla_1 { LEFT | RGIHT | FULL } [OUTER] JOIN ref_tabla_2
     USING (columna_1, ..., columna_n) }
```

Ejemplo 36: Obtener el nombre de los proveedores y el código de las piezas que ofertan cada proveedor incluso aquellos proveedores que no ofertan ninguna pieza.

Esta consulta es muy parecida a la del ejemplo 35, salvo porque se quiere que aparezcan los proveedores que no ofertan ninguna pieza. Con una unión interna (ejemplo 35) no se obtendrían los proveedores que no ofertan ninguna pieza.

INNER JOIN (no da el resultado buscado):

```
b2=# SELECT pr.nombre, o.codigo FROM proveedor pr INNER JOIN oferta o
          ON o.dni = pr.dni;
```

LEFT JOIN (se conservan las filas de la tabla proveedor que no tienen correspondencia con ninguna fila de la tabla oferta):

```
b2=# SELECT pr.nombre, o.codigo FROM proveedor pr LEFT JOIN oferta o
          ON o.dni = pr.dni;
```

Ejemplo 37: Obtener el número y la fecha de los pedidos junto con el dni y el nombre del proveedor (recordar que en el campo *proveedor* de la tabla *pedido* puede ser nulo).

```
b2=# SELECT pe.numero, pe.fecha, pr.dni, pr.nombre
          FROM pedido pe LEFT JOIN proveedor pr ON pe.proveedor = pr.dni;
```

Notas:

- Si solo se especifica la palabra *JOIN*, el tipo de concatenación es *INNER JOIN*.
- En una concatenación externa no hace falta especificar la palabra *OUTER* ya que la expresión queda fijada con las palabras *RIGHT, LEFT* o *FULL*.
- Quedaría por ver el operador *UNION JOIN*.

A continuación, se propone al lector ejecutar este pequeño ejemplo en PostgreSQL y tratar de analizar la salida de dichos comandos, por ejemplo, en la base de datos *b2*.

Primero vamos a crear las tablas manzanas y parcelas, e insertar algunas filas según la configuración del dibujo de la figura inferior. Es decir, la manzana A tiene una parcela 1, la manzana B tienen dos parcelas 1 y 2 en su interior, y la manzana C no tiene ninguna parcela.

La tabla *manzanas*, contiene las manzanas disponibles y el precio por m² al que se venderá cualquier parcela de dicha manzana

La tabla *parcelas*, contiene las parcelas de cada manzana que han sido vendidas, y su superficie en m².

```
create table manzanas (manza char primary key, preciom2 real);
create table parcelas (parce smallint, codmanza char, area real, primary
key (parce, codmanza));

--El campo común es 'manza' (tabla manzanas) y 'codmanza' (tabla parcelas)
insert into manzanas values ('A',1000);
insert into manzanas values ('B',500);
insert into manzanas values ('C',3000);

insert into parcelas values (1, 'B', 200);
insert into parcelas values (1, 'A', 100);
insert into parcelas values (2, 'B', 400);

--Lista las dos tablas
select * from manzanas;
select * from parcelas;
```

Calcula el ingreso total que se tendrá por cada manzana, es decir, para cada manzana será la suma de la superficie de cada parcela x precio. Por ejemplo, para la manzana B sería: 200 x 500 + 400 * 500 = 300.000 €

Resolvemos la consulta paso a paso, introduciendo varios conceptos.

```
-----------------------------------------
------     PRODUCTO CRUZADO     -----
-----------------------------------------

--Lista la concatenación cruzada de las dos tablas
select * from manzanas cross join parcelas;
--Otra forma (mucho más habitual) de realizar la concatenación cruzada de dos tablas es utilizando
la coma para separar las dos tablas.
select * from manzanas, parcelas;

manza | preciom2 | parce | codmanza | area
-------+----------+-------+----------+------
A     |   1000 |   1 | B  |   200
A     |   1000 |   1 | A  |   100
A     |   1000 |   2 | B  |   400
B     |    500 |   1 | B  |   200
B     |    500 |   1 | A  |   100
B     |    500 |   2 | B  |   400
C     |   3000 |   1 | B  |   200
C     |   3000 |   1 | A  |   100
C     |   3000 |   2 | B  |   400
(9 filas)

--Como la sentencia anterior, pero mostrando solo los campos deseados
select manzanas.manza, parcelas.parce, manzanas.preciom2, parcelas.area from manzanas, parce-
las;
```

Ahora relacionamos las dos tablas utilizando una concatenación y un filtrado (where).

```
-----------------------------------------------
------ CONCATENACIÓN INTERNA CON WHERE    -----
-----------------------------------------------

--Concatenación interna: producto cruzado + filtrado de las manzanas y las parcelas que coinciden.
select m.manza, p.parce, m.preciom2 as precio, p.area from manzanas m, parcelas p where p.cod-
manza = m.manza order by m.manza, p.parce;;

manza | parce | precio | area
-------+-------+--------+------
A    |   1 | 1000 | 100
B    |   1 |  500 | 200
B    |   2 |  500 | 400
(3 filas)
```

Si queremos que además aparezca la manzana C que no tiene ninguna parcela, entonces debemos utilizar una concatenación externa.

```
-----------------------------------------------
-- CONCATENACIÓN EXTERNA LEFT/RIGHT JOIN + ON
-----------------------------------------------

--(1) concatenación externa por la izquierda (left join) + filtrado de las manzanas y las parcelas que
coinciden.
select m.manza, p.parce, m.preciom2 as precio, p.area from manzanas m left join parcelas p on p.co-
dmanza = m.manza order by m.manza, p.parce;

manza | parce | precio | area
-------+-------+--------+------
A    |   1 | 1000 | 100
B    |   1 |  500 | 200
B    |   2 |  500 | 400
C    |     | 3000 |
(4 filas)
```

Por último, realizamos una agrupación de las manzanas.

```
--Group by sobre el resultado de la concatenación interna sobre dos tablas
select m.manza, count(*) as nparcelas, sum(p.area)*m.preciom2 as ingresototal from manzanas m,
parcelas p where p.codmanza = m.manza group by m.manza order by m.manza;

manza | nparcelas | ingresototal
-------+-----------+--------------------
A    |     1 |       100000
B    |     2 |       300000
(2 filas)
```

Y si, además, quiero obtener las manzanas que no tienen ninguna parcela realizaré la agrupación, pero sobre el resultado de una concatenación externa.

```
select m.manza, count(p.parce) as nparcelas, sum(p.area)*m.preciom2 as ingresototal from manza-
nas m left join parcelas p on p.codmanza = m.manza group by m.manza order by m.manza;

manza | nparcelas | ingresototal
-------+-----------+--------------
A    |     1 |     100000
B    |     2 |     300000
C    |     0 |
(3 filas)
```

La cláusula *Having* consiste en un filtrado, pero sobre el resultado del *group by*. Puede ser útil, por ejemplo, para averiguar qué manzanas contiene cero, una, dos, etc. parcelas.

```
select m.manza, count(p.parce) as nparcelas, sum(p.area)*m.preciom2 as ingresototal from manza-
nas m left join parcelas p on p.codmanza = m.manza group by m.manza having count(p.parce) = 1
order by m.manza;

manza | nparcelas | ingresototal
-------+-----------+--------------
A    |     1 |     100000
```

Y ya para finalizar si deseo obtener aquellas manzanas que no tienen ninguna parcela en su interior, puedo cambiar la sentencia anterior a *having count(p.parce) = 0*, o utilizar una concatenación externa más una cláusula *where* para buscar aquellos campos que son nulos.

```
select m.manza from manzanas m left join parcelas p on p.codmanza = m.manza where p.parce is
null;

manza
------
C
```

2.7. Inserción de filas provenientes de una consulta

Creación de una tabla nueva

Mediante la instrucción *CREATE TABLE AS* es posible crear una nueva tabla a partir de los resultados de una consulta. La sintaxis es la siguiente:

CREATE TABLE tabla [(columna_1,.., columna_n)] AS consulta

Ejemplo 38: Crea la tabla *tmp* con las columnas *dni*, *nombre*, *dirección* y *ciudad* de la tabla *proveedor*

```
b2=# CREATE TABLE tmp (dni, nombre, direccion, ciudad)
        AS SELECT * FROM proveedor;
```

Ejemplo 39: Crea la tabla *tmp1* con las columnas *otrodni* y *otronombre* a partir de las columnas *dni* y *nombre* de la tabla *proveedor*.

```
b2=# CREATE TABLE tmp1 (otrodni, otronombre)
        AS SELECT dni, nombre FROM proveedor;
```

La tabla creada solo tiene los tipos de las columnas que la consulta realizada, es decir, no hereda las restricciones ni otras características de las columnas origen.

PostgreSQL añade la posibilidad en el comando CREATE TABLE de crear una tabla a partir de la estructura de otra tabla conservando las restricciones, índices, etc. Para ello, se utiliza la opción *like*. Un ejemplo aparece en el apartado B 7.1, pág. 118.

Inserción de registros en una tabla existente

Con el comando *INSERT INTO,* es posible introducir múltiples filas en una tabla provenientes de una consulta.

```
INSERT INTO tabla [(columna_1, ..., columna_n)]
    { VALUES (expresión_1, ..., expresión_n) |
    DEFAULT VALUES |
    expresión_consulta }
```

Ejemplo 40: Introducir en la tabla *tmp* creada en el ejemplo anterior, nuevas filas provenientes de las filas de la tabla *proveedor* cuya ciudad no es 'Valencia'.

```
b2=# INSERT INTO tmp (dni, nombre, direccion) SELECT dni, 'Nuevas
    inserciones', direccion FROM proveedor WHERE ciudad <> 'Valencia';
```

Si no se especifica una columna se introducirán los valores por defecto.

2.8. Vistas

Una vista es la presentación de un conjunto de datos de una o varias tablas. La sintaxis para crear una vista es la siguiente:

```
CREATE VIEW vista [ (columna_1, columna_2, ..., columna_n) ]
    AS expresión_consulta
    [WITH CHECK OPTION]
```

La opción *WITH CHECK OPTION,* permite que el sistema rechace una operación de inserción de una vista si la fila que es insertada no cumple las condiciones de la consulta de la definición de la vista.

Ejemplo 41: Crear una vista llamada *ofertacara* que muestre el proveedor, la pieza y el precio de las piezas ofertadas con un precio mayor de 1000 Euros.

```
b2=# CREATE VIEW ofertacara (proveedor, pieza, precio)
        AS SELECT dni, codigo, precio FROM oferta WHERE precio > 1000;
```

Ejemplo 42: Crear una vista llamada *ofertapieza* que muestre el código de la pieza, la descripción de la pieza junto con el proveedor y el precio al que la sirve.

```
b2=# CREATE VIEW ofertapieza (pieza, descr, precio, proveedor)
        AS SELECT pi.codigo, pi.descr, of.precio, of.dni
            FROM pieza pi, oferta of WHERE pi.codigo = of.codigo;
```

Una vista se comporta como si fuera una tabla normal, por ejemplo, con la vista anterior se podría obtener las piezas con un precio superior a 100 euros que oferta cada proveedor.

```
b2=# SELECT COUNT(*), proveedor FROM ofertapieza
        WHERE precio > 100 GROUP BY proveedor;
```

Aplicaciones de las vistas:

- Definición de esquemas externos: ocultar información que no necesitan los usuarios o presentar la información de la forma más adecuada para las necesidades de cada colectivo de usuarios.

- Preparación de consultas: almacenar consultas complejas de forma que el usuario no tenga que enfrentarse a dicha complejidad.

- Criterios de seguridad: ocultar a los usuarios de la base de datos información confidencial.

Las instrucciones para borrar y modificar la definición de una vista son *DROP VIEW* y *ALTER VIEW* respectivamente.

> Actualmente en PostgreSQL la orden *ALTER VIEW* solo permite cambiar el nombre de la vista, los valores por defecto de sus columnas y el esquema al que pertenece.

Las vistas en PostgreSQL son actualizables, es decir, permiten insertar, borrar o actualizar sus registros, pero bajo ciertas condiciones (deben ser vistas sencillas).

Hay que aclarar que se puede definir reglas (con el comando SQL: *Create Rule*) sobre las vistas de forma que cuando se inserte un registro en ellas se ejecute una determinada orden *INSERT*, *UPDATE* o *DELETE* en la tabla o tablas de las que se nutren y de esta forma convertir las vistas en actualizables. De cualquier manera, añadir esta funcionalidad a una vista requiere de la definición de reglas y cierto código SQL. En el capítulo de PostGIS, aparece un ejemplo de cómo definir reglas para convertir una vista espacial en actualizable (0, pág. 119).

2.9. Índices

Para que el lector entienda de una forma sencilla lo que es la indexación se puede hacer el siguiente símil:

Supongamos que se dispone de una guía telefónica (digamos de un millar de páginas) y que las páginas de dicha guía aparecen ordenadas por los apellidos y el nombre de cada persona. Dicha guía no presenta en sus páginas iniciales ningún tipo de ayuda para localizar los nombres de forma rápida como páginas de índice o contenido.

Si deseamos abrir la guía telefónica por la página donde debe aparecer la persona 'Javier García' como el lector se estará imaginando la forma más rápida para localizar dicha página será abrir la guía por la mitad y observar la primera persona. Si el apellido de ésta empieza por una letra inferior en el alfabeto a 'G' de García entonces se cogerá la primera mitad de la guía y se abrirá de nuevo por la mitad, en caso contrario se cogerá la segunda mitad y se abrirá por la mitad y así sucesivamente hasta llegar a la página donde estará contenida la persona con el apellido 'García'.

Con una sencilla formula podemos averiguar cuantas veces como máximo se debe abrir y dividir por la mitad la guía.

$2^{númerodeveces}$ = *número de hojas*

Número de veces = log (número de hojas) / log (2)

En este caso el lector deberá de abrir la guía telefónica un máximo de 10 veces y no un máximo de 1000 que sería el caso en el cual la guía telefónica no estuviera ordenada.

Pues bien, si hablamos de bases de datos y queremos realizar una búsqueda o cualquier operación sobre una tabla con un campo que almacene los apellidos de una persona, si este campo está indexado, el gestor de bases de datos utilizará muy pocas operaciones para hallar las filas solicitadas. Por el contrario, si el campo **no** está indexado el SGBD deberá **revisar todas las filas** de la tabla una a una. La diferencia en el tiempo empleado en la ejecución de las consultas SQL es muy grande y crece exponencialmente con el tamaño de la tabla. Esta diferencia depende del tamaño de las tablas y de la complejidad de las búsquedas realizadas, pero podría ser fácilmente de algunos segundos a horas.

Creación y borrado

La sintaxis para la creación de un índice es la siguiente:

```
CREATE [ UNIQUE ] INDEX nombre ON tabla [ USING método ]
  ( { columna_1,..., columna_n | ( expresión ) } )
  [ WHERE condición ]
```

- *UNIQUE*: Obliga al sistema a comprobar si existen filas duplicadas en el caso de que ya existan datos en la tabla cuando el índice se crea, además si se inserta una fila en la tabla con un valor ya existente el sistema dará un error (actualmente en PostgreSQL solo pueden ser *UNIQUE* los índices de tipo *Btree*).
- *WHERE*: se utiliza para crear un índice de forma parcial.
- USING: Permite especificar el tipo de indexación. En PostgreSQL puede ser *Btree* (defecto), *Hash*, *GiST* y *GIN*.

Ejemplo 43: Crear un índice por el campo *cliente* de la tabla *pedido*. Este índice provocará que las consultas donde intervenga el campo *cliente* de la tabla *pedido* se efectúen de manera mucho más rápida.

```
b2=# CREATE INDEX idx_cliente_pedido ON pedido (cliente);
```

Notas:

- Cuando se utilizan ciertos tipos de restricciones, el SGBD crea un índice de forma automática, esto ocurre con las restricciones de tipo UNIQUE y PRIMARY KEY. Crear un índice por un campo en una tabla es funcionalmente igual que crear una restricción de tipo UNIQUE por ese campo.
- PostgreSQL tiene diferentes tipos de índices, pero si no se sabe exactamente en qué consiste cada algoritmo, no se debe especificar el tipo de indexación. Un usuario puede definir su propio algoritmo de indexación, pero es una labor compleja.
- CREATE/DROP INDEX es una extensión de PostgreSQL, ya que el SQL no incluye la creación y borrado de índices.

- Al borrar una tabla también se borrarán los índices asociados.
- PostgreSQL mantiene los índices actualizados una vez se han creado.
- No hay que caer en el error de crear índices de forma descontrolada, únicamente hay que crear índices por aquellos campos de las tablas de datos que sean claves a la hora de obtener consultas.
- El mantenimiento de un índice añade un tiempo extra a las operaciones de añadir, modificar o borrar datos de las tablas.

En PostgreSQL el nombre utilizado en la definición de un índice debe ser único dentro de un mismo esquema de la base de datos, es decir, aunque dichos índices pertenezcan a columnas de dos tablas distintas no se pueden llamar igual a no ser que dichas tablas estén situadas en esquemas distintos.

Tras la creación de un índice es conveniente actualizar las estadísticas de PostgreSQL para que el planificador averigüe que la utilización del índice mejora la eficacia de las consultas, para ello se utiliza la orden *Vacuum Analyze* como se muestra en el apartado B 6.1, pág. 104. Para una información más detallada del comando *Vacuum* y *Analyze* consultar el apartado de administración I 1.5, pág. 514.

3. Soluciones

3.1. Capítulo B

Problema 1

La definición de parámetros en las geometrías (*srid*, dimensiones y tipo de geometría) se puede realizar de dos formas distintas: utilizando restricciones de tipo *check* (ésta era la única forma posible en versiones anteriores a PostGIS 2.0) y utilizando la capacidad *typmod*.

1.- Mediante *typmod* se puede utilizar dos sintaxis diferentes: utilizando el método *addgeometrycolumn* o sin utilizarlo (estableciendo los parámetros directamente al definir la columna de geometría).

a) Sin utilizar el método *addgeometrycolumn*.

```
s1=# create table capatest (gid serial,
                    shape geometry (linestringzm, 25830));
```

b) Utilizando el método *addgeometrycolumn*.

```
s1=# create table capatest (gid serial);
s1=# select addgeometrycolumn ('capatest','shape',25830,'linestring',4);
```

Tanto en el caso a) como en el caso b) la tabla espacial tiene el siguiente aspecto:

```
s1=# \d capatest
                Table "public.capatest"
  Column |              Type              |            Modifiers
 --------+--------------------------------+-----------------------------
  gid    | integer                        | not null default
                                              nextval('capatest_gid_seq')
  shape  | geometry(LineStringZM,25830)   |
```

2.- Mediante restricciones de tipo *check*.

Para crear la tabla espacial será necesario utilizar el método *addgeometrycolumn*, pero utilizando un argumento extra al final con el valor *false* para que PostGIS no utilice la capacidad *typmod* y cree restricciones de tipo *check*.

```
s1=# create table capatest (gid serial);
s1=# select addgeometrycolumn ('capatest','shape',25830,'linestring',4,
   false);
s1=# \d capatest
                        Table "public.capatest"
  Column |   Type   |                Modifiers
 --------+----------+-------------------------------------------------
  gid    | integer  | not null default nextval('capatest_gid_seq')
  shape  | geometry |
Check constraints:
    "enforce_dims_shape" CHECK (st_ndims(shape) = 4)
    "enforce_geotype_shape" CHECK (geometrytype(shape) =
    'linestring'::text OR shape IS NULL)
    "enforce_srid_shape" CHECK (st_srid(shape) = 25830)
```

En cualquiera de los dos procedimientos anteriores el borrado de una tabla espacial o una columna de geometría se realiza de la misma forma:

```
--Borrado de la tabla completa incluyendo todas las columnas de geometría
s1=# drop capatest;
--Borrado de una columna de geometría
s1=# alter table capatest drop column shape;
```

o de forma alternativa, utilizando los métodos propuestos por el OGC:

```
--Borrado de la tabla completa incluyendo todas las columnas de geometría
s1=# select dropgeometrycolumn ('capatest','shape');
--Borrado de una columna de geometría
s1=# select dropgeometrytable ('capatest');
```

Problema 2

Sí, PostGIS puede tener n columnas de geometría en la misma tabla incluso si éstas tienen características diferentes como: dimensión de las coordenadas, sistema de referencia de coordenadas (mediante códigos SRID) o tipo de geometría.

El concepto de capa o *layer* en PostGIS no va asociado a una tabla, sino que va asociado a una tabla y a una columna de geometría. De esta forma se puede tener varias capas que hagan referencia a la misma tabla.

Se podría utilizar en algunas aplicaciones prácticas como para almacenar el mismo fenómeno geográfico a diferentes escalas, con diferente CRS o en diferentes estados antes de ser modificado, etc.

Generalmente los diferentes programas de SIG de escritorio que hay en el mercado soportan varias columnas de geometría en una tabla, aunque su utilización de forma práctica (edición concurrente de dos capas que hagan referencia a la misma tabla, etc.) puede no estar lo suficientemente probada en alguno de ellos.

Problema 3

En la versión de PostGIS 3.x, el formato binario que se almacena en la tabla es diferente al formato WKB (éste ocupa menos *bytes*), pero es similar al formato EWKB.

PostGIS muestra el binario en formato hexadecimal.

```
s1=# select geom from ciudades where gid = 1;
----------------------------------------------------
 0101000020E664000000000000C05C254100000000882A5141
```

```
s1=# select st_asbinary(geom) from ciudades where gid = 1;
-----------------------------------------------
\x0101000000000000000c05c254100000000882a5141
```

En PostGIS 1.5, la salida sería: "\x0101000000000000000c05c254100000000882a5141" al no considerar el WKB la coordenada Z y/o M.

```
s1=# select st_asewkb(geom) from ciudades where gid = 1;
-----------------------------------------------------
 \x0101000020e664000000000000c05c254100000000882a5141
```

En cuanto a los bytes que ocupan tenemos:

```
s1=# select length(geom::bytea) as geom,
   length(st_asbinary(geom)) as asbinary, length(st_asewkb(geom)) as ewkb
   from ciudades where gid = 1;
 geom | asbinary | ewkb
------+----------+------
   25 |       21 |   25
```

Problema 4

a) Pese a que ambos elementos de la *MultiLineString* son simples, la propia *MultiLineString* no lo es porque incumple la siguiente característica del elemento *ST_Curve*: *"Es simple únicamente en el caso de que todos sus elementos sean simples y además las **únicas intersecciones** posibles pueden ocurrir entre los puntos que forman parte del contorno de sus elementos"*. En este caso la intersección se produce entre dos puntos del interior de las dos *LineString*.

b) El caso reciproco no es cierto, es decir, una *MultiLineString* con contorno vacío puede o no puede ser cerrada. La figura siguiente muestra una *MultiLineString* con un contorno vacío pero que es abierta.

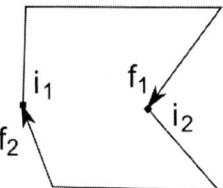

Figura 109 *MultiLinestring* simple con contorno vacío y abierta

Problema 5

El *ST_Multipolygon* estaría formado por dos *ST_Polygon*. El primero con un hueco y el segundo sin huecos.

	``POLYGON (
	  (9 39, 32 39, 32 10, 9 10, 9 39),
	  (13 27, 19 24, 12 19, 20 13, 23 19, 28 16, 29 26, 23
	   32, 16 34, 13 27)
	)```

	```POLYGON ((19 24,23 32,23 19,19 24))```

	``MULTIPOLYGON (
	  ((9 39,32 39,32 10,9 10,9 39),
	   (13 27, 19 24, 12 19, 20 13, 23 19, 28 16, 29 26, 23
	    32, 16 34, 13 27)),
	  ((19 24,23 32,23 19,19 24))
	)```

Problema 6

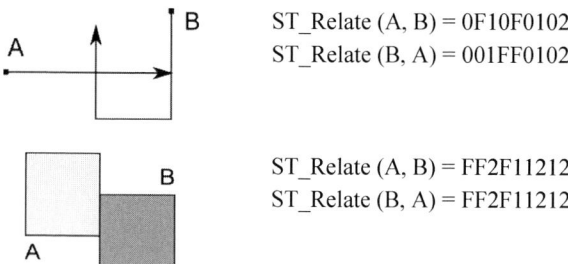

ST_Relate (A, B) = 0F10F0102
ST_Relate (B, A) = 001FF0102

ST_Relate (A, B) = FF2F11212
ST_Relate (B, A) = FF2F11212

Problema 7

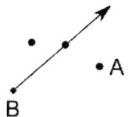

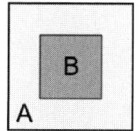

Matriz = "0F0FFF102", siendo:
A = MULTIPOINT ((2 4), (3 3), (1 4))
B = LINESTRING (1 3, 3 5)

Matriz = "FF2F112F2", siendo:
A = POLYGON ((1 4, 4 4, 4 1, 1 1, 1 4),
(2 3, 3 3, 3 2, 2 2, 2 3))
B = POLYGON ((2 3, 3 3, 3 2, 2 2, 2 3))

Problema 8

```
test2=# select st_touches (geom1, geom2) as ejc,
        st_touches (geom1, st_translate (geom2,5,0)) as ejk,
        st_touches (geom1, geom3) as ejh,
        st_touches (geom1, st_translate (geom3,5,5)) as ejf1,
        st_touches (geom1, st_translate (geom3,0,5)) as ejf2,
        st_touches (geom4, st_translate (geom1,20,0)) as eja,
        st_touches (geom4, st_translate (geom4,-10,5)) as eja,
        st_touches (geom4, st_translate (geom4,-10,10)) as ejd,
        st_touches (geom4, st_translate (geom2,15,5)) as ejb,
        st_touches (geom1, geom5) as eji,
        st_touches (geom5, st_translate (geom4,-5,-5)) as ejg
from
(select st_geomfromtext ('LINESTRING (0 5, 10 5)') as geom1,
     st_geomfromtext ('POINT (0 5)') as geom2,
     st_geomfromtext ('LINESTRING (5 0, 5 10)') as geom3,
     st_geomfromtext ('POLYGON ((10 0,20 0,20 10,10 10,10 0))') as geom4,
     st_geomfromtext ('LINESTRING (3 10, 3 5, 6 5, 6 10)') as geom5
) as mitabla;
            as mitabla;
 ejc | ejk | ejh | ejf1 | ejf2 | eja | eja | ejd | ejb | eji | ejg
-----+-----+-----+------+------+-----+-----+-----+-----+-----+-----
  t  |  f  |  f  |  t   |  t   |  t  |  t  |  t  |  t  |  f  |  t
```

Problema 9

Las geometrías son iguales desde un punto topológico, es decir, su contorno, interior y exterior son idénticos. Se puede observar que no son del mismo tipo, ni tienen el mismo número de vértices, ni el mismo número de segmentos, ni el mismo sentido.

```
test2=# SELECT st_equals(wkta, wktb) as esigual,
        st_relate(wkta, wktb) as relateab
        from (select
            'LINESTRING (0 0, 10 0)'::text as wkta,
            'MULTILINESTRING ((10 0, 5 0),(0 0, 5 0))'::text as wktb
        ) as mitabla;
 esigual | relateab
---------+-----------
   t     | 1FFF0FFF2
```

Problema 10

```
s1=# select st_equals(geom,geom),
    st_asewkb(geom) = st_asewkb(geom) as st_asewkb
    from (select st_geometryfromtext
        ('POLYGON ((0 0,10 0,10 10,5 -1,0 10,0 0))') as geom
    ) as foo;
 st_equals | st_asewkb
-----------+-----------
    f      | t
```

La comparación de una geometría consigo misma debería dar verdadero en todos los casos, en el ejemplo esto no es así debido a que la geometría no es válida, ya que el anillo exterior se interseca a sí mismo. Las geometrías no válidas pueden dar resultados inconsistentes como se ha demostrado.

Problema 11

Relate	1FF00F212	212FF1FF2	101FF0FF2	FF20F10F2	0F0FFF102	FF2F112F2
Overlaps	*	✗	✗	*	*	✗
Intersects	✔	✔	✔	✔	✔	✔
Touches	✗	✗	✗	✔	✗	✔
Crosses	✗	*	✗	✗	✔	✗
Covers	✗	✔	✔	✗	✗	✗
CoveredBy	✔	✗	✗	✗	✗	✗
Covers properly	✗	✔	✔	✗	✗	✗
CoveredBy properly	✗	✗	✗	✗	✗	✗

* El predicado espacial no está definido para dicho caso. PostGIS devolverá falso.

Problema 12

```
s1=# select count(*),'nintersects' as numcasos  from suelos s, ttmm t
        where st_intersects (s.geom, t.geom) union all
    select count(*),'noverlaps' from suelos s, ttmm t
        where st_overlaps (s.geom, t.geom) union all
    select count(*),'ncovers' from suelos s, ttmm t
        where st_covers (s.geom, t.geom) union all
    select count(*),'ncoveredby'  from suelos s, ttmm t
        where st_coveredby (s.geom, t.geom);
 count |  numcasos
-------+------------
  6104 | nintersects
     0 | ncovers
  2544 | ncoveredby
  3546 | noverlaps
```

Porque *ST_Intersects* es verdadero cuando los polígonos tienen al menos un punto en común, esos puntos comunes pueden estar localizados en el interior o en el contorno de los polígonos. En cambio, *ST_Overlaps* solo se cumple cuando al menos un punto común está situado en el interior de ambos polígonos. Por ejemplo, el caso E de la Figura 30 interseca, pero no se superpone.

Además, *ST_Overlaps* devuelve falso también en el caso de que un polígono esté contenido totalmente dentro de otro como es el caso H de la Figura 30.

Problema 13

DE-9IM	Casos			
	FF2F11212	FF2F01212	FF2F1F212	FF2F112F2
Número de casos	1130	24	1	1
Gráfico del caso				

Problema 14

Caso a) 2********

Caso b) FF****FF* (si la línea no está ni en el interior ni en el exterior del polígono únicamente puede estar en su contorno).

Problema 15

```
s1=# alter table parce add column codmasa varchar(5);
s1=# update parce p set codmasa = m.masa
        from manza m where st_covers(m.geom, p.geom);
```

Hay que recordar que la columna de la tabla a la que referencia (*references*) la integridad referencial debe tener una restricción *primary key* o de unicidad (*unique*). Si se borra una fila de *manza* optamos porque en la tabla parce *codmasa* se rellene a *null*.

```
s1=# alter table manza add constraint masa_masa_unique unique(masa);
s1=# alter table parce add constraint relacion_manza foreign key
    (codmasa) references manza(masa) on update cascade on delete set null;
```

Conviene recordar el uso de la sentencia *update* con la cláusula *from*.

Problema 16

```
s1=# create table ej1.psueloslin (gid serial primary key, tsuelo
    smallint, geom geometry(MULTILINESTRING, 25830));
s1=# insert into psueloslin (tsuelo, geom)
        select tsuelo, st_boundary(geom) from psuelos;
```

Problema 17

```
s1=# create table ej1.muni1 (gid serial primary key, codine varchar,
    municipio varchar, geom geometry (Multipolygon, 25830));
s1=# insert into muni1 (codine, municipio, geom)
  select t.codine, t.municipio, m.geom from muni m, munitextos t
  where st_covers (m.geom, t.geom) and substr (t.codine, 1, 2) = '12';
```

En lugar de *substr* también se puede utilizar el predicado *Like* de la forma: *t.codine like* *'12%'*.

Problema 18

```
s1=# select m1.municipio, sum(st_area(m2.geom)) as area
        from muni1 m1, muni1 m2
        where st_touches (m1.geom, m2.geom) and m1.gid <> m2.gid
        group by m1.municipio order by area asc limit 1;
     municipio     |     area
-----------------+------------------
 Olocau del Rey  | 49210054.1984863

s1=# select m1.municipio,count(*) nmun from muni1 m1, muni1 m2
        where st_touches (m1.geom, m2.geom) and m1.gid <> m2.gid
        group by m1.municipio order by nmun desc limit 1;
  municipio | nmun
-----------+------
  Morella   |  12
```

Problema 19

```
s1=# create or replace view ej1.puntosrios as
        select gid, stx_startpoint(geom)::geometry (POINT,23030) as geom
        from rios;
```

y la vista *geometry_columns* refleja la nueva vista:

```
s1=# select type, srid from geometry_columns
        where f_table_name = 'puntosrios';
  type  | srid
--------+-------
 POINT  | 23030
```

Es interesante observar que sucede si no se utiliza el *CAST* adecuado:

```
s1=# create or replace view ej1.puntosrios as
        select gid, stx_startpoint(geom) as geom from rios;
```

```
sl=# select type, srid from geometry_columns
        where f_table_name = 'puntosrios';
   type   | srid
----------+------
 GEOMETRY |    0
```

Como se puede ver la vista *geomery_columns* es incapaz de reconocer de forma adecuada el tipo de geometría y el sistema de referencia.

Problema 20

```
sl=# CREATE RULE insertar AS
        ON INSERT TO eventosmeteo
        DO INSTEAD (
          INSERT INTO meteo (nombre, pmedia, tmedia, x, y)
             VALUES (NEW.nombre,   NEW.pmedia, NEW.tmedia,
                      ST_X(NEW.GEOM), ST_Y(NEW.GEOM))
        );
sl=# CREATE RULE borrar AS
        ON DELETE TO eventosmeteo
          DO INSTEAD (
            DELETE FROM meteo m WHERE m.gid = OLD.gid
        );
sl=# CREATE RULE actualizar AS
        ON UPDATE TO eventosmeteo
        DO INSTEAD (
          UPDATE meteo SET
             nombre = NEW.nombre, pmedia = NEW.pmedia,tmedia = NEW.tmedia,
             x = ST_X(NEW.geom, y = ST_Y(NEW.geom)
             --No se permite al usuario cambiar el gid de la tabla original
          WHERE meteo.gid = OLD.gid
        );
```

3.2. Capítulo C

Problema 1

```
sl=# create table inter4 (gid serial primary key, gidfromrios integer,
   gidfromviaria integer, geom geometry (multipoint, 23030));
sl=# insert into inter4 (gidfromrios, gidfromviaria, geom)
  select r.gid, v.gid, stx_extract (st_intersection(r.geom,v.geom), 0)
  from rios r, viariache v where st_crosses (r.geom, v.geom);
```

Problema 2

```
sl=# create table erasettmm (gid serial primary key, ine varchar(5),
   pobla integer, geom geometry (multipolygon, 23030));
sl=# insert into erasettmm (ine, pobla, geom)
  select ine, pobla, geom from
    ( select ine, pobla,
        stx_extract(st_difference (
                      t.geom,
                      st_union(r.geom)),2 ) as geom
    from ttmm t, riosbuf r
    where t.geom && r.geom and
        st_relate (t.geom, r.geom, 'T********') group by t.gid  [D. Func.]
    ) as tabla where geom is not null;
INSERT 0 207
```

```
sl=# insert into erasettmm (ine, pobla, geom)
select ine, pobla, geom from
(
 select t.ine as ine, t.pobla as pobla, r.gid as leftgid,
          st_multi(t.geom) as geom
      from ttmm t left join riosbuf r
      on t.geom && r.geom and
          st_relate (t.geom, r.geom, 'T********')
) as tabla where leftgid is null;
INSERT 0 5
```

Figura 110 *Erase* de la capa *ttmm* y un *buffer* de *rios*

La solución en un solo paso sería:

```
sl=# insert into erasettmm (ine, pobla, geom)
    select ine, pobla, geom from
      ( select ine, pobla, count(r.gid) as numright,
            case when count(r.gid) = 0 then t.geom else
              stx_extract(st_difference (
                        t.geom,
                        st_union(r.geom)),2 )
            end as geom
        from ttmm t left join riosbuf r
        on t.geom && r.geom and                          D. Func.
            st_relate (t.geom, r.geom, 'T********') group by t.gid
      ) as tabla where (numright > 0 and geom is not null) or numright = 0;
```

Problema 3

```
sl=# create table viariabuf (gid serial primary key, tipo integer, geom
  geometry (multipolygon, 23030));
sl=# create index viaria_tipo on viaria (tipo);
sl=# insert into viariabuf (tipo, geom) select c.tipo,
  st_multi(st_buffer (
    c.geom, d.distancia,
    1 + (pi() / acos (1 - (20/d.distancia)))::integer))
  from viaria c, distbuf d where c.tipo = d.tipo;
```

Problema 4

Para su resolución se puede utilizar el operador *except* (apartado I 2.6, pág. 559).

```
s1=# select nombre from meteoche
     except
     select m.nombre
        from meteoche m, riosche r
        where st_expand (m.geom, 100) && r.geom
              and st_distance (r.geom, m.geom) < 100;
```

Problema 5

La forma más sencilla para usuarios noveles sería realizar primero la tabla de proximidad y almacenarla en una nueva tabla. Después, mediante una sentencia *Update* de la tabla *meteoche* relacionándola con la tabla de proximidad, se podría actualizar los campos.

```
s1=# alter table meteoche add column distance double precision;
s1=# alter table meteoche add column gidb integer;
s1=# create table proximidad as select gida,
  min_pair[1] as gidb,min_pair[2] as distance
  from (
     select m.gid as gida,
     min_pair(ARRAY [r.gid, st_distance (r.geom, m.geom)] )  as min_pair
     from meteoche m, riosche r
     where st_expand (m.geom, 100) && r.geom and
        st_distance (r.geom, m.geom) < 100 group by m.gid
) as tabla;
s1=# update meteoche
        set distance = p.distance, gidb = p.gidb
        from proximidad p where p.gida = meteoche.gid;
```

Aunque dentro de la sentencia *Update* también podemos incluir la consulta de la tabla de proximidad de la siguiente forma:

```
s1=# update meteoche
  set distance = tabla.min_pair[2], gidb = tabla.min_pair[1]
  from (
     select m.gid as gida,
     min_pair(ARRAY [r.gid, st_distance (r.geom, m.geom)] )  as min_pair
     from meteoche m, riosche r
     where st_expand (m.geom, 100) && r.geom and
        st_distance (r.geom, m.geom) < 100
     group by m.gid
  ) as tabla where meteoche.gid = gida;
```

Problema 6

```
s1=# select gida, min_pair[1] as gidb, min_pair[2] as distance
  from (
     select m.gid as gida,
     min_pair(ARRAY [r.gid, st_distance (r.geom, m.geom)] )  as min_pair
     from rios m, rios r
     where st_expand (m.geom, 100) && r.geom and m.gid <> r.gid and
        st_distance (r.geom, m.geom) < 100 and st_distance (r.geom,
  m.geom) > 0 group by m.gid
) as tabla order by distance asc;
```

```
gida | gidb |       distance
------+------+--------------------
1392 | 1322 | 8.14907252788544e-10
1322 | 1392 | 8.14907252788544e-10
1264 | 1248 | 9.38570330419874e-10
1248 | 1264 | 9.38570330419874e-10
1068 | 1139 | 2.79639199130803e-09
1139 | 1068 | 2.79639199130803e-09
1705 | 1692 |       49.8193406111
1692 | 1705 |       49.8193406111
```

Como se puede apreciar los seis primeros registros con unas distancias próximas a cero indican que hay errores de tramos de ríos con nodos colgados (*dangles)* o problemas de conectividad.

Problema 7

```
s1=# select count(*)
from ttmmche t left join meteoche m
on  st_intersects (t.geom,m.geom)
where m.gid is null;
count
-------
 1417
```

La solución sería igual que el anterior SQL, pero cambiando las tablas de orden o cambiando LEFT JOIN por RIGHT JOIN.

```
s1=# select count(*)
from ttmmche t right join meteoche m
on  st_intersects (t.geom,m.geom)
where t.gid is null;
count
-------
 712

s1=# select t.gid,t.nombre, count(*)
        from ttmmche t, meteoche m
           where  st_intersects (t.geom,m.geom)
        group by t.gid
        order by count(*) desc limit 1;
gid |  nombre  | count
-----+----------+-------
 852 | Zaragoza |   11

s1=# select t.gid, t.nombre, tabla.gid, tabla.nombre, tabla.distance
        from ttmmche t, lateral (
           select m.gid, m.nombre,
               st_distance (st_boundary(t.geom), m.geom) as distance
           from meteoche m
           where  st_intersects (t.geom,m.geom)
           order by st_distance (st_boundary(t.geom), m.geom) asc limit 1
        ) as tabla
        order by t.gid;
gid |  nombre       | gid |   nombre         |   distance
----+---------------+-----+------------------+------------------
   1 | Valderredible | 438 | OTERO DEL MONTE  | 1187.95980330585
   2 | Reinosa       | 426 | REINOSA-AUTOMATICA | 385.043512396287
...
1939 | Laguardia     | 499 | LAGUARDIA        | 2280.23925273145
1941 | Laguardia     | 496 | LEZA 'DFA'       | 66.3265246503289
```

Problema 8

```
s1=# create table riosdis1 (gid serial primary key, geom geometry
    (multipolygon, 23030));

s1=# insert into riosdis1 (geom)
    select st_multi(st_union(st_buffer(r.geom, 1000))) from rios r;
```

En este caso, la unión de toda la capa se almacenará en una única geometría.

Problema 9

Si se realiza un *ST_Collect* entre dos geometrías de diferente tipo, por ejemplo, una geometría *LineString* y otra *MultiLineString*, el resultado será una geometría de tipo *GeometryCollection* compuesta por estas dos geometrías.

```
s1=# select st_astext(st_collect(
    st_geomfromtext ('LINESTRING (0 0, 10 0)'),
    st_geomfromtext ('MULTILINESTRING ((0 1, 10 1),(0 2, 10 2))')));
------------------------------------------------------------------------
 GEOMETRYCOLLECTION(
  LINESTRING(0 0,10 0),
  MULTILINESTRING((0 1,10 1),(0 2,10 2))
 )

s1=# select st_astext(st_collect(
    st_geomfromtext ('LINESTRING (0 0, 10 0)'),
    st_geomfromtext ('LINESTRING (0 1, 10 1)')));
------------------------------------
 MULTILINESTRING((0 0,10 0),(0 1,10 1))
```

Problema 10

```
s1=# create table testsrid (gid serial);
s1=# select addgeometrycolumn ('testsrid','geom', 4326, 'POINT', 2,
    false);
s1=# insert into testsrid (geom) values ('SRID=4326;POINT (2 40)');
s1=# insert into testsrid (geom) values ('SRID=4326;POINT (5 39)');

s1=# \d testsrid
                         Table "public.testsrid"
 Column |   Type    |                   Modifiers
--------+-----------+------------------------------------------------------
 gid    | integer   | not null default nextval('testsrid_gid_seq')
 geom   | geometry  |
Check constraints:
    "enforce_dims_geom" CHECK (st_ndims(geom) = 2)
    "enforce_geotype_geom" CHECK (geometrytype(geom) = 'POINT'::text
        OR geom IS NULL)
    "enforce_srid_geom" CHECK (st_srid(geom) = 4326)

s1=# alter table testsrid drop constraint enforce_srid_geom;
s1=# update testsrid set geom = st_setsrid (geom, 32630);
s1=# alter table testsrid add constraint enforce_srid_geom check
    (st_srid(geom) = 32630);
```

```
s1=# \d testsrid

                        Table "public.testsrid"
   Column  |   Type    |                  Modifiers
  ---------+-----------+-------------------------------------------------
   gid     | integer   | not null default nextval('testsrid_gid_seq')
   geom    | geometry  |
  Check constraints:
      "enforce_dims_geom" CHECK (st_ndims(geom) = 2)
      "enforce_geotype_geom" CHECK (geometrytype(geom) = 'POINT'::text
          OR geom IS NULL)
      "enforce_srid_geom" CHECK (st_srid(geom) = 32630)
```

Problema 11

```
s1=# select gid, elemento, anillo, vertice,
            st_astext(
            st_makeline (st_pointn (geom, vertice),
                          st_pointn (geom, vertice+1)) )
   from (
     select gid,
        elemento[1] as elemento,
        ((rings).path)[1] as anillo,
        generate_series (1, st_npoints ( ((rings).geom)) - 1) as vertice,
        st_boundary((rings).geom) as geom
     from (
       select gid,
              st_dumprings((dump).geom) as rings,
              (dump).path as elemento
       from (
         select gid,
                st_dump(geom) as dump
         from convaseg
       ) as tabla1
     ) as tabla2
   ) as tabla3
   order by gid,elemento, anillo, vertice;

gid | elemento | anillo | vertice |        st_astext
----+----------+--------+---------+-----------------------
  1 |        1 |      0 |       1 | LINESTRING(0 0,10 0)
  1 |        1 |      0 |       2 | LINESTRING(10 0,10 10)
  1 |        1 |      0 |       3 | LINESTRING(10 10,0 0)
  1 |        1 |      1 |       1 | LINESTRING(5 5,6 5)
  1 |        1 |      1 |       2 | LINESTRING(6 5,6 6)
  1 |        1 |      1 |       3 | LINESTRING(6 6,5 5)
  1 |        2 |      0 |       1 | LINESTRING(2 2,3 2)
  1 |        2 |      0 |       2 | LINESTRING(3 2,3 3)
  1 |        2 |      0 |       3 | LINESTRING(3 3,2 2)
  2 |        1 |      0 |       1 | LINESTRING(1 1,2 1)
  2 |        1 |      0 |       2 | LINESTRING(2 1,2 2)
  2 |        1 |      0 |       3 | LINESTRING(2 2,1 1)
(12 rows)
```

Problema 12

```
s1=# select st_astext(stx_extract(st_collect(
   st_difference (st_boundary(geom), st_exteriorring(geom))), 1))
from   (
   select (st_dump(geom)).geom
   from (
     select st_geomfromtext ('MULTIPOLYGON (((0 0, 5 0, 5 5, 0 5, 0 0),
                    (2 3, 4 3, 3 4, 2 3), (1 1, 4 1, 4 2, 1 2, 1 1)),
                    ((0 6, 5 6, 3 9, 0 6), (2 7, 4 7, 3 8, 2 7)))')
   ) as tabla(geom)
 ) as tabla1(geom);
---------------------------------------------------------------------
MULTILINESTRING((2 3,4 3,3 4,2 3),(1 1,4 1,4 2,1 2,1 1),(2 7,4 7,3 8,2 7))
```

Problema 13

El paso de entidades puntuales a lineales toma sentido cuando las entidades puntuales siguen un orden establecido que materializa la propia cadena de vértices de la línea.

La tabla *puntoscampo* no tiene por qué tener los registros ordenados, por lo tanto, es necesario realizar una subconsulta para ordenar los registros por el número de vértice dentro de cada línea antes de realizar la agrupación por el campo *codmanza*. El método *ST_Setsrid* se utiliza para asignar el CRS al punto creado con *ST_MakePoint*.

```
s1=# create table manzacampo (gid serial primary key, codmanza integer,
   geom geometry (multilinestring, 23030);
s1=# insert into manzacampo (codmanza, geom)
   select codmanza,
     st_multi(st_makeline (st_setsrid (st_makepoint(coorx, coory),23030)))
   from (
       select codmanza, numvert, coorx, coory
       from puntoscampo order by codmanza, numvert asc
   ) as tabla group by codmanza;
```

Problema 14

Vamos a resolver el ejercicio de dos formas distintas, mediante el comando *ST_Polygonize* y tras estudiar la tabla de atributos de la capa de líneas mediante el comando *ST_BuildArea*.

ST_Polygonize

```
s1=# create table ttmmtenpol1 (gid serial,
     geom geometry (polygon, 4326));
s1=# insert into ttmmtenpol1(geom) select
   (st_dump(st_polygonize(geom))).geom from ttmmtenlin;
```

La solución crea 315 polígonos, pero no es posible averiguar cuáles de esos polígonos forman un único municipio a no ser que se disponga de información auxiliar como por ejemplo una capa con los *centroides* de cada polígono (incluso de cada uno de los pequeños cientos de islotes) con un campo que indique a qué municipio pertenece.

ST_BuildArea

La otra solución consiste en utilizar el comando *ST_BuildArea* con una cláusula *group by* que agrupe las líneas límite de cada municipio. Tras estudiar la tabla de atributos de la capa de líneas, se puede observar que hay dos campos *ine_muni1* e *ine_muni2* que aportan dicha información. También se observa que el código 99006 denota al océano Atlántico.

```
s1=# create table ttmmtenpol2 (gid serial, codine varchar, geom geometry
   (multipolygon, 4326));

s1=# with fidmun as (
   select distinct (ine_muni1) as ine from ttmmtenlin union select
   distinct (ine_muni2) from ttmmtenlin
)
insert into ttmmtenpol2 (geom, codine)
   select st_multi(st_buildarea(st_collect(t.geom))), f.ine
      from ttmmtenlin t, fidmun f
      where  f.ine <> '99006' and
             (f.ine = t.ine_muni1 or f.ine = t.ine_muni2)
      group by f.ine;
INSERT 0 31
```

Aunque esta vez se obtienen 31 términos municipales, gráficamente se observa que hay dos términos municipales mal construidos debido a que las líneas límite presentan valores erróneos en *ine_muni1* o *ine_muni2* como aparece en la siguiente figura.

Problema 15

```
s1=# select st_asewkt(
        st_collect(st_lineinterpolatepoint (geom, medida)) )
     from (
        select st_geomfromewkt ('LINESTRING (0 0 1, 10 10 4)') as geom,
        (generate_series (1,6,1) - 1) / 5.0 as medida
     ) as tabla;
-----------------------------------------------------------------
MULTIPOINT(0 0 1,2 2 1.6,4 4 2.2,6 6 2.8,8 8 3.4,10 10 4)

s1=# select st_asewkt(
        st_collect(st_lineinterpolatepoint (geom, medida)) )
     from (
        select st_geomfromewkt ('LINESTRING (0 0 1, 10 10 4)') as geom,
        (generate_series (1,6,1) - 1) / 5.0 as medida
     ) as tabla;
-----------------------------------------------------------------
LINESTRING(0 0 1,2 2 1.6,4 4 2.2,6 6 2.8,8 8 3.4,10 10 4)
```

3.3. Capítulo D

Problema 1

```
s1#= create table nucleosdis1 (gid serial primary key, geom geometry
   (multipolygon, 23030));
s1#= insert into nucleosdis1 (geom)
  select st_multi ( (st_dump(st_union(st_buffer (geom, 500, 16)))).geom )
  from nucleosche;
INSERT 0 3837
```

La capa *nucleosche* consta de 5820 registros, tras realizar la disolución todos estos registros pasan a formar parte de un único macro polígono compuesto de 443231 vértices. Aunque el tiempo de ejecución es de algunos segundos esta geometría es demasiado compleja para realizar análisis posteriores.

Tras disgregar este *multi* polígono en sus polígonos integrantes mediante *ST_Dump*, obtenemos la capa *nucleosdis1* con 3837 registros, un índice de distribución de 0.4% y una media de 115 vértices por geometría.

Problema 2

```
s1=# alter table nucleos add constraint force_valid_geom check
   (st_isvalid(geom));
s1=# insert into nucleos (geom) values (st_geomfromtext('MULTIPOLYGON
   (((0 0, 10 0, 5 10, 5 -5, 0 0)))',23030));
NOTICE:  Self-intersection at or near point 5 0
ERROR:  el nuevo registro para la relación «nucleos» viola la restricción
   check «force_valid_geom»
s1=# alter table nucleos drop constraint force_valid_geom;
```

Problema 3

```
s1=# select st_astext(st_buffer(
    'MULTIPOLYGON(((0 0,10 0,10 10,0 10,0 0)),
                  ((5 0,15 0,15 10,5 10,5 0)))',0));
                    st_astext
------------------------------------------------------------
 POLYGON((0 0,0 10,5 10,10 10,15 10,15 0,10 0,5 0,0 0))
```

Problema 4

El comando *ST_Segmentize* no puede fragmentar en segmentos de 100 metros a no ser que se estén utilizando geometrías con coordenadas proyectadas, por esa razón para fragmentar la geometría en segmentos se proyecta previamente.

La sentencia SQL quedaría:

```
sl=# select st_area(geom::geography) as geog,
             st_area(st_transform (geom,32630)) as utm,
             st_area(st_transform(geom,3575)) as lambertequalarea
    from (
       select st_transform (
                 st_segmentize (
                   st_transform (geom, 32630),100), 4326)
                   from (select 'SRID=4326;POLYGON ((-0.416 39.439,
                                                     -0.319 39.448,
                                                     -0.321 39.505,
                                                     -0.4237 39.503,
                                                     -0.416 39.439))'
                               ::geometry
               ) as tabla(geom)
    ) as tabla1 (geom);
         geog        |        utm         |  lambertequalarea
 --------------------+--------------------+-------------------
 57965211.10611445 | 57991851.51397408 | 57965211.113662735
```

A continuación, se muestra una tabla con los valores obtenidos a partir de aplicar un *ST_Segmentize* con 500m, 100m y 1m.

```
Segmentize |         geog         |         utm         |  lambertequalarea
-----------|----------------------+---------------------+-------------------
    500    | 57965211.171624854 | 57991851.513971396 | 57965210.99100701
    100    | 57965211.10611445  | 57991851.51397408  | 57965211.113662735
     1     | 57965211.10466252  | 57991851.513972946 | 57965211.10504962
```

Problema 5

No hay ninguna geometría repetida.

```
sl=# select count(*) from riosche r1, riosche r2
   where r1.gid < r2.gid and r1.geom && r2.geom and
         st_asewkb(r1.geom) = st_asewkb(r2.geom);
```

Problema 6

Solución 1: A = A – S; B = B – S; C = S

```
sl=# update ttmmbis t set geom = st_multi(st_difference (t.geom, e.geom))
         from mustnotoverlap e where e.gid1 = t.gid or e.gid2 = t.gid;
sl=# insert into ttmm (geom) select geom from mustnotoverlap;
```

Solución 2: A = A – S o B = B – S

```
sl=# update ttmmbis t set geom = st_multi(st_difference (t.geom, e.geom))
         from mustnotoverlap e where e.gid1 = t.gid;
```

Problema 7

Aunque se podría haber utilizado exactamente la regla *mustnothavedangles*, vamos a realizar algunas modificaciones, ya que no hay necesidad de calcular todos los *dangles*.

La regla es muy similar a *mustnothavedangles*, con ligeras modificaciones como la reducción de la ventana de búsqueda a 10 metros (tolerancia), la utilización de la orden *ST_Boundary* para comprobar únicamente la falta de continuidad entre los puntos iniciales y finales de las entidades.

```
s1=# create table mustbeconnected (gid serial primary key, gid1 integer,
   mindist double precision, geom geometry (point, 23030));
s1=# insert into mustbeconnected (gid1, geom)
  select gid1, point  from (
     select stx_startpoint(v1.geom) as point,
            v1.gid as gid1, v2.gid as gid2
     from viariache v1 left join viariache v2
     on v1.gid <> v2.gid and
          st_expand (stx_startpoint (v1.geom), 10) && v2.geom and
   st_distance (stx_startpoint (v1.geom), st_boundary(v2.geom)) = 0
  ) as tabla where gid2 is null;
INSERT 0 896

s1=# insert into mustbeconnected (gid1, geom)
  select gid1, point from (
     select stx_endpoint(v1.geom) as point,
            v1.gid as gid1, v2.gid as gid2
     from viariache v1 left join viariache v2
     on v1.gid <> v2.gid and
          st_expand (stx_endpoint (v1.geom), 10) && v2.geom and
   st_distance (stx_endpoint (v1.geom), st_boundary(v2.geom)) = 0
  ) as tabla where gid2 is null;
INSERT 0 1521

s1=# update mustbeconnected m set mindist = (
      select min (st_distance (m.geom, st_boundary (v.geom)))
      from viariache v
      where (st_expand (m.geom, 5) && v.geom) and m.gid1 <> v.gid);
UPDATE 2417
s1=# delete from mustbeconnected where mindist > 10 or mindist is null;
DELETE 2341
```

NOTA: Puedes tratar de mejorar las sentencias SQL aplicando subconsultas laterales.

En este ejemplo encontramos **76 errores cartográficos** de falta de conectividad entre las vías de comunicaciones.

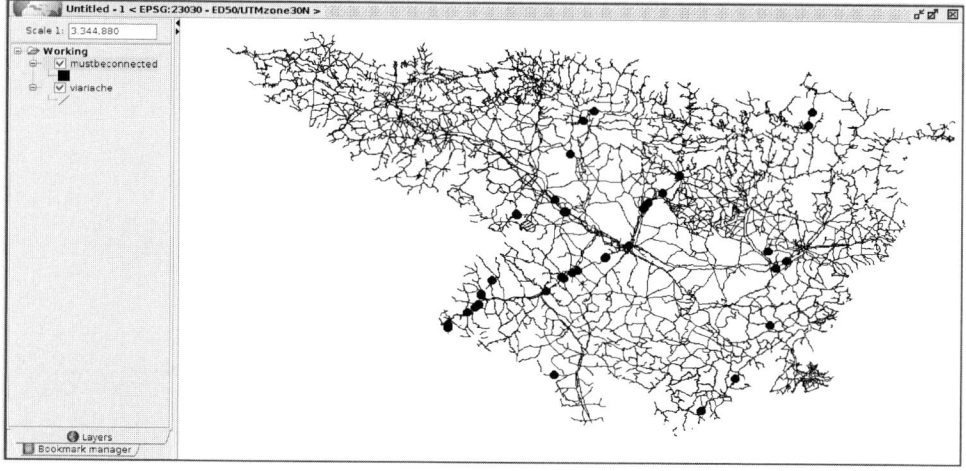

Figura 111 Falta de conectividad de las vías de comunicación

Problema 8

En este caso no se ha realizado un *ST_Dump* al final del proceso y se han almacenado las geometrías como *Multilinestring.*

```
s1=# create table bdmustbecoveredbybdoflayer (gid serial primary key,
    gid1 integer, geom geometry (multilinestring, 23030));

s1=# insert into bdmustbecoveredbybdoflayer (gid1, geom)
  select gid, st_multi(geom)
  from (
    select gid, st_length (geom) as longitud, geom
    from (
      select gid,
         stx_extract (st_difference(st_boundary (geoma),geomb),1) as geom
      from (
        select m.gid as gid, m.geom as geoma,
             st_union(
               stx_extract(
                 st_intersection (
                   st_boundary (m.geom), st_boundary (p.geom)),
                 1)
               ) as geomb
        from manza m, parce p
        where m.geom && p.geom and
             st_relate (m.geom, p.geom, '****1****')
        group by m.gid  [D. Func.]
      ) as t1
    ) as t2
  ) as t3
  where longitud is not null and longitud > 0;
INSERT 0 9
```

Por último, los contornos pertenecientes a manzanas aisladas se obtendrán mediante un *Left join.*

```
s1=# insert into bdmustbecoveredbybdoflayer (gid1, geom)
  select gid1, st_multi (st_boundary(geom1))
    from (
       select m.gid as gid1, p.gid as gid2, m.geom as geom1
       from manza m left join parce p
       on m.geom && p.geom and
          st_relate (m.geom, p.geom, '****1****')
    ) as t1
  where gid2 is null;
INSERT 0 1
```

3.4. Capítulo E

Problema 2

```
s1=# select mcd1 (20, null) is null;
ERROR:  límite de profundidad de stack alcanzado
SUGERENCIA:  Incremente el parámetro de configuración «max_stack_depth»
    (actualmente 2048kB), después de asegurarse que el límite de
    profundidad de stack de la plataforma es adecuado.
```

Al quitar la opción STRICT, PostgreSQL entra en la función, aunque el segundo argumento es nulo, en este caso como la función es recursiva se produce un bucle recursivo sin salida hasta que se agota la memoria de la pila.

Problema 3

```
CREATE OR REPLACE FUNCTION getPoints1 (geom Geometry) RETURNS SETOF Geometry
AS $$
DECLARE
  npoints Integer;
BEGIN
  IF (ST_Dimension(geom) <> 1) THEN RETURN; END IF;

  npoints:= ST_NumPoints (geom);
  FOR i IN 1..npoints LOOP
    RETURN NEXT ST_PointN (geom, i);
  END LOOP;

  RETURN;
END;
$$ LANGUAGE 'plpgsql' STRICT;
```

Comprobación:

```
s1=# select st_astext(geom) from
       getPoints1 ('LINESTRING (0 0, 10 0, 20 0)') as geom;
  st_astext
-------------
 POINT(0 0)
 POINT(10 0)
 POINT(20 0)
```

Problema 4

```
CREATE OR REPLACE FUNCTION ST_IS3D (Geometry) RETURNS boolean AS
$$
DECLARE
  geom alias for $1;
  dims Integer;
  typegeom Varchar;
BEGIN
  dims:= st_coorddim (geom);
  IF (dims = 2) THEN
    return false;
  ELSIF (dims = 4) THEN
    return true;
  ELSE
    typegeom:= geometrytype (geom);
    if (typegeom LIKE '%M') THEN
      return false;
    END IF;
    return true;
  END IF;
END;
$$ LANGUAGE 'plpgsql' STRICT;
```

Problema 5

```
CREATE OR REPLACE FUNCTION ST_ToMultiPoint (Geometry) RETURNS Geometry AS
$$
DECLARE
  geomin alias for $1;
  out Geometry;
  points Geometry[];
  elem Geometry;

BEGIN
  FOR elem IN SELECT (st_dumppoints(geomin)).geom LOOP
    points:= array_append (points, elem);
  END LOOP;

  out:= ST_Collect (points);
  return ST_Multi(out);
END;
$$ LANGUAGE 'plpgsql' STRICT;
```

Esta función tiene la ventaja respecto a la del apartado E 2.1, pág. 282 en que *ST_Dump-Points* funciona con geometrías de tipo *MultiLineString* formadas por más de una *LineString* o incluso con geometrías de tipo poligonal o *Geometrycollection*.

Esta función tiene un objetivo más que nada docente ya que como el lector puede haber pensado lo que buscamos se puede resolver con una mera sentencia SQL de la forma:

```
s1=# select st_astext(st_multi(st_collect((dump).geom)))
     from st_dumppoints ('POLYGON ((0 0, 5 0, 5 5, 0 0))') as dump;
-----------------------------
 MULTIPOINT(0 0,5 0,5 5,0 0)
```

Problema 6

```
s1=# CREATE TABLE nucleosagg (gid serial primary key,
  nombre varchar, area double precision, perimetro double precision,
  geom geometry (MultiPolygon, 23030));
```

```
CREATE OR REPLACE FUNCTION tgg_areaper_function() RETURNS trigger AS
$$
BEGIN
  RAISE NOTICE 'Función disparadora, acción = %, sobre fila gid = %', TG_OP,
  NEW.gid;

  NEW.area = st_area (NEW.geom);
  NEW.perimetro = st_perimeter (NEW.geom);
  RETURN NEW;
END;
$$ LANGUAGE 'plpgsql';
```

El disparador quedaría:

```
--Versión 1: Disparador válido para cualquier versión de PostgreSQL
DROP TRIGGER IF EXISTS tgg_areaper ON nucleosagg;
CREATE TRIGGER tgg_areaper
  BEFORE INSERT OR UPDATE ON nucleosagg
  FOR EACH ROW EXECUTE
    PROCEDURE tgg_areaper_function();
```

Comprobación del funcionamiento:

```
s1=# INSERT INTO nucleosagg (geom, nombre) select geom, nombre FROM
    nucleos WHERE gid < 5;
NOTICE:  Funcion disparadora, accion = INSERT, sobre fila gid = 1
NOTICE:  Funcion disparadora, accion = INSERT, sobre fila gid = 2
NOTICE:  Funcion disparadora, accion = INSERT, sobre fila gid = 3
NOTICE:  Funcion disparadora, accion = INSERT, sobre fila gid = 4
s1=# SELECT area, perimetro FROM nucleosagg WHERE gid = 3;
       area        |     perimetro
-------------------+-------------------
 31805.5832172151  | 752.919841663375
s1=# UPDATE nucleosagg SET geom = ST_Scale (geom, 1.01, 1.01)
     WHERE gid = 3;
NOTICE:  Funcion disparadora, accion = UPDATE, sobre fila gid = 3
s1=# SELECT area, perimetro FROM nucleosagg WHERE gid = 3;
       area        |     perimetro
-------------------+-------------------
 32444.8754398147  | 760.449040079297
s1=# UPDATE nucleosagg SET nombre = upper(nombre);
NOTICE:  Funcion disparadora, accion = UPDATE, sobre fila gid = 1
NOTICE:  Funcion disparadora, accion = UPDATE, sobre fila gid = 2
NOTICE:  Funcion disparadora, accion = UPDATE, sobre fila gid = 4
NOTICE:  Funcion disparadora, accion = UPDATE, sobre fila gid = 3
```

Como se propone en el ejercicio, si se dispone de PostgreSQL 9.1 o superior es aconsejable utilizar la nueva característica que permite especificar las columnas de activación de un disparador, de esta forma:

```
--Versión 2: Disparador válido únicamente para PostgreSQL 9.1 o superior
DROP TRIGGER IF EXISTS tgg_areaper ON nucleosagg;
DROP TRIGGER IF EXISTS tgg_areaper_INSERT ON nucleosagg;
DROP TRIGGER IF EXISTS tgg_areaper_INSERT ON nucleosagg;
CREATE TRIGGER tgg_areaper_INSERT
  BEFORE INSERT ON nucleosagg
  FOR EACH ROW EXECUTE
    PROCEDURE tgg_areaper_function();
DROP TRIGGER IF EXISTS tgg_areaper_UPDATE ON nucleosagg;
CREATE TRIGGER tgg_areaper_UPDATE
  BEFORE UPDATE OF geom,area,perimetro ON nucleosagg
  FOR EACH ROW EXECUTE
    PROCEDURE tgg_areaper_function();
```

En este caso si se actualiza algunos registros (como se ha realizado anteriormente) que no actúan sobre las columnas *geom*, *area* o *perimetro* no se saltará a la función disparadora. Al ejecutar la siguiente sentencia no obtendremos ningún mensaje *NOTICE* desde la función disparadora como anteriormente.

```
s1=# UPDATE nucleosagg SET nombre = upper(nombre);
UPDATE 4
```

Problema 7

Función disparadora:

```
CREATE OR REPLACE FUNCTION tgg_stextract_function() RETURNS trigger AS
$$
DECLARE
  dimension Integer;
BEGIN
  dimension:= TG_ARGV[0];
  IF (NEW.geom IS NOT NULL) THEN
    NEW.geom = Stx_extract (NEW.geom, dimension);
    IF (NEW.geom IS NULL) THEN
      RAISE NOTICE 'La geometría insertada es nula';
    END IF;
  END IF;
  RETURN NEW;
END;
$$ LANGUAGE 'plpgsql';
```

Creación dinámica del disparador:

```
CREATE OR REPLACE FUNCTION crea_stextract ( schemaName Varchar,
  tableName Varchar ) RETURNS Varchar AS
$$
DECLARE
  typeGeom Varchar;
  nombreTablaCompleto Varchar;
  dimension Integer;
BEGIN
  --Comprueba si existe la capa
  SELECT type INTO typeGeom FROM geometry_columns
    WHERE f_table_schema = schemaName
          AND f_table_name = tablename AND f_geometry_column = 'geom';

  IF (not Found) THEN
    RAISE EXCEPTION 'La capa espacial no existe en geometry_columns.';
  END IF;

  --Comprueba el tipo de geometría de la capa
  IF (typeGeom LIKE 'MULTILINESTRING%') THEN
    dimension:= 1;
  ELSIF (typeGeom LIKE 'MULTIPOLYGON%') THEN
    dimension:= 2;
  ELSIF (typeGeom LIKE 'MULTIPOINT%') THEN
    dimension:= 0;
  ELSE
    RAISE EXCEPTION 'La capa debe ser de tipo Multi';
  END IF;

  nombreTablaCompleto:= quote_ident (schemaName) || '.' || quote_ident
    (tableName);

  --añade el disparador a la tabla
  EXECUTE 'DROP TRIGGER IF EXISTS tgg_stextract ON ' || nombreTablaCompleto;

  --disparador de actualización y de inserción. Para simplificar el código no se
  --utiliza la nueva capacidad de PostgreSQL 9.1 de disparadores por columna.
  EXECUTE 'CREATE TRIGGER tgg_stextract BEFORE INSERT OR UPDATE ON '
        || nombreTablaCompleto
        || ' FOR EACH ROW EXECUTE PROCEDURE tgg_stextract_function ('
        || quote_literal (dimension) || ')';
  RETURN 'La funcionalidad se ha agregado correctamente a la tabla';
END;
$$ LANGUAGE 'plpgsql' STRICT;
```

Eliminación del disparador:

```
CREATE OR REPLACE FUNCTION borra_stextract (
  schemaName Varchar,
  tableName Varchar ) RETURNS Varchar AS
$$
DECLARE
  tableNameFull Varchar;
  nfilas Integer;
BEGIN
  tableNameFull:= quote_ident (schemaName)
                  || '.' || quote_ident (tableName);
  --Comprueba si existe la capa
  SELECT count(*) INTO nfilas FROM geometry_columns
    WHERE f_table_schema = schemaName
          AND f_table_name = tablename AND f_geometry_column = 'geom';

  IF (nfilas = 0) THEN
    RAISE EXCEPTION 'La capa espacial no existe en geometry_columns.';
  END IF;

  EXECUTE 'DROP TRIGGER IF EXISTS tgg_stextract ON ' || tableNameFull;
  RETURN 'La funcionalidad se ha eliminado correctamente de la tabla';
END;
$$ LANGUAGE 'plpgsql' STRICT;
```

Como comprobación vamos a realizar una intersección entre dos capas que origina geometrías de diferentes tipos igual que el ejemplo que se realizó en el apartado C 3.1, pág. 137.

A la hora de crear la tabla, no podemos utilizar la característica *typmod*, ya que la comprobación de tipos de geometría se realiza antes de entrar en el disparador y daría en la inserción daría un error parecido a este:

ERROR: Geometry type (GeometryCollection) does not match column type (MultiPolygon).

Por lo tanto, la tabla la creamos con el método *addgometrycolumn* y marcamos con false el último argumento para no utilizar *tymod*.

```
s1=# create table interagg (gid serial primary key, ine varchar,
       tema varchar);
s1=# select addgeometrycolumn ('interagg', 'geom', 23030, 'MULTIPOLYGON',
     2, false);
```

Añadimos la funcionalidad del disparador.

```
s1=# SELECT crea_stextract ('public','interagg');
                  crea_stextract
-----------------------------------------------------------
  La funcionalidad se ha agregado correctamente a la tabla
```

Por último, tratamos de insertar las geometrías resultantes de una intersección de capas, lo cual genera geometrías de diferentes tipos.

```
s1=# insert into interagg (ine, tema, geom) select t.ine, s.tema,
     st_intersection(t.geom, s.geom) from ttmm t, suelos s where
     st_intersects (t.geom, s.geom);
NOTICE: La geometría insertada es nula
...
NOTICE: La geometría insertada es nula
INSERT 0 6104
```

Si deseamos quitar el disparador de la tabla ejecutamos el método diseñado para ello.

```
s1=# SELECT borra_stextract ('public','interagg');
                   borra_stextract
------------------------------------------------------------
 La funcionalidad se ha eliminado correctamente de la tabla);
```

3.5. Capítulo G

Problema 1

```
s1=# select st_georeference(rast, 'GDAL') as gdal,
        st_georeference(rast, 'ESRI')  as ESRI from (
      select st_makeemptyraster (4, 3, 50, 100, 20, 10, 0, 0, 0) as rast
     ) as tabla;
        gdal        |      esri
------------------+-----------------
 20.0000000000 +| 20.0000000000 +
 0.0000000000  +| 0.0000000000  +
 0.0000000000  +| 0.0000000000  +
 10.0000000000 +| 10.0000000000 +
 50.0000000000 +| 60.0000000000 +
 100.0000000000+| 105.0000000000+
                 |
```

Problema 2

```
s1=# create table vect1 as
      select (dump).val, ((dump).geom)::geometry (polygon,0) from (
        select st_dumpaspolygons (rast) as dump from testraster1
       ) as tabla;
SELECT 3
s1=# create table vect2 as
        select (dump).val, ((dump).geom)::geometry (polygon,0) from (
          select st_pixelaspolygons (rast) as dump from testraster1
         ) as tabla;
SELECT 12
s1=# create table vect3 as
        select (dump).val, ((dump).geom)::geometry (polygon,0) from (
          select st_dumpaspolygons (st_setskew (rast, 5, -5)) as dump
            from testraster1
         ) as tabla;
SELECT 3
```

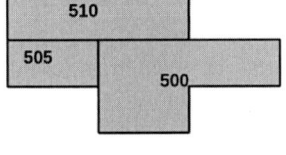
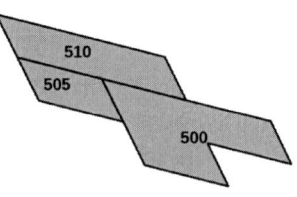

| | vect1 | | vect2 | | vect3 |

Problema 3

```
consola> ogrinfo trackma.gpx
Had to open data source read-only.
INFO: Open of trackma.gpx   using driver GPX successful.
1: waypoints (Point)
2: routes (Line String)
3: tracks (Multi Line String)
4: route_points (Point)
5: track_points (Point)
consola> ogr2ogr -f "PostgreSQL" PG:"host=localhost user=postgres
   dbname=s1 password=pg" trackma.gpx track_points -nln track_points

s1=# alter table track_points add column cota integer;
s1=# update track_points p set cota =
       st_value (rast, 1, st_transform (p.wkb_geometry, 25831))
     from dem where dem.rast && st_transform (p.wkb_geometry, 25831);
s1=# select avg(abs(ele-cota)) from track_points;
       avg
------------------
 10.2642383938195
```

Problema 4

```
s1=# create table mapalgebra as
       select st_setvalue (
               st_setvalue (
                 st_setvalue (
                   st_setvalue (st_addband (
                   st_makeemptyraster (3, 3, 10, 50, 20, -10, 0, 0, 0),
                   '8BSI'::varchar, -9, -9 ),
                   1, 2, 2),
                 2, 1, 2),
               2, 2, 5),
             3, 3, 1) as rast1,
           st_setvalue (
             st_setvalue (
               st_setvalue (st_addband (
               st_makeemptyraster (2, 3, 30, 60, 20, -10, 0, 0, 0),
               '8BSI'::varchar, -99, -99 ),
               1, 1, 4),
             1, 2, 1),
           2, 2, 3) as rast2;

s1=# with raster as (
select 'Caso A' as caso, st_mapalgebra (rast1, 1, rast2,  1,
 '2 * [rast1.val] + [rast2.val] * 4'::text,'16BSI', 'INTERSECTION',
 '[rast2.val]*4', '[rast1.val] * 2', null) as rast from mapalgebra
union all
select 'Caso B', st_mapalgebra (rast1, 1, rast2,  1,
 '2 * [rast1.val] + [rast2.val] * 4'::text,'16BSI', 'INTERSECTION',
 '[rast2.val]*4', '[rast1.val] * 2', -999) as rast from mapalgebra
union all
select 'Caso C',
 st_setbandnodatavalue (st_mapalgebra (rast1, 1, rast2,  1,
 '2 * [rast1.val] + [rast2.val] * 4'::text,'16BSI', 'INTERSECTION',
 '[rast2.val]*4', '[rast1.val] * 2', -999), -999) as rast from mapalgebra
union all
select 'Caso D' as caso, st_mapalgebra (rast1, 1, rast2,  1,
 '2 * [rast1.val] + [rast2.val] * 4'::text,'16BSI', 'FIRST',
 '[rast2.val]*4', '[rast1.val] * 2', null) as rast from mapalgebra
```

```
union all
select 'Caso E' as caso, st_mapalgebra (rast1, 1, rast2,  1,
 '2 * [rast1.val] + [rast2.val] * 4'::text,'16BSI', 'SECOND',
 '[rast2.val]*4', '[rast1.val] * 2', null) as rast from mapalgebra
union all
select 'Caso F' as caso, st_mapalgebra (rast1, 1, rast2,  1,
 '2 * [rast1.val] + [rast2.val] * 4'::text,'16BSI', 'UNION',
 '[rast2.val]*4', '[rast1.val] * 2', null) as rast from mapalgebra
union all

select 'Caso G' as caso, st_mapalgebra (rast1, 1, rast2,  1,
 '[rast2.val]','16BSI'::text, 'FIRST', '[rast2.val] ', '[rast1.val]',
  null) as rast from mapalgebra
union all
select 'Caso H' as caso,
  st_setbandnodatavalue (st_mapalgebra (rast1, 1, rast2,  1,
   '0'::text,'16BSI', 'UNION', '[rast2.val]', '[rast1.val]', -999), -999)
  as rast from mapalgebra
)
select caso, (rc).x, (rc).y, (rc).val, st_astext((rc).geom) from (select
  caso, st_pixelaspoints (rast) as rc from raster) as tabla;
 caso  | x | y | val  |  st_astext
--------+---+---+------+--------------
 Caso A | 1 | 1 |    8 | POINT(30 50)
 Caso A | 2 | 1 |   12 | POINT(50 50)
 Caso A | 1 | 2 |   10 | POINT(30 40)
 Caso B | 1 | 1 |    8 | POINT(30 50)
 Caso B | 2 | 1 |   12 | POINT(50 50)
 Caso B | 1 | 2 |   10 | POINT(30 40)
 Caso B | 2 | 2 | -999 | POINT(50 40)
 Caso C | 1 | 1 |    8 | POINT(30 50)
 Caso C | 2 | 1 |   12 | POINT(50 50)
 Caso C | 1 | 2 |   10 | POINT(30 40)
 Caso D | 2 | 1 |    8 | POINT(30 50)
 Caso D | 3 | 1 |   12 | POINT(50 50)
 Caso D | 1 | 2 |    4 | POINT(10 40)
 Caso D | 2 | 2 |   10 | POINT(30 40)
 Caso D | 3 | 3 |    2 | POINT(50 30)
 Caso E | 1 | 1 |   16 | POINT(30 60)
 Caso E | 1 | 2 |    8 | POINT(30 50)
 Caso E | 2 | 2 |   12 | POINT(50 50)
 Caso E | 1 | 3 |   10 | POINT(30 40)
 Caso F | 2 | 1 |   16 | POINT(30 60)
 Caso F | 2 | 2 |    8 | POINT(30 50)
 Caso F | 3 | 2 |   12 | POINT(50 50)
 Caso F | 1 | 3 |    4 | POINT(10 40)
 Caso F | 2 | 3 |   10 | POINT(30 40)
 Caso F | 3 | 4 |    2 | POINT(50 30)
 Caso G | 2 | 1 |    1 | POINT(30 50)
 Caso G | 3 | 1 |    3 | POINT(50 50)
 Caso G | 1 | 2 |    2 | POINT(10 40)
 Caso G | 2 | 2 |    5 | POINT(30 40)
 Caso G | 3 | 3 |    1 | POINT(50 30)
 Caso H | 2 | 1 |    4 | POINT(30 60)
 Caso H | 2 | 2 |    0 | POINT(30 50)
 Caso H | 3 | 2 |    3 | POINT(50 50)
 Caso H | 1 | 3 |    2 | POINT(10 40)
 Caso H | 2 | 3 |    5 | POINT(30 40)
 Caso H | 3 | 4 |    1 | POINT(50 30)
```

Problema 5

Al cambiar las coordenadas del origen del *raster* (de 60 metros en Y a 55 metros), los píxeles de los dos *raster* no encajan según una misma rejilla (diferente alineamiento) y *ST_MapAlgebraExpr* devuelve NULL.

```
s1=# select st_mapalgebra (rast1, 1,
        st_setupperleft (rast2, 30, 55), 1,
        '2 * [rast1.val] + [rast2.val] * 4','16BSI', 'INTERSECTION',
        '[rast2.val]*4', '[rast1.val] * 2', null
    ) as rast from mapalgebra;
ERROR:  rt_raster_iterator: The set of rasters provided (custom extent
    included, if appropriate) do not have the same alignment
```

Problema 6

```
s1=# create table demmedia1vect as select rid,
        (ST_Dumpaspolygons (
            ST_MapAlgebra (rast, 1,
'prueba_callback(double precision[], integer[], text[])'::regprocedure,
        '16BSI', 'FIRST', NULL, 0, 0,
        '0','1400','100' --parametros variadic userargs
            ) )
        ).geom::geometry (polygon,25831) as geom
    from demmedia1;
SELECT 659
```

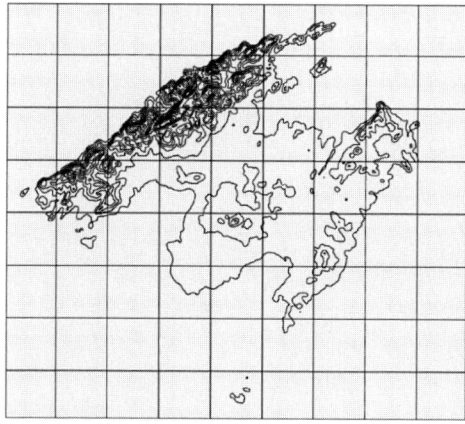

3.6.   Capítulo I

Problema 1

```
consola> psql -U postgres s1
s1=# show datastyle;
-----------
 ISO, MDY
```

```
s1=# select extract (month from '10-02-2020'::date);
-----------
        10
s1=# show config_file;
-------------------------------------
 C:/PostgreSQL/17/data/postgresql.conf
s1=# \q
```

Edición del fichero *postgresql.conf* y cambio de la línea correspondiente a *datestyle*:

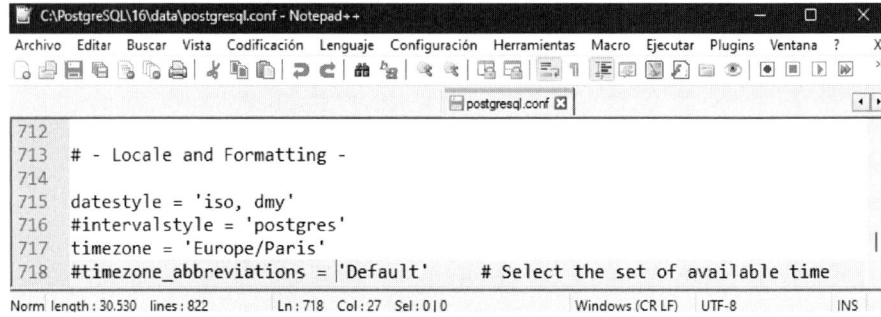

Figura 112 Fichero de configuración *postgresql.conf*

Parar y arrancar el servicio (demonio) del servidor de PostgreSQL para que la configuración (*postgresql.conf*) sea recargada (véase el apartado I 1.3, pág. 509).

```
consola> psql -U postgres s1
s1=# show datastyle;
-----------
 ISO, DMY
s1=# select extract (month from '10-02-2020'::date);
-----------
         2
```

Problema 2

```
--conexión como usuario postgres
Consola> psql -U postgres s1
s1=# grant all on all in schema ej1 to public;
```

Además, se deberá conceder los permisos adecuados para el acceso al esquema *ej1* y las secuencias correspondientes. Si se desea que los usuarios puedan crear tablas en dicho esquema además de *usage* se concederá el privilegio *create*.

```
s1=# grant usage on schema ej1 to public;
```

J   Recursos y bibliografía

A través de la presente publicación, se ha aludido - mayormente mediante referencias a pie de página - a los documentos examinados durante la elaboración, así como a estándares, normativas, sitios web de productos, entre otros.

Por consiguiente, la intención de esta sección no es presentar una bibliografía exhaustiva de los documentos revisados o consultados, sino más bien proporcionar algunas notas acerca de la existencia de material de interés disponible en la red, material de referencia que permitirá al lector continuar su proceso de aprendizaje y mantenerse al tanto de las últimas novedades en el ámbito de PostGIS.

No obstante, se incluye también una bibliografía básica de los documentos consultados.

1. Recursos prácticos y tutoriales

Listas de distribución

Se insta al lector a suscribirse a la lista oficial de PostGIS en inglés, lista de referencia y gestionada por los integrantes del equipo de desarrollo de PostGIS. Normalmente responden a la lista con rapidez y eficacia: https://lists.osgeo.org/mailman/listinfo/postgis-users

También es interesante la lista de PostGIS en español, aunque mucho menos activa que la lista en inglés: http://listserv.rediris.es/postgis.html

Blogs

Otro recurso importante consiste en los *blogs* especializados en PostGIS o geometría computacional. A continuación, aparecen algunos relacionados con el equipo de PostGIS y con las bases de datos espaciales:

Crunchydata: https://www.crunchydata.com/blog y https://www.crunchydata.com/blog /author/paul-ramsey

Linear Thinking: *Martin Davis*. https://lin-ear-th-inking.blogspot.com/

Boston GIS: *Regina Obe and Leo Hsu*. http://bostongis.org/

SpatialDB Advisor: *Simon Greener*. https://www.spdba.com.au/

Paul Ramsey Blog: https://blog.cleverelephant.ca/

Tutoriales y material de entrenamiento

En cuanto a tutoriales y manuales, la *wiki* de PostGIS es un buen punto de partida para encontrar múltiples enlaces, tutoriales, referencias a materiales y talleres de congresos como FOSS4G, etc. Simplemente resaltar algunos apuntes más como la documentación *online* oficial de PostGIS.

https://trac.osgeo.org/postgis/wiki/UsersWikiMain

https://postgis.net/workshops/postgis-intro/

https://postgis.net/documentation/

Libros

PostGIS In Action: Libro escrito por *Regina* y *Leo* que quizás comparado con esta misma publicación está enfocado a un lector un más experto en ciencias de la computación, pero menos aplicado a las ciencias cartográficas.

Congresos

PostGIS Day. https://www.youtube.com/results?search_query=postgis+day+list

https://www.crunchydata.com/community/events/postgis-day-2023

FOSS4G. Acrónimo de Software Libre y de Código Abierto para Geoespacial, constituye el evento global anual recurrente auspiciado por OSGeo. https://foss4g.org/

2.　Bibliografía

Baselga, S., & Martinez-Llario, J. C. (2017). Intersection and point-to-line solutions for geodesics on the ellipsoid. *Studia Geophysica et Geodaetica*. https://doi.org/10.1007/s11200-017-0224-1

Centro Nacional de Información Geográfica. *Centro de descargas CNIG*. Recuperado de https://centrodedescargas.cnig.es/

Coll, E., Martinez-Llario, J. C., & Baselga, S. (2021). Accurate algorithms for spatial operations on the spheroid in a spatial database management system. *Applied Sciences*, 11(15), 7033. https://doi.org/10.3390/app11157033

Davis, M. *Linear Thinking Blog*. Recuperado de https://lin-ear-th-inking.blogspot.com/

European Environment Agency. *CORINE Land Cover Project*. Recuperado de https://www.eea.europa.eu/data-and-maps/data/copernicus-land-monitoring-service-corine

FOSS4G. *FOSS4G Conferences*. Recuperado de https://www.foss4g.org/

GeoServer Project. *GeoServer*. Recuperado de https://geoserver.org/

GeoTools. *GeoTools Library*. Recuperado de https://geotools.org/

GDAL/OGR. *OGR Simple Features Library*. Recuperado de https://gdal.org/

Greener, S. *SpatialDB Advisor Blog*. Recuperado de https://www.spdba.com.au/

Instituto Geográfico Nacional. *Condiciones de uso del Instituto Geográfico Nacional*. Recuperado de https://www.ign.es/resources/licencia/Condiciones_licenciaUso_IGN.pdf

International Organization for Standardization. (2004). *ISO 19125-1:2004. OpenGIS Implementation Specification for Geographic information – Simple feature access – Part 1: Common architecture*. Recuperado de https://www.iso.org/standard/40114.html

International Organization for Standardization. (2004). *ISO 19125-2:2004. OpenGIS Implementation Specification for Geographic information – Simple feature access – Part 2: SQL option*. Recuperado de https://www.iso.org/standard/40115.html

International Organization for Standardization. (2016). *ISO 13249-3:2016. Information technology – Database languages – SQL multimedia and application packages – Part 3: Spatial (SQL/MM)*. Recuperado de https://www.iso.org/standard/60343.html

International Organization for Standardization. (2019). *ISO 19107:2019 Geographic Information – Spatial Schema*. Recuperado de https://www.iso.org/standard/66175.html

Karney, C. *GeographicLib Library*. Recuperado de https://geographiclib.sourceforge.io/

LocationTech. *JTS Topology Suite*. Recuperado de https://github.com/locationtech/jts

Martínez Llario, J. C. *Jaspa: The spatial extension for PostgreSQL*. Recuperado de https://cartosig.webs.upv.es/jaspa-the-spatial-extension-for-postgresql-h2-and-oracle/

Obe, R., & Hsu, L. (2021). *PostGIS in Action* (3.a ed.). Manning Publications.

OpenStreetMap Foundation. *OpenStreetMap Cartography*. Recuperado de https://www.openstreetmap.org/

OSGeo. *JTS Topology Suite*. Recuperado de https://www.osgeo.org/projects/jts/

PostgreSQL Global Development Group. *PostgreSQL 16 Documentation*. Recuperado de https://www.postgresql.org/docs/

PROJ. *Library for cartographic projections*. Recuperado de https://proj.org/

QGIS. *QGIS Documentation*. Recuperado de https://docs.qgis.org/

Ramsey, P. *Clever Elephant Blog*. Recuperado de https://blog.cleverelephant.ca/

The Open Geospatial Consortium. (1999). *OpenGIS Simple Features Implementation Specification for SQL* (Versión 1.1). Recuperado de https://www.opengeospatial.org/standards/sfs

Índice

3

3D, *geometría* · 340

A

A Star, *pgrouting* · 459
AddTopoGeometryColumn, *topología* · 484
Adyacencia, *topología* · 225
AFTER, *cláusula trigger* · 294
Agregados y arrays, *geometría* 321
Agregados, *plpgsql* · 316
akeys(hstore), *función* · 360
Alineamiento (alignment), *raster* · 408, 428
ALL, *cláusula* · 559
All, *privilegio grant* · 521
ALL, SOME, ANY, *predicado SQL* · 557
ALTER DOMAIN, *sentencia* · 536
ALTER ROLE, *sentencia* · 363, 518
ALTER TABLE, *sentencia* · 534
ALTER USER, *sentencia* · 507
ALTER VIEW, *sentencia* · 567
ANALYZE, *sentencia* · 104, 516
Append, *análisis espacial* · 169
ArcGIS, *software* · 223
ArcInfo WorkStation, *software* · 23, 125
Arco-nodo, *modelo* · 23, 303, 470
array_agg, *función* · 329
array_append, *función* · 278
array_length, *función* · 278
Arrays, *geometría* · 321
ASSERTIONS, *restricción SQL* · 538
assign_vertex_id, *función* · 462
AutoCast, *conversión de tipos* · 59
Autovacuum, *PostgreSQL* · 517
autovacuum_max_workers, *settings* · 529
avals(hstore), *función* · 360

B

Backup base de datos, *PostGIS* · 337
Backup base de datos, *PostgreSQL* · 335
Banda, *raster* · 391
BEFORE, *cláusula triger* · 294
BETWEEN, *predicado SQL* · 552
big-endien, *formato binario* · 54
Boot-up Manager, *software* · 509
Box2D, *función* · 353
Box3D, *función* · 353
BRIN, *indexación* · 112
BTA, *modelo cartográfico* · 263, 271
Buffer, *análisis espacial* · 147
Buffer, *error radial* · 148
Bursa-Wolf, *modelo transformación* · 214, 215

C

Caja, *geometría* · 105, 353
Camino más corto, *pgrouting* · 452
Capa, *topología* · 475
Caras, *topología* · 471, 473
cardinalidad, *SQL* · 544
Cardinalidad, *SQL* · 163
CASE, *cláusula* · 97
CASE, *plpgsql* · 274
CASE, *software modelado* · 547
CAST explícito, *PostgreSQL* · 552

Ch

CHECK, *restricción SQL* · 538

C

CIDR, *autentificación* · 506
CircularString, *geometría* · 349

Client_encoding, *settings* · 514
client_min_message, *settings* · 279
client_min_messages, *settings* · 525, 527
Clip, *análisis espacial* · 145
Clip, *optimización rejilla* · 209
Cluster, *PostgreSQL* · 507, 510
Codificación, *PostgreSQL* · 66, 513, 514
Comentarios, *plpgsql* · 273
Common Table Expresions, *SQL* · 82
Comparación, *predicado SQL* · 552
CompoundCurve, *geometría* · 349
Concatenación, *SQL* · 560
Connect, *privilegio grant* · 521
CONSTRAINT, *cláusula* · 539
CONTINUE, *plpgsql* · 279
Contorno, *cardinalidad* · 80
Contorno, *geometría* · 78
Contorno, *multicurve* · 80
Contraseña, *PostgreSQL* · 35, 507
Control de versiones, *PostGIS* · 362
Copia base de datos, *PostGIS* · 337
Copia base de datos, *PostgreSQL* · 335
CORRESPONDING, *cláusula* · 560
COUNT, *cláusula* · 555
CREATE AGGREGATE, *sentencia* · 316
CREATE ASSERTION, *sentencia* · 543
CREATE CAST, *sentencia* · 318
CREATE DATABASE, *sentencia* · 508
CREATE DOMAIN, *sentencia* · 535
CREATE EXTENSION, *sentencia* · 357
CREATE FUNCTION, *sentencia* · 273
CREATE INDEX, *sentencia* · 104, 414, 568
CREATE OPERATOR, *sentencia* · 318
CREATE ROLE, *sentencia* · 363, 517
CREATE RULE, *sentencia* · 119
CREATE SCHEMA, *sentencia* · 537
CREATE TABLE AS, *sentencia* · 565
CREATE TABLE, *sentencia* · 533
CREATE TRIGGER, *sentencia* · 294
CREATE TYPE, *sentencia* · 277, 324
CREATE USER, *sentencia* · 518
CREATE VIEW, *sentencia* · 118, 566

Create, *privilegio grant* · 521
createdb, *comando* · 35
createlang, *comando* · 40, 272
createrole, *role* · 518
CreateTopoGeom, *topología* · 485
CreateTopology, *topología* · 475
CROSS JOIN, *cláusula* · 560
CRS, *coordinate reference system* · 42, 214
Curvas, *geometría* · 349
CurvePolygon, *geometría* · 349

D

Dangles, *topología* · 252
datestyle, *settings* · 501
Datum · 45, 180, 214
DE-9IM, *Matriz* · 90
DE-9IM, *patrón* · 91
DECLARE, *plpgsql* · 276
default.style, *osm2pgsql* · 358
Delete, *privilegio grant* · 521
DELETE, *sentencia* · 550
Dependencia funcional, *SQL* · 328
Diagramas ER · 544
Dikjstra, *pgrouting* · 455
Directorio de datos, *PostgreSQL* · 507
Diseño análisis espacial · 201
Disparador · *Véase* Trigger
Dissolve, *análisis espacial* · 170
Dissolve, *optimización rejilla* · 205
DISTINCT, *cláusula* · 555
DISTINCT, *predicado SQL* · 558
DO INSTEAD, cláusula · 120
Dominios, *SQL* · 535
Douglas-Peucker, *algoritmo* · 173
Driving Distance calculation, *pgrouting* · 451
DROP AGGREGATE, *sentencia* · 318
DROP FUNCTION, *sentencia* · 276
DROP INDEX, *sentencia* · 106, 568
DROP ROLE, *sentencia* · 517
DROP SCHEMA, *sentencia* · 537
DROP TABLE, *sentencia* · 535
DROP VIEW, *sentencia* · 567
dropdb, *comando* · 35
Dropgeometrytable, *función* · 48
DropTopoGeometryColumn, *topología* · 488

E

each(hstore), *función* · 360
ED50, datum · 180, 215

edge, *vista topología* · 478
edge_data, *tabla topología* · 478
Ejes, *topología* · 471, 473
ELSE, *plpgsql* · 274
enable_seqscan, *settings* · 501
enable_seqscan, *variable* · 108
END IF, *plpgsql* · 274
EPSG, *códigos CRS* · 58
Erase, *análisis espacial* · 139
Erase, *optimización rejilla* · 207
Esferoide, *análisis espacial* · 233
Espagueti, *modelo* · 470
Esquemas, *SQL* · 537
ESRI, *modelo geometrías* · 229
Estadísticas zonales, *raster* · 442
Estadísticas, *raster* · 416
ETRS89, *datum* · 215, 233
EXCEPT conjuntista, *cláusula* · 559
EXECUTE, *plpgsql* · 288, 301
Execute, *privilegio grant* · 521
EXISTS, *predicado SQL* · 558
EXIT, *plpgsql* · 279
EXPLAIN, *sentencia* · 107
Exterior, *geometría* · 78
extract, *función* · 501

F

face, *tabla topología* · 480
FGDC, *organización* · 222
FINALFUNC, *cláusula agregado* · 318
Find_srid, *función* · 283
FME, *software* · 125
FOR .. IN EXECUTE, *plpgsql* · 291
FOR ..IN, *plpgsql* · 285
FOR, *plpgsql* · 279
FOREIGN KEY, *restricción SQL* · 538
FOUND, *plpgsql* · 284
FRAME, *cláusula* · 330
FROM, *cláusula* · 551
FULL, *vacuum* · 515
Funciones ventana, *SQL* · 330
FWTools, *software* · 62

G

GDAL, *biblioteca* · 387, 402, 414
gdal_translate, *comando* · 414
gdalinfo, *comando* · 405
generate_series, *función* · 82, 183
Geodatabase, *modelo* · 229
Geography, *tipo datos PostGIS* · 34, 235
geography_columns, *metadatos* · 239

Geometría euclídea, *proyecciones* · 234
geometry_columns, *metadatos* · 50
GEOS , *biblioteca* · 23
gisEIEL, *software* · 271
GiST, *indexación* · 104
Google Maps, *software* · 356
Grafo directo e indirecto, *pgrouting* · 455
GRANT, *sentencia* · 519, 520
GROUP BY, cláusula · 328, 555
gvSIG, *software* · 69

H

Hard upgrade, *PostGIS* · 338
HAVING, *cláusula* · 555
hstore, *PostgreSQL* · 357

I

ident, *pg_hba.conf* · 506
Identity, *análisis espacial* · 143
IF, *plpgsql* · 274
IMMUTABLE, *cláusula* · 275
IN, *plpgsql* · 277
IN, *predicado SQL* · 552, 556
Indexación espacial, *raster* · 414
Indexación espacial, *vectorial* · 104
indexación, *coeficiente cajas* · 203
Indexación, *KNN* · 160
Indexación, *SQL* · 567
initdb, *comando* · 509
INNER JOIN, *cláusula* · 561
INSERT INTO, *sentencia* · 566
INSERT INTO, *sentencia* · 115, 548
Inspire, *modelo cartográfico* · 271
Integridad referencial · 543
Interior, *geometría* · 78
Interpolación, *proceso* · 422
INTERSECT conjuntista, *cláusula* · 559
Intersect, *análisis espacial* · 137
Intersects, *optimización rejilla* · 210
IS NULL, *predicado SQL* · 553
isoutdb, *banda raster* · 393

J

Jaspa, *software* · 261
JDBC · 270
JTS Test Builder, *software* · 76

K

KNN, *indexación* · 160
Kosmo, *software* · 69

L

Lambert acimutal equivalente,
 proyección · 234
Lambert cónica conforme,
 proyección · 234
Lateral, *cláusula* · 159, 161, 254
LATIN1, *codificación* · 514
LC_COLLATE, *settings* · 512
LC_CTYPE, *settings* · 512
LC_MESSAGES, *settings* · 512
LC_MONETARY, *settings* · 512
LC_NUMERIC, *settings* · 512
LC_TIME, *settings* · 512
LEFT JOIN, *cláusula* · 562
Lenguaje de Control de Datos · 532
Lenguaje de Definición de Datos · 532
Lenguaje de Manipulación de Datos · 532
LIKE, *predicado SQL* · 553
LIMIT, *cláusula* · 101
little-endian, *formato binario* · 54
Locale, *localización PostgreSQL* · 511
Locale, *settings* · 512
LocalGIS, *software* · 271
Log, fichero registro · 523
log_destination, *settings* · 524
log_directory, *settings* · 524
log_filename, *settings* · 524
log_min_error_statement, *settings* · 525
log_min_message, *settings* · 279
log_rotation_age, *settings* · 524
log_rotation_size, *settings* · 524
loggin_collector, *settings* · 524
login, *role* · 518
LRS · 195

M

Maintenance_work_mem, *settings* · 529
Mayúsculas, *PostgreSQL* · 302, 535
md5, *pg_hba.conf* · 506
Mercator, *proyección* · 358
Merge, *análisis espacial* · 169
Moskitt, *software modelado* · 547
MultiCurve, *geometría* · 351

Multigeometrías · 326
MultiSurface, *geometría* · 351
Must be covered by layer, *topología* · 258
Must be cross connected, *topología* · 259
Must contain one point, *topología* · 257
Must not have dangles, *topología* · 252, 253
Must not have gaps, *topología* · 250
Must not have suedos, *topología* · 255
Must not overlap, *topología* · 122, 249
MVCC, *PostgreSQL* · 362

N

Near table, *análisis espacial* · 151
NEW, *plpgsql* · 293
nodatavalue, *banda raster* · 391, 393
node, *tabla topología* · 477
Nodificación de geometrías · 191, 309
Nodos, *topología* · 471, 473
NOT NULL, *restricción SQL* · 538
NTv2, *modelo transformación* · 214, 217

O

ODBC · 270
OGC, *modelo geometrías* · 229
OGC, *organización* · 24
OGR, *biblioteca* · 62
ogr2ogr, *comando* · 63
ogrinfo, *comando* · 63
OLD, *plpgsql* · 293
ON DELETE, *cláusula* · 545
ON UPDATE, *cláusula* · 545
Open Street Map · *Véase OSM, cartografía*
OpenJump, *software* · 69
OpenLayers, *software* · 356
Operador && · 105, 110
Operador &&& · 111
Operador <#> · 161
Operador <-> · 161
ORDER BY, *cláusula* · 555
OSGeo, *organización* · 63
OSM, *cartografía* · 67, 355
OSM, *hstore* · 357
OSM, *Imposm* · 356
OSM, *osm2postgis* · 356

OSM, *osm2postgres* · 356
OSM, *osmosis* · 356, 360
OSM, *pgrouting* · 461
OSM, *tags* · 357
osm2pgrouting, *comando* · 462
osm2pgrouting, *CRS* · 466
osmosis, *comando* · 356
OUT, *plpgsql* · 277
OUTER JOIN, *cláusula* · 561
OVER, *cláusula* · 331
Overlay, *análisis espacial* · 137, 142
Overviews, raster · 405, 407, 412

P

PARTITION, *cláusula* · 330
password, *pg_hba.conf* · 506
pg_ctl, *comando* · 509, 511
pg_dump, *comando* · 335
pg_dumpall, *comando* · 336
pg_hba.conf, *configuración autentificación* · 505
pgAdmin3, *cliente SQL* · 32
pgDesigner, *software modelado* · 547
PGOPTIONS, *PostgreSQL* · 504
Pgrouting · 451
pgsql2shp, *comando* · 61
Pgversion, *PostGIS* · 362
pgvscommit, *función* · 364, 366
pgvsdrop, *función* · 364, 368
pgvsinit, *función* · 364
pgvslogview, función · 366
pgvsmerge, *función* · 367
pgvsrollback *función* · 366
phpPgAdmin, *cliente SQL* · 32
Pirámides, raster · 405, 412
pixeltype, *banda raster* · 391, 393
PL/Java, *PostgreSQL* · 270
PL/PgSQL, *PostgreSQL* · 270
Planificador de PostgreSQL · 107
Plantilla espacial · 44
PolyedralSurface, *geometría* · 345
PostGIS Manager, *QGIS plugin* · 67
postgres, *comando* · 509
postgresql.conf, *settings file* · 508, 510
Precisión cartográfica · 222
Predicados espaciales · 91
PRIMARY KEY, *restricción SQL* · 538
Primitivas, *topología* · 473
probe_geometry_columns, *función* · 337
Proj4, *biblioteca* · 23
Propiedades, *banda raster* · 393
Propiedades, *raster* · 389

Proyecciones, *distorsión* · 233
Proyecciones, *propiedades* · 234
Psql, *cliente SQL* · 29
Psql, *ejecución ficheros SQL* · 59

Q

QGIS, *software* · 69

R

RAISE, *plpgsql* · 279
RANK(), *función ventana* · 333
raster_columns, *metadatos* · 413
raster_overviews, *metadatos* · 413
raster2pgsql, *comando* · 404
Rasterización, *proceso* · 399
Rasterización, *raster* · 441
Recursos, *PostgreSQL* · 528
Red, topología · 453
REFERENCES, *cláusula* · 545
References, *privilegio grant* · 521
Referencia Lineal · 195
Refractions Research, empresa · 23
Regular blocking, raster · 405, 409
reject, *pg_hba.conf* · 506
Rejilla, *análisis espacial* · 203
relation, *tabla topología* · 486
Remuestreo, *proceso* · 434
replication, *role* · 518
Restricciones, *raster* · 409
Restricciones, *SQL* · 538
RETURN NEXT, *plpgsql* · 280
RETURN QUERY, *plpgsql* · 280
RETURNS Trigger, *plpgsql* · 292
RETURNS, *plpgsql* · 277
REVOKE, *sentencia* · 519, 520
RIGHT JOIN, *cláusula* · 562
Ring, *geometría* · 83
Roles, *grupos* · 519
Roles, *PostgreSQL* · 517

S

samerole, *pg_hba.conf* · 505
sameuser, *pg_hba.conf* · 505
search_path, esquemas · 61
search_path, *settings* · 115, 501
Select, *privilegio grant* · 521
SELECT, *sentencia* · 550
Server Programming Interface,
  PostgreSQL · 270
Servidor PostgreSQL, *iniciar, parar* ·
  510

Set of, *función* · 183
Set returning, *función* · 183
SET, *sentencia* · 108
SETOF, *plpgsql* · 280, 281
Seudonodo, *topología* · 255
SFUNC, *cláusula agregado* · 318
shape, codificación · 59
shape, *formato* · 57
shared_buffers, *settings* · 501, 529
Shooting Star, *pgrouting* · 460
Shortest Path, *pgrouting* · 451
shortest_path, *función* · 455
shortest_path_astar, *función* · 459
shortest_path_shooting_star,
  función · 460
SHOW, *sentencia* · 62, 501
shp2pgsql, *comando* · 57
shp2pgsql, versión gráfica · 60
SIMILAR, *predicado SQL* · 553
simple features, *modelo* · 75
Sistema de Información Geográfica ·
  23
Spatial Join, *análisis espacial* · 163
spatial_ref_sys, *tabla* · 45
SQL Power Architect, *software
  modelado* · 547
SQL/MM, *norma* · 25, 471
ST_ SimplifyPreserveTopology,
  función · 175
ST_3DArea, *función* · 343, 344
ST_3DClosestPoint, *función* · 342
ST_3DDFullyWithin, *función* · 342
ST_3DDifference, *función* · 343, 344
ST_3DDistance, *función* · 342
ST_3DDWithin, *función* · 342
ST_3DExtent, *función* · 342
ST_3DIntersection, *función* · 128,
  343, 344
ST_3DIntersects, *función* · 342
ST_3DLength, *función* · 342
ST_3DLengthSpheroid, *función* · 342
ST_3DLongestLine, *función* · 342
ST_3DMakeBox, *función* · 342, 353
ST_3DMaxDistance, *función* · 342
ST_3DPerimeter, *función* · 342
ST_3DShortestLine, *función* · 342
ST_3DUnion, *función* · 128, 343, 344
ST_Accum, *función* · 322, 329
ST_AddBand, *raster* · 391
ST_AddEdgeModFace, *topología* ·
  476, 477, 481
ST_AddEdgeNewFaces, *topología* ·
  476
ST_AddIsoEdge, *topología* · 476
ST_AddIsoNode, *topología* · 476, 477
ST_Addmeasure, *función* · 198

ST_AddOverviewConstraints, *raster* ·
  412
ST_AddPoint, *función* · 190
ST_AddRasterConstraints, *raster* ·
  411
ST_Affine, *función* · 178
ST_Area, *función* · 81
ST_AsBinary, *función* · 53
ST_AsEWKB, *función* · 53
ST_AsEWKT, *función* · 53
ST_AsGdalDrivers, *raster* · 402
ST_AsGdalRaster, *raster* · 403
ST_AsGeoJSON, *función* · 55
ST_AsGML, *función* · 55
ST_AsJPEG, *raster* · 403
ST_AsKML, *función* · 55
ST_Aspect, *raster* · 439
ST_AsPNG, *raster* · 403
ST_AsRaster, *raster* · 399, 441
ST_AsSVG, *función* · 55
ST_AsText, *función* · 53
ST_AsTIFF, *raster* · 403
ST_AsX3D, *función* · 55
ST_Azimuth, *función* · 238
ST_Band, *raster* · 394
ST_BandIsNoData, *raster* · 393
ST_BandMetadata, *raster* · 393
ST_BandNoDataValue, *raster* · 393
ST_BandPixelType, *raster* · 393
ST_Boundary, *función* · 61, 79, 187
ST_Buffer, *función* · 128, 131, 147,
  231
ST_BuildArea, *función* · 191, 232
ST_ChangeEdgeGeom, *topología* ·
  476, 481
ST_Clip, *raster* · 430, 437
ST_Collect, *función* · 172, 230
ST_CollectionExtract, *función* · 134
ST_Contains, *función* · 93
ST_ContainsProperly, *función* · 99
ST_ConvexHull, *función* · 129
ST_ConvexHull, *raster* · 390, 414
ST_CoordDim, *función* · 78
ST_Count, *raster* · 395
ST_CoveredBy, *función* · 93, 99
ST_Covers, *función* · 93, 99
ST_Crosses, *función* · 93, 95
ST_CurveToLine, *función* · 351
ST_Difference, *función* · 128, 131
ST_Dimension, *función* · 78
ST_Disjoint, *función* · 93
ST_Distance, *función* · 150
ST_Distance_spheroid, *función* · 235
ST_Distinct4ma, *raster* · 436
ST_DropOverviewConstraints, *raster*
  · 413

ST_DropRasterConstraints, *raster* · 411
ST_Dump, *función* · 184
ST_DumpAsPolygons, *raster* · 398, 421
ST_DumpPoints, *función* · 185, 186
ST_DumpRings, *función* · 188
ST_DWithin, *función* · 150
ST_Envelope *función* · 203
ST_Envelope, *raster* · 414
ST_Equals, *función* · 93, 96
ST_Expand, *función* · 150
ST_Extent, *función* · 203
ST_ExteriorRing, *función* · 188
ST_Extrude, *función* · 343, 344
ST_Force2D, *función* · 193
ST_Force3D, *función* · 193
ST_Force4D, *función* · 194
ST_ForceLHR, *función* · 343, 344
ST_ForceRHR, *función* · 229, 246
ST_GeogFromText, *función* · 235
ST_GeogFromWKB, *función* · 235
ST_GeometryN, *función* · 183
ST_GeomFromEWKB, *función* · 53
ST_GeomFromEWKT, *función* · 53
ST_GeomFromText, *función* · 52
ST_GeomFromWKB, *función* · 52
ST_GeoReference, *raster* · 389
ST_GetEdgeByPoint, *topología* · 483
ST_GetFaceByPoint, *topología* · 483
ST_GetFaceEdges, *topología* · 483
ST_GetFaceGeometry, *topología* · 480
ST_GetNodeByPoint, *topología* · 483
ST_GetNodeEdges, *topología* · 483
ST_GetRingEdges, *topología* · 483
ST_GetTopologyId, *topología* · 483
ST_GetTopologyName, *topología* · 483
ST_GetTopologySRID, *topología* · 483
ST_HasNoBand, *raster* · 393
ST_Height, *raster* · 389
ST_HillShade, *raster* · 439
ST_Histogram, *raster* · 395, 417
ST_InterpolatePoint, *función* · 198
ST_Intersection, *función* · 128, 130
ST_Intersection, *raster* · 430, 443
ST_Intersects, *función* · 93, 137
ST_IsClosed, *función* · 84
ST_IsEmpty, *función* · 230, 244
ST_isPlanar, *función* · 343, 344
ST_IsSimple, *función* · 83, 244
ST_isSolid, *función* · 343, 344
ST_IsValid, *función* · 86, 228
ST_IsValidDetail, *función* · 228
ST_IsValidReason, *función* · 87, 228
ST_Lengthspheroid, *función* · 235

ST_LineInterpolatePoint, *función* · 195
ST_LineLocatePoint, *función* · 195
ST_LineMerge, *función* · 197
ST_LineSubstring, *función* · 196
ST_LineToCurve, *función* · 352
ST_LocateAlong, *función* · 197
ST_LocateBetween, *función* · 197
ST_LocateBetweenElevations, *función* · 197
ST_MakeBox2D, *función* · 353
ST_MakeEmptyRaster, *raster* · 388
ST_MakeLine, *función* · 186, 189
ST_MakePoint, *función* · 111, 122, 179
ST_MakePolygon, *función* · 190
ST_MakeSolid, *función* · 343, 344
ST_MakeValid, *función* · 230, 231
ST_MapAlgebra, *raster* · 424, 425, 427, 429, 436, 439
ST_Max4ma, *raster* · 436
ST_Mean4ma, *raster* · 436
ST_Metadata, *raster* · 389
ST_Min4ma, *raster* · 436
ST_MinkowskiSum, *función* · 343, 344
ST_ModEdgeHeal, *topología* · 476, 482
ST_ModEdgeSplit, *topología* · 476, 481
ST_MoveIsoNode, *topología* · 476
ST_Multi, *función* · 134
ST_NDims, *función* · 78
ST_NewEdgeHeal, *topología* · 476
ST_NewEdgesSplit, *topología* · 476
ST_Node, *función* · 245
ST_NumBands, *raster* · 389, 394
ST_NumGeometries, *función* · 183
ST_NumInteriorRings, *función* · 86, 87
ST_NumPatches, *función* · 345
ST_Orientation, *función* · 343, 344
ST_Overlaps, *función* · 93, 95
ST_PatchN, *función* · 345
ST_PixelAsPolygon, *raster* · 398
ST_PixelAsPolygons, *raster* · 398
ST_PixelHeight, *raster* · 389
ST_PixelWidth, *raster* · 389
ST_PointN, *función* · 186
ST_Polygonize, *función* · 191
ST_Project, *función* · 238
ST_Quantile, *raster* · 395
ST_Range4ma, *raster* · 436
ST_Raster2WorldCoordX, *raster* · 397
ST_Raster2WorldCoordY, *raster* · 397

ST_Reclass, *raster* · 418
ST_Relate, *función* · 91
ST_RemEdgeModFace, *topología* · 476, 482
ST_RemEdgeNewFace, *topología* · 476
ST_RemoveIsoNode, *topología* · 476
ST_RemovePoint, *función* · 177
ST_RemoveRepeatedPoints, *función* · 174, 187, 229, 246
ST_Resample, *raster* · 434, 435
ST_Rescale, *raster* · 422
ST_RotateX, *función* · 178
ST_RotateY, *función* · 178
ST_RotateZ, *función* · 178
ST_Roughness, *raster* · 439
ST_SameAlignment, *raster* · 409
ST_Scale, *función* · 178
ST_ScaleX, *raster* · 389
ST_ScaleY, *raster* · 389
ST_Segmentize, *función* · 225, 238
ST_SetBandIsNoData, *raster* · 394
ST_SetBandNodataValue, raster · 401
ST_SetBandNoDataValue, *raster* · 394
ST_SetGeoReference, *raster* · 390
ST_SetScale, *raster* · 390
ST_SetSkew, *raster* · 390
ST_SetSrid, *función* · 179
ST_SetSRID, *raster* · 390
ST_SetUpperLeft, *raster* · 390
ST_SetValue, *raster* · 394
ST_Simplify, *función* · 175, 225
ST_SimplifyPreserveTopology, *función* · 223
ST_SkewX, *raster* · 389
ST_SkewY, *raster* · 389
ST_Slope, *raster* · 439
ST_Snap, *función* · 226
ST_SnapToGrid, *función* · 174, 225
ST_Srid, *función* · 179
ST_Srid, *raster* · 389
ST_StdDev4ma, *raster* · 436
ST_StraightSkeleton, *función* · 343, 344
ST_Sum4ma, *raster* · 436
ST_SummaryStats, *raster* · 395
ST_SymDifference, *función* · 128
ST_Tesselate, *función* · 343, 344
ST_TopologySummary, *topología* · 482
ST_Touches, *función* · 93, 94
ST_Transform, *función* · 179, 225
ST_Translate, *función* · 178
ST_TransScale, *función* · 178, 190
ST_UnaryUnion, *función* · 173, 192

ST_Union, *función* · 128, 130, 170, 192, 232
ST_Union, *raster* · 430, 433
ST_UpperLeftX, *raster* · 389
ST_ValidateTopology, *topología* · 482
ST_Value, *raster* · 394, 397, 420
ST_ValueCount, *raster* · 395, 396
ST_Volume, *función* · 343, 344
ST_Width, *raster* · 389
ST_Within, *función* · 93
ST_WithinProperly, *función* · 99
ST_World2RasterCoordX, *raster* · 397
ST_World2RasterCoordY, *raster* · 397
ST_X, *función* · 122
ST_XMax, *función* · 203
ST_XMin, *función* · 203
ST_Y, *función* · 122
ST_YMax, *función* · 203
ST_Ymin, *función* · 203
ST_ZPointDifference, *función* · 259
STABLE, *cláusula* · 275
Stack Builder, *software* · 28
STRICT, *plpgsql* · 274
Structured Query Language · 531
STX_EndPoint, *función extra* · 44, 220, 327
STX_Extract, *función extra* · 44, 135
STX_Last, *función extra* · 44, 329
STX_NodeSimple, *función* · 245
STX_StartPoint, *función extra* · 44, 220, 327
STYPE, *cláusula agregado* · 318
su, *comando Linux* · 510
subconsulta correlada, *SQL* · 155, 557
subconsultas correlada, *SQL* · 166
Subconsultas CTE, *SQL* · 82
subconsultas laterales, *SQL* · 159, 253
Subconsultas, *SQL* · 81
Subselect, *SQL* · 81, 153
Superficies, *geometría* · 345
superuser, *role* · 518

T

Temp, *privilegio grant* · 521
template0, *plantilla PostgreSQL* · 508
template1, *plantilla PostgreSQL* · 508
Tesela o tile, *raster* · 404
TG_ARGV, *plpgsql* · 292
TIN, *geometría* · 346

Tipo geometría, *CircularString* · 83, 349
Tipo geometría, *CompoundCurve* · 83, 350
Tipo geometría, *Curve* · 83
Tipo geometría, *CurvePolygon* · 350
Tipo geometría, *Geometrycollection Empty* · 134
Tipo geometría, *LineString* · 83
Tipo geometría, *MultiCurve* · 84
Tipo geometría, *MultiLineString* · 84
Tipo geometría, *MultiPoint* · 83
Tipo geometría, *MultiSurface* · 88
Tipo geometría, *Point* · 83
Tipo geometría, *PolyhedralSurface* · 86
Tipo geometría, *ST_MultiPolygon* · 88
Tipo geometría, *Surface* · 86
Tipos compuestos, *PostGIS* · 325
Tipos compuestos, *PostgreSQL* · 324
Tissot, *elipse* · 233
Tolerancia, *análisis espacial* · 220
TopoElementArray_Agg, *topología* · 493
TopoGeo_AddLineString, *topología* · 491
TopoGeo_AddPoint, *topología* · 491
TopoGeo_AddPolygon, *topología* · 491
Topo-geometrías derivadas, *topología* · 493
Topo-geometrías, *topología* · 471, 483
topogeometry, *tipo datos topología* · 486
Topología persistente, *topología* · 303
topology.layer, *metadatos* · 484
topology.topology, *metadatos* · 475
ToTopoGeom, *topología* · 492
track_count, *settings* · 517
Traveling Salesperson Problem, *pgrouting* · 451
Triangle, *geometría* · 346
Trigger variables, *plpgsql* · 293
Trigger, *privilegio grant* · 521
Trigger, *SQL* · 292
Truncate, *privilegio grant* · 521
TRUNCATE, *sentencia* · 516
trust, *pg_hba.conf* · 506
Tuberías, *uso con psql* · 59
TWKB, *formato* · 53

U

uDig, *software* · 69
Umbrello, *software modelado* · 547
UNION conjuntista, *cláusula* · 559
UNIQUE, *predicado SQL* · 558
UNIQUE, *restricción SQL* · 538
unnest, *función* · 278
Update, *análisis espacial* · 144
Update, *privilegio grant* · 521
UPDATE, *sentencia* · 549
UpdateGeometrySrid, *función* · 181
Usage, *privilegio grant* · 521
USING, *cláusula* · 561
USING, *plpgsql* · 290, 301
UTF8, *codificación* · 512
UTM, *proyección* · 234

V

Vacuum, *automático* · 105, 517
VACUUM, *sentencia* · 104, 514
vacuumdb, *comando* · 515
valid until, *role* · 518
VariaDic, *plpgsql* · 281
Vecino más próximo, *análisis espacial* · 153
Vectorización, *proceso* · 398, 421
versioning, *PostGIS* · 362
Virtual Earth, *software* · 356
Vistas espaciales · 118
Vistas, *reglas* · 119
Vistas, *SQL* · 118, 566
VOLATILE, *cláusula* · 275
Voxel, *raster* · 340

W

WGS84, *datum* · 57, 233, 238, 356
WHEN, *cláusula trigger* · 295
WHERE, *cláusula* · 551
WHILE, *plpgsql* · 279
WINDOW, *cláusula* · 331
WKB, *formato* · 51
WKT, *formato* · 51
work_mem, *settings* · 529

Y

YaST, *software* · 509